Henrik Ibsen · Dramen

Bibliothek der Weltliteratur

HENRIK IBSEN
DRAMEN

Rütten & Loening · Berlin 1987

Aus dem Norwegischen übersetzt
von Bernhard Schulze
„Peer Gynt"
wurde von Christian Morgenstern
nachgedichtet

Mit einem Nachwort von Horst Bien

3. Auflage 1987
Rütten & Loening, Berlin

Einbandgestaltung Heinz Hellmis
Fotosatzherstellung (140) Druckerei Neues Deutschland, Berlin
Druck und Binden
Karl-Marx-Werk, Graphischer Großbetrieb, Pößneck V 15/30
Printed in the German Democratic Republic
Lizenznummer 220. 415/43/87
Bestellnummer 618 113 4
01500

ISBN 3-352-00139-1

PEER GYNT

Ein dramatisches Gedicht

PERSONEN

Aase, *eine Bauernwitwe*
Peer Gynt, *ihr Sohn*
Zwei alte Weiber mit Kornsäcken
Aslak, *ein Schmied*
Hochzeitsgäste. Küchenmeister. Spielleute usw.
Ein zugewandertes Bauernpaar
Solvejg und Klein Helga, *dessen Töchter*
Der Haegstadbauer
Ingrid, *seine Tochter*
Der Bräutigam und seine Eltern
Drei Saeterdirnen
Ein grüngekleidetes Weib
Der Dovre-Alte
Ein Hoftroll. Mehrere andere Trolle. Trolljugend beiderlei Geschlechts
Ein paar Hexen, Erdgeister, Zwerge, Kobolde usw.
Ein häßlicher Junge. Eine Stimme im Dunkel. Vogelschreie
Kari, *eine Häuslersfrau*
Master Cotton
Monsieur Ballon
Die Herren von Eberkopf und Trumpeterstraale, *Reisende.* Ein Dieb und ein Hehler
Anitra, *die Tochter eines Beduinenhäuptlings*
Araber, Sklavinnen, tanzende Mädchen usw.
Die Memnonssäule (singend). Die Sphinx von Gizeh (stumme Person)
Begriffenfeldt, *Professor, Dr. phil., Vorsteher des Tollhauses zu Kairo*
Huhu, *ein Sprachreformer von der malebarischen Küste*
Hussein, *ein morgenländischer Minister*

Ein Fellah mit einer Königsmumie
Mehrere Tollhäusler nebst ihren Wärtern
Ein norwegischer Schiffskapitän und seine Mannschaft
Ein fremder Passagier
Ein Geistlicher. Ein Leichengefolge. Ein Amtmann. Ein Knopfgießer
Eine magere Person

Das Stück, dessen Handlung im Anfang des 19. Jahrhunderts beginnt und gegen die sechziger Jahre hin endigt, spielt teils im Gudbrandstal und seinen Bergen, teils an der Küste von Marokko, in der Wüste Sahara, im Tollhaus zu Kairo, auf See usw.

ERSTER AKT

Abhang mit Laubholz bei Aases Hof. Ein Bach schäumt hernieder. Auf der andern Seite eine alte Mühle. Heißer Sommertag.
Peer Gynt, ein kräftig gebauter Mensch von zwanzig Jahren, kommt den Steig herab. Aase, seine Mutter, klein und fein, folgt ihm zornig scheltend auf dem Fuße.

AASE: Peer, du lügst!
PEER GYNT *ohne sich aufzuhalten*:
Nein, nein, ich lüg nicht!
AASE: Na, so schwör drauf: Ist es wahr?
PEER GYNT: Warum schwören!
AASE: Pfui! Der trüg nicht,
Dessen Schuld nicht klipp und klar!
PEER GYNT *steht still*:
Doch, 's ist wahr – ich schwör es dir.
AASE *vor ihm*: Und du schämst dich nicht vor mir?
Bleibt man ganze Wochen aus,
Läuft man, just wann Gras zu schlagen,
Auf den Ferner, Renwild jagen,
Kommt zerrissen dann nach Haus,
Ohne Stutzen, ohne Bock –
Um zum Schluß am hellerlichten
Mittag Mutter flugs ein Schock
Jägerlügen vorzudichten?
Also, wo hast du 'n getroffen?
PEER GYNT: Links vom Gendin.
AASE *lacht spöttisch*: Hm! Aha!
PEER GYNT: Kräftig blies der Wind von da;
Und so stand der Weg mir offen,

Mich durchs Holz hindurchzubirschen,
Hinter dem er grub...

AASE *wie vorher*: Ja, ja!

PEER GYNT: Lautlos horchend, hör ich seinen
Huf im harten Firnschnee knirschen,
Seh vom einen Horn die Zacken,
Wind mich durch Geröll und Wacken
Vorwärts, und, verdeckt von Steinen,
Seh ich einen Prachtbock – einen,
Wie man ihn seit Jahrer zehn,
Sag ich dir, hier nicht gesehn!

AASE: Gottbewahre, Nein!

PEER GYNT: Ein Knall!
Und den Bock zusammenbrennen!
Aber knapp, daß er zu Fall,
Sitz ich auch schon rittlings droben,
Greif ihm in sein linkes Ohr,
Reiß mein Messer schon hervor,
Ihm's gerecht ins Blatt zu rennen.
Hui, da hebt er an zu toben,
Springt, pardauz, auf alle viere,
Wirft zurück sein Horngeäst,
Daß ich Dolch und Scheid verliere,
Schraubt mich um die Lenden fest,
Stemmt's Gestäng mir an die Waden,
Klemmt mich ein wie mit 'ner Zang,
Und so stürmt er, wutgeladen,
Just den Gendingrat entlang!

AASE *unwillkürlich*: Jesus!

PEER GYNT: Mutter, hast du den
Gendingrat einmal gesehn?
Wohl 'ne Meile läuft er drang
Hin, in Sensenrückenbreite.
Unter Firneis, Schuttmoränen,
Schnee, Geröll, Sand, kunterbunter,
Sieht dein Aug auf jeder Seite
Stumme, schwarze Wasser gähnen,

An die fünf-, die siebenzehn-
Hundert Ellen rank hinunter.
Dort lang stoben pfeilgeschwind
Er und ich durch Wetter und Wind!
Nie ritt ich solch Rößlein, traun!
Unsrer wilden Fahrt entgegen
Schnob's wie Sonnenfunkenregen.
Adlerrücken schwammen braun
In dem schwindeltiefen Graun
Zwischen Grat und Wasserrande,
Trieben dann davon wie Daun.
Treibeis brach und barst am Strande;
Doch sein Lärm ging ganz verloren;
Nur der Brandung Geister sprangen
Wie im Tanze, sangen, schwangen
Sich im Reihn vor Aug und Ohren!

AASE *schwindlig*: Oh, Gott steh mir bei!

PEER GYNT: Da stößt
Plötzlich, wie ein Stein sich löst,
Dicht vor uns ein Schneehuhn auf,
Flattert gackernd, aufgeschreckt,
Aus dem Spalt, der es versteckt,
Meinem Bock, bums! vor die Lichter.
Der verändert jach den Lauf –
Und mit einem Riesensatze
Nieder in den Höllentrichter!

Aase wankt und greift nach einem Baumstamm. Peer Gynt fährt fort:

Ob uns schwarzer Bergwand Fratze,
Nid uns bodenloser Dust!
Durch zersplißne Nebelschichten
Erst, sodann durch einen dichten
Schwarm von Möwen, die, durchschnitten,
Kreischend auseinanderstritten –
Nieder, nieder, nieder sauste es.
Aber aus der Tiefe grauste es
Weiß wie eine Rentierbrust.

Mutter, das war unser eigen
Bild, das aus des Bergsees Schweigen
Tief vom Grund zum Spiegel eilte,
Umgekehrt, wie unser Sturz
Lotrecht auf ihn nieder pfeilte.

AASE *schnappt nach Luft*:
Peer! Gott helf mir! Mach es kurz!

PEER GYNT: Bock vom Berge, Bock vom Grunde
Stieß zur selbigen Sekunde!
Das Gespritz und das Geklatsche!
Na, da lag man in der Patsche.
Nicht gar lang dann, und wir fanden
Irgendwo 'nen Fleck, zu landen;
Er, er schwamm, und ich umschlang ihn –
Und hier bin ich nun...

AASE: Und er?

PEER GYNT: Hm, der springt wohl noch umher.
Schnalzt mit den Fingern, wippt sich auf den Hacken und fügt hinzu:
Wenn du 'n laufen siehst, so fang ihn!

AASE: Daß du nicht den Hals geknickt hast!
Und die Beine gleich dazu!
Ist dein Rückgrat denn noch ganz?
Herrgott, Lob und Dank, daß du
Mir ihn wieder heimgeschickt hast!
Zwar die Hose hat ein Loch,
Doch davon ist nicht zu reden,
Denkt man, was weit Schlimmres noch
Sich bei so 'nem tollen Tanz...
Besinnt sich plötzlich, sieht ihn mit offenem Mund und großen Augen an und kann lange keine Worte finden. Endlich stößt sie hervor:
Oh, du Teufelslügenschmied!
Kreuz noch 'n Mal! Solch ein Geflunker!
Was du mir da singst – das Lied,
Als das aufkam, zu der Frist
Lief dein Vater noch als Junker!
Gudbrand Glesne – dem, dem ist
Das geschehn, nicht dir!

PEER GYNT: Mir auch.
Solcherlei kann oft geschehen.
AASE *giftig*: Ja, und Lügen kann man drehen,
Wenden und mit Putz benähen,
Bis von ihrem magren Bauch
Nichts vor Flicken mehr zu sehen.
Das hast du zuweg gebracht,
Alles wild und groß gemacht,
Ausstaffiert mit Adlerrücken
Und mit all den andern Nücken,
Abgestutzt und zugesetzt
Und mir so den Sinn verstört,
Daß man nicht mehr kennt zuletzt,
Was man hundertmal gehört.
PEER GYNT: Spräch ein andrer solchen Quark,
Wollt ich heillos grob ihm kommen!
AASE *weinend*: Läg ich doch im schwarzen Sarg!
Wär ich, Gott, doch nie geboren!
Bitten, Tränen, nichts will frommen –
Peer, du bist und bleibst verloren!
PEER GYNT: Liebes, süßes Muttchen mein,
Hast ja recht mit jedem Wort;
Sei nur wieder...
AASE: Scher dich fort!
Ist mir's möglich, froh zu sein,
Hab ich solch ein Schwein zum Sohn?
Muß es mich nicht bitter schmerzen,
Wird mir armem Witwenherzen
Ewig Schande nur zum Lohn?
Fängt wieder an zu weinen.
Was verblieb uns, muß ich fragen,
Seit Großvaters Wohlstandstagen?
Wie hat sich der Wein verdünnt
Seit dem alten Rasmus Gynt!
Vater brachte 's Gold ins Rutschen,
Warf's hinaus wie Scheffel Sand,
Kaufte Grund im ganzen Land,

Karrte mit vergüldten Kutschen...
Alles weg. Wo sind die Reste
Von dem großen Winterfeste,
Da sein Trinkglas männiglich
An die Wand warf hinter sich!
PEER GYNT: Hm, wo blieb der letzte Schnee?
AASE: Willst du jetzt wohl schweigen, he!
Sieh den Hof an! Jedes zweite
Fenster ist verstopft mit Flicken,
Heck und Zaun liegt auf der Seite,
Keiner will das Feld beschicken.
's Vieh steht da in Mansch und Matsch,
Jeden Monat wird gepfändet...
PEER GYNT: Schweig doch, Alte, mit dem Quatsch!
Weil mal 's Glück den Rücken wendet,
Heißt's drum gleich: „Und niemand sah's mehr"?
AASE: Nein, auf dem Fleck wächst kein Gras mehr.
Und du bist doch was, du Strick:
Immer noch so keck und quick,
Schmuck und klug, wie da der Pfaff –
Der aus Kopenhagen, weißt du –
Dazumal dich frug: Wie heißt du?
Und, ob deiner Antwort baff,
Sich verschwor, die schiene wert ihm
Eines Prinzen – daß zum Dank
Vater Schlitten gleich samt Pferd ihm
Übern Tisch zu eigen trank.
Hei, da ging es lustig her!
Propst, Kap'tän, was drum und dran war,
Hing hier taglang, soff und fraß,
Bis kein Knopf am Wanst mehr saß.
Aber als dann Not am Mann war,
Ward's hier öde, still und leer.
„Scheffel-Jon", anjetzt Hausierer,
War nicht mehr ihr Pokulierer.
Trocknet die Augen mit der Schürze.
Ach, du bist doch stark und groß!

Solltest bessern deiner alten
Armen Mutter elend Los,
Solltest Haus und Hof verwalten,
Daß dein Erb nicht ganz zerfällt. *Weint von neuem.*
Statt daß ich mich an dir halten
Könnt, verlumpst du Zeit und Geld!
Hier verträumst du und verdreckst du
Dich mit In-der-Herdglut-Wühlen;
Trittst du in die Tanzsäl, schreckst du
Alle Mädels von den Stühlen;
Machst mir üb'rall Schand und Tränen,
Raufst dich mit den ärgsten Hähnen...

PEER GYNT *geht von ihr*: Laß mich sein.

AASE *folgt ihm*: Du bist am Ende
Nicht gewesen bei der letzten
Großen Schlägerei zu Lunde,
Wo sie sich wie tolle Hunde
Überfielen und zerfetzten?
Hast du nicht Aslak, dem Schmied,
Der dir damals in die Hände
Fiel, verrenkt die halbe Lende –
Oder war's ein Fingerglied?

PEER GYNT: Dämliches Gefabulier!

AASE *hitzig*: Häuslers Kari hörte 's Heulen!

PEER GYNT *reibt sich den Ellenbogen*:
Ja – doch das, das kam von mir.

AASE: Dir?

PEER GYNT: Denn ich – bekam die Beulen.

AASE: Was?

PEER GYNT: Der haut dir, sag ich dir!

AASE: Wer?

PEER GYNT: Na, wer! Den Aslak mein ich.

AASE: Pfui, o pfui, daß ich nicht spucke!
So 'ne alte Wirtshaushucke,
So ein Tagdieb, so ein dreister
Lügenschmied wird deiner Meister? *Weint wieder.*
Auch noch so was! Längst schon wein ich

Mir die Augen aus; doch das,
Das geht wahrlich übern Spaß.
Haut er dich, so frag ich: Haust
Du nicht auch 'ne gute Faust?

PEER GYNT: Ob ich Amboß oder Hammer,
's bleibt dasselbichte Gejammer. *Lacht.*
Tröst dich, Mutter...

AASE: Hättst du wieder
Mal gelogen?

PEER GYNT: Diesmal ja.
Schluck die Tränen fröhlich nieder; *Ballt die linke Hand.*
Schau, mit dieser Kneifzang da
Hielt ich ihn, den ganzen Schmied, *Ballt die Rechte.*
Während die mein Hammer war...

AASE: Raufbold, du! Du gibst nicht Fried,
Bis ich nicht zur Grube fahr!

PEER GYNT: Nein, doch, du bist Beßres wert,
Tausend Male Beßres, du,
Kleine, böse, süße Mu,
Trau mir nur und wart nur zu,
Bis dich 's ganze Dorf noch ehrt,
Wart nur, bis ich was gemacht,
Recht was Großes, gib nur acht!

AASE *spöttisch*: Du!

PEER GYNT: Was kommen kann, weiß keiner!

AASE: Würd dir doch nur eins bewußt:
Daß du mal den Riß in deiner
Eignen Hose stopfen mußt.

PEER GYNT *hitzig*: König, Kaiser will ich werden!

AASE: Jetzt kutschiert ihm mit vier Pferden
Noch sein letzter Witzrest fort!

PEER GYNT: Laß mir Zeit nur – und ich bin's!

AASE: „Laß mir Zeit, so werd ich Prinz",
Geht im Volk ein altes Wort!

PEER GYNT: Wirst schon sehen!

AASE: Halt den Rand!
Bist ja völlig von Verstand. –

Übrigens, es hätt wohl schon
Etwas aus uns werden mögen,
Wenn wir nur nicht, mein Herr Sohn,
Allzeit Schnacks und Schnurren pflögen!
Die von Haegstad war dir gut.
Hättest leicht die Dirn gewonnen,
Hättst du's recht nur angesponnen...

PEER GYNT: So?

AASE: Der Alte, schwachgemut,
Ist der Tochter wohlgesonnen.
Zwar er ist ein arger Bocker,
Doch die Ingrid läßt nicht locker,
Und wo sie geht, Schritt für Schritt,
Stapft er endlich knurrend mit.
Fängt wieder an zu weinen.
Ach, mein Peer, ein steinreich Mädel,
Eingeseßner Bauernstamm!
Hättest du mehr Witz im Schädel,
Gingst du jetzt als Bräutigam –
Statt auf abgetretnen Sohlen!

PEER GYNT *rasch*:
Komm, ich will mir 's Jawort holen!

AASE: Wo?

PEER GYNT: Zu Haegstad!

AASE: Armer Peer,
Deine Freite hilft nichts mehr.

PEER GYNT: Und warum?

AASE: Verdienst den Stock,
Wie du dir dein Glück verdorben!

PEER GYNT: Na?

AASE *schluchzend*: Derweil du dort vom Himmel
Niederkamst auf deinem Bock,
Hat Matz Moen um sie geworben!

PEER GYNT: Was? Die Weiberscheuch! Wie kann...

AASE: Ja, die nimmt sie nun zum Mann.

PEER GYNT: Wart so lang, bis ich den Schimmel
Angespannt... *Wendet sich zum Gehen.*

AASE: Spar solch Gered.
Wenn sie morgen Hochzeit feiern...
PEER GYNT: Ist's heut nacht noch nicht zu spät!
AASE: Schäm dich! Willst du, daß sie dir
Auch noch ihren Spott nachleiern?
PEER GYNT: Pah! Man wird mir 's Feld schon räumen.
Juchzt und lacht.
Heißa, du! Der Gaul bleibt hier;
's nimmt nur Zeit, ihn aufzuzäumen.
Schwingt sie hoch empor.
AASE: Laß mich!
PEER GYNT: Nein, auf diesen Armen
Trag ich dich zum Hochzeitshaus!
Watet in den Bach.
AASE: Hilfe! Lieber Gott, Erbarmen!
Wir ertrinken!
PEER GYNT: Nein, der Schmaus
Lockt den Teufel noch nicht...
AASE: Stimmt!
Weil er dich gehängt erst nimmt.
Rauft ihn an den Haaren.
Untier, du!
PEER GYNT: Na, gib jetzt Ruh;
Hier der Grund ist glitschrig.
AASE: Junge!
Esel!
PEER GYNT:
Brauch du nur die Zunge;
Wer ein Mann ist, lacht dazu.
So, das war die ärgste Müh!
AASE: Halt mich feste!
PEER GYNT: Hottehü!
Peer kommt auf dem Bock geritten; *Galoppierend.*
Ich bin Bock, und du bist Peer!
AASE: Ach, ich kenne mich nicht mehr!
PEER GYNT: So, da wär der Bach durchschritten;
Watet ans Land.

Gib dem Bock jetzt einen Schmatz
Für den trocknen Fährenplatz...

AASE *gibt ihm eine Ohrfeige*:
Da! Da hast du 's Fährgeld!

PEER GYNT: Au!
Das war lumpig, schöne Frau!

AASE: Laß mich...

PEER GYNT: Erst vorm Hochzeitshause.
Stell den alten Wiedehopf,
Gib dem Kerl 'ne kalte Brause,
Sag, Matz Moen ist ein Tropf...

AASE: Laß mich los!

PEER GYNT: Und hinterher
Sag, was für ein Kerl dein Peer!

AASE: Ja, des kannst du sicher sein!
Dir brock ich 'ne Suppe ein;
Male dich von vorn und hinten;
Alle deine Schlich und Finten
Sei'n den Leuten vorgesetzt...

PEER GYNT: So?

AASE *strampelt wütend mit den Beinen*:
So lang sperr ich den Mund auf,
Bis der Bau'r zuletzt den Hund auf
Dich wie auf 'nen Stromer hetzt!

PEER GYNT: Hm; so geh ich halt alleine.

AASE: Ja, doch ich hab auch zwei Beine!

PEER GYNT: Aber nicht die Kraft dazu!

AASE: Nicht? Ich bin so wilde, du,
Steine könnt ich knacken, Steine!
Kiesel könnt ich fressen, hu!
Laß mich los!

PEER GYNT: Du mußt geloben...

AASE: Nichts! Du wirst schon sehen droben;
Wissen solln sie, wer du bist!

PEER GYNT: Nimm dir Überlegungsfrist!

AASE: Seine Hunde soll er hetzen...

PEER GYNT: Darfst nicht mit.

AASE: Was willst du tun?
PEER GYNT: Dich aufs Mühlendach hier setzen.
Setzt sie hinauf. Aase schreit.
AASE: Heb mich 'nunter!
PEER GYNT: Willst du ruhn?
AASE: Schnickschnack!
PEER GYNT: Muttchen, wüt nicht mehr!
AASE *wirft ein Rasenstück nach ihm*:
Heb mich stracks hinunter, Peer!
PEER GYNT: 's war ja so dein eigner Wille.
Näher.
Sei nun klug und sitz fein stille!
Stoß und stampf nicht mit den Beinen,
Rück und reiß nicht an den Steinen,
Sonst, das singt dir jede Grille,
Stürzt du ab.
AASE: Du Gernegroß!
PEER GYNT: Nicht so zappeln!
AASE: Daß du bloß
Wärst als Wechselbalg verschollen!
PEER GYNT: Schäm dich!
AASE: Pfui!
PEER GYNT: Du hättst mir lieber
Deinen Segen geben sollen.
Willst du nicht?
AASE: Ich werd dich walken;
Du machst mir noch lang nicht bang!
PEER GYNT: Leb denn wohl! Ich bleib nicht lang.
Halt dich brav auf deinem Balken!
Geht, wendet sich jedoch noch einmal um, hebt mahnend den Finger und sagt:
Also, bloß kein Zappelfieber! *Ab.*
AASE: Peer! – Gott steh mir bei, da rennt er!
Böckereiter! Lügenprinz!
Willst du hören! – Nein, da brennt er
Durch! *Schreiend*:
Zu Hilf! Ich krieg das Drehn!

Zwei alte Weiber mit Säcken auf dem Rücken kommen den Weg herab nach der Mühle.

ERSTES ALTES WEIB: Kreuz – wer schreit da?
AASE: Ich, ich bin's!
ZWEITES ALTES WEIB: Aase! Schau – so hoch gestiegen?
AASE: Pah, hier ist nicht viel zu sehn;
Bald werd ich gen Himmel fliegen!
ERSTES ALTES WEIB: Glück zur Reise!
AASE: Holt 'ne Leiter!
Ich will runter! Dieser Peer!
ZWEITES ALTES WEIB: Euer Sohn?
AASE: Jetzt mögt ihr weiter-
Sagen, was der anstellt, der...
ERSTES ALTES WEIB: Gerne.
AASE: Helft mir bloß hinunter;
Denn ich muß nach Haegstad machen.
ZWEITES ALTES WEIB: Ist er dort?
ERSTES ALTES WEIB: So könnt Ihr lachen;
Denn da duckt der Schmied ihn unter.
AASE *ringt die Hände*:
Gott, o Gott, was soll geschehn,
Wenn sie ihm ans Leben gehn!
ERSTES ALTES WEIB: Ja, der Tod hat lange Beine.
Will er wen, dem hilft kein Flitzen!
ZWEITES ALTES WEIB: Je, sie fährt schier aus der Haut!
Ruft nach oben:
Ejvind, Anders! Kommt und schaut!
EINE MÄNNERSTIMME: Was ist los?
ZWEITES ALTES WEIB: Peer Gynt hat seine
Mutter auf dem Mühldach sitzen!

Eine kleine Anhöhe mit Büschen und Heidekraut. Hinten, durch einen Zaun getrennt, führt die Straße vorüber.

Peer Gynt kommt einen Fußsteig herauf, geht rasch auf den Zaun zu, bleibt stehen und blickt hinaus, wo die Aussicht sich öffnet.

PEER GYNT: Dort liegt Haegstad. Bald werd ich's haben.
Steigt halb über; dann bedenkt er sich.
Ob wohl die Ingrid allein ist, wer weiß?
Beschattet sich die Augen und lugt in die Weite.
Nein. Dort wimmelt's von Leuten mit Gaben. –
Hm! Am schlausten, ich tät mich drücken!
Zieht das Bein wieder an sich.
Allweil da grienen sie dir hinterm Rücken
Und zischeln – es wird einem kalt und heiß.
Macht einige Schritte vom Zaun hinweg und reißt gedankenlos Laub ab.
Wer jetzt was Starkes zum Heizen hätt!
Oder wer da hingehn könnt unbemerkt –
Oder unbekannt wär... Irgendwas, das recht stärkt,
Wär am besten – daß der Spott nicht so beizen tät!
Sieht sich mit einem Mal wie erschrocken nach allen Seiten um und versteckt sich darauf im Gebüsch. Einige Leute mit Kostgaben gehen vorbei nach dem Hochzeitshof hinunter.

EIN MANN *im Gespräch*:
Sein Vater war ein Saufbold, seine Mutter hat's im Kopf.

EIN WEIB:
Dann wundert man sich, daß der Bursch solch ein Tropf!
Die Leute gehen weiter. Bald darauf kommt Peer Gynt hervor und guckt ihnen mit schamrotem Gesichte nach.

PEER GYNT *leise*:
Was, hat das von mir geschnackt?
Mit einer gezwungenen Gebärde: Ach, laß sie schnacken!
Sie könn'n mir ja doch wohl den Kopf nicht abhacken.
Wirft sich nieder ins Heidekraut, liegt lange auf dem Rücken, die Hände unterm Kopf, und starrt ins Blaue.
So 'ne schnurrige Wolke! Genau wie ein Pferd!
Und ein Mann ist auch drauf – und Sattel – und Zügel.

Dahinter reitet 'ne Hex auf 'nem Prügel.
Lacht leise in sich hinein:
Das ist Mutter, die jammert und aufbegehrt:
Peer! Biest! *Schließt nach und nach die Augen.*
Nun bangt ihr! – Voran seinem Trosse
Reitet Peer Gynt auf goldhufigem Rosse.
Die Mähr hat 'nen Federbusch zwischen den Ohren.
Selbst hat er Handschuh und Säbel und Sporen.
Der Mantel ist lang und mit Taft ausgeschlagen.
Wacker sind die, die hinter ihm jagen.
Er aber sitzt doch am strackstеn zu Pferde,
Er aber strahlt doch am hellsten zur Erde.
Drunten die Leut stehn, ein schwarzes Gewimmel,
Ziehen die Hüt ab und gaffen gen Himmel.
Die Weiber verneigen sich. Alle gewahren
Kaiser Peer Gynt und seine Heerscharen.
Nickel und Silber, ein blankes Geriesel,
Streut er hinunter wie Hände voll Kiesel,
Allen im Dorf geht's von nun an zum besten.
Peer Gynt sprengt quer übers Meer gen Westen.
Engellands Prinz steht und wartet am Strande;
Mit ihm alle Schönen von Engellande.
Engellands Kaiser und Engellands Barone
Steigen die Stufen herab vom Throne.
Der Kaiser nimmt seine Kron ab und sagt…

DER SCHMIED *zu einigen anderen Leuten, mit denen er jenseits des Zaunes vorüberkommt*:
Sieh da; Peer Gynt, das betrunkene Schwein!

PEER GYNT *fährt halb in die Höhe*:
Wie, Kaiser…

DER SCHMIED *lehnt sich an den Zaun und grient*:
Willst du nicht aufstehn? Nein?

PEER GYNT: Was Teufel! Der Schmied! Was willst du hier, he?

DER SCHMIED *zu den anderen*:
Von Lunde der Tanz sitzt ihm noch in den Knochen.

PEER GYNT *springt auf*:
Schmied, geh im guten!

Der Schmied: Geh schon, geh.
Doch, Kerl, wo warst du die letzten sechs Wochen?
Warst bergverhext? Oder was hast du gemacht?

Peer Gynt:
Ich hab, Schmied, dir gar seltsame Taten vollbracht!

Der Schmied *zwinkert den anderen zu*:
Laß uns hören, Peer!

Peer Gynt: Dahin ist's noch weit.

Der Schmied *nach einer kleinen Weile*:
Du willst wohl nach Haegstad?

Peer Gynt: Nein.

Der Schmied: Eine Zeit,
Da hieß es, die Dirn dort, die wär dir nicht leid.

Peer Gynt: Du Kolkrabe!

Der Schmied *weicht etwas zurück*:
Immer härm dich nicht, Peer;
Hat dich Ingrid verschmäht – es gibt ja noch mehr.
Der Sohn von Jon Gynt, pah! Der treibt sie zu Paaren!
Du findest dort Lämmlein wie Witwen von Jahren...

Peer Gynt: Zur Hölle!

Der Schmied: Da wird dich schon eine wählen.
Guten Abend! Ich werd dich der Braut empfehlen.

Sie gehen unter Lachen und Geflüster ab.

Peer Gynt *sieht ihnen eine Weile nach, macht eine wegwerfende Bewegung und wendet sich halb um*:
Meinthalben teilt die Haegstad ihr Bette
Mit wem sie Lust hat. Was mich das schiert!
Sieht an sich hinunter.
Die Hosen zerrissen. Zerlumpt, beschmiert. –
Wer bloß was Neues zum Wechseln hätte!
Stampft auf den Boden.
Könnt ich mit einem Schlächtergriff
Ihnen die Mißachtung aus der Brust reißen!
Sieht sich plötzlich um.
Was war das? War das nicht eben ein Pfiff?
Als möcht sich ein Mensch da sein Lachen verbeißen?

Ich will heim zu Muttern.

Geht, bleibt aber wieder stehen und horcht nach dem Hochzeitshof hinunter. Da fängt der Tanz an!

Starrt und horcht; geht Schritt um Schritt wieder zurück; seine Augen leuchten; er reibt sich die Beine.

Dies Gewimmel von Mädels! Sieben, acht auf den Mann.
Ah, Tod und Teufel auch, wen das nicht lockte! –
Wenn Mutter nur nicht auf dem Mühldach hockte!

Seine Blicke werden wieder hinabgezogen; er hüpft und lacht.

Heißa, der Hallingtanz tollt über die Wiese!
Ja, ja, der Guttorm geigt die Waden in Gang!
Das stampft und das braust wie ein Sturzbach am Hang.
Und dann all diese schimmernden Mädels! Diese
Mädels! Zum Henker! Wer da nun noch stockte!

Setzt mit einem Sprung über den Zaun und den Weg hinunter.

Der Hofplatz auf Haegstad. Im Hintergrund das Wohnhaus. Viele Gäste. Auf dem Wiesenplan wird lebhaft weitergetanzt. Der Spielmann sitzt auf einem Tisch. Der Küchenmeister steht in der Tür. Kuchenweiber eilen zwischen den Gebäuden hin und her, ältere Leute sitzen hier und dort im Gespräch zusammen.

EINE FRAU *nimmt Platz in einer Gruppe, die auf einigen Balken sitzt*:
Die Braut? Ach Gott, das bißchen Gewein,
Das macht nichts; so tun alle Bräute.

DER KÜCHENMEISTER *in einem anderen Haufen*:
Da habt ihr zu trinken, gute Leute!

EIN MANN: Du meinst es zu gut; du schenkst zu oft ein.

EIN BURSCHE *zum Spielmann, während er, ein Mädel an der Hand, vorbeifliegt*: Heißa, Guttorm, in die Fiedel gewettert!

DAS MÄDEL: Streich, daß es über die Wiesen hinschmettert!

MÄDELS *im Kreis um einen Burschen, der tanzt*:
Fein war der Sprung!

EIN MÄDEL: Seine Knie haben's weg!

DER BURSCHE *tanzend*:
Hier ist's weit bis zur Wand und noch weiter bis zur Deck!

DER BRÄUTIGAM *nähert sich greinend dem Vater, der im Gespräch mit ein paar anderen steht, und zieht ihn an der Jacke*:
Sie will nicht, Vater; sie ist so voll Trotz.
DER VATER: Sie will nicht?
DER BRÄUTIGAM: Sie hat sich eingeschlossen.
DER VATER:
So find den Schlüssel und werd nicht zum Possen!
DER BRÄUTIGAM: Wo soll ich ihn finden?
DER VATER: Du bist ein Klotz!
Wendet sich wieder zu den anderen.

Der Bräutigam trollt über den Hof ab.

EIN BURSCHE *hinter dem Haus hervor*:
Mädels! Juchheißa! 's wird immer feiner!
Peer Gynt kommt!
DER SCHMIED *der eben dazugetreten ist*:
Wer hat ihn gebeten?
DER KÜCHENMEISTER: Keiner.
Aufs Haus zu ab.
DER SCHMIED *zu den Mädels*:
Spricht er euch an, so laßt mir ihn stehn!
EIN MÄDEL *zu den anderen*:
Wir tun, als hätten wir 'n nie gesehn.
PEER GYNT *kommt erhitzt und voller Leben daher, bleibt mitten vor dem Schwarme stehen und klatscht in die Hände*:
Wer ist die Flinkste von euch zum Drehn?
EINE EINZELNE *der er sich nähert*:
Ich nicht.
EINE ANDERE *ebenso*:
Ich auch nicht.
EINE DRITTE: Ich? Nicht um die Welt!
PEER GYNT *zu einer vierten*:
So komm denn du, bis 'ne beßre sich stellt.
DAS MÄDEL *kehrt sich ab*:
Hab keine Zeit.
PEER GYNT *zu einer fünften*:
Na, denn du!

DAS MÄDEL *sich zum Gehen anschickend*:

Muß nach Haus.

PEER GYNT: Heut abend? Du bist wohl ganz von Verstand?

DER SCHMIED *gleich darauf, halblaut zu Peer*:

Da reicht sie 'nem alten Trottel die Hand.

PEER GYNT *wendet sich rasch an einen älteren Mann*:

Wo ist eine frei hier?

DER MANN: Find sie heraus. *Geht von ihm fort.*

Peer Gynt ist mit einem Male still geworden. Er blickt verstohlen und scheu auf die Gruppe. Alle sehen auf ihn, aber niemand spricht. Er nähert sich anderen Gruppen. Wohin er kommt, wird es stumm; sobald er sich wieder entfernt, lächelt man und blickt ihm nach.

PEER GYNT *leise*:

Höhnische Blicke, Gedanken wie Pfeile.
Das zischelt wie Sägblätter unter der Feile!
Er drückt sich den Zaun entlang.

Solvejg, mit Klein Helga an der Hand, betritt den Hof, begleitet von ihren Eltern.

EIN MANN *zu einem andern in der Nähe von Peer Gynt*:

Die sind zugewandert.

DER ANDERE: Die Leute da?

DER ERSTE: Jawohl, vom Westen her.

DER ANDERE: Richtig! Ja.

PEER GYNT *vertritt den Kommenden den Weg, zeigt auf Solvejg und fragt den Mann*:

Darf ich einen Tanz tun mit der Tochter von dir?

DER MANN *mit sanfter Stimme*:

Gern, aber erst will der Wirt drin begrüßt sein!
Sie gehen ins Haus.

DER KÜCHENMEISTER *zu Peer Gynt, indem er ihm den Krug anbietet*:

Bist du schon hier, soll dir 's Leben auch versüßt sein!

PEER GYNT *unverwandt den Gehenden nachblickend*:

Nein – ich will tanzen. Schönen Dank für dein Bier.
Der Küchenmeister geht weiter. Peer Gynt blickt aufs Haus und lacht.
So 'ne saubere Dirn! So schmuck, nicht zu sagen!

Und wie sie hinab auf ihr Brusttuch geschielt!
Und wie sie an Mutters Schürze sich hielt
Und 's Gesangbuch trug, in ein Tüchel geschlagen...
Ich muß sehn nach dem Mädel. *Will ins Haus.*

EIN BURSCHE *kommt mit mehreren anderen aus dem Haus heraus*:
Peer, gehst du schon
Vom Tanz weg?

PEER GYNT: Nein.

DER BURSCHE: Also lauf nicht davon!
Faßt ihn an der Schulter, um ihn umzudrehen.

PEER GYNT: Laß mich vorbei!

DER BURSCHE: Bist du bang vor dem Schmied?

PEER GYNT: Ich bang?

DER BURSCHE: Daß dir wieder wie auf Lunde geschieht?

Die Burschen lachen und gehen nach dem Tanzplatz.

SOLVEJG *in der Tür*:
Wolltest nicht du mit mir tanzen vorhinnen?

PEER GYNT: Jawohl wollt ich das; kannst dich nimmer besinnen?
Faßt sie an der Hand.
Komm!

SOLVEJG: Doch – sagt Mutter – nicht lang! Nicht wahr?

PEER GYNT: Sagt Mutter? Bist du vom vorigen Jahr?

SOLVEJG: Du machst dich lustig...

PEER GYNT: Du bist doch aufs Haar
Schon erwachsen?

SOLVEJG: Im Mai war ich am Altar.

PEER GYNT: Wie heißt du denn – daß wir bekannter werden?

SOLVEJG: Ich heiße Solvejg. – Und wie heißt du?

PEER GYNT: Peer Gynt.

SOLVEJG *entzieht ihm die Hand*:
O Heiland!

PEER GYNT: Was ist denn nu?

SOLVEJG: Mein Strumpfband macht mir solche Beschwerden.
Geht von ihm.

DER BRÄUTIGAM *zieht seine Mutter am Kleid*:
Mutter, sie will nicht...

Die Mutter: Will nicht? Was?

Der Bräutigam:
Sie will nicht!

Die Mutter: Was denn?

Der Bräutigam: Den Schlüssel umdrehn.

Der Vater *leise und gereizt*:
Du solltest im Stall an der Krippe stehn.

Die Mutter: Er wird sich schon machen, laß nur, laß!
Sie gehen nach hinten.

Ein Bursche *der mit einem ganzen Schwarm vom Tanzplatz herkommt*:
Ein Schluck Branntwein gefällig, Peer?

Peer Gynt: Nein!

Der Bursche: Bloß ein Schluck!

Peer Gynt *sieht ihn finster an*:
Hast du welchen?

Der Bursche: 'nen ziemlichen Posten.
Zieht eine Flasche hervor und trinkt.
Ah! Wie das durchputzt! – Na?

Peer Gynt: Laß mich kosten. *Trinkt.*

Ein anderer: Nu machst du noch bei mir einen Gluck.

Peer Gynt: Nein!

Derselbe: Ah, wirst dich nicht gleich bezopfen.
Immer trink, Peer!

Peer Gynt: So gib mir 'nen Tropfen.
Trinkt wiederum.

Ein Mädel *halblaut*:
Kommt, laßt uns gehn!

Peer Gynt: Bist du bang vor mir?

Ein dritter Bursche: Wer
Wär es vor dir nicht?

Ein vierter Bursche: Auf Lunde drüben
Sahn wir ja jüngst deine Künste dich üben.

Peer Gynt:
Wenn ich erst einmal losleg, dann kann ich noch mehr.

Erster Bursche *flüsternd*:
Jetzt kommt er in Zug.

Mehrere *einen Kreis um ihn bildend*:
Zähl her, zähl her!
Was kannst du?
Peer Gynt: Morgen...
Andere: Nein, heut schon, Peer!
Ein Mädel: Kannst du hexen?
Peer Gynt: Ich kann den Teufel beschwören.
Ein Mann: Dazu kannt Großmutter schon den Text.
Peer Gynt: Lügner! Woher, das möcht ich bloß hören!
Ich hab ihn einmal in 'ne Walnuß gehext,
Die war wurmstichig, seht ihr!
Mehrere *lachend*: Das läßt sich denken!
Peer Gynt:
Er flucht euch und flennt euch und wollte mir schenken,
Was immer ich mocht...
Einer: Aber hinein mußt er doch?
Peer Gynt:
Das mußt er. Und dann verstopft ich das Loch.
Hei! Wie er da drinnen nun surrte und summte!
Ein Mädel: Nein, so was!
Peer Gynt: Als ob eine Hummel drin brummte!
Ein Mädel: Hast du ihn noch in der Nuß?
Peer Gynt: Nein, nein.
Jetzt ist er längst über Stock und Stein.
Der Kerl ist dran schuld, daß der Schmied mich nicht mag.
Ein Bursche: Wie das?
Peer Gynt: Ich geh nach der Schmied hin und sag,
Er soll mir doch mal die Nußschal aufknacken.
Soll geschehn! sagt Aslak und kriegt sie zu packen;
Doch er faßt auch gleich alles so harthändig an
Und kommt euch nicht aus ohne Hammerschlag...
Eine Stimme aus dem Haufen:
Erschlug er den Teufel?
Peer Gynt: Er schlug wie ein Mann.
Der Teufel aber fuhr wie ein Brand
Quer durchs Dach und zerspliß die Wand.
Mehrere: Und der Schmied?

PEER GYNT: Stand da mit versengten Händen.
Seit damals hat's zwischen uns sein Bewenden.

Allgemeines Gelächter.

EINIGE: Nicht schlecht!
ANDERE: Bald die beste von seinen Geschichten!
PEER GYNT: Glaubt ihr, ich dicht was zusammen?
EIN MANN: Du dichten?
Ach nein, wir kennen seit uralten Zeiten
Das meiste...
PEER GYNT: Ihr lügt! Das ist mir passiert.
DER MANN: Wie alles.
PEER GYNT: Wer kann durch die Luft hinreiten,
Ohne daß er die Steigbügel verliert?
Ich kann's und kann mehr! Ihr wagt's zu bestreiten?

Gelächtersalve.

EINER IN DER MENGE:
Peer, reit durch die Luft!
VIELE: Ach, Peer, tu's doch bloß!
PEER GYNT: Ja, spielt nur mit dem Feuer und bettelt noch groß!
Und ich reit wie ein Wetter hin über euch allen!
Der ganze Kreis soll zu Füßen mir fallen!
EIN ÄLTERER MANN: Jetzt ist er übergeschnappt!
EIN ANDERER MANN: Das Schaf!
EIN DRITTER MANN:
Der Prahlhans!
EIN VIERTER MANN: Der Lügner!
PEER GYNT *droht ihnen*: Ja, wartet nur brav!
EIN MANN *halb betrunken*:
Ja, wart nur, wir kriegen dich schon noch am Kragen!
MEHRERE:
Und werden dir 's Fell gerben und ein Auge blau schlagen!

Der Schwarm zerstreut sich, die Älteren in zorniger Erregung, die Jüngeren unter Spott und Gelächter.

DER BRÄUTIGAM *dicht an ihn herantretend*:
Du kannst durch die Luft reiten, Peer, ist das wahr?

PEER GYNT *kurz*:

Ja, Matz. Wie du willst, galoppier oder trab ich.

DER BRÄUTIGAM:

Und hast auch den Rock, der da macht unsichtbar?

PEER GYNT: Den Hut, willst du sagen – jawohl, den hab ich.

Wendet sich von ihm ab. Solvejg geht über den Hofplatz, Helga an der Hand. Peer Gynt ihnen entgegen, leuchtenden Auges:

Solvejg! Ach, das ist schön, daß sie da ist!

Faßt sie ums Handgelenk.

Jetzt will ich drehn dich, was Mutter auch schilt.

SOLVEJG: Laß mich!

PEER GYNT: Warum denn?

SOLVEJG: Du bist so wild.

PEER GYNT:

Auch der Renbock ist wild, wenn der Sommer nah ist.
Komm und sei nicht so halsstarrig, Kind!

SOLVEJG *zieht den Arm an sich*:

Darf nicht.

PEER GYNT: Warum nicht?

SOLVEJG: Du hast getrunken.

Geht mit Helga weiter.

PEER GYNT: 's Messer müßt man diesen Halunken
Durch den Leib rennen – wie sie da sind!

DER BRÄUTIGAM *pufft ihn mit dem Ellenbogen*:

Kannst du mich nicht zur Braut hineinbringen?

PEER GYNT *zerstreut*:

Zur Braut? Wo ist die?

DER BRÄUTIGAM: Im Blockhaus.

PEER GYNT: So, so.

DER BRÄUTIGAM: Könntst du's, ich wär ja so seelenfroh.

PEER GYNT: Nein, mir träumt jetzt von anderen Dingen.

Ein Gedanke blitzt in ihm auf; er sagt leise und heftig:

Ingrid im Blockhaus! *Nähert sich Solvejg.*

Je, das Gesicht!

Solvejg will gehen; er vertritt ihr den Weg.

Du schämst dich, weil ich wie 'n Lump angezogen.

SOLVEJG *hastig*: Das ist nicht wahr, nein, das bist du nicht!

PEER GYNT: Ich bin auch nicht ganz mehr im Gleichgewicht.
Aber das war aus Trotz; denn du hattst mich betrogen.
Na, komm jetzt!
SOLVEJG: Ich darf nicht, und wenn ich schon mag.
PEER GYNT: Vor wem bist du bang?
SOLVEJG: Meist vor Vater.
PEER GYNT: Puh!
Der ist wohl von diesen stillen Christen,
Läßt die Ohren hängen? Was? Hab ich recht? Sag!
SOLVEJG: Was soll ich sagen?
PEER GYNT: Ihr seid Pietisten?
Der Vater, nicht? Und auch Mutter und du?
Na, kannst du nicht reden?
SOLVEJG: Laß mich in Ruh.
PEER GYNT: Nein!
Mit gedämpfter Stimme, aber heftig und schreckend:
Du, ich verwandel mich in einen Troll!
Ich komm an dein Bett heut, wenn Mitternacht voll.
Hörst du dann ein Geschab und Gekratze,
So denk nur nicht etwa, das wär bloß die Katze.
Da komm ich und trink ich dein Blut wie ein Mahr;
Und dein Schwesterlein freß ich mit Haut und mit Haar.
Ja, denn du mußt wissen, ich bin Werwolf bei Nacht;
Ich beiß dich in Lenden und Rücken und Mark...
Schlägt plötzlich einen andern Ton an und bittet wie in Angst:
Tanz mit mir, Solvejg!
SOLVEJG *sieht ihn finster an*: Jetzt warst du arg. *Ab ins Haus.*
DER BRÄUTIGAM *kommt wieder des Wegs*:
Ich schenk dir ein Rind, wenn du kommst!
PEER GYNT: Abgemacht!

Sie verschwinden hinter dem Hause. Im selben Augenblick kommt ein großer Haufe Volks vom Tanzplatz her; die meisten sind betrunken. Lärm und Aufregung. Solvejg, Helga und ihre Eltern zeigen sich mit einer Anzahl älterer Leute in der Türe.

DER KÜCHENMEISTER *zum Schmied, der der Vorderste im Haufen ist*:
Halt Frieden!

DER SCHMIED *zieht die Jacke aus*:
Nein, jetzt wird's zum Austrag gebracht.
Peer Gynt oder ich soll am Platz hier bleiben!
EINIGE: Ja, laßt sie sich raufen!
ANDERE: Nein, bloß sich reiben!
DER SCHMIED:
Die Faust muß hier reden; Worte sind Quark.
SOLVEJGS VATER:
Beherrsch dich, Mann!
HELGA *zur Mutter*: Sag, wolln sie ihn schlagen?
EIN BURSCHE: Wir wolln lieber unser Spiel mit ihm treiben!
EIN ANDERER BURSCHE:
Ins Gesicht ihm spucken!
EIN DRITTER BURSCHE: Vom Hof ihn jagen!
EIN VIERTER BURSCHE *zum Schmied*:
Steckst du's auf, Schmied?
DER SCHMIED *wirft die Jacke ab*:
Die Schindmähre wird geschlachtet!
SOLVEJGS MUTTER *zu Solvejg*:
Da siehst du's, so wird der Fant hier geachtet.
AASE *kommt mit einem Stecken in der Hand*:
Wo ist mein Sohn? Jetzt krieg er's, der Schuft!
Ha, wie inbrünstiglich will ich ihn prügeln!
DER SCHMIED *krempelt die Hemdsärmel auf*:
Für so ein Fell ist ein Stecken Luft.
EINIGE: Der Schmied will ihn prügeln!
ANDERE: Bügeln!
DER SCHMIED *spuckt in die Hände und nickt Aase zu*:
Beflügeln!
AASE: Was! Peeren? Versuch's nur, so sollst du sehn!
Aase und ich haben Krallen und Zähn!
Wo ist er? *Ruft über den Platz hin*:
Peer!
DER BRÄUTIGAM *kommt gelaufen*:
's ist, um umzukommen!
He, Vater, Mutter!
DER VATER: Was ist im Werk?

DER BRÄUTIGAM:
Peer Gynt, denkt...
AASE *schreit*: Habt ihr ihm 's Leben genommen?
DER BRÄUTIGAM:
Nein, Peer Gynt... Seht dorthin, auf den Berg!
DIE MENGE: Mit der Braut!
AASE *läßt den Stock sinken*:
Das Luder!
DER SCHMIED *wie aus den Wolken gefallen*:
Im schroffsten Gestein
Klettert der Kerl wie ein Geißbock hinauf.
DER BRÄUTIGAM *weinend*:
Er trägt sie, Mutter, wie ein Bär ein Schwein!
AASE *droht hinauf zu ihm*:
Oh, daß du herabfielst! *Schreit in Angst auf*:
Tritt vorsichtig auf!
DER HAEGSTADBAUER *kommt barhäuptig und weiß vor Zorn*:
Ich dreh ihm den Hals um für diesen Raub!
AASE: Gott straf mich, wenn ich Euch das erlaub!

ZWEITER AKT

Ein schmaler Steig hoch oben im Gebirge. Es ist früher Morgen. Peer Gynt geht eilig und unwillig den Steig entlang. Ingrid, halb im Brautputz, sucht ihn zurückzuhalten.

PEER GYNT: Geh!
INGRID *weinend*: Nach alldem, was geschehen!
Und wohin?
PEER GYNT: Was kümmert's mich!
INGRID *ringt die Hände*:
Welch ein Treubruch!
PEER GYNT: Statt zu schmähen,
Wandre deines Wegs wie ich!
INGRID: Unsre Schuld muß uns vereinen!
PEER GYNT: Daß die Pest auf all das falle!
Hol die Pest euch Weiber alle!
Außer einer…
INGRID: Welch einen?
PEER GYNT: Du bist's schwerlich.
INGRID: Also wer?
PEER GYNT: Geh! Geh wieder heim, woher
Du gekommen bist!
INGRID: Ach, Peer…
PEER GYNT: Schweig!
INGRID: Du kannst unmöglich meinen,
Was du redest.
PEER GYNT: Kann ich doch!
INGRID: Erst verführen – dann erkalten!
PEER GYNT: Und was hast du, mich zu halten?
INGRID: Haegstad und manch andres noch.

PEER GYNT: Hast du ein Gesangbuch? Trägst du
Goldhaar über Hals und Mieder?
Hältst du Mutters Schürze? Schlägst du
Fromm den Blick zur Erde nieder?
INGRID: Ich?
PEER GYNT: Bist du vor hundert Tagen
Am Altar gewesen?
INGRID: Nein...
PEER GYNT: Kann dein Auge züchtig sein?
Kannst du mir 'ne Bitt abschlagen?
INGRID: Peer, bist du von Sinnen, he?
PEER GYNT: Wird der, der dich ansieht, rein?
Sag!
INGRID: Nein, aber...
PEER GYNT: Also geh! *Will gehen.*
INGRID *vertritt ihm den Weg*: Weißt du, daß dir das den Kopf
Kosten kann?
PEER GYNT: Und wenn's auch wäre!
INGRID: Geld und Gut wird dein und Ehre,
Bleibst du treu!
PEER GYNT: Ich wär ein Tropf!
INGRID *bricht in Tränen aus*: Du betrogst mich!
PEER GYNT: Du warst willig.
INGRID: Trostlos war ich!
PEER GYNT: Ich war toll.
INGRID *drohend*: Doch du zahlst den Preis mir voll!
PEER GYNT: Hier ist jeder Preis noch billig.
INGRID: Also nicht?
PEER GYNT: Komm mir nicht nah!
INGRID: Gut! Du spürst noch meine Kralle! *Steigt hinab.*
PEER GYNT *schweigt eine Weile; auf einmal schreit er*:
Daß die Pest auf all das falle!
Hol die Pest euch Weiber alle!
INGRID *wendet den Kopf und ruft höhnisch herauf*:
Außer einer!
PEER GYNT: Einer, ja.
Ab, ein jedes seines Wegs.

Bei einem Gebirgssee. Der Boden ringsum ist weich und sumpfig. Ein Unwetter zieht auf.

Aase, verzweifelt, ruft und sieht sich um nach allen Seiten. Solvejg hat Mühe, mit ihr Schritt zu halten. Ihre Eltern und Helga ein Stück dahinter.

AASE *ficht mit den Armen und rauft sich das Haar*:
Alles ist wider mich eifernd im Werk –
Himmel und Wasser und Wald und Berg!
Der Nebel möcht am liebsten ein Brett werden,
Der tückische Bergsee sein Totenbett werden,
Die Felswand ihn mit Steinschlag begraben!
Und gar die Menschen! Wenn die ihn erst haben!
Sie solln ihm nur an! Ich kann ihn nicht entbehren!
Mußt ihn der Teufel auch das just lehren!
Wendet sich zu Solvejg:
Ist es denn möglich! Das ist mein Sohn?
Er, der nichts konnt als lügen und drohn,
Er, dessen Maul seine einzige Kraft,
Er, der noch nie was Rechtes geschafft,
Er! Was soll man da? Weinen oder lachen?
Oh, wir zwei hatten was durchzumachen!
Denn wie du wissen mußt, trank mein Mann,
Fuhr rings umher und gab Torheiten an;
's Geld flog hinaus, mehr und mehr ging's uns schlecht.
Derweil sind wir zwei denn daheim gesessen
Und haben gesucht, den Jammer zu vergessen;
Denn Widerstand leisten, das konnt ich nie recht.
Dem Schicksal ins Aug schaun, das ist kein Vergnügen;
Und man will doch auch mal seiner Sorgen bloß werden
Und die bösen Gedanken von Zeit zu Zeit loswerden.
Der eine braucht Branntwein, der andre braucht Lügen,
Na ja! Und so verfielen denn wir
Auf Prinzen und Trollspuk und allerhand Getier.
Auch Brautraub kam vor. Doch, frag ich, wer denkt,
Daß so was in solch einem Burschen festhängt.
Wieder voller Furcht:

Hu, was schrie dort? Ein Draug oder Zwerg!
Peer! – Peer! – Dort oben auf dem Berg!
Sie läuft eine kleine Anhöhe hinauf und sieht über den See hin.

Solvejgs Eltern mit Helga kommen dazu.

Nichts zu sehn auf dem ganzen Kamm!
DER MANN *nachdenklich*: Schlimm für ihn.
AASE *weinend*: Mein verloren Lamm!
DER MANN *nickt mild*: Jawohl, verloren.
AASE: Nein, red nicht so!
Er ist ein Kerl! Da wär mancher froh...
DER MANN: Du Törin!
AASE: Mag ich dir eine gelten!
Doch meinen Jungen, den laß ich nicht schelten.
DER MANN *immer gedämpften Tones und mit milden Augen*:
Er ist verloren; sein Herz ward zu Stein.
AASE *angstvoll*:
Nein doch! So hart wird der Herrgott nicht sein!
DER MANN: Kann er vielleicht seine Sünden bestreiten?
AASE *eifrig*: Nein, aber durch die Luft kann er reiten!
DIE FRAU: Seid Ihr verrückt?
DER MANN: Was schwatzt Ihr daher?
AASE: Nichts auf der Welt ist dem Jungen zu schwer.
Laßt ihn nur erst seine Schalen ganz sprengen...
DER MANN: Säht Ihr ihn nur erst am Galgen hängen!
AASE *schreit*: Jesus, nein!
DER MANN: Wird ihn der Henker packen,
Krümmt ihm vielleicht doch noch Reue den Nacken.
AASE *betäubt*: Oh, Ihr verwirrt noch mich armes Weib!
Kommt doch! Es gilt...
DER MANN: Seine Seel!
AASE: Und seinen Leib!
Steckt er im Sumpf, wir betten ihn trocken,
Ist er verhext, muß der Küster an die Glocken...
DER MANN: Hm! – Hier ist Viehweg...
AASE: Vergeß Gott Euch nicht,
Daß Ihr mir helft!

DER MANN: Das ist Christenpflicht.
AASE: So? Na, dann sind das Heiden, die andern!
Auch nicht einer wollt mit uns wandern...
DER MANN: Man kennt ihn zu gut.
AASE: Er konnt ihnen zu viel!
Ringt die Hände.
Und denkt Euch! Sein Leben steht auf dem Spiel!
DER MANN: Hier scheint 'ne Fährte.
AASE: So laßt uns eilen!
DER MANN: Bei unserm Saeter dann wolln wir uns teilen.
Er und seine Frau gehen voraus.
SOLVEJG *zu Aase*:
Erzähl mir noch etwas!
AASE *trocknet die Augen*: Von meinem Sohn?
SOLVEJG: Ja...
Alles!
AASE *lächelt und trägt den Kopf mit einem Mal wieder hoch*:
Alles? – Müd würdst du da!
SOLVEJG: Eher wohl würdet Ihr müd, zu plauschen,
Als ich, zu lauschen.

Niedrige baumlose Höhen unterm Hochgebirge. Bergzinnen weiter hinten. Die Schatten fallen lang; es ist spät am Tage.

PEER GYNT *kommt in großen Sätzen gesprungen und macht vor dem Abhang halt*: Die ganze Gemeind ist aus, mich zu fangen.
Sie haben sich bewaffnet mit Flinten und Stangen.
Allen voran hört den Haegstad man brüllen.
Überall heißt's jetzt: Peer Gynt, das wilde Füllen!
Das ist doch was mehr als Gebalg mit 'nem Schmied;
Das ist Leben. Man fühlt sich wie ein Bär in jedem Glied.
Schlägt um sich und macht einen Luftsprung.
Brechen! Wälzen! Den Wasserfall stauen!
Tannen auswurzeln! Stoßen! Hauen!
Das ist Leben! Das kräftigt! Das schafft Genügen.
Zum Teufel mit all den wäßrigen Lügen!

Drei Saeterinnen *laufen über die Berghänge schreiend und singend*:
Trond im Walgebirg! Kaare und Baar!
Wir schieben heut nacht die Riegel nicht vor!
Peer Gynt: Was schreit ihr da?
Drei Saeterinnen: Jede nach ihrem Troll!
Erste Saeterin:
Trond! Komm mir schmachtend!
Zweite Saeterin: Baar, komm mir toll!
Dritte Saeterin: Im Saeter stehn alle Kammern leer.
Erste Saeterin: Toll ist schmachtend!
Zweite Saeterin: Und schmachtend ist toll!
Dritte Saeterin: Fehlt es an Burschen, so liebt man 'nen Troll.
Peer Gynt:
Wo sind denn die Burschen?
Alle drei Saeterinnen *sich vor Lachen schüttelnd*:
Die kommen nicht mehr.
Erste Saeterin:
Der Meine, der nannt mich Verlobt' und Verwandte –
Da wurd er der Mann von 'ner alten Tante.
Zweite Saeterin:
Der Meine, der traf 'ne Zigeunrin im Norden –
Da sind sie beide Landstreicher worden.
Dritte Saeterin:
Der Meine vergab's unserm kleinen Dinge –
Jetzt grient sein Schädel wo aus 'ner Schlinge.
Alle drei Saeterinnen:
Trond im Walgebirg! Kaare und Baar!
Wir schieben heut abend die Riegel nicht vor!
Peer Gynt *steht mit einem Sprung unter ihnen*:
Ich bin ein Troll und ein Bursch für euch drei!
Die drei Saeterinnen:
Bist du so 'n Kerl?
Peer Gynt: Steh der Himmel euch bei!
Erste Saeterin:
Zum Saeter!
Zweite Saeterin: Wir haben Met!
Peer Gynt: Laßt's ein Meer sein!

DRITTE SAETERIN:
Die Samstagnacht soll keine Kammer heut leer sein!
ZWEITE SAETERIN *küßt ihn*:
Er glühet und sprühet wie glühheißes Erz.
DRITTE SAETERIN *ebenso*:
Wie 's Aug einer Kindsleich im schwärzesten See.
PEER GYNT: Trübe der Sinn und frech das Herz.
Im Auge Lachen, im Halse Weh!
DIE DREI SAETERINNEN *machen den Bergspitzen lange Nasen, schreien und singen*: Trond im Walgebirg! Kaare und Baar!
Wir schieben heut nacht die Riegel doch vor.

Im Rondegebirge. Sonnenuntergang. Schimmernde Schneegipfel rundum.

PEER GYNT *kommt wirr und verwildert*:
Luftschloß auf Luftschloß brückt es
Über die Tiefen hin!
Steh! Willst du stehn! Da rückt es
Wieder aus Augen und Sinn!
Auf dem Turme der Hahn winkt
Mit seinen Flügeln zur Flucht;
Und, ein entflatternder Wahn, sinkt
Alles ins Grauen der Schlucht.
Was für Wurzeln und Stämme sprießen
Dort aus zerklüftetem Grund?
Das sind Riesen mit Reiherfüßen!
Da schluckt sie schon wieder ein Schrund.
Wie Regenbogengeflimmer
Frißt sich mir's ins Gehirn.
Was ist das für Glockengewimmer!
Was werkt da in meiner Stirn!
Der Schädel nimmt keinen Rat an.
Wie sollt er's auch mit dem Band,
Dem brennheißen, um sich! Zum Satan!
Wer hat mir nur das umgebrannt! *Sinkt nieder.*

Bocksritt über den Genden.
Wer dir das glauben mag?
Hoch an den schroffesten Wänden
Mit der Braut – und im Rausch einen Tag;
Stoßende Falken und Weihen,
Trollspuk und ähnlicher Prast,
Liebschaften gleich mit dreien –
Oh, du verruchter Phantast! *Starrt lange aufwärts.*
Da segeln zwei braune Aare.
Gen Süden die Wildgäns ziehn,
Und hier soll ich armer Narre
Im Kot waten bis zu den Knien! *Springt in die Höhe.*
Ich will mit! Will baden mich rein in
Des Winds allerwildester Wut!
Will hoch! Will tauchen hinein in
Der Sonne Taufstrahlenflut!
Ich will fort! Ich schwing mich zu Pferde;
Ich reit mich von Sinn und Verstand;
Ich stürm übers Meer und werde
Kaiser von Engelland.
Ja, glotzt nur, ihr Mädels da drunten!
Ich tu, was ich mag, annoch.
Was wartet ihr, dumme Tunten?
Das heißt – am End komm ich doch?!
Hallo! Die Adler da droben,
Die hat wohl der Schwarze verhext!
Da hat sich ein Giebel erhoben!
Schau, schau, wie das wird und wächst!
Ein Bauwerk aus Berg und Wolke!
Haha, jetzt kenn ich mich aus!
Breit winkt die Tür allem Volke –
Das ist Großvaters neugebaut Haus.
Dem alten Gebälk ging's zuleibe,
Der Hecke gab man den Rest.
Das glitzert von jeder Scheibe,
Im großen Saal, da ist Fest!
Da messert die Plappertasche,

Der Propst, an sein Glas und girrt;
Da schmeißt der Kapitän seine Flasche,
Daß der Spiegel in Scherben zerklirrt.
Laß fahren dahin! Laß fahren!
Schweig, Mutter, wir machen's nicht gut!
Der reiche Jon Gynt mag nicht sparen –
Ein Hoch auf das Gyntische Blut!
Was ist das für ein Gezeter!
Was für ein Gelärm und Gejohl!
Der Kapitän ruft nach Peter,
Der Propst will ausbringen mein Wohl.
Hinein denn, entgegengenommen
Dein Urteil von jedem im Saal:
Von Großem, Peer, bist du kommen,
Und Großes noch wirst du einmal!

Springt vorwärts, rennt jedoch mit der Nase gegen einen Felsblock, fällt hin und bleibt liegen.

Eine Berglehne mit großen rauschenden Laubbäumen. Sterne blinken durchs Laub; Vögel singen in den Baumkronen.
Ein grüngekleidetes Weib geht auf der Lehne. Peer Gynt folgt ihm unter allerhand verliebten Gebärden.

DIE GRÜNGEKLEIDETE *bleibt stehen und kehrt sich um:*
Ist's wahr?

PEER GYNT *schneidet sich mit dem Finger über die Gurgel:*
Ich heiße nicht wahrer Peer,
Und du bist nicht wahrer eine bildsaubre Dirn!
Willst du mich haben? Du bekommst es nicht schwer,
Sollst nichts zu tun haben mit Nadel und Zwirn,
Magst dich mit Speisen nach Herzenslust stopfen,
Will dich auch niemals beuteln oder schopfen...

DIE GRÜNGEKLEIDETE:
Nie auch mich schlagen?

PEER GYNT: Nein – so zu fragen!
Ein Königssohn wird doch nicht Weibsleute schlagen.

DIE GRÜNGEKLEIDETE:
Ein Königssohn?
PEER GYNT: Ja!
DIE GRÜNGEKLEIDETE: Ich bin Dovrekönigs Kind.
PEER GYNT: Bist du? Schau, schau, was für Leute wir sind!
DIE GRÜNGEKLEIDETE: Drinnen in Ronde hat Vater sein Schloß.
PEER GYNT: Mutters Palast ist ein wahrer Koloß.
DIE GRÜNGEKLEIDETE:
Kennst du meinen Vater? Den König Brose?
PEER GYNT: Kennst du meine Mutter? Die Königin Aase?
DIE GRÜNGEKLEIDETE: Brüllt Vater, bersten die größten Blöcke.
PEER GYNT: Schilt Mutter, schießen sie Purzelböcke.
DIE GRÜNGEKLEIDETE:
Vater, der springt dir im Tanz bis ans Dach.
PEER GYNT: Mutter, die reitet durch den reißendsten Bach.
DIE GRÜNGEKLEIDETE: Hast du keinen besseren Anzug als den?
PEER GYNT: Du solltest mal meinen Sonntagsstaat sehn!
DIE GRÜNGEKLEIDETE:
Ich geh auch werktags in seidnem Kleide.
PEER GYNT:
Es sieht zwar wie Werg aus und Gras, nicht wie Seide...
DIE GRÜNGEKLEIDETE: Ja, du, auf eines, da hab du mir acht,
So ist's nun mal bei uns hergebracht:
Alles beim Rondevolk hat zwei Seiten.
Wenn du auf Vaters Schloß mit mir gehst,
Dürft dich der Schein leicht zum Glauben verleiten,
Daß du mitten in einer Geröllwüste stehst.
PEER GYNT: Just wie bei uns! Daß man's glauben sollt!
Für Ruß und Rost möchtest du alles das Gold
Und jede glitzernde Scheib für aus alten
Fetzen und Flicken zurechtgemacht halten.
DIE GRÜNGEKLEIDETE:
Schwarz, das scheint weiß, und grob, das scheint fein.
PEER GYNT:
Groß, das scheint klein, und schmutzig, das scheint rein!
DIE GRÜNGEKLEIDETE *fällt ihm um den Hals*:
Ja, Peer, so seh ich, wir geben ein Paar!

PEER GYNT: Wie Bein und Hose, wie Kamm und Haar.
DIE GRÜNGEKLEIDETE *ruft nach hinten in die Berglehne*:
Brauträßlein! Brauträßlein mein! Komm hervor!

Eine riesengroße Sau kommt gelaufen mit einem Tauende als Zaum und einem alten Sack als Sattel. Peer Gynt schwingt sich darauf und nimmt die Grüngekleidete vor sich.

PEER GYNT: Heißa! Jetzt geht es durchs Rondetor,
Sput dich, sput dich, mein Zelter brav!
DIE GRÜNGEKLEIDETE *zärtlich*:
Ach, gestern noch ging ich als wie im Schlaf;
Und heute – wer das mir gesagt hätt! – und heute...
PEER GYNT *prügelt die Sau und trabt von dannen*:
Am Reitzeug erkennt man die fürnehmen Leute!

Des Dovre-Alten Königshalle.

Große Versammlung von Hoftrollen, Erdgeistern und Kobolden; der Dovre-Alte auf dem Hochsitz mit Krone und Zepter, seine Kinder und nächsten Verwandten zu beiden Seiten. Peer Gynt steht vor ihm. Große Bewegung im Saal.

DIE HOFTROLLE: Schlachtet ihn ab! Betört hat der Christ
Des Dovre-Alten wonnigste Maid!
EIN JUNGER TROLL: Ob ich ihn in den Finger schneid?
EIN ANDERER: Darf ich ihn an den Haaren reißen?
EINE TROLLJUNGFER: Laßt mich ihn in den Schenkel beißen!
TROLLHEXE *mit einem Kochlöffel*:
Dafern er in Salzlaug zu pökeln ist...?
EINE ANDERE *mit einem Schlächtermesser*:
Soll ich ihn am Spieß braten oder im Hafen schmoren?
DER DOVRE-ALTE:
Eis euch ins Blut!
Winkt seine Vertrauten näher zu sich heran.
Hört, sein wir keine Toren!
Mit uns geht's die letzten Jahre zurück,
Wir haben den Halt, sozusagen, verloren,

Und Volkshilfe macht uns am End wieder flügg.
Zudem scheint der Bursche gesund geboren,
Und stark gebaut ist er auch, wie ich seh,
Wohl wahr, Kopf hat er nicht mehr als einen,
Doch hat meine Tochter ja auch nicht meh.
Dreiköpfiger Trolle gibt's schier mehr keinen,
Zweiköpfige kaum noch mal hier und da,
Und die sind denn auch soso lala. *Zu Peer Gynt*:
Du willst, daß ich dir die Tochter gebe?

PEER GYNT: Die Tochter und 's Reich als Mitgift dazu.

DER DOVRE-ALTE:
Das halbe mag dein sein, solang ich noch lebe,
Das übrige, leg ich dereinst mich zur Ruh.

PEER GYNT: Ich bin's zufrieden.

DER DOVRE-ALTE: Ja, stopp, mein Sohn!
Du mußt dich auch durch Zusagen binden.
Und brichst du nur eine, so kostet's den Thron,
Und du wirst nie mehr lebend von hier hinwegfinden.
Zunächst hast du nirgends herumzuscharlenzen,
Auch nicht in Gedanken, außer Rondanes Grenzen.
Tag sollst du scheun und Tat und jeden Fleck Lichts.

PEER GYNT:
Wenn ich König genannt werd, verschlägt mir das nichts.

DER DOVRE-ALTE:
Dann wolln wir dich mal bei den Hörnern packen...
Erhebt sich auf seinem Sitz.

DER ÄLTESTE HOFTROLL *zu Peer Gynt*:
Wobei deine Kunst sich erweisen soll,
Des Alten Rätselnüsse zu knacken!

DER DOVRE-ALTE:
Wodurch unterscheiden sich Mensch und Troll?

PEER GYNT: Die unterscheiden sich wohl nicht sehr.
Großtroll will zwicken – und Kleintroll will zwacken,
Ganz wie bei uns, wenn's erlaubt nur wär.

DER DOVRE-ALTE:
Wohl wahr, wir sind einig in dem und in mehr.
Doch gleicht sich auch Tag um Tag um ein Haar –

Ein Unterschied bleibt denn doch immerdar.
Hör zu denn, so wird er dir offenbar.
Draußen im Sonnenstrahl ruft man sich zu
Als heimlichste Weisheit: „Mensch, sei du!"
Hier aber unter uns Trollen heißt klug
Geredet: „Troll, sei du – dir genug!"

DER HOFTROLL *zu Peer Gynt*:
Ist das nicht tief?

PEER GYNT: Mir ist's noch nicht klar.

DER DOVRE-ALTE:
„Genug", mein Sohn, dies mächtige Scheidwort,
Werde fortan dein Leib- und Leitwort!

PEER GYNT *kraut sich hinter dem Ohr*:
Ja, doch...

DER DOVRE-ALTE:
Du mußt, willst du Herr hier werden!

PEER GYNT:
Meinthalben – 's gibt schlimmere Dinge auf Erden.

DER DOVRE-ALTE:
Sodann mußt du Ehre, zu lernen, einlegen,
Wie wir daheim hier zu leben pflegen.
Er winkt. Zwei Trolle mit Schweinsköpfen, weißen Nachthauben usw. bringen Speise und Trank.
Die Kuh gibt Fladen, der Ochs gibt Met;
Frag nicht, ob's sauer oder süß eingeht.
Die Hauptsach ist, daß man nie vergißt,
Daß es hausgemacht ist.

PEER GYNT *weist die Sachen zurück*:
Zum Teufel mit euerer Hauskost auch!
Ich find mich wohl nie in den Landesbrauch.

DER DOVRE-ALTE:
Der Napf geht mit, und der Napf ist von Gold.
Wer den Goldnapf hat, dem ist mein Töchterlein hold.

PEER GYNT *überlegend*:
Es steht freilich geschrieben: Du sollst dich zwingen!
Und man lernt's mit der Zeit ja wohl leichter schlingen.
Meinthalben! *Fügt sich.*

DER DOVRE-ALTE:
Sieh, Freund, das zeugt von Vernunft. –
Du spuckst?
PEER GYNT: Man gewöhnt sich wohl noch in die Zunft.
DER DOVRE-ALTE:
Sodann mußt du deine Christentracht abwerfen;
Denn dies laß zu Dovres Ehren dir einschärfen:
Hier ist nichts von jenseits der Felsenscheide,
Außer hinten am Wedel die Schleife von Seide.
PEER GYNT *zornig*:
Ich hab keinen Wedel!
DER DOVRE-ALTE: Geduld dich, Mann!
Hoftroll, bind ihm meinen Sonntagsschwanz an.
PEER GYNT:
Wenn du's versuchst...! Das geht über den Scherz!
DER DOVRE-ALTE:
Du freist um meine Tochter mit nackichtem Sterz?
PEER GYNT:
Einen Menschen zum Tier machen!
DER DOVRE-ALTE: Freund, du irrst;
Ich mach dich nur zu einem höfischen Freier.
Die brandgelbe Schleif, die du kriegen wirst,
Die trägt man hier sonst nur zur höchsten Feier.
PEER GYNT *nachdenklich*:
Wie heißt's doch? Ein Mensch ist nicht mehr als ein Hauch.
Und man muß sich wohl finden in Schick und in Brauch.
Bind an denn!
DER DOVRE-ALTE: Du bist ein umgänglicher Gesell.
DER HOFTROLL: Und nun versuch mal recht fein zu wedeln!
PEER GYNT *gereizt*:
He, wollt ihr mich nun noch weiter veredeln?
Heischt ihr auch noch meinen Christenglauben?
DER DOVRE-ALTE: Nein, nein, den wollen wir dir nicht rauben.
Der Glauben ist frei; darauf liegt hier kein Zoll.
Am Schnitt und am Schritt erkennt man den Troll.
Wenn uns nur Tracht und Gehaben nicht trennen,
Nenn immer Glauben, was Furcht wir nennen.

PEER GYNT: Du bist doch, trotz all der schlimmen Gebräuch,
Ein netterer Kerl, als man sollte meinen.

DER DOVRE-ALTE:
Mein Sohn, wir Trolle sind besser, als wir scheinen,
Das ist auch ein Unterschied zwischen uns und euch. –
Doch laßt uns dem Ernst ein Ende nun setzen.
Auf, auf, zur Freude für Aug und für Ohr,
Laß, Spielmaid, nun deine Harf uns ergetzen!
Spring, Tanzmaid, uns den Dovretanz vor!
Spiel und Tanz.

DER HOFTROLL:
Was gedünkt dich davon?

PEER GYNT: Was? Hm!

DER DOVRE-ALTE: Fürcht dich nicht.
Was siehst du?

PEER GYNT: Ein urgreulich Gesicht:
Eine Darmsaiten hufende Schellenkuh.
In Kniehosen trippelt ein Ferkel dazu.

DER HOFTROLL:
Verschlingt ihn!

DER DOVRE-ALTE: Bedenkt, er hat Menschensinnen!

DIE TROLLJUNGFERN: Aug aus und Ohr ab dem frechen Fanz!

DIE GRÜNGEKLEIDETE *weinend*:
Huhu! Solch Lob ist's, was wir gewinnen,
Wenn ich und mein Schwesterlein spiel und tanz!

PEER GYNT: Ach, du! Du warst's? Na, so 'n bißchen Gehöhn,
Das weißt du ja doch, das bedeutet nicht viel.

DIE GRÜNGEKLEIDETE:
Gewiß und wahrhaftig nicht?

PEER GYNT: Tanz so wie Spiel
War, laus mich der Affe, beides sehr schön.

DER DOVRE-ALTE:
Mit der Menschenart ist das ein wunderlich Ding;
Die klebt und klettet so merkwürdig fest.
Und ob sie auch so noch viel Schrammen empfing –
Die Narben heilen, das ist der Rest.
Mein Schwiegersohn hat doch nun, ungelogen,

Fügsam sein Christenzeug ausgezogen,
Fügsam getrunken vom Metpokal,
Fügsam den Wedel sich umgebunden –
So fügsam zu allem, kurz, was ich befahl,
Daß ich dachte, für ein und für alle Mal
Sei nun sein alter Adam verschwunden;
Doch einszweidrei steht der hier wieder im Saal.
Ja, ja, mein Sohn, so bedarf's einer Kur
Wider diese dickschädlige Menschennatur.

PEER GYNT: Einer Kur?

DER DOVRE-ALTE: In den linken Augapfel hier
Ritz ich dich leicht – so wird scheel sein Geäug;
Doch was du siehst, siehst du fortan wie wir.
Sodann schneid ich aus dir das rechte Visier.

PEER GYNT:
Du bist wohl...?

DER DOVRE-ALTE *legt einige scharfe Werkzeuge auf den Tisch*:
Hier hab ich mein Glaserzeug.
Und kriegst du dann Scheuklappen noch, wie ein Gaul,
Dann siehst du die Braut mit einem Mal blühn
Und fabelst nie fürder mit bösem Maul
Von trippelnden Ferkeln und Schellenkühn...

PEER GYNT: Töricht!

DER ÄLTESTE HOFTROLL: So kommt dir des Alten Red vor?
Merk's: Er ist der Weise, und du bist der Tor!

DER DOVRE-ALTE: Bedenk, von wieviel Verdrießlichkeiten
Du dich befrein kannst auf alle Zeiten.
Frag selbst dich, was hast du von dieser Quelle
Quälender Zährenbeiz und -laug!

PEER GYNT: Ganz recht, und ich kenn auch die Bibelstelle:
Ärgert dein Aug dich, reiß aus dein Aug!
Aber – wann stellt es sich dann wieder her,
Wird Menschenaug wieder?

DER DOVRE-ALTE: Das wird's nimmermehr.

PEER GYNT: So? Ja, dann sind wir zu Ende gediehn.

DER DOVRE-ALTE:
Was willst du tun?

PEER GYNT: Meines Wegs mich verziehn.
DER DOVRE-ALTE:
Nein, halt! Herein schlüpft hier leicht ein Wicht!
Aber hinaus läßt der Dovrehag nicht.
PEER GYNT: Du willst mit Gewalt, daß ich hierbleiben soll?
DER DOVRE-ALTE: Hör nun und nimm Vernunft an, Prinz Peer!
Du hast Begabung zum Troll. Nicht wahr, er
Trägt sich nun schon so ziemlich wie ein Troll?
Und willst doch auch Troll sein?
PEER GYNT: Weiß Gott, will ich's sein.
Für 'ne Braut und ein wohlbestallt Reich obendrein
Gibt man ja wohl auch einmal etwas viel.
Aber alles in der Welt hat sein Maß und sein Ziel.
Den Wedel nahm ich an, weil ich's also verstand:
Man kann wieder lösen, was der Hoftroll band.
Die Hos warf ich ab, weil sie alt war und fetzig;
Doch die kann man ja wohl wieder anknöpfen, schätz ich.
Und schließlich drück ich mich wohl auch noch leis
Von dieser dovreschen Lebensweis.
Ich will ja gern schwören, eine Kuh wär eine Maid –
Einen Eid kann ja einer mal in sich fressen –,
Aber so eine Menschheit auf immer vergessen,
Nicht einmal als ehrlicher Mensch sterben sollen,
Als Bergtroll so umgehn auf Lebenszeit,
Niemalen mehr von euch zurücktreten können,
So Troll sein mit all seinem Fühlen und Wollen –
Nein, nein, da tu ich mir Besseres gönnen.
DER DOVRE-ALTE: Jetzt werd ich aber bald wild, du Duns;
Und dann ist nicht mehr zu spaßen mit Uns.
Du tagfalber Knirps! Weißt du, wer Wir sind?
Zuerst vergreifst du dich an Unserm Kind...
PEER GYNT:
Das lügst du in deinen Hals!
DER DOVRE-ALTE: Du mußt sie jetzt frein.
PEER GYNT: Du wagst mir zu sagen...?
DER DOVRE-ALTE: Was ist da zu schrein?
Du hast sie begehrt! Du wünschtest mein Reich!

PEER GYNT *pustet*:
Sonst nichts? An so was sich festzuzwacken!
DER DOVRE-ALTE:
Ihr Menschen bleibt euch doch alleweil gleich.
Den Geist bekennt ihr mit vollen Backen;
Doch geachtet wird nur, was mit Fäusten zu packen.
Du meinst, daß Wunsch und Begehren nicht bindet?
Wart nur, dir soll bald ein Licht aufgehn!
PEER GYNT:
Du sollst mich dir nicht ins Netz schwimmen sehn!
DIE GRÜNGEKLEIDETE:
Mein Peer, du bist Vater, eh 's Jahr entschwindet.
PEER GYNT: Laßt mich hinaus.
DER DOVRE-ALTE: Wir schicken dir 's Kleine
Nach in 'nem Bocksfell.
PEER GYNT *trocknet sich den Schweiß ab*:
Erwacht ich doch nur!
DER DOVRE-ALTE:
Soll's an den Königshof?
PEER GYNT: Schickt's der Gemeine!
DER DOVRE-ALTE: Mach, was du willst, mit der Kreatur.
Getan ist getan, davon geht kein Quent,
Item, Prinz Peer, daß dein Sprößling wird wachsen;
Solch ein Mischlingsbalg wächst unheimlich behend...
PEER GYNT: Alter, nun lassen wir endlich die Faxen;
Kommen wir, Jungfer, zu Frieden und Vergleich!
Du sollst wissen, ich bin weder Prinz weder reich,
Und ob du mich wögest nun oder mich mäßest,
's wäre für dich kein Gewinn, wenn du mich besäßest.

Der Grüngekleideten wird übel; Trollmädchen tragen sie hinaus.

DER DOVRE-ALTE *blickt eine Weile mit tiefer Verachtung auf ihn; darauf sagt er*:
Schmeißt ihn wider die Bergwand zu Brei!
DIE JUNGEN TROLLE *bittend*:
Spielen wir nicht erst Kauz und Weih?
Isegrim? Funkelkatz und Graumaus?

DER DOVRE-ALTE:
Aber schnell! – Ich schnarch mein Gift derweil aus. *Ab.*
PEER GYNT *von den jungen Trollen gejagt*:
Laßt mich, Teufelspack! *Will durch den Schornstein hinauf.*
DIE JUNGEN TROLLE: Kobolde! Wichte!
Beißt ihn von hinten!
PEER GYNT: Au! *Will hinab durch die Kellerluke.*
DIE JUNGEN TROLLE: Macht alles dichte!
DER HOFTROLL: Wie die Kleinen sich freun!
PEER GYNT *mit einem kleinen Trolljungen kämpfend, der sich in sein Ohr festgebissen hat*: Laß los, Höllenbrut!
DER HOFTROLL *schlägt ihn auf die Finger*:
Willst du wohl, Schlingel! Das ist königlich Blut!
PEER GYNT: Ein Rattenloch! *Läuft hin.*
DIE JUNGEN TROLLE: Wichtelvolk! Werg in die Kerbe!
PEER GYNT: Die Rangen verstehn ihr verruchtes Gewerbe!
DIE JUNGEN TROLLE:
Zerfetzt ihn!
PEER GYNT: Ach, wär man klein wie 'ne Maus!
Läuft umher.
DIE JUNGEN TROLLE *umwimmeln ihn*:
Schließt den Ring! Schließt den Ring!
PEER GYNT *jammernd*: Ach, wär ich eine Laus!
Fällt um.
DIE JUNGEN TROLLE:
Auf die Augen ihm jetzt!
PEER GYNT *im Trollhaufen begraben*:
Hilf, Mutter, ich sterbe!

Kirchenglocken läuten in der Ferne.

DIE JUNGEN TROLLE:
Schellen im Gebirg! Der Schwarzrock fährt aus!

Die Trolle flüchten unter Geheul und Getöse. Die Halle stürzt ein; alles verschwindet.

Stockfinsternis.

Man hört Peer Gynt mit einem großen Ast um sich hauen und schlagen.

PEER GYNT:

Gib Antwort! Wer bist du?

EINE STIMME IN DER FINSTERNIS: Ich selbst.

PEER GYNT: Freie Bahn!

DIE STIMME: Einen Umweg gemacht! Groß genug ist der Plan.

PEER GYNT *will an einer andern Stelle hindurch, stößt aber auf Widerstand*: Wer bist du?

DIE STIMME: Ich selbst. Kannst du eben das sagen?

PEER GYNT: Ich kann sagen, was ich will; und mein Schwert kann dich erschlagen!

Sieh dich vor! Hui, hei, da fällt's auch schon sausend!
König Saul erschlug hundert – Peer Gynt erschlug tausend!

Schlägt und haut.

Wer bist du?

DIE STIMME: Ich selbst.

PEER GYNT: Das dumme Gered
Kannst du dir sparen, das keiner versteht.
Was bist du?

DIE STIMME: Der große Krumme.

PEER GYNT: Schau, schau!
Erst war das Rätsel schwarz, jetzt scheint es grau.
Bahn frei, Krummer!

DIE STIMME: Herum um mich, Peer!

PEER GYNT: Durch! *Schlägt und haut.*
Da fiel er!

Will vorwärts, stößt aber auf Widerstand.

Hoho! Sind hier mehr?

DIE STIMME:

Nur einer, Peer Gynt, der sich immer wieder erhebt!
Der Krumme, der tot ist und niedergebrochen.
Der Krumme, der tot ist, und der Krumme, der lebt.

PEER GYNT *wirft den Ast weg*:

Die Wehr ist verhext; muß die Faust denn ans Werk!

Schlägt sich durch.

DIE STIMME: Ja, trau du nur auf deine Faust, deine Knochen!
Hihi, Peer Gynt, so gewinnst du den Berg.
PEER GYNT *kommt zurück*:
Hin und zurück, 's ist der gleiche Weg;
Hinaus und hinein, 's ist der gleiche Steg!
Da ist er! Dort! Rings, wo ich mich weise!
Wähn ich mich draußen, steh ich mitten im Kreise.
Nenn dich! Laß sehn dich! Was bist du, Verkapptes?
DIE STIMME:
Der Krumme.
PEER GYNT *tastet umher*:
Nicht tot. Nicht lebendig. Ein Gären.
Ein Brodeln. Gestaltlos. Und brummend tappt es
Um einen her wie halbwache Bären! *Schreit*:
Schlag um dich!
DIE STIMME: Der Krumme ist nicht so toll.
PEER GYNT: Schlag zu!
DIE STIMME: Der Krumme schlägt nicht.
PEER GYNT: Er soll!
DIE STIMME: Der große Krumme gewinnt ohne Streit.
PEER GYNT:
Wär hier bloß ein Zwerg, der mich zwicken möchte!
Wär hier bloß ein Troll, nur zehn Monate alt!
Bloß daß man nicht so in der Luft herumföchte.
Jetzt schnarcht er gar! Krummer!
DIE STIMME: Was gibt's?
PEER GYNT: Brauch Gewalt!
DIE STIMME: Der große Krumme gewinnt alles mit der Zeit.
PEER GYNT *beißt sich in Arme und Hände*:
Krallen ins Fleisch und ritzende Zähn!
Ich muß mein eigen Blut rinnen sehn.

Man hört etwas wie den Flügelschlag großer Vögel.

VOGELSCHREI: Kommt er, Krummer?
DIE STIMME IN DER FINSTERNIS: Ja? Schuh um Schuh.
VOGELSCHREI:
All ihr Schwestern von nah und fern! Stellt euch ein!

Peer Gynt: Willst du mich retten, Dirn, vor dem Draug,
Schau nicht so bitter und kummervoll drein!
Dein Gesangbuch! Wirbel's ihm mitten ins Aug!
Vogelschrei: Er taumelt.
Die Stimme: Wir haben ihn.
Vogelschrei: Schwestern! Herzu!
Peer Gynt: Zu teuer erkauft sich ein Menschensein
Mit solch einer Stunde voll zehrender Pein.
Sinkt zusammen.
Die Vögel:
Da stürzt er! Nun, Krummer, an Leib und Leben ihm!

Von ferne hört man Glockenläuten und frommen Gesang.

Der Krumme *schwindet zu nichts zusammen und ruft mit erlöschender Stimme*:
Er war zu stark. Weiber standen neben ihm.

Sonnenaufgang. Im Gebirge vor Aases Saeter. Die Tür ist verriegelt; alles öde und still.
Peer Gynt liegt schlafend an der Außenwand der Hütte.

Peer Gynt *erwacht, sieht mit stumpfem und trägem Augenaufschlag um sich; spuckt aus*:
Wie gut ein gesalzener Hering jetzt wär!
Spuckt wieder aus; zugleich erblickt er Helga, die mit einem Korb voll Lebensmitteln kommt.
He, Kleine, bist du hier? Wo kommst du denn her?
Helga: Solvejg...
Peer Gynt *springt auf*:
Wo ist sie?
Helga: Hier, hinterm Haus.
Solvejg *unsichtbar*:
Kommst du mir nah, so nehm ich Reißaus!
Peer Gynt *bleibt stehen*:
Meinst wohl, du liefst hier bei mir Gefahr...
Solvejg: Schäm dich!

PEER GYNT: Und weißt du, wo ich des Nachts war? –
Die Dovremaid hängt wie 'ne Roßbrems mir an.

SOLVEJG:
Wie gut es da war, daß im Dorf wurd geläutet!

PEER GYNT: Was auch Peer Gynt das Gebimmel bedeutet! –
Was sagst du?

HELGA *weinend*: Da rennt sie schon, was sie kann. *Läuft nach.*
Wart doch!

PEER GYNT *packt sie am Arm*:
Schau her, du! Was hab ich hier?
Einen silbernen Knopf, Kleine! Möchtest du den?
So leg ein gut Wort für mich ein!

HELGA: Laß mich gehn!

PEER GYNT:
Hier hast du ihn.

HELGA: Da steht der Korb mit dem Essen!

PEER GYNT:
Gnad dir Gott, wenn du nicht...

HELGA: Ich fürcht mich vor dir!

PEER GYNT *sanft; läßt sie los*:
Ich meint ja nur: Bitt sie, sie soll mich nicht vergessen!

Helga laufend ab.

DRITTER AKT

Tief im Innern des Nadelwaldes. Graues Herbstwetter. Schneefall.
Peer Gynt, in Hemdsärmeln, fällt Holz.

PEER GYNT *haut los auf eine große Kiefer mit gekrümmten Ästen*:
Ei ja, du bist zäh, du alter Gesell;
Doch frommt dir das wenig, du fällst nur zu schnell.
Haut wieder.
Ich seh zwar, du hast ein Panzerhemd an;
Doch wär's noch so stark auch, ich steh meinen Mann.
Ja, ja, du schüttelst deinen knorrigen Arm;
Glaub's wohl, du zitterst vor Zorn und Harm.
Doch trotz alledem sollst du nieder vor Peer...
Bricht mit einem Mal schroff ab.
Hirngespinst! Da ist ein Baum und nichts mehr;
Keine in Stahl gehüllte Gestalt,
Bloß eine Bergkiefer, rissig und alt.
Ein hart Stück Arbeit, dies Umhaun von Bäumen;
Doch Wahnwitz, zu haun und dazu noch zu träumen.
Dies hat jetzt ein End – dies Ins-Blaue-Stieren
Und offenen Augs Sich-im-Nebel-Verlieren.
Ein Friedloser bist du! Ein Tier unter Tieren.
Haut eine Weile hastig.
Friedlos, jawohl. Kein haushälterisch
Mütterlein deckt und bestellt dir den Tisch.
Willst du was essen, Bursch, hilf dir allein,
Fang dir im Bach oder Wald was ein,
Schnitzel dir Brennholz und setz es in Brand,
Brat und trag auf dir mit eigener Hand.
Willst du dich warm kleiden, pürsch dich an Böcke;

Willst du dir 'n Haus grundmauern, brich Blöcke;
Willst du dir's aufzimmern, hack und hau
Und schlepp dir die Balken selbst bücklings zum Bau!
Die Axt sinkt; er sieht vor sich hin.
Fein soll der Bau werden. Turm und Hahn
Soll weithin sichtbar den First überblitzen,
Und an den Giebel, aus Kieferspan,
Will ich ein fischgeschwänzt Meerweib schnitzen.
Messing soll der Hahn sein und Messing die Klinken;
Glas will ich auch wohl zu kriegen sehn.
Hei, soll fremdes Volk mauloffen stehn,
Sieht's vom Gebirg her das Funkeln und Blinken!
Lacht ingrimmig.
Höllisches Gaukelspiel! Da war's wieder.
Du bist friedlos, Bursch. *Haut heftig drauflos.*
Ein Rindendach
Tut's auch wider Wetter und Ungemach.
Sieht an dem Baum hinauf.
Da wankt er und schwankt er. Jetzt nur noch ein Tritt!
Da stürzt er in all seiner Länge darnieder
Und reißt das aufkreischende Niederholz mit!
Macht sich daran, den Stamm seiner Zweige zu entkleiden; auf einmal horcht er und steht mit erhobener Axt still.
Da liegt jemand hinter mir auf der Lauer!
Du kommst mir mit Hinterlist, Haegstadbauer?
Duckt sich hinter den Baum und spitzt hervor.
Ein einzelner Bursch bloß! Er scheint erschreckt.
Er sieht sich scheu um. Er verdeckt und versteckt
Was unter dem Kittel. Eine Sichel! Er ballt
Die Faust um den Skistab. Und jetzt? Umkrallt
Seine Rechte den Sichelgriff, holt aus! Schwapp!
Hieb er sich da nicht den Finger ab?
Den ganzen Finger! Er blutet wie ein Schwein.
Da setzt er, die Faust in 'nem Tuch, querwaldein. *Erhebt sich.*
Der war wohl besessen! Ohne Not einen Finger!
Blank weg! Und sind dir so kostbare Dinger!
Hallo, jetzt schwant mir's! Ein Finger auf dem Block,

Heißt es, macht frei von des Königs Rock.
So war's. Er sollt in den Krieg, nach der Pflicht,
Und wollt lieber hierbleiben auf seiner Schollen...
Aber deshalb für immer ihn abtrennen sollen?
Es denken, es wünschen, ja selber es wollen...
Aber es tun? Nein, das faß ich nicht!
Schüttelt den Kopf und geht dann wieder an seine Arbeit.

Eine Stube unten bei Aase. Alles in Unordnung; Kisten und Kasten stehen offen; Alltagszeug liegt verstreut herum; im Bett eine Katze. Aase und die Häuslersfrau sind eifrig dabei, zusammenzupacken und Ordnung zu schaffen.

AASE *rennt nach der einen Seite*:
Kari, hör zu!
DIE FRAU: Was gibt's?
AASE *auf der andern Seite*: Hör zu!
Wo liegt denn...? Wo find ich...? Vielleicht weißt du...?
Ich bin ganz verdattert! Was wollt ich denn doch? –
Den Schlüssel zum Kasten!
DIE FRAU: Der steckt doch im Loch.
AASE: Was rumpelt da draußen?
DIE FRAU: Die letzte Fuhr
Wird nach Haegstad gekarrt.
AASE *weinend*: Ach, würd ich doch nur
Mit hinausgekarrt in der schwarzen Kiste!
Ach, das ist ein Leben! Du lieber Christe!
Das heiß ich mir einen Zusammenbruch!
Was der Haegstad verschont, hat der Schuldvogt bekommen.
Nicht die Kleider am Leib habt ihr ausgenommen!
Pfui, pfui über euch und den eiskalten Spruch!
Setzt sich auf die Bettkante.
Jetzt sind wir also verarmtes Gelichter.
Ruppig war der Bauer, noch ruppiger der Richter.
Da gab's keine Hilfe, da gab's kein Erbarmen;
Peer war nicht da, kein Mensch half mir Armen.

DIE FRAU: Hier könnt Ihr doch hausen bis an Euren Tod.
AASE: Ja, die Katz und ich kriegen 's Gnadenbrot.
DIE FRAU: Mutter, der Peer kam Euch teuer zu stehn!
AASE: Peer? Da hast du's bei mir versehn!
Kam nicht die Ingrid heil heim zuletzt?
An den Teufel hätt man sich halten müssen,
Der hat's, und kein andrer, auf dem Gewissen,
Der hat meinen Jungen auf all das gehetzt!
DIE FRAU: Sollt's nicht am End wer dem Pfarrer sagen?
Es geht ihm schlechter, als Ihr vielleicht wißt.
AASE: Glaub's auch schier, daß es so besser ist. *Fährt auf.*
Aber nein! Ich will nicht noch fremde Leut plagen!
Ich helf ihm, das ist meine heilige Pflicht;
Wenn's die Mutter nicht tut, wer andrer tut's nicht.
Die Joppe hier wurd ihm geschenkt. Werd ich flicken.
Möcht ihnen jetzt bloß noch das Bettfell abzwicken!
Wo sind denn die Strümpf?
DIE FRAU: Dort, beim andern Wuste.
AASE *wühlt herum*:
Herrje, was ist das? Eine alte, berußte
Kelle! Mit der tat er allerwegen
Knopfgießer spielen, schmelzen und prägen.
War einmal Fest hier; kommt der Junge herein,
Will ein Stück Zinn. Sagt mein Jon: Zinn? Nein!
Aber eine König-Christians-Kron;
Silber, so ziemt sich's Jon Gyntens Sohn.
Gott verzeih's ihm; doch hitzt ihm der Wein nun den Sinn,
So kam's ihm auf Gold nicht mehr an denn auf Zinn.
Hier sind ja die Strümpf. Na, die Löcherkett!
Da heißt's stopfen, Kari!
DIE FRAU: Glaub's auch, Bäuerin.
AASE: Wenn dies dann gemacht ist, so tracht ich ins Bett;
Ich fühl so ein Ziehen und Zucken und Pressen... *Erfreut*:
Zwei Wollhemden, Kari, die habn sie noch vergessen!
DIE FRAU: Ja, richtig, das habn sie.
AASE: Gefundenes Fressen!
Das eine kannst du zur Seite legen.

Oder wart, wir verwahrn gleich den ganzen Segen.
Das Hemd, das er anhat, das ist schon so schlecht.
DIE FRAU: Je,.je, Mutter Aase, das ist aber nicht recht.
AASE: Ja, ja – doch du weißt ja, der Pfarrer verkündigt
Gnade für dies und für mehr, was eins sündigt.

Vor einer neugebauten Hütte im Wald. Ein Rentiergeweih über der Türe.
Der Schnee liegt hoch. Es dämmert.
Peer Gynt steht vor der Tür und schlägt ein großes hölzernes Schloß fest.

PEER GYNT *lacht dann und wann auf*:
Ein Schloß muß sein, daß die Hütte rein bleibe
Vor allerlei Trollpack, so Manne wie Weibe.
Ein Schloß muß sein, die Hütte zu bergen
Vor allen den tückischen Wichten und Zwergen.
Das kommt mit dem Dunkel; das pocht an die Planken:
Mach auf, wir sind ohne Rast wie Gedanken!
Wir kramen im Bettsack, die Herdglut wir fachen,
Wir fahrn durch die Esse wie feurige Drachen.
Hihi, Peer Gynt, meinst du, Nägel und Planken
Feiten vor tückischen Koboldgedanken?

Solvejg kommt auf Schneeschuhen über die Heide; sie hat ein Umschlagtuch um den Kopf und ein Bündel in der Hand.

SOLVEJG:
Gott segne dein Tun! Mußt dich meiner nicht schämen!
Du riefst mich, ich kam – und so mußt mich denn nehmen.
PEER GYNT: Solvejg! Das ist nicht...! Du bist es? Ja! Ja!
Und du fürchtest dich nicht, und du kommst mir so nah!
SOLVEJG: Botschaft hast du gesandt mit dem Kinde;
Botschaft brachten mir heimlich die Winde.
Botschaft barg, was dein Mütterlein sagte,
Botschaft der Traum, der vom Lager mich jagte.
Freudleere Tag und kummerschwere Nächte
Brachten mir Botschaft, daß dein ich dächte.
Das Leben daheim ward ein trübes Verrinnen;

Und lacht ich und weint ich, es kam nicht von innen.
Und ob ich schon deinen Sinn nicht ganz wußte,
So wußt ich doch ganz, was ich sollt, was ich mußte.

PEER GYNT: Und dein Vater?

SOLVEJG: Auf weitweiter Gotteswelt
Weiß ich kein Menschenherz mehr, das mich hält.
Keines mehr.

PEER GYNT: Solvejg, du Holde, du Reine –
Um die Meine zu werden?

SOLVEJG: Alleinzig die Deine.
Jetzt mußt du mir alles sein, Heimat und Frieden.
Unter Tränen:
Am schwersten war's von Klein Helga geschieden;
Noch schwerer vom Vater, so still und klug;
Am allerschwersten von der, die mich trug.
Nein, nein – am schwersten ist mir's gefallen,
Zu scheiden von ihnen allen, allen!

PEER GYNT: Und kennst du mein Urteil vom Frühling her?
Ich hab keinen Hof und kein Erbgut mehr.

SOLVEJG: Meinst du, von Erbgutgelüsten getrieben,
Wär ich gegangen von allen den Lieben?

PEER GYNT:
Und kennst du den Bann? Werd ich draußen getroffen,
Vorm Wald, so habe ich nichts mehr zu hoffen.

SOLVEJG: Auf Schneeschuhen lief ich, ich fragte jeden aus.
Man forschte, wohin ich wollte; ich sagte: Ich will nach Haus.

PEER GYNT: Hinweg mit allen den Pflöcken und Planken,
Was braucht's jetzt noch Riegel wider Koboldgedanken!
Willst du des Schützen in Lust und Leid sein,
So weiß ich, so wird meine Hütte geweiht sein.
Solvejg! Dich ansehn! Von fern nur gegrüßt!
Ansehen bloß! Wie du leuchtest und glühst!
Laß mich dich heben! Wie leicht sich das faßt!
Wann würd ich müd je so lieblicher Last!
Rein, vor mir her, mit gestreckten Armen,
Will ich dich tragen, du Herz voll Erbarmen.
Daß du zu mir kämst, wer hätt das gedacht!

Oh, aber gesehnt hab ich Tag mich und Nacht.
Hier, siehst du, hab ich gezimmert und gebaut;
Aber jetzt will ich neu baun, denn jetzt kam die Braut...

SOLVEJG: So oder so – hier ist's gut, wo wir sind.
Wie atmet sich's leicht widern wehenden Wind!
Dort drunten war's dumpfig, du fühltest dich beengt;
Das hat mich auch mit aus dem Ort fortgedrängt.
Aber hier, wo du hörest der Föhren Gesause –
Welche Stille, welche Töne! –, hier bin ich zu Hause.

PEER GYNT:
Und weißt du's gewiß? Und zerbrichst jede Brücke?

SOLVEJG: Der Weg, der mein Weg ist, führt nimmer zurücke.

PEER GYNT:
So hab ich dich! Komm! Laß mich drinnen dich schauen!
Tritt ein! Ich lauf nur noch Herdholz hauen;
Traut soll es wärmen, und hell will ich's schüren,
Weich sollst du sitzen und von Kälte nichts spüren.

Er öffnet die Tür; Solvejg tritt ein. Er steht eine Weile still, dann lacht er laut auf vor Freude und macht einen Luftsprung.

Mein Königskind! Jetzt ist's gefunden und gewonnen!
Hei! Jetzt wird der Schloßbau von Grund aus neu begonnen!

Er ergreift die Axt und geht; im selben Augenblick tritt ein ältliches Weib in zerlumptem grünem Unterrock aus dem Gehölz hervor; ein häßlicher Junge, mit einer Bierflasche in der Hand, hinkt nach und hält sich an ihrer Schürze.

DAS WEIB: Guten Abend, Peer Leichtfuß!

PEER GYNT: Was gibt's? Wer da?

DAS WEIB: Alte Freunde, Peer Gynt! Meine Hütte liegt nah.
Wir sind Nachbarn.

PEER GYNT: Soso? Das wußt ich noch nit.

DAS WEIB: Als dein Haus gebaut ward, baute meines sich mit.

PEER GYNT *will weiter*:
Ich hab Eil...

DAS WEIB: Die hast du wohl immer, Mann;
Doch ich trott hinterdrein, und du sollst mir noch dran.

PEER GYNT: Ihr irrt Euch!

DAS WEIB: Ich hab mich nur einmal geirrt:
Den Tag, da du mich mit Versprechen gekirrt.
PEER GYNT: Versprechen? Der Teufel versteh, was das heißt!
DAS WEIB: Vergißt du den Abend in Vaters Saal?
Vergißt du...?
PEER GYNT: Vergiß, was du gar nicht weißt!
Wann trafen wir uns zum letzten Mal?
DAS WEIB: Da wir zum ersten Mal uns getroffen.
Zu dem Jungen:
Gib Vater zu trinken; sein Mund steht offen.
PEER GYNT: Vater? Du bist wohl betrunken? Du nennst...?
DAS WEIB: Daß du das Schwein nicht am Fell schon erkennst!
Hast du keine Augen? So sieh doch nur hin:
Sein Fuß ist so lahm wie dein ganzer Sinn.
PEER GYNT: Du willst mir einreden...?
DAS WEIB: Mach keine Faxen!
PEER GYNT: Dieser langbeinige Bursch!
DAS WEIB: Er ist flink gewachsen.
PEER GYNT: Du Trollfratze, legst es mir aus, als ob...
DAS WEIB: Hör mir, Peer Gynt, du bist klotzig grob!
Weinend:
Was kann ich dafür, daß ich nicht mehr so schön
Wie, da du mich locktest auf Halden und Höhn?
Der Teufel, der zog meinen Rücken so krumm,
Als im Herbst ich gebar, und das wirft einen um.
Aber willst du mich wieder so schmuck sehn wie früher,
So weis nur der Dirne dort drinnen die Tür.
So schaff sie dir nur aus dem Sinn und den Augen –
Und mein Frätzel soll, Freund, dir bald besser taugen!
PEER GYNT: Fort, Hexe!
DAS WEIB: Eitel, daß du mich bannst!
PEER GYNT:
Ich schlag dir den Schädel ein!
DAS WEIB: Tu's, wenn du's kannst!
Hoho, Peer Gynt, ich steh jedem Schlag!
Ich komme zurück jeden einzelnen Tag;
Ich lug durch die Tür und beobacht euch beiden.

Und sitzt du mit ihr dann zu dämmriger Weil
Auf der Bank und wirst zärtlich und magst sie gern leiden,
So setz ich dazu mich und forder mein Teil.
Dann schnäbelst du balde mit ihr, bald mit mir dich.
Leb wohl, lieber Junge, und morgen kopulier dich!

PEER GYNT: Du höllischer Mahr!

DAS WEIB: Doch das geht in den Kauf!
Den Jungen, den Hinkefuß, fütterst du auf!
Teufelsbub, willst du zum Vater?

DER JUNGE *speit nach ihm*: Da!
Ich hack mit der Axt nach dir, wart nur, ja, ja!

DAS WEIB *küßt den Jungen*:
Was das für ein Kopf ist auf dieser Krott!
Du machst noch einmal deinen Vater zu Spott!

PEER GYNT *stampft auf*:
Ach, wärt ihr so weit...

DAS WEIB: Wie wir nahe jetzt stehn?

PEER GYNT *ringt die Hände*:
Und all das...

DAS WEIB: Bloß für Gedankenvergehn!
's ist schad um dich, Peer!

PEER GYNT: Um 'ne andre noch mehr!
Solvejg, du Goldseele, lauter und rein!

DAS WEIB: Ja, ja, sagt der Teufel, die Unschuld hat's schwer,
Als die Mutter ihn haut, weil der Vater ein Schwein.

Sie trottet ins Gehölz mit dem Jungen, der den Bierkrug nach ihm schleudert.

PEER GYNT *nach einem langen Schweigen*:
„Gib's auf, bieg ab!" sprach der Krumme. Ja, ja –
Da ging mein Königspalast in Scherben!
Das schloß Mauern um sie, und ich war so nah;
Jetzt liegt alles öd hier, und mir ist zum Sterben.
Gib's auf, bieg ab, Bursch! Quer durch dies hier
Findest du keinen Weg mehr zu ihr.
Keinen quer durch? Hm, sollt nicht doch einer?
Ich habe doch einmal von Reue gelesen.
Aber was? Was stand dort? Kein Buch ist da,

Vergessen das meiste, und hier sagt mir keiner
Im wilden Wald, wie der Spruch wohl gewesen.
Reue? Das könnt am End Jahre anstehn,
Bis daß ich hindurch wär. Das Leben würd schmächtig.
Entzweischlagen alles, was glänzend und prächtig,
Und dann mit den Stücken von vorn ans Werk gehn?
Das geht mit 'ner Fiedel, aber nicht mit 'ner Glocke.
Wenn ihn einer zertritt, grünt kein Reis mehr am Stocke.
Doch die war ja gelogen, die Hexengeschichte!
Jetzt ist mir der Greuel ja aus dem Gesichte.
Ja – wohl aus den Augen, doch nicht aus dem Sinn.
Nachschleichen wird er mir überallhin.
Ingrid! Und die drei, die ich droben beglückt!
Wolln die auch mittun? Mit frechen Gebärden
Fordern, gleich ihr an die Brust gedrückt,
Heilig wie sie hingetragen zu werden?
Bieg ab, gib's auf, Bursch! Und wär dein Arm lang
Wie die rankeste Hochtann am Bergeshang –
Du hieltest sie doch noch zu dicht an dir,
Als daß sie danach wär noch schadlos und schier. –
Ich muß drum herumkommen in meinem Sinn,
So daß es wird weder Verlust noch Gewinn.
Man muß so was abschütteln, bis man's vergißt.
Macht einige Schritte auf die Hütte zu, bleibt aber wieder stehen.
Hineingehn nach alldem? Entehrt, wie man ist?
Hineingehn mit all diesen Trollen als Schergen?
Reden und doch schweigen; beichten und doch bergen?
Schleudert die Axt von sich.
's ist der Abend vorm Fest heut. Sie jetzt mit den Händen
Anrühren, hieß' alles Heilige schänden.

SOLVEJG *in der Türe*:
Kommst du?

PEER GYNT *halblaut*:
Auf Umwegen.

SOLVEJG:
Wie?

PEER GYNT:
Kind, warte!
Ich hab erst noch eine Arbeit, eine harte.

SOLVEJG: Ich komm und helf dir; wir wolln sie gemein tun.
PEER GYNT: Nein, bleib, wo du bist! Ich muß sie allein tun.
SOLVEJG: Aber bleib nicht zu lang, du!
PEER GYNT: Ob der Erharrte
Lang oder kurz bleibt – nur warte!
SOLVEJG *nickt nach ihm*: Ich warte!

Peer Gynt waldeinwärts ab. Solvejg bleibt in der halbgeöffneten Türe stehen.

Aases Stube. Abend. Ein Reisigfeuer brennt und leuchtet auf dem Herd. Die Katze auf einem Stuhl am Fuß des Bettes. Aase liegt im Bett und tastet unruhig auf der Bettdecke umher.

AASE: Mein Gott, läßt er nimmer sich blicken?
Wie schleichend die Stunden vergehn!
Ich hab keinen Boten zu schicken
Und hätt ihn so gern noch gesehn.
Jetzt geht's ohne Gnade zur Rüste.
So jäh! Wer hätt das gedacht!
Aase, wenn ich nur wüßte,
Ob du's nicht zu schwer ihm gemacht!
PEER GYNT *tritt ein*: Guten Abend!
AASE: Gott soll dich segnen!
Wer jetzt meinen Jungen noch schilt!
Doch wirst du auch keinem begegnen?
Du weißt, was dein Leben hier gilt.
PEER GYNT: Pah, Leben oder nicht Leben!
Ich mußte mal nach dir sehn.
AASE: Ja, jetzt muß die Kari sich geben;
Und ich kann in Frieden gehn!
PEER GYNT: Du – gehn? Was soll das bedeuten?
Was meinst du denn für 'nen Gang?
AASE: Ach, Peer, ich hör sie schon läuten.
Ich weiß, ich mach's nicht mehr lang.
PEER GYNT *ringt die Hände und geht auf und ab*:
Da wollt ich nicht leiden und büßen

Und meinte, hier wär ich frei!
Hast du's kalt an Händen und Füßen?
AASE: Ja, Peer, es ist bald vorbei.
Wenn dann meine Augen brechen,
So drück sie mir sorgsam zu.
Und eins noch mußt mir versprechen:
Den Sarg, den laß schmuck sein, du!
Ach nein, 's ist ja wahr...
PEER GYNT: Still, Beste!
Das hat seine Zeit. Heut ist heut.
AASE: Ja, ja. *Sieht sich unruhig um in der Stube.*
Hier siehst du die Reste
Vom Unsrigen. Das sind dir Leut!
PEER GYNT *ringt die Hände*:
Schon wieder! *Hart*:
Bin schuld ja, zur Hölle!
Was hilft's, mich zu mahnen daran.
AASE: Du? Nein, die verdammte Völle,
Mit der fing das Unglück an!
Du warst ja betrunken, mein Junge,
Da weiß einer nicht, was er tut;
Und dann nach dem Gendingrat-Sprunge –
Kein Wunder, da kochte dir 's Blut!
PEER GYNT: Ja, ja – laß den Unsinn nur fahren,
Laß fahren die ganze Geschicht.
Was schwer ist, das wolln wir uns sparen
Auf später, das hastet ja nicht.
Setzt sich auf die Bettkante.
So, Mutter, und jetzt laß uns plaudern,
Doch alleine von mein und dein,
Und nicht mehr von alledem kaudern,
Was quer ging und quält obendrein.
Die Katz ist auch noch lebendig,
Guck einer, das alte Vieh?
AASE: Die tut immer nachts so elendig;
Du weißt, solch ein Tier irrt sich nie.
PEER GYNT *ablenkend*: Was ist hier Neues geschehen?

Aase *lächelnd*: Man sagt, hier irgendwo wär
Ein Mädel, das möcht nach den Höhen...
Peer Gynt *schnell*: Matz Moen, was macht denn jetzt der?
Aase: Man sagt, sie ließ sich nichts lehren,
Was Vater und Mutter auch bat.
Du solltest doch mal vorkehren;
Du wüßtest am Ende Rat...
Peer Gynt: Und wie hat's der Aslak getragen?
Aase: Ach, schweig von dem unsaubern Geist.
Will lieber den Namen dir sagen
Von ihr, von dem Mädel, du weißt...
Peer Gynt: Nein, nein, jetzt wollen wir plaudern,
Doch alleine von mein und dein,
Und nicht mehr von alledem kaudern,
Was quer ging und quält obendrein.
Bist du durstig? Soll ich was holen?
Ist 's Bett zu kurz? Drückt es dich? Sag!
Herrje, sind das nicht die Bohlen,
Dadrin ich als Junge lag?
Besinnst dich noch, wie du oft hocktest
Des Abends am Bettende dort
Und mich – wer weiß wohin – locktest
Mit Märchen und Zauberwort?
Aase: Jawohl! Und dann spielten wir Schlitten,
Wann Vater herumfuhr im Rund.
Die Deck ward als Kutschpelz gelitten,
Und die Diel war ein spiegelnder Sund.
Peer Gynt: Ja – aber der Knopf auf der Kappen,
Besinnst auch dich dessen noch, du?
Das warn doch die tollen Rappen!
Aase: Du traust mir wohl gar nichts mehr zu!
Der Kari Katz tat uns Fronde;
Wir setzten sie auf 'ne Tonn.
Peer Gynt: Nach dem Schloß im Westen vom Monde
Und dem Schloß im Osten der Sonn,
Nach dem Soria-Moria-Schlosse
Ging's hurre-hopp über die Diel,

Und 'ne alte Hühnerstallsprosse
Brauchtst du als Peitschenstiel.

AASE: Dort vorn auf dem Kutschbock saß ich...

PEER GYNT: Und wer dann die Zügel verlor,
Wer war das? Mein Alterchen, das sich
Umwandt und mich fragt', ob ich fror.
Gott segne dich; warst mir von Herzen
Stets gut, alter Widerwart...
Was stöhnst du denn so?

AASE: Mich schmerzen
Die Knochen; das Brett ist so hart.

PEER GYNT: Komm, leg dich bequemer; so stillst du
Den Schmerz. Na, gibt er jetzt Ruh?

AASE *unruhig*:
Nein, Peer, ich will fort!

PEER GYNT: Fort willst du?

AASE: Ja, fort möcht ich, fort immerzu.

PEER GYNT: Schnack! Unter der Decke hübsch bleiben!
Ich setz mich aufs Bettende dort.
Jetzt wolln wir die Zeit uns vertreiben
Und uns träumen – Gott weiß wohin – fort!

AASE: Ob die Bibel nicht besser paßte?
Ich bin so unruhigen Sinns.

PEER GYNT: Im Soria-Moria-Palaste
Geht es hoch her bei König und Prinz.
Ruh aus dich im warmen Schlitten,
Ich fahr dich dorthin über Feld...

AASE: Aber, Peer, kam denn einer mich bitten?

PEER GYNT: Wir sind alle beide bestellt.
Wirft eine Schnur um den Stuhl, auf dem die Katze liegt, nimmt einen Stecken in die Hand und setzt sich an das Fußende des Bettes.
Hü, Rappe! Spute dich, Mähre!
Sag, Mutter, frierst du auch nicht?
Ja, ja, das schneid't wie 'ne Schere,
Wenn Grane der Haber sticht!

AASE: Was läutet da, Peer, und tönet?

PEER GYNT: Die Schellen von blankem Zinn!

AASE: Hu, Lieber, wie hohl das dröhnet!
PEER GYNT: Jetzt geht's über Fjordeis hin.
AASE: Ich fürcht mich! Was für ein Brausen
Und Seufzen, so klagend und schrill?
PEER GYNT: Das sind die Tannen, die sausen
Im Bergwald. Sitz mir nur still.
AASE: Was glitzert und flimmert dorten?
Wo kommt all der Lichterglanz her?
PEER GYNT: Aus des Schlosses Fenstern und Pforten.
Hörst du, wie sie tanzen?
AASE: Ja, Peer.
PEER GYNT: Vorm Tore, da steht Sankt Peter
Und lädt dich zum Eintritt ein.
AASE: Grüßt er uns?
PEER GYNT: Tief gebückt steht er
Und schenkt vom süßesten Wein.
AASE: Wein! Sag, hat er auch Kuchen?
PEER GYNT: Und ob! Einen ganzen Berg!
Und die Pröpstin kommt dich besuchen
Mit Kaffee und Zuckerwerk.
AASE: Wir treffen uns dort wie vorzeiten?
PEER GYNT: Sooft du's willst und begehrst.
AASE: Nein, alle die Herrlichkeiten,
Dazu du mich Arme fährst!
PEER GYNT *schnalzt mit der Peitsche*:
Hü, Rappe, spute dich, springe!
AASE: Lieber Peer, du fährst doch auch recht?
PEER GYNT *schnalzt wieder*:
Hier ist breiter Weg.
AASE: Das Geschwinge
Vom Schlitten, das macht mir ganz schlecht.
PEER GYNT: Das Ziel dann wird dir schon taugen;
Nicht lang – und der Fahrt ist genung.
AASE: Ich will liegen und schließen die Augen
Und vertrauen auf dich, mein Jung!
PEER GYNT: Da kann ich's ganz nah schon gewahren.
Hü, Grane! Den Torweg empor!

Das ist ein Gewimmel! Jetzt fahren
Peer Gynt und Alt Aase vor.
Was sagst du da, Herr Sankt Peter?
Der Mutter würd nicht getraut?
Und ging einer suchen, erspäht er
Nicht bald solch 'ne ehrliche Haut!
Um mich mag nicht weiter gebangt sein;
Ich kann umdrehn, wenn es sein soll.
Wollt Ihr laden mich, sollt Ihr bedankt sein;
Wenn nicht, scheid ich auch ohne Groll.
Ich hab viel geflaust und gefackelt,
Der Teufel konnt's besser kaum tun,
Und Mutter dann, weil sie gegackelt
Und gekräht, geschimpft für ein Huhn.
Doch sie sollt Ihr achten und ehren,
Wie's billig für Leut ihres Schlags;
Hier wird keine Beßre vorkehren
Von irgendwo heutigen Tags. –
Da gebeut Gott-Vater selbst Ruhe!
Jetzt, Petruschen, blüht dir was! *Mit tiefer Stimme*:
„Hör auf mit dem Pförtnergetue,
Alt Aase hat freien Paß!"
Lacht laut und wendet sich um zur Mutter.
Als hätt ich das nicht gerochen!
Jetzt weht's aus 'nem andern Strich! *Angstvoll*:
Was schaust du denn so gebrochen?
Du! Mutter! Was ist dir denn? Sprich!
Tritt ans Kopfende des Bettes.
Du sollst nicht so stieren und glasen!
Red, Mutter! Ich bin's doch, dein Jung!
Befühlt vorsichtig ihre Stirn und ihre Hände; darauf wirft er die Schnur auf den Stuhl und sagt gedämpft:
Ach so! Jetzt, Grane, geh grasen.
Jetzt sind wir gefahren genung.
Schließt ihre Augen und beugt sich über sie.
Hab Dank für dein ganzes Leben,
Für all deine sorgende Art!

Doch nun laß auch mich Dank erheben ...
Drückt seine Wange an ihren Mund.
So – das war der Dank für die Fahrt.

DIE HÄUSLERSFRAU *kommt*:
Je? Peer? – Na, nu geht zu Reste
Die bitterste Sorg und Not!
Herrgott, wie schläft sie so feste!
Oder ist sie ...?

PEER GYNT: Still, sie ist tot.
Kari weint an der Leiche. Peer Gynt geht lange umher in der Stube; endlich bleibt er am Bett stehen.
Gib Mutter die letzte Ehre!
Ich find hier heraus wohl ein Loch.

DIE FRAU: Soll's weit fort gehen?

PEER GYNT: Zum Meere.

DIE FRAU: So weit fort!

PEER GYNT: Und weiter noch. *Ab.*

VIERTER AKT

An der Südwestküste von Marokko. Palmenwald. Gedeckter Mittagstisch, Sonnensegel, Teppichläufer aus Binsen. Weiter drinnen im Hain Hängematten. Draußen auf dem Meer liegt eine Dampfjacht mit norwegischer und amerikanischer Flagge. Am Strand eine Jolle. Es ist gegen Sonnenuntergang.

Peer Gynt, ein hübscher Herr von mittleren Jahren, in elegantem Reiseanzug, eine goldene Lorgnette auf der Brust, führt den Vorsitz als Wirt am Ende des Tisches. Master Cotton, Monsieur Ballon nebst den Herren von Eberkopf und Trumpeterstraale sind im Begriff, die Mahlzeit zu beenden.

PEER GYNT: Getrunken, meine Herren! Geboren
Zu leben, wolln wir denn auch leben!
Es heißt: Verloren ist verloren,
Hin – hin. Was darf ich Ihnen geben?
TRUMPETERSTRAALE: Du bist ein Prachtwirt, Bruder Peer.
PEER GYNT: Es teiln sich mit mir in die Ehr
Mein Geld, Koch, Stewart...
MASTER COTTON: Very nice!
Ein Glas zu dieser viere Preis!
MONSIEUR BALLON: Monsieur, Sie ziert ein goût, ein ton,
Der nicht beim zehnten heut zu finden,
Der (so wie Sie) lebt als garçon,
Ein – ein – ich weiß nicht was...
EBERKOPF: Ein Hauch,
Ein Schimmer geistiger Entnachtetheit
Und Weltenbürgertumgepachtetheit,
Ein scharfer Blick durch Dunst und Rauch,
Den keine Vorurteile binden,

Ein Abglanz höherer Verklärtheit,
Urstoffnatur samt Weltbelehrtheit,
Im Brennpunkt eins der Trilogie –
Nicht wahr, Monsieur, dies meinten Sie?

MONSIEUR BALLON: Sehr möglich, klingen die Gedanken
Auch nicht so artig bei uns Franken.

EBERKOPF: Ei was! Die Sprach ist auch zu steif!
Doch wolln wir zu dem Phänomen
Den Grund ersehn...

PEER GYNT: Ersehn wir den:
Ich trage nicht der Ehe Reif.
Ja, meine Herrn, ganz klipp und klar,
Das ist's. Was sei des Mannes Streben?
Er selbst zu sein – nicht wahr?
Sich und dem Seinen soll er leben.
Doch kann er dies als Trampeltier
Für andrer Glück? Bezweifl ich schier!

EBERKOPF: Doch dieses An-und-für-sich-Dasein
Blieb, wett ich, kaum unangefochten...

PEER GYNT: Wohl wahr, zu seiner Zeit; doch mochten
Mir immer gute Geister nah sein.
Zwar kam es doch ein böses Mal,
Daß ich mich unverhofft verbrühte.
Ich war ein rascher, schmucker Schelm,
Und sie, die Dame meiner Wahl,
Sie war von fürstlichem Geblüte.

MONSIEUR BALLON: Von fürstlichem?

PEER GYNT *wegwerfend*: Nun ja, Sie wissen,
Von diesen...

TRUMPETERSTRAALE *schlägt auf den Tisch*:
...adeligen Trollen!

PEER GYNT *zuckt die Achseln*:
Verstaubte Hoheiten, beflissen,
Plebejerflecken fernzuhalten
Von ihres Stammes Wappenhelm.

MASTER COTTON: Worauf Sie denn zusammenprallten?

MONSIEUR BALLON: Die Eltern wollten die Partie nicht?

PEER GYNT: Im Gegenteil!
MONSIEUR BALLON: Ah!
PEER GYNT *schonend*: Sie verstehn!
Es lagen Dinge vor – nun, die nicht
Erlaubten mehr zurückzugehn.
Doch all dies ging – warum's verschweigen! –
Von A bis Z mir widern Strich.
Ich bin in manchen Dingen eigen
Und laß mich selbst nicht gern im Stich.
Und als der Schwiegervater nun
Gar mit der Fordrung kam geschwommen,
Namen und Stellung abzutun
Und um den Adel einzukommen,
Samt anderm, was schier unannehmbar –
Nicht peinlich bloß und unbequem war,
So wehrt ich sanft mich meiner Haut,
Empfahl mich auf sein Ultimatum –
Und Gotte meine junge Braut.
Trommelt auf den Tisch mit scheinbarer Andächtigkeit.
Ja, ja, es herrscht denn doch ein Fatum,
Darauf wir Menschen bauen können;
Ein Trost, der uns fürwahr zu gönnen!
MONSIEUR BALLON: So war die Luft denn wieder rein?
PEER GYNT: Bis auf ein Nachspiel, unergötzlich;
Denn Unbefugte mischten plötzlich
Mit lautem Zeter sich hinein.
Zumeist des Hauses jüngre Glieder,
Mit deren sieben ich mich schoß.
Die Zeit vergeß ich wohl nie wieder,
Wiewohl ich sie mit Glück beschloß.
Da ließ ich Blut; doch dieses Blut
Hat meiner Seele Preis verteuert
Und zeigt erbaulich, kurz und gut,
Wie weis ein Fatum alles steuert.
EBERKOPF: Ihr Weltblick auf der Dinge Gang
Erhebt Sie zu der Denker Rang.
Indes wir immer neuer Szenen

Planlose Flucht zu schauen wähnen
Und nie zum Schluß zu kommen meinen,
Verstehn Sie alles zu vereinen.
Sie messen stets mit gleichem Stabe.
Sie spitzen zu, was Sie auch sprechen,
So daß die Wort wie Speichen brechen
Aus einer Weltanschauungsnabe. –
Und Sie, Sie hätten nie studiert?

PEER GYNT: Ich bin, das ist die Wahrheit, nackt,
Ein einfacher Autodidakt.
Methodisch hab ich nichts gelernt,
Doch viel gedacht und spekuliert
Und mich von manchem Wahn entfernt.
Ich fing als ältrer Mann erst an;
Da heißt es, sich besonders rackern,
Um Seit auf Seite durchzuackern
Und mitzunehmen, was man kann.
Die Weltgeschichte nahm ich schluckweis,
Mehr wollt die Zeit mir nicht erlauben.
Und da man doch in schweren Putschen
An etwas Festes möchte glauben,
Anschloß die Religion ich ruckweis.
So kam das Ganze mehr ins Rutschen.
Man schlinge Wissen nicht wie Grütze,
Man nehme nur, was einem nütze.

MASTER COTTON: Sieh, das ist praktisch!

PEER GYNT *zündet sich eine Zigarre an*: Meine Besten,
Bedenkt doch nur, wie mir's gegangen.
Wie kam ich damals nach dem Westen!
Mit leerer Hand und roten Wangen.
Ich mußte kämpfen hart ums Brot;
Traun, Freunde, manchmal fiel mir's schwer.
Allein das Leben lockt doch sehr,
Und bitter, sagt man, ist der Tod.
Nun gut! Das Glück, seht, ward nicht flüchtig,
Noch Muhme Fatum gallensüchtig.
Es ging. Und da ich selber tüchtig,

Lief bald die Sache wie auf Federn.
Zehn Jahre drauf ward ich genannt
Ein Krösus unter Charlestowns Reedern.
Mein Name flog von Strand zu Strand;
Das Glück fuhr mit ihm ohne Wandel…

MASTER COTTON: Was trieben Sie?

PEER GYNT: Meist Negerhandel
Nach unserm Staate Karolina –
Und Götterbilderfracht nach China.

MONSIEUR BALLON: Fi donc!

TRUMPETERSTRAALE: Der Tausend, Onkel Gynt!

PEER GYNT: Sie finden das Geschäft wohl an
Der Grenze zwischen Gut und Bös?
Mir schien es selbst zuweilen Sünd,
Ja, dann und wann, sogar odiös.
Der Fehler war, daß ich's begann;
Denn später weiß man nicht mehr, wie
Es ändern. Es bedankt sich nie,
Bricht man in solch 'nem Unterfangen,
Drin Tausender Intressen hangen,
Die Dinge rundweg übers Knie.
Dies „Übers-Knie" mißfiel mir immer;
Zudem entbrach ich nie und nimmer
Der Achtung mich vor, meine Herrn,
Was man so nennet Konsequenzen,
Und alles Setzen über Grenzen
Lag immerdar mir ziemlich fern.
Zum andern naht ich nun dem Alter,
Wo man des Lebens Gleicher schneidet
Und fast schon graue Haare trägt;
Und ging's auch gut mir, augenscheinlich,
So fiel mir's doch zu denken peinlich:
Wer weiß, wie bald das Stündlein schlägt,
Da des Gerichts gestrenger Walter
Die Schafe von den Böcken scheidet.
Was tun? Den ganzen Handel scheitern
Zu lassen, wies ich von der Hand.

Und so erfand ich einen weitern
Geschäftsbetrieb ins gleiche Land.
Sooft ich Götter exportierte,
Zugleich ich Priester exklarierte,
Und zwar mit allem ausgestattet,
Als Strümpfen, Bibeln, Rum und Reis.

MASTER COTTON: Und mit Profit?

PEER GYNT: Natürlicherweis.
So ging's. Sie schafften unermattet.
Für jeden Gott, dahin verkauft,
Ein Kuli gründlich ward getauft,
So daß das Gift neutralisiert war.
Der Kirche Feld lag niemals brach;
Denn jeden Gott, der kolportiert war,
Ihn hielt ein Missionar im Schach.

MASTER COTTON: Nun, und die afrikanischen Waren?

PEER GYNT: Auch dort schloß alles in Moral.
Ich sahe, das Geschäft empfahl
Sich nicht für Leut in höhern Jahren,
Man konnt ja bald zur Grube fahren.
Wozu noch kam das Wehgeschrei
Von unsern Philantropenbänken,
Um nicht der Kaper zu gedenken
Samt Wettersnot und Havarei.
Dies alles wußt sich durchzusetzen.
Ich dachte: Peter, drehe bei!
Sieh zu, die Scharten auszuwetzen!
So kauft ich mir denn Land im Süden,
Behielt den letzten Fleischimport,
Der auch von prima Sorte just war,
Und macht sie fett, daß es – mein Wort! –
Für mich wie für die Kerls 'ne Lust war.
Ja, traun, ich pflegt sie ohn Ermüden,
Mit wahrhaft väterlichem Zug –
Was seine guten Zinsen trug.
Ich baute Schulen für die Leutchen,
Damit die Tugend bliebe munter

Und auf 'ner Höh, geheischt mit Fug,
Und hielt darauf, daß um kein Deutchen
Ihr Thermometer sank darunter.
Zum Schluß hab ich von dem verdammten
Geschäft mich gründlich dann verschnauft.
Und die Plantag nebst dem gesamten
Inhalt mit Haut und Haar verkauft.
Zum Abschied für das ganze Schock,
So groß wie klein, gab's gratis Grog;
So Mann wie Frau bekam zuviel –
Und jede Witwe Schnupfbrasil.
Und darum hoffe ich, sofern
Das Wort nicht bloß Geklapper hohl:
Der, der nicht übeltut, tut wohl! –
So ist mein Fehl getilgt beim Herrn,
Und meiner Tugend sorglich Walten
Kann meiner Schuld die Stange halten.
EBERKOPF: Wie hocherbaulich, hier zu sehen
Ein Theorem zur Tat gemacht,
Erlöst aus seiner grauen Nacht
Trotz allem widrigen Geschehen!

PEER GYNT *der während des Vorhergehenden den Flaschen fleißig zugesprochen hat*:
Wir Volk vom Norden, wir verstehen
Uns durchzuschlagen! In den Wirren
Des Lebens kommt's auf dies nur an:
Halt dir die Ohren zu! So kann
Kein Schlänglein arg dein Wandeln irren.

MASTER COTTON: Kein Schlänglein arg, verehrter Mann?

PEER GYNT: Ja, keins, das dich verführt zum Leiden:
Dich ganz zu etwas zu entscheiden. *Trinkt wiederum.*
Die ganze Kunst, das Glück zu zwingen,
Die Kunst, den Mut der Tat zu haben,
Ist die: wahlfreien Laufs zu traben
Durch dieses Lebens tausend Schlingen;
Zu wissen, daß zu keinen Tagen
Des Streites letzten Tag man schreibt;

Zu wissen, daß stets offenbleibt
Ein Brücklein, dich zurückzutragen.
Die Theorie war mir gerecht;
Sie war's, die meinen Wandel färbte,
Und diese Theorie vererbte
Mir meines Heimatgaus Geschlecht.

MONSIEUR BALLON: Sie sind Norweger?

PEER GYNT: Von Geblüt!
Jedoch Weltbürger von Gemüt.
Was Gutes mir bislang geschah,
Verdank ich meist Amerika.
Von wohlbestallten Bücherbrettern
Erbaun mich meine deutschen Vettern.
Von Frankreich kam mir meine Weste,
Mein Scherflein Geist sowie mein Schliff,
Von England mein Geschäftsbegriff
Samt schärferm Sinn fürs eigne Beste.
Vom Juden mein „festina lente".
Den Hang zum Dolcefarniente
Gab mir Italien auf den Weg;
Und einstmals, auf gedrangnem Steg,
Vermehrt ich meiner Tage Zahl
Mit Hilf von gutem schwedischem Stahl.

TRUMPETERSTRAALE *erhebt sein Glas*:
Ja, unser Stahl!

EBERKOPF: Der ihn geschwungen,
Sei vörderst huldigend umklungen!

Sie stoßen an und trinken mit ihm. Das Blut beginnt Peer zu Kopf zu steigen.

MASTER COTTON: Dies alles ist vortrefflich baß,
Doch, Sir, die Frage will nicht ruhn,
Was wolln Sie mit dem Gold nun tun?

PEER GYNT: Hm, was?

ALLE VIER *näher rückend*:
Ja, sagen Sie uns das!

PEER GYNT: Nun, erstlich werden Weltbereiser.

Seht, deshalb nahm ich euch an Bord
Als Schiffsgesellschaft in Gibraltar.
Ich brauchte Tänzer, auf mein Wort,
Um meines Goldnen Kalbes Altar.

EBERKOPF: Höchst witzig!

MASTER COTTON: Doch verreist ein Weiser
Wie Sie nicht nutzlos seine Tage.
Man hat ein Ziel, ganz ohne Frage.
Und dies ist?

PEER GYNT: Kaiser werden.

ALLE VIER: Kaiser?

PEER GYNT *nickt*: Jawohl!

DIE HERREN: Und wo?

PEER GYNT: In aller Welt.

MONSIEUR BALLON:
Ja, wie denn, Freund?

PEER GYNT: Nun, durch mein Geld!
Ein Plan, nicht erst von gestern her
Und dem ich treu blieb sonder Wanken.
Als Knab schon ritt ich in Gedanken
Auf Wolkenrossen übers Meer;
Stieg auf in güldner Waffenziere –
Und purzelt ab auf alle viere.
Doch trotzdem blieb ich unverzagt.
Es gibt da einen Spruch, der sagt,
Ich weiß nicht, wo, daß, wenn ein Mann
Die ganze weite Welt gewann,
Doch sich verlor, so blüht als Lohn
Ihm höchstens eine Dornenkron.
So steht dort – oder ähnlich; und
Dies Wort hat seinen guten Grund.

EBERKOPF: Und dieses Gyntsche Ich nun ist...?

PEER GYNT: Die Welt hier hinterm Schädelgitter,
Durch die ich „ich" bin und kein Dritter,
Wie Gott Gott und nicht Antichrist.

TRUMPETERSTRAALE: Das wirft auf alles neue Lichter.

MONSIEUR BALLON: Sie sind ein Denker!

EBERKOPF: Und ein Dichter!
PEER GYNT *immer mehr in Stimmung geratend*:
Das Gyntsche Ich, das ist das Heer
Von Wünschen, Lüsten und Begehr;
Das Gyntsche Ich, das ist der Reihn
Von Forderungen, Phantasein –
Kurz alles, was just meine Brust hebt
Und macht, daß Gynt als solcher just lebt.
Doch wie der Herrgott braucht der Erden,
Soll er bestehn als Gott der Welt,
So hab auch ich Bedarf an Geld,
Soll ich ein rechter Kaiser werden.
MONSIEUR BALLON: Sie haben's doch!
PEER GYNT: Das würd gelogen sein.
Ja, ja, vielleicht auf zwei, drei Jausen
Als Kaiserlein von Sondershausen.
Doch ich will „ich" in Bausch und Bogen sein,
Will Gynt sein, wo ich geh und stehe,
Sir Gynt vom Scheitel bis zur Zehe!
MONSIEUR BALLON *hingerissen*:
Beschwörn die Helena der Sage!
EBERKOPF: Am ältsten Rheingewächs sich laben!
TRUMPETERSTRAALE: Die Degen Karls des Zwölften haben!
MASTER COTTON: Doch erst 'ne Kapitalsanlage,
Die sich rentiert.
PEER GYNT: Die eben fand ich;
Vergebens nicht ging hier an Land ich.
Heut abend dampfen wir gen Nord;
Denn Blätter melden mir an Bord
Ein Märlein, das so ernst wie neu ist!
Steht auf mit erhobenem Glase.
Als ob dem alles allzusammen
Zum Glück hülf, der sich selber treu ist...
DIE HERREN: Und dies ist?
PEER GYNT: Hellas steht in Flammen.
ALLE VIER: Die Griechen?
PEER GYNT: Brachen ihre Dämme.

DIE VIER: Hurra!
PEER GYNT: Und Mahmud ist in Klemme!
Leert sein Glas.
MONSIEUR BALLON: Nach Hellas! Auf! Uns ruft die Ehre!
Ich helf mit meiner fränkischen Wehre!
EBERKOPF: Ich mit Aufrufen, aus der Ferne!
MASTER COTTON: Ich will mit Lieferungen gerne...!
TRUMPETERSTRAALE: Ich hol (die König Karl verloren
Zu Bender) die berühmten Sporen!
MONSIEUR BALLON *fällt Peer Gynt um den Hals*:
Verzeihn Sie, Freund, ich hab von Grund
Aus Sie verkannt!
EBERKOPF *drückt ihm die Hand*:
Ich dummer Hund,
Ich hielt Sie für 'nen Schelmen fast!
MASTER COTTON: Das ist zu stark; nur für 'nen Narren...
TRUMPETERSTRAALE *will ihn küssen*:
Ich, Vaterbruder, für 'nen Farren
Von allergröbster Yankeemast!
Vergib mir!
EBERKOPF: Wir sind fehlgegangen.
PEER GYNT: Was heißt das?
EBERKOPF: Jetzo sehn wir prangen
Vereint das ganze Gyntsche Heer
Von Wünschen, Lüsten und Begehr!
MONSIEUR BALLON *bewundernd*:
So mußt sich Monsieur Gynt bewähren!
EBERKOPF *ebenso*: Das heiß ich Gynt sein – und mit Ehren!
PEER GYNT: Ich bitte Sie...
MONSIEUR BALLON: Verstehn Sie nicht?
PEER GYNT: Ich laß mich hängen, wenn ich's tue!
MONSIEUR BALLON: Je nun, mein Bester, gehn Sie nicht
Nach Griechenland mit Schiff und Truhe?
PEER GYNT *prustet spöttisch*:
Ach, nein! Ich stütze den, der stärker,
Und leih dem Türken meine Märker.
MONSIEUR BALLON: Unmöglich!

EBERKOPF: Witzig – doch gescherzt!

PEER GYNT *schweigt ein Weilchen, stützt sich auf einen Stuhl und nimmt eine vornehme Miene an*:

Ich glaub, Ihr Herrn, wir stehn vom Fest
Nun auf, eh daß der letzte Rest
Von Freundschaft sich verhimmelwärtst.
Wer arm ist, dem ist viel verstattet.
Wenn man vom weiten Rund knapp hat
Das Streiflein Staub, das man beschattet,
Ist man Kanonenfutter, glatt.
Doch hat sein Schäflein man geschoren
Wie ich, so wäre mehr verloren.
Gehn Sie nach Griechenland! Ich sende
Sie gratis und bewaffnet hin.
Gut! Schüren Sie den Aufruhrsinn –
Und wirken so mir in die Hände!
Drauflos, für Freiheit und für Recht!
Gestürmt! In Türkenblut gezecht!
Und dann zuletzt ein Tod in Ehren
Auf schlanken Janitscharenspeeren. –
Doch ohne mich. *Schlägt sich auf die Tasche.*
Ich bin nicht frei –
Und bin ich selbst, Sir Gynt. – Good-bye!

Er spannt seinen Sonnenschirm auf und geht in den Palmenhain, den Hängematten zu.

TRUMPETERSTRAALE: Der Schweinekerl!

MONSIEUR BALLON: Kein Sinn für Ehre!

MASTER COTTON: Ach, Ehre! Wenn es das nur wäre!
Doch denkt Euch: unser Riesenschnitt,
Wenn nun der Grieche frei sich stritt!

MONSIEUR BALLON: Ich sah mich schon auf Türkenleibern
Bekränzt von Hellas' schönsten Weibern!

TRUMPETERSTRAALE: Ich sah in meiner Hand schon prangen
Die heldengroßen Sporenspangen!

EBERKOPF: Ich meines großen Vaterlands
Kultur ausbreiten ihren Glanz!

MASTER COTTON: Das schlimmst ist doch der bare Schade.

Goddam! Welch Pech im höchsten Grade!
Schon sah ich den Olymp mir dienen.
Wenn seinem Ruf man darf vertraun,
Enthält der Berg noch Kupferminen,
Die man von neuem könnte baun.
Und dazu dieser Fluß Kastale,
Davon die Red an Dutzend Male,
Mit Fälln, berechnet ungefähr
Auf tausend Pferdekraft und mehr!

TRUMPETERSTRAALE: Ich gehe doch. Mein schwedisch Schwert
Ist mehr als Yankeedollars wert!

MASTER COTTON: Mag sein; nur daß wir, erst im Haufen,
In ihm elendiglich ersaufen
Und der Profit in Rauch verpufft!

MONSIEUR BALLON: Verdammt! So nah dem Glück zu gasten,
Um so zu stehn an seiner Gruft!

MASTER COTTON *mit geballter Faust nach dem Fahrzeug hin*:
Dort liegt, in diesem schwarzen Kasten,
Des Nabobs güldner Niggerschweiß!

EBERKOPF: Ein königlicher Einfall! Sei's
Gewagt! Das wird sein Todespfeil sein!
Kommt! Kommt!

MONSIEUR BALLON: Sie wolln?

EBERKOPF: Ich will die Macht!
Die Mannschaft wird um wenig feil sein.
An Bord! Ich annektier die Jacht!

MASTER COTTON: Sie – was?

EBERKOPF: Ich mause, was ich find.
Ab nach der Jolle hinunter.

MASTER COTTON: Da heißt mein Vorteil mich geschwind
Mitmausen. *Folgt ihm.*

TRUMPETERSTRAALE: Eines Schurken Schluß!

MONSIEUR BALLON: Ein Diebsstück! Mais – enfin! Man muß!
Folgt den andern.

TRUMPETERSTRAALE:
Dann muß auch ich – der Eintracht wegen –,
Doch protestier ich laut dagegen. *Ihm nach und ab.*

Eine andere Stelle der Küste. Mondschein und treibende Wolken. Die Jacht sticht unter vollem Dampf in See.
Peer Gynt läuft den Strand entlang. Bald zwickt er sich in den Arm, bald starrt er hinaus übers Meer.

PEER GYNT: Alpdruck! – Hirnspuk! – Wach ich bald auf?
Sie sticht in See! Und in rasendem Lauf!
Bloßer Hirnspuk! Ich schlaf! Ich bin trunken und toll!
Ringt die Hände.
Das geht doch nicht an, daß ich sterben soll!
Rauft sich das Haar.
Ein Traum! Ich will, daß ich träum und schlaf!
Entsetzlich! Zwecklos, daß ich mich sperre!
Diese Hunde von Freunden! Oh, erhöre mich, Herre!
Du bist ja so weis und gerecht! Oh, straf!
Mit emporgestreckten Armen:
Ich bin's, Peter Gynt! Laß ein Wunder geschehn!
Nimm dich meiner an, Vater; sonst muß ich vergehn!
Laß sie stoppen! Laß sie die Gig niederlassen!
Halt die Dieb auf! Laß sie die Segel falsch brassen!
Hör mich! Laß warten Kunz Tausendhändig!
Die Welt wird nicht schiefgehn ob solcher Verwegenheit!
Ob er wohl hört! Er ist taub, wie beständig.
Das ist eine Wirtschaft! Ein Gott in Verlegenheit!
Winkt aufwärts.
Pst! Ich treib längst nicht mehr Niggerhandel!
Ich hab China bekehrt zu christlichem Wandel!
Eine Handreichung ist doch der anderen wert!
Oh, hilf mir!
Ein Feuerstrahl schießt aus der Jacht empor, von einer dicken Rauchwolke begleitet; man hört einen hohlen Knall. Peer Gynt stößt einen Schrei aus und sinkt nieder auf den Sand. Nach und nach verzieht sich der Rauch; das Schiff ist verschwunden. Peer Gynt, bleich und leise:
Das war der Strafe Schwert!
Versunken mit Mann und Maus, wie ein Stein!
Oh, ewiglich will ich mein Glück benedein... *Gerührt*:
Ein Glücksfall? Nein, hier ist mehr geschehn.

Ich sollte siegen und die vergehn.
Oh, Preis dir, daß du der Not mich entrissen,
Im Aug mich behalten trotz meinem Gebrest...
Atmet tief auf.
Wie macht es doch wundersam fröhlich und fest,
Sich so separat behütet zu wissen.
Doch werden auch Hunger und Durst mich in Ruh lassen?
Ach, ich finde wohl was. Das ist sein Gewerb.
Das ist nicht gefährlich. *Laut und einschmeichelnd:*
Er wird doch nicht zulassen,
Daß ich armer, kleinwinziger Sperling verderb!
Nur hübsch demütig sein! Und vergönnen ihm Frist.
Den Herren laß walten; Verzagen wär töricht...
Fährt erschrocken zusammen.
Knurrte dort nicht ein Löwe im Röhricht? *Zähneklappernd:*
Nein, 's war wohl kein Löwe. *Sich ermannend:*
Und wenn's einer ist!
Die Biester, die halten sich doch wohl beiseite.
Mit dem, der sein Herr, da liegt keins gern im Streite.
Sie haben ja Instinkt; da fühlen sie gewißlich:
Mit Elefanten zu spielen ist mißlich. –
Doch trotz alledem – ich such mir 'nen Baum.
Dort wiegen im Wind sich Akazien und Palmen;
Erst droben, halt ich den Kerl wohl im Zaum,
Insonderheit, könnt ich dazu ein paar Psalmen...
Klettert hinauf.
Man soll nicht den Tag vor dem Abend loben;
Das Schriftwort hat mancher wohl schon bedacht.
Setzt sich zurecht.
Wie herrlich, so sitzen, den Geist erhoben!
Edel denken ist mehr als Reichtum und Macht.
Bloß vertrauen auf Gott! Er kennt die Portion
Vom Kelch des Leidens, die wir vertragen.
Er ist väterlich gegen unsre Person;
Wirft einen Blick aufs Meer und flüstert mit einem Seufzer:
Aber Ökonom – nein, das kann man nicht sagen.

Nacht. Marokkanisches Lager am Rand der Wüste. Wachtfeuer und rastende Krieger.

EIN SKLAVE *kommt und rauft sich das Haar*:
Des Kaisers weißes Roß ist verschwunden!
EIN ANDERER SKLAVE *kommt und zerreißt sich die Kleider*:
Des Kaisers heilige Tracht ward gestohlen!
AUFSEHER *kommt*: Hundert jedem auf die Sohlen,
Der bis morgen nichts gefunden!

Die Krieger steigen zu Pferde und galoppieren nach allen Richtungen fort.

Tagesgrauen. Die Baumgruppe von vorhin.

PEER GYNT *auf dem Baume, einen abgebrochenen Zweig in Händen, hält sich einen schwarzen Affen vom Leibe*:
Vertrackt! So unbequem schlief ich noch nie. *Haut um sich.*
Bist du wieder da? Mein Maß voll zu machen!
Jetzt werfen sie Früchte. Nein, andre Sachen.
Ein ekliges Tier, solch ein Affenvieh.
Es steht zwar geschrieben: Du sollst wachen und fechten!
Doch ich kann nicht, weiß Gott, ich bin lahm und matt.
Wird wieder gestört; ungeduldig:
Was tun? Ich hab das Unwesen satt.
Ich fang mir einen von diesen Hechten,
Häng ihn und schind ihn und kriech in sein Fell,
Sein zottiges, und der vermummte Gesell,
Was gilt's, fährt balde für einen echten.
Was sind wir Menschen? Nicht mehr als ein Hauch.
Und man muß sich wohl finden in Schick und in Brauch.
Wieder ein Schwarm! Die Schufte sind zäh!
Packt euch! Psch! Die tun wie Verrückte!
Wer mir nur jetzt einen Schwanz anstückte,
Daß man mehr wie ein Tier aussäh!
Was nun! Da sind sie mir gar überm Kopfe! *Blickt aufwärts.*
Der Alte, mit Fäusten voll von Schmutz!

Kriecht ängstlich in sich zusammen und hält sich ein Weilchen still. Der Affe macht eine Bewegung; Peer Gynt beginnt ihm zu schmeicheln und schönzutun wie einem Hunde.

Je, je, bist du da, du alter Butz!
Er ist anständig, gelt, zu mir armem Tropfe!
Er will gar nicht werfen; das wär nicht charmant.
Ich bin's doch! Pip, pip! Wir stellen uns nicht nach, nicht?
Eia, Eia! Da sag noch, ich kennte deine Sprach nicht!
Butzchen und ich, wir sind lange bekannt;
Butz bekommt morgen Zucker! Du Vieh!
Die ganze Ladung! Mich so vollzudrecken!
Oder war's Futter? Man konnt's nicht recht schmecken;
Doch da bestimmt meist Gewohnheit das Wie.
Sprach doch einmal welches Denkers Vernunft:
Man spuckt – und gewöhnt sich zuletzt in die Zunft?
Da kommt auch der Nachwuchs noch! *Ficht und haut.*
Närrisch bestallt,
Daß der Mensch, Herr der Erden und Himmelserbe,
Sich genötigt soll sehn zu ...! Gewalt! Gewalt!
Die Rangen verstehn ihr verruchtes Gewerbe!

Früher Morgen. Steinige Gegend mit Aussicht auf die Wüste. Auf der einen Seite eine Felsenschlucht und eine Höhle.
Ein Dieb und ein Hehler in der Felsenschlucht mit dem Pferd und den Kleidern des Kaisers. Das Pferd, reich aufgezäumt, steht an einen Stein gebunden. Reiter in der Ferne.

DER DIEB: Wie sie schillern und schlecken,
Die Zungen der Lanzen,
Schau, schau!
DER HEHLER: Ich fühl meinen Kopf schon
Im Sande tanzen,
Au, au!
DER DIEB *kreuzt die Arme über der Brust*:
Mein Vater war Dieb;
Sein Sohn muß stehlen.

Der Hehler: Mein Vater war Hehler;
Sein Sohn muß hehlen.
Der Dieb: Dein Los trag ergeben;
Dich selbst sollst du leben.
Der Hehler *horcht*: Schritte im Gebüsch!
Wenn uns einer erspäht!
Der Dieb: Tief ist die Höhle
Und groß der Prophet!

Sie flüchten und lassen die Kostbarkeiten im Stich. Die Reiter verlieren sich in der Ferne.

Peer Gynt *kommt, eine Rohrflöte schneidend*:
Wie holdselig ist diese Morgenstund!
Der Mistkäfer rollt seine Kugel im Dreck;
Aus seinem Schneckenhaus kriecht der Schneck.
Ja, ja – der Morgen hat Gold im Mund!
Es ist doch im Grund eine seltsame Macht,
Womit so Natur das Frühlicht bedacht.
Man fühlt sich so sicher, fühlt alle Furcht schwinden,
Man würde, tät's not, mit 'nem Ochsen anbinden.
Wie still's hier rings ist! Ja, die ländlichen Freuden,
Unbegreiflich genug, daß ich einst sie verwarf;
Daß man einkerkert sich in finstern Gebäuden,
Bloß daß jeder Lump dir ins Haus rennen darf. –
Nein, sieh, wie der Eidechs sich Schnaken fängt,
Schnappt, huscht, schnappt und an nichts dabei denkt.
Welch eine Unschuld solch Tier offenbart!
Jedwedes folgt seinem Schöpfer fein züchtiglich,
Bewahrt sich sein Sondergepräg unverflüchtiglich,
Ist es selbst in jeglicher Lebensart,
Es selbst, es selbst, wie es ward, da es ward.
Setzt die Lorgnette auf die Nase.
Ein Krötlein. In einem Sandstein. Guck!
Versteinerung rings. Nur der Kopf ist heraus.
Da sitzt es und sieht, wie aus einem Haus,
Auf die Welt und ist sich selber – genug. *Denkt nach.*
Genug? Sich selber? In welcher Küchen

Ward das Wort gekocht? Wo las ich das schon?
In der Hauspostillen? Oder Salomons Sprüchen?
Vertrackt! Gestehe dir, alter Sohn,
Dein Gedächtnis spricht allem Anstand hohn.
Setzt sich in den Schatten.
Hier ist ein Fleckchen für Bärenhäuter.
Ah, da gibt's Farren! Eßbare Kräuter!
Schmeckt ein wenig davon.
Das ist eher Brot für die Kreatur;
Doch freilich, es heißt: Zwing deine Natur!
Des weiteren steht da: Hochmut vergehet.
Und wer sich erniedrigt, der wird erhöhet. *Unruhig:*
Erhöhet? Gewiß, so wird mir geschehn;
Es ist ganz unmöglich, sich's anders zu denken.
Das Schicksal wird meine Schritte lenken.
Dies ist eine Prüfung; ich werd sie bestehn –
Und für eine Zukunft, da Freude sein wird,
Dafern der Herr mir Gesundheit verleihn wird.
Schüttelt die Gedanken ab, zündet sich eine Zigarre an, streckt sich aus und starrt in die Wüste hinaus.
Welch unermeßliche, endlose Leere!
Dort in der Ferne schreitet ein Strauß. –
Was im Gefüge des Weltenbaus
Gott wohl plante mit diesem Meere
Sandes, mit diesem alles versagenden,
Diesem verbrannten, niemandem tragenden;
Diesem Bruch der Erde, der brachliegt!
Diesem Leichnam, der tempelschänderisch
In der Schöpfung reichem Gemach liegt!
Wozu ward er? Die Natur ist verschwenderisch.
Ist dies die See, dort im Osten, der Flor
Von Silber? Unmöglich! Nur Sinnenbetrug!
Die See liegt im Westen; zurück- und empor-
Gedämmt durch ragender Dünen Zug...
Ein Gedanke durchblitzt ihn.
Gedämmt? So könnt ich...! Die Höhen sind schmal.
Gedämmt! Ein Durchbruch nur, ein Kanal,

Und, ein Lebensstrom, würden die Wasser brüllen
Herein durch den Schlund und die Wüste füllen!
Bald würd der ganze glühende Plan
Blaun, ein gekräuselter Ozean.
Die Oasen würden als Inseln ihn kleiden,
Bergküste würde des Atlas Grat;
Die Segler würden wie Sturmvögel schneiden
Der Karawanen ertrunkenen Pfad.
Lebenshauch würde zerstreuen das Qualmen
Der Dünste, und Tau würde triefen die Wolk;
Stadt um Stadt würde bauen das Volk,
Und Gras würde grünen um schwankende Palmen.
Südwärts der Sahara würd alle Flur
Küstengebiet mit verjüngter Kultur.
Dampf würde treiben Timbuktus Fabriken;
Bornu bekäm europäischen Stil;
Nach Habes hinauf würd den Forscher man schicken
Im sichern Waggon bis zum oberen Nil.
Mitten im Meer, auf 'nem fetten Eiland,
Geb ich der Norwegerrasse dann Freiland,
Das Gudbrandstal hat ja schier königlich Blut;
Kreuzung mit Arabern 's übrige tut.
Auf einer Bucht ansteigendem Strand
Geb dann Peeropolis allem die Weihe! –
Die Welt ist abgelebt. Jetzt kommt die Reihe
An Gyntiana, mein junges Land. *Springt auf.*
Nur Kapitalien, so sprießt es empor.
Einen Schlüssel von Gold zu des Meeres Tor!
Kreuzzug dem Tod! Heraus aus der Katzen,
Geizhals, die zwecklos gehüteten Batzen!
Für Freiheit pocht es in allen Brüsten;
Gleich dem Esel der Arche will rufen ich laut
Übern Erdball und bringen die Meerwasserbraut
Meinen harrenden, schmachtenden Zukunftsküsten.
Fort, fort! Kapital zusammengekehrt!
Mein Reich, mein halbes Reich für ein Pferd!
Das Pferd wiehert in der Felsenschlucht.

Ein Pferd! Und Kleider! – Und Waffen – und Schätze!
Tritt näher.
Unmöglich! Nein, wirklich! Mir ward wohl gelehrt
Irgendwo, daß der Wille Berge versetze;
Doch daß er sogar versetzt ein Pferd!
Gewäsch! Genug: dort Roß, hie Reiter;
Ab esse ad posse und so weiter und so weiter...
Zieht die Kleider über die seinigen an und blickt an sich herab.
Sir Peter – und Türke vom Scheitel bis zur Sohl!
Wer prophezeite wohl gestern solch Heute!
Spute dich, Grane mein, preisliche Beute!
Steigt in den Sattel.
Güldne Pantoffel als Bügel! Ei wohl!
Am Reitzeug erkennt man die fürnehmen Leute!
Er galoppiert in die Wüste hinein.

Zelt eines Araberhäuptlings, einsam auf einer Oase.
Peer Gynt in seiner orientalischen Tracht, auf Polstern ruhend. Er trinkt Kaffee und raucht aus einer langen Pfeife. Anitra und eine Schar Mädchen tanzen und singen ihm vor.

CHOR DER MÄDCHEN: Der Prophet ist erschienen!
Der Prophet, mit Allweisheit begabet,
Der Herr, der Prophet ist erschienen,
Zu uns übers Sandmeer getrabet!
Der Prophet, der das Rechte stets triffet,
Uns ist er, uns ist er erschienen.
Zu uns durchs Sandmeer geschiffet!
Jauchzt zu Flöten und Tamburinen:
Der Prophet, der Prophet ist erschienen!
ANITRA: Sein Zelter der Milch gleicht, der weißen,
Die fleußt in des Paradieses Bronnen.
Beugt euch! Kniet! Er ist gnädig gesonnen!
Seine Augen sind Sterne voll mildem Gleißen.
Doch welch Erdenkind trägt
Den Glanz des Glanzes, der ihnen entschlägt?

Durch die Wüste kam er.
Gold und Perlen entsprangen auf seiner Brust.
Wo er hinkam, ward Glanz und Lust.
Wo er schied, hat der Samum gewütet,
Wo er schied, Nacht und Dürre gebrütet.
Durch die Wüste kam er,
Kam geschmückt er einher
Wie ein irdisch Geborener!
Die Kaaba, die Kaaba steht leer;
Selbst hat's beschworen er!

CHOR DER MÄDCHEN: Jauchzt zu Flöten und Tamburinen:
Der Prophet, der Prophet ist erschienen!

Die Mädchen tanzen zu gedämpfter Musik.

PEER GYNT:
Ich las mal gedruckt – und darin liegt Verstand –,
Es gilt kein Prophet im eigenen Land.
Dies Leben hier will mir weit besser behagen
Als das eines Reeders in Charlestowns Tagen.
Es war etwas Hohles in all dem Betrieb,
Etwas Unklares, Fremdes, das blieb und blieb.
Ich fühlte mich nie recht daheim unter Dach,
So niemals ganz richtig als Mann vom Fach.
Was wollt ich auch dort nur, so frag ich mich?
Ein Geschäftsgaul, ewig im Kreis herum traben?
Denk ich dran, wird mir ganz wunderlich.
Es traf sich so; da liegt der Hund begraben! –
Du-selbst-sein-Wollen von Goldes Gnaden,
Das ist, wie sein Haus auf Sandgrund errichten.
Vor Uhr und vor Ring und den andern Geschichten
Wälzt sich im Kot dir der ganze Schwaden.
Sie ziehen den Hut vor 'ner Brustnadel-Kron;
Aber Ring oder Nadel, ist das die Person?
Prophet – die Stellung ist sonder Tadel.
Da weiß man doch gleich, was man gilt in der Welt.
Da ist man doch selber der Huldigung Held,
Besieht man's, und nicht seine Börs oder Nadel.
Man ist, was man ist, und das glatt und blank,

Man schuldet nicht Zufall noch Ungefähr Dank,
Man braucht kein Patent nicht noch Privileg.
Prophet – ja, das ist für mich ein Gepräg.
Und wie unerwartet mir diese Gift kam!
Bloß sintemal ich durch die Wüste geschifft kam
Und diese Naturkinder traf auf dem Weg.
Der Prophet war erschienen; die Sache war klar.
Es war also nicht mein Plan, zu betrügen.
Zudem ist prophetisch antworten nicht lügen;
Und zurücktreten kann ich ja immerdar.
Ich bin nicht gebunden; das steht außer Frage –
Das Ganze ist sozusagen privat;
Ich kann gehn, wie ich kam; mein Roß steht parat;
Mit einem Wort, ich bin Herr der Lage.

ANITRA *nähert sich vom Eingang her*:
Prophet und Herr!

PEER GYNT: Meiner Sklavin Begehr?

ANITRA: Harrend vorm Zelt stehn die Wüstensöhne.
Sie bitten, dein Angesicht schauen zu ...

PEER GYNT: Stopp!
Sag ihnen, daß mir zunächst ihr Galopp
Statt ihres Gebets in die Ohren dröhne!
Ich will keine Mannsleute hier um mich her!
Die Männer, mein Kind, sind voll Falschheit – so recht,
Was man sagt, ein unbeständig Geschlecht!
Anitra, du kannst dir nicht denken, mein Kind,
Wie hündisch – ich meine, wie sündig sie sind!
Na, lassen wir das. Getanzt und gesungen!
Der Prophet will vergessen Erinnerungen.

DIE MÄDCHEN *tanzend*:
Der Prophet ist gut; der Prophet ist betrübt;
Denn die Söhne des Staubs haben Böses verübt.
Der Prophet ist mild; seiner Mildheit sei Preis!
Er führet die Sünder zum Paradeis.

PEER GYNT *während er mit seinen Augen Anitra beim Tanzen folgt*:
Wie Trommelschlegel fliegen die Beine.
Ei! Sie ist wahrhaft lecker, die Kleine.

Sie hat etwas extravagante Formen,
Nicht stimmend ganz mit der Schönheit Normen.
Doch was ist Schönheit? Ein Herkommen nur,
Eine Münze, gangbar nach Ort und Uhr.
Und just das Extravagante schmeckt süppig,
Auslöffeltest du die normale Welt.
Wo die Regel herrscht, wirst um den Rausch du geprellt.
Entweder höchst mager oder höchst üppig,
Entweder blutjung oder schreckhaft alt;
Was dazwischen, läßt kalt.
Ihre Füße – sind zwar nicht blendend an Reine,
Auch die Arme sind's nicht, zumal nicht der eine.
Doch ist dies schließlich kein arges Laster.
Ich nennt es eher ein Schönheitspflaster...
Anitra, hör zu!

ANITRA *nähert sich*: Deine Sklavin lauscht!

PEER GYNT:
Du bist reizend, Kind! Der Prophet ist berauscht!
Und willst du nicht glauben, vernimm als Beweis:
Er macht dich zur Huri im Paradeis.

ANITRA: Unmöglich, Herr!

PEER GYNT: Du glaubst, es sei Scherz?
Ich schwör dir's, so wahr ich hier sitze, mein Herz!

ANITRA: Doch ich hab keine Seele.

PEER GYNT: Die kannst du erhalten.

ANITRA: Doch wie, o Herr!

PEER GYNT: Des laß mich nur walten.
Ich werd dein Erzieher und geb dir Stunden.
Keine Seele! Ja, dumm bist du freilich, Schatz,
Wie man sagt. Das hab ich mit Schmerz empfunden.
Doch für eine Seel, da ist immer noch Platz.
Komm her, laß mich deinen Hirnkasten messen. –
Ich hab's doch gewußt: hier ist Raum, hier ist Raum.
Zwar wirst du nicht Weisheit mit Löffeln essen;
Denn 'ne sonderlich große Seele wird's kaum...
Ach, was! Ich will dir wohl, wie du sehn kannst;
Du sollst so viel kriegen, daß du bestehn kannst...

ANITRA: Der Prophet ist gut, doch...

PEER GYNT: Du willst nicht einmal?

ANITRA: Ich wünschte lieber...

PEER GYNT: Sprich ohne Hehl!

ANITRA: Ich mache mir nicht so viel aus 'ner Seel.
Gib mir lieber...

PEER GYNT: Was?

ANITRA *zeigt auf seinen Turban*:
Diesen schönen Opal!

PEER GYNT *hingerissen, indem er ihr das Schmuckstück reicht*:
Anitra! Evaskind, unverzagtes!
Magnetisch lockst du; denn ich bin Mann,
Und – ein geachteter Schriftsteller sagt es –:
„Das Ewigweibliche zieht uns an!"

Mondscheinnacht. Palmenhain vor Anitras Zelt.
Peer Gynt, mit einer arabischen Laute in der Hand, sitzt unter einem Baume. Sein Haar und Bart sind gestutzt; er sieht bedeutend jünger aus.

PEER GYNT *spricht und singt*:
Ich sperrte zu mein Paradies
Und nahm den Schlüssel mit.
Der Nord mein Schiff vom Strande blies,
Indes die Schönen, die ich ließ,
Nachweinten meinem Schritt.
Gen Süden schnitt des Kieles Pflug
Der Salzflut schwankend Land.
Wo schlanker Palmen stolzer Zug
Geleitet blauer Buchten Bug,
Da steckt ich es in Brand.
Ein Wüstenschiff erklettert ich,
Ein Schiff auf Beinen vier.
Aufschäumt' es unterm Sporenstich;
Ich bin ein Vogel, fange mich,
Vom Zweig ich tirilier!
Anitra, Palmenmost! Wer mäß

Von dir genug sich zu!
Selbst der Angoraziege Käs
Ist kaum ein halb so süß Geäs,
Anitra, ach, denn du!
Hängt die Laute über die Schulter und kommt näher.
Lauscht sie mit gespannter Miene?
Hat mein Liedchen sie gehört?
Späht sie, hinter der Gardine,
Undrapiert und hold betört?
Horch! Das klang, als ob gewaltsam
Von 'ner Flasch der Stöpsel sprang.
Da! Da wieder! Welch ein Klang!
Liebesseufzer? – Nein, Gesang –
Nein, ein Schnarchen, unaufhaltsam.
Süßer Laut! Anitra, schlummere!
Nachtigall, hör auf zu flehn!
Jedes Leid soll dir geschehn,
Störst du frech ihr sanft Geschummere!
Zwar es heißt: Wie's geht, mag's gehn!
Bülbül ist wie ich ein Sänger;
Ach, ich will es nur gestehn:
Beide sind wir Rattenfänger
Kleiner, liebeskranker Feen.
Laue Nacht und Liederschall
Sind uns gleiche Herzensweide;
Wenn wir singen, sind wir beide
„Wir", Peer Gynt und Nachtigall.
Und just, daß sie schläft, die Kleine,
Krönt mein Glück; just dies, daß meine
Lippen schier den Becher kippen,
Ohne dran auch nur zu nippen...
Doch da ist sie ja, hallo!
Nun, 's ist gleich, so oder so.

ANITRA *vom Zelt her*: Riefst du, Herr, nach deiner Magd?

PEER GYNT: Der Prophet, ja, hat gerufen.
Toll gewordne Katzen schufen
Störung ihm mit ihrer Jagd.

ANITRA: Ach, kein Jagdgelärm war, Herr, es;
Etwas weit Verfänglicheres.
PEER GYNT: Was denn!
ANITRA: Laß mich schweigen!
PEER GYNT: Sprich!
ANITRA: Ich erröte…
PEER GYNT *nähert sich ihr*:
War's am Ende,
Was so ganz erfüllte mich
Bei des Steins verliebter Spende?
ANITRA *erschrocken*: Dich vergleichen, Erdenzier,
Einem eklen Katzentier!
PEER GYNT: Kind, im Punkt der Liebe steht
Oft ein Kater und Prophet
Auf dem nämlichen Tapet.
ANITRA: Herr, des Scherzes Rede geht wie
Honig dir vom Mund.
PEER GYNT: Mein Kind,
Du, wie dein Geschlecht, ihr seht nie
Große Männer, wie sie sind!
Ich bin scherzhaft, laß dir sagen,
Und zu zweien um so mehr.
Meine Stellung läßt mich tragen
Einer Maske ernste Wehr.
Pflichten machen ungemächlich;
All dies Sorgen und Gescher
Mit den Leuten hin und her
Macht mir oft den Kopf recht schwer;
Doch dies ist nur oberflächlich. –
Dummes Zeug! Im Tête-à-tête
Bin ich Peer – ja, der, nur der.
Hui, da läuft er, der Prophete;
Und hier hast du deinen Peer!
Setzt sich unter einen Baum und zieht sie an sich.
Komm, Anitra, komm und träume
Mit mir in der Palme Fächeln!
Ich will flüstern, du sollst lächeln.

Wollen dann die Rollen wechseln;
Und, indes ich lächelnd säume,
Sollst du Liebesworte drechseln!

ANITRA *legt sich ihm zu Füßen*:
Süß sind deine Worte, mag mir
Auch ihr Sinn nur selten nahen.
Herr, kann deine Tochter, sag mir,
Also lauschend Seele fahen?

PEER GYNT: Seele, Geistes Licht und Wissen
Sollst du seinerzeit nicht missen.
Wenn im Ost auf Rosenstreifen
Golddruck meldet: Nacht verschwunden!
Geb ich dir, mein Püppchen, Stunden;
Und du sollst mir köstlich reifen.
Aber in der Mondnacht Stille
Wär es eines Toren Grille,
Mit verstaubter Weisheit Beten
Als Magister aufzutreten.
Ist doch auch der Seele Lehen
Nicht als Hauptsach zu begreifen.
Wird doch meist aufs Herz gesehen.

ANITRA: Herr! In deiner Rede Strahlen
Schillert Glanz, wie von Opalen.

PEER GYNT: Geist, zu scharf, ist Geisteslosheit;
Feigheit, aufgeknospet, Bosheit;
Wahrheit in der Übergift
Rückgewandte Weisheitsschrift.
Ja, mein Kind, Gott soll mich strafen,
Lebt nicht manch ein Feuergeist,
Dem sich der Erkenntnis Hafen
Erst nach schweren Stürmen weist.
Kannte einen dieser Kerle –
In dem ganzen Brack die Perle –,
Und selbst dieser Mann ging irre,
Ward verführt vom Weltgewirre.
Siehst du rings die Wüste gähnen?
Wenn ich bloß den Turban schwenke,

Strömt das Meer aus hundert Hähnen
Seine Flut in ihr Gesenke.
Doch ich hätte Gimpelgrütze,
Schüf ich diese Wüstenpfütze.
Weißt du, was bedeutet: leben?

ANITRA: Lehr mich's!

PEER GYNT: Dies: den Zeitstrom schweben
Unbenetzten Schuhs zu Tal
Als sein eigenst Ideal.
Nur in Vollkraft kann ich der sein,
Der ich bin, kann Peer als Peer sein!
Alter Weih verliert die Federn,
Alter Bock wird welk und ledern,
Alte Trulle keift aus Lücken,
Alter Trottel hinkt an Krücken –
Jedem wird die Seele greis.
Jugend! Jugend! Herrschen, thronend
Wie ein Sultan, heil und heiß,
Nicht durch Gyntianas Banken,
Unter Palmenlaub und Ranken,
Sondern weil in den Gedanken
Einer reinen Jungfrau wohnend!
Wirst du nun noch zweifelnd fragen,
Kind, warum ich dich erküret,
Gnädiglichst dein Herz gerühret,
Dort gegründet, sozusagen,
Meines Wesens Kalifat?
Deine Sehnsucht will ich haben.
Allgewalt in meinem Staat!
Du sollst sein allein die Meine.
Peer mit seinem Geist und Gaben
Sei dir mehr denn Gold und Steine.
Scheiden wir, so ist das Leben
Ausgelebt – das heißt, das deine!
All dein Du, inbrünstiglich,
Willenlos mir hingegeben,
Sei erfüllt von meinem Ich.

Deiner Locken nächtlich Blinken,
Was dir Grazien nur gewährten,
Soll wie babylonsche Gärten
Mir zu Sultansfesten winken.
Darum ist auch die Entnachtung
Deiner Stirn so nötig nicht.
Hat man Seele, ist Betrachtung
Seiner selbst die erste Pflicht.
Höre, da ich just dran denke:
Du sollst haben, macht's dich froh,
Einen Ring ums Fußgelenke.
Jeder fährt am besten so;
Ich mich dir als Seele schenke,
Und sonst alles: status quo.

Anitra schnarcht.

Wie? Sie schläft? Peer Gynt, versenke
Deine Hoffnung! Dies beweist –
Halt! – just deinen mächt'gen Geist:
Deiner Liebesrede Schäumen
Trägt sie fort zu süßen Träumen.
Erhebt sich und legt ihr Schmuckgegenstände in den Schoß.
Hier sind Spangen! Hier noch mehr!
Schlaf, Anitra! Träum von Peer!
Schlaf! Im Schlaf hast du die Krone
Deinem Kaiser dargebracht!
Durch Persönlichkeit zum Throne
Kam Peer Gynt in dieser Nacht.

Karawanenweg. Die Oase, zurückliegend, in weiter Ferne.
Peer Gynt, auf seinem weißen Pferd, jagt durch die Wüste. Er hat Anitra vor sich auf dem Sattelknopf.

ANITRA: Laß sein, ich beiße!
PEER GYNT: Du kleiner Schalk!
ANITRA: Was willst du?

PEER GYNT: Was? Spielen Täubchen und Falk!
Dich entführen! Tolle Geschichten machen!
ANITRA: Schäm dich! Ein alter Prophet!
PEER GYNT: Firlefanz!
Der Prophet ist nicht alt, du kleine Gans!
Macht man im Alter noch solche Sachen?
ANITRA: Laß los! Ich will heim!
PEER GYNT: Jetzt bist du kokett.
Also heim! Zum Schwiegervater! Wie nett!
Wir tollen Vögel, die Reißaus genommen,
Wir dürfen ihm nie mehr vor Augen kommen.
Zum andern bleibe man nicht, mein Schatz,
Für längere Zeit an demselben Platz;
Man verliert in der Achtung, je mehr man bekannt wird –
Zumal, wenn man kommt als Prophet oder so.
Man gehe vorüber, rasch wie ein Bonmot.
Es war schon so weit, wo die Sache gespannt wird.
Deine Wüstensöhne wurden verdrießlich,
So Gebete wie Weihrauch versagten schließlich.
ANITRA: Doch du bist doch Prophet?
PEER GYNT: Ich bin dein Kaiser!
Will sie küssen.
Guck, was für ein kleiner Bärenbeißer!
ANITRA: Gib mir den Ring da von deinem Finger!
PEER GYNT: Nimm, süße Anitra, die ganzen Dinger.
ANITRA: Wie klingt deine Rede so wonniglich.
PEER GYNT:
O selig, wer so hoch geliebt wird wie ich!
Hinab! Und das Pferd geführt, als dein Sklav!
Reicht ihr die Reitpeitsche und steigt ab.
So, meine Rose, meine liebliche Blume,
Hier will ich Sand treten zu deinem Ruhme,
Bis mich ein Sonnenstich gnädiglich traf.
Ich bin jung, Anitra, das hab vorm Auge,
Du mußt's nicht so streng nehmen, wenn ich nichts tauge.
Sieh, neigt nicht just Jugend zu allerlei Tänzchen?
Hätt also dein Geist mehr Schliff und mehr Schwung,

So würdest du schließen, mein reizendes Pflänzchen:
Dein Liebster macht Unsinn – ergo ist er jung!
ANITRA: Ja, du bist jung. Hast du nicht noch mehr Ringe?
PEER GYNT: Da, nimm! Ich bin ein Bock, und ich springe!
Wär hier wo Weinlaub, ich setzte mir 'nen Kranz auf!
Ja, weiß Gott, bin ich jung! Und jetzt sing ich mir zum
Tanz auf!
Tanzt und singt:
Ich bin ein Hahn, ein glückseliger!
Pick mich, du kleine Henne!
Ei! Hopp! Da schau, wie ich renne.
Ich bin ein Hahn, ein glückseliger!
ANITRA: Du schwitzest, Prophet; du zergehst mir ja fast!
Reich mir vom Gurt doch die baumelnde Last!
PEER GYNT:
Zärtliche Sorg! Nimm den Beutel für immer!
Liebenden Herzen ist Gold nur ein Schimmer.
Tanzt und singt wieder:
Jung Peer Gynt ist ein Tollhans!
Er weiß nicht, auf welchem Fuß er stehn soll.
Pah, sagt Peer, geh's, wie's gehn soll!
Jung Peer Gynt ist ein Tollhans!
ANITRA: Wunderfein tanzt der Prophete gestreng!
PEER GYNT:
Prophet? Dummes Zeug! – Komm, tauschen wir Kleider!
Zieh aus!
ANITRA: Dein Gurt und dein Kaftan ist leider
Zu weit und zu lang und dein Strumpfwerk zu eng...
PEER GYNT: Eh bien! *Kniet nieder.*
Doch schaff mir ein heftiges Leid;
Liebenden Herzen ist Leiden köstlich!
Kommen wir dann in mein Schloß, seinerzeit...
ANITRA: In dein Paradies – liegt's noch sehr weit östlich?
PEER GYNT: Oh, wohl tausend Meilen!
ANITRA: Zu weit!
PEER GYNT: Gemach!
Du bekommst auch die Seele, von der ich dir sprach...

Anitra: Ich danke, das kommt nicht so sehr in Frage.
Doch du batst um ein Leid...

Peer Gynt *steht auf*: Ja, zum Teufel! Ein Weh,
Gewaltsam, doch kurz – so auf zwei, drei Tage!

Anitra: Anitra gehorcht dem Propheten! – Ade!
Sie zieht ihm einen tüchtigen Hieb über die Finger und jagt in fliegendem Galopp zurück durch die Wüste.

Peer Gynt *steht eine lange Weile wie vom Blitz gerührt*:
Na, da soll aber doch...!

Dieselbe Stelle. Eine Stunde später.
Peer Gynt zieht, bedächtig und nachdenklich, die Türkenkleider aus, Stück für Stück. Zuletzt nimmt er seine kleine Reisemütze aus der Rocktasche, setzt sie auf und steht wieder in seiner europäischen Tracht da.

Peer Gynt *indem er den Turban weit von sich fortschleudert*:
Dort liegt der Türke, und hier steh ich.
Dieses heidnische Wesen hat einen Stich.
Ein Glück, daß ich's nur in den Kleidern getragen,
Daß sich's nicht, wie man sagt, aufs Herz mir geschlagen.
Was wollt ich nur eigentlich, frag ich mich?
Man tut doch am besten, als Christ zu wandeln,
Zu verschmähn des Pfauenhabits Geprahl,
Zu stützen sein Tun auf Gesetz und Moral,
Man selber zu sein und dafür sich einmal
Einen Nachruf und einen Kranz einzuhandeln.
Macht einige Schritte.
Das Dirnchen! – Es hing nur an einem Haar,
Daß ich nicht mehr zur Vernunft erwachte.
Ich will ein Troll sein, sofern mir klar,
Was es war, das mich also von Sinnen brachte.
Na, gut, daß es aus ist! Ein Schritt noch vom Pfade –
Und ich war lächerlich ohne Gnade.
Ich hab mich versehn, doch – ich darf mir's gestehn –
Nur infolge der Schiefe der Stellung versehn,
Nicht selbst als Persönlichkeit jedenfalls.

Ja, mußte nicht just dies prophetische Wallen,
So ganz ungewürzt von der Wirksamkeit Salz,
Zuletzt in Geschmacklosigkeit verfallen?
Eine böse Bestallung, Prophet zu sein!
In seinem Beruf soll man gehn wie in Wolken;
Prophetisch betrachtet, büßt man flugs ein,
Sobald man aufhört, Unsinn zu kolken.
Insofern bin ich mehr als entschuldigt,
Daß ich der dummen Gans da gehuldigt.
Doch, nichtsdestominder... *Bricht in Lachen aus.*
Man stelle sich vor!
Die Zeit will er stoppen durch Trippeln und Tänzeln!
Schwimmen wider 'n Strom mit Schweifeln und Schwänzeln!
Lustgirrend hupft er, die Laute zupft er
Und endet zuletzt als Hahn, als gerupfter.
Fürwahr, ein Prophet, der die Zügel verlor!
Gerupft, ja! – Brr! Bin ich abgebrannt!
Na, etwas ist noch in der Hinterhand,
In der Charlestowner Bank und in meinen Taschen;
Es ging also doch nicht alles durch die Maschen...
Überlegt man's, ist solch ein Zustand viel wert.
Man ist nicht gebunden an Kutscher noch Pferd,
Hat nicht mit Koffer und Karren Plage,
Kurz, wie man sagt, man ist Herr der Lage.
Wohin nun des Wegs? Was sei nun erkoren?
Am Wählen kennt man den Weisen vom Toren.
Mein Geschäftsleben ist ein beschlossen Kapitel;
Mein Liebesspiel ist ein beseitigter Kittel.
Zu Krebsgang hab ich nicht Lust noch Grund.
Hin und zurück, 's ist der gleiche Weg,
Hinaus und hinein, 's ist der gleiche Steg,
Sagt ja wohl irgendein geistreicher Mund.
Wenn mir nur jetzt etwas Neues durch den Sinn führe,
Etwas Großes, bei dem man zugleich mit Gewinn führe!
Ob ich mein Leben schreib, ungeschminkt, wahrhaft,
Ein Vademecum, so schmackhaft wie nahrhaft?
Oder? Wer gleich beim Gelehrten endete?

Und, ein reisender Forscher, mit seinem Span
Dem Einst in den dunklen Rachen blendete?
Bei Gott, ein höchst erwägbarer Plan!
Vor Chroniken bin ich nie abgebogen
Und war auch der Wissenschaft immer gewogen.
Wohlan denn, durchmessen der Menschheit Bahn!
Ich schwimm auf dem Strom der Geschichte wie ein Flaum,
Ich durchlebe sie nochmals, als wie in einem Traum;
Seh der Helden Kämpfe für Gut und Groß,
Doch aus sicherm Versteck, als Zuschauer bloß;
Seh der Denker Fall, der Märtyrer Glorie,
Seh Reiche sich bilden und Reiche vergehn,
Seh Weltepochen aus Kleinem entstehn –
Kurzum, schöpf ab den Rahm der Historie.
Ich muß mir einen Band Becker erhandeln
Und dann chronologisch die Welt durchwandeln.
Wohl wahr – Geschichte ist nicht meine Stärke
Und sinnverwirrend ihr innres Gewerke!
Doch, pah! je toller der Ausgangssatz ist,
Um so seltener oft der gefundene Schatz ist.
Erhabner Gedanke, solch Ziel sich zu stecken
Und vor nichts, was er fordert, zurückzuschrecken!
Still bewegt:
Aus allen Banden fahren und schlüpfen,
Die dich mit Heimat und Freunden verknüpfen,
In die Luft sprengen all deines Reichtums Pracht,
Sagen dem Glück deiner Liebe gut' Nacht,
Nur, um zu finden der Wahrheit Mysterium –
Zerdrückt eine Träne im Auge.
Das ist des echten Forschers Kriterium.
O Unglück, du hast deinen Stachel verloren!
Ging mir doch auf nun, wozu ich geboren!
Und nun bloß aushalten, kommt's noch so schwül!
Hoch nun darf ich mein Haupt wieder tragen,
In meines Manneswerts Wohlgefühl;
Ein Kaiser des Lebens, sozusagen!
Der Vergangenheit Summe will ich besitzen;

Nie mehr die Wege der Heutigen schwitzen.
Die Gegenwart ist keine Schuhsohle wert;
Die Männer sind nur dem Gewinn zugekehrt,
Ihre Geister sind lahm, ihre Taten unecht,
Zuckt die Achseln.
Und die Weiber – ein unbeständig Geschlacht! *Ab.*

Sommertag. Hoch im Norden. Eine Hütte im Hochwald. Offene Tür mit einem großen, hölzernen Schloß. Rentiergeweih über der Tür. Eine Schar Ziegen an der Hauswand.
Ein Weib von mittleren Jahren, licht und schön, sitzt und spinnt draußen im Sonnenschein.

DAS WEIB *wirft einen Blick den Weg hinab und singt:*
Vielleicht geht der Winter, und der Frühling folgt nach,
Und der Sommer dazu, und das ganze Jahr;
Aber einst wirst du kommen, das, weiß ich, ist wahr,
Und ich werde warten, wie ich dir's versprach.
Lockt die Ziegen, spinnt und singt wieder:
Gott stärke dich, wo in der Welt du auch gehst!
Gott segne dich, wenn du vor seinem Fußschemel stehst!
Hier wart ich, mein Freund, bis du kommst, nach deinem Wort;
Und wartest du dort oben, so treffen wir uns dort!

Ägypten. Morgendämmerung. Die Memnonssäule im Sande.
Peer Gynt kommt gegangen und sieht sich eine Weile um.

PEER GYNT: Hier könnten wir füglich beginnen zu wandern:
Jetzt also Ägypter, nach all dem andern;
Doch Ägypter auf Basis des Gyntischen Ichs.
Dann geht's nach Assyrien graden Strichs,
Bis an die Erschaffung der Welt zu rühren,
Das würde nur zum Verderben führen;
Ich will ganz herum um die Bibelgedichte,

Man spürt sie ja überall in der Geschichte;
Und ihnen nachsehn, sozusagen, die Nähte –
Dazu fehlt mir Neigung wie Handwerksgeräte.
Setzt sich auf einen Stein.
Nun will ich hier rasten und warten geduldig.
Zunächst ist mir Memnon sein Morgenlied schuldig.
Dann werde die Pyramide bestiegen,
Auch ihr Innres erforscht, wo die Könige liegen.
Darauf auf dem Landweg ums Rote Meer;
Vielleicht grab ich Potiphar aus und sein Heer.
Dann bin ich Asiat. In Babylon werden
Besucht die berüchtigten Hängenden Gärten,
Will heißen, die Hauptstätten seiner Kultur.
Ein Sprung – und ich bin auf trojanischer Flur.
Von Troja hab ich ja dann direkte
Verbindung hinüber zum alten Athen;
Dort will ich an Ort und Stelle besehn
Und befahren den Paß, den Leonidas deckte;
Dann etwas Philosophie betreiben
Und das Haus, worin Sokrates starb, beschreiben.
Weiß Gott, da vergaß ich ja, daß sie just kriegen!
So bleibe der Hellenismus denn liegen. *Sieht auf die Uhr.*
Teufel auch, macht diese Sonne Flausen,
Bis sie heraufkommt. Meine Zeit ist knapp.
Also, von Troja, da kam ich ab – *Steht auf und lauscht.*
Horch! Was für ein verwunderlich Sausen?

Sonnenaufgang.

DIE MEMNONSSÄULE *singt*:

Himmelan steigen aus göttlicher Asche
Vögel voll Singen.
  Zeus, der geistweite,
Schuf sie zum Streite.
Weisheitseule,
Wo schlafen ihre Schwingen?
Stirb – oder hasche
Den Sinn der Säule!

Peer Gynt: Wahrhaftig – hab ich nicht einen Tick,
So klang just die Säule! Vergangenheitsmusik!
Ganz hörbar der Steinstimme Fallen und Steigen.
Ad notam. Einst den Gelehrten zu zeigen.
Notiert ins Taschenbuch:
„Die Säule sang. Deutlich den Klang vernommen;
Doch nicht zum Verständnis des Textes gekommen.
Das Ganze natürlich Betrug der Sinne. –
Sonst nichts observiert von höherem Gewinne."
Setzt seinen Weg fort.

In der Nähe des Dorfes Gizeh. Die große, aus dem Felsen gehauene Sphinx. In der Ferne Kairos Kirchtürme und Minarette.
Peer Gynt kommt des Weges; er betrachtet die Sphinx aufmerksam, bald durch die Lorgnette, bald durch die hohle Hand.

Peer Gynt: Wo hab ich in aller Welt nur schon
Ein diesem ähnlich Geschöpf gesehn?
Im Norden? Im Süden? War's eine Person?
Und wenn – an wen gemahnt's mich, an wen?
Held Memnon glich, wie mich's später durchfuhr,
Dem sogenannten – Dovre-Alten,
So wie er dasaß, stotzig und stur,
Den Sitz von Säulenstümpfen gehalten.
Doch dieser seltsame Kreuzungsversuch,
Dieser Wechselbalg, beides, so Löwe wie Weib,
Hab ich den auch aus 'nem Märchenbuch?
Oder sah ich schon einmal solch einen Leib?
Ein Märchenspuk? Ha, jetzt beginnt mir's zu tagen!
Das ist ja der Krumme, den ich einstens erschlagen,
Das heißt, ich träumte, ich lag im Fieber. *Tritt näher.*
Die Augen, die Lippen, dasselbe Kaliber;
Nicht ganz so flau, mehr Falsch im Gesichte –
Doch sonst im ganzen dieselbe Geschichte.
So, so, du gleichst einem Löwen, Krummer,
Wenn man von hinten dich sieht und bei Lichte!

Macht dir wohl Rätselraten noch Kummer?
Gibst wieder Antwort wie letzter Frist du?
Ruft der Sphinx zu:
He, Krummer, wer bist du?
EINE STIMME *hinter der Sphinx*: Ach, Sphinx, wer bist du?
PEER GYNT: Das Echo antwortet deutsch! Untrüglich!
DIE STIMME: Wer bist du?
PEER GYNT: Es spricht die Sprache vorzüglich!
Da hab ich etwas ganz Neues entdeckt. *Notiert in sein Buch*:
„Echo spricht deutsch. Berliner Dialekt."

Begriffenfeldt kommt hinter der Sphinx hervor.

BEGRIFFENFELDT: Ein Mensch!
PEER GYNT: Ach so! Also falsch geraten.
Notiert wieder:
„Kam später zu anderen Resultaten."
BEGRIFFENFELDT *unter allerhand unruhigen Gebärden*:
Eine Lebensfrage. Verzeihen Sie!
Was führt Sie just heute durch diese Landschaft?
PEER GYNT: Ein Besuch. Bei einem Jugendfreund.
BGRIFFENFELDT: Wie?
Die Sphinx hier ist...?
PEER GYNT *nickt*: Eine alte Bekanntschaft.
BEGRIFFENFELDT: Famos! Und das just nach dieser Nacht!
Mein armer Kopf ist nah dran zu zerbrechen!
Wohlan! So tun Sie den Mund auf und sprechen!
Was ist sie?
PEER GYNT: Wenn Sie das glücklich macht:
Sie ist „sie selbst".
BEGRIFFENFELDT *mit einem Sprung*:
Ha, der Welt Lösung tagt! Sie
Sind dessen gewiß? Sie wär in der Tat
Sie selbst?
PEER GYNT: Jawohl; so wenigstens sagt sie.
BEGRIFFENFELDT: Sie selbst! Die Stunde der Umwälzung naht!
Nimmt den Hut ab.
Ihr Name, mein Herr?

PEER GYNT: Peer Gynt, mit Vergunst.

BEGRIFFENFELDT: Peer Gynt! Allegorisch! Das stand zu erwarten.
Peer Gynt? Das bedeutet: den längst erharrten,
Den kommenden Meister der Auslegekunst...

PEER GYNT: Sie warteten meiner? Zuviel der Ehre!

BEGRIFFENFELDT: Peer Gynt! Tiefsinnig! Rätselvoll! Graß!
Jedes Wort ist gleichsam ein Faß an Lehre!
Was sind Sie?

PEER GYNT *bescheiden*:
Ich trachtete stets, daß ich wäre
Ich selbst. Im übrigen – hier mein Paß.

BEGRIFFENFELDT: Ich selbst! Es wird immer mysteriöser!
Faßt ihn ums Handgelenk.
Nach Kairo! Kaiser der Rätsellöser!

PEER GYNT: Kaiser?

BEGRIFFENFELDT: Kaiser...

PEER GYNT: Wie er mich erkennt!

BEGRIFFENFELDT *indem er ihn mit sich zieht*:
...der Interpreten – auf des Selbst Fundament!

Kairo. Ein großer Hofraum mit hohen Mauern und von Gebäuden umgeben. Gitterfenster; eiserne Käfige.
Drei Wächter im Hofe. Ein vierter kommt.

DER KOMMENDE: Schafmann, wo ist der Direktor, sag?

EIN WÄCHTER: Ausgefahren lange vor Tag.

ERSTER: Ich glaub, es ist ihm ein Unglück geschehn;
Heut nacht nämlich...

EIN ANDERER: Pst, die Torflügel gehn.

Begriffenfeldt führt Peer Gynt herein, schließt die Tür und steckt den Schlüssel in die Tasche.

PEER GYNT *für sich*:
Ein Mann, imstand, mir den Kopf zu verwirrn,
Fast alles, was er sagt, will nicht in mein Hirn. *Sieht sich um.*
Dies also hier ist der Gelehrtenklub?

BEGRIFFENFELDT: Hier finden Sie alle, den ganzen Trupp;
An siebenzig und tagtäglich vermehrte,
Der Weltauslegung beflißne Gelehrte...
Ruft den Wächtern zu:
Michel, Schlingelberg, Schafmann, Fuchs –
In die Käfige mit euch flugs!
DIE WÄCHTER: Wir?
BEGRIFFENFELDT: Wer anders? Wir sind jetzt quitt!
Dreht sich die Erde, so drehn wir uns mit.
Zwingt sie in einen Käfig hinein.
Er ist heute kommen, der große Peer.
Den Rest folgert selber, ich sage nichts mehr.
Sperrt zu und wirft den Schlüssel in einen Brunnen.
PEER GYNT: Aber... Herr Doktor... Herr Präsident...
BEGRIFFENFELDT: Beides gewesen. Das hat nun ein End.
Herr Peer, Sie gehören zur schweigsamen Zunft?
PEER GYNT *in wachsender Unruhe*:
Weshalb?
BEGRIFFENFELDT:
Sie werden nicht marode?
PEER GYNT: Ich hoffe...
BEGRIFFENFELDT *zieht ihn in eine Ecke und flüstert*:
Die absolute Vernunft
Ging ab gestern abend Schlag elf mit Tode.
PEER GYNT: Gott helfe mir!
BEGRIFFENFELDT: Ja, das ist äußerst verdrießlich.
Und für mich in meiner Stellung doppelt unersprießlich.
Denn dies Haus hier galt, bis die Elf schlug aus,
Für ein Irrenhaus.
PEER GYNT: Für ein Irrenhaus!
BEGRIFFENFELDT:
Nicht fürder, verstehn Sie!
PEER GYNT *bleich und leise*: O Gott, mir schwant es!
Und der Mann ist verrückt – niemand ahnt es!
Sucht davonzukommen.
BEGRIFFENFELDT *folgt ihm*:
Sie verstehn doch auch den Sinn meines Spruchs?

Ich nenne sie tot; doch so spricht nur ein Schalk.
Sie ging von sich selbst. Sie ging aus ihrem Balg,
Wie weiland Landsmann Münchhausens Fuchs.

PEER GYNT: Einen Augenblick nur...

BEGRIFFENFELDT *hält ihn fest*: Nein, es war wie ein Aal,
Nicht wie ein Fuchs. Durchs Aug ein Pfahl;
Sie zappelte, zuckte...

PEER GYNT: Daß Gott erbarm!

BEGRIFFENFELDT:
Um den Hals rund ein Schnitt und dann, wupps, aus dem Darm!

PEER GYNT: Verrückt! Vollständig von Sinn und Verstand!

BEGRIFFENFELDT: So viel ist nun klar und nicht zu bestreiten:
Es wird dieses Von-sich-Gehen begleiten
Ein wahrer Umsturz zu Wasser und Land.
Die früher „verrückten" Persönlichkeiten
Sind nämlich seit gestern abend schlechthin
Normal geworden, vernünftig im Sinn
Der neuen Vernunft; was zugleich den Beginn
Des Rasens der frühern „Gesunden" bedeutet,
Mitdem daß die Glocke elf Uhr geläutet.

PEER GYNT: Sie erwähnten die Uhr; meine Zeit ist zu End...

BEGRIFFENFELDT: Ihre Zeit? Sie mahnen im rechten Moment!
Öffnet die Tür und ruft:
Hervor denn aus eurem Labyrinth!
Die Vernunft ist tot. Es lebe Peer Gynt!

PEER GYNT: Nein, liebster...

Die Irren kommen nach und nach heraus in den Hofraum.

BEGRIFFENFELDT: Zu Ende sind eure Nöte!
Es tagt der Befreiung Morgenröte!
Euer Kaiser steht vor euch!

PEER GYNT: Kaiser?

BEGRIFFENFELDT: Gewiß!

PEER GYNT: Nein, nein! Diese Ehrungen übersteigen...

BEGRIFFENFELDT:
Nur jetzt keine falsche Bescheidenheit zeigen,
In solch einer Stunde!

PEER GYNT: Bedenkzeit nur bis...
Nein, ich taug nicht dazu; ich hab nicht die Gaben!
BEGRIFFENFELDT: Ein Mann, zu dem Sphinxe geredet haben?
Der er selbst ist?
PEER GYNT: Das ist ja eben die Nuß!
Ich bin wohl ich selber, in allen Lagen;
Aber hier, soweit ich verstehe, muß
Man außer sich selbst sein, sozusagen.
BEGRIFFENFELDT: Wie? Außer sich? Nein, das sieht jedes Kind:
Hier ist man man selbst, ohne Gnade zu geben,
Man selbst und nicht das geringste daneben.
Man geht – als man selbst – hier vor vollem Wind.
Im Faß seines Ichs birgt ein jeder hier sich,
Taucht in seines Ichs Gärung bis auf den Grund,
Schließt zu sich hermetisch mit seines Ichs Spund
Und dichtet das Holz im Brunnen seines Ichs.
Keiner hat Tränen für der andern Wehen,
Keiner hat Sinn für der andern Ideen.
Wir selbst, das sind wir in Geist und Gebärden,
Bis zur Spitze des Sprungbretts wir und nur wir.
Und folglich, soll einer Kaiser hier werden,
Sind Sie unsres Throns erlesenste Zier.
PEER GYNT: Der Teufel soll mich...!
BEGRIFFENFELDT: Nur mutigen Sinn!
Fast alles auf Erden ist neu zu Beginn.
„Du selbst" – ich will Ihre Zweifel ersticken;
Der erste beste genügt hier schon – *Zu einer finstern Gestalt*:
Guten Tag, Huhu! Na, hörst du, mein Sohn,
Noch immer nicht auf, bekümmert zu blicken?
HUHU: Kann ich's, bleibt mein Volk noch länger
Ohne Deuter, ohne Sänger? *Zu Peer Gynt*:
Du bist fremd, so hör mich an denn!
PEER GYNT: Gott erbarme sich!
HUHU: Wohlan denn!
Fern im Ost, ein Kranz von Sande,
Ruhn die malebarschen Strande.
Portugiesen und Holländer

Sind des Lands Kulturzuwender.
Außerdem sind dort noch Scharen
Von den echten Malebaren.
Die, mit ihrem Sprachgemische,
Sind die Herren jetzt am Tische.
Doch vor grauen Zeiten wohnte
Dort der Orang-Utan, thronte
Tief im Wald als Herrscher, tollte,
Raufte, grölte, wie er wollte.
Wie Natur ihn schuf, so grunzt' er,
Noch ein göttlich Unverhunzter.
Niemand wehrt' ihm sein Geplärre,
War er doch des Reiches Herre.
Doch da kamen fremde Horden
Unsre Urwaldsprache morden.
Viermal hundert Jahre Nachten
Von der Kraft den Affen brachten;
Ach, man weiß, so lange Nächte
Hemmen der Entwicklung Mächte.
Waldes Urlaut ist verstummt nun,
Nicht mehr länger wird gebrummt nun;
Wollen wir Gedanken geben,
Müssen wir zu reden streben.
Welch ein Zwang der Zungenbänder!
Portugiesen, Niederländer,
Mischlingsrasse, Malebaren,
Alle sind gleich schlecht gefahren.
Ich nun trachte, unsern echten
Urwaldurlaut zu verfechten;
Möcht den Leichnam neu beseelen,
Unser Recht auf Grölen stählen;
Grölte selber, zu ertrutzen
Seinen volksliedhaften Nutzen. –
Doch man hat mich schnöd verlassen.
Wirst wohl jetzt mein Trauern fassen.
Dank, daß du gehört mich Armen.
Weißt du Rat, so hab Erbarmen!

PEER GYNT *leise*: Mit den Wölfen, mit den lieben,
Muß man heulen, steht geschrieben. *Laut*:
Freund, nach sicherem Gerüchte
Gibt es in Marokko Schlüchte
Noch voll Orang-Utan-Schwärmen,
Die sich ohne Sänger härmen.
Deren Mund spricht malebarisch!
Wie honett und exemplarisch
Wär's nun, dächten Sie (gleich andern
Standspersonen) auszuwandern...
HUHU: Dank, daß du gehört mein Flehen;
Wie du rätst, so soll's geschehen. *Mit einer großen Gebärde*:
Hat der Osten mich zum besten –
Orang-Utans hat der Westen! *Geht weiter.*
BEGRIFFENFELDT:
Na, war er er selbst? Gar sehr, wenn's beliebt.
Von sich selbst ist er voll, lebt sich selber allein,
Gibt „sich", was immer er von sich gibt,
Sich selber kraft seines Außer-sich-Sein.
Wohlan! Ein andres hier meiner Kinder,
Seit gestern abend vernünftig nicht minder!
Zu einem Fellah, der eine Mumie auf dem Rücken trägt:
König Apis, mein hoher Herre, wie geht es?
DER FELLAH *wild zu Peer Gynt*:
Bin ich König Apis?
PEER GYNT *zieht sich hinter den Doktor zurück*:
Ja, leider steht es
Mit meinem Wissen hier äußerst peinlich,
Doch sind Sie, nach Ihrem Ton, wahrscheinlich...
DER FELLAH: Jetzt lügst du auch!
BEGRIFFENFELDT: Eure Hoheit berichte,
Wie die Sachen stehn.
DER FELLAH *wendet sich Peer Gynt zu*:
Hör meine Geschichte!
Wen trag ich hier wohl auf dem Rücken?
Einen König, der Apis hieß!
Jetzt heißt er nur noch eine Mumie

Und ist ganz tot überdies.
Er baute die Pyramiden
Und haute die große Sphinx
Und kriegte, wie der Doktor sich ausdrückt,
Mit einem Türken bald rechts und bald links.
Und dem hat auch Ägypten
Als Gott ihn preisen gelehrt
Und in seinen Tempeln ihn unter
Dem Bild eines Ochsen verehrt. –
Doch ich bin dieser Gott Apis,
Das ist wie die Sonne zu sehn;
Und wenn du es nicht verstehest,
So wirst du es bald verstehn.
Es schwang sich nämlich beim Jagen
Vom Pferd einst Apis, der Held,
Und ging einen Augenblick seitwärts
Auf meines Urgroßahns Feld.
Der Grund aber, den er da düngte,
Ernährte mich mit seinem Korn;
Und braucht es noch mehr der Beweise,
So hab ich ein unsichtbar Horn.
Und ist das nun nicht zum Verzweifeln,
Daß ganz ohne Herold ich bin!
Von Geburt bin ich Apis im Lande,
Doch Fellah in anderer Sinn.
Kannst einen Rat du mir geben,
So mache mich damit reich.
Was soll ich tun, daß ich werde
König Apis dem Großen gleich?
PEER GYNT: Eure Hoheit bau Pyramiden
Und hau eine große Sphinx
Und krieg, wie der Doktor sich ausdrückt,
Mit dem Türken bald rechts und bald links!
DER FELLAH: Ja, das ist mir eine Rede!
Ein Fellah! Eine hungrige Laus!
Bin froh, wenn ich meine Hütte
Rein halt von Ratz und Maus.

Auf, Mann – etwas Beßres erfunden,
Was groß macht und sicher vor Spott
Und was mich obendrein gleichmacht
Auf meinem Rücken dem Gott!

PEER GYNT: Wie, wenn Eure Hoheit sich hängten
Und darauf in der Erde Schoß,
In des Sarges natürlichen Grenzen,
Verhielten sich regungslos?

DER FELLAH: Mein Leben für einen Strick denn!
An den Galgen mit Haut und Haar!
Der Unterschied wird nicht sehr groß sein –
Und völlig verwischt übers Jahr.
Geht hin und macht Anstalten, sich zu hängen.

BEGRIFFENFELDT: Das war auch eine Persönlichkeit,
Ein Mann mit Methode.

PEER GYNT: Ja, ja, so weit...
Doch da hängt er sich wirklich? Gott soll uns bewahren!
Mir schwindelt, ich fühl mich schon ganz zerfahren!

BEGRIFFENFELDT: Ein Übergangszustand, nur kurz von Frist.

PEER GYNT: Wozu? Entschuldigen Sie – mir ist...

BEGRIFFENFELDT *hält ihn fest*:
Sind Sie verrückt, Herr?

PEER GYNT: Noch nicht! Ohne Bangen!

Alarm. Der Minister Hussein drängt sich durch den Schwarm.

HUSSEIN: Man hat mir gemeldet, ein Kaiser sei hier.
Zu Peer Gynt: Sind Sie es?

PEER GYNT *verzweifelt*: So sicher, wie zwei mal zwei vier!

HUSSEIN: Gut. – Hier sind Noten, die Antwort verlangen.

PEER GYNT *rauft sich das Haar*:
Heißa! Recht so! So paßt es Peeren!

HUSSEIN: Wolln Sie mich mit einem Trunk beehren?
Verbeugt sich tief.
Ich bin eine Feder.

PEER GYNT *verbeugt sich noch tiefer*:
Und ich, wie Sie sehn,
Ein krimskramsig kaiserlich Pergamen.

HUSSEIN: Mein Schicksal, Herr Kaiser, hier kennt es ein jeder:
Ich gelt für ein Sandfaß und bin eine Feder.

PEER GYNT:
Mein Schicksal, Herr Feder, ist, wenn Sie belieben:
Ich bin ein Papier und werd niemals beschrieben.

HUSSEIN: Für meinen Beruf geht keinem der Verstand auf;
Sie nehmen mich alle und streun mit mir Sand auf!

PEER GYNT: Ich lag einst als Buch in eines Weibes Schoß;
Tu recht oder schlecht – 's ist ein Druckfehler bloß!

HUSSEIN: Stelln Sie sich vor, wie entsetzlich man leidet
Als eine Feder, die nie jemand schneidet!

PEER GYNT *macht einen Sprung*:
Wissen Sie, was einen Renbock für Qual ankommt?
Der von oben herabspringt – und niemals im Tal ankommt?

HUSSEIN:
Ein Messer! Ich bin stumpf! Auf! Schneidet und schnitzt!
Die Welt geht unter, wenn niemand mich spitzt!

PEER GYNT:
's wär schad um die Welt, die, wie alles, was hausgemacht,
Den Herrgott bedünkte so wundervoll ausgedacht.

BEGRIFFENFELDT: Hier ist ein Messer!

HUSSEIN *ergreift es*: Ha, Tinte zu lecken!
Wollust, sich schneiden zu...! *Schneidet sich über den Hals.*

BEGRIFFENFELDT *weicht zur Seite*: Nur keine Flecken!

PEER GYNT *in steigender Angst*:
Haltet ihn!

HUSSEIN: Haltet mich! Wort der Gnade!
Haltet die Feder! Papier aus der Lade! *Fällt um.*
Ich bin abgenutzt. Nachschrift, in Grabschriftstil:
Er lebt' und er starb als geführter Kiel!

PEER GYNT *taumelt*:
Was soll ich? Was bin ich? Du großer..., halt fest!
Ich bin alles, was du willst – ein Türk, ein Verbrecher,
Ein Bergtroll; nur hilf! Das gab mir den Rest! *Schreit*:
Ich weiß nicht mehr, wie du dich nennen läßt!
Hilf mir, du – aller Narren Fürsprecher!
Fällt in Ohnmacht.

BEGRIFFENFELDT *mit einem Strohkranz in der Hand, macht einen Sprung und setzt sich rittlings über ihn*:
Da ist er von sich selbst! Daß er
Im Staub die Krone denn empfange!
Drückt ihm den Kranz auf und ruft aus:
Der Selbstsucht Kaiser lebe lange!
SCHAFMANN *im Käfig*: Es lebe hoch der große Peer!

FÜNFTER AKT

An Bord eines Schiffes in der Nordsee an der norwegischen Küste. Sonnenuntergang. Stürmisches Wetter.

Peer Gynt, ein kräftiger alter Mann mit eisgrauem Haar und Bart, steht hinten auf dem Hüttendeck. Er ist halb wie ein Seemann gekleidet, in Jacke und hohen Stiefeln. Sein Anzug ist etwas verschlissen und mitgenommen, er selbst wettergebräunt und mit einem härteren Gesichtsausdruck. Der Kapitän des Schiffes am Steuerrad beim Steuermannsmaat. Die Mannschaft weiter vorn.

PEER GYNT: Sieh da, der Halling in Wintertracht,
Im Stolz seiner abendrotsamtenen Pracht!
Der Jökel dahinter, sein Bruder, greis,
Noch immer im Mantel von grünem Eis.
Der Folgefirn, der ist nun sonderlich fein,
Liegt wie eine Jungfrau in schimmerndem Lein.
Laßt's lieber, Kinder, zu schabernacken,
Steht, wo ihr steht, ihr granitenen Wacken!
DER KAPITÄN *ruft nach vorn*:
Zwei Mann ans Rad, und Laternen gesetzt!
PEER GYNT: 's kühlt steif.
DER KAPITÄN: Wir werden heut nacht noch gehetzt!
PEER GYNT: Kann man von hier aus den Ronden sehn?
DER KAPITÄN: Nein, weil der Folgefirn vorgeschoben.
PEER GYNT: Oder dann Blaahö?
DER KAPITÄN *schüttelt den Kopf*: Vom Takelwerk droben
Sieht man, wenn's klar ist, den Galdhöppig stehn.
PEER GYNT: Wo liegt wohl der Haartejg?
DER KAPITÄN *zeigt*: So dort in der Drehe.
PEER GYNT: Jawohl.

Der Kapitän: Sie sind hier bekannt, wie ich sehe.
Peer Gynt: Ich kam einst vorüber als junger Tropf;
Und der Satz, wie man sagt, bleibt am längsten im Topf.
Spuckt aus und starrt auf die Küste.
Dort also, wo's dämmert in Schlucht und Kluft,
Das Gebirgstal gähnt, eine schwärzliche Gruft,
Und drunter, den Fjord hinab, hinauf,
Dort also halten sich Menschen auf.
Sieht den Kapitän an.
Sie bauen zerstreut hierzulande.
Der Kapitän: Ja, ja.
Das wohnt einander, weiß Gott, nicht nah.
Peer Gynt: Sind wir vor Tag drin?
Der Kapitän: So etwa, wenn's graut.
Wenn sich nicht zu viel zusammenbraut.
Peer Gynt: Im Westen umzieht sich's.
Der Kapitän: Das tut's.
Peer Gynt: Lieber Mann,
Erinnern Sie mich, wenn wir abrechnen, dran –
Ich will, wie man sagt, etwas übriges tun
Für die Mannschaft...
Der Kapitän: Danke!
Peer Gynt: Kein Grund. Je nun,
Ich war Goldgräber drüben und ward wieder arm;
Fatum und ich, hm, wir stehn nicht sehr warm.
Sie wissen ja, was ich Sie aufheben hieß;
Das ist alles – was mir der Teufel noch ließ.
Der Kapitän: Damit können Sie noch eine Ziffer sein,
Bei Ihnen zu Hause.
Peer Gynt: Ich steh ganz allein.
Den reichen Ekel erwartet keine Katze. –
Na ja, so gibt's auch kein Abgeschmatze!
Der Kapitän: Da haben wir 's Wetter.
Peer Gynt: Ja, wie gesagt,
Hat's einer der Leute wirklich nötig,
So bin ich gern mit etwas erbötig.
Der Kapitän: Das ist wacker! Die meisten sind recht geplagt;

Allen sind Weiber und Kinder zu nähren.
Mit der Heuer allein sind sie kärglich gestellt;
Doch bringen sie nun etwas Extrageld,
So gibt das ein Fest, dessen Folgen lang währen.
PEER GYNT: Was? Weib und Kinder haben sie? Sind
Verheiratet?
DER KAPITÄN: Alle verheiratet. Doch
Der, dem's am dürftigsten geht, ist der Koch!
Bei ihm ist der nackte Hunger lieb Kind.
PEER GYNT: Verheiratet? Werden erwartet zu Haus?
Erfreun durch ihr Kommen? Wie?
DER KAPITÄN: Nun ja,
Wenn's auch arm Volk ist.
PEER GYNT: Und sind sie dann da,
Was dann?
DER KAPITÄN: So setzt wohl die Alte zum Schmaus
Was übriges auf...
PEER GYNT: Und Licht auf den Tisch?
DER KAPITÄN:
Auch zwei vielleicht, und einen Schnaps zum Fisch.
PEER GYNT:
Und dann plaudert man traulich zur Ofenwärme?
Hat die Kinderchen um sich? Dieses Gelärme!
Kein einziges hört das andre zu Ende –
So freuen sie sich?
DER KAPITÄN: So wird's ja wohl sein.
Und drum wär es wacker, Herr, wenn Sie die Spende
Zur Tat machen wollten...
PEER GYNT *schlägt auf die Reling*:
Nein! Dreimal nein!
Bin ich ein Narr? Wie? Was hätt ich für Gründ,
Anderer Kindern mit Meinem zu frommen?
Hart genug bin ich so weit gekommen.
Niemand erwartet den alten Peer Gynt.
DER KAPITÄN: Nun ja, wie Sie wollen; Ihr Geld gehört Ihnen.
PEER GYNT: Stimmt! Mir selbst und sonst keinem, zu dienen.
Meine Rechnung, sobald es ankert, das Boot!

Kajüte von Panama hier herüber.
Sodann Branntwein der Mannschaft. Und sonst kein Stüber.
Geb ich mehr, Kapitän, so schlagt mich tot!

Der Kapitän:
Ich schuld Ihnen Quittung, mein Herr, nicht Schläge.
Doch verzeihn Sie, jetzt sind wir dem Sturm im Gehege.
Er geht aufs Vorderdeck.

Es ist dunkel geworden; in der Kajüte wird Licht angezündet. Der Seegang nimmt zu. Nebel und dichte Wolken.

Peer Gynt: Haben daheim einen Haufen Rangen;
Geliebt in andrer Gemütern hangen;
Andrer Gedanken Gegenstand sein...
Wann und wo denkt wohl irgendwer mein? –
Licht auf dem Tisch? Aus mit dem Funken!
Ich finde schon etwas! Ich mach sie betrunken;
Keiner der Teufel soll nüchtern an Land.
Voll solln sie kommen zu Kindern und Frauen!
Fluchen solln sie, auf den Tisch hauen,
Schrecken die Ihren von Sinn und Verstand!
Weib solln und Kinder von Hause laufen!
All ihre Lust soll in Tränen ersaufen!
Das Schiff schlingert stark; er taumelt und hat Mühe, sich zu halten.
Na, das nenn ich ein Überholen.
Das Meer arbeitet, als würd's ihm befohlen.
Es ist noch es selbst hier in nördlichen Breiten,
Querköpfig, wild noch und bös wie vorzeiten... *Horcht.*
Was sind das für Rufe?

Die Wache *vorn*: Ein Wrack in Lee!

Der Kapitän *mittschiffs, kommandiert*:
Ruder hart steuerbord! Dicht vorm Wind!

Der Steuermann:
Sind Leut auf dem Wrack?

Die Wache: Nur drei, wie ich seh!

Peer Gynt: Laßt's Heckboot hinab.

Der Kapitän: Das sänk gar geschwind.
Geht nach vorne.

PEER GYNT: Wer denkt an so was?
Zu einigen von der Mannschaft: Seid guten Muts!
Und wenn euch der Pelz auch naß wird, was tut's!
DER BOOTSMANN: Es ist unschaffbar bei solch einem Meer.
PEER GYNT:
Da rufen sie wieder. Der Wind wird schralen;
Koch, übernimmst du's? Hurtig! Wir zahlen...
DER KOCH: Nicht um zwanzig Pfund Sterling, Herr!
PEER GYNT:
Ihr Hunde! Ihr Memmen! Ihr könnt euch verstocken!
Die Leut haben Weiber und Kinder; die hocken
Daheim und warten!
DER BOOTSMANN: Warten hält munter.
DER KAPITÄN: Von der Sandbank abhalten!
DER STEUERMANN: Da ging's unter.
PEER GYNT:
Wie still ward's mit eins!
DER BOOTSMANN: Tat's verehlichte Leut ab,
So gibt's drei neubackne Witwen von heut ab.

Das Unwetter wächst. Peer Gynt geht das Deck nach hinten.

PEER GYNT: Es gibt keinen Glauben mehr auf der Welt,
Kein Christentum mehr, wie's bezeugt und geschrieben steht;
Man betet, tut Gutes, wie's einem gefällt,
Bis daß man mit Gott ganz nach seinem Belieben steht.
Doch in solch einer Nacht ist mit ihm nicht zu handeln.
Die Kerle sein auf der Hut; denn – gewißlich! –
Mit Elefanten zu spielen ist mißlich!
Und da wagen sie's dreist, mit ihm anzubandeln!
Ich, ich bin schuldlos; der Opferteller,
Kann ich beweisen, empfing meinen Heller.
Doch was hab ich davon? – Es gibt zwar ein Wort:
Ein gut Gewissen – ein sanft Ruhekissen.
Das hilft wohl auf trockenem Boden fort,
Doch taugt es auch nur einen Deut an Bord?
Da wird das Lamm mit den Böcken zerrissen.
Zur See kannst du niemals du selber sein,

Mußt mit den andern von Deck zu Freund Hein.
Schlägt die Stunde der Strafe für Bootsmann und Koch,
So heißt es fein mit in das naßkalte Loch;
Als einzelner wird man da glatt übergangen,
Und – mitgefangen, heißt's, mitgehangen.
Du warst zu fromm, Peter; das war dumm.
Jetzt lohnt dir Undank das ganze Wesen.
Weiß Gott, wär ich jünger, ich sattelt noch um,
Ging hin und kehrte mit schärferem Besen.
Pah, noch ist es Zeit! Man soll von mir sagen:
Peer Gynt hat gelernt, den Kopf hoch zu tragen!
Den Hof will ich wieder, ob's biegt oder bricht;
Ein Schloß soll draus werden, hochragend und licht.
Doch keinen will ich im Haus drinnen sehn!
Vorm Tor solln sie stehn und die Hüte drehn;
Bitten und Betteln – das sei ihr Pläsier;
Doch keiner bekommt einen Schilling von mir.
Wenn mich das Schicksal immer bloß knechten kann,
So find wohl auch ich Leut, mit denen ich rechten kann...

DER FREMDE PASSAGIER *steht im Dunkel an der Seite Peer Gynts und grüßt freundlich*:
Guten Abend!

PEER GYNT: Guten Abend! – Was wollen Sie hier?

DER PASSAGIER: Ich bin, zu dienen, Ihr Mitpassagier.

PEER GYNT: Ich dachte, daß ich der einzige sei.

DER PASSAGIER: Ein kleiner Irrtum, der nun vorbei.

PEER GYNT: Doch ist mir, wo Sie bis heute staken,
Ein Rätsel...

DER PASSAGIER: Ich bin dem Tag nicht gut.

PEER GYNT:
Sie sind vielleicht krank? Sie sind weiß wie ein Laken.

DER PASSAGIER: Nein, danke, mir war nie wohler zumut.

PEER GYNT: Das stürmt heut!

DER PASSAGIER: Ja, ein gesegneter Sturm.

PEER GYNT: Gesegnet?

DER PASSAGIER: Die See geht hoch wie ein Turm.
Köstlich! Mir wässern schon, Freund die Kiefern!

Wie viele Wracks wird diese Nacht liefern
Und wie viele Leichen für Fisch und Wurm.
PEER GYNT: Behüte!
DER PASSAGIER: Sahn Sie schon einen gehenkt –
Erstickt – ertrunken?
PEER GYNT: Geschenkt! Geschenkt!
DER PASSAGIER: Die Leichen lachen. Doch nur gezwungen;
Und die meisten bissen sich gern in die Zungen.
PEER GYNT: Hören Sie auf!
DER PASSAGIER: Eine Frage bloß.
Bekäme das Schiff nun zum Beispiel 'nen Stoß
Und sänke...
PEER GYNT: Sie meinen, das könnt geschehn?
DER PASSAGIER: Wie soll ich Ihnen drauf Rede stehn?
Doch gesetzt nun, ich schwämme und Sie gingen drauf...
PEER GYNT: Ach, Unsinn!
DER PASSAGIER: Ich stell's nur als Möglichkeit auf.
Doch, ist sie, wie hier, nicht gar allzu fern,
So sperrt man sich wohl nicht mit milden Gaben...
PEER GYNT *greift in die Tasche*:
Ah, Geld!
DER PASSAGIER:
Nein – aber ich möchte gern
Ihren sehr geehrten Kadaver haben!
PEER GYNT:
Jetzt wird's mir zu bunt!
DER PASSAGIER: Nur den Leichnam, verstehn Sie!
Es ist um der Wissenschaft willen!
PEER GYNT: Jetzt gehn Sie!
DER PASSAGIER:
Ich bitte Sie, stelln Sie sich doch zum Entgelt vor:
Ich öffne Sie kunstvoll und leg Sie der Welt vor.
Ich gehe besonders dem Sitz der Träume nach
Und prüf Ihnen außerdem kritisch die Säume nach...
PEER GYNT: Vom Leib mir!
DER PASSAGIER: Freund, ein ertrunken Gespenst!
PEER GYNT: Lästrer! Sie reizen das Wetter! Das grenzt

Wahrlich an Tollheit! Wenn Sturmwind, Regen,
Seegang und was da noch kommen kann
Uns nun wirklich das Handwerk legen,
Ist Ihr Übermut schuld daran!

Der Passagier:
Sie sind nicht bei Laune zu weitrem Verhandeln;
Die Zeit wird vielleicht Ihren Sinn noch wandeln...
Grüßt freundlich.
Wir sehn uns beim Sinken, wenn nicht zuvor!
Ich hoffe, Sie sind dann bei besserm Humor.
In die Kajüte ab.

Peer Gynt: Greuliches Volk, diese Wissenschaftskerle!
Solch ein Freidenkertum... *Zum Bootsmann, der vorübergeht:*
Zum Bootsmann, der vorübergeht:
He! Mein Mitpassagier,
Freundchen, was ist das für eine Perle?

Der Bootsmann: Ich weiß von keinem als Ihnen hier.

Peer Gynt: Von keinem? Das wird immer unheimlicher.
Zum Jungmann, der aus der Kajüte kommt:
Wer ging durch die Tür dort?

Der Jungmann: Der Schiffshund, Herr!
Geht weiter.

Die Wache *ruft:* Land hart voraus!

Peer Gynt: Mein Koffer auf Deck!
Meine Kasse!

Der Bootsmann: Wir können jetzt nicht vom Fleck.

Peer Gynt: 's war nur Spaß, Kapitän! Eine bloße Nücke!
Ich helfe dem Koch; ich verdient ja den Stock...

Der Kapitän: Der Klüver sprang!

Der Steuermann: Und da strich die Fock!

Der Bootsmann *schreit von vorn:*
Grund vorm Bug!

Der Kapitän: Sie geht in Stücke.

Das Schiff stößt auf. Lärm und Verwirrung.

Unter Land zwischen Klippen und Brandung. Das Schiff geht unter. Im Nebel erblickt man undeutlich die Jolle mit zwei Mann. Eine Sturzwelle füllt sie; sie kentert; man hört einen Schrei. Es wird ganz still. Nach einer Weile sieht man das Boot, den Kiel oben, einhertreiben. Peer Gynt taucht in der Nähe des Bootes auf.

PEER GYNT: Helft! Boot vom Land! Helft, eh's zu spät!
Herr, hilf mir, wie geschrieben steht!
Klammert sich am Kiel des Bootes fest.
DER KOCH *taucht auf der andern Seite auf*:
Mir sind zu Hause Kind und Weib,
Herr Gott, mach, daß ich leben bleib! *Hält sich am Kiel.*
PEER GYNT: Weg!
DER KOCH: Weg!
PEER GYNT: Ich schlag!
DER KOCH: Ich auch, wenn's not!
PEER GYNT: Wenn du nicht gehst, ich tret dich tot!
Der Bootsbauch trägt nicht zwei! Laß los!
DER KOCH: Ich weiß. Fort!
PEER GYNT: Selbst fort!
DER KOCH: Komm du bloß!
Sie kämpfen miteinander. Der Koch schlägt sich eine Hand lahm; er klammert sich mit der andern fest.
PEER GYNT: Hand weg!
DER KOCH: Ach, Liebster, sei doch gut!
Bedenk, wie's einem Vater tut...
PEER GYNT: So wär's für mich noch größre Pein;
Denn ich soll erst noch Vater sein.
DER KOCH: Laß los! Du hast gelebt; ich nicht!
PEER GYNT: Marsch, pack dich, sink – verwünscht Gewicht!
DER KOCH: In Gottes Namen, räum das Feld!
Dich mißt kein Mensch auf weiter Welt. *Schreit und läßt los.*
Ich sink!
PEER GYNT *packt ihn*:
Ich halt dich fest beim Schopf;
Bet flugs dein Vaterunser, Tropf!
DER KOCH: Ich weiß kein Wort mehr – mir wird Nacht...

PEER GYNT: Nur schnell die Hauptsach abgemacht!
DER KOCH: Herr, gib uns...
PEER GYNT: Mach dir's Herz nicht schwer;
Du kriegst, was nötig noch zur Zehr.
DER KOCH: Herr, gib uns unser...
PEER GYNT: Immer noch?
Man merkt's, du warst dein Lebtag Koch. *Läßt ihn fahren.*
DER KOCH *versinkend*:
Uns unser täglich... *Geht unter.*
PEER GYNT: Amen, Mann!
Du warst und bliebst du selbst. – Wohlan!
Schwingt sich auf den Bauch des Bootes hinauf.
Wo Leben ist, darf Hoffnung sein.
DER FREMDE PASSAGIER *legt die Hand aufs Boot*:
Gut' Morgen!
PEER GYNT: Hui!
DER PASSAGIER: Ich hörte schrein;
Es war doch hübsch, daß ich Sie fand.
Nun? Hatt ich vorhin recht erkannt?
PEER GYNT: Fort! Fort! Ich hab kaum Platz allein!
DER PASSAGIER: Ich rudre mit dem linken Bein.
Ich schwimme, wenn ich bloß die Spitze
Des Fingers halt hier in der Ritze.
Ich komm betreffs des Leichnams...
PEER GYNT: Still!
DER PASSAGIER: Da es nun doch zu End gehn will...
PEER GYNT: Mund halten!
DER PASSAGIER: Wie Sie wünschen, Herr.
Stillschweigen.
PEER GYNT: Nun, und...?
DER PASSAGIER: Ich schweig.
PEER GYNT: Entsetzlicher!
Was wolln Sie?
DER PASSAGIER: Warten.
PEER GYNT *rauft sich das Haar*:
Das ist doch...!
Was sind Sie, Herr?

DER PASSAGIER *nickt*: Ihr Freund!
PEER GYNT: Was noch?
DER PASSAGIER: Wie, Herr! Erinnr' ich in der Tat an
Nichts Ähnliches?
PEER GYNT: Ich weiß den Satan...
DER PASSAGIER *leise*: Hat er den Brauch, ein Licht zu zünden
Dicht an des Lebens finstern Gründen?
PEER GYNT: Am End wird alle Furcht zu nichts –
Und Sie sind gar ein Geist des Lichts?
DER PASSAGIER: Freund – hat jed' Halbjahr Sie bloß einmal
Gebrannt der Angst verzehrend Peinmal?
PEER GYNT: Furcht fühlt man wohl, wann Schrecken toben;
Allein wie klingt Ihr Wort verschroben...
DER PASSAGIER: Fiel Ihnen einmal bloß im Leben
Der Sieg zu, der in Angst gegeben?
PEER GYNT *blickt ihn an*: Wenn Sie mich retten wollten, nun,
So konnten Sie dies früher tun.
Kein Witz, zu wählen seine Stunde,
Wenn einem 's Meer steht bis zum Munde!
DER PASSAGIER: Sie glauben eher an ein Siegen,
Wann warm Sie hinterm Ofen liegen?
PEER GYNT: Gut, gut – jedoch Sie trieben Possen.
Dadurch ward noch kein Herz erschlossen.
DER PASSAGIER: Wo ich her bin, in jenem Reich,
Gilt Pathos und Gelächter gleich.
PEER GYNT: Ein jegliches in seinem Falle;
Eins, heißt es, schickt sich nicht für alle.
DER PASSAGIER: Die schlafen in den Aschenurnen,
Gehn wochentags nicht auf Kothurnen.
PEER GYNT: Weich von mir, Scheusal! Weg die Hand!
Ich will nicht sterben! Will an Land!
DER PASSAGIER: Getrost, mein Freund! Ich habe Takt –
Man stirbt nicht mitten im fünften Akt. *Gleitet hinweg.*
PEER GYNT: Da kam's heraus, trotz aller List!
Er war ein öder Moralist.

Ein Kirchhof in einem hoch liegenden Gebirgssprengel. Ein Leichenbegängnis. Pfarrer und Gemeinde. Der letzte Vers des Liedes wird gesungen.
Peer Gynt kommt des Wegs.

PEER GYNT *an der Pforte*:
Hier legen sie wohl einen Landsmann hin.
Gott Lob und Dank, daß ich's nicht bin. *Tritt ein.*
DER PFARRER *spricht am Grabe*:
Und nun, da seine Seele lichtwärts fliegt
Und leer sein Leib gleich einer Hülse liegt,
Nun, liebe Freunde, sei davon gehandelt,
Wie dieser Tote unter uns gewandelt.
Er war nicht reich, nicht sonderlich von Gaben,
Von Stimme schwach, unmännlich im Gehaben,
Sein Wort kam weich und ungewiß heraus,
Und schwerlich war er Herr im eignen Haus;
Ins Kirchlein sah man ihn verlegen treten,
Als wollt er bitten: Laßt auch mich hier beten.
Vom Gudbrandstal, ihr wißt, war er gekommen.
Er zog hier zu, beinahe noch ein Knab;
Und ihr besinnt euch, daß er bis ans Grab
Die rechte Hand nicht aus dem Rock genommen.
Die rechte Hand im Rock, dies Merkmal war es,
Das diesen Mann von andern unterschied,
Und dazu sein gedrücktes, sonderbares
Benehmen, wenn er uns einmal nicht mied.
Doch waren's stille Weg auch, die er wählte,
Und blieb er auch in unsrer Mitte fremd,
So hat's uns doch zu wissen nicht gehemmt,
Daß diese Hand nur vier der Finger zählte.
Ich weiß ihn noch, vor nun so manchem Jahr,
Den Morgen des Aushebungstags zu Lunde.
Es war zur Zeit des Kriegs. In aller Munde
Der Zukunft Fragen und des Lands Gefahr.
Ich war zugegen. Vor dem Tisch saß breit
Der Hauptmann zwischen Amtmann und Sergeanten;

Und Bursch auf Bursche ward nach dem bekannten
Gebrauch geprüft, gebucht und eingereiht.
Der Raum war voll, und draußen vor den Scheiben
Scholl lautes Lachen aus dem Jugendtreiben.
Da rief man einen Namen. Einer trat
Hervor, so bleich wie Schnee vom Gletschergrat.
Man winkte ihm, bis er zum Tisch sich tappte,
Die rechte Hand gewickelt in ein Tuch;
Doch wie er auch nach Worten würgte, schnappte –
Er fand nicht eines, trotz des Hauptmanns Fluch.
Bis er zuletzt, mit brennendem Gesichte,
Halb stammelt', halb hervorstieß die Geschichte
Von einer Sichel, die ihm sei entglitten –
und ihm den Finger glatt hab abgeschnitten.
Da ward es still, bis auf der Wanduhr Ticken.
Man kniff den Mund zu, sah sich ins Gesicht;
Man steinigte den Mann mit stummen Blicken.
Er fühlte hageln, doch er sah es nicht.
Da stand der Hauptmann auf, alt, grau – ich seh
Ihn noch –, spie aus, wies fort und sagte: „Geh!"
Er ging. Man wich ihm aus, wie einem Schatten,
Und ließ ihn Ruten laufen. Er gewann
Die Tür; da hub er blind zu rennen an;
Und nun – hinauf durch Wälder, über Matten,
Hin über Halden, Hänge, Felsgeschütte...
Weit droben im Gebirg lag seine Hütte.
Ein Halbjahr später war's dann, daß er kam,
Mit Mutter, Braut und Kind, der Unsre werden.
Er pachtete sich hier ein Streiflein Erden,
Ein Stückchen Brachmark, das sonst keiner nahm.
Er schloß, sobald es ging, den Ehebund,
Er schritt zum Hausbau, brach den harten Grund –
Und mit Erfolg, wie manches Fleckchen Land
Erzählte, das da gelb in Ähren stand.
Zur Kirche kam er nur, die Hand verborgen;
Allein daheim, wo's keiner mochte sehn,
Da schafften die neun Finger wohl für zehn. –

Da kam der Bach an einem Frühlingsmorgen.
Sein nacktes Leben rettete das Völkchen.
Er aber ging von neuem an sein Werk.
Es fiel das Laub, und aber stiegen Wölkchen
Aus einer Hütte, dicht nun unterm Berg.
Vorm Bach geschützt – doch auch vor Schneegewehe?
Zwei Jahre später lag sie unterm Schnee.
Allein der Mann stritt weiter, unerschrocken.
Er hackte, karrte, schaufelte, grub aus,
Und vor des nächsten Winters ersten Flocken
Stand da zum dritten Mal sein schlichtes Haus.
Drei Söhne hatte er, drei flinke Jungen;
Zur Schule sollten die, und das war weit;
Der Anschluß an den Weg zudem bedungen
Durch einen Felsenschacht, kaum mannesbreit.
Wie half er sich? Der Ältste mußt sich placken,
So gut es ging, und wo der Steig zu steil,
Da nahm der Mann den Kletternden ans Seil;
Die andern trug er hin auf Arm und Nacken.
So stritt er Jahr um Jahr; sie wurden groß.
Verschönte nun ihr Dank des Vaters Los?
Drei reiche Herren in der Welt, der neuen,
Vergaßen bald der Heimat und des Treuen.
Er war von kurzem Blick. Was über seinen
Bezirk ging, von dem allem sah er nichts.
Wie taube Schellen klang ihm, was für einen
Der Unsern dröhnt wie Glocken des Gerichts.
Volk, Vaterland, uraltgeheiligt Hehres,
Stand wie im Nebel vor ihm, Blendwerk, leeres.
Doch Demut, Demut war in diesem Mann;
Seit damals trug er schon an seinem Bann,
So wahr als Scham auf seiner Wange brannte
Und seine Finger in die Tasche bannte.
Ein Brecher des Gesetzes? Mag es sein!
Doch etwas leuchtet über dem Gesetze,
Wie dort des Berghaupts starrend Felsgestein
Noch überkrönen lichte Wolkennetze.

Ein schlechter Bürger war er. Unfruchtbar
Für Staat und Kirche. Doch am Berg da droben,
Wo er im engsten Kreis sein Glück gewoben,
Dort war er groß, weil er er selber war;
Weil der ihm eingeborne Klang nie schwieg,
Ein Klang, wie Geigen seufzen unterm Dämpfer.
Und darum Friede, dir, du stiller Kämpfer,
Den schuf und brach des Bauern kleiner Krieg!
Wir wollen Herz und Nieren nicht ergründen;
Gott ziemt's allein, das letzte Licht zu zünden.
Doch dies ist meiner Hoffnung Stern und Kern:
Der Mann steht kaum als Krüppel vor dem Herrn!

Das Leichengefolge trennt sich voneinander und geht. Peer Gynt bleibt allein zurück.

PEER GYNT: Sieh da, das nenn ich noch Christentum!
Da war nichts, was einen peinlich berührte;
Zumal dem „Du selbst zu sein, sei dein Ruhm",
Zu dem am Schlusse die Predigt führte,
Auch an und für sich alles Lob gebührte.
Blickt in das offene Grab.
War's vielleicht er, der sich damals entstellte,
Als ich im Forst war und Bäume fällte?
Wer weiß es? Ständ ich nicht mit meinem Stab
Hier an dieses Geistesverwandten Grab,
So könnt ich denken, ich selbst läge dort
Und hörte des Geistlichen rühmend Wort.
Fürwahr, ein schöner christlicher Brauch,
Einen sogenannten Erinnerungsblick
Wohlwollend über ein Leben zu werfen;
Ich hörte gar gern einst auch mein Geschick
Jenen würdigen Hirten dem Volk einschärfen.
Ich tue ja wohl noch so manchen Hauch,
Bis auch mich einst schneidet des Winzers Messer.
Doch, wie die Schrift sagt: Besser ist besser;
Und desgleichen: Alles zu seiner Zeit;
Und endlich: Sorg für ein ehrlich Begräbnis!

Ja, die Kirche hat stets einen Trost bereit.
Ich schätzt sie zu wenig vor diesem Begebnis;
Nun aber fühlt ich denn doch, wie es tat,
Versichern zu hören von Männern, gelernten:
So wie du gesät hast, so wirst du ernten. –
Man selbst soll man sein und sich und dem Seinen
In allem nachgehn, im Großen und im Kleinen.
Will's Glück sich nicht fügen, so bleibt doch die Ehre,
Daß einer sein Leben geführt nach der Lehre. –
Und nun heim! Steigt der Weg noch so schmal auch und steil
Und gibt sich das Schicksal auch noch so gefährlich,
Der alte Peer Gynt kennt sein Sträßlein zum Heil
Und bleibt, der er ist: arm, aber ehrlich. *Ab.*

Abhang mit dem ausgetrockneten Bett eines Baches. Eine zusammengestürzte Mühle am Bache. Der Grund aufgerissen; Zeichen der Zerstörung ringsum. Höher oben ein großer Bauernhof. Oben vor dem Hofe wird eine Versteigerung abgehalten. Viel Volk ist versammelt. Zechen und Gelärm.
Peer Gynt sitzt unten auf einem Schutthügel in der Nähe der Mühle.

PEER GYNT: Hin und zurück, 's ist der gleiche Weg;
Hinaus und hinein, 's ist der gleiche Steg.
Die Zeit, sie zehrt, und der Bach verdorrt.
Geh drum herum, sprach der Krumme. Wahr Wort!
EIN MANN IN TRAUER: Jetzt preisen sie bloß noch Plunder an.
Erblickt Peer Gynt.
Auch Fremde sind hier? Gott zum Gruß, guter Mann!
PEER GYNT: Desgleichen! Hier ist heut ein lustiger Tag.
Ist hier Kindstauf heut oder Hochzeitsgelag?
DER MANN IN TRAUER:
Man weiht, möcht ich sagen, ein Haus heut ein;
Die Braut liegt in einem Würmerschrein.
PEER GYNT: Und Würmer reißen sich um den Schmaus.
DER MANN IN TRAUER:
Das ist das End vom Lied; dann ist es aus.

Peer Gynt: Alle Lieder desselbigen Endes sind;
Und alle sind alt, ich kannt sie schon als Kind.

Ein Zwanzigjähriger *mit einem Schmelzlöffel*:
Hier hab ich den Vogel abgeschossen!
In dem hat Peer Gynt seine Knöpfe gegossen!

Ein anderer:
Und mein Geldscheffel hier, für 'nen Schilling, 'nen ganzen?

Ein dritter: Und für fünftehalb hier der Hausiererranzen?

Peer Gynt: Peer Gynt? Wer war das?

Der Mann in Trauer: Mir ist nur das klar,
Daß er Schwager vom Tod und Schmied Aslak war.

Ein Mann in grauer Kleidung:
Du vergißt ja mich! Wie kommst du mir für?

Der Mann in Trauer:
Du vergißt auf Haegstad die Blockhaustür.

Der Mann in Grau: Ja, ja, doch dir hat auch alles genügt.

Der Mann in Trauer:
Wenn sie nur jetzt nicht den Tod noch betrügt!

Der Mann in Grau:
Schwager! Einen Schnaps auf der Schwagerschaft Wohl!

Der Mann in Trauer:
Der Teufel sei Schwager! Was ist das für Kohl!

Der Mann in Grau:
Laß gut sein; das Blut ist noch nicht so verdünnt,
Man fühlt sich noch immer verwandt mit Peer Gynt.
Zieht mit ihm ab.

Peer Gynt *leise*:
Man trifft noch Bekannte.

Ein Bursche *ruft dem Mann in Trauer nach*:
Gehst wieder zechen,
Kommt Mutter dir, Aslak, nach aus der Gruft!

Peer Gynt *steht auf*:
Hier kann man nun nicht mit dem Landwirt sprechen:
Je tiefer du gräbst, desto besser der Duft.

Ein Bursche *mit einem Bärenfell*:
Die Katze von Dovre! Da seht ihr Fell!
Die war's, die's zur Weihnacht den Trollen legte.

EIN ANDERER *mit einem Rentierschädel*:
Hier ist der Renbock, der wackre Gesell,
Der mit Peer Gynt einst den Gendin langfegte.
EIN DRITTER *mit einem Hammer, ruft dem Mann in Trauer zu*:
He, du dort, Aslak, kennst du den Hammer?
Hast du mit dem einst die Walnuß zerkracht?
EIN VIERTER *mit leeren Händen*:
Matz Moen, hier der Mantel, der unsichtbar macht!
In dem kam Peer Gynt einst zu Ingrid in die Kammer.
PEER GYNT: Branntwein, Jungens! Und nun laßt mich Alten
Auch noch Auktion von allerlei halten.
EIN BURSCHE: Was gibt's zu kaufen?
PEER GYNT: Ich hab ein Schloß,
Das liegt in Ronde – aus gutem Stein!
DER BURSCHE: Ein Knopf ist geboten!
PEER GYNT: Schenk dir eins ein!
Drunter zu bieten, das war nicht fein.
EIN ANDERER: Er ist lustig, der Alte!

Ein Haufe schart sich um ihn.

PEER GYNT *ruft*: Grane, mein Roß;
Wer bietet?
EINER IM HAUFEN: Wo steht es?
PEER GYNT: Wo wird es sein?
Im Westen! Gen Untergang! Das kann euch traben!
So schnell hat Peer Gynt nicht gelogen, ihr Knaben!
STIMMEN: Was hast du noch mehr?
PEER GYNT: So Perlen wie Schaum!
Ward mit Schaden gekauft! Wird was einbringen? Kaum.
EIN BURSCHE: Ruf aus!
PEER GYNT: Von einem Gesangbuch ein Traum!
Für einen Angelhaken zu haben.
DER BURSCHE: Zum Teufel die Träume!
PEER GYNT: Mein Kaisertum!
Ich werf's unter euch; ihr mögt raufen darum!
DER BURSCHE:
Folgt die Krone mit?

PEER GYNT: Aus dem prächtigsten Stroh.
Setzt sie nur auf, sie paßt, so oder so.
Weiter! Ein Windei, noch wohlverwahrt!
Eines Toren Grauhaar! Ein Prophetenbart!
Alles sei dessen – ich hinterleg es –,
Der mir den Weiser zeigt: Hier geht's des Weges!
DER AMTMANN *der hinzugekommen ist*:
Wenn du noch lang dich so gehen läßt,
Mein Mann, so führt dein Weg zum Arrest.
PEER GYNT *mit dem Hut in der Hand*:
Glaub's wohl. Doch sag mir, Freund, wer war
Peer Gynt?
DER AMTMANN: Du willst mich...
PEER GYNT: Warum nicht gar?
DER AMTMANN: Was weiß ich; man sagt, ein greulicher Dichter.
PEER GYNT: Ein Dichter?
DER AMTMANN: Ja, was nur an Großem erdacht,
Das trug er so vor, als hätt er's gemacht.
Doch, Freund, schon zu viel von solchem Gelichter...
Geht.
PEER GYNT: Und wo ist er jetzt, dieser seltsame Fant?
EIN ÄLTERER MANN: Er fuhr übers Meer in ein fremdes Land.
Dort ging es ihm schlecht, wie vorauszusehn war;
Jetzt ist er gehängt seit so manchem Jahr.
PEER GYNT: Gehängt? Ganz, wie ich's gedacht mir hab!
Der selige Gynt blieb sich treu bis zum Grab. *Grüßt.*
Lebt wohl, und Dank für so mancherlei heute!
Macht einige Schritte, bleibt aber wieder stehen.
Was meint ihr? Soll ich euch, wackre Leute,
Dafür ein Geschichtlein wiedererlegen?
MEHRERE: Ja, weißt du eines?
PEER GYNT: Steht nichts dagegen.
Kommt näher; es gleitet etwas wie ein fremder Ausdruck über sein Gesicht.
In San Francisco grub ich nach Gold.
Da gab es euch Gaukler, soviel ihr wollt.
Dem war mit den Zehen zu geigen verliehen;

Der tanzte spanischen Halling auf den Knien;
Ein dritter, erzählte man, Verse schrieb;
Indes man durchs Hirn einen Nagel ihm trieb. –
Kam auch der Teufel dazugestoben,
Wollt wie manch andrer sein Glück erproben.
Seine Kunst bestand darin, mit täuschendem Schein
Zu grunzen als wie ein leibhaftiges Schwein.
Die Persönlichkeit zog, war er gleich nicht bekannt.
Das Haus war voll, die Erwartung gespannt.
Vor trat er, in fliegendem Mantelkragen;
Man muß sich drapieren, wie die Deutschen sagen.
Doch unter dem Mantel – von keinem gewußt –
Verbarg sich ein Ferkel an seiner Brust.
Und so begann denn die Produktion.
Der Teufel kniff, und das Schwein gab den Ton.
Das Ganze gab sich als Phantasei
Übers schweinliche Dasein, gebunden und frei.
Ein Quieken zuletzt noch, wie unterm Stahl,
Worauf sich der Künstler verbeugt' und empfahl.
Der Stoff ward von Fachleuten sorglich durchdacht,
Die Stimmung geschmäht oder lobend belacht.
Der Kehllaut klang doch zu dünn, meinte Kunz,
Und Hinz, daß der Todesschrei allzu studiert war;
Doch alle warn eins, daß in puncto Gegrunz
Die Produktion denn doch äußerst outriert war. –
Seht, so ging's dem Teufel; denn er war dumm
Und berechnete nicht sein Publikum.
Er grüßt und geht. Es fällt ein unsicheres Schweigen über die Menge.

Pfingstabend. Im Hochwald. In einiger Entfernung, auf einem Stück Rodeland, eine Hütte mit Rentiergehörn über der Tür.
Peer Gynt kriecht im Gehölz umher und sammelt wilde Zwiebeln.

PEER GYNT: Dies hier ist ein Standpunkt. Wie wohl gestaltet
Sich's weiter? – Prüft alles, und das Beste behaltet!
So hab ich's gemacht, hoch droben von Cäsar

Bis herunter zum Grasfresser Nebukadnezar.
So sollt ich nun doch durch die Bibel, zum Trutz!
Der Graukopf sucht wieder an Mutters Brust Schutz.
Von Erde, so heißt's ja auch, bist du kommen.
Nur immer die Wampe recht voll genommen,
Das ist's. Von Zwiebeln? Das wär kein Segen;
Ich will lieber schlau sein und Schlingen legen.
Hier ist Wasser im Bach; ich werd nicht verschmachten;
Als Tier bin ich immer noch fürstlich zu achten.
Soll ich sterben einst – und dem entrinn ich wohl kaum –,
So kriech ich unter 'nen windbrochnen Baum
Und deck mich zu, wie ein Bär, mit Blättern
Und ritz in die Rinde mit riesigen Lettern:
Hier ruht Peer Gynt, des Landes Zier,
Kaiser von all dem andern Getier. –
Kaiser? *Lacht innerlich.*
Noch immer das alte Geliebel!
Du bist kein Kaiser; du bist eine Zwiebel.
Jetzt will ich dich einmal schälen, mein Peer!
Es hilft dir nichts, stöhnst du auch noch so sehr.
Nimmt eine Zwiebel und pflückt Haut um Haut ab.
Da liegt die äußre, zerfetzte Schicht:
Der Gescheiterte, der um sein Leben ficht.
Die Passagierhaut hier, dünn wie ein Sieb –
Hat doch im Geschmack von Peer Gynt einen Hieb.
Hier ist das Goldgräber-Ich; fahr hin!
Der Saft ist weg – war je einer drin.
Dies Dickfell hier, mit dem Zipfel für zwei,
Ist der Pelzjäger an der Hudsonbai.
Dies gleicht einer Krone hier – hat sich was!
Dem geben wir ohne weitres den Paß.
Hier der Altertumsforscher, kurz, aber kräftig,
Und hier der Prophete, frisch und vollsäftig.
Er stinkt von Lügen, wie's in der Schrift heißt;
Ein Duft, der ein ehrlich Mannsaug wie Gift beißt.
Dies Blatt hier, das weichlich am Finger klebt,
Ist der Herr, der herrlich und in Freuden gelebt.

Das nächste scheint krank. Es hat schwarze Schwielen;
Schwarz kann auf Neger wie Pfaffen zielen.
Pflückt mehrere auf einmal ab.
Das hört ja nicht auf! Immer Schicht noch um Schicht!
Kommt denn der Kern nun nicht endlich ans Licht?!
Zerpflückt die ganze Zwiebel.
Bis zum innersten Innern – da schau mir einer!
Bloß Häute, nur immer kleiner und kleiner.
Die Natur ist witzig! *Wirft den Rest fort.*
Verdammtes Gegrübel!
Geht eins in Gedanken, gerät's ihm oft übel.
Na, ich kann ja nichts an Haltung verlieren;
Denn ich lieg ja grundfest auf allen vieren.
Kraut sich im Nacken.
Wunderlich kommt mir dies Welttreiben vor!
Das Leben, wie's heißt, hat 'nen Fuchs hinterm Ohr.
Doch greift einer zu, verzieht sich der Schuft,
Und man fängt etwas andres – oder leere Luft.
Er ist in die Nähe der Hütte gekommen, bemerkt sie und stutzt.
Diese Hütte? Im Kiefernwald! Hm! *Reibt sich die Augen.*
Mir ist just,
Als hätt ich einmal um dies Bauwerk gewußt.
Der Rentierkopf, der von der Tür herab glänzt!
Ein Meerweib, vom Nabel an fischgeschwänzt!
Lüge! Kein Meerweib! – Nägel, Planken,
Schloß wider tückische Koboldgedanken!

SOLVEJG *singt in der Hütte*:

Nun ist hier zur Pfingstfeier alles bereit.
Lieber Junge mein, in der Ferne,
Bist du noch weit?
Dein Werk, das harte,
Schaff's nur gemach;
Ich warte, ich warte,
Wie ich dir's versprach.

PEER GYNT *erhebt sich still und totenbleich*:

Eine, die Treue hielt, und einer, der vergaß.
Einer, der ein Leben verspielt, und eine, die wartend saß.

O Ernst! – Und nimmer kehrt sich das um!
O Angst! – Hier war mein Kaisertum!
In den Wald hinein ab.

Nacht. Kiefernwald. Ein Waldbrand hat gewütet. Verkohlte Baumstämme meilenweit. Weiße Nebel hier und dort über dem Waldboden. Peer Gynt kommt durch den Wald gehastet.

PEER GYNT: Asche, Nebel, Wolken Staubes –
Bauherr, schwing den Zauberstab!
Über Pesthauch faulen Laubes
Wölb ein übertünchtes Grab!
Dunst, Traum, totgeboren Wissen –
Damit sei der Grund umrissen,
Drüber sich der Turm der Lüge
Stein um Stein zusammenfüge.
Flucht vor Ernst und Scheu vor Buße
Prahl von ihm mit frechem Gruße
Allen Richtungen der Rose:
Dies schuf Peter Gynt, der Große! *Lauscht.*
Welch ein Weinen – wie von Kindern?
Welch ein neuer Spuk und Greuel?
Und am Boden rollen Knäuel!
Stößt mit dem Fuß danach.
Wollt ihr mich am Gehen hindern?
DIE KNÄUEL: Wir sind Gedanken;
Hast du gedacht uns,
Tanzen auf schlanken
Füßen gemacht uns?
PEER GYNT *geht um sie herum*:
Einer kam durch mich ans Licht;
Ward ein schiefer, schieler Wicht!
DIE KNÄUEL: Wir hätten sollen
Wie Vögel ins Blaue,
Statt hier zu rollen
Als Garnknäuel, graue.

Peer Gynt *stolpert*:
Knäuel! Tropf! Was fällt dir ein!
Stellst dem eignen Vater Bein! *Flüchtet.*
Welke Blätter *fliegen vor dem Winde*:
Wir sind eine Losung;
Hast du gesprochen uns?
Des Staubs Liebkosung
Hat kläglich gebrochen uns.
Der Wurm zerfraß uns
Bis zu Skeletten;
Dein Geiz vergaß, uns
Um Früchte zu betten.
Peer Gynt: Kamt doch nicht umsonst zur Erden;
Könnt noch bester Dünger werden.
Sausen in den Lüften: Wir sind Lieder;
Hast du gesungen uns?
Tausendmal nieder
Hast du gezwungen uns.
In deiner Seele
Lagen und harrten wir;
Nimmer nun warten wir.
Gift in deine Kehle!
Peer Gynt: Gift in dich, du dumm Gesing!
Hatt ich Zeit zu Versgekling? *Schlägt sich durch Gebüsch.*
Tautropfen *tropfen von den Zweigen*:
Wir sind Zähren!
Hast du vergossen uns?
Winter zu wehren
War einst erschlossen uns.
Dein Herz rief leise;
Du bliebest achtlos.
Nun starrt's von Eise,
Und wir sind machtlos.
Peer Gynt: Hab geflennt im Dovreschlosse;
Flog zuletzt doch in die Gosse!
Gebrochene Halme: Wir sind Taten;
Hast du bestellt uns?

Weh, nur verraten,
Geknickt und zerspellt uns!
Am Jüngsten Tage
Kommen wir allzusamt
Und führen Klage –
So wirst du verdammt.

PEER GYNT: Mir auch noch, verwünschtes Treiben,
Was ich nicht tat, anzuschreiben! *Hastet davon.*

AASES STIMME *aus der Ferne*:
Pfui, so ein Hingejag!
Schön hast du umgekippt!
Schnee fiel den ganzen Tag;
Arg wurd ich eingestippt.
Falsch hast gefahren mich;
Sah nichts vom Schlosse.
Der Teufel hielt zum Narren dich
Mit der Hühnerstallsprosse!

PEER GYNT: 's beste, sich von hier zu drücken!
Zu den Sünden, die dich plagen,
Auch noch die des Teufels tragen –
's ist zu schwer für einen Rücken. *Eilig ab.*

Eine andere Strecke im Walde.

PEER GYNT *singt*: Ein Totengräber! Wo seid ihr, Hunde?
Ein Lied aus blökendem Küstermunde!
Einen Flor, meinen Hutrand zu schatten!
Ich will meine Toten bestatten.

Der Knopfgießer mit Gerätkasten und einem großen Schmelzlöffel kommt auf einem Seitenweg daher.

DER KNOPFGIESSER: Schön guten Abend!
PEER GYNT: Desgleichen dir!
DER KNOPFGIESSER: Man hat's eilig, wie? Wohin sollen wir?
PEER GYNT:
Zum Kirchhof.

DER KNOPFGIESSER: Zum Kirchhof? Verzeihung, da wär –
Ich seh nicht mehr gut – dein Nam am End Peer?
PEER GYNT: Peer Gynt, wie man sagt.
DER KNOPFGIESSER: Das Glück ist mir hold!
Just er war's, den ich heut holen sollt.
PEER GYNT:
Das solltst du? – Was willst du?
DER KNOPFGIESSER *zeigt seinen Schmelzlöffel*:
Was mag dies hier sein?
Eines Knopfgießers Löffel! Und du sollst hinein.
PEER GYNT: Wozu?
DER KNOPFGIESSER: Um umgeschmolzen zu werden.
PEER GYNT: Um umgeschmolzen zu...?
DER KNOPFGIESSER: Laß die Gebärden!
Dein Grab ist geschaufelt, dein Sarg bestellt,
Dein Leib den Würmern zur Beute fällt;
Doch deine Seele, ward mir befohlen,
In meines Meisters Namen zu holen.
PEER GYNT: Unmöglich! So ohne vorheriges Zeichen!
DER KNOPFGIESSER: Man pflegt bei Niederkünften und Leichen
In aller Stille den Festtag zu wählen
Und dem Ehrengast vorher kein Wort zu erzählen.
PEER GYNT: Ja, richtig. Vergib, ich bin ganz verstört.
Du bist also...?
DER KNOPFGIESSER: Knopfgießer – wie du gehört.
PEER GYNT: Verstehe! Lieb Kind hat mancherlei Namen.
Ei, sieh mir, Freund Peer, wohin wir da kamen!
Doch, Alter, du dünkst mich übel belehrt!
Ich weiß, ich bin mildre Behandlung wert;
Ich bin nicht so arg, als Ihr vielleicht denkt;
Ich hab mancher Guttat das Dasein geschenkt.
Im schlimmsten Falle bin ich ein Töffel,
Doch nimmer ein Sünder für deinen Löffel.
DER KNOPFGIESSER: Da sprichst du's ja selber aus, kurzerhand;
Du bist kein Sünder im höhern Verstand.
Drum sparst du ja auch die Hölle, Geselle,
Und kommst, gleich andern, in meine Kelle.

PEER GYNT: Nenn's, wie du willst, Kell oder Höll;
Steinschlag wie Bergsturz bleibt beides Geröll.
Hebe dich weg von mir!
DER KNOPFGIESSER: Kränkender Ruf!
Du meinst, ich trab auf 'nem Pferdehuf?
PEER GYNT: Auf Pferdehuf oder Fuchsklauen, Mann –
Pack dich und gib keine Torheiten an!
DER KNOPFGIESSER: Mein Lieber, du irrst dich über die Maßen.
Wir haben beide nicht Zeit, zu spaßen;
Und darum bündig der Sache Grund.
Ich hab es aus deinem eigenen Mund,
Du seist kein großer Sünder zu schelten,
Ja, kaum ein mittlerer...
PEER GYNT: Das mag gelten.
Das klingt schon besser.
DER KNOPFGIESSER: Laß dir nur Zeit;
Doch dich tugendhaft schelten ginge zu weit.
PEER GYNT: Wer wollte denn auch gleich freien Paß!
DER KNOPFGIESSER: Du bist also etwas, halb dies, halb das.
Einem Sünder vom wirklich großzügigen Schlage
Begegnet man heute nicht alle Tage;
Mit Waten im Schlamm ist wenig geschafft,
Eine Sünde will Ernst, eine Sünde will Kraft.
PEER GYNT: Ja, da hast du recht, Gott soll mich behüten;
Man soll wie ein alter Berserker wüten.
DER KNOPFGIESSER: Du aber triebst mit der Sünd nur Gebuhl.
PEER GYNT: Mir war sie nie mehr als ein schmutziger Fleck.
DER KNOPFGIESSER: So sind wir ja einig. Der Schwefelpfuhl
Ist nicht für euch, die ihr patschtet im Dreck.
PEER GYNT: Und folglich wird man verschont nun, Wertester?
DER KNOPFGIESSER:
Nein, folglich umgeschmolzen, Verehrtester.
PEER GYNT: Was sind das für Kniffe, drauf Ihr hier verfielt,
Derweil sich Peer Gynt von Euch ferne hielt?
DER KNOPFGIESSER:
Ein Brauch, alt wie die Erschaffung der Schlange;
Damit, was ein Wert, auch zur Geltung gelange.

Du kennst ja das Handwerk, weißt wohl, daß oft
Ein Guß mißraten kann, unverhofft.
Oft werden die Knöpfe ösenlos.
Was tätest du da?

PEER GYNT: Ich würf sie beiseite.

DER KNOPFGIESSER:
Jawohl – Jon Gynt war im Wegwerfen groß,
Solang sich noch Geldsack an Geldsack reihte.
Der Meister aber faßt's anders an –
Und bleibt auch darum ein sicherer Mann.
Er wirft nichts weg als schlechthin verächtlich,
Was irgendwie noch als Rohstoff beträchtlich.
Du warst nun gedacht als ein blinkender Knopf
Auf der Weste der Welt; doch die Öse mißlang.
So mußt du denn, Freund, in den Ausschußtopf –
Und nimmst wieder in die Masse den Gang.

PEER GYNT: Du planst doch nicht etwa aus mir, zum Schluß,
Samt Peter und Paul einen neuen Guß?

DER KNOPFGIESSER: Ei freilich rechn ich mit solchen Güssen.
Hat mehr als einer dran glauben müssen.
Zu Kongsberg ergeht es dem Geld nicht anders,
Das schlecht ward ob zu vielen Gewanders.

PEER GYNT: Aber das ist ja elende Knauserei!
Teuerster Freund, da gib mich nur frei;
Ein Knopf ohne Öse, ein blinder Heller –
Was ist das für deinen Auftragsteller!

DER KNOPFGIESSER: Freund, ösenlos oder abgeschliffen –
Dein Metallwert bleibt davon unangegriffen.

PEER GYNT: Nein, sag ich! Nein! Mit Zähnen und Klauen
Wehr ich mich. Alles andre; nur das nicht!

DER KNOPFGIESSER: Was denn für andres? Empor zum Blauen
Hast du nun einmal den Reisepaß nicht...

PEER GYNT: Ich bin zufrieden mit dem, was sich beut;
Von meinem Selbst aber laß ich keinen Deut.
Straft mich, wie's Brauch, mit gesetzlicher Buße!
Setzt mich zu dem mit dem Pferdefuße –
Einhundert Jährlein, tut Ihr's nicht billiger;

Seht, das ist etwas, da zeig ich mich williger.
Die Pein ist schließlich doch nur moralisch
Und also wohl nicht so pyramidalisch;
Ein Übergang nur, wie geschrieben steht
Und wie der Fuchs sagte. Früh oder spät
Erfolgt dann ein Abschluß; man zieht sich zurück
Und hofft und versucht von neuem sein Glück.
Doch dieses andre – dies wie ein Stück Lehm
Zerknetetwerden zu weiß Gott wem –,
Diese Schmelzlöffelei, dies Enteignungsverfahren –
Dagegen möcht ich mich gründlichst verwahren.

DER KNOPFGIESSER: Aber, lieber Peer, was ist denn dabei?
Wegen solch einer Kleinigkeit solch ein Geschrei!
Ein Mann, der niemals er selbst gewesen;
Und macht nun, zu sterben, solch Federlesen!

PEER GYNT: Was ist der Mann nicht gewesen? Oho!
Peer Gynt ist was andres gewesen? So, so!
Nein, Knopfgießer, laß du das Spekulieren!
Könntst du durchforschen mir Herz und Nieren,
Du träfst bloß immer auf Peer und Peer
Und weiter nichts andres und sonst nichts mehr.

DER KNOPFGIESSER: Das ist nicht möglich. In meinem Befehle
Hier heißt es: Fordre Peer Gynt! Seine Seele
Bot ihrer Bestimmung Trotz, bis zum Schluß.
In den Löffel mit ihm als mißratenem Guß.

PEER GYNT: Dummes Zeug! Das gilt einer andern Person.
Steht da wirklich Peer? Nicht Rasmus oder Jon?

DER KNOPFGIESSER: Die hab ich seit langem schon umgegossen.
So komm denn im guten und laß die Possen!

PEER GYNT: Narr, der ich wäre! Was soll dann geschehn,
Wenn sich morgen erweist, es war ein Versehn?
Du trügst die Verantwortung dann, guter Mann!
Erwäg, was alles draus folgen kann...

DER KNOPFGIESSER:
Ich hab es hier schriftlich.

PEER GYNT: So gönn mir doch Frist!

DER KNOPFGIESSER: Was willst du damit?

PEER GYNT: Beweisen, was ist.
Daß ich ich selbst war alle meine Tage.
Und dies war ja wohl unsre strittigste Frage.
DER KNOPFGIESSER: Beweisen?
PEER GYNT: Mit Zeugnissen und Attesten.
DER KNOPFGIESSER:
Ich fürchte, du hältst meinen Meister zum besten.
PEER GYNT: Nein, nein! Doch alles geh seinen Gang!
Lieber Mann, bitte, borg mich mir selbst so lang.
Nur ein Fristchen! Man wird nur einmal geboren –
Und möchte doch dann auch so weiter bestehn.
Wir sind also einig?
DER KNOPFGIESSER: Magst du denn gehn.
Doch am nächsten Kreuzweg bist du verloren.
Peer Gynt eilig ab.

Ein Stück weiter im Wald.

PEER GYNT *in voller Fahrt*:
Zeit ist Geld, wie geschrieben steht.
Wo wohl der nächste Kreuzweg geht?
Kommt er noch lange nicht, kommt er bald?
Der Boden brennt mich wie glühnder Basalt.
Ein Zeuge! Ein Zeuge! Wo find ich einen?
Weh mir! Im Wald hier treff ich wohl keinen.
Die Welt ist Pfuschwerk! Die Einrichtung schlecht,
Will ein Mann beweisen sein sonnenklar Recht!

Ein gekrümmter Alter, einen Stab in der Hand und einen Sack auf dem Rücken, trottet vor ihm her.

DER ALTE *bleibt stehen*: Liebwerter, ein Obdachloser bittet!
PEER GYNT: Entschuldig, ich hab kein Kleingeld bei mir.
DER ALTE: Prinz Peer! Herrje! Wir treffen uns hier?
PEER GYNT: Wer bist du?
DER ALTE: Tu er doch nicht so gesittet!
PEER GYNT: Du bist doch wohl nicht...

Der Alte: Der Dovre-Greis? Ja!
Peer Gynt: Der Dovre-Alte? Du, Alter, da?
Der Dovre-Alte:
Was, ich bin schön auf den Hund gekommen!
Peer Gynt: Entthront?
Der Dovre-Alte: Ja, schenk mir dein Mitleid, ich brauch's.
Hier trab ich am Bettelstab, knurrenden Bauchs.
Peer Gynt: Hurra! Die Zeugenschaft dürfte mir frommen!
Der Dovre-Alte: Der Herr Prinz, wie er grau geworden ist!
Peer Gynt: Lieber Schwiegervater, die Jahre zehren.
Na, Schwamm über alle privaten Affären
Und, vor allem, keinen Familienzwist.
Ich war damals ein Tollkopf...
Der Dovre-Alte: Ach ja, ach ja;
Der Prinz war halt jung. Und was macht man nicht da?
Aber klug war der Prinz, seine Braut zu verschmähn;
Jetzt braucht er dafür nicht sein Los zu verdammen!
Nicht lang – und sie war mit 'nem andern zu sehn.
Peer Gynt: Ei, ei!
Der Dovre-Alte: Immer mehr und mehr ließ sie sich gehn;
Und jetzt, jetzt lebt sie mit Trond zusammen.
Peer Gynt:
Welchem Trond?
Der Dovre-Alte: Dem im Walgebirg.
Peer Gynt: Dem ich einmal
Drei Saeterinnen vorm Mund wegstahl!
Der Dovre-Alte: Mein Enkel ist groß geworden und fett;
Sein Nachwuchs sitzt allerorten im Lande.
Peer Gynt: Ja, klatsch mir nur alles von A bis Z;
Was kümmert mich jetzt diese ganze Bande.
Ich bin nämlich in eine Klemme geraten
Und wünsche ein Zeugnis oder Attest;
Und ist Väterchens Kopf noch kapitelfest,
So springt ja wohl auch mal ein Viertelsdukaten...
Der Dovre-Alte:
Wär's möglich, ich könnte dem Prinzen was frommen?
Und dafür vielleicht selber ein Zeugnis bekommen?

PEER GYNT: Mit Freuden. Hab so kein Bar zu verklecken,
Muß knicken und sparen an allen Ecken.
Doch hört, was es gilt. Ihr erinnert Euch doch
An jenen Abend im Rondeschloß noch?

DER DOVRE-ALTE:
Ich werd nicht, Herr Prinz!

PEER GYNT: Das „Prinz“ macht nichts besser.
Genug. Ihr wolltet damals, voll Groll,
Mich blenden, mit Eurem Glasermesser,
Und umschaffen mich aus Peer Gynt zum Troll.
Was tat ich da doch? Ich sagte: „Quod non!
Wenn Ihr mir so kommt – auf und davon!
Was Liebe, was Ehre, was Macht – ich bleibe
Ich selber; ich selber, sage und schreibe.“
Diese Tatsache sollt Ihr vorm Richter beschwören.

DER DOVRE-ALTE:
Wie könnt ich das!

PEER GYNT: Wärt Ihr mir immer noch gram?

DER DOVRE-ALTE: Er will doch wohl nicht eine Lüge hören?
Er weiß doch noch, wie Er die Trollhose nahm
Und vom Metkrug schmeckte?

PEER GYNT: Ihr wußtet zu locken;
Doch vor dem Entscheidenden saht Ihr mich stocken.
Und justament daran erkennt man seinen Mann.
Das ist der Schlußvers, auf den kommt's an.

DER DOVRE-ALTE:
Recht gut, daß du mich auf den Schlußvers bringst!

PEER GYNT: Was heißt das?

DER DOVRE-ALTE: Als du von Ronde gingst,
Da schriebst du dir doch hinters Ohr mein Leitwort.

PEER GYNT: Welches?

DER DOVRE-ALTE: Das Wort, das mächtige Scheidwort!

PEER GYNT: Das Wort?

DER DOVRE-ALTE: Das uns scheidet vom Menschenzug,
Das Wort: Troll, sei du selbst dir genug!

PEER GYNT *weicht einen Schritt zurück*:
Dir genug!

DER DOVRE-ALTE:
Und wo du auch immer gewandelt,
Hast du doch seitdem danach gehandelt.
PEER GYNT: Ich! Peer Gynt!
DER DOVRE-ALTE *weinend*: So lohnt man's dem Alten!
Und wenn du's auch noch so geheimgehalten –
Du lebtest als Troll. Mein Wort wies dich an,
Du wurdest durch mich ein gemachter Mann;
Und jetzo, jetzt spielst du den Dünkelhaften
Wider mich und mein Wort, die dir alles verschafften.
PEER GYNT: Dir genug! Ein Bergtroll! Ein Egoist!
Hier stimmt etwas nicht; hier steckt eine List!
DER DOVRE-ALTE *zieht ein Bündel alter Zeitungen hervor*:
Du meinst, wir hätten nicht auch unsre Zeitung?
Hier, bitte, hier schwärmt von dir, rot auf schwarz,
Die „Blocksbergpost", ein Blatt von Verbreitung,
Und hier singen Nummern des „Heklawarts"
Dein Lob, seitdem du der unsrige bist.
Willst du es selbst lesen, Peer? Immer tu's!
Hier steht etwas, Unterschrift: „Pferdefuß";
Und hier: „Vom troll-nationalen Geiste."
Der Schreiber fördert die Wahrheit ans Licht.
Schwanz und Hörner, die machten's nicht,
Die innre Verwandtschaft, die tät das meiste.
„Unser Sich-selbst-Genug, das macht den Troll aus!"
So schließt er, und dann gibt er dich, Peer, für voll aus.
PEER GYNT: Ein Bergtroll? Ich!
DER DOVRE-ALTE: Ja, mein wackrer Genoß!
PEER GYNT: So konnt ich ja bleiben im Dovreschloß!
Was ließ ich dann Rondens behagliche Ruh?
Wandte Schweiß auf und Arbeit und manch ein Paar Schuh?
Peer Gynt – ein Troll! Solch ein Quark! Solch ein Kohl!
Da, kauf dir Tabak, und somit – leb wohl!
DER DOVRE-ALTE:
Geneigter Prinz Peer!
PEER GYNT: Du bist nicht normal –
Oder kindisch. Geh in ein Hospital!

DER DOVRE-ALTE: Das hätt ich ja schon seit langem getan!
Doch meine Urenkel, leichten Geistes
Verleugnen sie ihren alten Ahn;
Ich lebte nur noch in Büchern, heißt es.
Gott soll einen vor seinen Freunden bewahren,
Dies Wort spür ich Armer am eignen Gebein.
's ist hart, nur noch so sein Gespenst zu sein...
PEER GYNT: Lieber Mann, das haben schon mehr erfahren.
DER DOVRE-ALTE:
Und wir selbst, wo hätten wir Armenkassen,
Wo Altersgroschen, wo ein Asyl?
Das würde zu Ronde ja auch nicht passen.
PEER GYNT: Und zu eurem selbst-genugsamen Stil!
DER DOVRE-ALTE:
Der Prinz kann dem Wort doch nur Ehre geben.
Und wenn er auf dem oder jenem Weg...
PEER GYNT: Mein Freund, du trittst auf 'nen morschen Steg;
Ich hab selbst, wie man sagt, kaum das nackte Leben.
DER DOVRE-ALTE:
Das wär! Auch der Prinz hätt als Bettler geendet?
PEER GYNT: Jawohl. Mein prinzliches Ich liegt verpfändet.
Und wer ist dran schuld? Ihr, verdammte Brut!
Da sieht man, was schlechte Gesellschaft tut.
DER DOVRE-ALTE:
Umsonst denn, daß ich die Hand ausstreckte!
So will ich zur Stadt mich zu fechten sehn.
PEER GYNT: Was willst du dort?
DER DOVRE-ALTE: Zur Komödie gehn.
Sie suchen im Blatt nationale Subjekte...
PEER GYNT: Glück auf die Reise; und grüß von mir.
Kann ich mich losreißen, halt ich's mit dir.
Ich schreib eine Farce, so tief wie heiter,
Des Titels: Sic transit und so weiter und so weiter.
Eilt davon. Der Dovre-Alte ruft ihm vergebens nach.

Ein Kreuzweg.

PEER GYNT: Jetzt gilt es, Peer, galt es jemals im Leben!
Dies Dovrische „Genug" hat den Ausschlag gegeben!
Das Fahrzeug ward wrack; jetzt schwimm auf den Planken!
Alles andre – nur nicht als Brack abdanken!
DER KNOPFGIESSER *an der Wegscheide*:
Nun denn, Peer Gynt, das Attest – wo ist es?
PEER GYNT: Schon wieder ein Kreuzweg? Du Nimmersatt!
DER KNOPFGIESSER: Ich blicke nur auf dein Gesicht, dein tristes,
Und weiß, was die Glocke geschlagen hat.
PEER GYNT: Ich bin des Gerenns müd; man läuft nur irr.
DER KNOPFGIESSER: Und legt sich zudem umsonst ins Geschirr!
PEER GYNT: Bei Nacht, im Wald, was ist da zu sagen.
DER KNOPFGIESSER:
Dort humpelt ein Alter. Wolln wir ihn fragen?
PEER GYNT: Er ist betrunken. Laß ihn in Ruh!
DER KNOPFGIESSER:
Doch könnt er vielleicht...
PEER GYNT: Pst, laß ihn – wozu?
DER KNOPFGIESSER:
Ja, so sind wir soweit?
PEER GYNT: Eine Frage nur noch.
Was ist dieses „Sei du du selbst" im Grunde?
DER KNOPFGIESSER: Eine seltsame Frage, zumal im Munde
Von einem, der jüngst erst...
PEER GYNT: So antworte doch!
DER KNOPFGIESSER: Du selbst sein heißt: dich selbst ertöten.
Doch du brauchst vielleicht noch ein deutlicher Bild?
Des Meisters Willen als wie ein Schild
An seines Lebensschwerts Griff sich löten.
PEER GYNT:
Doch wenn man nun niemals erfährt, was der Meister
Mit einem gewollt hat?
DER KNOPFGIESSER: Das soll man ahnen.
PEER GYNT: Doch wie oft mißleiten uns böse Geister,
Und dann geht man ad undas mit fliegenden Fahnen.

DER KNOPFGIESSER:
Der Teufel hat's nirgends leichter, zu angeln,
Als eben wo solche Ahnungen mangeln.
PEER GYNT: Dies ist eine derart verzwickte Geschichte,
Daß ich auf mein „Selbst-Sein" lieber verzichte.
Es fiel' am End schwer, den Beweis zu führen.
So will ich den Streitpunkt denn nicht mehr berühren.
Doch als ich vorhin so den Wald durchtrabte,
Da kam's, daß mich doch mein Gewissensschuh schabte;
Du bist doch ein Sünder, dacht ich im stillen...
DER KNOPFGIESSER: Da fängst du ja wieder von vorne an!
PEER GYNT: Ich meine, ein großer, mein guter Mann;
Nicht bloß in der Tat, auch in Wort und Willen:
Im Ausland war ich just kein Philister...
DER KNOPFGIESSER:
Nun gut – so zeig mir dein Sündenregister!
PEER GYNT: Vergönn mir nur Frist, einen Priester zu suchen;
So beicht ich und laß ihn darüber buchen.
DER KNOPFGIESSER: Ja, brächtst du mir solch einen Zettel mit,
So wärst du der Schmelzlöffelsache wohl quitt.
Doch die Ordre, Peer...
PEER GYNT: Der vergilbte Wisch!
Der ist gewiß noch von älterem Datum;
Da lebt ich einmal, weder Fleisch noch Fisch,
Und spielte Prophet und glaubt an ein Fatum...
Na, gilt's denn die Probe?
DER KNOPFGIESSER: Ja – aber...
PEER GYNT: Je nun –
Was hast du denn, Bester, so viel zu tun!
Hier im Bezirk ist die Luft ja so lieb;
Die Sterblichkeit wird immer kleiner und kleiner.
Bedenk, was der Pfarrer von Justedal schrieb:
„In diesem Tale stirbt selten einer."
DER KNOPFGIESSER:
Am nächsten Kreuzweg denn; dann aber – Schluß.
PEER GYNT: Ein Priester! Ich muß einen finden! Ich muß!
Läuft den Weg weiter.

Hügel mit Heidekraut. Der Weg schlängelt sich den Höhenzug entlang.

PEER GYNT: Der nützt mir vielleicht noch zu allerhand,
Sagte Esben, als er einen Elsternflügel fand.
Wer hätte gedacht, daß, als nichts mehr verschlägt,
Seine Sündenschuld einem noch Früchte trägt?
Mir ist zwar auch so nicht sonderlich geheuer;
Denn im Grund führt der Weg nur von Asche zu Feuer.
Doch es bleibt ja noch immer die Trosttür offen:
Solang einer lebt, so lang mag er hoffen.

Eine magere Person in hoch aufgeschürztem Priesterrock und mit einem Vogelstellernetz auf der Schulter wandert eilig den Hügel entlang.

Ein Prediger mit einem Vogelgarn!
Peter! An dir fraß das Glück einen Narrn.
Guten Abend, Herr Pastor! Holprige Bahn!
DER MAGERE: Was tut man nicht, eine Seele zu fahn?
PEER GYNT: Aha, soll eine gen Himmel...?
DER MAGERE: Nein,
Ich hoffe, sie schlägt einen andern Weg ein.
PEER GYNT:
Herr, würd ich ein Stückchen wohl mitgenommen?
DER MAGERE: Recht gern, Gesellschaft ist immer willkommen.
PEER GYNT: Mich drückt ein Gesuch...
DER MAGERE: Vertraun Sie mir's an!
PEER GYNT: Herr Pastor, ich bin ein ehrlicher Mann.
Ich hielt mein Lebtag des Staats Gebot;
Ich saß niemalen bei Wasser und Brot;
Doch kann man ja wohl mal den Halt verlieren
Und straucheln...
DER MAGERE: Das kann dem Besten passieren.
PEER GYNT:
Nun denn, diese Mätzchen...
DER MAGERE: Nur Mätzchen?
PEER GYNT: Nur dies.
Nie, daß ich im Ernst wider etwas verstieß!

DER MAGERE: Dann sparen wir uns jeden weiteren Ton;
Sie irren sich, scheint es, in meiner Person.
Sie sehn meine Hand an? Warum, wenn's genehm?
PEER GYNT: Welch stattlich entwickeltes Nägelsystem!
DER MAGERE: Was bietet mein Bein so Besonderes?
PEER GYNT *zeigt mit dem Finger*:
Ist der Huf dort echt?
DER MAGERE: Ich schmeichle mir des.
PEER GYNT *lüftet den Hut*:
Ich hätte doch auf Ihren Schwarzrock geschworen;
Und da sind es – Euer Hochwohlgeboren!
Na, steht's Portal offen – komm nicht von hinten;
Kannst du zum König – geh nicht zum Bedienten.
DER MAGERE: Ihre Hand! Sie scheinen mir vorurteilsfrei.
Na, Lieber, was gilt's, und was soll ich dabei?
Nur eins! Nicht um Macht oder Geld mich drängen!
Das kann ich nicht schaffen, und wenn Sie mich hängen.
Mit den Menschen ist heut nichts mehr anzufangen;
Der Umsatz ist völlig zurückgegangen.
Kein Zuwachs an Seelen; nur dann und wann
Eine einzelne...
PEER GYNT: Hat sich die Welt so verbessert?
DER MAGERE: Im Gegenteil, Bester. Kläglich verwässert.
Die meisten holt sich der Schmelzlöffelmann.
PEER GYNT: Aha, von dem Löffelmann hört ich schon was;
Er gab die Veranlassung eigentlich, daß...
DER MAGERE: Nur Mut!
PEER GYNT: Nun, wär es nicht unbescheiden,
So wünscht ich wohl...
DER MAGERE: Einen Zufluchtsort? Wie?
PEER GYNT: Sie raten's, noch eh ich ihm Worte lieh.
Sie sagten ja selbst, daß Sie Mangel leiden,
Und sind daher wohl um so eher willig...
DER MAGERE: Aber, Freund...
PEER GYNT: Meine Forderungen sind billig.
Ein Taggeld beanspruch ich eigentlich nicht;
Nur Behandlung, den Umständen angemessen.

DER MAGERE:
Warmes Zimmer?
PEER GYNT: Nicht zu warm; vor allem indessen
Erlaubnis, davonzugehn, schlank und schlicht,
Zurückzutreten, um's kurz zu sagen,
Sobald sich ein Weg zeigt zu besseren Tagen.
DER MAGERE: Mein Freund, es tut mir wahrhaftig leid.
Doch Sie glauben mir nicht, welche Menge Suppliken
Ähnlicher Art mir die Leute schicken,
Wenn es sie abruft aus ihrer Zeit.
PEER GYNT: Doch denk ich an meinen verflossenen Wandel,
So dünkt mein Gesuch mich nicht allzu gewagt.
DER MAGERE:
Es warn doch nur Mätzchen...
PEER GYNT: Was man so sagt;
Doch, da fällt mir ein, ich trieb Negerhandel.
DER MAGERE: Da handelten welche mit Willen und Sinnen –
Und mußten doch wieder, als Pfuscher, von hinnen.
PEER GYNT: Ich hab Brahmafiguren nach China verladen.
DER MAGERE: Sie Leichenbitter auf Sündenpfaden!
Sind welche, die laden ganz andre Figuren
In Reden ab, Künsten und Literaturen,
Und rühren mich doch nicht.
PEER GYNT: Es blieb nicht dabei;
Ich lebt als „Prophet" eine tolle Legende.
DER MAGERE: Im Ausland? Der meisten Blauseherei
Ist Humbug und findet im Löffel ihr Ende.
Wenn Ihr Gesuch auf nichts weiter beruht,
So kann ich nicht dienen, so leid es mir tut.
PEER GYNT:
Doch, hörn Sie, ich kam auf 'nem Bootskiel getrieben –
Der Ertrunkene greift nach dem Halm, steht geschrieben,
Und: Du selbst bist dein Nächster, steht gleich daneben –,
Und da kam durch mich halbwegs ein Koch ums Leben.
DER MAGERE: Hätt lieber von einer Köchin vernommen,
Die durch Sie zugleich um was andres gekommen.
Was ist das hier für ein Halbwegs-Schnack,

Mit Respekt zu sagen? Wer möchte zu Zeiten,
Wie diese, die Kosten der Feurung bestreiten,
Was denken Sie wohl, für solch stimmungslos Pack?
Ja, ja, Sie mein ich, mit Ihren Faxen;
Ich spreche, wie mir der Schnabel gewachsen.
Ich wünschte nur, daß der Herr Dilettant
Sich vor dem Löffel nicht länger grauste.
Was hülf's, und wenn ich Sie zehnmal behauste?
Mein Freund, Sie sind doch ein Mann von Verstand,
Wie schon Ihr gutes Gedächtnis beweist;
Doch die Aussicht übers durchwanderte Land
Erzeigt sich denn doch, so für Herz wie für Geist,
Als ein Ausblick auf, sagen wir, zu viel Sand.
Was haben Sie, darüber zu lachen, zu weinen,
Was jubelnd zu bejahen, was verzweifelnd zu verneinen,
Was, das Sie heiß oder kalt überschreckt? –
Sie ärgern sich – das ist der ganze Effekt.

PEER GYNT: Es heißt, daß man schwer beurteilen kann,
Wo der Schuh drückt, hat man den Schuh nicht an.

DER MAGERE:
Das ist wahr; und – sei der und jener gepriesen –
Ich bin auf ein ungleich Paar Stiefel angewiesen.
Doch ein Glück, daß ich Stiefel sage, mein Bester,
Das erinnert mich dran, daß es eilen heißt,
Mir winkt ein Braten, der hoffentlich feist;
Und da schwatz ich hier wie eine Kaffeeschwester!

PEER GYNT: Und dürfte man fragen, welch Sündenkraut
Den Kerl gemästet hat?

DER MAGERE: Nach Verlaut
War er er selber bei Tag und bei Nacht;
Und das ist doch der Kernpunkt, im letzten Betracht.

PEER GYNT: Er selber? Die Art kommt zu Ihnen ins Haus?

DER MAGERE: Wie's fällt; wir sperren sie keinesfalls aus.
Man kann man selbst sein in doppeltem Verstand,
Ein Rock sein, von außen oder von innen.
Sie wissen, wie jüngst in Paris man erfand,
Porträts mit Hilfe von Sonne zu gewinnen.

Da kann man nun richtige Bilder machen
Oder Negative, die gleich viel wert sind,
Nur daß hier Licht und Schatten verkehrt sind
Und die Laien sie häßlich finden und lachen.
Doch die Ähnlichkeit schlummert auch hier verstohlen,
Es kommt nur drauf an, sie hervorzuholen.
Hat eine Seele nun in ihrem Leben
Sich also negativ photographiert,
So wird die Platte drum nicht kassiert,
Man pflegt sie vielmehr an uns weiterzugeben.
Wir nehmen sie uns sodann vor zur Behandlung,
Und geeignete Mittel vollziehn die Verwandlung.
Wir dämpfen, wir baden, wir putzen, wir hitzen,
Mit Säuregüssen und Schwefelblitzen,
So lang, bis sich unsrem geduldigen Auge
Das rechte Bild endlich, das Positiv, tischt.
Doch hat man, wie Sie, sich zur Hälfte verwischt,
So nützt weder Schwefel noch Kalilauge.

PEER GYNT: Also nur wer als Rabe zu Ihnen kommt,
Kann als Schneehuhn gehn? Mit Verlaub, wem frommt
In seiner negativen Elendigkeit
Wohl diesmal Ihre Kunst und Behendigkeit?

DER MAGERE: Einem Herrn Peter Gynt.

PEER GYNT: Peter Gynt? Ei, ei!
Ist Herr Gynt er selbst?

DER MAGERE: Er schwört, daß er's sei.

PEER GYNT: Na, glaubwürdig ist er, dieser Herr Peter.

DER MAGERE: Sie kennen ihn?

PEER GYNT: Was man so nennt, versteht Er;
Man kennt ja so manchen.

DER MAGERE: Meine Zeit ist knapp.
Wo sahn Sie zuletzt ihn?

PEER GYNT: Drunten am Kap.

DER MAGERE: Di buona speranza!

PEER GYNT: Jawohl, doch sein Wort war,
Sein letztes, daß er die längste Zeit dort war.

DER MAGERE: So muß ich stehenden Fußes dorthin.

Doch geh ich, trüber Ahnungen schwanger.
Das Kapland, das Kapland wollt mir nie in den Sinn;
Dort sind so ein paar schlimme Missionare von Stavanger.
Er fährt gen Süden.

PEER GYNT: Der Esel, der dumme! Da schiebt er ab,
Daß die Zung ihm heraushängt. Viel Glück zum Kap!
Den Hund hab ich naszuführen gewußt!
So ein Kerl macht sich kostbar und wirft sich in die Brust.
Er hat's wahrlich nötig, sich dick zu machen!
Sein Handwerk wirft ihm nicht viel in den Rachen.
Bald wird er eingehn an Fettverlust.
Hm, ich bin zwar auch kein Ritter ohne Tadel;
Ich bin ausgestoßen, kann man sagen, aus dem Selbst-
eigner-Adel.
Eine Sternschnuppe fällt; er nickt ihr zu.
Grüß von Peer Gynt, Bruder Meteor!
Leuchten, erlöschen, verschwinden im Tor
der Finsternis...
Schaudert zusammen, wie von Angst gepackt, und geht tiefer hinein in die Nebel; nach einer Weile Schweigens schreit er auf:
Will mir denn niemand erstehn,
Niemand im Abgrund, niemand im Reich des Lichts?
Kommt weiter unten wieder hervor, wirft seinen Hut zu Boden und rauft sich das Haar. Allmählich wird er ruhiger.
So unsäglich arm kann ein Mensch also gehn
Zurück in die grauen Nebel des Nichts.
Du liebliche Erde, sei mir nicht gram,
Daß ich dein Gras trat, keinem zum Frommen.
Du liebliche Sonne, die leuchten kam
In ein Haus, drin keiner dich hieß willkommen!
Kein Mund sprach zu deiner Schönheit den Reim;
Der Eigner, so sagt man, war niemals daheim.
Liebliche Sonne, liebliche Erde,
Was heimtet ihr meine Mutter an eurem Herde!
Geist ist kein Marktgeschenk, Natur tritt mit Füßen...
Es ist hart, seine Geburt mit dem Leben zu büßen.
Hinauf will ich, hoch, wo die Gipfel blauen,

Einmal die Sonne noch aufgehen schauen,
Starren mich müd aufs gelobte Land,
In einem Schneesturz mein Ruhbett haben;
Man mag drüberschreiben: „Hier ist niemand begraben.“
Und dann? Ja, das Dann hat noch keiner gekannt.

KIRCHGÄNGER *singen auf dem Waldweg*:

O Morgenstunde,
Da Zungen des Geistes
Wie Schwerter herniedergeflammt!
Aus Enkelmunde
Den Geist nun preist es
In Liedern, dem Himmel entstammt.

PEER GYNT *kriecht erschreckt in sich zusammen*:
Nicht dorthin schaun! Dort ist Nacht und Verderben.
Ich fürcht, ich war tot lange vor meinem Sterben.
Will sich durchs Gebüsch davonstehlen, stößt jedoch auf den Kreuzweg.

DER KNOPFGIESSER:
Guten Morgen, Peer Gynt! Wo ist das Register?

PEER GYNT: Das Glück und ich, wir sind Stiefgeschwister.
Was tat ich nicht!

DER KNOPFGIESSER: Ohne daß dich wer traf.

PEER GYNT: Hm, nur ein reisender Fotograf.

DER KNOPFGIESSER: Ja, die Frist ist aus.

PEER GYNT: Alles ist aus.
Die Eule wittert uns. Hörst du sie wimmern?

DER KNOPFGIESSER:
Ich hör nur die Glocke.

PEER GYNT *zeigt*: Was mag dort schimmern?

DER KNOPFGIESSER:
Eine Hütte, nichts weiter.

PEER GYNT: Was klingt dort im Winde?

DER KNOPFGIESSER: Ein Weib singt, nichts weiter.

PEER GYNT: Ja, dort, dort finde
Ich das Register...

DER KNOPFGIESSER *ergreift ihn beim Arm*: Bestell dein Haus!
Sie sind aus dem Gebüsch herausgekommen und stehen vor der Hütte.

Morgendämmerung.

PEER GYNT: Mein Haus bestellen? Dort ist's! Geh, Mann!
Pack dich, Mann! Mich und mein Schuldbuch bärge
Kein Löffel – und hättst du sie groß wie Särge!

DER KNOPFGIESSER:
Bis zum dritten Kreuzweg denn, Peer, aber dann...
Biegt zur Seite ab und geht.

PEER GYNT *nähert sich dem Hause*:
Hin und zurück, 's ist der gleiche Weg;
Hinaus und hinein, 's ist der gleiche Steg. *Bleibt stehen.*
Wilde, wilde, unendliche Klage,
So heimzukehren am End seiner Tage!
Macht einige Schritte, hält aber wieder inne.
Drum herum, sprach der Krumme! *Hört Gesang in der Hütte.*
Nein, dieses Mal, Peer,
Mittendurch, ob auch der Weg noch so schwer!

Er eilt auf das Haus zu; im selben Augenblick tritt Solvejg aus der Tür, zum Kirchgang gekleidet und das Gesangbuch ins Tuch geschlagen, einen Stab in der Hand. Sie steht hoch da und gütig. Peer Gynt wirft sich auf die Schwelle nieder.

Hier ist ein Sünder! Dein Urteil, sprich's aus!

SOLVEJG: Gott sei gelobt! Da kam er nach Haus!
Tastet nach ihm.

PEER GYNT: Klag aus das Übermaß meines Gerichts!

SOLVEJG: Mein einzigster Junge, du sündigtest nichts!
Tastet wieder und findet ihn.

DER KNOPFGIESSER *hinter dem Hause*:
Das Register, Peer Gynt?

PEER GYNT: Schrei aus mein Verbrechen!

SOLVEJG *setzt sich nieder zu ihm*:
Durch dich ward mein Leben ein selig Lied.
Gesegnet seist du! Du hieltst dein Versprechen!
Gesegnet der Pfingstmorgen, der dich hier sieht!

PEER GYNT: Verloren!

SOLVEJG: Laß Ihn nur raten und taten!

PEER GYNT *lacht*: Verloren! Du könntest denn Rätsel raten!
SOLVEJG: Nenn sie.
PEER GYNT: Nenn sie! 's hat keine Gefahr!
So sag, wo Peer Gynt all die Zeit über war?
SOLVEJG: Wo er war?
PEER GYNT: In der Brust der Bestimmung Keim!
Wo er war, wie sein Gott ihn gewollt und verstanden!
Kannst du das sagen? Wenn nicht, muß ich heim –
Und untergehn in den nebligen Landen.
SOLVEJG *lächelt*:
Oh, das Rätsel ist leicht.
PEER GYNT: So sag, was du weißt!
Wo war ich, in der Brust den göttlichen Geist,
Auf der Stirn den Namenszug, den Er geschrieben?
SOLVEJG:
In meinem Glauben, in meinem Hoffen und in meinem Lieben.
PEER GYNT *fährt stutzig zurück*:
Was sagst du? Schweig! Mach's Herz mir nicht schwer!
Eine Mutter hat in ihr Kind sich verliebt!
SOLVEJG: Eine Mutter – doch wer ist sein Vater? Er,
Der ihm um der Mutter willen vergibt.
PEER GYNT *ein Lichtstrahl überfliegt ihn, ruft*:
Mutter, Weib, Magd ohne Schuld und Fehle!
Birg mich denn in deiner Seele!
Er klammert sich an ihr fest und verbirgt das Angesicht in ihrem Schoß.

Langes Schweigen. Die Sonne geht auf.

SOLVEJG *singt leise*: Schlaf denn, teuerster Junge mein!
Ich wiege dich und ich wache.
Auf meinem Schoß hat mein Junge gescherzt,
Hat ihn seine Mutter sein Lebtag geherzt.
An Mutters Brust hat mein Junge geruht,
Sein Lebtag. Gott segne dich, mein einzigstes Gut!
An meinem Herzen zunächst war sein Platz,
Sein Lebtag. Jetzt ist er so müd, mein Schatz.
Schlaf denn, teuerster Junge mein!
Ich wiege dich und ich wache!

DES KNOPFGIESSERS STIMME *hinter dem Hause*:

Wir sehn uns am letzten Kreuzweg, Peer;
Und dann wird sich zeigen – ich sage nicht mehr.

SOLVEJG *singt lauter im Tagesglanz*:

Ich wiege dich und ich wache;
Schlaf und träum, lieber Junge mein!

STÜTZEN DER GESELLSCHAFT

Schauspiel in vier Akten

PERSONEN

Konsul Karsten Bernick
Betty Bernick, *seine Frau*
Olaf, *ihr dreizehnjähriger Sohn*
Martha Bernick, *die Schwester des Konsuls*
Johann Tönnesen, *Frau Bernicks jüngerer Bruder*
Lona Hessel, *ihre ältere Stiefschwester*
Hilmar Tönnesen, *Frau Bernicks Vetter*
Rörlund, *Kandidat des höheren Lehramts*
Rummel, *Engros-Kaufmann*
Vigeland, *Kaufmann*
Sandstad, *Kaufmann*
Dina Dorf, *ein junges Mädchen im Bernickschen Haus*
Krap, *Prokurist in Bernicks Firma*
Aune, *Meister auf Bernicks Werft*
Frau Rummel
Fräulein Rummel
Frau Holt, *Ehefrau des Postvorstehers*
Fräulein Holt
Frau Lynge, *Ehefrau des Stadtarztes*
Einwohner des Städtchens, fremde Seeleute, Schiffspassagiere

Das Stück spielt im Haus von Konsul Bernick
in einer kleinen norwegischen Hafenstadt.

ERSTER AKT

Ein geräumiges Gartenzimmer im Bernickschen Haus. Links zwei Türen, die vordere führt zum Zimmer des Konsuls. Rechts die Haupttür. In der aus Spiegelglas bestehenden Hinterwand führt eine offenstehende Tür zu der von einer Markise überdachten Terrasse. Unterhalb der Terrasse ist ein Teil des Gartens sichtbar, mit einer Pforte zur Straße, auf deren gegenüberliegender Seite kleine weißgestrichene Holzhäuser stehen. Grelle Sommersonne. Hin und wieder erscheinen Straßenpassanten. Zuweilen bleiben einige von ihnen stehen und bilden eine kleine Gesprächsgruppe. Käufer im Eckladen usw.

Im Gartenzimmer haben sich einige Damen zu einem Kaffeekränzchen um den Tisch gruppiert. In der Mitte sitzt Frau Bernick, links von ihr Frau Holt mit Tochter, daneben sitzen Frau und Fräulein Rummel, rechts Frau Lynge, Martha Bernick und Dina Dorf. Alle Damen sind mit Handarbeiten beschäftigt. Auf dem Tisch liegen große Stöße von zugeschnittenem Wäschestoff und halbfertigen Kleidungsstücken. Weiter hinten an einem Tischchen mit zwei Blumentöpfen und einem Glas Wasser sitzt Kandidat Rörlund und liest aus einem Buch mit Goldschnitt vor, doch werden für die Zuschauer nur einzelne Worte hörbar. Draußen im Garten läuft Olaf Bernick herum und schießt mit einer Armbrust nach der Scheibe.

Nach einem Augenblick tritt Meister Aune behutsam durch die Haupttür ein. Das Vorlesen wird kurz unterbrochen. Frau Bernick nickt Aune zu und zeigt auf die Tür links vorn. Er geht leise zu Bernicks Tür und klopft mehrmals nach kurzen Pausen an, bis Prokurist Krap, den Hut in der Hand und Papiere unter dem Arm, aus der Tür tritt.

KRAP: Ach, Sie haben geklopft?

AUNE: Der Herr Konsul hat nach mir geschickt.

KRAP: Ich weiß. Er kann Sie aber nicht empfangen. Er hat mir aufgetragen ...

AUNE: Ihnen, Herr Prokurist? Ich möchte doch lieber...

KRAP: ... mir aufgetragen, Ihnen zu sagen, Sie möchten mit Ihren Sonnabendvorträgen für die Arbeiter aufhören.

AUNE: So? Ich dächte doch, ich dürfte meine Freizeit benutzen...

KRAP: Sie dürfen Ihre Freizeit nicht dazu benutzen, die Leute für die Arbeit unbrauchbar zu machen! Am letzten Sonnabend haben Sie über den Schaden gesprochen, der den Arbeitern angeblich aus unseren neuen Maschinen und der neuen Arbeitsweise auf der Werft erwächst. Warum tun Sie das?

AUNE: Das tue ich, um der Gesellschaft zu nützen.

KRAP: Ist ja merkwürdig! Der Herr Konsul meint, es schädige die Gesellschaft!

AUNE: Ich meine nicht dieselbe Gesellschaft wie der Herr Konsul! Als Interessenvertreter der Arbeiterschaft muß ich...

KRAP: Zuerst einmal sind Sie Interessenvertreter der Bernickschen Werft! Vor allem haben Sie gegenüber der Gesellschaft, die „Firma Bernick" heißt, Ihre Schuldigkeit zu tun! Von der Firma leben wir nämlich alle miteinander. – Na, jetzt wissen Sie, was der Herr Konsul Ihnen sagen wollte.

AUNE: Der Herr Konsul hätte es mir nicht auf diese Art gesagt, Herr Prokurist! Aber ich verstehe schon, wem ich das zu verdanken habe: dem amerikanischen Schiff, das mit einem verdammten Leck auf unserer Werft liegt. Die Leute erwarten, daß wir hier arbeiten, wie's drüben üblich ist, und das sind wir...

KRAP: Genug! Auf weitere Erörterungen kann ich mich nicht einlassen. Sie kennen jetzt den Standpunkt von Herrn Konsul. Damit basta! Gehen Sie nun wieder auf die Werft! Dort werden Sie sicher gebraucht. Ich komme selbst bald hinunter. – Verzeihung, meine Damen!

Er grüßt und geht durch den Garten auf die Straße. Aune geht still rechts hinaus. Rörlund, der während der gedämpft geführten Auseinandersetzung seine Vorlesung fortgesetzt hatte, klappt sein Buch zu.

RÖRLUND: So, meine lieben Zuhörerinnen, damit bin ich am Ende.

FRAU RUMMEL: Ach, was für eine lehrreiche Geschichte!

FRAU HOLT: Und so moralisch!

FRAU BERNICK: Solch ein Buch gibt einem wirklich viel zu denken.

RÖRLUND: O ja, es bildet einen wohltuenden Gegensatz zu dem, was uns leider täglich in Zeitungen und Zeitschriften geboten wird. Diese vergoldete, geschminkte Fassade, wie sie die Gesellschaft in der Welt draußen zur Schau trägt – was steckt im Grunde dahinter? Hohlheit und Fäulnis, wenn ich mich so ausdrücken darf. Keinen moralischen Grund hat sie unter den Füßen! Mit einem Wort: ein übertünchtes Grab – diese Gesellschaft in der Welt dort draußen.

FRAU HOLT: Ja, das ist gewißlich wahr!

FRAU RUMMEL: Wir brauchen ja nur die amerikanische Schiffsmannschaft anzusehen, die zur Zeit hier herumlungert!

RÖRLUND: Oh, von solchem Auswurf der Menschheit will ich ganz schweigen. Doch selbst in den höheren Kreisen – wie steht es da? Wohin man sieht: Zweifel und gärende Unruhe! Unfriede in den Gemütern und Unsicherheit in allen Verhältnissen! Wie wird da draußen das Familienleben untergraben! Freche Umsturzgelüste bedrohen die heiligsten Güter!

DINA *ohne aufzublicken*: Aber werden dort nicht auch viele große Taten vollbracht?

RÖRLUND: Große Taten? Ich verstehe Sie nicht...

FRAU HOLT *erstaunt*: Aber, mein Gott, Dina!

FRAU RUMMEL *gleichzeitig*: Dina, wie kannst du nur!

RÖRLUND: Ich würde es nicht für gesund halten, wenn Taten dieser Art bei uns Schule machten. Nein, da wollen wir Gott danken, daß die Verhältnisse bei uns so sind, wie sie sind. Gewiß wächst auch hier Unkraut zwischen dem Weizen, leider. Aber wir bemühen uns redlich, es auszurotten, so gut wir es vermögen. Gilt es doch, meine Damen, die Gesellschaft vor Experimenten zu bewahren, die uns eine unruhige Zeit aufzwingen will.

FRAU HOLT: Und davon gibt's leider mehr als genug!

FRAU RUMMEL: Ganz recht, im vorigen Jahr hätten wir um ein Haar die Eisenbahn herbekommen!

FRAU BERNICK: Na, das hat ja mein Mann zu verhindern gewußt.

RÖRLUND: Die Vorsehung, Frau Bernick! Sie können dessen gewiß sein: Ihr Gatte war das Werkzeug in der Hand eines Höheren, als er sich weigerte, auf dieses Hirngespinst einzugehen.

FRAU BERNICK: Und dennoch mußte er sich so viel üble Nachrede in den Zeitungen gefallen lassen! – Aber wir haben ganz vergessen, Ihnen zu danken, Herr Kandidat! Es ist wirklich zu liebenswürdig von Ihnen, uns so viel von Ihrer Zeit zu opfern!

RÖRLUND: Aber nicht doch, jetzt in den Schulferien...

FRAU BERNICK: Doch, doch! Es ist für Sie trotzdem ein großes Opfer, Herr Kandidat!

RÖRLUND *rückt seinen Stuhl näher heran*: Darüber sollten Sie kein Wort mehr verlieren, verehrte Frau Bernick! Bringen Sie nicht alle miteinander der guten Sache ein Opfer? Und bringen Sie es nicht gern und freudig? Diese moralisch Verkommenen, für deren Besserung wir arbeiten, gleichen verwundeten Soldaten auf einem Schlachtfeld. Sie, meine Damen, sind die Diakonissen, die barmherzigen Schwestern, die Scharpie zupfen für diese Unglücklichen, mit linder Hand die Wunden verbinden, sie pflegen und heilen...

FRAU BERNICK: Es ist doch eine wahre Gottesgabe, alles in einem so schönen Lichte zu sehen!

RÖRLUND: Zum Teil angeboren, doch zum Teil auch erworben. Es kommt nur darauf an, daß man die Dinge im Lichte einer ernsten Lebensaufgabe sieht. Nun, was sagen Sie dazu, Fräulein Bernick? Haben Sie jetzt nicht auch das Gefühl, als hätten Sie festeren Boden unter den Füßen, seit Sie sich dem Lehrerberuf widmen?

MARTHA: Ach, ich weiß nicht, was ich da sagen soll. Oft, wenn ich so in meiner Klasse stehe, wünsche ich mich weit weg auf das wilde Meer hinaus.

RÖRLUND: Ja, sehen Sie, das sind die Anfechtungen, liebes Fräulein. Doch vor solchen unruhigen Gästen muß man die Tür verriegeln! Das wilde Meer – das meinen Sie natürlich nicht wörtlich. Sie meinen das große Meer der menschlichen Gesellschaft, in dem so viele zugrunde gehen. Und versprechen Sie sich wirklich so viel von dem Leben, das Sie dort draußen summen und brausen hören? Sehen Sie sich doch nur die Menschen auf der Straße an, die in der Sonnenhitze herumlaufen und schwitzen und sich abplagen um die Nichtigkeiten des Alltags! Nein, da haben wir's wahrhaftig besser, die wir hier im Kühlen sitzen und den Wirren der Welt den Rücken wenden.

MARTHA: Gott ja, Sie haben sicher völlig recht.

RÖRLUND: Und dann in einem Haus wie diesem, in einem vorbildlichen Heim, in dem das Familienglück aufs schönste Gestalt angenommen hat, wo Friede und Eintracht herrschen ... *Zu Frau Bernick*: Was beunruhigt Sie, verehrte Frau Bernick?

FRAU BERNICK *blickt nach der Tür links vorn*: Wie laut da drin gesprochen wird!

RÖRLUND: Ist etwas Besonderes los?

FRAU BERNICK: Ich weiß nicht. Anscheinend hat mein Mann Besuch.

Hilmar Tönnesen, die Zigarre im Mund, erscheint in der Tür rechts und bleibt beim Anblick so vieler Damen stehen.

HILMAR: Oh, Verzeihung! *Will sich zurückziehen.*

FRAU BERNICK: Tritt nur näher, Hilmar! Du störst nicht. Wolltest du etwas?

HILMAR: Nein, ich wollte nur mal nach euch sehen. Guten Morgen, meine Damen! *Zu Frau Bernick*: Nun, was wird aus der Sache?

FRAU BERNICK: Aus welcher Sache?

HILMAR: Bernick hat doch eine Sitzung zusammengetrommelt.

FRAU BERNICK: So? Worum handelt es sich denn eigentlich?

HILMAR: Ach, wieder um diesen Unsinn mit der Eisenbahn.

FRAU RUMMEL: Nein, ist das die Möglichkeit?

FRAU BERNICK: Mein armer Mann! Sollte er damit wieder Schereien haben?

RÖRLUND: Aber wie reimt sich das zusammen, Herr Tönnesen? Herr Konsul Bernick hat doch im vorigen Jahr klar zum Ausdruck gebracht, daß er von der Eisenbahn nichts wissen will!

HILMAR: Ja, das meine ich auch. Doch ich habe Prokurist Krap getroffen, und der hat mir erzählt, das Eisenbahnprojekt sei wieder aufgenommen worden und Bernick habe eine Sitzung mit drei Geldleuten aus unserer Stadt.

FRAU RUMMEL: Ja, es kam mir auch so vor, als hörte ich die Stimme meines Mannes!

HILMAR: Gewiß, Herr Rummel ist natürlich dabei! Und außerdem der Kaufmann Sandstad aus der Bergstraße und Michel Vigeland – genannt der heilige Michael.

RÖRLUND: Hm...

HILMAR: Verzeihung, Herr Kandidat!

FRAU BERNICK: Und es war hier so schön friedlich!

HILMAR: Na, ich für mein Teil, ich hätte nichts dagegen, wenn die Rauferei wieder anfinge. Da hätte man wenigstens eine Abwechslung!

RÖRLUND: Oh, ich meine, diese Art von Abwechslung könnte man entbehren!

HILMAR: Das kommt auf die Veranlagung an! Gewisse Naturen brauchen von Zeit zu Zeit ein bißchen Aufregung und Balgerei. So was hat das Kleinstadtleben leider nicht oft zu bieten, und es ist nicht jedem gegeben, so... *Blättert in dem Buch des Kandidaten.* „Die Frau als Dienerin der Gesellschaft" – was ist denn das für Gewäsch?

FRAU BERNICK: Aber Hilmar! Das solltest du nicht sagen! Sicher hast du das Buch nicht gelesen.

HILMAR: Nein, und ich beabsichtige auch nicht, es zu tun.

FRAU BERNICK: Du hast wohl heute einen schlechten Tag?

HILMAR: Ich fühle mich nicht recht wohl.

FRAU BERNICK: Hast du vielleicht heute nacht nicht gut geschlafen?

HILMAR: Ich habe sehr schlecht geschlafen. Gestern abend bin ich mit Rücksicht auf mein Leiden etwas spazierengegangen. Dann habe ich mich noch in den Klub gesetzt und den Bericht einer Nordpolexpedition gelesen. Es wirkt wie ein stählendes Bad, wenn man den Kampf der Menschen mit den Elementen nacherleben kann.

FRAU RUMMEL: Aber es scheint Ihnen nicht gut bekommen zu sein, Herr Tönnesen!

HILMAR: Nein, es ist mir sehr schlecht bekommen. Ich habe mich die ganze Nacht im Halbschlaf gewälzt und geträumt, ich würde von einem abscheulichen Walroß verfolgt.

OLAF *der aus dem Garten hereingekommen ist*: Du wurdest von einem Walroß verfolgt, Onkel?

HILMAR: Das habe ich geträumt, du Greenhorn! Spielst du immer noch mit der lächerlichen Armbrust? Warum schaffst du dir nicht endlich ein richtiges Gewehr an?

OLAF: Das möchte ich schon, aber...

HILMAR: So ein Gewehr, das ist 'ne Sache! Es erfrischt einem jedesmal die Nerven, wenn man die Hand am Abzug hat.

OLAF: Und dann könnte ich auch Bären schießen, Onkel! Aber Vater erlaubt es nicht!

FRAU BERNICK: Du darfst dem Jungen aber wirklich nicht solche Flausen in den Kopf setzen, Hilmar!

HILMAR: Hm, eine schöne Jugenderziehung heutzutage! Da redet man von Leibesübung und Körperertüchtigung. Gottbewahre, das ist alles nur Spielerei! Keine Abhärtung, kein echtes Verlangen, der Gefahr männlich ins Auge zu schauen! – Steh nicht da und richte die Armbrust auf mich, du Tolpatsch! Das Ding kann losgehen!

OLAF: Nee, Onkel, ist ja gar kein Bolzen drin!

HILMAR: Das kannst du nicht wissen, es könnte doch ein Bolzen drin sein! Nimm das Ding weg, sage ich dir! – Warum zum Teufel bist du nie mit einem von deines Vaters Schiffen nach Amerika gefahren? Dort könntest du eine Büffeljagd erleben oder einen Kampf mit Rothäuten!

FRAU BERNICK: Nein – aber Hilmar!

OLAF: Ja, das würde ich schon gern tun, Onkel. Und dann könnte ich vielleicht auch Onkel Johann und Tante Lona besuchen!

HILMAR: Hm ... Unsinn!

FRAU BERNICK: Du kannst jetzt wieder in den Garten gehen, Olaf!

OLAF: Mutter, darf ich ein bißchen auf die Straße?

FRAU BERNICK: Ja, lauf aber nicht zu weit weg! *Olaf läuft durch die Gartenpforte hinaus.*

RÖRLUND: Sie sollten dem Kind nicht solche Grillen in den Kopf setzen, Herr Tönnesen!

HILMAR: Nein, natürlich, er soll hübsch daheim bleiben und hinter dem Ofen hocken, wie gewisse andere Leute.

RÖRLUND: Und warum reisen Sie nicht selbst hinüber?

HILMAR: Ich? Mit meinem Leiden? Na ja, das kennen wir, darauf wird hier keine Rücksicht genommen. Aber davon abgesehen, man hat doch gewisse Verpflichtungen gegenüber der Stadt. Hier muß doch wenigstens einer sein, der die Fahne der Idee hochhält. Igittegitt! Jetzt schreit er wieder!

DIE FRAUEN: Wer schreit?

HILMAR: Ach, ich weiß nicht, die Herren da drin sind etwas laut, und das macht mich nervös.

FRAU RUMMEL: Das ist sicher mein Mann, Herr Tönnesen. Sie müssen eben bedenken, er ist es gewohnt, in großen Versammlungen zu sprechen!

RÖRLUND: Die anderen scheinen mir auch nicht gerade leise zu sein.

HILMAR: Nein, Gottbewahre, wenn's an den Geldbeutel geht, dann ... Alles geht hier ja auf in kleinlichem Krämergeist.

FRAU BERNICK: Jedenfalls ist es bedeutend besser als früher, wo alles in Vergnügungen aufging.

FRAU LYNGE: War es hier früher wirklich so schlimm?

FRAU RUMMEL: Ja, das können Sie uns glauben, Frau Lynge! Sie können sich glücklich preisen, daß Sie damals noch nicht hier gelebt haben!

FRAU HOLT: Ja, es hat sich manches verändert! Wenn ich so an meine Mädchenjahre zurückdenke ...

FRAU RUMMEL: Oh, man braucht nur vierzehn, fünfzehn Jahre zurückzudenken! Gott, was das hier für ein Leben war! Damals gab es einen Ballverein und einen Gesangverein ...

FRAU BERNICK: Und den dramatischen Verein! An den weiß ich mich noch gut zu erinnern.

FRAU RUMMEL: Ja, das war nun das allertollste!
Herr Tönnesen!

HILMAR *erhebt sich und geht nach hinten*: Ach was!

RÖRLUND: Ein Stück aus Herrn Tönnesens Studentenzeit?

FRAU RUMMEL: Ja, das war lange vor Ihrer Zeit, Herr Kandidat. Übrigens wurde es nur einmal aufgeführt.

FRAU LYNGE: War das vielleicht das Stück, Frau Rummel, von dem Sie mir erzählten? In dem Sie die erste Liebhaberin gespielt haben?

FRAU RUMMEL *schielt zu Rörlund hinüber*: Ich? Darauf kann ich mich wahrhaftig nicht besinnen, Frau Lynge. Aber ich erinnere mich noch gut an das rauschende gesellschaftliche Leben, das unsere ersten Familien führten.

FRAU HOLT: Ja, ich weiß noch Häuser zu nennen, die in der Woche zwei große Diners gaben!

FRAU LYNGE: Und wie ich gehört habe, gastierte hier auch eine herumreisende Schauspielertruppe?

FRAU RUMMEL: Ja, das war nun das allertollste!

FRAU HOLT *unruhig*: Hm, hm!

FRAU RUMMEL: Was, Schauspieler? Nein, dessen kann ich mich absolut nicht entsinnen!

FRAU LYNGE: Doch, man spricht ja noch heute von den tollen Streichen dieser Menschen! Was hat es eigentlich mit diesen Geschichten auf sich?

FRAU RUMMEL: Oh, im Grunde gar nichts, Frau Lynge.

FRAU HOLT: Ach bitte, Dina, gib mir doch das Leinen herüber!

FRAU BERNICK *gleichzeitig*: Liebe Dina, sage bitte Bescheid, Katrine möchte uns den Kaffee bringen!

MARTHA: Ich komme mit, Dina! *Dina und Martha gehen durch die hintere Tür links hinaus.*

FRAU BERNICK *erhebt sich*: Ich bitte, mich einen Augenblick zu entschuldigen, meine Damen! Ich denke, wir trinken den Kaffee auf der Terrasse.

Sie geht auf die Terrasse hinaus und deckt dort den Tisch. Rörlund steht in der Tür und spricht mit ihr. Hilmar sitzt draußen und raucht.

FRAU RUMMEL *leise*: Gott, Frau Lynge, was haben Sie mich erschreckt!

FRAU LYNGE: Ich?

FRAU HOLT: Ja, aber Sie haben doch selbst davon begonnen, Frau Rummel!

FRAU RUMMEL: Ich? Nein, wie können Sie das nur behaupten, Frau Holt! Kein Wort kam über meine Lippen!

FRAU LYNGE: Aber was steckt nun eigentlich dahinter?

FRAU RUMMEL: Wie konnten Sie nur davon anfangen! Bedenken Sie doch – haben Sie nicht gesehen, daß Dina im Zimmer war?

FRAU LYNGE: Dina? Aber um Himmels willen, was ist denn mit Dina?

FRAU HOLT: Und dann hier in diesem Hause! Wissen Sie denn nicht, daß Frau Bernicks Bruder . . .!

FRAU LYNGE: Was war denn mit ihm? Ich kenne mich da nicht aus, ich bin doch ganz neu hier.

FRAU RUMMEL: Sie haben also nicht gehört, daß ...? Hm ... *Zu ihrer Tochter*: Du könntest mal ein bißchen in den Garten gehen, Hilda!

FRAU HOLT: Geh mit, Netta! Und wenn Dina zu euch hinauskommt, so seid recht nett zu ihr! *Fräulein Rummel und Fräulein Holt gehen in den Garten.*

FRAU LYNGE: Also wie war das nun mit Frau Bernicks Bruder?

FRAU RUMMEL: Wissen Sie nicht, daß er diese peinliche Affäre hatte?

FRAU LYNGE: Herr Hilmar Tönnesen war als Student in eine peinliche Affäre verwickelt?

FRAU RUMMEL: Herrgott – nein! Herr Hilmar Tönnesen ist doch Frau Bernicks Vetter! Ich spreche von ihrem Bruder!

FRAU HOLT: Dem schwarzen Schaf der Familie!

FRAU RUMMEL: Johann hieß er. Er ist nach Amerika gegangen!

FRAU HOLT: Verstehen Sie – er mußte gehen!

FRAU LYNGE: Und er war in eine peinliche Affäre verwickelt?

FRAU RUMMEL: Ja, es war – wie soll ich's nennen? – es war eine Liebesaffäre mit Dinas Mutter. Oh, ich erinnere mich daran, als wäre es gestern passiert! Johann Tönnesen war damals im Kontor der alten Frau Bernick tätig. Karsten Bernick – der heutige Konsul – war kurz zuvor aus Paris zurückgekommen und noch nicht verlobt ...

FRAU LYNGE: Na und? Die peinliche Affäre?

FRAU RUMMEL: Ja, wissen Sie, in jenem Winter war Möllers Schauspielgesellschaft hier in der Stadt ...

FRAU HOLT: Und zu dieser Truppe gehörte der Schauspieler Dorf mit seiner Frau. In die Person hatten sich alle jungen Männer hier vergafft.

FRAU RUMMEL: Weiß Gott, was sie an der fanden! Da kommt eines Abends dieser Schauspieler Dorf spät nach Hause ...

FRAU HOLT: Ganz unerwartet ...

FRAU RUMMEL: ... und findet – nein, das kann man wirklich nicht erzählen!

FRAU HOLT: Nein, Frau Rummel, er hat nichts gefunden, die Tür war ja von innen verschlossen!

FRAU RUMMEL: Das sage ich ja! Er fand die Tür verschlossen. Und ob Sie's glauben: da war ein Mann drin, und der mußte aus dem Fenster springen!

FRAU HOLT: Ganz von oben aus einem Giebelfenster!

FRAU LYNGE: Und das war Frau Bernicks Bruder?

FRAU RUMMEL: Natürlich!

FRAU LYNGE: Und daraufhin ist er nach Amerika durchgebrannt?

FRAU HOLT: Ja, es blieb ihm doch nichts anderes übrig, wie Sie sich denken können!

FRAU RUMMEL: Und dann hat man hinterher etwas entdeckt, das fast ebenso schlimm war. Denken Sie nur: er hatte sich an der Kasse vergriffen!

FRAU HOLT: Aber das weiß man nicht mit Bestimmtheit, Frau Rummel! Vielleicht waren das auch nur Gerüchte.

FRAU RUMMEL: Erlauben Sie bitte! Da muß ich schon sagen! Das wußte doch die ganze Stadt! Hätte die alte Frau Bernick wegen dieser Geschichte nicht fast den Konkurs anmelden müssen? Das weiß ich von meinem Mann! Aber ich sollte lieber schweigen.

FRAU HOLT: Doch Madame Dorf hat von dem Geld sicher nichts zu sehen bekommen, denn sie ...

FRAU LYNGE: Und wie gestaltete sich dann später das Verhältnis zwischen Dinas Eltern?

FRAU RUMMEL: Nun, Dorf ging seiner Wege und verließ Frau und Kind. Aber die Madame besaß die Frechheit, noch ein ganzes Jahr hierzubleiben. Auf der Bühne durfte sie sich natürlich nicht mehr sehen lassen. Da hat sie sich ihren Unterhalt durch Waschen und Nähen verdient.

FRAU HOLT: Und dann versuchte sie einmal, eine Tanzschule einzurichten.

FRAU RUMMEL: Daraus wurde natürlich nichts. Wer wollte wohl so einer Person seine Kinder anvertrauen? Doch sie machte es auch nicht mehr lange. Die feine Madame war das Arbeiten wohl nicht gewohnt. Sie bekam's auf der Brust, und dann starb sie.

FRAU LYNGE: Das war allerdings eine peinliche Affäre!

FRAU RUMMEL: Ja, Sie können mir glauben, das war für Bernicks keine leichte Sache! Es war der dunkle Fleck in der Sonne ihres Glücks, wie mein Mann sich einmal ausdrückte. Sprechen Sie also darüber nie mehr in diesem Haus, Frau Lynge!

FRAU HOLT: Und um Gottes willen auch niemals von der Stiefschwester!

FRAU LYNGE: Ach, Frau Bernick hat auch eine Stiefschwester?

FRAU RUMMEL: Gehabt – glücklicherweise. Denn jetzt ist es mit der Verwandtschaft aus. Ja, das war schon ein Früchtchen! Stellen Sie sich nur vor: sie schnitt sich das Haar ab und trug bei Regenwetter Männerstiefel!

FRAU HOLT: Und als dann ihr Stiefbruder, dieses entartete Subjekt, sich aus dem Staube gemacht hatte und die ganze Stadt natürlich über ihn empört war – wissen Sie, was sie da gemacht hat? Sie ist ihm nachgereist!

FRAU RUMMEL: Und die peinliche Affäre, die sie vor ihrer Abreise verursachte!

FRAU HOLT: Pst! Sprechen wir nicht davon!

FRAU LYNGE: Gott, hat sie etwa auch eine peinliche Affäre gehabt?

FRAU RUMMEL: Na, und was für eine! Bernick hatte sich damals gerade mit Betty Tönnesen verlobt. Und wie die beiden nun Arm in Arm zu ihrer Tante kommen, um sich als Brautpaar vorzustellen...

FRAU HOLT: Die Geschwister Tönnesen hatten nämlich keine Eltern mehr, müssen Sie wissen!

FRAU RUMMEL: ... da steht diese Lona Hessel doch von ihrem Stuhl auf und gibt dem feinen, gebildeten Karsten Bernick eine Ohrfeige, daß es nur so knallt!

FRAU LYNGE: Nein, so etwas!

FRAU HOLT: Ja, das ist verbürgt!

FRAU RUMMEL: Und dann packte sie ihre Sachen und fuhr nach Amerika!

FRAU LYNGE: Da hatte sie wohl selbst ein Auge auf ihn geworfen?

FRAU RUMMEL: Ja, richtig, meine Liebe, so war es! Sie hatte sich eingebildet, nach seiner Rückkehr aus Paris würde aus ihnen ein Paar werden.

FRAU HOLT: Denken Sie nur, sich so etwas einzubilden! Bernick, der gewandte junge Weltmann, der vollendete Kavalier, der Liebling aller Damen...

FRAU RUMMEL: Und dabei so anständig und so moralisch!

FRAU LYNGE: Was hat denn dieses Fräulein Hessel in Amerika nun angefangen?

FRAU RUMMEL: Ja, sehen Sie: darüber ruht, wie mein Mann sich einmal ausgedrückt hat, ein Schleier, der kaum gelüftet werden dürfte.

FRAU LYNGE: Wie soll ich das verstehen?

FRAU RUMMEL: Sie steht ja begreiflicherweise nicht mehr in Verbindung mit der Familie! Aber so viel weiß die ganze Stadt, daß sie da drüben in den Wirtshäusern für Geld gesungen ...

FRAU HOLT: ... und öffentliche Vorträge gehalten hat!

FRAU RUMMEL: Und daß sie ein ganz verrücktes Buch drucken ließ!

FRAU LYNGE: Nein, so etwas!

FRAU RUMMEL: O ja, Lona Hessel ist auch so ein Fleck in der Sonne des Bernickschen Familienglücks! Also jetzt wissen Sie Bescheid, Frau Lynge! Ich habe, weiß Gott, nur deshalb davon gesprochen, damit Sie hier darauf Rücksicht nehmen.

FRAU LYNGE: Gewiß, da können Sie unbesorgt sein! Ich werde mich hüten! – Aber die arme Dina Dorf! Sie tut mir wirklich leid.

FRAU RUMMEL: Na, für die war es doch ein großes Glück! Stellen Sie sich doch ihr Los vor, wenn sie bei den Eltern geblieben wäre! Wir haben uns natürlich ihrer angenommen, alle miteinander, und nach besten Kräften zu ihrer Erziehung beigetragen. Später konnte es Fräulein Bernick durchsetzen, daß sie hier ins Haus kam.

FRAU HOLT: Aber ein schwieriges Kind ist sie immer gewesen. Nun, Sie verstehen – alle diese schlechten Beispiele! Solch ein Kind ist ja nicht wie eins der unseren veranlagt. Da muß man viel liebevolle Geduld aufbringen, Frau Lynge!

FRAU RUMMEL: Pst! Da kommt sie! *Laut*: Ja, die Dina, was ist sie doch für ein tüchtiges Mädel geworden! Ach, bist du's, Dina? Wir sind gerade dabei, das Nähzeug zusammenzulegen.

FRAU HOLT: Wie herrlich dein Kaffee duftet, liebste Dina! So eine Tasse am Vormittag ...

FRAU BERNICK *draußen auf der Terrasse*: Darf ich bitten, meine Damen!

Martha und Dina haben indessen dem Dienstmädchen geholfen, den Kaffeetisch zu decken. Alle Damen nehmen draußen Platz. Sie sind betont freundlich zu Dina. Bald darauf kommt diese ins Gartenzimmer zurück und sucht sich ihre Handarbeit hervor.

Frau Bernick draußen am Kaffeetisch: Dina, magst du nicht auch?

DINA: Nein, danke, ich möchte nicht. *Sie setzt sich mit ihrem Nähzeug hin.*

Frau Bernick und Rörlund wechseln einige Worte, worauf er einen Augenblick später ins Zimmer kommt.

RÖRLUND *macht sich am Tisch zu schaffen und sagt gedämpft*: Dina!

DINA: Ja?

RÖRLUND: Weshalb wollten Sie nicht ebenfalls draußen bleiben?

DINA: Als ich mit dem Kaffee kam, konnte ich der fremden Dame ansehen, daß man über mich gesprochen hatte.

RÖRLUND: Aber haben Sie nicht auch bemerkt, wie freundlich sie zu Ihnen war?

DINA: Gerade das ist mir zuwider!

RÖRLUND: Sie sind recht streitlustig heute, Dina!

DINA: Mag sein.

RÖRLUND: Und warum?

DINA: Ich bin nun mal so.

RÖRLUND: Könnten Sie nicht versuchen, sich zu ändern?

DINA: Nein.

RÖRLUND: Warum nicht?

DINA *sieht ihn an*: Ich gehöre zu den moralisch Verkommenen!

RÖRLUND: Aber Dina!

DINA: Mutter gehörte auch zu den moralisch Verkommenen!

RÖRLUND: Wer hat Ihnen so etwas gesagt?

DINA: Niemand. Man sagt mir ja nie etwas! Warum tut man es nicht? Alle fassen mich so behutsam an, als könnte ich zerbrechen. Oh, wie ich dieses Getue hasse!

RÖRLUND: Ja, liebe Dina, ich kann zwar gut verstehen, daß Sie sich hier bedrückt fühlen, aber...

DINA: Ach, könnte ich doch nur weit weg von hier! Ich würde mir schon selbst weiterhelfen, wenn ich nur nicht immer unter Menschen leben müßte, die so – so...

RÖRLUND: Wie?

DINA: ... die so anständig und so moralisch sind!

RÖRLUND: Aber Dina, das ist doch nicht Ihr Ernst!

DINA: Oh, Sie verstehen schon, wie ich's meine! Jeden Tag erscheinen Hilda und Netta, damit ich sie mir zum Vorbild nehme! Nie im Leben kann ich solch ein musterhaftes Mädchen werden! Ich will es auch gar nicht! Oh, wäre ich doch weit weg von hier, dann würde schon ein brauchbarer Mensch aus mir werden!

RÖRLUND: Sie sind doch ein brauchbarer Mensch, liebe Dina!

DINA: Was hilft mir das hier?

RÖRLUND: Also weggehen. – Denken Sie im Ernst daran?

DINA: Ich würde keinen Tag länger hierbleiben, wenn Sie nicht hier wären!

RÖRLUND: Sagen Sie mir, Dina, warum sind Sie eigentlich so gern mit mir zusammen?

DINA: Weil Sie mich so viel Schönes lehren.

RÖRLUND: Schönes? Nennen Sie das, was ich Sie lehren kann, schön?

DINA: Ja. Oder eigentlich – „lehren" ist nicht das richtige Wort. Aber wenn ich Sie sprechen höre, dann sehe ich auf einmal so viel Schönes.

RÖRLUND: Was verstehen Sie aber eigentlich unter „schön"?

DINA: Darüber habe ich nie nachgedacht.

RÖRLUND: So tun Sie es jetzt! Was ist Ihrer Meinung nach „schön"?

DINA: Schön ist, was groß ist – und weit weg.

RÖRLUND: Hm, liebe Dina, ich bin Ihretwegen wirklich in Sorge.

DINA: Und sonst nichts?

RÖRLUND: Sie wissen doch genau, wie unsagbar lieb und wert Sie mir sind!

DINA: Wäre ich Hilda oder Netta, dann würden Sie sich nicht scheuen, es auch die anderen merken zu lassen!

RÖRLUND: Ach, Dina, Sie haben keine Vorstellung von den tausend nötigen Rücksichten! Wenn ein Mann zur moralischen Stütze der Gesellschaft, in der er wirkt, berufen ist, so ... Man kann nicht vorsichtig genug sein! Wenn ich nur sicher wäre, daß man meine Beweggründe richtig zu deuten wüßte ... Aber wie dem auch sei – Ihnen muß und wird geholfen werden! Dina, habe ich Ihr

Einverständnis: falls ich komme, wenn es mir meine Verhältnisse gestatten, Ihnen einen Antrag zu machen – würden Sie ihn dann annehmen und meine Frau werden? Versprechen Sie mir das, Dina?

DINA: Ja.

RÖRLUND: Dank, innigen Dank! Denn auch für mich ... Oh, Dina, ich habe Sie doch so lieb! – Pst! Da kommt jemand! Dina, mir zuliebe, gehen Sie hinaus zu den andern!

Sie geht hinaus zum Kaffeetisch. Im selben Augenblick kommen Rummel, Sandstad und Vigeland aus der Tür links vorn, gefolgt von Bernick, der einen Stoß Papiere in der Hand hält.

BERNICK: Na ja, nun ist die Sache also abgemacht!

VIGELAND: Ja, in Gottes Namen, lassen wir der Sache ihren Lauf!

RUMMEL: Abgemacht, Bernick! Das Wort eines Norwegers steht fest wie die Klippen des Dovreberges, das weißt du!

BERNICK: Und niemand fällt um, niemand springt ab, der Widerstand mag noch so groß sein!

RUMMEL: Wir stehen und fallen miteinander, Bernick!

HILMAR *der in der Terrassentür erschienen ist*: Fallen? Mit Erlaubnis! Die Eisenbahn soll doch fallen?

BERNICK: Nein, im Gegenteil, fahren soll sie!

RUMMEL: Mit Dampf, Herr Tönnesen!

HILMAR *näher kommend*: So?

RÖRLUND: Was höre ich?

FRAU BERNICK *in der Terrassentür*: Aber, lieber Karsten, was ist nun eigentlich?

BERNICK: Liebe Betty, wie kann dich das interessieren? *Zu den drei Herren*: Aber nun müssen wir die Listen aufstellen, je eher, desto besser! Es ist eine Selbstverständlichkeit, daß wir vier als erste zeichnen. Die Stellung, die wir in der Gesellschaft einnehmen, macht es uns zur Pflicht, uns in dieser Sache soweit wie möglich zu engagieren.

SANDSTAD: Versteht sich, Herr Konsul!

RUMMEL: Das wird geschafft, bei meinem Eid!

BERNICK: Vor dem Resultat ist mir nicht bange! Wir müssen nur für die Sache werben, jeder in seinem Bekanntenkreis. Und wenn wir erst auf eine recht lebhafte Beteiligung aus allen Kreisen hinweisen können, so ergibt es sich zwangsläufig, daß auch die Stadt ihr Teil beisteuert.

FRAU BERNICK: Aber Karsten, erzähl uns doch endlich ...!

BERNICK: In so etwas können sich Frauen schwer hineindenken.

HILMAR: Du willst dich also doch auf das Eisenbahnprojekt einlassen?

BERNICK: Ja, natürlich.

RÖRLUND: Aber im vorigen Jahr, Herr Konsul ...

BERNICK: Im vorigen Jahr war das ganz was anderes. Damals war von einer Küstenlinie die Rede ...

VIGELAND: ... die ganz überflüssig gewesen wäre, weil wir Dampfschiffe haben.

SANDSTAD: Und sie wäre unverhältnismäßig kostspielig gewesen ...

RUMMEL: ... und hätte zudem eine Schädigung wesentlicher Interessen der Bürgerschaft bedeutet!

BERNICK: Ausschlaggebend war, daß diese Küstenlinie nicht breiten Schichten zugute gekommen wäre. Deshalb hatte ich mich dem Projekt widersetzt. Und darauf wurde jetzt die Binnenlinie beschlossen.

HILMAR: Ja, aber die wird doch die Städte unseres Distriktes nicht berühren können!

BERNICK: Sie wird unsere Stadt berühren, lieber Hilmar; denn jetzt werden wir eine Zweigbahn bauen, die uns mit der Hauptlinie verbindet.

HILMAR: Aha! Eine neue Idee also!

RUMMEL: Ja, ist das nicht eine großartige Idee, was?

RÖRLUND: Hm ...

VIGELAND: Es kann nicht geleugnet werden, daß die Vorsehung das Terrain für eine Zweigbahn geradezu geschaffen hat, wenn ich so sagen darf.

RÖRLUND: Meinen Sie das im Ernst, Herr Vigeland?

BERNICK: Ja, ich muß gestehen, auch ich betrachte es als eine Schicksalsfügung, daß ich im Frühjahr geschäftlich landeinwärts reiste und dabei zufällig auf ein Talbett stieß, das ich noch nicht kannte. Wie ein Blitz kam mir der Gedanke, hier müsse man eine Nebenlinie bauen können, die zu uns führt. Darauf ließ ich einen

Ingenieur die Gegend besichtigen. Hier habe ich die vorläufigen Berechnungen und Kostenanschläge. Es steht einem Bau nichts im Wege.

FRAU BERNICK *immer noch mit den anderen Damen in der Terrassentür*: Aber lieber Karsten, daß du das alles vor uns geheimgehalten hast!

BERNICK: Meine gute Betty, ihr hättet ja doch nicht die Zusammenhänge begriffen! Übrigens habe ich bis zum heutigen Tage zu keinem Menschen davon gesprochen. Doch nun ist der entscheidende Augenblick gekommen. Jetzt soll die Sache mit voller Kraft und vor aller Welt in Angriff genommen werden! Ja, und sollte ich meine ganze Existenz für die Sache in die Waagschale werfen müssen, durchsetzen werde ich sie!

RUMMEL: Wir sind dabei, Bernick! Darauf kannst du dich verlassen!

RÖRLUND: Versprechen Sie sich denn wirklich so viel von diesem Unternehmen, meine Herren?

BERNICK: Ja, das will ich meinen. Welchen Auftrieb wird es für das Wirtschaftsleben unseres ganzen Distriktes bringen! Denken Sie nur an die großen Waldgebiete, die dadurch zugänglich werden! Denken Sie an die vielen reichen Erzlager, die abgebaut werden können! Denken Sie an den Fluß mit seinen zahlreichen Wasserfällen! Was für eine Industrie kann dort aufblühen!

RÖRLUND: Und Sie fürchten nicht, daß ein stärkerer Verkehr mit der verderbten Außenwelt...?

BERNICK: Nein, seien Sie ganz unbesorgt, Herr Kandidat! Unser kleiner strebsamer Ort steht Gott sei Dank heute auf moralisch gesundem Boden. Wir haben ja alle miteinander geholfen, ihn zu drainieren, wenn ich so sagen darf. Und das wollen wir weiter tun, jeder auf seine Weise. Sie, Herr Kandidat, bleiben bei Ihrer segensreichen Tätigkeit in Schule und Haus. Wir, die Männer der praktischen Arbeit, stützen die Gesellschaft, indem wir in möglichst weiten Kreisen Wohlstand verbreiten. Und unsere Frauen – ja, treten Sie nur näher, meine Damen, Sie dürfen es gern hören! – unsere Frauen, sage ich, unsere Frauen und Töchter – ja, meine Damen, wirken Sie unbeirrt im Dienste der Wohltätigkeit, und bereiten Sie Ihren Angehörigen ein gemütliches Heim, so wie es meine liebe Betty und Martha für mich und Olaf... *Sieht sich um.* Ja, wo steckt denn Olaf heute?

FRAU BERNICK: Ach, jetzt in den Ferien ist er nicht mehr zu halten.

BERNICK: So ist er sicher wieder unten am Wasser! Du wirst sehen, es passiert noch mal etwas!

HILMAR: Ph! Laß ihn sich nur austoben im Spiel mit den Naturgewalten!

FRAU RUMMEL: Wie schön von Ihnen, Herr Bernick, daß Sie so viel Familiensinn haben!

BERNICK: Nun, die Familie ist doch der Kern der Gesellschaft! Ein harmonisches Heim, rechtschaffene treue Freunde, ein kleiner Kreis, abgeschlossen gegen alle störenden Elemente...

Prokurist Krap kommt mit Briefen und Zeitungen von rechts.

KRAP: Die Auslandspost, Herr Konsul! Und ein Telegramm aus New York.

BERNICK *nimmt es an sich*: Ah, von der Reederei der „Indian Girl".

RUMMEL: So, die Post ist gekommen? Da muß ich mich empfehlen.

VIGELAND: Ich ebenfalls.

SANDSTAD: Leben Sie wohl, Herr Konsul!

BERNICK: Adieu, adieu, meine Herren! Und denken Sie daran: heute nachmittag um fünf haben wir Sitzung!

DIE DREI HERREN: Ja gewiß! Natürlich! *Sie gehen rechts ab.*

BERNICK *der das Telegramm gelesen hat*: Nein, das ist wirklich echt amerikanisch! Geradezu empörend!

FRAU BERNICK: Gott, Karsten, was ist denn?

BERNICK: Hier, Herr Krap, lesen Sie!

KRAP *liest*: „Möglichst wenig Reparaturen. Indian Girl senden, sobald schwimmfähig. Günstige Jahreszeit. Schwimmt notfalls auf Ladung." Na, da muß ich schon sagen...

BERNICK: Schwimmt auf Ladung! Die Herren wissen sehr wohl, daß mit dieser Ladung das Schiff, falls ihm etwas zustößt, untergeht wie ein Stein.

RÖRLUND: Ja, da sieht man, wie es in dieser vielgerühmten großen Welt zugeht!

BERNICK: Ganz recht! Nicht einmal Achtung vor Menschenleben hat man, sobald der geschäftliche Vorteil mitspielt! *Zu Krap*: Kann die „Indian Girl" in vier bis fünf Tagen auslaufen?

KRAP: Ja, wenn Herr Vigeland nichts dagegen hat, daß wir bis dahin die Arbeit an der „Palmbaum" aussetzen.

BERNICK: Hm, das wird ihm nicht recht sein. Nun, vielleicht sehen Sie erst mal die Post durch. Hören Sie, haben Sie nicht Olaf unten am Kai gesehen?

KRAP: Nein, Herr Konsul. *Er geht in das Zimmer vorn links.*

BERNICK *blickt wieder in das Telegramm*: Achtzehn Menschenleben setzen die Herren bedenkenlos aufs Spiel.

HILMAR: Das ist nun mal der Beruf des Seemanns, den Elementen zu trotzen! Welch ein Nervenkitzel muß es sein, auf einer dünnen Planke über dem Abgrund...

BERNICK: Den hiesigen Reeder möchte ich sehen, der so etwas auf sich nähme! Nicht einer, nicht ein einziger... *Erblickt Olaf.* Gott sei Dank, da ist er ja – und heil und gesund!

Olaf, mit einer Angelschnur in der Hand, läuft von der Straße durch die Gartenpforte herein.

OLAF *noch im Garten*: Onkel Hilmar, ich habe das Dampfschiff unten anlegen sehen!

BERNICK: Bist du wieder am Kai gewesen?

OLAF: Nein, draußen im Boot. Aber denk mal, Onkel Hilmar, eine ganze Kunstreitertruppe mit Pferden und anderen Tieren ist an Land gegangen! Und außerdem viele Passagiere!

FRAU RUMMEL: Oh, wie nett! Kunstreiter bekommen wir zu sehen?

RÖRLUND: Wir? Das will ich doch nicht hoffen!

FRAU RUMMEL: Nein, wir natürlich nicht, aber...

DINA: Ich möchte mir die Kunstreiter gerne ansehen.

OLAF: Ich auch!

HILMAR: Du Greenhorn! Ist denn daran was zu sehen? Alles Dressur! Nein, da ist es doch ganz was andres, die Gauchos auf ihren schnaubenden Mustangs über die Pampas jagen zu sehen! Aber, Gottbewahre, hier in unserem Krähwinkel...

OLAF *zupft Martha Bernick am Ärmel*: Tante Martha, sieh doch nur, da kommen sie!

FRAU HOLT: Ja, weiß Gott, da sind sie schon!
FRAU LYNGE: Ach, diese schrecklichen Menschen!

Die Straße herauf kommen viele Passagiere, gefolgt von einem regelrechten Volksauflauf.

FRAU RUMMEL: Na ja, die typischen Gaukler! Sehen Sie doch die in dem grauen Kleid, Frau Holt! Die mit dem Reisesack!
FRAU HOLT: Ja, sehen Sie nur, sie trägt ihn auf dem Rücken am Schirm! Das ist bestimmt die Frau des Direktors!
FRAU RUMMEL: Und dort kommt der Herr Direktor persönlich! Der mit dem Bart! Wie ein richtiger Räuber sieht der aus! Schau nicht hin, Hilda!
FRAU HOLT: Du auch nicht, Netta!
OLAF: Mutter, der Direktor winkt zu uns herauf!
BERNICK: Was ist los?
FRAU BERNICK: Was sagst du da, Kind?
FRAU RUMMEL: Ja, weiß Gott, und jetzt grüßt auch das Frauenzimmer herüber!
BERNICK: Na, das ist doch eine Unverschämtheit!
MARTHA *stößt unwillkürlich einen leisen Schrei aus*: Ah...!
FRAU BERNICK: Was hast du, Martha?
MARTHA: O nichts, ich glaubte nur...
OLAF *schreit vor Freude*: Seht doch, seht! Da kommen die Pferde und die anderen Tiere! Und da sind auch die Amerikaner! Alle Matrosen von der „Indian Girl"!

Man hört den „Yankeedoodle", begleitet von Klarinette und Trommel.

HILMAR *hält sich die Ohren zu*: Igittegitt!
RÖRLUND: Ich glaube, wir sollten uns ein wenig zurückziehen, meine Damen! Das ist nichts für uns. Lassen Sie uns wieder an unsere Arbeit gehen!
FRAU BERNICK: Sollten wir nicht besser die Vorhänge zuziehen?
RÖRLUND: Ja, gerade das habe ich gemeint.

Die Damen nehmen ihre Plätze am Tisch ein. Rörlund schließt die Terrassentür und zieht vor der Tür und den Fenstern die Vorhänge zu. Es wird halbdunkel im Raum.

Olaf *blickt hinaus*: Mutter, jetzt steht die Frau des Direktors am Springbrunnen und wäscht sich das Gesicht.

Frau Bernick: Was? Mitten auf dem Platz!

Frau Rummel: Und das am hellichten Tag!

Hilmar: Na, wenn ich mich auf einer Wüstenfahrt befände und auf eine Zisterne stieße, würde ich mich auch nicht lang zieren. Igittegitt! Die fürchterliche Klarinette!

Rörlund: Das wäre wirklich Anlaß genug zum polizeilichen Einschreiten!

Bernick: Ach was! Mit Ausländern darf man's nicht so genau nehmen. Die Leute haben ja nicht dieses eingewurzelte Anstandsgefühl, das uns in den gehörigen Schranken hält. Sollen sie sich auf den Kopf stellen! Was schert das uns? Dieses Lotterwesen ist unserer Gesellschaft glücklicherweise völlig fremd. – Was soll denn das heißen?!

Die Fremde tritt rasch durch die Tür rechts ein.

Die Frauen *erschrocken, aber gedämpft*: Die Kunstreiterin! Die Direktorsfrau!

Frau Bernick: Gott, was ist denn das für eine Manier!?

Martha *springt auf*: Ah...!

Die Fremde: Guten Tag, liebe Betty! Guten Tag, Martha! Guten Tag, Schwager!

Frau Bernick *mit einem Schrei*: Lona!

Bernick *weicht einen Schritt zurück*: So wahr ich lebe...

Frau Holt: Gott behüte!

Frau Rummel: Das ist doch wohl nicht möglich...!

Hilmar: Nein, so etwas! Igittegitt!

Frau Bernick: Lona! Ich kann's gar nicht fassen!

Lona: Daß ich's bin? Ja, gewiß und wahrhaftig! Ihr könnt mir ruhig um den Hals fallen!

Hilmar: Igittegitt!

Frau Bernick: Und jetzt kommst du zu uns als...?

Bernick: Und willst wirklich auftreten?

Lona: Auftreten? Wieso auftreten?

Bernick: Ja, ich meine – mit den Kunstreitern...

Lona: Hahahaha! Bist du verrückt, Schwager? Glaubst du, ich

gehöre zu den Kunstreitern? Nein. Wenn ich auch gelernt habe, in vielen Sätteln gerecht zu werden...

FRAU RUMMEL: Hm...

LONA: ... aber auf dem Pferderücken hab ich's nie zu großer Kunst gebracht.

BERNICK: Also doch nicht!

FRAU BERNICK: Gott sei Dank!

LONA: Nein, wir kommen wie andere gesittete Leute – allerdings zweiter Klasse, doch das sind wir gewohnt.

FRAU BERNICK: Wir, sagst du?

BERNICK *tritt einen Schritt näher*: Wieso wir?

LONA: Ich und das Kind, natürlich.

DIE FRAUEN *mit einem leisen Aufschrei*: Ein Kind!

HILMAR: Was?!

RÖRLUND: Na, das ist doch...!

FRAU BERNICK: Wie sollen wir das verstehen, Lona?

LONA: Ich meine natürlich John. Soweit mir bekannt ist, hab ich kein anderes Kind als John – oder Johann, wie ihr ihn nanntet.

FRAU BERNICK: Johann!

FRAU RUMMEL *leise zu Frau Lynge*: Der berüchtigte Bruder!

BERNICK *zögernd*: Johann ist mitgekommen?

LONA: Jawohl, natürlich! Ich reise doch nicht ohne ihn! – Aber ihr seht so bedrückt aus? Und dann sitzt ihr hier im Dunkeln und näht an etwas Weißem? Ihr habt doch nicht etwa einen Todesfall in der Familie?

RÖRLUND: Mein Fräulein! Sie befinden sich hier im Verein für die moralisch Verkommenen.

LONA *halblaut*: Was sagen Sie? Diese feinen Damen sollten moralisch...

FRAU RUMMEL: Jetzt schlägt's aber dreizehn!

LONA: Ach so, jetzt verstehe ich! Aber, hol mich der Teufel, das ist ja Frau Rummel! Und da sitzt ja auch Frau Holt! Na, wir drei sind inzwischen auch nicht jünger geworden. Aber hört jetzt, liebe Leutchen: Laßt die moralisch Verkommenen einen Tag warten! Dadurch werden sie nicht verkommener. Ein Freudentag wie dieser...

RÖRLUND: Eine Heimkehr ist nicht immer Anlaß zu einem Freudenfest.

LONA: So? Wie lesen Sie Ihre Bibel, Herr Pastor?

RÖRLUND: Ich bin kein Pastor.

LONA: Na, dann werden Sie's sicher bald sein. – Aber pfui, pfui – dieses moralische Linnen riecht so verkommen – so nach Leichentuch. Ich bin die Luft der Prärien gewohnt.

BERNICK *wischt sich die Stirn*: Ja, hier ist wirklich etwas dumpfe Luft.

LONA: Wart nur, wir wollen die Grabesluft schon vertreiben! *Zieht die Vorhänge auf.* Volles Tageslicht soll hier herrschen, wenn der Junge kommt! Ja, da sollt ihr einen Burschen sehen, der sich gewaschen hat!

HILMAR: Igittegitt!

LONA *öffnet Tür und Fenster*: Ja, das heißt, wenn er sich wirklich gewaschen hat – in seinem Hotelzimmer. Auf dem Dampfer war er nämlich dreckig geworden wie ein Schwein.

HILMAR: Igittegitt!

LONA: Igittegitt? Ja, wahrhaftig! Ist das nicht ...? *Zeigt auf Hilmar und fragt*: Stiehlt er immer noch dem Herrgott den Tag und sagt: Igittegitt?

HILMAR: Ich bin kein Tagedieb! Ich bin leidend!

RÖRLUND: Hm, meine Damen, ich glaube nicht ...

LONA *bemerkt Olaf*: Ist das deiner, Betty? Gib mir die Pfote, mein Junge! Oder hast du vielleicht Angst vor deiner alten häßlichen Tante?

RÖRLUND *indem er sein Buch unter den Arm klemmt*: Meine Damen, ich glaube nicht, daß wir heute hier noch die nötige Sammlung für unsere Arbeit aufbringen! Aber morgen kommen wir doch wieder zusammen?

LONA *während die Damen aus der Stadt sich erheben, um sich zu verabschieden*: Ja, das wollen wir! Ich werde zur Stelle sein!

RÖRLUND: Sie? – Mit Verlaub, mein Fräulein, was wollen denn Sie in unserm Verein?

LONA: Auslüften, Herr Pastor!

ZWEITER AKT

Das Gartenzimmer im Bernickschen Haus.
Frau Bernick sitzt mit ihrem Nähzeug allein am Tisch. Gleich darauf tritt Konsul Bernick, den Hut auf dem Kopf, mit Handschuhen und Stock, von rechts ein.

FRAU BERNICK: Kommst du schon nach Haus, Karsten?

BERNICK: Ja, ich habe jemand herbestellt.

FRAU BERNICK *mit einem Seufzer*: Ach so, Johann kommt wohl wieder her?

BERNICK: Jemand – habe ich gesagt! *Nimmt den Hut ab.* Wo sind denn heute deine Damen?

FRAU BERNICK: Frau Rummel und Hilda haben keine Zeit.

BERNICK: So? Abgesagt?

FRAU BERNICK: Ja. Sie hätten zu Haus soviel zu tun.

BERNICK: Kann ich mir denken! Und die anderen kommen natürlich auch nicht?

FRAU BERNICK: Nein, die sind heute gleichfalls verhindert.

BERNICK: Das hätte ich dir gleich sagen können. Wo steckt denn Olaf?

FRAU BERNICK: Er geht mit Dina ein bißchen spazieren.

BERNICK: Ja, Dina – die hat jetzt manchmal recht merkwürdige Manieren. Wie sie sich gestern gleich so mit Johann abgeben konnte ...

FRAU BERNICK: Aber, lieber Karsten, Dina weiß doch gar nichts.

BERNICK: Na, dann hätte auf jeden Fall Johann so viel Takt haben müssen, ihr keine Aufmerksamkeit zu erweisen. Ich habe doch die Augen gesehen, die der Vigeland machte!

FRAU BERNICK *läßt das Nähzeug sinken*: Karsten, hast du eine Ahnung, was sie hier wollen?

BERNICK: Hm. Er hat ja eine Farm drüben, mit der es wohl nicht zum besten steht. Und sie erwähnte gestern, daß sie zweiter Klasse reisen mußten...

FRAU BERNICK: Ja, leider, etwas Derartiges muß es wohl sein. Aber daß sie mitgekommen ist! Sie! Nach der tödlichen Beleidigung, die sie dir zugefügt hat!

BERNICK: Denk doch nicht an diese alten Geschichten!

FRAU BERNICK: Wie soll ich denn jetzt nicht daran denken? Er ist immerhin mein Bruder. Es ist ja auch nicht seinetwegen. Doch all die Unannehmlichkeiten, die dir dadurch entstehen können – Karsten, ich habe entsetzliche Angst, daß...

BERNICK: Wovor hast du Angst?

FRAU BERNICK: Kann es nicht zu seiner Verhaftung kommen wegen des Geldes, das damals in der Firma deiner Mutter verschwunden war?

BERNICK: Ach Unsinn! Wer kann denn beweisen, daß das Geld verschwunden war?

FRAU BERNICK: Ach Gott, das weiß ja die ganze Stadt, leider! Und du hast es doch selbst gesagt...

BERNICK: Nichts habe ich gesagt! Die Stadt weiß auch nichts Bestimmtes! Das waren alles nur haltlose Gerüchte!

FRAU BERNICK: Oh, wie großmütig du bist, Karsten!

BERNICK: Laß diese Erinnerungen ruhen, sage ich dir! Du weißt nicht, wie du mich quälst, wenn du das aufrührst! *Geht auf und ab, schleudert den Stock beiseite.* Daß sie auch gerade in diesem Augenblick kommen mußten – jetzt, wo ich in der Stadt und in der Presse ungeteilte Sympathien brauche! Nun werden Sensationsmeldungen an die Zeitungen der Nachbarstädte gehen! Ob ich die beiden gut oder schlecht aufnehme, in jedem Fall wird man daran kritteln und deuteln! Und in den alten Geschichten herumstochern – so wie du das tust! In einer Gesellschaft wie der unsrigen... *Wirft die Handschuhe auf den Tisch.* Und keinen Menschen hat man, mit dem man sich aussprechen kann! – Der einem eine kleine Stütze ist!

FRAU BERNICK: Gar keinen, Karsten?

BERNICK: Nein, wer sollte das sein? – Daß ich sie ausgerechnet jetzt auf den Hals bekommen mußte! Kein Zweifel, daß die beiden auf die eine oder andere Art Skandal verursachen werden – besonders sie. Es ist doch wahrhaftig ein Unglück, solche Menschen in der Familie zu haben!

Frau Bernick: Ja, aber ich kann doch nichts dafür, daß...

Bernick: Wofür kannst du nichts? Daß du mit ihnen verwandt bist? – Das stimmt freilich!

Frau Bernick: Und ich habe sie auch nicht gebeten herzukommen!

Bernick: Natürlich! Da haben wir's! Ich habe sie nicht gebeten! Ich habe ihnen keine Einladung geschickt! Ich habe sie nicht an den Haaren herbeigezogen! – Oh, ich kann die ganze Litanei auswendig!

Frau Bernick *bricht in Tränen aus*: Du kannst so lieblos sein!

Bernick: So ist's richtig! Fang noch an zu weinen, damit die Stadt auch noch darüber klatschen kann! Sei nicht so überspannt! – Betty, setz dich auf die Terrasse! Es kann jemand kommen. Soll man vielleicht sehen, daß die Frau Konsul verweinte Augen hat? Das fehlte noch! Da höre ich schon jemand auf der Diele. *Es klopft.* Herein!

Frau Bernick geht mit ihrem Nähzeug auf die Terrasse. Meister Aune tritt von rechts ein.

Aune: Guten Tag, Herr Konsul!

Bernick: Guten Tag. – Nun, Sie können sich wohl denken, was ich von Ihnen will?

Aune: Der Prokurist sprach gestern davon, Sie seien nicht zufrieden mit...

Bernick: Mit dem ganzen Betrieb auf der Werft bin ich unzufrieden, Aune! Sie kommen ja mit den Havaristen nicht von der Stelle! Die „Palmbaum" müßte schon längst unter Segel sein! Herr Vigeland läuft mir deswegen schon das Kontor ein. Wenn man den zum Kompagnon hat, da ist nicht gut Kirschen essen!

Aune: Die „Palmbaum" kann übermorgen in See gehen.

Bernick: Na endlich! – Aber der amerikanische Segler, diese „Indian Girl", liegt hier schon fünf Wochen auf!

Aune: Der Amerikaner? Ich hatte Sie so verstanden, wir sollten erst mal alle Mann an Ihr eigenes Schiff gehen.

BERNICK: Ich habe Ihnen wohl kaum Veranlassung gegeben, dies anzunehmen. Die Reparatur des Amerikaners sollte ebenfalls möglichst beschleunigt werden. Aber nichts wird getan!

AUNE: Der Schiffsboden ist durch und durch morsch, Herr Konsul! Je mehr wir an ihm herumflicken, desto schlimmer wird's.

BERNICK: Damit ist die Verzögerung nicht erklärt! Prokurist Krap hat mich auf die tatsächlichen Gründe aufmerksam gemacht: Sie verstehen nicht, mit den neuen Maschinen zu arbeiten, die ich angeschafft habe – vielmehr, Sie wollen nicht mit ihnen arbeiten!

AUNE: Herr Konsul, ich bin nun schon in den Fünfzigern. Seit meiner Lehrzeit bin ich die alte Arbeitsweise gewohnt...

BERNICK: Die ist nicht mehr zeitgemäß! – Aune, Sie dürfen nicht glauben, daß es mir hier um meinen Gewinn geht! Das habe ich Gott sei Dank nicht nötig. Aber ich habe Rücksicht zu nehmen auf die Gesellschaft, der ich angehöre, und auf die Firma, an deren Spitze ich stehe. Von mir muß jeglicher Fortschritt kommen, sonst kommt er überhaupt nicht.

AUNE: Ich bin auch für den Fortschritt, Herr Konsul!

BERNICK: Ja, soweit er Ihren Kreis betrifft, den Arbeiterstand. Oh, ich weiß genug von Ihrer Agitationstätigkeit! Sie halten Reden, Sie wiegeln die Leute auf! Doch wenn der Fortschritt mit Händen greifbar ist – wie jetzt bei unseren Maschinen, da wollen Sie nicht mitgehen, da werden Sie ängstlich!

AUNE: Ja, ich habe wirklich Angst, Herr Konsul! Ich habe Angst um die vielen Menschen, denen die Maschinen das Brot wegnehmen. Herr Konsul, Sie sprechen so oft von der Rücksicht, die man der Gesellschaft schuldet. Aber ich denke, die Gesellschaft hat wohl auch ihre Pflichten. Wie dürfen Wissenschaft und Wirtschaft die neuen Erfindungen einsetzen, bevor die Gesellschaft eine neue Generation herangebildet hat, die sie zum Nutzen aller anzuwenden versteht?

BERNICK: Sie lesen und grübeln zuviel, Aune! Das ist nicht gut für Sie, das macht Sie unzufrieden mit Ihrer Lage!

AUNE: Daran liegt es nicht, Herr Konsul! Aber ich kann es nicht mit ansehen, wie ein tüchtiger Arbeiter nach dem andern entlassen und wegen dieser Maschinen brotlos gemacht wird!

BERNICK: Hm. – Als man die Buchdruckerkunst erfand, da wurden viele Schreiber brotlos.

AUNE: Herr Konsul, hätten Sie sich für diese Kunst begeistert, wenn Sie damals Schreiber gewesen wären?

BERNICK: Ich habe nicht nach Ihnen geschickt, um mit Ihnen zu diskutieren! Ich habe Sie rufen lassen, um Ihnen zu sagen, daß unser Havarist „Indian Girl" übermorgen seeklar sein muß.

AUNE: Aber, Herr Konsul...

BERNICK: Übermorgen! Hören Sie? Gleichzeitig mit unserem eigenen Schiff, nicht eine Stunde später! Ich habe meine guten Gründe, die Sache voranzutreiben. Haben Sie heute morgen die Zeitung gelesen? Na, dann wissen Sie ja, daß die Amerikaner im Ort wieder Unfug getrieben haben. Dies verdammte Pack stellt ja die ganze Stadt auf den Kopf! Es vergeht keine Nacht, ohne daß es in den Wirtshäusern und auf den Straßen zu Schlägereien kommt, von allen anderen unliebsamen Vorfällen gar nicht zu reden!

AUNE: Ja, das sind freilich wüste Gesellen!

BERNICK: Und wer muß als Sündenbock für diesen Skandal herhalten? – Ich! Ja, über mich fällt man her! Diese Zeitungsschreiber verdächtigen uns – wenn auch verblümt –, wir konzentrierten die ganze Arbeitskapazität auf die „Palmbaum". Ich, der ich die Aufgabe habe, durch die Macht des Beispiels auf meine Mitbürger einzuwirken, muß mir so etwas an den Kopf werfen lassen! Mir paßt es nicht, daß mein Name derart in den Schmutz gezogen wird!

AUNE: Oh, der Name von Herrn Konsul ist so angesehen, daß er das vertragen kann! Und noch mehr dazu!

BERNICK: Nicht jetzt! Gerade im Augenblick brauche ich die volle Achtung und das uneingeschränkte Wohlwollen meiner Mitbürger! Wie Sie wohl schon gehört haben, bin ich im Begriff, ein großes Unternehmen ins Werk zu setzen. Wenn es aber mißgünstigen Elementen gelingt, das unbedingte Vertrauen zu meiner Person zu erschüttern, so können mir daraus die größten Schwierigkeiten erwachsen. Daher will ich um jeden Preis weiteren böswilligen Verleumdungen in der Presse entgehen und habe den Termin auf übermorgen festgesetzt.

AUNE: Herr Konsul, Sie können ihn ebensogut auf heute nachmittag festsetzen!

BERNICK: Sie meinen, ich verlange Unmögliches?

AUNE: Ja, mit den paar Arbeitern, die wir jetzt haben...

BERNICK: Na gut – dann müssen wir uns anderweitig umsehen.

AUNE: Wollen Sie wirklich noch mehr von den alten Arbeitern entlassen?

BERNICK: Nein, daran denke ich nicht.

AUNE: Ich glaube auch, es würde in der Stadt und bei der Presse böses Blut machen.

BERNICK: Schon möglich. Deshalb unterlasse ich es auch. Doch wenn die „Indian Girl" übermorgen nicht abgefertigt werden kann, dann entlasse ich Sie.

AUNE *mit einem Ruck*: Mich? *Er lacht.* Nun machen Sie einen Scherz, Herr Konsul!

BERNICK: Das bilden Sie sich nur nicht ein!

AUNE: Sie könnten im Ernst daran denken, mich zu entlassen? Mich, dessen Vater und Großvater ihr Leben lang im Dienst der Werft gestanden haben und der ich selbst...

BERNICK: Wer zwingt mich denn dazu?

AUNE: Sie verlangen Unmögliches, Herr Konsul!

BERNICK: Ach, bei gutem Willen ist nichts unmöglich. Ja oder nein! Geben Sie mir eine präzise Antwort, oder ich entlasse Sie auf der Stelle!

AUNE *tritt einen Schritt näher*: Herr Konsul, sind Sie sich klar darüber, was es heißt, einen alten Arbeiter zu entlassen? Sie meinen wohl, daß er sich nach was anderm umsehen kann? Gewiß, das kann er schon. Aber ist es damit getan? Sie sollten einmal dabeisein, wenn so ein Arbeiter eines Abends mit der Entlassung in der Tasche heimkommt und seinen Werkzeugkasten in die Ecke stellt!

BERNICK: Glauben Sie, ich entlasse Sie leichten Herzens? Bin ich nicht immer ein gerechter Chef gewesen?

AUNE: Um so schlimmer, Herr Konsul! Gerade darum werden die zu Hause nicht Ihnen die Schuld geben. Sagen werden sie nichts zu mir, das trauen sie sich nicht. Aber sie werden mich ansehen, wenn ich's nicht merke, und werden denken: Das muß doch an

Vatern liegen! Und das – verstehen Sie mich –, das geht über meine Kraft! Wenn ich auch nur ein kleiner Mann bin, so bin ich doch gewohnt, daß ich für die zu Hause der Chef bin. Meine bescheidene Häuslichkeit bildet auch eine Art Gesellschaft, Herr Konsul! Diese kleine Gemeinschaft konnte ich stützen und erhalten, weil meine Frau an mich glaubte und weil meine Kinder an mich glaubten. Und nun soll das Ganze in sich zusammenfallen!?

BERNICK: Ja, wenn's notwendig ist, muß das Kleinere dem Größeren weichen, das einzelne in Gottes Namen dem Wohle der Allgemeinheit geopfert werden. Etwas anderes kann ich Ihnen hierzu nicht sagen, und anders geht's hier auf der Welt nun mal nicht zu. Aber Sie sind ein halsstarriger Mann, Aune! Sie widersetzen sich meiner Anordnung, nicht, weil sie nicht anders können, sondern weil Sie nicht selbst den Beweis für die Überlegenheit der Maschinen über die Handarbeit liefern wollen!

AUNE: Und Sie, Herr Konsul, Sie wollen der Presse den Beweis für Ihren guten Willen liefern, indem Sie mich fortjagen! Darum sind Sie so unnachgiebig!

BERNICK: Und wenn es so wäre? Sie hören ja, um was es für mich geht: Entweder bekomme ich die Presse auf den Hals, oder ich stimme sie mir wohlwollend in einem Augenblick, da ich eine große Sache zum Besten der Allgemeinheit durchbringen will. Also? Kann ich da anders handeln? Rund heraus: Es dreht sich hier um die Frage, ob Ihre „kleine Gemeinschaft" – wie Sie es nennen – erhalten bleibt oder ob vielleicht Hunderte von neuen Heimen nie gegründet, Hunderte von Herdfeuern nie angezündet werden können, weil es mir nicht gelingt, meinen Plan durchzusetzen. Darum habe ich Sie vor die Wahl gestellt.

AUNE: Ja, wenn es so ist, dann habe ich dazu nichts mehr zu sagen.

BERNICK: Hm ... Mein lieber Aune, es tut mir aufrichtig leid, daß wir uns trennen müssen!

AUNE: Wir trennen uns nicht, Herr Konsul!

BERNICK: Wie?

AUNE: Ein einfacher Mann hat auf dieser Welt auch für etwas einzustehen!

BERNICK: Jawohl, gewiß ... Und Sie glauben also, versprechen zu können ...

AUNE: Die „Indian Girl" kann übermorgen abgefertigt werden. *Er grüßt und geht rechts ab.*

BERNICK: Na also! Dem Kerl hätte ich die Halsstarrigkeit ausgetrieben! Das nehme ich als gutes Omen.

Hilmar Tönnesen, mit der Zigarre im Mund, kommt durch die Gartenpforte.

HILMAR *auf der Terrasse*: Guten Tag, Betty! Guten Tag, Bernick!

FRAU BERNICK: Guten Tag.

HILMAR: Na, du hast geweint, wie ich sehe, du weißt es also schon?

FRAU BERNICK: Was soll ich wissen?

HILMAR: Daß der Skandal bereits im vollen Gange ist? Igittegitt!

BERNICK: Erkläre dich deutlicher!

HILMAR *tritt ins Zimmer*: Na, die beiden Amerikaner promenieren in Dina Dorfs Begleitung durch die Straßen.

FRAU BERNICK *kommt auch ins Zimmer*: Aber Hilmar, das ist doch nicht wahr?

HILMAR: Doch, das ist leider nur allzu wahr! Lona war sogar so taktlos, mir nachzurufen. Aber ich habe natürlich getan, als hörte ich's nicht.

BERNICK: Und das ist doch sicher nicht unbemerkt geblieben?

HILMAR: Nein, das kannst du dir denken. Die Leute blieben stehen und sahen ihnen nach. Es muß wie ein Lauffeuer durch die Stadt gegangen sein – ungefähr wie ein Brand in den Prärien des Westens. In allen Häusern standen Menschen an den Fenstern und warteten auf die Prozession. Kopf an Kopf hinter den Gardinen – igittegitt! Ja, du mußt schon entschuldigen, Betty, ich sage igittegitt; denn so was macht mich nervös. – Wenn das noch weiter so geht, sehe ich mich gezwungen, an eine längere Reise zu denken.

FRAU BERNICK: Aber du hättest doch mit ihm reden und ihm klarmachen sollen ...

HILMAR: Auf offener Straße? Nein, du mußt wirklich entschuldigen! – Aber daß es dieser Mensch überhaupt wagt, sich hier in der Stadt zu zeigen! Na, wir wollen sehen, ob nicht die

Presse sein Treiben ein wenig bremst. Ja, entschuldige, Betty, aber...

BERNICK: Die Presse, sagst du? Hast du Andeutungen in dieser Richtung gehört?

HILMAR: Ja, so in gewisser Weise schon. Als ich gestern abend von euch fortging, machte ich wegen meines Leidens im Klub Station. An der Stille, die bei meinem Erscheinen eintrat, merkte ich deutlich, daß die beiden Amerikaner den Gesprächsstoff abgegeben hatten. Und dann kommt dieser unverschämte Redakteur Hammer herein und gratuliert mir ganz laut zur Heimkehr meines reichen Vetters.

BERNICK: Reichen...?

HILMAR: Ja, so hat er sich ausgedrückt. Ich maß ihn natürlich mit einem Blick, wie es dem Kerl gebührte, und erwiderte, daß ich von Johann Tönnesens Reichtum nichts wisse. „So", sagte er, „das ist ja merkwürdig. In Amerika pflegt man es doch zu was zu bringen, wenn man etwas Anfangskapital hat, und Ihr Vetter ist doch nicht mit leeren Händen hinübergegangen!"

BERNICK: Hm – nun tut mir den Gefallen...

FRAU BERNICK *bekümmert*: Da siehst du's, Karsten!

HILMAR: Ja, ich habe jedenfalls wegen dieses Menschen eine schlaflose Nacht gehabt. Und dann spaziert er hier noch durch die Straßen mit einem Gesicht, als habe er nichts auf dem Kerbholz! Warum ist er nicht ein für allemal verschwunden? Manche Menschen haben doch ein schrecklich zähes Leben!

FRAU BERNICK: Gott, Hilmar, was sagst du da?

HILMAR: Oh, ich sage doch nichts Schlimmes. Da kommt so einer mit heiler Haut davon trotz aller Eisenbahnunglücke und Überfälle kalifornischer Bären und Schwarzfußindianer! Nicht mal skalpiert...! Igittegitt! Dort kommt er!

BERNICK *blickt die Straße hinunter*: Olaf ist auch mit dabei!

HILMAR: Ja, natürlich! Sie wollen doch den Leuten zeigen, daß sie zur ersten Familie der Stadt gehören! Seht doch nur, da kommen die Nichtstuer aus der Apotheke und glotzen ihnen nach und machen ihre Bemerkungen! Das ist wirklich nichts für meine Nerven. Wie ein Mann unter solchen Umständen die Fahne der Idee hochhalten soll...

BERNICK: Sie nehmen Kurs auf unser Haus. Hör jetzt, Betty, ich erwarte von dir entschieden, daß du den beiden mit der größten Herzlichkeit entgegenkommst.

FRAU BERNICK: Wenn du das erlaubst, Karsten!

BERNICK: Ja, gewiß, gewiß. Und du auch, Hilmar! Sie bleiben hoffentlich nicht so lange. Und auch wenn wir mit ihnen allein sind – bitte keine Andeutungen! Wir dürfen sie keinesfalls verletzen!

FRAU BERNICK: Oh, wie großmütig du bist, Karsten!

BERNICK: Na, na, laß nur gut sein!

FRAU BERNICK: Nein, laß mich dir danken! Und verzeih, daß ich mich vorhin so gehenließ! Du hattest ja allen Grund...

BERNICK: Laß das, bitte, jetzt!

HILMAR: Igittegitt!

Johann Tönnesen und Dina kommen durch den Garten, hinter ihnen Lona Hessel und Olaf.

LONA: Guten Tag, guten Tag, ihr Lieben!

JOHANN: Wir haben einen Rundgang gemacht und alte Erinnerungen aufgefrischt, Karsten.

BERNICK: Ja, ich hörte schon davon. Viele Veränderungen in der Stadt, nicht wahr?

LONA: Überall sichtbare Zeichen von Konsul Bernicks gemeinnützigem Wirken! Wir waren in den Anlagen, die du der Stadt gestiftet hast!

BERNICK: So, dort wart ihr?

LONA: „Gestiftet von Karsten Bernick" steht über dem Eingang. Ja, du bist hier der Boss vom Ganzen!

JOHANN: Und großartige Schiffe hast du auch! Ich habe den Kapitän der „Palmbaum" getroffen, meinen alten Schulkameraden...

LONA: Ja, und dann hast du ein neues Schulhaus gebaut! Und die Gasanstalt und die Wasserleitung gehen auch auf dein Konto, wie man hört.

BERNICK: Nun ja – man muß doch etwas tun für seine Stadt.

LONA: Ja, das ist schön, Schwager. Aber es ist auch eine Freude, zu sehen, wie die Leute dich schätzen. Ich bilde mir ein, nicht eitel zu sein. Doch ich konnte mir nicht verkneifen, im Gespräch mit diesem und jenem einzuflechten, daß wir zur Familie gehören.

HILMAR: Igittegitt!

LONA: Dazu sagst du igittegitt?

HILMAR: Nein, ich sagte „Hm!".

LONA: Na, das wollen wir dir erlauben, alter Nörgler – aber seid ihr denn heute ganz allein?

FRAU BERNICK: Ja, heute sind wir allein.

LONA: Da fällt mir was ein! Auf dem Markt trafen wir ein paar von den Moraltanten. Die schienen es furchtbar eilig zu haben. – Doch wir haben uns ja auch noch gar nicht richtig aussprechen können. Gestern waren diese Menschheitsbeglückerinnen hier und außerdem dieser Pastor...

HILMAR: Kandidat.

LONA: Ich nenne ihn Pastor. Aber was sagt ihr nun eigentlich zu meiner Leistung in diesen fünfzehn Jahren? Ist er nicht ein Prachtkerl geworden? Kann man ihm den Tollkopf noch ansehen, der von Hause durchgebrannt ist?

HILMAR: Hm...

JOHANN: Na, Lona, übertreibe nicht!

LONA: Darauf bin ich wirklich stolz, Herrgott, es ist doch das einzige, was ich hier im Leben zuwege gebracht habe! Das gibt mir doch schließlich eine gewisse Daseinsberechtigung! Na, Johann, wenn ich daran denke, wie wir zwei da drüben angefangen haben, mit unseren vier nackten Pranken...

HILMAR: Händen!

LONA: Ich sage Pranken, denn dreckig waren sie...

HILMAR: Igittegitt!

LONA: ... und leer dazu.

HILMAR: Leer? Na, da muß ich doch sagen!

LONA: Was mußt du sagen?

BERNICK: Hm!

HILMAR: Ich muß sagen: Igittegitt! *Geht auf die Terrasse hinaus.*

LONA: Was ist ihm denn in die Krone gefahren?

BERNICK: Ach, kümmere dich nicht um ihn! Er ist in letzter Zeit etwas nervös. Doch willst du dich nicht ein bißchen im Garten umsehen? Dort bist du ja noch nicht gewesen, und ich bin gerade für ein Stündchen frei.

LONA: Ja, sehr gern. Ihr könnt glauben, ich bin in meinen Gedanken oft hier bei euch im Garten gewesen.

FRAU BERNICK: Da hat sich auch viel verändert, wie du sehen wirst!

Bernick, seine Frau und Lona gehen in den Garten, wo man sie während der folgenden Szenen ab und zu auftauchen sieht.

OLAF *in der Terrassentür*: Onkel Hilmar, weißt du, was mich Onkel Johann gefragt hat? – Ob ich mit ihm nach Amerika will!

HILMAR: Du? Du Greenhorn! Du hängst ja noch an Mutters Rockzipfel.

OLAF: Das will ich nun aber nicht mehr! Du wirst schon sehen, wenn ich groß bin...

HILMAR: Papperlapapp! Du hast keinen ernsthaften Drang nach Abhärtung! *Sie gehen miteinander in den Garten.*

JOHANN *zu Dina, die mit dem Hut in der Hand an der Tür rechts steht und den Staub von ihrem Kleid schüttelt*: Ihnen ist wohl auch ordentlich warm von unserem Spaziergang?

DINA: Ja, das war ein schöner Spaziergang! Der schönste, den ich je gemacht habe.

JOHANN: Sie gehen wohl nicht oft spazieren?

DINA: Doch! Aber nur mit Olaf.

JOHANN: So. – Möchten Sie vielleicht lieber in den Garten gehen?

DINA: Nein, ich möchte lieber hierbleiben.

JOHANN: Ich auch. Es ist also abgemacht, daß ich Sie jeden Morgen zu einem Spaziergang abhole!

DINA: Nein, Herr Tönnesen, das sollten Sie nicht tun!

JOHANN: Was sollte ich nicht? Sie haben es mir doch versprochen.

DINA: Ja, ja, doch wenn ich es mir richtig überlege, dann – Sie sollten nicht mit mir ausgehen!

JOHANN: Aber warum denn nicht?

DINA: Sie sind fremd hier. Sie können das nicht verstehen. Darum will ich Ihnen sagen...

JOHANN: Na?

DINA: Nein, ich möchte lieber nicht darüber sprechen.

JOHANN: Doch, doch! Mit mir können Sie über alles sprechen!

DINA: Ja, dann will ich Ihnen sagen: Ich bin nicht wie die andern jungen Mädchen. Mit mir ist – mit mir hat es einen Haken. Deshalb sollten Sie es nicht tun.

JOHANN: Ich verstehe kein Wort! Sie haben doch nichts auf dem Kerbholz?

DINA: Nein, ich nicht, aber – nein, ich möchte nicht darüber sprechen. Sie werden es schon noch von den andern zu hören bekommen!

JOHANN: Hm...

DINA: Aber noch etwas anderes: Ich hätte Sie gern etwas gefragt.

JOHANN: Das wäre?

DINA: Es soll ja so leicht sein, drüben in Amerika etwas Tüchtiges zu werden?

JOHANN: Na, leicht ist es gerade nicht. Man muß sich oft verdammt abrackern, besonders im Anfang.

DINA: Ja, das würde ich gern.

JOHANN: Sie?

DINA: Ich kann arbeiten! Ich bin stark und gesund und habe bei Tante Martha viel gelernt.

JOHANN: Ja, zum Teufel, dann kommen Sie doch mit nach drüben!

DINA: Ach, jetzt scherzen Sie! Das haben Sie zu Olaf auch gesagt! Aber, was ich noch gern wissen wollte, das ist, ob die Menschen da drüben auch so sehr – so sehr moralisch sind?

JOHANN: Moralisch?

DINA: Ja, ich meine, ob sie so – so anständig und so sittsam sind wie hier.

JOHANN: Nun, sie sind jedenfalls nicht so schlimm, wie man hier glaubt. Davor brauchen Sie keine Angst zu haben.

DINA: Sie verstehen mich nicht. Ich möchte gerade, daß sie nicht so schrecklich anständig und moralisch sind.

JOHANN: Daß sie nicht...? Wie wollen Sie sie denn haben?

DINA: Ich möchte, daß sie natürlicher sind.

JOHANN: Ja, ja, gerade das sind sie.

DINA: Dann wäre es für mich das richtige, wenn ich nach drüben könnte.

JOHANN: Aber sicher! Also sollten Sie mit uns kommen!

DINA: Nein, mit Ihnen würde ich nicht reisen. Ich muß allein fahren. Oh, ich würde schon was Ordentliches werden...

BERNICK *erscheint unterhalb der Terrasse mit den beiden Frauen*: Bleib, bleib! Ich hole deinen Schal, liebe Betty. Du könntest dich erkälten. *Er kommt ins Zimmer und sucht den Schal seiner Frau.*

FRAU BERNICK *draußen im Garten*: Du solltest auch mitkommen, Johann! Wir wollen zur Grotte.

BERNICK: Nein, Johann muß jetzt hierbleiben! Hier, Dina! Bring meiner Frau den Schal und geh mit! Johann bleibt hier bei mir, liebe Betty! Ich möchte etwas über die Verhältnisse drüben hören.

FRAU BERNICK: Na gut. Aber kommt nach! Du weißt ja, wo du uns findest.

Frau Bernick, Lona und Dina gehen durch den Garten nach links.

BERNICK *blickt ihnen einen Augenblick nach, schließt die Tür links hinten und geht dann auf Johann zu, ergreift seine beiden Hände, schüttelt und drückt sie*: Johann, jetzt sind wir allein. Jetzt darf ich dir danken!

JOHANN: Ach was!

BERNICK: Mein Haus und mein Heim, mein Familienglück, meine ganze gesellschaftliche Stellung – alles verdanke ich dir.

JOHANN: Na, das freut mich, lieber Karsten. So ist bei der verrückten Geschichte doch noch etwas Gutes herausgekommen!

BERNICK: Dank, Dank! Nicht einer unter Zehntausenden hätte getan, was du damals für mich tatest!

JOHANN: Schon gut, schon gut! Waren wir nicht beide jung und leichtsinnig? Einer von uns mußte doch die Schuld auf sich nehmen.

BERNICK: Aber wem wäre das an sich wohl zugekommen? Doch wohl dem Schuldigen!

JOHANN: Stop! In der damaligen Situation der Unschuldige! Ich war frank und frei, hatte auch keine Eltern. Daß ich nicht mehr den Kontorschemel drücken mußte, war für mich ein wahres Glück. Du dagegen hattest noch deine alte Mutter, und außerdem hattest du dich gerade heimlich verlobt mit Betty, die dich liebte. Was wäre daraus geworden, wenn Betty den wahren Sachverhalt erfahren hätte?

BERNICK: Schon wahr, aber...

JOHANN: Und hast du nicht gerade Bettys wegen das Abenteuer mit Frau Dorf abgebrochen? Gerade um der Sache ein für allemal ein Ende zu machen, warst du an dem bewußten Abend doch zu ihr...

BERNICK: Ja, an dem unglückseligen Abend, als der betrunkene Kerl nach Hause kam! Gewiß, es war Bettys wegen. Aber trotzdem – daß du so edelmütig warst und, um den Verdacht auf dich abzulenken, auswandertest...

JOHANN: Keine Skrupel, lieber Karsten! Wir waren uns ja in diesem Sinne einig geworden. Gerettet werden mußtest du, und du warst mein Freund. Ja, auf diese Freundschaft war ich wirklich stolz! Ich führte hier das einförmige Leben eines kleinstädtischen Handlungsgehilfen. Da kamst du von deiner großen Auslandsreise zurück, fein und vornehm. Warst in London und Paris gewesen! Und obgleich ich vier Jahre jünger war als du, würdigtest du mich deiner Freundschaft. Natürlich tatest du das, um Betty leichter den Hof machen zu können. Heute ist mir das klar. Doch damals war ich ungeheuer stolz darauf. Und wer wäre das nicht gewesen? Wer hätte sich nicht gern für dich geopfert, besonders wenn man dabei weiter nichts riskierte, als für einen Monat im Mittelpunkt des Stadtklatsches zu stehen! Zumal man bei dieser Gelegenheit in die weite Welt entwischen konnte!

BERNICK: Hm, mein lieber Johann, ich will dir ehrlich gestehen, daß die Geschichte noch nicht ganz vergessen ist.

JOHANN: So? – Na, was kümmert das mich, wenn ich da drüben wieder auf meiner Farm sitze?

BERNICK: Du gehst also zurück?

JOHANN: Selbstverständlich!

BERNICK: Aber doch hoffentlich nicht so bald?

JOHANN: So bald wie möglich. Ich bin ja nur Lona zu Gefallen mitgekommen.

BERNICK: Wieso das?

JOHANN: Ja, sieh mal, Lona ist nicht mehr die Jüngste, und in der letzten Zeit bekam sie fürchterliches Heimweh. Doch sie wollte es nicht zugeben. *Lächelt.* Wie konnte sie's wagen, ihr leichtsinniges Brüderchen allein zurückzulassen, das sich schon mit neunzehn Jahren in so ein Abenteuer gestürzt hatte!

BERNICK: Ja, und dann?

JOHANN: Ja, Karsten, jetzt muß ich etwas beichten. Ich schäme mich eigentlich deswegen.

BERNICK: Du hast doch nicht verraten, wie sich die Sache damals wirklich abgespielt hat?

JOHANN: Allerdings. Es war nicht richtig von mir, doch es blieb mir nichts anderes übrig. Du machst dir keine Vorstellung, was sie für mich gewesen ist! Du hast sie nie recht leiden können, aber mir ist sie wie eine Mutter gewesen. In den ersten Jahren, als es uns da drüben ziemlich dreckig ging, was hat sie da geschuftet! Und als ich krank war und ohne Verdienst und sie nicht daran hindern konnte, war sie sich nicht zu gut, in Kaffeehäusern zu singen. Vorträge hat sie gehalten, über die sich die Leute lustig gemacht haben. Ein Buch hat sie geschrieben, das sie nachher selbst nicht ernst genommen hat. Alles nur, um mich am Leben zu erhalten! Konnte ich's da ruhig mit ansehen, wie sie im letzten Winter vor meinen Augen dahinsiechte, sie, die sich für mich so gequält und geschunden hatte? Nein, Karsten, das konnte ich nicht! Und deshalb sagte ich ihr: „Reise nur, Lona! Um mich brauchst du keine Angst zu haben, ich bin nicht so leichtsinnig, wie du glaubst." Und da – da hat sie es zu wissen bekommen.

BERNICK: Und wie hat sie's aufgenommen?

JOHANN: Na, sie meinte sehr richtig, wenn ich unschuldig wäre, dann bestünde doch kein Grund, daß ich den Trip nach der alten Heimat nicht mitmachte. Doch du kannst ruhig sein, Karsten. Lona verrät nichts, und ich werde in Zukunft meinen Mund halten.

BERNICK: Ja, ja! Darauf verlasse ich mich.

JOHANN: Hier ist meine Hand! Und nun wollen wir nicht mehr von der alten Geschichte sprechen. Gott sei Dank ist das wohl der einzige Streich, den wir auf dem Gewissen haben. Nun möchte ich die wenigen Tage, die ich hier bin, in vollen Zügen genießen. Du kannst dir nicht vorstellen, was für einen herrlichen Spaziergang wir heute vormittag gemacht haben! Wer hätte geglaubt, daß das kleine Mädel, das damals hier herumtollte und auf der Bühne als Engel herumtrippelte... Doch sag mal: wie ist es seitdem ihren Eltern ergangen?

BERNICK: Ach, mein Lieber, ich weiß nicht mehr zu erzählen, als ich dir gleich nach deiner Ausreise geschrieben habe. Du hast doch die beiden Briefe bekommen?

JOHANN: Jawohl, alle beide. Der versoffene Kerl hatte sie doch verlassen?

BERNICK: Und ist irgendwann im Suff umgekommen.

JOHANN: Sie starb ja auch kurz darauf? Und du hast wohl alles für sie getan, soweit du es unauffällig tun konntest?

BERNICK: Sie war stolz. Sie verriet nichts und wollte nichts annehmen.

JOHANN: Nun, auf jeden Fall war es richtig von dir, daß du Dina ins Haus nahmst!

BERNICK: Ja. Übrigens hat dies eigentlich Martha durchgesetzt.

JOHANN: So, das ging von Martha aus? Ja, Martha – aber wo ist sie denn heute?

BERNICK: Ach, die! Wenn sie nicht unterrichtet, dann besucht sie ihre Kranken.

JOHANN: Also Martha hat sich um Dina gekümmert?

BERNICK: Ja, Martha hatte ja immer schon eine gewisse Schwäche für das Erziehungswesen. Deshalb hat sie auch eine Stellung an der Volksschule angenommen. Eine kolossale Dummheit von ihr.

JOHANN: Ja, sie sah gestern sehr angegriffen aus. Ich fürchte auch, daß sie dem gesundheitlich nicht gewachsen ist!

BERNICK: Ach, was ihre Gesundheit anbelangt, so könnte sie ihr ganzes Leben dabeibleiben! Aber für mich ist es peinlich. Es sieht aus, als ob ich, ihr Bruder, nicht für ihren Unterhalt aufkommen wolle.

JOHANN: Für ihren Unterhalt aufkommen? Ich glaubte, sie habe selbst genügend Vermögen, um...

BERNICK: Nicht eine Krone! Du erinnerst dich wohl: Mutters Geschäft war damals von einer Krise betroffen. Mutter hielt sich eine Weile mit meinem Beistand über Wasser. Aber damit konnte mir natürlich auf die Dauer nicht gedient sein. So ließ ich mich in die Firma aufnehmen. Aber auch damit war's nicht getan. Schließlich mußte ich das Ganze übernehmen, und als wir Bilanz machten, erwies sich, daß von Mutters Anteil so gut wie nichts übrig war. Als dann Mutter kurz darauf starb, stand natürlich auch Martha mittellos da.

JOHANN: Die arme Martha!

BERNICK: Arm? Inwiefern? Du glaubst doch nicht, ich ließe sie irgend etwas entbehren? O nein, ich darf wohl sagen, daß ich ihr ein guter Bruder bin. Sie wohnt natürlich bei uns und ißt an unserm Tisch. Für ihr Lehrerinnengehalt kann sie sich anständig kleiden. Und als alleinstehendes Frauenzimmer – was braucht sie noch mehr?

JOHANN: Hm, da denken wir in Amerika anders.

BERNICK: Das glaube ich gern. In einer von radikalen Ideen verseuchten Gesellschaft wie der amerikanischen! Aber hier in unserm kleinen Kreis, wo, Gott sei Dank, die moderne Seuche – bis dato jedenfalls – noch keinen Eingang gefunden hat, hier begnügen sich die Frauen damit, eine ihnen angemessene, wenn auch bescheidene Stellung einzunehmen. Im übrigen ist es Marthas eigene Schuld. Sie hätte schon längst versorgt sein können, wenn sie nur gewollt hätte!

JOHANN: Du meinst, sie hätte sich verheiraten können?

BERNICK: Ja, sogar sehr günstig. Sie hatte mehrmals Aussicht auf gute Partien. Merkwürdig genug: ein unbemitteltes Mädchen, nicht mehr jung, und noch dazu ganz unscheinbar.

JOHANN: Unscheinbar?

BERNICK: Nun, ich mache ihr daraus gar keinen Vorwurf. Ich wünsche sie überhaupt nicht anders. Du kannst dir denken – in einem großen Haus wie dem unsrigen, da ist es immer gut, ein williges Wesen zur Hand zu haben, dem man alles mögliche übertragen kann.

JOHANN: Ja, aber sie?

BERNICK: Sie? Wieso? – Na ja, es gibt natürlich genug, was ihr Leben ausfüllt. Sie hat doch mich und Betty und Olaf. Die Menschen dürfen nicht in erster Linie an sich selbst denken, und am allerwenigsten die Frauen. Wir haben ja doch alle eine größere oder kleinere Gemeinschaft zu stützen und für sie tätig zu sein.

So halte ich es jedenfalls. *Zeigt auf Krap, der von rechts eintritt.* Hier hast du gleich den Beweis! Glaubst du, es sind meine eigenen Geschäfte, die mich so in Anspruch nehmen? Keineswegs. *Schnell zu Krap*: Nun?

KRAP *leise, zeigt ihm einen Stoß Papiere*: Alle Kaufverträge in Ordnung.

BERNICK: Großartig! Ausgezeichnet! – Nun mußt du mich freilich etwas entschuldigen, Schwager! *Gedämpft mit Händedruck*: Vielen, vielen Dank, Johann! Und sei überzeigt, wenn ich dir irgendwie gefällig sein kann – na, du verstehst mich schon! – Kommen Sie, Herr Krap! *Sie gehen ins Zimmer des Konsuls.*

JOHANN *blickt Bernick eine Weile nach*: Hm... *Er will in den Garten gehen. In diesem Augenblick tritt Martha mit einem kleinen Korb rechts ein.* Sieh da, Martha!

MARTHA: Ah – du bist's, Johann!

JOHANN: Auch so früh auf den Beinen?

MARTHA: Ja. Wart einen Augenblick. Die andern werden gleich kommen. *Will links hinten hinausgehen.*

JOHANN: Hör mal, Martha, hast du's immer so eilig?

MARTHA: Ich?

JOHANN: Gestern gingst du mir ebenso aus dem Weg, und ich konnte kein Wort mit dir sprechen, und heute...

MARTHA: Aber nein.

JOHANN: Früher waren wir doch unzertrennliche Spielkameraden!

MARTHA: Ach, Johann, wie viele, viele Jahre ist das her!

JOHANN: Na, lieber Gott, fünfzehn Jahre sind's her, weder mehr noch weniger. Findest du vielleicht, ich hätte mich sehr verändert?

MARTHA: Du? O ja, du auch, obgleich...

JOHANN: Was meinst du?

MARTHA: Ach, nichts.

JOHANN: Dich scheint unser Wiedersehen ja ziemlich kalt zu lassen.

MARTHA: Ich habe so lange gewartet, Johann – zu lange.

JOHANN: Gewartet? Auf meine Rückkehr?

MARTHA: Ja.

JOHANN: Und warum sollte ich zurückkommen?

MARTHA: Um gutzumachen, was du verbrochen hast!

JOHANN: Ich? Wieso?

MARTHA: Hast du vergessen, daß durch deine Schuld eine Frau in Not und Schande gestorben ist? Und daß dadurch die besten Jahre eines jungen Menschenkindes verbittert wurden?

JOHANN: Und das sagst du mir? Martha, hat denn dein Bruder nie...

MARTHA: Was?

JOHANN: Hat er nie – nun ja, ich meine, hat er nie ein Wort der Entschuldigung für mich gefunden?

MARTHA: Ach Johann, du kennst doch Karstens strenge Grundsätze!

JOHANN: Hm... Ja, sicher, ich kenne natürlich die strengen Grundsätze meines alten Freundes Karsten. – Aber das ist doch...! Na! Ich habe vorhin mit ihm gesprochen. Ich finde, er hat sich gründlich verändert.

MARTHA: Wie kannst du das sagen! Karsten ist stets in jeder Beziehung vorbildlich gewesen!

JOHANN: Na, in diesem Sinne war's nicht gerade gemeint. Aber lassen wir das! Also jetzt wird mir klar, in welchem Licht du mich gesehen hast! Auf die Heimkehr des verlorenen Sohnes hast du gewartet.

MARTHA: Hör, Johann, ich will dir sagen, in welchem Licht ich dich gesehen habe. *Zeigt in den Garten.* Siehst du das junge Mädchen dort, das mit Olaf spielt? Es ist Dina. – Erinnerst du dich des konfusen Briefes, den du mir vor deiner Abreise geschrieben hattest? Du schriebst, ich sollte an dich glauben. Ich habe an dich geglaubt, Johann. All das Schlimme, was man damals von dir erzählte, muß in einem Zustand der Verirrung geschehen sein, ohne Nachdenken, ohne Überlegung...

JOHANN: Was meinst du?

MARTHA: Oh, du verstehst mich schon – reden wir nicht mehr darüber! Aber von hier fort mußtest du ja und von vorn anfangen – ein neues Leben beginnen. Siehst du, Johann, ich habe dich hier daheim vertreten, ich, dein alter Spielkamerad. Die Pflichten, denen du nicht nachkamst oder nicht nachkommen konntest, die habe ich für dich wahrgenommen. Ich sage dir das, damit du dir nicht auch dies noch vorzuwerfen hast. Dem verwaisten, schutzlosen Kind bin ich eine Mutter gewesen. Ich habe es erzogen, so gut ich's vermochte...

JOHANN: Und hast deine ganze Jugend damit vertan...

MARTHA: Sie ist nicht vertan, Johann. Aber du kommst spät zurück!

JOHANN: Martha – wenn ich dir nur erzählen dürfte... Nun, auf jeden Fall danke ich dir für deine treue Freundschaft.

MARTHA *mit einem schwermütigen Lächeln*: Hm. – Ja, nun hätten wir uns also ausgesprochen, Johann. Pst! Da kommt jemand! Adieu, ich kann jetzt nicht... *Sie geht hinten links hinaus.*

Lona und Frau Bernick kommen aus dem Garten.

FRAU BERNICK *noch im Garten*: Aber um Gottes willen, Lona, was denkst du dir nur!

LONA: Laß mich doch! Ich will und muß mit ihm reden.

FRAU BERNICK: Aber das gäbe den größten Skandal – ah, Johann, du bist noch hier?

LONA: Mach, daß du hinauskommst, mein Junge! Hock nicht immer in der Stube! Geh in den Garten und unterhalte dich mit Dina!

JOHANN: Ja, das wollte ich gerade tun.

FRAU BERNICK: Aber...

LONA: Hör mal, Johann! Hast du dir Dina richtig angesehen?

JOHANN: Ja, ich glaub schon.

LONA: Du solltest sie dir recht gründlich ansehen, mein Junge! Das wäre was für dich!

FRAU BERNICK: Aber Lona!

JOHANN: Was für mich?

LONA: Ja, zum Anschauen, meine ich. Nun geh aber!

JOHANN: Gern! Ich wüßte nicht, was ich lieber täte! *Geht in den Garten.*

FRAU BERNICK: Lona, ich bin entsetzt über dich! Das kann doch unmöglich dein Ernst sein!

LONA: Warum denn nicht? Ist sie nicht frisch und gesund und natürlich? Das ist die richtige Frau für Johann. So eine braucht er da drüben. Von der hat er mehr als von einer alten Stiefschwester!

FRAU BERNICK: Dina! Dina Dorf! Überleg doch nur!

LONA: Ich denke vor allem an das Glück des Jungen. Ein bißchen nachhelfen muß ich. Er selbst ist etwas unbeholfen in solchen Dingen. Für kleine Mädchen und Frauensleute hat er nie viel übrig gehabt.

FRAU BERNICK: Er? Johann? Na, ich meine im Gegenteil, wir haben recht traurige Beweise dafür, daß...

LONA: Zum Teufel mit dieser dummen Geschichte! Wo ist Bernick? Ich will mit ihm reden!

FRAU BERNICK: Lona, das tust du nicht, sage ich dir!

LONA: Das tue ich doch! Wenn sie dem Jungen gefällt – und er ihr –, dann sollen sie sich auch kriegen. Bernick ist ja so ein gescheiter Mann. Er muß einen Ausweg finden.

FRAU BERNICK: Und du bildest dir ein, daß diese amerikanischen Unsitten hier geduldet werden...

LONA: Ach, Unsinn!

FRAU BERNICK: ...daß ein Mann wie Karsten mit seiner streng moralischen Gesinnung...

LONA: Pah, die ist wohl nicht so übermäßig streng!

FRAU BERNICK: Was erlaubst du dir?

LONA: Ich erlaube mir zu bemerken, daß Bernick wohl nicht moralischer ist als andere Mannsbilder.

FRAU BERNICK: So tief hat sich dein Haß eingefressen?! Aber was willst du denn hier, wenn du nie vergessen kannst? Ich begreife nicht, daß du es wagen konntest, ihm unter die Augen zu treten, wo du ihn damals so schändlich beleidigt hast!

LONA: Ja, Betty, damals hatte ich mich mächtig vergaloppiert.

FRAU BERNICK: Und wie edelmütig hat er dir verziehen, obwohl er sich doch nicht das geringste vorzuwerfen hatte! Denn er konnte doch nichts dafür, daß du dir Hoffnungen gemacht hattest. Und seitdem hast du auch mich gehaßt. *Bricht in Tränen aus.* Du hast mir mein Glück nie gegönnt! Und nun kommst du und bürdest mir dies alles auf. Nur um der Stadt zu zeigen, in was für eine Familie Karsten geheiratet hat! Ja, über mich geht's her, und gerade das willst du! Oh, das ist abscheulich von dir! *Sie geht weinend hinten links hinaus.*

LONA *blickt ihr nach*: Arme Betty!

Bernick kommt aus seinem Zimmer.

BERNICK *noch in der Tür*: Ja, ja, es ist gut, Herr Krap, ausgezeichnet! Überweisen Sie 400 Kronen für die Armenspeisung! *Wendet sich um.* Lona! *Kommt näher.* Du bist allein? Ist Betty in der Nähe?

LONA: Soll ich sie vielleicht holen?

BERNICK: Nein, nein, laß nur! Ach, Lona, du weißt nicht, wie brennend ich mir gewünscht habe, mich mit dir offen auszusprechen und dich um Verzeihung zu bitten.

LONA: Hör mal, Karsten, laß uns nicht sentimental werden! Das paßt nicht zu uns!

BERNICK: Du mußt mich anhören, Lona! Ich weiß wohl, wie sehr der Schein jetzt gegen mich ist, nachdem du die Geschichte mit Dinas Mutter erfahren hast. Aber ich schwöre dir, die Verirrung war nur von kurzer Dauer. Ich habe dich einmal wirklich, wahr und aufrichtig geliebt.

LONA: Warum, glaubst du wohl, bin ich zurückgekommen?

BERNICK: Was du auch im Sinn haben magst, ich flehe dich an, nichts zu unternehmen, bevor ich mich gerechtfertigt habe. Ich kann es, Lona. Auf jeden Fall kann ich Entlastungsgründe anführen.

LONA: Jetzt hast du also Angst. – Du hast mich einmal geliebt, sagst du. Das hast du mir ja auch oft genug in deinen Briefen versichert. Und vielleicht ist es auch wahr gewesen – auf deine Weise, solange du draußen in einer großen freien Welt lebtest, die dir den Mut gab, selbst frei und groß zu denken. Vielleicht hattest du bei mir etwas mehr Charakter und Willen und Selbständigkeit gefunden als bei den meisten Frauen hierzulande. Und außerdem blieb es unser Geheimnis. Niemand konnte sich über deinen schlechten Geschmack lustig machen.

BERNICK: Lona, wie kannst du nur glauben …

LONA: Aber als du bei deiner Rückkehr die boshaften Bemerkungen und das spöttische Gelächter vernahmst über meine angeblichen Verdrehtheiten …

BERNICK: Du warst aber auch rücksichtslos damals.

LONA: Hauptsächlich um diese Schreckschrauben in Weiberröcken und Männerhosen zu ärgern, die in unserer lieben Stadt den Ton angaben. Und als du dann diese verführerische junge Schauspielerin kennenlerntest ...

BERNICK: Das war ein Dummerjungenstreich, nichts weiter. Ich schwöre dir, nicht der zehnte Teil stimmte von den Gerüchten und Klatschereien, die damals im Umlauf waren.

LONA: Lassen wir das auf sich beruhen! Aber als dann Betty heimkam, hübsch, blühend, von allen vergöttert – und als bekannt wurde, daß sie das ganze Vermögen der Tante erben sollte und ich nichts ...

BERNICK: Ja, da sind wir am Kernpunkt, Lona! Und jetzt sollst du alles hören – ohne Umschweife: Ich habe Betty damals nicht geliebt und mit dir nicht gebrochen wegen einer anderweitigen Neigung. Es war einfach des Geldes wegen. Ich sah mich dazu gezwungen, ich mußte mir das Geld sichern.

LONA: Und das sagst du mir so offen ins Gesicht?

BERNICK: Ja, das tue ich. Hör weiter, Lona ...

LONA: Und doch schriebst du mir, eine unbezwingliche Liebe zu Betty habe dich gepackt, appelliertest an meine Großmut, beschworst mich, um Bettys willen zu schweigen von dem, was zwischen uns gewesen ...

BERNICK: Ja. Wie gesagt, ich mußte das tun.

LONA: Nun, beim lebendigen Gott, dann bereue ich nicht, daß ich mich damals so vergaß!

BERNICK: Laß mich nüchtern und ruhig meine damalige Situation schildern: Meine Mutter war, wie du dich entsinnen wirst, Inhaberin der Firma. Doch sie hatte absolut keinen Geschäftssinn. Ich wurde eiligst aus Paris zurückgerufen. Die Zeiten waren kritisch. Ich sollte das Geschäft wieder auf die Beine bringen. Was fand ich vor? Etwas, das streng geheimgehalten werden mußte: eine so gut wie bankrotte Firma. Ja, es war so gut wie bankrott, dieses alte, angesehene Haus, das drei Generationen bestanden hatte. Was blieb mir, dem Sohn, dem einzigen Sohn, anderes übrig, als mich nach einem Rettungsmittel umzuschauen?

LONA: Und da rettetest du das Haus Bernick auf Kosten einer Frau!

BERNICK: Du weißt genau, daß Betty mich liebte.

LONA: Und ich?

BERNICK: Glaube mir, Lona – du wärst mit mir niemals glücklich geworden!

LONA: Geschah es aus Besorgnis um mein Glück, daß du mich als Preis hingabst?

BERNICK: Glaubst du vielleicht, daß ich aus eigennützigen Motiven so gehandelt habe? Hätte ich damals allein gestanden, würde ich mit ungebrochenem Mut von vorn begonnen haben. Doch du hast keine Vorstellung davon, wie ein Geschäftsmann unter dem Zwang der maßlosen Verantwortung mit der ererbten Firma verwächst! Weißt du, daß das Wohl und Wehe Hunderter, ja Tausender von ihm abhängt? Und bedenkst du nicht, wie empfindlich unsere Vaterstadt davon getroffen worden wäre, wenn das Haus Bernick Konkurs gemacht hätte?

LONA: Lag es auch im Interesse unserer Vaterstadt, daß während der vergangenen fünfzehn Jahre dein Dasein sich auf einer Lüge aufbaute?

BERNICK: Auf einer Lüge?

LONA: Was weiß Betty von dem, was zu ihrer Verbindung mit dir führte?

BERNICK: Sollte ich sie unnütz verletzen?

LONA: Unnütz, sagst du? Natürlich, du bist ja Geschäftsmann, du mußt dich ja auf den Nutzen verstehen! – Hör jetzt, Karsten, nun will auch ich nüchtern und ruhig sprechen. Sage mir: Bist du nun wirklich glücklich?

BERNICK: Meinst du in der Familie?

LONA: Jawohl.

BERNICK: Das bin ich, Lona. Du bist nicht vergeblich eine so aufopfernde Freundin gewesen! Ich darf sagen, daß ich Jahr für Jahr glücklicher geworden bin. Betty ist gut und willig. Und wie sie im Lauf der Jahre gelernt hat, ihr Wesen meiner Eigenart anzupassen ...

LONA: Hm ...

BERNICK: Früher hatte sie ja reichlich überspannte Vorstellungen von der Liebe. Sie konnte sich nicht damit abfinden, daß die Liebe sich mit den Jahren zu einer ruhigen Freundschaft entwickelt.

LONA: Doch jetzt hat sie sich damit abgefunden?

BERNICK: Vollständig. Du mußt bedenken, daß der tägliche Umgang mit mir nicht ohne erzieherische Wirkung auf sie geblieben ist. Die Menschen müssen lernen, ihre gegenseitigen Forderungen zu reduzieren, um ihren Platz in der Gesellschaft ausfüllen zu können. Mit der Zeit hat Betty dies einsehen gelernt, und darum ist unser Haus zu einem Vorbild für unsere Mitbürger geworden.

LONA: Aber diese Mitbürger wissen wohl auch nichts von der Lüge?

BERNICK: Der Lüge?

LONA: Ja, der Lüge, auf der du seit fünfzehn Jahren dein Leben aufgebaut hast.

BERNICK: Das nennst du ...?

LONA: Lüge nenne ich das. Dreifache Lüge. Erstens die Lüge mir gegenüber, dann die Lüge gegenüber Betty – und schließlich die Lüge gegenüber Johann.

BERNICK: Betty hat nie ein Geständnis verlangt!

LONA: Weil sie nichts gewußt hat!

BERNICK: Und du wirst es nicht verlangen mit Rücksicht auf sie.

LONA: Nein, mich soll man ruhig auslachen und verspotten, ich habe einen breiten Rücken.

BERNICK: Und Johann wird es auch nicht verlangen, das hat er mir zugesagt.

LONA: Aber du selbst, Karsten? Hast du nicht selbst das Verlangen, das Lügengewebe zu zerreißen?

BERNICK: Freiwillig sollte ich mein Familienglück und meine gesellschaftliche Stellung opfern?

LONA: Welches Recht hast du darauf?

BERNICK: Fünfzehn Jahre hindurch habe ich mir täglich Stück für Stück dieses Recht erworben – durch meinen Lebenswandel und durch mein Wirken für den Fortschritt.

LONA: Ja, du hast viel erreicht, für dich selbst und für andere. Du bist der reichste und mächtigste Mann der Stadt. Unter deinen Willen müssen sich wohl oder übel alle beugen, weil du unantastbar dastehst. Dein Familienleben und dein Wirken als Bürger gelten als vorbildlich. Aber all diese Herrlichkeit steht auf sumpfigem Boden. Ein Augenblick kann kommen, ein Wort kann fallen – und du versinkst samt der ganzen Herrlichkeit. Es sei denn, daß du dir rechtzeitig festen Grund verschaffst.

BERNICK: Lona, was willst du hier?

LONA: Ich will dir helfen, festen Grund unter die Füße zu bekommen, Karsten.

BERNICK: Rächen willst du dich! Das habe ich geahnt, aber es wird dir nicht gelingen! Es gibt nur einen Menschen, der mir gefährlich werden könnte, wenn er den Mund aufmachte – und der schweigt.

LONA: Johann?

BERNICK: Ja, Johann! Wenn mich sonst jemand beschuldigen sollte, dann leugne ich alles. Wenn man mich vernichten will, dann kämpfe ich um mein Leben. Doch dein Plan soll dir nie gelingen, das sage ich dir! Der einzige, der mich zu Fall bringen könnte, der schweigt und verschwindet wieder.

Rummel und Vigeland treten rechts ein.

RUMMEL: Guten Tag, guten Tag, lieber Bernick. Du mußt mit uns in die Handelsvereinigung gehen. Wir haben Sitzung, und das Eisenbahnprojekt steht auf der Tagesordnung, wie du weißt.

BERNICK: Ich kann jetzt nicht! Ganz unmöglich!

VIGELAND: Sie müssen aber unbedingt, Herr Konsul!

RUMMEL: Du mußt, Bernick! Redakteur Hammer und die anderen, die für die Küstenlinie waren, arbeiten gegen uns. Sie behaupten, hinter dem neuen Projekt steckten private Interessen!

BERNICK: So erklärt ihnen doch...

VIGELAND: Unsere Erklärung genügt nicht, Herr Konsul.

RUMMEL: Nein, nein, du mußt schon selbst erscheinen! Dich wird natürlich niemand zu verdächtigen wagen.

LONA: Das glaube ich auch!

BERNICK: Ich kann nicht, sage ich. Ich fühle mich nicht wohl. – Oder laßt mir wenigstens etwas Zeit, damit ich wieder zu mir komme.

Rörlund tritt rechts ein.

RÖRLUND: Entschuldigen Sie, Herr Konsul, Sie sehen mich hier in der größten Erregung...

BERNICK: Ja, ja, was fehlt Ihnen denn?

RÖRLUND: Ich muß eine Frage an Sie richten, Herr Konsul: Geschieht es mit Ihrem Einverständnis, daß jenes junge Mädchen, das unter Ihrem Dach Asyl gefunden hat, sich in aller Öffentlichkeit in Begleitung eines Menschen zeigt, der...

LONA: Welches Menschen, Herr Pastor?

RÖRLUND: Des Menschen, von dem sie mehr als von allen anderen Menschen der Welt Distanz wahren sollte!

LONA: Hoho!

RÖRLUND: Geschieht es mit Ihrem Einverständnis, Herr Konsul?

BERNICK *greift nach Hut und Handschuhen*: Ich weiß von nichts. Entschuldigen Sie, ich hab's eilig, muß in die Handelsvereinigung!

HILMAR *kommt aus dem Garten und geht zur Tür links hinten*: Betty, Betty! Hör mal!

FRAU BERNICK *in der Tür*: Was ist denn?

HILMAR: Du solltest in den Garten gehen und der Poussiererei eines gewissen Herrn Jemand mit dieser Dina Dorf ein Ende machen! Ich bin ganz nervös geworden von dem, was ich da mit anhören mußte!

LONA: So? Was hat denn der gewisse Herr Jemand gesagt?

HILMAR: Oh, weiter nichts, als daß sie mit ihm nach Amerika gehen soll. Igittegitt!

RÖRLUND: Das ist doch unerhört!

FRAU BERNICK: Was sagst du?

LONA: Aber das wäre ja großartig!

BERNICK: Unmöglich! Du hast dich verhört!

HILMAR: So frage ihn selbst! Da kommt ja das Pärchen. Doch laßt mich aus dem Spiel!

BERNICK *zu Rummel und Vigeland*: Ich komme gleich nach – nur einen Augenblick!

Rummel und Vigeland gehen rechts hinaus. Johann Tönnesen und Dina kommen aus dem Garten.

JOHANN: Hurra, Lona, sie kommt mit uns!

FRAU BERNICK: Aber Johann, du unbesonnener...!

RÖRLUND: Ist denn so etwas möglich? Ein so ungeheurer Skandal! Mit welchen Verführungskünsten haben Sie...?

JOHANN: Na, na, Sie! Überlegen Sie sich, was Sie sagen!

RÖRLUND: Antworten Sie mir, Dina! Ist es Ihre Absicht – ist das Ihr völlig freier Entschluß?

DINA: Ich muß von hier fort.

RÖRLUND: Aber mit ihm – mit ihm?

DINA: Nennen Sie mir einen anderen, der den Mut hätte, mich mitzunehmen!

RÖRLUND: Nun, dann sollen Sie auch erfahren, wer er ist!

JOHANN: Seien Sie still!

BERNICK: Kein Wort mehr!

RÖRLUND: Dann würde ich der Gesellschaft, über deren Moral und Sitten zu wachen ich berufen bin, einen schlechten Dienst erweisen. Und unverantwortlich würde ich gegenüber diesem jungen Mädchen handeln, an dessen Erziehung ich wesentlichen Anteil hatte und das mir...

JOHANN: Nehmen Sie sich in acht!

RÖRLUND: Sie soll es wissen! Dina, das ist der Mann, der über Ihre Mutter Unglück und Schande gebracht hat!

BERNICK: Herr Rörlund!

DINA: Er? *Zu Johann*: Ist das wahr?

JOHANN: Karsten, antworte du!

BERNICK: Kein Wort mehr! Heute wird nicht mehr davon gesprochen!

DINA: Also ist es wahr!

RÖRLUND: Wahr, wahr! Und noch mehr! Dieser Mensch, dem Sie Ihr Vertrauen schenken, hat sich nicht mit leeren Händen aus dem Staube gemacht. Die Kasse der Witwe Bernick... Herr Konsul kann es bezeugen!

LONA: Lügner!

BERNICK: Ah!

FRAU BERNICK: O Gott, o Gott!

JOHANN *tritt mit erhobenem Arm auf Rörlund zu*: Und das wagst du...?

LONA *abwehrend*: Vergreif dich nicht an ihm, Johann!

RÖRLUND: Ja, werden Sie nur noch tätlich! Aber die Wahrheit soll an den Tag! Und meine Behauptung ist wahr! Konsul Bernick hat es selbst gesagt, und die ganze Stadt weiß es. – So, Dina, jetzt kennen Sie ihn.

Kurze Pause.

JOHANN *leise, Bernick am Arm fassend*: Karsten, Karsten, was hast du getan!

FRAU BERNICK *leise und schluchzend*: O Karsten, daß ich diese Schande über dich bringen mußte!

SANDSTAD *kommt schnell von rechts und ruft, die Türklinke noch in der Hand*: Jetzt müssen Sie endlich kommen, Herr Konsul! Die ganze Eisenbahn hängt an einem Haar!

BERNICK *geistesabwesend*: Was ist? Was soll ich...?

LONA *ernst und mit Nachdruck*: Du sollst dich aufraffen und die Gesellschaft stützen, Schwager!

SANDSTAD: Ja, kommen Sie, kommen Sie! Wir brauchen Ihr ganzes moralisches Gewicht!

JOHANN *dicht bei ihm*: Bernick, wir sprechen uns morgen von Mann zu Mann!

Er geht durch den Garten hinaus. Konsul Bernick folgt willenlos dem Kaufmann Sandstad durch die Tür rechts.

DRITTER AKT

Das Gartenzimmer im Bernickschen Haus.
Konsul Bernick, in der Hand einen Rohrstock, kommt sehr zornig aus der Tür hinten links und läßt sie halb offen.

BERNICK: So! Nun habe ich endlich einmal Ernst gemacht. Diese Prügel dürfte er nicht so schnell vergessen. *Blickt nach der halboffenen Tür.* Was sagst du? – Und ich sage, du bist eine unvernünftige Mutter! Du entschuldigst ihn, bestärkst ihn noch in seinen Streichen! – Das sind keine schlimmen Streiche? Wie nennst du denn so was? Sich bei Nacht aus dem Haus zu schleichen, mit einem Fischerboot aufs Meer hinauszufahren, bis zum späten Vormittag wegzubleiben und mich in Angst und Schrecken zu versetzen, mich, der ich den Kopf schon voll genug habe! Und dann wagt der Bursche noch zu drohen, er würde auskneifen! Ja, das soll er nur probieren! – Du? Das glaube einer! Was kümmerst du dich groß um sein Wohl und Wehe! Ich glaube gar, wenn er in Lebensgefahr schwebte... So? Ja, aber ich habe meinem Erben ein Lebenswerk zu hinterlassen, ich will nicht mein Kind verlieren! – Keinen Widerspruch, Betty! Es bleibt dabei! Er hat Stubenarrest... *Horcht.* Pst! Laß niemand etwas merken!

KRAP *kommt von rechts*: Haben Sie einen Augenblick Zeit, Herr Konsul?

BERNICK *wirft den Rohrstock beiseite*: Jawohl, jawohl. Kommen Sie von der Werft?

KRAP: Direkt von dort! Hm...

BERNICK: Nun? Es ist doch mit der „Palmbaum" keine Verzögerung eingetreten?

KRAP: Die „Palmbaum" kann morgen in See gehen, aber...

BERNICK: Also – was mit der „Indian Girl“? Habe ich nicht geahnt, daß dieser Dickkopf ...

KRAP: Auch die „Indian Girl“ kann morgen auslaufen. Nur – weit wird sie nicht kommen.

BERNICK: Wie meinen Sie das?

KRAP: Entschuldigen Sie, Herr Konsul. Die Tür ist nur angelehnt, und ich glaube, es ist jemand nebenan ...

BERNICK *schließt die Tür*: Also? Was haben Sie mir zu sagen, das niemand hören darf?

KRAP: Nach meinen Beobachtungen beabsichtigt Werkmeister Aune die „Indian Girl“ mit Mann und Maus untergehen zu lassen.

BERNICK: Um Gottes willen, wie kommen Sie darauf?

KRAP: Ich kann mir das nicht anders erklären, Herr Konsul.

BERNICK: Sagen Sie mir bitte mit wenigen Worten ...

KRAP: Soll geschehen. Sie wissen selbst, wie auf der Werft das Arbeitstempo nachgelassen hat, seit wir die neuen Maschinen und die neuen, noch nicht eingearbeiteten Leute haben.

BERNICK: Ja, ja.

KRAP: Als ich aber heute morgen hinkam, merkte ich, daß die Reparatur an dem Amerikaner auffallend fortgeschritten war. Das große Loch im Schiffsboden – Sie wissen, die faule Stelle ...

BERNICK: Ja, ja, was ist damit?

KRAP: Vollständig repariert – wenigstens dem Anschein nach. Schon Bodenplatten gelegt. Sah alles ganz neu aus. Hörte, daß Aune selbst die ganze Nacht bei Licht da unten gearbeitet hat.

BERNICK: Ja, ja, und?

KRAP: Ich ließ mir die Sache durch den Kopf gehen. Die Leute hatten gerade Frühstückspause, und so hatte ich Gelegenheit, mir unbemerkt die Stelle von außen und innen anzusehen. War nicht leicht, durch den beladenen Raum zu kommen. Bekam aber handgreifliche Beweise! Bin dunklen Machenschaften auf die Spur gekommen, Herr Konsul!

BERNICK: Ich kann das noch nicht glauben, Herr Krap. Ich kann und will Aune so etwas nicht zutrauen.

KRAP: Tut mir leid – aber es ist die reine Wahrheit. Dunkle Machenschaften, sage ich. Keine neuen Bohlen eingesetzt –

soweit ich sehen konnte. Nur mit Teertuch und Werg zugestopft und mit Platten verdeckt. Ärgste Pfuscharbeit! Nie und nimmer kommt die „Indian Girl" bis New York. Sinkt auf den Grund wie ein durchlöcherter Kochtopf.

BERNICK: Das ist ja schrecklich! Doch was beabsichtigt er damit nach Ihrer Meinung?

KRAP: Will vermutlich damit die Maschinen in Mißkredit bringen. Will sich rächen. Will die Wiedereinstellung der alten Belegschaft erreichen.

BERNICK: Und darum bringt er so viele Menschen in Lebensgefahr!

KRAP: Er sagte neulich: An Bord der „Indian Girl" gibt's keine Menschen – nur Tiere.

BERNICK: Na ja, darin mag er sogar recht haben. Aber respektiert er denn nicht das große Kapital, das dabei verlorengeht?

KRAP: Auf das große Kapital ist Aune nicht gut zu sprechen, Herr Konsul.

BERNICK: Allerdings, er ist ein Aufwiegler und Unruhestifter. Doch eine so gewissenlose Handlung? Hören Sie, Herr Krap, diese Angelegenheit muß erst sehr genau untersucht werden. Aber streng vertraulich! Unsere Werft ist blamiert, wenn das publik wird.

KRAP: Selbstverständlich, aber...

BERNICK: Während der Mittagspause müssen Sie versuchen, nochmals hinunterzukommen. Ich muß volle Gewißheit haben.

KRAP: Sollen Sie bekommen, Herr Konsul. Aber gestatten Sie eine Frage: Was wollen Sie dann tun?

BERNICK: Natürlich Anzeige erstatten. Wir können uns doch nicht zu Mitschuldigen einer geradezu kriminellen Handlung machen. Damit will ich mein Gewissen nicht belasten. Außerdem wird es in der Presse und in der ganzen Öffentlichkeit einen guten Eindruck machen, wenn man sieht, daß ich alle persönlichen Interessen beiseite schiebe und der Gerechtigkeit freien Lauf lasse.

KRAP: Sehr richtig, Herr Konsul.

BERNICK: Doch zunächst volle Gewißheit! Und bis dahin strengste Verschwiegenheit!

KRAP: Nicht ein Wort, Herr Konsul! Und Gewißheit, die sollen Sie bekommen! *Er geht durch den Garten zur Straße.*

BERNICK *halblaut*: Empörend! Doch nein, das ist ja unmöglich – undenkbar!

Als er in sein Zimmer gehen will, kommt Hilmar von rechts.

HILMAR: Guten Tag, Bernick! Nun, ich gratuliere zum Sieg gestern in der Handelsvereinigung.

BERNICK: O danke.

HILMAR: Das war ja ein glänzender Sieg, wie man hört, ein Sieg bürgerlicher Aufgeschlossenheit über Eigennutz und Vorurteil – ungefähr wie eine französische Razzia gegen die Kabylen. Bemerkenswert, daß du nach dem peinlichen Auftritt hier...

BERNICK: Ja, ja, schon gut.

HILMAR: Aber die Hauptschlacht ist freilich noch nicht geschlagen.

BERNICK: In der Eisenbahnsache, meinst du?

HILMAR: Ja, du weißt doch, was Redakteur Hammer zusammenbraut?

BERNICK *gespannt*: Nein! Was denn?

HILMAR: Er hat sich in ein Gerücht verbissen, das jetzt im Umlauf ist, und will es für einen Zeitungsartikel ausschlachten.

BERNICK: Was für ein Gerücht?

HILMAR: Natürlich das über die großen Landankäufe entlang der Zweigbahn.

BERNICK: Was sagst du? So ein Gerücht ist hier im Umlauf?

HILMAR: Ja, in der ganzen Stadt. Ich hörte es im Klub, wo ich einen Blick hineintat. Ein hiesiger Anwalt soll für einen Mandanten in aller Stille sämtlichen Waldbesitz aufgekauft haben, sämtliche Erzlager, sämtliche Wasserfälle...

BERNICK: Wird auch ein Name genannt?

HILMAR: Im Klub meint man, es müsse ein auswärtiges Konsortium sein, das von deinem Vorhaben Wind bekommen und sich drangehalten hat, ehe die Bodenpreise gestiegen sind. – Ist das nicht eine Gemeinheit? – Igittegitt!

BERNICK: Gemeinheit?

HILMAR: Ja, daß Fremde so in unsere Gegend eindringen! Und daß ein Anwalt aus unserer Stadt sich zu solchen Sachen hergeben kann! Nun ziehen also Auswärtige mit dem Profit ab!

BERNICK: Aber das ist doch nur ein unbestätigtes Gerücht!

HILMAR: Immerhin wird es geglaubt, und morgen oder übermorgen wird Redakteur Hammer aus dem Gerücht eine Tatsache machen. Im Klub herrschte schon allgemeine Erbitterung. Ich hörte mehrere sagen, wenn das Gerücht sich bestätigen sollte, würden sie sich wieder aus den Listen streichen lassen.

BERNICK: Unmöglich!

HILMAR: So? Warum, glaubst du, waren diese Krämerseelen so bereit, mitzumachen? Glaubst du nicht, daß sie sich darauf gespitzt hatten, selbst...?

BERNICK: Unmöglich, sage ich. So viel Gemeinschaftssinn ist nun doch in unserer Stadt vorhanden.

HILMAR: Hier bei uns? Ja, du bist eben Optimist und beurteilst andere nach dir selbst. Aber ich habe einen geschärften Blick für so etwas, und ich sage dir: Hier ist nicht einer – natürlich mit Ausnahme von uns beiden –, nicht einer, sage ich, der die Fahne der Idee hochhält! *Tritt ans Fenster.* Da sind sie schon wieder! Igittegitt!

BERNICK: Wer?

HILMAR: Die beiden Amerikaner. *Blickt nach rechts hinaus.* Aber wen haben sie da bei sich? Ja, weiß Gott, ist das nicht der Kapitän der „Indian Girl"? Igittegitt!

BERNICK: Was mögen sie wohl von dem wollen?

HILMAR: Die passen doch gut zusammen! Der Käpten soll ja Sklavenhändler oder Seeräuber gewesen sein. Und wer weiß, was die beiden andern in all den Jahren getrieben haben.

BERNICK: Ich sage dir, es ist völlig falsch, so etwas von ihnen zu denken.

HILMAR: Ja, du bist nun mal Optimist. Aber jetzt haben wir sie natürlich wieder auf dem Hals. Ich möchte daher rechtzeitig... *Geht nach der Tür links hinten.*

Lona kommt von rechts.

LONA: Na, Hilmar, flüchtest du vor uns?

HILMAR: Ganz und gar nicht. Ich war sowieso auf dem Sprung; muß Betty etwas sagen. *Geht zur Tür hinten links hinaus.*

BERNICK *nach kurzer Pause*: Nun, Lona?

LONA: Ja?

Bernick: Wie stehe ich heute in deinen Augen da?

Lona: Wie gestern. Eine Lüge mehr oder weniger...

Bernick: Du sollst völlige Klarheit erhalten. – Wo bleibt denn Johann?

Lona: Der kommt nach. Er hatte noch etwas zu besprechen.

Bernick: Nach dem, was du gestern gehört hast, wirst du begreifen, daß meine ganze Existenz vernichtet ist, wenn der wahre Sachverhalt bekannt wird.

Lona: Das begreife ich schon.

Bernick: Es ist wohl selbstverständlich, daß ich mich nicht dessen schuldig gemacht habe, wovon damals in der Stadt gemunkelt wurde.

Lona: Das versteht sich von selbst. Doch wer war der Dieb?

Bernick: Es gab keinen Dieb. Es wurde kein Geld gestohlen. Nicht eine Krone ist verschwunden.

Lona: Wie?

Bernick: Nicht eine Krone, sage ich.

Lona: Aber das Gerücht? Wie ist das schändliche Gerücht aufgekommen, daß Johann...?

Bernick: Lona, mit dir glaube ich so offen reden zu können wie mit niemandem sonst. Ich will dir nichts verschweigen. Ich war an der Verbreitung des Gerüchts nicht unbeteiligt.

Lona: Du? Und das konntest du dem Menschen antun, der um deinetwillen...

Bernick: Du solltest mich nicht verurteilen, ohne zu berücksichtigen, wie die Dinge damals lagen. Ich habe dir ja gestern davon erzählt. Ich kam nach Haus und fand meine Mutter in eine Reihe unsinniger Geschäfte verwickelt. Dazu kamen Fehlschläge verschiedener Art. Es war, als hätte sich alles Böse gegen uns verschworen. Unsere Firma stand dicht vor dem Konkurs. Diese Situation machte mich halb leichtsinnig und halb verzweifelt. Lona, ich glaube, es geschah hauptsächlich, um meine Gedanken zu betäuben, daß ich mich in jenes Verhältnis einließ, das schließlich die Ursache von Johanns Fortgang wurde.

Lona: Hm...

Bernick: Du kannst dir wohl vorstellen, wie der Stadtklatsch Wellen schlug, als ihr beide aus dem Lande wart. Dies sei nicht sein einziger Fehltritt gewesen, hörte man sagen. Dorf habe eine große Summe von ihm bekommen, damit er den Mund halte und seiner Wege ginge. Andere wollten wissen, sie, die Frau, habe das Geld bekommen. Zur selben Zeit sickerte durch, daß unsere Firma Schwierigkeiten hatte, ihren Verpflichtungen nachzukommen. Was lag näher, als daß die Klatschmäuler diese beiden Gerüchte miteinander in Verbindung brachten? Da die Frau hierblieb und in dürftigen Verhältnissen lebte, so behauptete man, Johann habe das Geld mit nach Amerika genommen, und in den Gerüchten wurde die Summe ständig größer.

LONA: Und du, Karsten?

BERNICK: Ich griff nach dem Gerücht wie der Ertrinkende nach einer Planke.

LONA: Du hast es weiterverbreitet?

BERNICK: Ich habe ihm nicht widersprochen. Die Gläubiger begannen uns schon auf den Leib zu rücken. Es kam darauf an, sie zu beruhigen. Alles hing davon ab, daß kein Zweifel an der Solidität unseres Hauses aufkam. Wir wären in einer momentanen Verlegenheit. Man dürfe uns nur nicht drängen, müsse uns nur Zeit lassen. Dann käme jeder zu seinem Gelde.

LONA: Und jeder kam auch zu seinem Gelde?

BERNICK: Ja, Lona, dieses Gerücht hat unser Haus gerettet und mich zu dem gemacht, der ich heute bin.

LONA: Also eine Lüge hat dich zu dem Mann gemacht, der du heute bist!

BERNICK: Wem hat sie damals geschadet? Johann wollte ja nie zurückkommen.

LONA: Du fragst, wem die Lüge geschadet hat? Prüfe dich selbst und sage mir, ob du keinen Schaden genommen hast!

BERNICK: Prüfe jeden Mann auf Herz und Nieren – und du wirst zum mindesten einen dunklen Punkt finden, den er verbergen muß.

LONA: Und ihr nennt euch Stützen der Gesellschaft!

BERNICK: Die Gesellschaft hat keine besseren.

LONA: Was liegt daran, ob eine solche Gesellschaft gestützt wird oder nicht? Was gilt hier? Schein und Lüge – weiter nichts. Hier lebst du, der erste Mann der Stadt, in Herrlichkeit und Freuden,

Macht und Ehren, du, der einen Unschuldigen zum Verbrecher gestempelt hat!

BERNICK: Glaubst du nicht, daß ich mein Unrecht ihm gegenüber schmerzlich empfinde? Und daß ich bereit bin, es wiedergutzumachen?

LONA: Womit? Durch ein offenes Bekenntnis?

BERNICK: Das könntest du verlangen?

LONA: Womit sonst kannst du ein solches Unrecht wiedergutmachen?

BERNICK: Ich bin reich, Lona. Johann kann von mir fordern, was er will.

LONA: Ja, biete ihm nur Geld, und du wirst hören, was er darauf antwortet!

BERNICK: Kennst du seine Pläne?

LONA: Nein. Seit gestern ist er verschlossen. Es ist, als habe ihn dies alles mit einem Schlag zum reifen Mann gemacht.

BERNICK: Ich muß mit ihm sprechen!

LONA: Hier ist er!

Johann Tönnesen tritt rechts ein.

BERNICK *geht ihm entgegen*: Johann!

JOHANN *abwehrend*: Zuerst rede ich. Gestern gab ich dir mein Wort zu schweigen.

BERNICK: Das tatest du.

JOHANN: Doch da wußte ich noch nicht...

BERNICK: Johann, laß dir mit zwei Worten den Zusammenhang erklären.

JOHANN: Nicht nötig! Ich begreife den Zusammenhang sehr wohl. Die Firma war damals in einer schwierigen Lage, ich war weit weg, und du konntest mit dem Namen und Ruf eines Wehrlosen nach Belieben umspringen. Nun, ich mache dir hieraus keinen allzu großen Vorwurf. Wir waren damals jung und leichtsinnig. Aber jetzt brauche ich die Wahrheit, jetzt mußt du reden.

BERNICK: Und gerade jetzt bedarf ich meines ganzen Ansehens, und daher kann ich jetzt nicht reden.

JOHANN: Um die Phantasiegespinste, die du über mich verbreitet hast, schere ich mich nicht weiter. Aber für das andere mußt du einstehen. Denn Dina soll meine Frau werden, und hier, hier in der Stadt wollen wir leben und unsern Hausstand gründen.

LONA: Das willst du?

BERNICK: Mit Dina? Als deiner Frau? Hier in der Stadt?

JOHANN: Ja, gerade hier! Ich will hierbleiben, um all diesen Lügnern und Ehrabschneidern Trotz zu bieten. Doch damit sie meine Frau werden kann, mußt du meine Ehre wiederherstellen.

BERNICK: Hast du bedacht, daß ich durch das Eingeständnis der einen Schuld auch die andere bekennen würde? Du wirst mir erwidern, ich könne aus den Büchern beweisen, daß keine Unredlichkeit vorgekommen ist. Aber das kann ich nicht. Unsere Bücher wurden damals nicht so genau geführt. Und selbst wenn ich es könnte – was wäre gewonnen? Stünde ich nicht auf jeden Fall als der Mann da, der sich durch eine Unwahrheit gerettet und fünfzehn Jahre hindurch nicht das geringste dagegen getan hat, daß sich diese Unwahrheit mit allen ihren Folgen in den Köpfen festsetzte? Du kennst die hiesigen Verhältnisse nicht mehr, sonst müßtest du wissen, daß dieses Eingeständnis einem Selbstmord gleichkäme.

JOHANN: Ich kann dir nur sagen, daß ich Frau Dorfs Tochter heiraten und mit ihr hier in der Stadt leben will.

BERNICK *wischt sich den Schweiß von der Stirn*: Höre mich an, Johann – und du auch, Lona! Gerade in diesen Tagen befinde ich mich in einer ungewöhnlichen Lage. Es steht so um mich, daß ihr mich einfach vernichtet, wenn ihr jetzt gegen mich vorgeht – und nicht mich allein, sondern auch eine große, segensreiche Zukunft der Stadt, die doch auch eure Vaterstadt ist.

JOHANN: Und wenn ich darauf verzichte, gegen dich vorzugehen, so vernichte ich damit mein ganzes Lebensglück!

LONA: Sprich weiter, Karsten!

BERNICK: So hört denn! Es hängt mit dem Eisenbahnprojekt zusammen, und von dieser Sache hängt mehr ab, als ihr denkt. Sicher habt ihr gehört, daß im vorigen Jahr wegen einer Küstenlinie verhandelt wurde. Sie hatte in der Stadt und unserer Umgebung viele und gewichtige Stimmen für sich, namentlich in der Presse. Aber ich vermochte dieses Projekt zum Scheitern zu bringen, weil seine Realisierung sich für die Dampferlinie nachteilig ausgewirkt hätte.

LONA: Bist du selbst an dieser Dampferlinie interessiert?

BERNICK: Das wohl. Doch niemand hat gewagt, einen Verdacht in dieser Richtung zu äußern. Mein geachteter Name hat mich davor bewahrt. Im übrigen hätte ich den Verlust verschmerzen können. Aber nicht die Stadt. So wurde die Binnenlinie beschlossen. Nachdem dies geschehen, vergewisserte ich mich heimlich über die Möglichkeit, eine Zweigbahn bis zu unserer Stadt zu bauen.

LONA: Warum denn heimlich, Karsten?

BERNICK: Habt ihr von den großen Aufkäufen von Waldgebieten, Erzlagern und Wasserfällen gehört?

JOHANN: Ja, dahinter soll ein auswärtiges Konsortium stehen.

BERNICK: Bei der jetzigen Verkehrslage ist dieses Gelände für die einzelnen Besitzer so gut wie wertlos. Daher war es verhältnismäßig billig zu haben. Hätte man gewartet, bis dieses Zweigbahnprojekt zur Sprache kam, dann hätten die Eigentümer horrende Preise gefordert.

LONA: Nun gut, aber was weiter?

BERNICK: Nun kommt etwas, das verschieden ausgelegt werden kann – etwas, das ein Mann bei uns nur eingestehen darf, sofern er sich auf einen guten, geachteten Namen stützen kann.

LONA: Nun?

BERNICK: Der Aufkäufer des gesamten Terrains bin ich.

LONA: Du?

JOHANN: Auf eigene Rechnung?

BERNICK: Auf eigene Rechnung. Kommt die Zweigbahn zustande, bin ich Millionär. Kommt sie nicht zustande, bin ich ruiniert.

LONA: Das ist gewagt, Karsten!

BERNICK: Mein ganzes Vermögen habe ich dabei riskiert.

LONA: Ich denke nicht ans Vermögen. Aber wenn es bekannt wird ...

BERNICK: Ja, das ist der wunde Punkt. Mit dem makellosen Namen, den ich bisher gehabt habe, kann ich diese Sache auf mich nehmen und ausführen, kann ich meinen Mitbürgern sagen: Seht, dies habe ich gewagt zum Wohle der Allgemeinheit.

LONA: Zum Wohle der Allgemeinheit?

BERNICK: Ja. Und nicht einer wird an meinen Absichten zweifeln.

LONA: Da gibt es hier doch Männer, die ehrlicher gehandelt hätten als du, ohne Hintergedanken, ohne Nebenabsichten.

BERNICK: Wer?

LONA: Natürlich Rummel, Sandstad und Vigeland.

BERNICK: Um sie zu gewinnen, habe ich mich gezwungen gesehen, sie in die Sache einzuweihen.

LONA: Und?

BERNICK: Sie haben sich zwanzig Prozent Gewinnanteil ausbedungen.

LONA: Oh, diese Stützen der Gesellschaft!

BERNICK: Und zwingt uns nicht die Gesellschaft selbst, krumme Wege zu gehen? Was wäre geschehen, wenn ich nicht in der Stille gehandelt hätte? Alle hätten sich auf das Objekt gestürzt, hätten das Ganze aufgeteilt und damit das Geschäft zersplittert und verpfuscht. Außer mir gibt es in der Stadt nicht einen einzigen Mann, der ein so großes Unternehmen, wie dieses es zu werden verspricht, zu leiten versteht. Hierzulande findet sich nur in den eingewanderten Familien die Fähigkeit für Geschäfte größeren Stils. Daher spricht mich mein Gewissen in diesem Punkt frei. Nur in meinen Händen kann dieses Gebiet für immer zum Segenspender werden und vielen Arbeit und Brot geben.

LONA: Ich glaube, da hast du recht, Karsten.

JOHANN: Aber ich kenne diese vielen nicht, und mein Lebensglück steht auf dem Spiel!

BERNICK: Die Wohlfahrt deiner Vaterstadt steht ebenfalls auf dem Spiel! Werden Dinge bekannt, die auf mein früheres Verhalten einen Schatten werfen, so werden alle meine Gegner mit vereinten Kräften über mich herfallen. Eine jugendliche Unbesonnenheit wird in unseren Kreisen nicht vergessen. Man wird mein ganzes späteres Leben durchgehen, tausend Einzelheiten hervorziehen und im Licht dieser Enthüllungen betrachten und kommentieren. Unter dem Gewicht von Gerüchten und Verleumdungen wird man mich zermalmen. Von dem Eisenbahnprojekt muß ich zurücktreten. Und tue ich das, so fällt es, und ich bin mit einem Schlag ruiniert und bürgerlich tot!

LONA: Johann, nach dem, was du jetzt gehört hast, mußt du abreisen und schweigen!

BERNICK: Ja, ja, Johann, das mußt du!

JOHANN: Na gut, ich werde abreisen und auch schweigen. Aber ich komme wieder, und dann rede ich.

BERNICK: Bleib drüben, Johann! Schweige, und ich bin bereit, mit dir zu teilen.

JOHANN: Behalte dein Geld, aber gib mir meinen guten Namen wieder!

BERNICK: Dabei würde ich meinen eigenen opfern!

JOHANN: Magst du zusehen, wie du da herauskommst. Ich muß und werde Dina zur Frau bekommen. Deshalb reise ich morgen mit der „Indian Girl“ nach drüben.

BERNICK: Mit der „Indian Girl“?

JOHANN: Ja. Der Kapitän will mich mitnehmen. Ich reise nach drüben, sage ich, verkaufe meine Farm und ordne meine Angelegenheiten. In zwei Monaten bin ich wieder hier.

BERNICK: Und dann willst du sprechen?

JOHANN: Dann soll der Schuldige die Schuld selbst auf sich nehmen.

BERNICK: Vergißt du, daß ich damit auch Unverschuldetes auf mich nehmen müßte?

JOHANN: Wer hat vor fünfzehn Jahren aus dem niederträchtigen Gerücht Nutzen gezogen?

BERNICK: Du treibst mich zur Verzweiflung! Wenn du den Mund aufmachst, dann leugne ich alles. Ich sage, es sei ein Komplott gegen mich, ein Racheakt. Du seist herübergekommen, mich zu erpressen!

LONA: Schäm dich, Karsten!

BERNICK: Ich handle als Verzweifelter. Ich kämpfe auf Tod und Leben. Ich leugne alles, alles!

JOHANN: Ich habe deine beiden Briefe. In meinem Koffer habe ich sie zwischen meinen anderen Papieren gefunden. Heute morgen habe ich sie wieder durchgelesen. Sie sind Beweis genug.

BERNICK: Und du willst sie vorlegen?

JOHANN: Falls es nötig ist.

BERNICK: Und in zwei Monaten bist du wieder hier?

JOHANN: Das hoffe ich. Der Wind ist günstig. In drei Wochen bin ich in New York – wenn die „Indian Girl" nicht untergeht.

BERNICK *stutzt*: Untergeht? Warum sollte die „Indian Girl" untergehen?

JOHANN: Das meine ich auch.

BERNICK *kaum hörbar*: Untergehen?

JOHANN: Also, Bernick, jetzt weißt du, was dir bevorsteht. Sieh zu, inzwischen mit dir ins reine zu kommen! Leb wohl! Betty kannst du grüßen, obwohl sie sich wenig schwesterlich verhalten hat. Aber Martha möchte ich noch sehen. Sie soll Dina sagen ... Sie soll mir versprechen ... *Er geht durch die Tür hinten links hinaus.*

BERNICK *vor sich hin*: Mit der „Indian Girl"? *Rasch*: Lona, du mußt das verhindern!

LONA: Du siehst selbst, Karsten – ich habe keinen Einfluß mehr auf ihn. *Sie geht Johann nach, durch die Tür links hinten.*

BERNICK *in unruhigen Gedanken*: Untergehen ...?

Aune kommt von rechts.

AUNE: Mit Erlaubnis, Herr Konsul, haben Sie einen Augenblick Zeit?

BERNICK *wendet sich heftig um*: Was wollen Sie?

AUNE: Ich möchte eine Frage an Sie richten, Herr Konsul.

BERNICK: Nun gut. Machen Sie schnell. Was wollen Sie fragen?

AUNE: Ob es feststeht – unwiderruflich –, daß ich von der Werft entlassen werde, wenn die „Indian Girl" morgen nicht auslaufen kann.

BERNICK: Was soll das? Die Reparatur wird ja rechtzeitig fertig.

AUNE: Ja, das wird sie. Wenn sie nun aber nicht fertig würde – bekäme ich dann meine Entlassung?

BERNICK: Was soll diese Fragerei?

AUNE: Ich muß es wissen, Herr Konsul. Antworten Sie mir: Werde ich dann entlassen?

BERNICK: Pflege ich zu meinem Wort zu stehen oder nicht?

AUNE: Also ich würde morgen die Stellung, die ich bei meinen Angehörigen einnehme, verlieren, würde auch meinen Einfluß in Arbeiterkreisen verlieren und hätte nicht mehr die Möglichkeit, für die wirtschaftlich Schwachen einzutreten.

BERNICK: Aune, dieser Punkt ist erledigt.

AUNE: Ja, dann muß die „Indian Girl“ segeln.

Kurze Pause.

BERNICK: Hören Sie mal! Ich kann meine Augen nicht überall haben, kann nicht für alles verantwortlich sein. – Sie können mir doch die Garantie geben, daß die Reparatur einwandfrei ausgeführt ist?

AUNE: Sie haben mir einen kurzfristigen Termin gestellt, Herr Konsul.

BERNICK: Aber die Reparatur ist einwandfrei, sagen Sie?

AUNE: Wir haben ja Schönwetter und Sommer.

Pause.

BERNICK: Haben Sie mir noch etwas zu sagen?

AUNE: Ich wüßte nicht, Herr Konsul.

BERNICK: Also – die „Indian Girl“ läuft aus.

AUNE: Morgen?

BERNICK: Ja.

AUNE: Gut. *Grüßt und geht.*

Bernick steht einen Augenblick unschlüssig da. Darauf geht er rasch zur Ausgangstür, als wolle er Aune zurückrufen, bleibt aber unruhig stehen, die Hand auf der Türklinke. In diesem Moment wird die Tür von außen geöffnet, und Krap tritt ein.

KRAP: Also – er war bei Ihnen! Hat er alles eingestanden?

BERNICK: Hm ... Haben Sie etwas entdeckt?

KRAP: War das noch nötig? Sah ihm das schlechte Gewissen nicht aus den Augen?

BERNICK: Ach was – das kann man nicht sehen! Ich fragte, ob Sie etwas entdeckt haben?

KRAP: Kam nicht mehr dazu, es war zu spät. Die Leute waren schon dabei, das Schiff aus dem Dock zu holen. Aber gerade diese Eile beweist klar ...

BERNICK: Beweist gar nichts! Die Besichtigung hat also stattgefunden?

KRAP: Versteht sich. Aber ...

BERNICK: Sehen Sie wohl! Und man hat natürlich nichts gefunden, was zu beanstanden war?

KRAP: Herr Konsul, Sie wissen doch selbst, wie solche Besichtigungen vor sich gehen, besonders auf einer Werft, die einen so guten Ruf hat wie unsere.

BERNICK: Gleichviel. Wir sind also der Verantwortung enthoben.

KRAP: Herr Konsul, haben Sie Aune wirklich nichts anmerken können?

BERNICK: Aune hat mich vollständig beruhigt, sage ich Ihnen.

KRAP: Und ich sage Ihnen, ich bin überzeugt...

BERNICK: Was soll das heißen, Herr Krap? Ich weiß, Sie haben etwas gegen den Mann. Doch wenn Sie ihm eins auswischen wollen, müssen Sie sich eine andere Gelegenheit aussuchen. Sie wissen, wie wichtig es mir – oder vielmehr der amerikanischen Reederei ist, daß die „Indian Girl" morgen ausläuft!

KRAP: Gut, gut! Meinetwegen. Aber welcherart die nächste Meldung über das Schiff sein wird – hm!

Kaufmann Vigeland kommt von rechts.

VIGELAND: Ergebenster Diener, Herr Konsul. Haben Sie einen Augenblick Zeit?

BERNICK: Natürlich, Herr Vigeland.

VIGELAND: Ja, ich wollte nur hören, ob Sie auch dafür sind, daß die „Palmbaum" morgen in See sticht?

BERNICK: Natürlich. Das war doch abgesprochen.

VIGELAND: Aber eben war der Kapitän bei mir und hat mir mitgeteilt, daß Sturm gemeldet ist.

KRAP: Das Barometer ist seit heute morgen stark gefallen.

BERNICK: So? Dann müssen wir also mit Sturm rechnen?

VIGELAND: Mit einer steifen Brise auf jeden Fall. Aber Gegenwind ist nicht zu befürchten. Im Gegenteil.

BERNICK: Hm – ja, was meinen Sie?

VIGELAND: Ich meine, und ich habe es auch schon zum Kapitän gesagt: Die „Palmbaum" steht in der Hand der Vorsehung. Außerdem bleibt sie ja fürs erste auf der Nordsee. Und in England liegen die Frachtsätze jetzt ganz passabel, so daß...

BERNICK: Ja, eine Verzögerung würde uns wahrscheinlich Verlust bringen.

VIGELAND: Das Schiff ist ja auch solid und zudem voll versichert. Nein, da ist es wahrlich riskanter für die „Indian Girl".

BERNICK: Wie meinen Sie das?

VIGELAND: Die läuft doch morgen auch aus.

BERNICK: Ja, die Reederei hat uns telegrafisch gemahnt, und außerdem ...

VIGELAND: Na, wenn der alte Kasten sich hinauswagen kann – und noch dazu mit solcher Mannschaft –, da wäre es eine Schande, wenn wir nicht ...

BERNICK: Na gut! Sie haben vermutlich die Schiffspapiere bei sich?

VIGELAND: Ja, hier sind sie.

BERNICK: Gut. Würden Sie wohl mit Herrn Krap hineingehen?

KRAP: Bitte sehr. Das werden wir rasch erledigen.

VIGELAND: Und den Ausgang überlassen wir dem Allmächtigen, Herr Konsul. *Er geht mit Krap vU6das Zimmer vorn links.*

Rörlund kommt durch den Garten.

RÖRLUND: Ah, trifft man Sie zu dieser Tageszeit einmal zu Haus an, Herr Konsul?

BERNICK *in Gedanken*: Wie Sie sehen.

RÖRLUND: Ja, eigentlich wollte ich zu Ihrer Gattin. Ich dachte mir, sie könnte ein tröstendes Wort brauchen.

BERNICK: Sicherlich. Aber ich möchte mich auch gern mal mit Ihnen unterhalten.

RÖRLUND: Mit Vergnügen, Herr Konsul. Doch was fehlt Ihnen? Sie sehen ja ganz blaß und verstört aus!

BERNICK: So? Tatsächlich? Ja, wie kann das anders sein – wo ich in letzter Zeit so außergewöhnlich angespannt arbeite? Mein großes Geschäft – und dann der Bau der Eisenbahn. Auf ein Wort, Herr Kandidat – gestatten Sie mir eine Frage?

RÖRLUND: Aber bitte sehr, Herr Konsul!

BERNICK: Mir ist da ein Gedanke gekommen: Wenn man vor einem so weitreichenden Unternehmen steht, das den Wohlstand Tausender fördern soll – falls dieses Unternehmen nun ein Opfer fordern sollte ...?

RÖRLUND: Wie ist das zu verstehen?

BERNICK: Angenommen, ein Mann plant den Bau einer großen Fabrik. Er weiß mit Sicherheit – die Erfahrung hat es ihn gelehrt –, daß der Fabrikbetrieb früher oder später einige Menschenleben fordern wird...

RÖRLUND: Das ist nur allzu wahrscheinlich.

BERNICK: Oder es verlegt sich jemand auf den Bergbau. Er stellt Familienväter und lebensfrohe junge Menschen ein. Läßt sich nicht mit Bestimmtheit vorhersagen, daß nicht alle mit dem Leben davonkommen werden?

RÖRLUND: Ja, das stimmt leider.

BERNICK: Nun gut. Ein solcher Mann weiß also mit Sicherheit von vornherein, daß die Verwirklichung seines Planes einmal Menschenleben kosten wird. Aber dieses Unternehmen soll für die Allgemeinheit von Nutzen werden. Jedem geopferten Menschenleben wird auf der anderen Seite die Hebung des Lebensniveaus von vielen Hunderten gegenüberstehen.

RÖRLUND: Aha! Sie denken an die Eisenbahn – an die gefährlichen Ausschachtungen und Felssprengungen und dergleichen!

BERNICK: Ja, selbstverständlich. Ich denke an die Eisenbahn. Und außerdem – die Eisenbahn wird ja Fabriken und Bergwerke im Gefolge haben. Aber meinen Sie nicht trotzdem...

RÖRLUND: Lieber Herr Konsul, Sie sind beinahe allzu gewissenhaft! Ich meine, wenn Sie die Sache in die Hand der Vorsehung legen...

BERNICK: Ja, ja, gewiß. Die Vorsehung...

RÖRLUND: ... so sind Sie außer aller Verantwortung. Bauen Sie nur getrost Ihre Eisenbahn!

BERNICK: Ja, aber nun setze ich einen besonderen Fall. Ich nehme an, an einer gefährlichen Stelle müßte eine Sprengung vorgenommen werden. Ohne diese Sprengung könnte die Strecke nicht fertiggebaut werden. Ich unterstelle: der Ingenieur weiß, daß der Arbeiter, der die Sprengladung zündet, nicht mit dem Leben davonkommt. Doch die Sprengung muß vorgenommen werden, und es ist die Pflicht des Ingenieurs, einen Arbeiter damit zu beauftragen.

RÖRLUND: Hm...

BERNICK: Ich weiß, was Sie sagen wollen. Es wäre groß, wenn der Ingenieur selbst die Lunte nähme und die Sprengung vornähme. Doch so etwas tut man nicht. Er muß also einen Arbeiter opfern.

RÖRLUND: Das würde bei uns ein Ingenieur nie tun.

BERNICK: In den großen Industriestaaten würde kein Ingenieur Bedenken haben.

RÖRLUND: Das glaube ich wohl. Unter jenen verderbten und gewissenlosen gesellschaftlichen Verhältnissen...

BERNICK: Oh, an diesen Verhältnissen ist manches gut!

RÖRLUND: Und das können Sie sagen, Sie, der Sie selbst...?

BERNICK: In den großen Industrieländern hat man Ellbogenfreiheit, ein nutzbringendes Unternehmen durchzusetzen. Dort hat man Mut, für eine große Sache Opfer zu bringen. Hier aber wird man eingeengt durch allerlei kleinliche Rücksichten und Bedenken.

RÖRLUND: Ist die Rücksicht auf ein Menschenleben kleinlich?

BERNICK: Wenn dieses Menschenleben dem Wohle Tausender im Wege steht.

RÖRLUND: Aber Sie nehmen ja ganz unwahrscheinliche Fälle an, Herr Konsul! Ich verstehe Sie heute gar nicht. Und dann weisen Sie auf die Verhältnisse dort draußen in der großen Welt hin. Ja, dort draußen – was gilt da ein Menschenleben? Dort rechnet man mit Menschenleben wie mit Kapitalien. Aber wir stehen doch auf einer ganz anderen moralischen Stufe, sollte ich meinen. Denken Sie doch nur an unseren ehrenhaften Schiffsreederstand! Nennen Sie mir einen einzigen Reeder hier bei uns, der um schnöden Gewinn ein Menschenleben opfern würde! Und dann denken Sie an jene Schurken da draußen in der großen Welt, die um des Gewinns willen ein nicht mehr seetüchtiges Schiff nach dem anderen beladen...

BERNICK: Von nicht mehr seetüchtigen Schiffen spreche ich nicht!

RÖRLUND: Aber ich spreche davon, Herr Konsul.

BERNICK: Ja, aber wozu? Das gehört doch nicht zur Sache. Diese kleinlichen Bedenken! Wenn bei uns ein General seine Leute ins Gefecht und dem Tode entgegenführen müßte, er hätte hinterher schlaflose Nächte! So ist es anderswo nicht. Sie sollten hören, was der da drin erzählt...

RÖRLUND: Wer? Der amerikanische Farmer?

BERNICK: Jawohl. Sie sollten nur hören, wie man in Amerika...

RÖRLUND: Er ist da drin? Und das sagen Sie mir erst jetzt? Ich will gleich...

BERNICK: Das ist zwecklos. Bei dem können Sie nichts ausrichten!

RÖRLUND: Das wollen wir sehen! Ah, da ist er ja!

Johann kommt aus dem Zimmer links hinten.

JOHANN *spricht durch die offene Tür zurück*: Ja, ja, Dina, finden wir uns damit ab! Aber ich lasse doch nicht von Ihnen! Ich komme wieder, und dann wird alles geregelt werden.

RÖRLUND: Gestatten Sie: Was meinen Sie hiermit? Was wollen Sie?

JOHANN: Ich will, daß das junge Mädchen, bei dem Sie mich gestern angeschwärzt haben, meine Frau wird.

RÖRLUND: Ihre...? Und Sie bilden sich ein...?

JOHANN: Ich will sie zur Frau haben.

RÖRLUND: Nun, so sollen Sie auch erfahren... *Geht zu der halboffenen Tür.* Frau Bernick, haben Sie die Güte, Zeuge zu sein – und Sie auch, Fräulein Martha! Und lassen Sie Dina kommen. *Erblickt Lona.* Ah, sind Sie auch hier?

LONA *in der Tür*: Soll ich auch kommen?

RÖRLUND: Soviel nur immer wollen. Je mehr, desto besser!

BERNICK: Was haben Sie vor?

Lona, Frau Bernick, Martha, Dina und Hilmar kommen aus dem Zimmer links hinten.

FRAU BERNICK: Herr Kandidat, ich habe ihn beim besten Willen nicht daran hindern können...

RÖRLUND: Ich werde ihn daran hindern, verehrte Frau Bernick. – Dina, Sie sind ein unbesonnenes Mädchen! Doch ich mache Ihnen nicht allzu große Vorwürfe. Sie sind hier zu lange ohne moralische Stütze gewesen. Ich mache mir den Vorwurf, daß ich Ihnen bisher nicht den genügenden Halt gegeben habe.

DINA: Sie dürfen jetzt nicht sprechen!

FRAU BERNICK: Aber was ist eigentlich los?

RÖRLUND: Gerade jetzt muß ich sprechen, Dina! Zwar macht Ihr Betragen gestern und heute mir dies zehnfach schwer, doch wenn es um Ihre Rettung geht, müssen alle anderen Bedenken zurücktreten. Sie erinnern sich an mein Wort, das ich Ihnen gegeben habe. Sie erinnern sich, was Sie zu antworten versprochen haben, wenn ich die Zeit für gekommen hielt. Jetzt darf ich mich nicht länger besinnen, und deshalb ... *Zu Johann*: Dieses junge Mädchen, dem Sie nachstellen, ist meine Verlobte!

FRAU BERNICK: Was sagen Sie!

BERNICK: Dina!

JOHANN: Dina! Ihre ...?

MARTHA: Nein, nein, Dina!

LONA: Lüge!

JOHANN: Dina – spricht der Mann die Wahrheit?

DINA *nach kurzer Pause*: Ja.

RÖRLUND: Hiermit wird hoffentlich allen Verführungskünsten ein Ende gesetzt. Der Schritt, zu dem ich mich um Dinas willen entschlossen habe, mag allgemein bekanntgegeben werden. Ich habe die sichere Hoffnung, daß er nicht mißdeutet wird. Aber jetzt, verehrte Frau Bernick, halte ich es für das beste, wir führen Dina hinweg und versuchen ihr zu helfen, das seelische Gleichgewicht wiederzuerlangen.

FRAU BERNICK: Ja, kommen Sie! O Dina, welches Glück für dich! *Sie führt Dina links hinaus, Rörlund begleitet sie.*

MARTHA: Leb wohl, Johann! *Sie geht.*

HILMAR *in der Gartentür*: Hm – da muß ich allerdings sagen ...

LONA: Nicht die Flinte ins Korn werfen, mein Junge! Ich bleibe hier und passe auf den Pastor auf. *Sie geht rechts hinaus.*

BERNICK: Johann, jetzt reist du nicht mit der „Indian Girl"!

JOHANN: Jetzt gerade!

BERNICK: Aber du kommst nicht wieder?

JOHANN: Ich komme wieder.

BERNICK: Nach dem eben Vorgefallenen? Was willst du da noch hier?

JOHANN: Mich rächen an euch! Kaputtmachen euch alle! *Er geht rechts hinaus.*

Vigeland und Krap kommen aus dem Zimmer links vorn.

VIGELAND: So, jetzt sind die Papiere in Ordnung, Herr Konsul.

BERNICK: Gut, gut ...

KRAP *gedämpft*: Und es steht also fest, daß die „Indian Girl“ morgen ausläuft?

BERNICK: Sie läuft morgen aus. *Geht in sein Zimmer.*

Vigeland und Krap gehen rechts hinaus. Hilmar will ihnen folgen, doch im selben Augenblick steckt Olaf vorsichtig seinen Kopf durch die Tür links.

OLAF: Onkel! Onkel Hilmar!

HILMAR: Igittegitt! Bist du's? Warum bleibst du nicht oben? Du hast doch Stubenarrest!

OLAF *einige Schritte ins Zimmer*: Onkel Hilmar, weißt du schon das Neueste?

HILMAR: Ja, ich weiß, daß du heute Prügel bekommen hast.

OLAF *blickt drohend nach dem Zimmer seines Vaters*: Er soll mich nicht noch mal anrühren! – Aber weißt du, daß Onkel Johann morgen mit der „Indian Girl“ segelt?

HILMAR: Was schert das dich? Mach, daß du wieder hinaufkommst!

OLAF: Ich werde vielleicht noch einmal Büffel jagen, Onkel!

HILMAR: Unsinn! So ein Angsthase wie du!

OLAF: Wart nur! Morgen wirst du das nicht mehr sagen!

HILMAR: Du Greenhorn! *Geht durch den Garten zur Straße.*

Olaf läuft zur Tür links hinten hinaus und schließt die Tür, da er Krap von rechts kommen sieht.

KRAP *geht zur Tür des Konsuls und öffnet sie halb*: Entschuldigen Sie, daß ich noch einmal komme, Herr Konsul! Aber es zieht ein mächtiges Unwetter auf! *Wartet einen Augenblick, bekommt aber keine Antwort.* Soll die „Indian Girl“ trotzdem auslaufen?

BERNICK *antwortet nach einer kurzen Pause aus seinem Zimmer*: Die „Indian Girl“ läuft trotzdem aus.

Krap schließt die Tür und geht rechts hinaus.

VIERTER AKT

Das Gartenzimmer bei Bernicks. Der Arbeitstisch ist weggeräumt. Draußen stürmt es. Die herrschende Dämmerung nimmt während der folgenden Szenen zu.

Ein Diener zündet den Kronleuchter an. Einige Dienstmädchen bringen Blumentöpfe, Lampen und Kerzen, die auf den Tisch und auf Wandkonsolen gestellt werden. Rummel – im Frack, mit Handschuhen und weißer Halsbinde – steht im Zimmer und erteilt Anweisungen.

RUMMEL *zum Diener*: Nur jede zweite Kerze, Jacob! Es darf nicht zu festlich aussehen, soll doch eine Überraschung sein! Und so viele Blumen? Nun ja, lassen Sie sie nur stehen! Es kann ja aussehen, als stünden sie immer hier.

Bernick kommt aus seinem Zimmer.

BERNICK *in der Tür*: Was soll das heißen?

RUMMEL: Au verflucht, bist du schon da? *Zu den Bedienten*: Ja, vorläufig brauche ich euch nicht mehr. *Der Diener und die Mädchen gehen links hinten hinaus.*

BERNICK *kommt näher:* Aber Rummel, was soll das bedeuten?

RUMMEL: Das bedeutet, daß der größte Augenblick deines Lebens gekommen ist. Die Stadt bringt ihrem ersten Bürger heute abend einen Festzug.

BERNICK: Was sagst du?

RUMMEL: Einen Festzug mit Musik. Eigentlich sollte es ein Fakkelzug werden. Doch das durften wir bei dem stürmischen Wetter nicht wagen. Aber illuminiert wird. Und das nimmt sich ja in den Berichten der Zeitungen ganz gut aus.

BERNICK: Hör mal, Rummel, davon will ich nichts wissen!

RUMMEL: Ja, jetzt kann ich nichts mehr abblasen. In einer halben Stunde sind sie hier.

Bernick: Aber warum hast du mir das nicht eher gesagt?

Rummel: Weil ich fürchtete, du würdest Einwendungen machen. Doch ich habe mich mit deiner Frau in Verbindung gesetzt. Sie hat mir gestattet, eine kleine Feier zu arrangieren, und will selbst für Erfrischungen sorgen.

Bernick *horcht*: Was ist das? Kommen Sie schon? Mir ist, als hörte ich singen.

Rummel *an der Terrassentür*: Singen? Ach, das sind nur die Amerikaner. Die „Indian Girl" wird nach der Tonne verholt.

Bernick: Schon verholt? – Nein, ich kann heute abend nicht, Rummel! Ich bin krank.

Rummel: Du siehst wirklich schlecht aus. Aber du mußt dich zusammennehmen. Zum Donnerwetter, das mußt du! Ich und auch Sandstad und Vigeland, wir haben uns allergrößte Mühe gegeben, diese Veranstaltung auf die Beine zu bringen. Unsere Gegner müssen von dem Gewicht einer möglichst kompakten Meinungsäußerung erdrückt werden. Die in der Stadt umlaufenden Gerüchte verdichten sich. Es läßt sich nicht länger verhindern, daß die Geschichte mit den Landaufkäufen bekannt wird. Du mußt notwendigerweise schon heute abend bei Gesang und Gläserklang und Festreden, kurz: im allgemeinen Festtrubel bekennen, was du zum Besten der Allgemeinheit riskiert hast. In diesem allgemeinen Festtrubel, wie ich mich eben ausdrückte, kann man bei uns sehr viel erreichen. Aber der ist auch nötig, ohne den geht's nicht.

Bernick: Ja, gewiß...

Rummel: Und besonders, wenn man eine so delikate und kitzlige Angelegenheit der Öffentlichkeit servieren will. Nun, du hast, Gott sei Dank, einen Namen, mit dem du das riskieren kannst, Bernick. Aber nun laß uns einige Einzelheiten absprechen! Hilmar Tönnesen hat ein Lied auf dich gedichtet. Es beginnt sehr schön mit den Worten: „Haltet hoch die Fahne der Idee!" Und Kandidat Rörlund hat den Auftrag, die Festrede zu halten. Auf die mußt du natürlich erwidern.

Bernick: Ich kann heute abend nicht, Rummel. Könntest du nicht?

Rummel: Unmöglich, beim besten Willen nicht! Die Rede wird sich doch, wie du dir denken kannst, vor allem an dich richten. Na, vielleicht würdigt man auch uns einer Erwähnung. Ich habe mit Vigeland und Sandstad darüber gesprochen. Wir hatten gedacht, du könntest ein Hoch auf das Gedeihen unserer Gesellschaft ausbringen. Sandstad will einige Worte über die Eintracht zwischen den verschiedenen Gesellschaftsschichten sagen. Vigeland will sich dann dazu äußern, wie wünschenswert es wäre, daß das neue Unternehmen nicht die moralische Grundlage erschüttert, auf der wir jetzt stehen. Und ich selbst werde mit ein paar passenden Worten der Frauen gedenken, deren bescheidenes Wirken auch nicht ohne Bedeutung für die Gesellschaft sei. Aber du hörst ja nicht zu!

BERNICK: Doch – doch! Aber sage mir, glaubst du, daß wir außerhalb der Schären sehr stürmische See haben?

RUMMEL: Ach, du fürchtest für die „Palmbaum"? Die ist ja gut versichert!

BERNICK: Ja, versichert schon, aber ...

RUMMEL: Und in gutem Stande. Und das ist das wichtigste.

BERNICK: Hm ... Und wenn einem Schiff etwas zustößt, so brauchen ja damit nicht unbedingt Verluste an Menschenleben verbunden zu sein. Schiff und Ladung können verlorengehen, man kann Koffer und Papiere einbüßen ...

RUMMEL: Zum Teufel, Koffer und Papiere sind doch nicht so wichtig!

BERNICK: Das nicht! Nein, nein, ich meinte auch nur ... Pst – jetzt singen sie wieder!

RUMMEL: Das ist an Bord der „Palmbaum".

Vigeland kommt von rechts.

VIGELAND: Also jetzt wird die „Palmbaum" verholt. Guten Abend, Herr Konsul!

BERNICK: Und Sie, als seekundiger Mann, sind nach wie vor der Ansicht ...?

VIGELAND: Ich für mein Teil pflege mich an die Vorsehung zu halten, Herr Konsul. Außerdem bin ich selbst an Bord gewesen und habe einige kleine Erbauungsschriften verteilt, die den Leuten hoffentlich zum Segen gereichen werden.

Sandstad und Krap kommen von rechts.

SANDSTAD *noch in der Tür*: Ja, wenn das gut geht, dann geht alles gut! Guten Abend, guten Abend!

BERNICK: Etwas vorgefallen, Herr Krap?

KRAP: Ich sage nichts mehr, Herr Konsul.

SANDSTAD: Die ganze Besatzung der „Indian Girl" ist betrunken! Ich will kein ehrlicher Mann sein, wenn diese Bestien mit dem Leben davonkommen!

Lona kommt von rechts.

LONA *zu Bernick*: Jetzt kann ich dir von ihm Grüße bestellen.

BERNICK: Schon an Bord?

LONA: Jedenfalls bald. Wir haben uns vor dem Hotel getrennt.

BERNICK: Und sein Entschluß steht fest?

LONA: Felsenfest!

RUMMEL *an einem Fenster*: Der Teufel hole diese neumodischen Einrichtungen. Ich kann die Vorhänge nicht herunterkriegen!

LONA: Sollen sie herunter? Ich glaubte im Gegenteil...

RUMMEL: Zuerst runter, mein Fräulein. Ja, Sie wissen doch, was hier bevorsteht?

LONA: Doch, ja. Darf ich helfen? *Nimmt die Schnur in die Hand.* Ich werde den Vorhang vor meinem Schwager fallen lassen – obgleich ich ihn lieber hochgehen ließe.

RUMMEL: Das können Sie nachher auch. Wenn die wogende Menge den Garten füllt, gehen die Vorhänge in die Höhe, und man wird einer freudig überraschten Familie ansichtig. Das Heim eines Bürgers soll wie ein Glasschrank sein.

Bernick scheint etwas sagen zu wollen, wendet sich aber rasch um und geht in sein Zimmer.

Auf zur letzten Beratung! Kommen Sie mit, Herr Krap! Sie müssen uns mit einigen praktischen Informationen zur Seite stehen.

Alle Herren gehen in das Zimmer des Konsuls. Lona hat die Vorhänge vor die Fenster gezogen und will gerade den Vorhang vor der offenen Glastür schließen, als Olaf von oben auf die Terrasse springt. Er hat einen Plaid über die Schulter gelegt und ein Bündel in der Hand.

LONA: Oh, Gott verzeih dir, Junge! Wie du mich erschreckt hast!

OLAF *verbirgt das Bündel*: Pst, Tante!

LONA: Bist du aus dem Fenster gesprungen? Wo willst du denn hin?

OLAF: Pst. Nichts sagen! Ich will zu Onkel Johann – nur auf den Kai, verstehst du – ihm nur Lebewohl sagen! Gute Nacht, Tante! *Er läuft durch den Garten.*

LONA: Nein, bleib hier! Olaf – Olaf!

Johann in Reisekleidung, mit einem kleinen Reisesack auf der Schulter, öffnet behutsam die Tür rechts.

JOHANN: Lona!

LONA *wendet sich um*: Was! Du kommst zurück?

JOHANN: Ich habe noch einige Minuten Zeit. Ich muß Dina noch einmal sehen. Wir können nicht so auseinandergehen.

Martha und Dina, beide im Mantel, Dina mit einer Reisetasche in der Hand, kommen aus der Tür hinten links.

DINA: Ich muß ihn finden!

MARTHA: Ja, das wirst du, Dina!

DINA: Da ist er ja!

JOHANN: Dina!

DINA: Nehmen Sie mich mit!

JOHANN: Was?

LONA: Du willst...?

DINA: Ja, nehmen Sie mich mit! Der andere hat mir geschrieben, er will heute abend die Verlobung vor aller Welt bekanntgeben.

JOHANN: Dina – Sie lieben ihn nicht?

DINA: Ich habe diesen Menschen nie geliebt. Ehe ich mich mit ihm verlobe, gehe ich ins Wasser! Oh, wie hat er mich gestern mit seinen hochmütigen Reden gedemütigt! Wie hat er mich fühlen lassen, daß er ein unter ihm stehendes Geschöpf zu sich emporzieht! Ich will mich nicht mehr so geringschätzig behandeln lassen! Ich will fort von hier. Darf ich mit Ihnen?

JOHANN: Ja, ja und tausendmal ja!

DINA: Ich will Ihnen nicht lange zur Last fallen. Helfen Sie mir nur hinüber! Helfen Sie mir nur für den Anfang ein wenig!

JOHANN: Hurra, das findet sich schon, Dina!

LONA *zeigt auf die Tür des Konsuls*: Pst! Leise, leise!

JOHANN: Dina, ich werde Sie auf Händen tragen!

DINA: Das sollen Sie nicht! Ich will aus eigner Kraft vorwärtskommen! Und drüben werde ich das können. Wenn ich nur von hier fortkomme! Oh, diese ehrbaren Damen! Auch die haben mir heute geschrieben. Sie haben mich ermahnt, mein Glück zu begreifen, haben mir vorgehalten, welchen Edelmut dieser Mann bewiesen hat. Immer würde ich unter ihrer Aufsicht stehen, ob ich mich auch dieses Glücks würdig zeige! Ich habe Angst vor so viel Moral!

JOHANN: Sagen Sie mir, Dina, wollen Sie nur deshalb von hier fort? Bin ich Ihnen nichts?

DINA: Doch, Johann, Sie bedeuten mir mehr als alle anderen Menschen.

JOHANN: O Dina...!

DINA: Alle sagen sie hier, ich müsse Sie hassen und verabscheuen. Das sei meine Pflicht. Aber ich begreife nicht – warum. Ich werde es nie begreifen!

LONA: Das sollst du auch nicht, Kind!

MARTHA: Nein, das sollst du nicht! Geh nur mit ihm und werde seine Frau!

JOHANN: Ja, ja!

LONA: Was? Jetzt muß ich dir einen Kuß geben, Martha! Das hatte ich von dir nicht erwartet.

MARTHA: Das glaube ich wohl. Ich hatte es selbst nicht erwartet. Doch einmal mußte es heraus. Oh, wie einem hier das Leben verleidet wird durch die starren Regeln der Konvention! Biet ihnen die Stirn, Dina! Werde seine Frau! Tu etwas, das all dieser Schicklichkeit und Sittsamkeit ins Gesicht schlägt!

JOHANN: Was haben Sie darauf zu sagen, Dina?

DINA: Ja, ich will Ihre Frau werden.

JOHANN: Dina!

DINA: Doch zuerst will ich arbeiten, selbst etwas werden, so wie Sie! Ich will nicht eine Sache sein, die man nimmt.

LONA: Ja, so ist's recht, so soll's sein!

JOHANN: Gut, ich warte und hoffe!

LONA: Und du gewinnst, Junge! Aber jetzt an Bord!

JOHANN: Ja, an Bord! – Ach, Lona, Schwesterlein, noch etwas. Hör zu ... *Er führt sie in den Hintergrund und spricht lebhaft auf sie ein.*

MARTHA: Dina, du Glückliche, laß dich anschauen, dir noch einen Kuß geben – den letzten!

DINA: Nicht den letzten! Nein, liebe, geliebte Tante, wir sehen uns wieder!

MARTHA: Niemals! Versprich mir, Dina, daß du nie zurückkommst! *Ergreift ihre beiden Hände und blickt sie an.* Nun gehst du dem Glück entgegen, du geliebtes Kind – übers Meer! Oh, wie oft habe ich mich aus meinem Schulzimmer dorthin gesehnt! Dort draußen muß es schön sein: Der Himmel ist weit. Die Wolken ziehen höher als hier, eine freiere Luft weht dort ...

DINA: O Tante Martha, später einmal kommst du nach!

MARTHA: Ich? Niemals! Hier habe ich meine bescheidene Lebensaufgabe, und jetzt werde ich voll und ganz meiner Bestimmung leben können.

DINA: Ich kann mir nicht vorstellen, daß wir uns trennen.

MARTHA: Ach, der Mensch kann sich von vielem trennen, Dina. *Küßt sie.* Doch diese Erfahrung möge dir erspart bleiben, liebes Kind! Versprich mir, ihn glücklich zu machen!

DINA: Ich will nichts versprechen. Ich hasse Versprechungen. Soll's kommen, wie's kommt.

MARTHA: Ja, ja, so halte es! Bleibe nur, wie du bist – wahr und treu gegen dich selbst.

DINA: Das will ich, Tante.

LONA *steckt einige Papiere, die ihr Johann gegeben hat, in die Tasche*: Sehr gut, lieber Junge! Aber jetzt fort!

JOHANN: Ja, nun ist's höchste Zeit! Leb wohl, Lona! Dank für all deine Liebe! – Leb wohl, Martha, hab auch du Dank für deine treue Freundschaft!

MARTHA: Leb wohl, Johann. Leb wohl, Dina! Und werdet glücklich!

Martha und Lona drängen Johann und Dina zur Terrassentür. Die beiden entfernen sich rasch durch den Garten. Martha schließt die Tür und zieht den Vorhang vor.

LONA: Nun sind wir allein, Martha! Du hast Dina verloren und ich Johann.

MARTHA: Du – Johann?

LONA: Oh, ich hatte ihn schon drüben zur Hälfte verloren. Der Junge sehnte sich danach, auf eigenen Füßen zu stehen. Daher hab ich ihm eingeredet, ich litte an Heimweh.

MARTHA: Deshalb? Ja, nun verstehe ich, warum du gekommen bist. Aber er wird dich wieder herüberholen wollen, Lona.

LONA: Eine alte Stiefschwester – was soll er jetzt mit der? – Männer zerreißen manches alte Band, um sich ans Glück zu binden.

MARTHA: Ja, das kommt vor.

LONA: Aber wir wollen zusammenhalten, Martha!

MARTHA: Kann ich dir denn etwas bedeuten?

LONA: Wer könnte es mehr? Wir zwei Pflegemütter – haben wir nicht beide unsere Kinder verloren? Nun sind wir allein.

MARTHA: Ja, allein. Und darum sollst du es auch wissen: Ich habe ihn mehr als alles auf der Welt geliebt.

LONA: Martha! *Packt sie am Arm.* Ist das wahr?

MARTHA: Der Inhalt meines ganzen Lebens liegt in diesen Worten. Ich habe ihn geliebt und auf ihn gewartet. Jeden Sommer habe ich gewartet, daß er käme. Und dann ist er gekommen – aber er hat mich gar nicht bemerkt.

LONA: Hast ihn geliebt und ihm selbst das Glück zugeführt!

MARTHA: Sollte ich ihm das Glück nicht zuführen, wenn ich ihn liebte? Ja, ich habe ihn geliebt. Mein ganzes Leben ist ein Leben für ihn gewesen, seit er damals auswanderte. Du meinst, ich hätte ohne Grund gehofft? Oh, ich glaube schon, einigen Grund gehabt zu haben! Aber als er wiederkam – da war es, als wäre alles in seiner Erinnerung ausgelöscht. Er hat mich gar nicht bemerkt.

LONA: Du standest in Dinas Schatten, Martha.

MARTHA: Gut, daß es so war. Als er wegging, waren wir gleichaltrig. Als ich ihn wiedersah – oh, dieser furchtbare Augenblick –, da wurde ich mir jäh bewußt, daß ich um zehn Jahre mehr als er gealtert bin. Er hatte dort draußen in dem hellen, flimmernden Sonnenlicht mit jedem Atemzug Jugend und Gesundheit eingesogen. Und ich hatte unterdessen zwischen meinen engen Wänden gesessen und gesponnen und gesponnen...

LONA: Den Faden seines Glücks, Martha!

MARTHA: Ja, es war Gold, was ich spann. Ich will nicht bitter sein. Nicht wahr, Lona, wir sind ihm zwei gute Schwestern gewesen?

LONA *umarmt sie*: Martha!

Konsul Bernick kommt aus seinem Zimmer.

BERNICK *zu den Herren im Zimmer*: Ja, bitte, arrangieren Sie das ganz nach Belieben! Wenn es soweit ist, werde ich schon... *Schließt die Tür.* Ah, ihr seid hier? Hör, Martha, du solltest dich ein bißchen umziehen! Und sag Betty, sie möchte es auch tun. Ich wünsche natürlich keine große Toilette, nur irgendwas Nettes! Aber ihr müßt euch beeilen.

LONA: Und eine zufriedene, glückliche Miene aufsetzen, Martha! Vergiß nicht die Augen blank zu putzen!

BERNICK: Olaf soll auch herunterkommen. Ich will ihn an meiner Seite haben.

LONA: Hm – Olaf...

MARTHA: Ich werde Betty Bescheid sagen. *Sie geht durch die Tür links hinten hinaus.*

LONA: Ja, nun ist also der große, feierliche Moment gekommen.

BERNICK *der unruhig auf und ab geht*: Ja, gewiß...

LONA: Ich kann mir denken, daß ein Mann sich in solch einem Augenblick stolz und glücklich fühlt.

BERNICK *blickt sie an*: Hm!

LONA: Die ganze Stadt soll ja illuminiert werden.

BERNICK: Ja, etwas in der Art ist wohl beabsichtigt.

LONA: Alle Vereine werden mit ihren Fahnen anrücken. Dein Name wird in Flammenschrift leuchten. Heute nacht wird nach allen Himmelsrichtungen telegrafiert werden: „Im Kreise seiner glücklichen Familie empfing Konsul Bernick die Huldigung seiner Mitbürger als Stütze der Gesellschaft."

BERNICK: Wahrscheinlich. Und auf der Straße wird man „Hoch!" rufen, die Menge wird nach mir verlangen, ich werde mich – wohl oder übel – zeigen und dankend verbeugen müssen.

LONA: Wohl oder übel?

BERNICK: Glaubst du, ich fühlte mich heute abend glücklich?

LONA: Nein, ich glaube nicht, daß du dich richtig glücklich fühlen kannst.

BERNICK: Lona, du verachtest mich!

LONA: Noch nicht.

BERNICK: Dazu hättest du auch kein Recht. Dazu nicht! – Lona, du kannst nicht ermessen, wie unsagbar einsam ich mich in dieser bornierten, verkalkten Gesellschaft fühle – wie ich Jahr für Jahr meine Forderung nach einem Leben, das mich ausfüllt, herunterschrauben mußte. Was habe ich schon ausgerichtet, so großartig es auch aussehen mag? Stückwerk – Kleinkram! Doch anderes, Größeres verträgt man hier nicht. Würde ich mich ein wenig über die herrschende Tagesströmung hinauswagen, so wäre es aus mit meiner Vormachtstellung. Weißt du, was wir sind, wir „Stützen der Gesellschaft"? Die Werkzeuge der Gesellschaft sind wir, weiter nichts.

LONA: Warum siehst du das erst jetzt ein!

BERNICK: Weil ich in letzter Zeit viel nachgedacht habe; seit du wieder hier bist – und besonders heute abend. – Ach, Lona, warum habe ich dich damals nicht so gekannt wie heute!

LONA: Was wäre dann?

BERNICK: Nie hätte ich mich von dir getrennt. Und hätte ich dich an meiner Seite gehabt, wäre ich einen anderen Weg gegangen.

LONA: Und was Betty dir hätte werden können, daran denkst du nicht?

BERNICK: Auf jeden Fall weiß ich, daß sie mir nicht das geworden ist, was ich brauchte.

LONA: Weil sie nie an deinen Lebensaufgaben teilnehmen durfte, weil du nie ein echtes, freies Verhältnis und klare Beziehungen zwischen euch gewollt hast! Weil du sie von dem Gefühl der Schande, die du auf ihre nächsten Verwandten abgewälzt hast, erdrücken läßt!

BERNICK: Ja, ja, ja! An allem ist die Lüge schuld!

LONA: Und warum brichst du dann nicht mit der Lüge?

BERNICK: Jetzt? Jetzt ist es zu spät, Lona.

LONA: Karsten, sage mir, welche Befriedigung dir dieses auf Lug und Trug gestellte Dasein gewährt!

BERNICK: Keine. Ich muß zugrunde gehen wie diese ganze verpfuschte Gesellschaft. Aber eine neue Generation wächst heran. Um meines Sohnes willen arbeite ich. Für ihn lege ich den Grundstein zu einem Lebenswerk. Es wird eine Zeit kommen, wo Wahrheit die Beziehungen der Menschen untereinander bestimmt. Darauf soll er ein glücklicheres Dasein gründen als seinem Vater beschieden war.

LONA: Mit einer Lüge als Grundstein? Bedenke, was für ein Erbe du deinem Sohn da hinterlassen willst!

BERNICK *in unterdrückter Verzweiflung*: Ich hinterlasse ihm ein tausendmal schlimmeres Erbe, als du weißt. Aber einmal muß der Fluch weichen! Und doch – *mit Leidenschaft* – wie konntet ihr all das über mich bringen! Aber nun ist es geschehen. Jetzt muß ich weitergehen. Es soll euch nicht gelingen, mich zu vernichten!

Hilmar kommt mit einem offenen Brief in der Hand eilig und verstört von rechts.

HILMAR: Aber das ist doch – Betty, Betty!

BERNICK: Was ist denn los? Kommen sie schon?

HILMAR: Nein, nein, aber ich muß dringend... *Geht durch die Tür links hinten hinaus.*

LONA: Karsten, du redest, als seien wir gekommen, dich zu vernichten. So laß dir sagen, aus welchem Holz er ist, dieser verlorene Sohn, den eure moralische Gesellschaft scheut wie einen Pestkranken. Johann kann euch entbehren, er ist jetzt abgereist.

BERNICK: Aber er will wiederkommen!

LONA: Er kommt nie wieder. Er ging fort für immer, und Dina ist mit ihm gegangen.

BERNICK: Niemals wieder? Und Dina ist doch mit ihm gegangen?

LONA: Ja, um seine Frau zu werden. So schlagen die beiden eurer höchst ehrbaren Gesellschaft ins Gesicht, ebenso wie ich einst – na!

BERNICK: Auch sie an Bord der „Indian Girl"!

LONA: Nein. Ein so teures Gut konnte er nicht der verwahrlosten Bande anvertrauen. Johann und Dina reisen mit der „Palmbaum".

BERNICK: Ah! – Also – vergebens... *Reißt die Tür zu seinem Zimmer auf und ruft hinein*: Krap, halten Sie die „Indian Girl" zurück! Sie darf heute nicht mehr auslaufen!

KRAP *von drinnen*: Die „Indian Girl" ist schon auf See, Herr Konsul.

BERNICK *schließt die Tür und sagt matt*: Zu spät – und ganz sinnlos!

LONA: Was meinst du damit?

BERNICK: Nichts, nichts – ach, nichts für dich, Lona.

LONA: Hm. Hör mich jetzt an, Karsten! Ich soll dir von Johann sagen, er überlasse mir das Geschick des guten Rufs, den er dir einst freiwillig abgetreten, sowie des guten Namens, den du ihm in seiner Abwesenheit geraubt hast. Johann schweigt, aber ich kann in dieser Sache tun und lassen, was ich will. Sieh, hier halte ich deine beiden Briefe in der Hand...

BERNICK: Du hast sie! Jetzt – jetzt willst du – schon heute abend – vielleicht, wenn der Festzug...

LONA: Ich bin nicht zurückgekommen, um dich zu verraten, sondern um dich so aufzurütteln, daß du freiwillig redest. Das ist mir nicht gelungen. So bleib in der Lüge! Sieh her: Ich zerreiße deine beiden Briefe. Nimm die Fetzen, da hast du sie! Nun gibt es nichts mehr, was gegen dich zeugt, Karsten. Nun bist du sicher. Sei nun auch glücklich – wenn du kannst!

BERNICK *erschüttert*: Lona, warum hast du das nicht früher getan! Nun ist es zu spät. Mit mir ist es aus. Nach dem heutigen Tag kann ich nicht weiterleben.

LONA: Was ist denn nur passiert?

BERNICK: Frage mich nicht! – Aber ich muß leben. Und ich will leben – um Olafs willen. Er soll alles gutmachen.

LONA: Karsten...!

Hilmar kommt eilig zurück.

HILMAR: Nicht zu finden! Fort! Auch Betty nicht!

BERNICK: Was fehlt dir?

HILMAR: Ich wage nicht, es dir zu sagen.

BERNICK: Was ist? Du mußt es mir sagen!

HILMAR: Also: Olaf ist durchgebrannt – mit der „Indian Girl".

BERNICK *taumelt zurück*: Olaf – mit der „Indian Girl"! Nein, nein!

LONA: Doch, natürlich! Jetzt verstehe ich – ich habe ihn aus dem Fenster springen sehen.

BERNICK *in der Tür zu seinem Zimmer, ruft verzweifelt*: Krap, halten Sie die „Indian Girl“ auf! Um jeden Preis!

KRAP *kommt heraus*: Unmöglich, Herr Konsul! Wie stellen Sie sich das vor?

BERNICK: Wir müssen das Schiff stoppen! Olaf ist an Bord!

KRAP: Was sagen Sie da?

RUMMEL *kommt heraus*: Olaf ist ausgerissen? Nicht möglich!

SANDSTAD *kommt heraus*: Der Junge wird mit dem Lotsen zurückgeschickt werden, Herr Konsul!

HILMAR: Nein, nein. Er hat mir geschrieben. *Zeigt den Brief.* Er schreibt, er will sich im Laderaum verstecken, bis sie auf offener See sind.

BERNICK: Ich sehe ihn nie wieder!

RUMMEL: Ach was! Ein starkes, gutes Schiff, eben überholt...

VIGELAND *der gleichfalls herausgekommen ist*: Auf Ihrer Werft, Herr Konsul!

BERNICK: Ich sehe ihn nie wieder, sage ich! Lona, ich habe ihn verloren, und jetzt wird es mir klar – er hat mir nie wirklich gehört. *Horcht.* Was ist das?

RUMMEL: Musik! Jetzt kommt der Festzug!

BERNICK: Ich kann nicht, ich will niemand sehen!

RUMMEL: Wo denkst du hin? Das geht unmöglich!

SANDSTAD: Unmöglich, Herr Konsul. Bedenken Sie, was für Sie auf dem Spiel steht!

BERNICK: Was bedeutet mir das alles jetzt noch! Für wen habe ich nun gearbeitet?

RUMMEL: Wie kannst du nur so fragen? Du hast doch uns und die Gesellschaft!

VIGELAND: Ja, das ist ein wahres Wort!

SANDSTAD: Und vergessen Sie doch nicht, Herr Konsul, daß wir...

Martha kommt durch die Tür hinten links. Man hört die Musik gedämpft von weitem.

MARTHA: Jetzt kommt der Zug! Aber Betty ist nicht zu finden! Ich verstehe nicht, wo sie...

BERNICK: Nicht zu Haus? Da siehst du, Lona: keine Stütze, nicht in Freud und nicht in Leid!

RUMMEL: Die Vorhänge auf! Kommen Sie her und helfen Sie mir, Herr Krap! Und Sie auch, Herr Sandstad! Jammerschade, daß die Familie gerade jetzt nicht beisammen ist! Ganz gegen das Programm!

Die Vorhänge werden von Fenster und Tür gezogen. Die ganze Straße ist illuminiert. An dem Haus gegenüber leuchtet ein großes Transparent mit der Aufschrift: „Hoch lebe Karsten Bernick, die Stütze unserer Gesellschaft!"

BERNICK *weicht zurück*: Weg damit! Ich will nichts sehen! Die Lichter aus!

RUMMEL: Erlaub mal, bist du nicht bei Troste?

MARTHA: Lona, was fehlt ihm?

LONA: Pst! *Spricht leise mit Martha.*

BERNICK: Weg mit diesen höhnischen Worten, sage ich! Seht ihr nicht, daß alle Lichter uns Fratzen schneiden!

RUMMEL: Nein, nun muß ich aber offen sagen...

BERNICK: Ach, was versteht ihr davon? Aber ich, ich! Das sind Lichter für die Totenkammer!

KRAP: Hm...

RUMMEL: Nein, weißt du – du nimmst es aber auch zu schwer!

SANDSTAD: Der Junge macht eine Reise über den Atlantik, und dann bekommen Sie ihn wieder!

VIGELAND: Vertrauen Sie auf den Allmächtigen, Herr Konsul!

RUMMEL: Und auf das Schiff, Bernick, das meines Wissens seefest ist!

KRAP: Hm...

RUMMEL: Ja, wenn es so ein schwimmender Sarg wäre, wie ihn manche ausländische Reederei auslaufen läßt...

BERNICK: Ich fühle, daß ich in dieser Stunde ergraue.

Frau Bernick, einen großen Schal um den Kopf, kommt durch die Gartentür.

FRAU BERNICK: Karsten, Karsten, weißt du...?

BERNICK: Ja, ich weiß. – Aber du – eine Mutter, die nichts hört und nichts sieht...

FRAU BERNICK: Laß dir doch sagen...!

BERNICK: Warum hast du nicht über ihn gewacht? Nun habe ich ihn verloren! Gib ihn mir wieder, wenn du kannst!

FRAU BERNICK: Ich kann es. Ich hab ihn!

BERNICK: Du hast ihn?

DIE HERREN: Ah!

HILMAR: Das habe ich mir doch gedacht!

MARTHA: Karsten, du hast ihn wieder!

LONA: Aber nun such ihn auch für dich zu gewinnen!

BERNICK: Ist er gerettet? Ist das wahr? Wo ist er?

FRAU BERNICK: Das verrate ich nicht, bevor du ihm verziehen hast!

BERNICK: Ach was, verziehen. Aber woher wußtest du...?

FRAU BERNICK: Glaubst du, eine Mutter hätte keine Augen? Ich war in Todesangst, daß du etwas erfahren könntest. Eine Bemerkung, die er gestern machte... Und als ich nun in seinem Zimmer stand, seine Sachen mitsamt dem Ranzen verschwunden waren...

BERNICK: Ja, und?

FRAU BERNICK: ... lief ich, was ich konnte, und holte mir Aune. Wir segelten in seinem Boot los. Das amerikanische Schiff hatte schon Anker gelichtet. Gott sei Dank, wir kamen gerade noch zur rechten Zeit, gingen an Bord, durchsuchten das Schiff – und fanden ihn. – Oh, Karsten, du darfst ihn nicht bestrafen!

BERNICK: Betty!

FRAU BERNICK: Und Aune auch nicht!

BERNICK: Aune? Was weißt du von ihm? Ist die „Indian Girl" wieder unter Segel?

FRAU BERNICK: Nein, das ist es ja gerade...

BERNICK: So sprich doch!

FRAU BERNICK: Aune war ebenso erschüttert wie ich. Die Durchsuchung nahm Zeit in Anspruch. Die Dunkelheit brach herein, und der Lotse machte Schwierigkeiten. Und da nahm es Aune auf sich – in deinem Namen...

BERNICK: Nun?

FRAU BERNICK: ...das Schiff bis morgen zurückzuhalten.

KRAP: Hm...

BERNICK: Oh, was für ein Glück!

FRAU BERNICK: Du bist darüber nicht böse?

BERNICK: Was für ein großes, großes Glück, Betty!

RUMMEL: Du bist aber auch allzu gewissenhaft!

HILMAR: Ja, sobald es einen kleinen Kampf mit den Elementen gilt, dann – igittegitt!

KRAP *am Fenster*: Jetzt kommt der Zug in den Garten, Herr Konsul!

BERNICK: Ja, jetzt können sie kommen.

RUMMEL: Der Garten ist voller Menschen.

SANDSTAD: Und auf der Straße stehen sie Kopf an Kopf.

RUMMEL: Die ganze Stadt ist auf den Beinen, Bernick! Das ist wirklich ein unvergeßlicher Augenblick!

VIGELAND: Lassen Sie uns ihn demütigen Sinnes erleben, Herr Rummel!

RUMMEL: Alle Fahnen sind aufmarschiert. Was für ein Zug! Da haben wir das Festkomitee mit Kandidat Rörlund an der Spitze.

BERNICK: Laßt sie kommen, mir ist's recht!

RUMMEL: Aber hör mal, in der Gemütsverfassung, in der du dich befindest...

BERNICK: Na und?

RUMMEL: Ich wäre nicht abgeneigt, in deinem Namen das Wort zu ergreifen.

BERNICK: Nein, danke! Heute abend will ich selbst reden!

RUMMEL: Aber weißt du auch, was du zu sagen hast?

BERNICK: Ja, sei unbesorgt, Rummel – jetzt weiß ich, was ich sagen muß.

Die Musik hat inzwischen aufgehört. Die Terrassentür tut sich auf. Kandidat Rörlund tritt an der Spitze des Festkomitees ein, begleitet von einigen Lohndienern, die einen verdeckten Korb tragen. Ihnen folgen Einwohner aus allen Schichten, soviel der Raum faßt. Eine Menschenmenge mit Fahnen und Flaggen drängt sich im Garten und auf der Straße.

RÖRLUND: Hochverehrter Herr Konsul! An der Überraschung, die sich auf Ihrem Gesicht abzeichnet, sehe ich, daß wir hier als unerwartete Gäste eindringen in Ihren glücklichen Familienkreis, in dem Sie am friedlichen Herd von ehrenwerten, tatkräftigen Freunden und Mitbürgern umgeben sind. Doch es ist uns ein Herzensbedürfnis, Ihnen unsere Huldigung darzubringen. Es ist nicht das erstemal, daß solches geschieht, doch es geschieht das erstemal in so großem Ausmaß. Wir haben Sie so manches Mal unseres Dankes versichert, dafür, daß Sie sozusagen eine breite moralische Grundlage für das Gemeinwesen unserer Stadt schufen. Diesmal huldigen wir Ihnen namentlich als dem weitblickenden, unermüdlichen, uneigennützigen, ja, sich aufopfernden Mitbürger, der die Initiative zu einem Unternehmen ergriffen hat, das nach Meinung aller Sachkundigen für das zeitliche Gedeihen und die Wohlfahrt unseres Gemeinwesens einen gewaltigen Aufschwung mit sich bringen wird.

STIMMEN AUS DER MENGE: Bravo, bravo!

RÖRLUND: Herr Konsul! Sie sind schon seit Jahren unserer Stadt als leuchtendes Vorbild vorangegangen. Ich spreche hier nicht von Ihrem mustergültigen Familienleben, auch nicht von Ihrem makellosen moralischen Lebenswandel im allgemeinen. Dergleichen Dinge gehören ins stille Kämmerlein und nicht in den Festsaal. Sondern ich spreche von Ihrer bürgerlichen Tätigkeit, so wie sie vor aller Augen offen daliegt. Gut ausgerüstete Schiffe verlassen Ihre Werft und tragen unsere Flagge auf die fernsten Meere. Eine zahlreiche und glückliche Belegschaft blickt zu Ihnen auf wie zu einem Vater. Indem Sie neue Erwerbszweige ins Leben rufen, bringen Sie Wohlstand in zahllose Familien. Mit anderen Worten: Sie sind für unsere Gesellschaft im wahrsten Sinne des Wortes ein Grundpfeiler von eminenter Bedeutung.

STIMMEN: Hört, hört! Bravo!

RÖRLUND: Und gerade diese Uneigennützigkeit, die all Ihr Tun auszeichnet, wirkt so unsagbar wohltuend, insbesondere in Zeiten wie diesen. Sie stehen nun im Begriff, uns eine – ja, ich habe keine Bedenken, das prosaische Wort offen auszusprechen – uns eine Eisenbahn zu schaffen.

VIELE STIMMEN: Bravo, bravo!

RÖRLUND: Doch dieses Vorhaben scheint auf Schwierigkeiten zu stoßen, im wesentlichen diktiert von engstirnigen, egoistischen Absichten.

STIMMEN: Hört! Hört!

RÖRLUND: Es ist nämlich nicht unbekannt geblieben, daß gewisse Individuen, die nicht unserem Gemeinwesen angehören, den strebsamen Bürgern unserer Stadt zuvorgekommen sind und sich in den Besitz gewisser Vorteile gesetzt haben, die von Rechts wegen unserer Stadt hätten zugute kommen müssen.

STIMMEN: Jawohl! Hört! Hört!

RÖRLUND: Diese bedauernswerte Tatsache ist natürlich auch zu Ihrer Kenntnis gelangt, Herr Konsul. Doch nichtsdestoweniger verfolgen Sie unerschütterlich Ihren Plan, wohl wissend, daß ein Staatsbürger nicht ausschließlich das Interesse seines eigenen Gemeinwesens im Auge haben darf.

VERSCHIEDENE STIMMEN: Hm! Nein, nein! Jawohl! Jawohl!

RÖRLUND: Es ist somit der Mensch als Staatsbürger – der Mann, wie er sein soll und muß –, dem wir heute abend in Ihrer Person unsere Huldigung darbringen. Möge Ihr Vorhaben zum wahren und dauernden Besten unserer Gesellschaft ausschlagen! Gewiß bringt die Eisenbahn die Gefahr mit sich, daß schädliche Elemente von außerhalb bei uns eindringen, aber sie bietet uns auch die Möglichkeit, daß wir sie uns wieder rasch vom Halse schaffen können. Und vor schlechten Elementen von außerhalb sind wir ja ohnehin auch jetzt nicht sicher. Aber daß wir gerade an diesem festlichen Abend, wie man hört, schneller als erwartet derartige Elemente glücklich losgeworden sind ...

STIMMEN: Pst! Pst!

RÖRLUND: ... das nehme ich als glückliches Omen für das neue Unternehmen. Daß ich diesen heiklen Punkt hier an diesem Ort berühren kann, das bestätigt uns aufs neue: Wir befinden uns hier in einem Haus, wo der ethischen Forderung alle Rücksichten auf Familienbande hintangestellt werden.

STIMMEN: Hört, hört! Bravo!

BERNICK *gleichzeitig*: Gestatten Sie mir ...

RÖRLUND: Nur noch wenige Worte, Herr Konsul! Was Sie getan haben für dieses Gemeinwesen, das haben Sie gewiß nicht getan mit dem Hintergedanken an einen persönlichen materiellen Vorteil. Jedoch ein geringes Zeichen der Anerkennung von seiten Ihrer dankbaren Mitbürger dürfen Sie nicht verschmähen und am allerwenigsten in diesem bedeutsamen Augenblick, in dem wir, wie Männer der Praxis versichern, am Beginn einer neuen Zeit stehen.

VIELE STIMMEN: Bravo! Hört, hört!

Rörlund gibt den Lohndienern einen Wink. Sie bringen den Korb näher. Mitglieder des Festkomitees überreichen während des Folgenden die jeweils genannten Gegenstände.

RÖRLUND: So dürfen wir Ihnen, Herr Konsul, hiermit ein silbernes Kaffeeservice überreichen. Es möge Ihren Tisch schmücken, wenn wir in Zukunft, wie schon so oft, die Freude haben, uns in Ihrem gastfreien Haus zu versammeln. – Auch Sie, meine Herren, die so verständnisvoll dem ersten Mann unserer Gesellschaft zur Seite gestanden haben, bitten wir, ein kleines Erinnerungspräsent entgegenzunehmen. Dieser silberne Pokal ist Ihnen zugedacht, Herr Rummel. Sie haben so oft in zündenden Worten, beim Becherklang, die Interessen unserer Mitbürger verfochten. Mögen Sie oft würdigen Anlaß finden, diesen Pokal zu erheben und zu leeren. – Ihnen, Herr Sandstad, überreiche ich dieses Album mit Fotografien unserer Mitbürger. Dank Ihrer bekannten und allgemein anerkannten humanen Gesinnung sind Sie in der angenehmen Lage, Mitglieder aller Parteien innerhalb unserer Gesellschaft zu Freunden zu zählen. – Und für Sie, Herr Vigeland, habe ich zur Zierde Ihres Kämmerleins diese Hauspostille auf Velinpapier im Prachteinband. Unter dem läuternden Einfluß der Jahre haben Sie sich zu einer abgeklärten Lebensauffassung durchgerungen. Ihre Tätigkeit in täglicher Pflichterfüllung ist im Laufe der Jahrzehnte durch das Wissen um das Höhere und Jenseitige geläutert und geadelt worden. *Er wendet sich der Menge zu.* Und nun, meine Freunde, ein Hoch auf Herrn Konsul Bernick und seine Mitstreiter! Ein Hoch auf die Stützen der Gesellschaft!

DIE MENGE: Hoch Konsul Bernick! Hoch unsere Stützen! Hoch! Hoch! Hoch!

LONA: Meinen Glückwunsch, Schwager!

Erwartungsvolle Stille.

BERNICK *beginnt ernst und bedächtig*: Meine lieben Mitbürger! – Ihr Wortführer sprach davon, daß wir am Beginn einer neuen Zeit stehen, und ich hoffe, daß dies zutrifft. Doch um dies zu ermöglichen, müssen wir der Wahrheit unsere Herzen und Häuser öffnen – der Wahrheit, die bislang bei uns obdachlos gewesen ist. *Erstaunen unter den Umstehenden.* Ich muß damit beginnen, die Lobesworte zurückzuweisen, mit denen Sie, Herr Kandidat, mich überschüttet haben, wie's bei solchen Anlässen üblich ist. Ich verdiene sie nicht. Denn ein uneigennütziger Mann bin ich nie gewesen. Wenn ich auch nicht immer materiellem Vorteil nachgejagt bin, so ist doch – das weiß ich jetzt – die Begierde nach Macht, nach Einfluß und Ansehen die Haupttriebkraft meiner meisten Handlungen gewesen.

RUMMEL *halblaut*: Was soll das?

BERNICK: Meinen Mitbürgern gegenüber mache ich mir daraus kein Gewissen. Denn ich glaube noch immer, daß ich mich in die erste Reihe der tüchtigen Männer unserer Stadt stellen darf.

VIELE STIMMEN: Ja, jawohl!

BERNICK: Doch Vorwürfe mache ich mir, daß ich oft schwach genug war, dunkle Wege zu gehen. Denn ich kannte und fürchtete die Neigung unserer Gesellschaft, unsaubere Motive hinter allem zu wittern, was ein Mann unternimmt. Und damit komme ich zu einer uns alle angehenden Sache.

RUMMEL *unruhig*: Hm – hm!

BERNICK: Es sind hier Gerüchte von großen Landaufkäufen im Umlauf. Das gesamte in Rede stehende Gelände habe ich aufgekauft, ich allein.

GEDÄMPFTE STIMMEN: Was sagt er? Der Konsul? Konsul Bernick?

BERNICK: Es befindet sich vorläufig in meiner Hand. Natürlich habe ich mich meinen Geschäftsfreunden anvertraut, den Herren Rummel, Vigeland und Sandstad, und wir sind uns einig geworden ...

RUMMEL: Das ist nicht wahr! Beweise! Beweise!

VIGELAND: Wir sind uns über gar nichts einig geworden!

SANDSTAD: Nein, da muß ich doch sagen ...

BERNICK: Ganz recht! Noch haben wir uns nicht geeinigt über das, was ich jetzt sagen möchte. Doch ich hoffe zuversichtlich, die drei Herren werden mir zustimmen, wenn ich sage: Ich habe heute abend den Entschluß gefaßt, für diese Ländereien

Aktien aufzulegen. Jedermann steht der Erwerb solcher Aktien frei.

VIELE STIMMEN: Hurra! Konsul Bernick soll leben!

RUMMEL *leise zu Bernick*: Ein niederträchtiger Verrat!

SANDSTAD *zischt*: Uns so zum Narren zu halten!

VIGELAND: Da soll doch der Teufel dreinfahren! – O Gott, verzeih mir die Sünde!

DIE MENGE DRAUSSEN: Hoch! Hoch! Hoch!

BERNICK: Ich bitte um Ruhe, meine Herren! Ich habe keinen Anspruch auf diese Ehrung. Denn was ich jetzt beschlossen habe, war nicht von vornherein meine Absicht. Vielmehr war meine Absicht, das ganze Land selbst zu behalten. Allerdings bin ich nach wie vor der Ansicht, daß diese Ländereien am rentabelsten wären, wenn sie in einer Hand blieben. Doch darüber sollen Sie selbst entscheiden! Wenn es gewünscht wird, bin ich bereit, das Gelände nach bestem Wissen und Gewissen zu verwalten.

STIMMEN: Ja! Ja! Ja!

BERNICK: Aber erst müssen mich meine Mitbürger von Grund auf kennenlernen. Dann mag jeder mit sich selbst zu Rate gehen. Und bleiben wir dabei, daß wir mit dieser Stunde eine neue Zeit beginnen! Die alte mit ihrer Tünche, ihrer Heuchelei und ihrer Hohlheit, mit ihrer verlogenen Ehrbarkeit und ihren jämmerlichen Rücksichtnahmen soll für uns wie ein Museum sein, das jedermann offensteht. Und diesem Museum stiften wir – nicht wahr, meine Herren? – das Kaffeeservice und den Pokal, das Album und die Hauspostille auf Velin im Prachteinband.

RUMMEL: Ja – natürlich.

VIGELAND *murmelt*: Da Sie uns schon so weit ausgeplündert haben...

SANDSTAD: Bitte, bitte sehr!

BERNICK: Und nun die Hauptabrechnung! Es wurde gesagt, heute abend hätten uns schlechte Elemente verlassen. Ich kann etwas hinzufügen, was noch nicht bekannt ist: Der Mann, auf den die Bemerkung gemünzt war, ist nicht allein abgereist. In seiner Begleitung befindet sich, um seine Frau zu werden...

LONA *laut*: Dina Dorf!

RÖRLUND: Was?

FRAU BERNICK: Was sagst du da?

Große Bewegung.

RÖRLUND: Geflohen? – Mit ihm? Unmöglich!

BERNICK: Um seine Frau zu werden, Herr Kandidat. Und ich habe dem noch etwas hinzuzufügen. *Leise*: Betty, trage in Fassung, was jetzt kommt! *Laut*: Ich sage, Hut ab vor diesem Mann! Denn er hat großmütig die Schuld eines anderen auf sich genommen. Liebe Mitbürger, ich will aus der Lüge heraus! Sie war nahe daran, mich durch und durch zu verseuchen: Sie sollen alles wissen. Der Schuldige vor fünfzehn Jahren – war ich.

FRAU BERNICK *leise und bebend*: Karsten!

MARTHA *ebenso*: Ach, also nicht Johann!

LONA: Das ist endlich dein wahres Selbst!

Maßloses Erstaunen unter den Anwesenden.

BERNICK: Ja, liebe Mitbürger, ich war der Schuldige, und er ging außer Landes. Die bösen und unwahren Gerüchte, die nachher verbreitet wurden, zu widerlegen ist leider nicht mehr möglich. Doch darüber darf ich mich nicht beklagen. Vor fünfzehn Jahren stieg ich mit Hilfe dieser Gerüchte auf. Ob ich jetzt mit ihnen fallen soll, das entscheiden bitte Sie nach reiflicher Überlegung.

RÖRLUND: Welch ein Blitz aus heiterem Himmel! Der erste Mann der Stadt! *Leise zu Frau Bernick*: Oh, wie ich Sie bedauere, liebe Frau Bernick!

HILMAR: Ein solches Geständnis! Na, da muß ich schon sagen ...!

BERNICK: Aber keine voreilige Entscheidung! Ich bitte jeden, nach Hause zu gehen und sich selbst zu prüfen. Wenn die Gemüter sich beruhigt haben, wird sich erweisen, ob ich durch mein Geständnis verloren oder gewonnen habe. Leben Sie wohl! Ich habe noch viel, sehr viel zu bereuen. Aber das geht nur mein Gewissen an. Gute Nacht! – Schluß mit dem Festrummel! Wir fühlen wohl alle, daß so etwas hier nicht am Platze ist.

RÖRLUND: In der Tat nicht. *Leise zu Frau Bernick*: Fortgelaufen! Sie war meiner also doch gänzlich unwürdig! *Halblaut zum Fest-*

komitee: Ja, meine Herren, nach dem Vorgefallenen ist es wohl das beste, wir entfernen uns in aller Stille.

HILMAR: Wie man in Zukunft die Fahne der Idee hochhalten soll – igittegitt!

Bernicks Geständnis ist mittlerweile flüsternd von Mund zu Mund weitergetragen worden. Die Festteilnehmer entfernen sich. Rummel, Sandstad und Vigeland gehen unter heftigem, doch mit gedämpfter Stimme geführtem Wortwechsel ab. Hilmar schleicht sich rechts hinaus. Nur Bernick, Frau Bernick, Martha, Lona und Krap bleiben zurück.

BERNICK *nach langem Schweigen*: Betty, kannst du mir verzeihen?

FRAU BERNICK *blickt ihn lächelnd an*: Weißt du, Karsten, daß ich nie froher und zuversichtlicher war als in dieser Stunde?

BERNICK: Wie?

FRAU BERNICK: Jahrelang hatte ich geglaubt, ich hätte dich einmal besessen und wieder verloren. Jetzt weiß ich, daß ich dich nie besessen habe. Aber eines Tages wirst du mir gehören.

BERNICK *umarmt sie*: O Betty, schon heute gehöre ich dir! Lona hat mich gelehrt, dich richtig zu sehen. Doch jetzt laß Olaf kommen!

FRAU BERNICK: Ja, jetzt sollst du ihn haben. – Herr Krap...

Sie spricht leise mit Krap. Er geht über die Terrasse hinaus. Während der folgenden Szene verlöschen alle Transparente und die Kerzen in den Fenstern der gegenüberliegenden Häuser.

BERNICK *leise*: Ich danke dir, Lona! Du hast das Beste in mir gerettet – für mich gerettet!

LONA: Habe ich denn etwas anderes gewollt?

BERNICK: Ja, hast du es so gewollt – oder nicht? Ich kann nicht klug aus dir werden.

LONA: Hm...

BERNICK: Also Haß- und Rachegefühle waren es nicht. Weshalb bist du dann herübergekommen?

LONA: Alte Freundschaft...

BERNICK: Lona!

LONA: Als Johann mir eure Lügengeschichte beichtete, da schwor ich mir: Der Held meiner Jugend soll wieder frei und wahr dastehen!

BERNICK: Oh, wie wenig habe ich Elender das verdient!

LONA: Ja, wenn wir Frauen danach fragten, Karsten...

Aune kommt mit Olaf aus dem Garten.

BERNICK *ihm entgegen*: Olaf!

OLAF: Vater, ich verspreche dir, ich will nie mehr...

BERNICK: ...davonlaufen?

OLAF: Ja, ja, das verspreche ich dir, Vater.

BERNICK: Und ich verspreche dir, du sollst nie mehr Grund dazu haben. Ich werde dich auch nicht zwingen, in meine Fußtapfen zu treten, dein Leben sollst du dir selbst gestalten.

OLAF: Und darf ich auch werden, was ich möchte?

BERNICK: Ja, das darfst du.

OLAF: Danke schön. Dann will ich keine Stütze der Gesellschaft werden.

BERNICK: So? Warum denn nicht?

OLAF: Ich stelle mir das ziemlich langweilig vor.

BERNICK: Du sollst nur eins werden: du selbst! Alles andere mag kommen, wie's will. Und Sie, Aune...

AUNE: Ich weiß schon, Herr Konsul, ich bin entlassen.

BERNICK: Wir bleiben zusammen, Aune. Und verzeihen Sie mir!

AUNE: Wieso denn? Aber die „Indian Girl" läuft heute abend nicht aus!

BERNICK: Auch morgen nicht! Ich habe Ihnen einen zu kurzfristigen Termin gestellt. Das Schiff muß gründlich überholt werden.

AUNE: Soll geschehen, Herr Konsul – und zwar mit den neuen Maschinen!

BERNICK: So ist's recht. Aber gründlich und ehrlich! Hier bei uns bedarf vieles einer Generalüberholung! Na, gute Nacht, Aune!

AUNE: Gute Nacht, Herr Konsul! – Und ich danke auch schön! *Geht rechts hinaus.*

FRAU BERNICK: Nun sind sie alle fort.

BERNICK: Und wir sind allein. Mein Name leuchtet nicht mehr in Flammenschrift. Alle Kerzen in den Fenstern sind ausgelöscht.

LONA: Möchtest du sie wieder brennen sehen?

BERNICK: Um keinen Preis der Welt! Wohin hatte ich mich doch verrannt! Ihr werdet euch entsetzen, wenn ihr es hört. Mir ist, als sei ich nach einer Vergiftung aus einer Betäubung erwacht. Ich fühle, ich kann wieder jung und gesund werden. Kommt doch näher zu mir! Ganz nah! Komm, Betty! Komm, Olaf, mein Junge! Und auch du, Martha – mir ist, als habe ich dich nicht gesehen in all diesen Jahren.

LONA: Das glaube ich gern. Ihr Männer in eurer Selbstherrlichkeit, ihr seht die Frau nicht.

BERNICK: Nur allzu wahr. Und gerade darum – ja, das steht fest, Lona: Du verläßt Betty und mich nicht mehr!

FRAU BERNICK: Nein, Lona, das darfst du nicht!

LONA: Nein, wie könnte ich es verantworten, euch frischgebackene Eheleute zu verlassen, die sich daranmachen, eine Familie zu gründen? Bin ich nicht Pflegemutter seit eh und je? Du und ich, Martha, wir beiden alten Tanten ... Wonach siehst du?

MARTHA: Wie der Himmel sich aufklärt! Wie es hell wird über der See! Die „Palmbaum" hat Glück.

LONA: Sie hat das Glück an Bord.

BERNICK: Und wir – wir haben eine schwierige Arbeit vor uns, vor allem ich. Doch ihr werdet mir helfen, ihr treuen Frauen! Das habe ich auch gelernt in diesen Tagen: Die Stützen der Gesellschaft, das sind die Frauen.

LONA: Diese Weisheit steht auf wackligen Füßen, Schwager. *Legt die Hand auf seine Schulter.* Nein, Karsten, Liebe zur Wahrheit und Liebe zur Freiheit – das sind die besten Stützen der Gesellschaft.

EIN PUPPENHEIM (NORA)

Schauspiel in drei Akten

PERSONEN

Rechtsanwalt Torvald Helmer
Nora, *seine Frau*
Dr. med. Rank
Frau Linde
Assessor Krogstad
Helmers drei Kinder
Die Kinderfrau
Das Hausmädchen
Ein Dienstmann

Das Stück spielt in Helmers Wohnung.

ERSTER AKT

Ein gemütlich und geschmackvoll, doch nicht luxuriös eingerichtetes Zimmer. Hinten rechts Tür zur Diele, hinten links Tür zu Helmers Arbeitszimmer. Zwischen den beiden Türen ein Klavier. Links in der Mitte eine Tür, links vorn ein Fenster. In der Nähe des Fensters ein runder Tisch mit Lehnstühlen sowie ein kleines Sofa. Rechts in der Mitte eine Tür, rechts vorn ein Kachelofen, davor Lehnstühle und ein Schaukelstuhl. Zwischen Ofen und Tür ein kleiner Tisch. An den Wänden Kupferstiche. Etagere mit Nippes. Kleiner Bücherschrank mit gediegen gebundenen Büchern. Teppich. Feuer im Ofen. Wintertag.

Es klingelt draußen. Gleich darauf hört man, daß aufgemacht wird. Nora kommt, vergnügt vor sich hin trällernd, ins Zimmer. Sie ist in Hut und Mantel und mit allerlei Paketen beladen, die sie auf dem Tisch rechts ablegt. Die Tür zur Diele läßt sie hinter sich offen, man sieht draußen einen Dienstmann, der dem Hausmädchen einen Weihnachtsbaum und einen Korb übergibt.

NORA: Versteck den Weihnachtsbaum gut, Helene! Die Kinder dürfen ihn erst heute abend sehen, wenn er geputzt ist. *Nimmt ihr Portemonnaie, zum Dienstmann*: Wieviel...?

DIENSTMANN: Fünfzig Öre.

NORA: Da ist eine Krone. Nein, behalten Sie nur! *Der Dienstmann dankt und geht. Nora schließt die Tür. Sie lacht ununterbrochen still in sich hinein, während sie Mantel und Hut ablegt, darauf eine Tüte mit Makronen aus der Tasche zieht und einige nascht. Dann geht sie vorsichtig zur Tür des Zimmers ihres Mannes und horcht.* Ja, er ist zu Haus! *Trällert wieder, indem sie an den Tisch rechts tritt.*

HELMER *aus seinem Zimmer*: Zwitschert da meine Lerche?

NORA *im Begriff, einige Päckchen zu öffnen*: Ja, bin wieder da!

HELMER: Rumort das Eichhörnchen da draußen?

NORA: Ja!

HELMER: Wann ist das Eichhörnchen nach Haus gekommen?

NORA: Jetzt eben. *Steckt die Makronentüte in die Tasche und wischt sich den Mund.* Komm doch mal her, Torvald! Sieh, was ich alles gekauft habe!

HELMER: Ich kann jetzt nicht. *Bald darauf öffnet er die Tür und sieht herein, den Federhalter in der Hand.* So viel hast du gekauft? War das leichtsinnige Hühnchen wieder verschwenderisch?

NORA: Aber Torvald, dieses Jahr dürfen wir uns doch wirklich mal was leisten! Das ist doch das erste Weihnachtsfest, an dem wir nicht zu sparen brauchen!

HELMER: Na, zum Verschwenden haben wir es auch nicht!

NORA: Doch, Torvald, ein bißchen dürfen wir jetzt verschwenden! Nicht wahr? Wenigstens ein ganz klein bißchen! Jetzt bekommst du doch ein großes Gehalt und verdienst viel, viel Geld!

HELMER: Ja, von Neujahr an. Und dann dauert es noch ein ganzes Vierteljahr, bis das Gehalt fällig ist.

NORA: Ph! Bis dahin können wir uns ja etwas borgen!

HELMER: Nora! *Tritt zu ihr und zupft sie scherzhaft am Ohr.* Schon wieder leichtsinnig? Nimm nur einmal an: ich leihe mir heute tausend Kronen, in der Weihnachtswoche machst du sie klein, und zu Silvester fällt mir ein Ziegelstein auf den Kopf...

NORA *legt ihm die Hand auf den Mund*: O pfui! Wie kannst du nur so was Abscheuliches sagen!

HELMER: Ja, nimm nur einmal an, daß so etwas passieren würde! – Was dann?

NORA: Wenn so etwas Schreckliches passierte, dann wäre es ganz einerlei, ob ich Schulden hätte oder nicht!

HELMER: Und die Leute, von denen ich das Geld geliehen hätte?

NORA: Die? Was gehen die mich an! Fremde Menschen!

HELMER: Nora, Nora, du bist mir eine! Aber jetzt im Ernst: du weißt, wie ich in dieser Hinsicht denke. Keine Schulden! Niemals borgen! In ein Heim, das auf Pump und Schulden aufgebaut ist, kommt etwas Unfreies und damit auch etwas Unschönes. Bis heute haben wir zwei tapfer ausgehalten. Und das wollen wir auch die kurze Zeit, die es noch nötig ist!

NORA *geht zum Ofen*: Na schön – wie du willst, Torvald.

HELMER *folgt ihr*: Na also. Jetzt soll aber die kleine Zwitscherlerche nicht die Flügel hängen lassen! Was? Zieht mein Eichhörnchen eine Schnute? *Zieht sein Portemonnaie hervor.* Nora, was habe ich hier wohl?

NORA *wendet sich rasch um*: Geld!

HELMER: Hier bitte! *Reicht ihr einige Scheine.* Du lieber Himmel, ich weiß recht gut, daß zu Weihnachten in einem Haushalt allerlei draufgeht!

NORA *zählt*: Zehn – zwanzig – dreißig – vierzig – o danke, danke schön, Torvald! Damit komme ich eine ganze Zeit aus.

HELMER: Das mußt du auch!

NORA: Freilich, das werde ich schon. Aber komm her, sieh mal, was ich alles gekauft habe! Und so billig! Ein neuer Anzug für Ivar – und dazu ein Säbel. Für Bob ein Pferd und eine Trompete. Und hier eine Puppe und ein Puppenbett für Emmy. Es ist nichts Besonderes, aber sie macht es ja doch bald kaputt. Und hier habe ich Kleiderstoff und Taschentücher für Anne-Marie und das Mädchen. Anne-Marie müßte eigentlich viel mehr bekommen, wo sie schon so lange bei uns ist.

HELMER: Und was ist da drin?

NORA *schreit*: Halt, Torvald, das darfst du erst heute abend sehen!

HELMER: Ach so. Aber sag mir nun, du kleine Verschwenderin, was wünschst du dir selbst?

NORA: Ach, ich? – Ich will nichts haben.

HELMER: Natürlich willst du! Nenne mir nur etwas Vernünftiges, worüber du dich am meisten freuen würdest!

NORA: Nein, ich weiß wirklich nicht. Oder doch ... Hör mal, Torvald ...

HELMER: Na?

NORA *spielt an seinen Knöpfen, ohne ihn anzusehen*: Wenn du mir etwas schenken willst, dann könntest du ja – du könntest ...

HELMER: Na und? Heraus damit!

NORA *rasch*: Du könntest mir Geld geben, Torvald! Nur so viel, wie du übrig hast. Dann kann ich mir nach dem Fest etwas dafür kaufen.

HELMER: Nein, aber Nora ...

NORA: O ja, tu's doch, lieber Torvald! Bitte, bitte! Dann wickle ich das Geld in hübsches Goldpapier und hänge es an den Weihnachtsbaum! Wäre das nicht putzig?

HELMER: Wie nennt man solche Geschöpfe, die immer alles ausgeben müssen?

NORA: Leichtsinnige Hühner, ich weiß. Aber laß uns das doch so machen, wie ich gesagt habe, Torvald! Dann kann ich mir in aller Ruhe überlegen, was ich am nötigsten brauche. Ist das nicht sehr vernünftig? Wie?

HELMER *lächelnd*: Ja, natürlich. Das heißt: wenn du das Geld, das ich dir schenke, zusammenhältst und dafür wirklich etwas für dich kaufst. Aber gewöhnlich geht es im Haushalt und für allerlei unnützen Kram drauf, und ich muß wieder in den Beutel greifen.

NORA: Aber Torvald...

HELMER: Das kannst du doch nicht leugnen, meine liebe kleine Nora! *Legt den Arm um sie.* Mein Vögelchen ist entzückend, braucht aber furchtbar viel Geld. Es ist unglaublich, was einen so ein Vögelchen kostet!

NORA: O pfui, wie kannst du nur so was sagen! Ich spare doch wirklich, was ich kann!

HELMER *lacht*: Ja, das ist ein wahres Wort. Was du kannst! Aber du kannst eben nicht!

NORA *trällert und lächelt stillvergnügt*: Hm, wenn du wüßtest, wieviel Bedürfnisse Lerchen und Eichhörnchen haben, Torvald!

HELMER: Du bist ein sonderbares Persönchen! Ganz wie dein Vater. Ständig darauf aus, Geld in die Hand zu bekommen. Aber sobald du es hast, zerrinnt es dir zwischen den Fingern. Und du weißt nie, wo es geblieben ist. Na, man muß dich nehmen, wie du bist. Das liegt im Blut. Ja, ja, ja, Nora, so etwas vererbt sich.

NORA: Ach, hätte ich nur viele von Papas Eigenschaften geerbt!

HELMER: Und ich möchte dich nicht anders, als du bist, meine süße kleine Lerche! Aber hör mal, da fällt mir auf: du siehst heute so – so – wie soll ich's nennen? – so verdächtig aus...

NORA: Findest du?

HELMER: Allerdings. Sieh mir mal in die Augen!

NORA *sieht ihn an*: Nun?

HELMER *droht mit dem Finger*: Das Leckermäulchen hat doch nicht etwa heute in der Stadt genascht?

NORA: Nein, wie kommst du bloß darauf?

HELMER: Hat das Leckermäulchen wirklich keinen Seitensprung in die Konditorei gemacht?

NORA: Nein, ich versichere dir, Torvald...

HELMER: Nicht ein bißchen geschleckert?

NORA: Nein, wirklich nicht...

HELMER: Nicht einmal eine Makrone geknabbert oder auch zwei?

NORA: Nein, Torvald, ich sage dir doch...

HELMER: Nun ja – das war auch nur Scherz.

NORA *geht zum Tisch rechts*: Es würde mir nicht einfallen, etwas gegen deinen Willen zu tun.

HELMER: Nein, das weiß ich. Und du hast mir ja dein Wort gegeben... *Tritt zu ihr.* Na, behalte nur deine kleinen Weihnachtsgeheimnisse für dich, mein Liebling. Heute abend, wenn der Baum brennt, werden sie schon ans Licht kommen.

NORA: Hast du daran gedacht, Doktor Rank einzuladen?

HELMER: Nein. Aber das ist auch nicht nötig. Es versteht sich doch von selbst, daß er mit uns ißt. Überdies kann ich es ihm sagen, wenn er heute vormittag herkommt. Für guten Wein habe ich gesorgt. Nora, du kannst dir nicht vorstellen, wie ich mich auf heute abend freue!

NORA: Ich mich auch. Und wie die Kinder jubeln werden, Torvald!

HELMER: Ach, es ist doch ein herrliches Gefühl, eine sichere, feste Position zu haben! Sein solides Auskommen! Nicht wahr? Der Gedanke daran ist doch ein Hochgenuß!

NORA: Oh, es ist wunderbar!

HELMER: Weißt du noch, wie es vorige Weihnachten war? Drei Wochen vorher hast du dich jeden Abend bis lange nach Mitternacht eingeschlossen, um Blumen für den Weihnachtsbaum und alle die anderen Herrlichkeiten anzufertigen, mit denen wir überrascht werden sollten. Ach, das war die langweiligste Zeit, die ich je erlebt habe.

NORA: Gelangweilt habe ich mich dabei gerade nicht.

HELMER *lächelnd*: Aber es war doch ziemlich dürftig ausgefallen, Nora!

NORA: Oh, ziehst du mich nun wieder damit auf? Was konnte ich dafür, daß die Katze sich einschlich und alles zerriß!

HELMER: Natürlich nichts, meine arme kleine Nora! Du hattest den besten Willen, uns allen eine Freude zu machen, und nur darauf kommt es an. Aber es ist doch gut, daß die kargen Zeiten vorbei sind!

NORA: Ja, das ist wirklich wundervoll!

HELMER: Jetzt brauche ich nicht mehr hier allein zu hocken und die Wände anzustarren. Und du brauchst nicht mehr deine schönen Augen und deine zarten, hübschen Hände zu strapazieren.

NORA *klatscht in die Hände*: Nein, nicht wahr, Torvald, das habe ich nun nicht mehr nötig? Oh, was ist das herrlich! *Henkelt sich bei ihm ein.* Nun paß mal auf, Torvald, was ich mir ausgedacht habe! Sobald Weihnachten vorbei ist...

Die Entreeglocke läutet.

Ach, da läutet es! *Räumt im Zimmer etwas auf.* Da kommt sicher jemand. Wie schade!

HELMER: Für Besucher bin ich nicht zu Haus, vergiß das nicht!

HAUSMÄDCHEN *in der Tür zur Diele*: Gnädige Frau, hier ist 'ne fremde Dame...

NORA: Ja, laß sie eintreten!

HAUSMÄDCHEN *zu Helmer*: Und der Herr Doktor ist auch eben gekommen.

HELMER: Ist er gleich in mein Zimmer gegangen?

HAUSMÄDCHEN: Ja gewiß.

Helmer geht in sein Zimmer. Das Mädchen führt Frau Linde, die in Reisekleidung ist, herein und zieht sich zurück.

FRAU LINDE *zaghaft und etwas zögernd*: Guten Tag, Nora!

NORA *unsicher*: Guten Tag...

FRAU LINDE: Du kennst mich wohl nicht wieder?

NORA: Nein, ich weiß nicht... Oder doch? Ich glaube beinahe... *Ausbrechend*: Kristine! Bist du's wirklich!

FRAU LINDE: Ja, ich bin's.

NORA: Kristine! Daß ich dich nicht gleich erkannt habe! Aber wie hätte ich auch... *Leiser*: Wie du dich verändert hast, Kristine!

FRAU LINDE: Ja, das habe ich wohl. In neun oder zehn langen Jahren...

NORA: Ist es schon so lange her, seit wir uns zuletzt gesehen haben? – Ja, du hast recht. Ach, die letzten acht Jahre waren eine glückliche Zeit, das kannst du mir glauben! Und jetzt hast du also mitten im Winter die weite Reise zu uns gemacht? Das war tapfer.

FRAU LINDE: Ich bin heute morgen mit dem Dampfschiff gekommen.

NORA: Um dir über Weihnachten ein paar schöne Tage zu machen? Natürlich! Oh, wie schön! Ja, wir wollen ordentlich feiern! Aber leg doch ab! Du frierst doch wohl nicht? *Ist ihr behilflich.* So. Nun setzen wir uns gemütlich hier an den Ofen. Nein, in den Lehnstuhl dort! Und ich setze mich hier in den Schaukelstuhl. *Ergreift ihre Hände.* Ja, jetzt hast du wieder dein Gesicht von früher! Es war nur im ersten Augenblick … Etwas blasser bist du freilich geworden, Kristine – und vielleicht auch etwas schmaler.

FRAU LINDE: Und viel, viel älter, Nora.

NORA: Ja, vielleicht ein wenig älter. Ein ganz klein wenig. Viel aber nicht! *Hält plötzlich inne, ernst*: Ach, wo habe ich nur meine Gedanken! Da sitze ich nun und rede drauflos! Liebe, liebste Kristine, kannst du mir verzeihen?

FRAU LINDE: Was meinst du denn, Nora?

NORA *leise*: Arme Kristine, du bist ja Witwe geworden!

FRAU LINDE: Ja, vor drei Jahren.

NORA: Ach, ich habe das wohl gewußt. Es stand ja in der Zeitung. Ach, Kristine, du kannst mir's glauben, ich habe damals oft daran gedacht, dir zu schreiben. Aber immer wieder schob ich es auf, immer kam was dazwischen.

FRAU LINDE: Liebe Nora, das kann ich so gut verstehen.

NORA: Nein, das war häßlich von mir, Kristine! Ach, du Ärmste, was magst du alles durchgemacht haben! – Und er hat dir nichts zum Leben hinterlassen?

FRAU LINDE: Nichts.

NORA: Und keine Kinder?

FRAU LINDE: Nein.

NORA: Also rein gar nichts?

FRAU LINDE: Nicht einmal ein Gefühl der Trauer, wovon ich hätte zehren können.

NORA *sieht sie ungläubig an*: Ja – aber, Kristine, wie ist das nur möglich?

FRAU LINDE *lächelt schwermütig und streicht Nora übers Haar*: Ach, Nora, manchmal kommt das eben so.

NORA: Und so ganz allein! Wie entsetzlich schwer muß das für dich sein! – Ich habe drei süße Kinder. Ja, im Moment kann ich sie dir nicht zeigen, sie sind mit der Kinderfrau spazierengegangen. Aber nun mußt du mir alles erzählen...

FRAU LINDE: Nein, erzähl du lieber!

NORA: Nein, du mußt anfangen! Heute will ich nicht egoistisch sein. Heute will ich nur an deine Dinge denken. Aber eins muß ich dir noch sagen: Weißt du schon von dem großen Glück, das uns in diesen Tagen ins Haus geschneit ist?

FRAU LINDE: Nein. Was denn?

NORA: Denk nur, mein Mann ist Direktor der Aktienbank geworden!

FRAU LINDE: Dein Mann? O was für ein Glücksfall!

NORA: Ja, ein ungeheurer! Rechtsanwalt – das ist so ein unsicheres Brot, besonders wenn man sich nur mit ganz einwandfreien Sachen befassen will. Und das wollte Torvald natürlich, und da muß ich ihm unbedingt beipflichten. Ach, du kannst mir glauben – wir freuen uns! Er soll seinen Posten bereits zu Neujahr antreten, und dann bekommt er ein großes Gehalt und viel Prozente. Nun können wir ganz anders leben, können uns allerlei leisten. Ach, Kristine, wie leicht und glücklich ich mich fühle! Ja, es ist doch schön, ordentlich viel Geld zu haben und sich keine Sorgen machen zu müssen! Nicht wahr?

FRAU LINDE: Gewiß. Auf jeden Fall muß es schön sein, das Notwendige zu haben.

NORA: Nein, nicht bloß das Notwendige, sondern ordentlich viel, viel Geld!

FRAU LINDE *lächelt*: Nora, Nora! Bist du immer noch nicht vernünftig geworden? In unserer Schulzeit warst du eine große Verschwenderin.

NORA *lacht leise*: Ja, das behauptet Torvald heute noch von mir. *Droht mit dem Finger.* Aber „Nora, Nora" ist nicht so unvernünftig, wie ihr glaubt. – Ach, wir haben es wahrhaftig nicht so gehabt, daß ich verschwenden konnte! Wir haben beide arbeiten müssen.

FRAU LINDE: Du auch?

NORA: Ja, Heimarbeit: Häkeln und Sticken und dergleichen. *Beiläufig*: Und noch anderes. Du weißt vielleicht, daß Torvald seine Stellung im Ministerium aufgab, als wir heirateten? Es bestand dort keine Aussicht auf Beförderung, und er mußte doch nun mehr verdienen. Aber da hat er sich im ersten Jahr so schrecklich überanstrengt. Er mußte sich doch nach allen möglichen Nebenverdiensten umtun und von früh bis spät arbeiten. Das hielt er nicht lange aus. Er wurde lebensgefährlich krank. Da erklärten die Ärzte, er müsse nach dem Süden.

FRAU LINDE: Ach ja, ihr seid wohl ein ganzes Jahr in Italien gewesen?

NORA: Ja gewiß. Es war nicht leicht, die Reise zu ermöglichen, das kannst du mir glauben. Es war kurz nach Ivars Geburt. Aber reisen mußten wir natürlich. Oh, es war eine herrliche Reise! Und sie hat Torvald das Leben gerettet. Aber schrecklich viel Geld hat sie gekostet, Kristine!

FRAU LINDE: Das kann ich mir denken.

NORA: Viertausendachthundert Kronen hat sie gekostet! Du, das ist viel Geld!

FRAU LINDE: Gewiß. Immerhin kann man in einem solchen Fall von Glück sagen, wenn man es hat.

NORA: Ja, wir haben es von Papa bekommen.

FRAU LINDE: Ach so. Es war wohl zu der Zeit, als dein Vater starb, wenn ich mich recht entsinne?

NORA: Ja, das stimmt. Und denke dir, ich habe nicht zu ihm reisen und ihn pflegen können! Ich erwartete doch jeden Tag die Geburt meines ersten Kindes! Und dann mußte ich ja auch meinen armen todkranken Mann pflegen. Mein lieber, guter Papa! Ich habe ihn nicht mehr gesehen, Kristine. Ach, das ist das Schwerste, was ich durchgemacht habe, seit ich verheiratet bin!

FRAU LINDE: Ich weiß, du hast sehr an ihm gehangen. – Also dann gingt ihr nach Italien?

NORA: Ja, da hatten wir ja das Geld. Und die Ärzte drängten. Und so reisten wir.

FRAU LINDE: Und dein Mann ist ganz geheilt zurückgekommen?

NORA: Gesund und munter wie ein Fisch!

FRAU LINDE: Aber – der Doktor?

NORA: Wie?

FRAU LINDE: Ich glaube, das Mädchen sagte, der Herr, der gleichzeitig mit mir gekommen ist, sei der Doktor?

NORA: Ach, das war Doktor Rank. Aber er ist nicht als Arzt gekommen. Er ist unser bester Freund und sieht mindestens einmal am Tag zu uns herein. Nein, Torvald ist seitdem keine Stunde krank gewesen. Und die Kinder sind gesund und wohlauf, und ich auch. *Springt auf und klatscht in die Hände.* Herrgott noch mal, Kristine, es ist doch wunder-, wunderschön, zu leben und glücklich zu sein! – Oh, wie abscheulich von mir! Ich spreche ja nur von meinen eigenen Angelegenheiten. *Setzt sich dicht neben sie auf einen Schemel und legt die Hand auf Frau Lindes Knie.* Nicht böse sein! – Sag mal, ist es wirklich wahr, daß du deinen Mann nicht gern gehabt hast? Warum hast du ihn da geheiratet?

FRAU LINDE: Damals lebte meine Mutter noch. Sie war bettlägerig und völlig hilflos. Außerdem mußte ich für meine beiden jüngeren Brüder sorgen. Ich glaubte es nicht verantworten zu können, seinen Antrag abzuweisen.

NORA: Nein, nein, das war schon richtig. Er war also damals reich?

FRAU LINDE: Ich glaube, er war ziemlich wohlhabend. Aber der Wohlstand gründete sich auf unsichere Geschäfte, Nora. Als er starb, brach alles zusammen, ich stand vor dem Nichts.

NORA: Und dann?

FRAU LINDE: Ja, dann mußte ich mich durchs Leben schlagen mit einer kleinen Vertretung und etwas Unterricht und was sich sonst noch bot. Die letzten drei Jahre waren für mich ein einziger ununterbrochener Arbeitstag. Jetzt ist er zu Ende, Nora. Meine arme Mutter braucht mich nicht mehr, sie ist von uns gegangen. Und die Jungens auch nicht. Die haben nun ihren Beruf und können selber für sich sorgen.

NORA: Wie erleichtert du dich fühlen mußt...

FRAU LINDE: Nein, du! Nur unsagbar leer. Niemand haben, für den man leben kann! *Erhebt sich unruhig.* Darum habe ich es da oben in dem kleinen Nest nicht mehr ausgehalten. Hier muß sich doch leichter etwas finden lassen, das einen innerlich ausfüllen kann. Wie wäre ich glücklich, eine feste Stellung zu bekommen, etwas Kontorarbeit...

NORA: Ach, Kristine, das ist doch schrecklich anstrengend! Und du siehst jetzt schon so überanstrengt aus. Es würde dir besser tun, wenn du in ein Bad gingst.

FRAU LINDE *tritt ans Fenster*: Ich habe keinen Papa, der mir das Reisegeld schenkt, Nora.

NORA *steht auf*: Sei mir nicht böse!

FRAU LINDE *tritt zu ihr:* Liebe Nora, sei du mir nicht böse! Das ist das schlimmste an einer Lage wie der meinen, daß sie so verbittert. Man hat niemand, für den man arbeitet. Und doch muß man den Kampf ums Dasein kämpfen. Leben muß man ja, und da wird man egoistisch. Als du mir vorhin von der glücklichen Veränderung in euren Verhältnissen erzähltest – glaub mir, da hab ich mich nicht so sehr deinetwegen wie vielmehr meinetwegen gefreut.

NORA: Wieso das? – Ach, ich verstehe! Du meinst, Torvald könnte vielleicht etwas für dich tun?

FRAU LINDE: Ja, daran hatte ich gedacht.

NORA: Das soll er auch, Kristine! Überlaß das nur mir! Ich werde es schon fein einfädeln, so fein – werde ihm um den Bart gehen, wie er's gern hat. Oh, ich möchte dir so herzlich gern helfen!

FRAU LINDE: Wie schön von dir, Nora, daß du dich so eifrig meiner Sache annimmst – doppelt schön von dir, die du so wenig von der Härte des Lebens kennst.

NORA: Ich? Ich kenne nicht...?

FRAU LINDE *lächelnd*: Na, das bißchen Handarbeit... Nora, du bist ein Kind!

NORA *wirft den Kopf in den Nacken und geht umher.* Das solltest du nicht so überlegen sagen!

FRAU LINDE: So?

NORA: Du bist genau wie die andern! Ihr glaubt alle, daß ich zu nichts Ernsthaftem zu brauchen bin...

FRAU LINDE: Nun, nun...

NORA: ...daß ich mich noch nicht bewährt habe gegenüber den Schwierigkeiten des Daseins.

FRAU LINDE: Liebe Nora, du hast mir ja eben von allen deinen Schwierigkeiten erzählt!

NORA: Ach – das waren Kleinigkeiten! *Leise*: Das Wichtigste habe ich dir nicht erzählt.

FRAU LINDE: Was meinst du damit?

NORA: Du siehst auf mich herab, Kristine. Aber das solltest du nicht tun! Du bist stolz darauf, daß du so hart und so lange für deine Mutter gearbeitet hast.

FRAU LINDE: Ich sehe wahrhaftig auf niemand herab. Aber das ist wahr: Ich bin stolz und froh bei dem Gedanken, daß es mir vergönnt war, die letzten Lebenstage meiner Mutter einigermaßen sorgenfrei zu gestalten.

NORA: Und du bist auch stolz bei dem Gedanken an das, was du für deine Brüder getan hast.

FRAU LINDE: Ich glaube, dazu ein Recht zu haben.

NORA: Das will ich meinen. Doch jetzt will ich dir etwas anvertrauen, Kristine. Auch ich habe etwas, das mich froh und stolz macht.

FRAU LINDE: Daran zweifle ich nicht. Aber wie meinst du das?

NORA: Leise! Wenn Torvald uns hört! Um keinen Preis der Welt darf er ... Das darf niemand wissen, Kristine! Niemand außer dir.

FRAU LINDE: Aber was ist es denn nur?

NORA: Komm her! *Zieht sie neben sich aufs Sofa.* Ja, du – ich habe auch etwas, worauf ich stolz sein kann: Ich war's, die Torvald das Leben gerettet hat.

FRAU LINDE: Gerettet? Wieso gerettet?

NORA: Ich habe dir doch von unserer Italienreise erzählt. Torvald hätte die Krankheit nicht überstanden, wenn er nicht nach dem Süden gekommen wäre ...

FRAU LINDE: Nun ja. Dein Vater hat euch ja das nötige Geld gegeben.

NORA *lächelt*: Das glaubt Torvald und glauben alle andern. Aber ...

FRAU LINDE: Aber?

NORA: Papa hat uns keinen roten Heller gegeben. Niemand anders als ich hat das Geld beschafft.

FRAU LINDE: Du? Die ganze große Summe?

NORA: Viertausendachthundert Kronen! Was sagst du nun?

FRAU LINDE: Ja aber – Nora, wie war das nur möglich? Hattest du in der Lotterie gewonnen?

NORA *verächtlich*: In der Lotterie? Ph! Das wäre doch kein Kunststück gewesen!

FRAU LINDE: Aber wo hast du bloß das Geld herbekommen?

NORA *trällert vor sich hin und lächelt geheimnisvoll*: Hm. Tralalala!

FRAU LINDE: Denn leihen konntest du es dir doch nicht.

NORA: So? Warum nicht?

FRAU LINDE: Weil eine Frau ohne das Einverständnis ihres Mannes kein Darlehen aufnehmen kann.

NORA *wirft den Kopf in den Nacken*: Oh, wenn die Frau ein bißchen geschäftstüchtig ist und die Sache etwas gescheit anstellt, dann...

FRAU LINDE: Aber Nora, ich begreife kein Wort!

NORA: Ist auch nicht nötig. Ich muß mir ja das Geld nicht unbedingt geliehen haben. Ich kann ja auf andere Weise dazu gekommen sein. *Lehnt sich im Sitzen zurück.* Ich kann's ja von irgendeinem Verehrer bekommen haben. Wenn man einigermaßen gut aussieht...

FRAU LINDE: Du bist ja verrückt!

NORA: Nun bist du gewiß mächtig neugierig, Kristinchen.

FRAU LINDE: Hör mal, Nora – hast du da nicht unüberlegt gehandelt?

NORA *sitzt nun aufrecht*: Ist es unüberlegt, seinem Mann das Leben zu retten?

FRAU LINDE: Ich finde es unüberlegt, daß du ohne sein Wissen...

NORA: Aber er durfte doch nichts davon wissen! Herrgott, kannst du das nicht verstehen? Er durfte nicht einmal wissen, wie krank er war! Zu mir kamen die Ärzte und sagten, sein Leben sei in Gefahr und nur ein Aufenthalt im Süden könne ihn retten. Du kannst dir doch denken, daß ich es erst auf andere Weise versucht habe! Ich malte ihm aus, wie schön es für mich wäre, wie andere junge Frauen eine Auslandsreise zu machen. Ich weinte und bettelte, sagte, er möchte doch an meinen Zustand denken und gefälligst darauf Rücksicht nehmen. Und dann spielte ich auf die Möglichkeit eines Darlehens an. Aber da wäre er beinahe böse geworden, Kristine! Er sagte, ich wäre leichtsinnig und es wäre seine Pflicht als Ehemann, meinen Grillen und Launen, wie er's nannte, nicht nachzugeben. Na gut, dachte ich, gerettet werden mußt du! Und da fand ich den Ausweg...

FRAU LINDE: Aber hat dein Mann nicht von deinem Vater erfahren, daß das Geld nicht von ihm stammte?

NORA: Nein, nie. Gerade in jenen Tagen starb Papa. Ich hatte gedacht, ihn einzuweihen und zu bitten, nichts zu verraten. Aber er war doch so krank! Und es hat sich dann auch leider erübrigt.

FRAU LINDE: Und auch später hast du dich deinem Mann nie anvertraut?

NORA: Nein, um Himmels willen, wo denkst du hin? Wo er in diesem Punkt so streng ist! Und außerdem, Torvald mit seinem männlichen Selbstbewußtsein – wie peinlich und demütigend wäre für ihn der Gedanke, mir etwas zu verdanken. Das würde unser Verhältnis verändern. Unser schönes, glückliches Zusammenleben würde nicht mehr sein, was es jetzt ist.

FRAU LINDE: Willst du es ihm nie sagen?

NORA *nachdenklich, leise lächelnd*: Doch – vielleicht später einmal, nach vielen Jahren, wenn ich nicht mehr so gut aussehe wie jetzt. Lach nicht! Ich meine natürlich: wenn Torvald nicht mehr so verliebt in mich ist wie jetzt, wenn es ihm nicht mehr Spaß macht, daß ich ihm etwas vortanze und vordeklamiere und mich für ihn kostümiere. Dann kann es nicht schaden, etwas in Reserve zu haben... *Abbrechend*: Ach was! Unsinn! So weit wird es nie kommen! – Nun, was sagst du zu meinem großen Geheimnis, Kristine? Bin ich zu etwas zu gebrauchen? – Du kannst mir übrigens glauben, diese Sache hat mir viel Sorgen gemacht! Es ist mir wahrhaftig nicht leichtgefallen, meinen Verpflichtungen immer rechtzeitig nachzukommen. Du mußt wissen: Es gibt im Geschäftsleben etwas, das Quartalszinsen heißt, und etwas, das Rückzahlungsraten genannt wird. Das Geld dafür läßt sich immer schrecklich schwer erübrigen! Ich habe an allen Enden sparen müssen, wo es nur anging. Vom Haushaltsgeld ließ sich ja nicht viel beiseite legen, denn Torvald mußte ja gut ernährt werden. Und die Kinder konnte ich unmöglich in Fetzen laufen lassen. Von dem Geld, das ich für ihre Kleidung bekam, glaubte ich, nichts abknapsen zu dürfen. Die süßen Gören!

FRAU LINDE: Also mußtest du wohl von deinem eigenen Garderobengeld abknapsen, arme Nora?

NORA: Ja natürlich. Das lag ja nahe. Jedesmal wenn mir Torvald Kleidergeld gab, habe ich davon nie mehr als die Hälfte verbraucht und immer das Einfachste und Billigste gekauft. Ein Glück, daß mir immer alles so gut steht, so daß Torvald nichts merkte. Aber es ist mir manchmal schwergefallen, Kristine! Es ist doch schön, wenn man sich gut anziehen kann. Nicht wahr?

FRAU LINDE: O ja, gewiß.

NORA: Na, dann habe ich ja auch noch andere Einnahmequellen gehabt. Vorigen Winter hatte ich das Glück, viel zum Abschreiben zu bekommen. Da habe ich mich eingeschlossen und jeden Abend bis in die Nacht hinein geschrieben. Ach, ich war manchmal so müde, so müde! Aber es hatte doch auch seinen Reiz, so hinter verschlossener Tür zu sitzen und Geld zu verdienen! Ich kam mir beinahe wie ein Mann vor.

FRAU LINDE: Doch wieviel hast du auf diese Weise abzahlen können?

NORA: Ja, das kann ich so genau nicht sagen. Aus solchen Geldgeschäften, siehst du, wird man nicht so leicht klug. Ich weiß nur, daß ich alles hingeschleppt habe, was ich zusammenkratzen konnte. So manches Mal wußte ich mir keinen Rat. *Lächelt.* Da saß ich hier und stellte mir vor, daß ein reicher alter Herr sich in mich verliebt hat ...

FRAU LINDE: Wie? Was für ein Herr?

NORA: Ach, Unsinn! – Und daß er nun gestorben ist. Und als man sein Testament öffnet, da steht darin mit großen Buchstaben: „Mein ganzes Geld soll an die liebenswürdige Frau Nora Helmer sofort bar ausgezahlt werden."

FRAU LINDE: Aber liebe Nora – was war das für ein Herr?

NORA: Herrgott, versteh mich doch! Diesen alten Herrn hat's doch gar nicht gegeben! Den hatte ich mir doch nur ausgedacht und mir immer wieder vorgestellt, wenn ich auf dem trocknen saß und nicht wußte, wie ich zu Geld kommen sollte. Der langweilige alte Kerl kann meinetwegen bleiben, wo der Pfeffer wächst! Der ist mir mitsamt seinem Testament ganz egal, denn jetzt habe ich keine Sorgen mehr! *Springt auf.* Ach Gott, Kristine, das ist doch ein herrliches Gefühl! Keine Sorgen! Ohne Sorgen zu sein, ganz sorgenfrei! Mit den Kindern spielen und herumtoben zu können! Ein schönes, gepflegtes Heim zu haben, wie Torvald es liebt. Und nun kommt bald der Frühling mit seinem hohen blauen Himmel! Dann können wir auch verreisen. Vielleicht kann ich das Meer wiedersehen! O ja, o ja, es ist wirklich wundervoll, zu leben und glücklich zu sein!

Die Entreeglocke läutet.

FRAU LINDE *erhebt sich*: Es läutet. Da gehe ich wohl am besten.

NORA: Nein, bleib nur! Zu mir kommt gewiß niemand. Das ist wohl jemand, der zu Torvald...

HAUSMÄDCHEN *in der Tür*: Entschuldigen Sie, gnädige Frau – hier ist ein Herr, der will den Herrn Rechtsanwalt sprechen.

NORA: Den Herrn Bankdirektor meinst du wohl!

HAUSMÄDCHEN: Ja, den Herrn Bankdirektor. Aber ich weiß nicht – der Herr Doktor ist doch drin...

NORA: Wer ist denn der Herr?

KROGSTAD *in der Dielentür*: Ich bin's, Frau Helmer.

Frau Linde stutzt, zuckt zusammen und tritt ans Fenster.

NORA *macht einen Schritt auf ihn zu, angespannt, halblaut*: Sie? Was heißt das? Warum wollen Sie meinen Mann sprechen?

KROGSTAD: Bankangelegenheiten – gewissermaßen. Ich habe eine kleine Stellung bei der Aktienbank, und Ihr Mann soll ja nun unser Chef werden, wie ich höre...

NORA: Es handelt sich also...

KROGSTAD: Nur um langweilige Geschäfte, Frau Helmer. Nichts weiter.

NORA: Ja, dann lassen Sie sich bitte vom Mädchen anmelden! *Grüßt gleichgültig, indem sie die Tür zur Diele schließt. Darauf geht sie zum Ofen und sieht nach dem Feuer.*

FRAU LINDE: Nora – wer war der Mann?

NORA: Das war ein gewisser Krogstad.

FRAU LINDE: Er war's also wirklich!

NORA: Kennst du diesen Menschen?

FRAU LINDE: Ich habe ihn gekannt – vor einer Reihe von Jahren. Er hat eine Zeitlang bei einem Rechtsanwalt in unserer Gegend gearbeitet.

NORA: Ja, richtig.

FRAU LINDE: Wie er sich verändert hat!

NORA: Er ist wohl sehr unglücklich verheiratet gewesen.

FRAU LINDE: Jetzt ist er doch Witwer?

NORA: Mit vielen Kindern. – So, jetzt brennt's! *Sie schließt die Ofentür und schiebt den Schaukelstuhl etwas zur Seite.*

FRAU LINDE: Er soll sich ja auf zweifelhafte Geschäfte eingelassen haben.

NORA: So? Kann sein. Ich weiß nicht... Aber wir wollen nicht von Geschäften sprechen, das ist so uninteressant.

Dr. Rank kommt aus Helmers Zimmer.

RANK *noch in der Tür*: Nein, nein! Ich will nicht stören. Ich gehe lieber ein bißchen zu deiner Frau. *Schließt die Tür hinter sich und bemerkt Frau Linde.* O Verzeihung! Ich störe hier wohl auch?

NORA: Nein, keineswegs! *Stellt vor*: Doktor Rank – Frau Linde.

RANK: Ah! Ein Name, den man hier im Haus oft hört. Ich glaube, ich bin auf der Treppe an Ihnen vorbeigegangen, als ich kam?

FRAU LINDE: Ja. Ich gehe die Treppen sehr langsam hinauf. Schnelles Treppensteigen kann ich nicht vertragen.

RANK: Aha, ein kleiner innerer Defekt?

FRAU LINDE: Eigentlich mehr Überanstrengung.

RANK: Weiter nichts? Dann sind Sie wohl in die Stadt gekommen, um sich durch gesellige Zerstreuungen zu erholen?

FRAU LINDE: Ich bin hergekommen, um Arbeit zu suchen.

RANK: Soll das ein wirksames Mittel gegen Überanstrengung sein?

FRAU LINDE: Man muß leben, Herr Doktor.

RANK: Ja, das ist eine weitverbreitete Meinung.

NORA: Seien Sie ehrlich, Doktor – Sie wollen doch auch gern leben!

RANK: Natürlich will ich das! So miserabel ich auch dran bin, will ich mich doch so lange wie möglich herumquälen. Allen meinen

Patienten geht es ebenso. Und den moralisch Angeknacksten nicht minder. Gerade in diesem Augenblick ist so ein moralischer Invalide bei Helmer drin...

Frau Linde *leise*: Ah!

Nora: Wen meinen Sie?

Rank: Ach, einen gewissen Krogstad, Assessor seines Zeichens. Sie kennen ihn nicht. Sein Charakter ist bis an die Wurzeln angefault. Aber selbst der machte gleich viel Wesens daraus, daß er leben müsse – als sei das von großer Wichtigkeit.

Nora: So? Was wollte er denn von Torvald?

Rank: Das weiß ich wirklich nicht. Ich habe bloß gehört, daß es um die Aktienbank ging.

Nora: Ich wußte nicht, daß Krog-, daß dieser Assessor Krogstad etwas mit der Aktienbank zu tun hat.

Rank: Ja, er hat da eine kleine Stellung. *Zu Frau Linde*: Ich weiß nicht, ob es auch in Ihrer Gegend Menschen gibt, die überall herumschnüffeln, um aufzustöbern, wo etwas faul ist, und dann, wenn sie einen moralischen Patienten entdeckt haben, diesen zur Beobachtung aufnehmen und ihm womöglich noch einen bevorzugten Platz verschaffen. Die Gesunden können dann sehen, wo sie bleiben.

Frau Linde: Die Kranken haben es wohl auch am nötigsten, unter ein Dach zu kommen.

Rank *zuckt die Achseln*: Da haben wir's! Diese Anschauung macht die Gesellschaft zu einem Spital!

Nora, in ihre eigenen Gedanken versunken, bricht in halblautes Lachen aus und klatscht in die Hände.

Weshalb lachen Sie darüber? Wissen Sie eigentlich, was das ist: die Gesellschaft?

Nora: Was schert mich Ihre langweilige Gesellschaft? Ich lache über etwas ganz anderes – etwas ungeheuer Komisches. – Sagen Sie mal, Doktor: alle Angestellten der Aktienbank werden also jetzt von Torvald abhängig sein?

Rank: Finden Sie das so ungeheuer komisch?

Nora *lächelt und summt vor sich hin*: Lassen Sie mir mein Vergnügen! Lassen Sie mich doch! *Spaziert im Zimmer umher.* Ja, es macht mir ein ungeheures Vergnügen, mir vorzustellen, daß wir – daß Torvald so große Macht über viele Menschen bekommen hat. *Nimmt die Tüte aus der Tasche.* Doktor, wie wär's mit einem Makrönchen?

RANK: Sieh mal an: Makronen! Ich glaubte, die seien für dieses Haus verbotene Ware?

NORA: Ja, aber die hier hat mir Kristine mitgebracht.

FRAU LINDE: Was? Ich...?

NORA: Na, na, bekomm nur keinen Schreck! Du konntest doch nicht wissen, daß Torvald Makronen verboten hat. Er hat nämlich Angst, ich könnte davon schlechte Zähne kriegen. Aber – ph, einmal ist keinmal! Nicht wahr, Doktor? Bitte sehr! *Steckt ihm eine Makrone in den Mund.* Und du auch, Kristine! Und ich kriege auch eine. Nur ein einziges Makrönchen – oder höchstens zwei. *Spaziert wieder umher.* Ja, jetzt bin ich wirklich schrecklich glücklich. Nun gibt's nur noch eins auf der Welt, wozu ich furchtbar Lust hätte.

RANK: Nun? Und das wäre?

NORA: Ich hätte furchtbar Lust, etwas zu sagen – so, daß Torvald es hörte.

RANK: Und weshalb sagen Sie es denn nicht?

NORA: Das darf ich nicht, weil es nicht anständig ist.

FRAU LINDE: Nicht anständig?

RANK: Dann ist es freilich nicht ratsam. Aber uns könnten Sie ja doch... Was möchten Sie denn in Helmers Gegenwart so furchtbar gern sagen?

NORA: Ich möchte furchtbar gern sagen: „Die können mich alle mal...!"

RANK: Sie sind nicht bei Troste!

FRAU LINDE: Aber Nora!

RANK: Sagen Sie's noch mal! Jetzt kommt er!

NORA *steckt die Makronentüte weg*: Pst! Pst! *Helmer, den Mantel über dem Arm und den Hut in der Hand, kommt aus seinem Zimmer. Nora geht ihm entgegen.* Nun, Torvald, bist du ihn los?

HELMER: Ja, er ist weg.

NORA: Darf ich vorstellen – das ist Kristine. Sie ist heute hier angekommen.

HELMER: Kristine? Bitte um Entschuldigung, aber ich weiß nicht...

NORA: Frau Linde, lieber Torvald – Frau Kristine Linde.

HELMER: Ach so. Vermutlich eine Jugendfreundin meiner Frau?

FRAU LINDE: Ja, wir kennen uns von früher.

NORA: Und denk mal, sie hat extra die lange Reise hierhergemacht, um mit dir zu sprechen!

HELMER: Wie ist das zu verstehen?

FRAU LINDE: Ja, nicht eigentlich...

NORA: Kristine ist nämlich eine großartige Kontoristin. Und nun wünscht sie sich sehr, unter der Anleitung eines tüchtigen Mannes zu arbeiten und noch mehr zu lernen, als sie schon kann.

HELMER: Sehr vernünftig.

NORA: Und als sie hörte, daß du Bankdirektor geworden bist – das stand ja in allen Zeitungen –, da ist sie, so schnell sie konnte, hergereist und... Nicht wahr, Torvald, du tust doch mir zuliebe etwas für Kristine, nicht wahr?

HELMER: Ja, das wäre gar nicht so unmöglich. Sie sind vermutlich Witwe?

FRAU LINDE: Ja.

HELMER: Und haben praktische Erfahrung in Kontorarbeit?

FRAU LINDE: Ja, einigermaßen.

HELMER: Nun, da ist es sehr wahrscheinlich, daß ich Ihnen eine Stellung anbieten kann.

NORA *klatscht in die Hände*: Siehst du! Siehst du!

HELMER: Sie kommen in einem günstigen Augenblick, Frau...

FRAU LINDE: Oh, wie soll ich Ihnen danken...?

HELMER: Nicht nötig. *Zieht den Mantel an.* Aber für heute müssen Sie mich entschuldigen...

RANK: Warte, ich gehe mit. *Holt seinen Pelz von der Diele und wärmt ihn am Ofen.*

NORA: Bleib nicht zu lange, Torvald!

HELMER: Höchstens eine Stunde.

NORA: Gehst du auch, Kristine?

FRAU LINDE *zieht sich den Mantel an*: Ja, ich muß mich nach einem Zimmer umsehen.

HELMER: Dann können wir vielleicht ein Stück zusammen gehen.

NORA *hilft ihr*: Wie schade, daß wir so beengt wohnen! Doch es ist bei uns nicht möglich...

FRAU LINDE: Aber wo denkst du hin! Leb wohl, liebe Nora, und schönsten Dank!

NORA: Adieu einstweilen! Doch heute abend kommst du natürlich zu uns! Und Sie auch, Doktor! Wie? Wenn Sie sich wohl genug fühlen? Aber natürlich werden Sie das! Packen Sie sich nur warm ein!

Während der letzten Sätze verlassen alle das Zimmer. Im Treppenhaus werden Kinderstimmen laut.

Da sind sie! Da sind sie! *Sie öffnet die Entreetür. Die Kinderfrau kommt mit den Kindern.* Kommt herein! Nur herein! *Bückt sich und küßt die Kinder.* O ihr lieben Süßen! Schau sie nur an, Kristine! Sind sie nicht süß?

RANK: Keine lange Begrüßungszeremonie hier im Durchzug!

HELMER: Kommen Sie, Frau Linde! Jetzt wird's hier fürchterlich! Das ist nur was für Mütter.

Rank, Helmer und Frau Linde gehen die Treppe hinunter. Die Kinderfrau kommt mit den Kindern ins Zimmer. Nora folgt ihnen, nachdem sie die Tür zur Diele geschlossen hat.

NORA: Wie frisch ihr ausseht! Und was ihr für rote Backen bekommen habt! Wie Äpfel und Rosen!

Die Kinder reden während des Folgenden durcheinander.

Habt ihr viel Spaß gehabt? Das ist ja fein. Ach was? Du hast Emmy und Bob im Schlitten gezogen? Nein so was, beide auf einmal! Ja, du bist ein strammer Junge, Ivar! – Ach, gib sie mir mal ein bißchen, Anne-Marie! Meine süße kleine Puppe! *Nimmt der Kinderfrau das Kleinste ab und tanzt mit ihm.* Ja, ja – Mama wird auch mit Bob tanzen! Wie? Ihr habt eine Schneeballschlacht gemacht? Ach, da hätte ich dabeisein mögen! Nein, laß nur, Anne-Marie! Ich ziehe sie selbst aus. Ach, laß mich nur, das macht mir solchen Spaß! Geh solange hinein! Du siehst ganz verfroren aus. Auf dem Ofen steht heißer Kaffee. *Die Kinderfrau geht ins Zimmer links. Nora zieht die Kinder aus und wirft alles im*

Zimmer umher, während die Kleinen durcheinanderreden. So? Da war ein großer Hund, und der ist euch nachgelaufen? Aber gebissen hat er nicht? Nein, die Hunde beißen doch nicht artige Kinderchen. Nicht so neugierig sein, Ivar! – Was da drin ist? Ja, das möchtet ihr wohl wissen? Aber das ist nichts für euch. – So? Ich soll mit euch spielen? Was wollen wir denn spielen? Verstecken? Ja, spielen wir Verstecken! Bob soll sich zuerst verstecken. Ich zuerst? Na gut, dann verstecke ich mich zuerst.

Nora und die Kinder spielen unter Lachen und Jubel im Zimmer und im Nebenraum rechts. Schließlich versteckt sich Nora unter dem Tisch. Die Kinder stürmen herein, suchen, können sie aber nicht finden. Dann hören sie ihr leises Lachen, stürzen an den Tisch, heben die Decke hoch und sehen sie. Stürmischer Jubel. Sie kriecht hervor, als wolle sie sie erschrecken. Neuer Jubel. Inzwischen hat es geklopft, ohne daß es jemand bemerkt hat. Jetzt öffnet sich die Tür, die zur Diele führt, halb, und Krogstad wird sichtbar. Er wartet etwas, während das Spiel weitergeht.

KROGSTAD: Verzeihung, Frau Helmer ...

NORA *wendet sich mit einem leisen Schrei um und richtet sich halb auf*: Ah! Was wollen Sie?

KROGSTAD: Entschuldigen Sie! Die Tür war nur angelehnt. Es muß jemand vergessen haben, sie zuzumachen ...

NORA *steht auf*: Mein Mann ist nicht zu Haus, Herr Krogstad.

KROGSTAD: Ich weiß.

NORA: Was wollen Sie dann hier?

KROGSTAD: Mit Ihnen sprechen.

NORA: Mit ...? *Zu den Kindern, leise*: Geht zu Anne-Marie! Wie? Nein, der fremde Mann will Mama nichts tun. Wenn er weg ist, spielen wir weiter. *Sie führt die Kinder in das Zimmer links und schließt die Tür hinter ihnen. Unruhig und angespannt*: Sie wollen mich sprechen?

KROGSTAD: Ja, allerdings.

NORA: Heute? Aber wir haben doch heute noch nicht den Ersten?

KROGSTAD: Nein, Weihnachtsabend. Sie haben es selbst in der Hand, welche Weihnachtsfreude Sie haben werden.

NORA: Was wollen Sie denn? Ich kann heute wirklich nicht ...

KROGSTAD: Darum handelt es sich im Moment nicht. Es geht um etwas anderes. Sie haben doch wohl einen Augenblick Zeit?

NORA: O ja, gewiß, das schon, obwohl...

KROGSTAD: Gut. Ich saß drüben in der Gastwirtschaft und sah Ihren Mann die Straße hinuntergehen...

NORA: Na und?

KROGSTAD: ... mit einer Dame.

NORA: Was weiter?

KROGSTAD: Darf ich mir die Frage gestatten: War diese Dame nicht eine gewisse Frau Linde?

NORA: Ja.

KROGSTAD: Eben angekommen?

NORA: Ja, heute.

KROGSTAD: Sie ist wohl eine gute Freundin von Ihnen?

NORA: Ja, das ist sie. Doch ich sehe nicht ein...

KROGSTAD: Ich war auch einmal mit ihr bekannt.

NORA: Das weiß ich.

KROGSTAD: So? Sie sind also im Bilde. Das dachte ich mir. Also darf ich Sie dann geradeheraus fragen: Soll Frau Linde eine Stellung bei der Aktienbank bekommen?

NORA: Wie können Sie sich erlauben, mich auszufragen, Herr Krogstad? Sie, ein Untergebener meines Mannes? Aber da Sie fragen, sollen Sie es wissen: Ja, Frau Linde soll eine Stellung bekommen. Und auf meine Fürsprache hin, Herr Krogstad. Daß Sie's nur wissen.

KROGSTAD: Ich hatte also richtig kombiniert.

NORA *geht auf und ab*: Oh, man hat doch wohl ein klein wenig Einfluß, will ich meinen. Weil man eine Frau ist, deshalb ist noch lange nicht gesagt, daß... Wenn man in untergeordneter Stellung ist, Herr Krogstad, sollte man sich wirklich in acht nehmen, jemanden vor den Kopf zu stoßen, der – hm...

KROGSTAD: ... der Einfluß hat?

NORA: Sehr richtig!

KROGSTAD *einen anderen Ton anschlagend*: Frau Helmer, wollen Sie die Güte haben, Ihren Einfluß zu meinen Gunsten zu verwenden!

NORA: Wie bitte? Wie soll ich das verstehen?

KROGSTAD: Wollen Sie so gut sein und dafür sorgen, daß ich meine untergeordnete Stellung bei der Bank behalte!

NORA: Was heißt das? Wer will Ihnen Ihre Stellung nehmen?

KROGSTAD: Geben Sie sich keine Mühe, vor mir die Unwissende zu spielen! Ich begreife sehr wohl, daß Ihrer Freundin ein Zusammentreffen mit mir nicht angenehm sein kann. Und ich weiß jetzt auch, wem ich es zu danken habe, daß ich weggejagt werden soll.

NORA: Aber ich versichere Ihnen...

KROGSTAD: Ja, ja, ja, kurz und gut: noch ist Zeit, und ich rate Ihnen, Ihren Einfluß aufzubieten, es zu verhindern.

NORA: Aber Herr Krogstad, ich habe gar keinen Einfluß!

KROGSTAD: Nicht? Sie sagten doch eben selbst...

NORA: So war das natürlich nicht zu verstehen. Ich! Wie können Sie glauben, ich hätte in dieser Beziehung Einfluß auf meinen Mann!

KROGSTAD: Oh, ich kenne Ihren Mann aus unserer Studentenzeit. Ich kann mir nicht denken, daß der Herr Bankdirektor taktfester als andere Ehemänner ist.

NORA: Wenn Sie geringschätzig von meinem Mann sprechen, weise ich Ihnen die Tür.

KROGSTAD: Sie sind sehr mutig, Frau Helmer.

NORA: Ich habe keine Angst mehr vor Ihnen. Nach Neujahr werde ich aus der ganzen Geschichte heraus sein.

KROGSTAD *beherrschter*: Hören Sie jetzt, Frau Helmer: Wenn es nötig ist, kämpfe ich auf Tod und Leben, um meinen kleinen Posten bei der Bank zu behalten.

NORA: Ja, das sieht ganz so aus.

KROGSTAD: Es geht mir nicht nur um das Einkommen. Darum ist mir sogar am wenigsten zu tun. Es geht mir um etwas anderes – nun ja, heraus damit! Es ist folgendes: Sie wissen natürlich ebenso wie alle anderen, daß ich mich einmal vor Jahren einer Unbesonnenheit schuldig gemacht habe.

NORA: Ich glaube, so etwas gehört zu haben.

KROGSTAD: Die Sache kam nicht vor Gericht. Aber trotzdem waren mir mit einem Schlage alle Wege versperrt. Daher legte ich mich auf die Geschäfte, die Sie ja kennen. Irgend etwas mußte ich schließlich anfangen. Und ich darf sagen, ich war keiner von den Schlimmsten. Aber jetzt muß ich aus alledem heraus. Meine Söhne wachsen heran. Ihretwegen muß ich zusehen, die Achtung meiner Mitmenschen soweit wie möglich zurückzugewinnen. Diese Stellung bei der Bank bedeutete die erste Stufe. Und nun will Ihr Mann mir einen Tritt geben, daß ich wieder im Dreck liege!

NORA: Aber bei Gott, Herr Krogstad, es liegt wahrhaftig nicht in meiner Macht, Ihnen zu helfen!

KROGSTAD: Weil Sie nicht wollen! Aber ich habe Mittel, Sie zu zwingen.

NORA: Sie wollen doch wohl nicht meinem Mann sagen, daß ich Ihnen Geld schulde?

KROGSTAD: Hm... Und wenn ich's nun sagte?

NORA: Das wäre niederträchtig von Ihnen! *Nahe dem Weinen*: Dieses Geheimnis, das meine Freude und mein Stolz ist, das sollte er auf eine so gemeine und plumpe Weise erfahren – von Ihnen erfahren! Sie würden mich in die schrecklichsten Unannehmlichkeiten bringen!

KROGSTAD: Bloß Unannehmlichkeiten?

NORA *heftig*: Aber tun Sie's nur! Damit schaden Sie sich selbst am meisten! Dann wird mein Mann erst richtig sehen, was für ein schlechter Mensch Sie sind, und dann behalten Sie Ihren Posten schon gar nicht!

KROGSTAD: Ich habe gefragt, ob es nur häusliche Unannehmlichkeiten sind, die Sie befürchten?

NORA: Bekommt mein Mann es zu wissen, dann wird er natürlich den Rest sofort bezahlen. Und dann haben wir nichts mehr mit Ihnen zu schaffen.

KROGSTAD *einen Schritt näher*: Hören Sie, Frau Helmer: Entweder haben Sie ein schwaches Gedächtnis oder keine Ahnung von Geldgeschäften. Ich muß Sie wohl etwas gründlicher ins Bild setzen.

NORA: Wieso?

KROGSTAD: Als Ihr Mann krank war, kamen Sie zu mir, um viertausendachthundert Kronen zu leihen.

NORA: Ich wußte sonst niemanden.

KROGSTAD: Ich erklärte mich bereit, Ihnen den Betrag zu verschaffen...

NORA: Das haben Sie ja auch getan.

KROGSTAD: Ich erklärte mich bereit, Ihnen den Betrag unter gewissen Bedingungen zu verschaffen. Damals waren Sie so in Anspruch genommen von der Krankheit Ihres Mannes und hatten den unbedingten Wunsch, das Geld für die Reise aufzutreiben, daß Sie wohl den Nebenumständen weiter keine Beachtung schenkten. Deshalb ist es vielleicht angebracht, Sie daran zu erinnern. Also: ich erklärte mich bereit, Ihnen das Geld gegen einen Schuldschein zu verschaffen, den ich aufsetzte.

NORA: Ja, und den ich unterschrieb.

KROGSTAD: Gut. Aber ich fügte eine Fußnote bei, in der Ihr Vater für die Schuld bürgte. Die sollte Ihr Vater unterschreiben.

NORA: Sollte? Er hat ja unterschrieben!

KROGSTAD: Ich hatte das Datum offengelassen. Ihr Vater sollte den Tag selbst einfügen, an dem er unterschrieb. Können Sie sich dessen entsinnen?

NORA: Ja, ich glaube wohl...

KROGSTAD: Darauf übergab ich Ihnen den Schuldschein, damit Sie ihn Ihrem Vater zuschickten. War's nicht so?

NORA: Ja.

KROGSTAD: Und das taten Sie natürlich sofort. Denn schon nach fünf, sechs Tagen brachten Sie mir den Schein zurück mit Ihres Vaters Unterschrift. Daraufhin bekamen Sie den Betrag ausgezahlt.

NORA: Nun ja. Habe ich nicht pünktlich abbezahlt?

KROGSTAD: So ziemlich, ja. Aber – um darauf zurückzukommen – es war wohl damals eine schwere Zeit für Sie, Frau Helmer?

NORA: Ja, das war's.

KROGSTAD: Ihr Vater war wohl schwer krank, wenn ich mich recht erinnere.

NORA: Er lag im Sterben.

KROGSTAD: Und starb wohl auch kurz darauf?

NORA: Ja.

KROGSTAD: Sagen Sie, Frau Helmer, sollten Sie zufällig den Todestag Ihres Vaters im Gedächtnis haben? Tag und Monat, meine ich.

NORA: Papa starb am neunundzwanzigsten September.

KROGSTAD: Ganz recht. Ich habe mich danach erkundigt. Und daher ist mir folgender sonderbarer Umstand – *zieht ein Papier hervor* – absolut unerklärlich...

NORA: Was? Ich weiß nicht...

KROGSTAD: Ich finde es sonderbar, Frau Helmer, daß Ihr Vater diesen Schuldschein drei Tage nach seinem Tod unterschrieben hat.

NORA: Wieso? Ich verstehe nicht...

KROGSTAD: Ihr Vater starb am neunundzwanzigsten September. Aber sehen Sie her! Hier hat Ihr Vater seine Unterschrift mit dem zweiten Oktober datiert. Ist das nicht sonderbar, Frau Helmer? *Nora schweigt.* Können Sie mir das erklären? *Nora schweigt weiter.* Auffallend ist auch, daß die Worte „zweiter Oktober" und die Jahreszahl nicht Ihres Vaters Handschrift, sondern eine Handschrift aufweisen, die ich zu kennen glaube. Nun, das läßt sich ja erklären. Ihr Vater kann vergessen haben, seine Unterschrift zu datieren, und dann hat irgend jemand das Datum aufs Geratewohl eingesetzt, bevor man von dem Todesfall wußte. Das wäre weiter nicht schlimm. Auf die Namensunterschrift kommt es an. Und die ist doch echt, Frau Helmer? Ihr Vater hat doch eigenhändig unterschrieben?

NORA *wirft nach kurzem Schweigen den Kopf in den Nacken und blickt Krogstad trotzig an*: Nein, das hat er nicht. I c h habe mit Papas Namen unterschrieben.

KROGSTAD: Hören Sie, Frau Helmer – sind Sie sich darüber klar, daß dies ein gefährliches Geständnis ist?

NORA: Warum denn? Sie werden Ihr Geld bald zurückbekommen.

KROGSTAD: Gestatten Sie eine Frage: Warum haben Sie Ihrem Vater den Schuldschein nicht geschickt?

NORA: Das war unmöglich. Papa war doch krank. Wenn ich ihn um seine Unterschrift gebeten hätte, dann hätte ich ihm auch sagen müssen, wozu ich das Geld brauchte. Aber bei seinem Zustand durfte ich ihm doch nicht sagen, daß meines Mannes Leben in Gefahr war. Das war ganz unmöglich!

KROGSTAD: Dann hätten Sie besser getan, die Auslandsreise aufzugeben.

NORA: Nein, das war unmöglich. Von dieser Reise hing doch das Leben meines Mannes ab! Die konnte ich nicht aufgeben.

KROGSTAD: Aber haben Sie denn nicht daran gedacht, daß es mir gegenüber Betrug war?

NORA: Darauf konnte ich absolut keine Rücksicht nehmen. Sie interessierten mich gar nicht. Ich konnte Sie nicht ausstehen, weil Sie so herzlos waren und mir so viel Schwierigkeiten machten, obwohl Sie wußten, in welcher Gefahr mein Mann schwebte.

KROGSTAD: Frau Helmer, Sie haben offenbar keine klare Vorstellung, von welcher Tragweite Ihr Vergehen ist. Aber ich kann Ihnen versichern: Was ich einst getan habe, war kein größeres und kein schlimmeres Vergehen. Und doch hat es mich meine ganze bürgerliche Stellung gekostet.

NORA: Sie? Wollen Sie mir weismachen, Sie hätten eine mutige Tat getan, um Ihrer Frau das Leben zu retten?

KROGSTAD: Die Gesetze fragen nicht nach Beweggründen.

NORA: Das müssen sehr schlechte Gesetze sein!

KROGSTAD: Schlecht oder nicht – wenn ich diesen Schein dem Gericht vorlege, werden Sie nach den Gesetzen verurteilt.

NORA: Das glaube ich einfach nicht. Eine Tochter sollte nicht das Recht haben, ihrem alten, todkranken Vater Angst und Kummer fernzuhalten? Eine Frau sollte nicht das Recht haben, ihrem Mann das Leben zu retten? Ich kenne die Gesetze nicht so genau, doch ich bin sicher, irgendwo muß drinstehen, daß so etwas erlaubt ist. Und darüber wissen Sie nicht Bescheid – Sie, ein Jurist? Sie müssen ein schlechter Jurist sein, Herr Krogstad.

KROGSTAD: Mag sein. Aber auf ein Geschäft wie das hier zwischen uns beiden – darauf verstehe ich mich doch wohl, nicht wahr? – Gut. Tun Sie nun, was Ihnen beliebt! Aber das sage ich Ihnen: Werde ich zum zweitenmal ausgestoßen, dann sollen Sie mir Gesellschaft leisten! *Er grüßt und geht hinaus.*

NORA *blickt eine Weile nachdenklich drein und wirft dann den Kopf in den Nacken*: Ach was – er will mir nur Angst machen! So naiv bin ich denn doch nicht! *Beginnt, die Sachen der Kinder zusammen-*

zulegen, hält aber bald inne. Aber wenn ...? – Nein, das ist doch unmöglich! Ich habe es doch aus Liebe getan!

DIE KINDER *in der Tür links*: Mama, nun ist der fremde Mann aus dem Haus gegangen!

NORA: Ja, ja, ich weiß. Sagt aber niemand etwas von dem fremden Mann! Hört ihr? Auch Papa nicht!

DIE KINDER: Nein, Mama! Aber spielst du jetzt wieder mit uns?

NORA: Nein, nein, jetzt nicht!

DIE KINDER: Aber Mama! Du hast es doch versprochen!

NORA: Ja, aber nicht jetzt! Geht, meine Süßen! Geht zu Anne-Marie! Ich habe so viel zu tun. Geht jetzt! *Sie nötigt die Kinder sanft ins Nebenzimmer und schließt die Tür hinter ihnen, setzt sich aufs Sofa, nimmt eine Stickerei zur Hand und macht einige Stiche, hält aber bald inne.* Nein! *Sie wirft die Stickerei beiseite, öffnet die Tür zur Diele und ruft hinaus*: Helene! Bring mir den Baum herein! *Geht zum Tisch links und öffnet die Schublade, hält wieder inne.* Nein, aber das ist doch ganz unmöglich!

HAUSMÄDCHEN *mit dem Weihnachtsbaum*: Wo soll ich ihn hinstellen, gnädige Frau?

NORA: Hierher, mitten ins Zimmer.

HAUSMÄDCHEN: Soll ich sonst noch etwas bringen?

NORA: Nein, danke. Ich brauche weiter nichts. *Das Mädchen hat den Baum hingestellt und geht wieder hinaus. Nora schickt sich an, den Baum zu putzen.* Hierher ein Licht – und hier Blumen. – Der abscheuliche Mensch! – Unsinn, Unsinn, Unsinn! Kein Grund zur Aufregung! Der Weihnachtsbaum soll schön werden. Ich will alles tun, was dir Freude macht, Torvald – ich will dir vorsingen, dir vortanzen ...

Helmer, mit einem Stoß Akten unter dem Arm, kommt von draußen.

Ah, bist du schon zurück?

HELMER: Ja. Ist jemand hiergewesen?

NORA: Hier? Nein.

HELMER: Merkwürdig. Ich habe Krogstad aus der Haustür treten sehen.

NORA: So? Ach ja, ist ja wahr, Krogstad ist einen Augenblick hiergewesen.

HELMER: Nora, ich seh's dir an: er war hier, um dich zu bitten, ein gutes Wort für ihn einzulegen.

NORA: Ja.

HELMER: Und du solltest so tun, als sei es aus eigenem Antrieb? Du solltest mir verschweigen, daß er hier war? Hat er dich nicht auch darum gebeten?

NORA: Ja, Torvald, aber...

HELMER: Nora, Nora! Und darauf konntest du dich einlassen? Überhaupt mit einem solchen Menschen dich in ein Gespräch einlassen? Und ihm gar noch ein Versprechen zu geben! Und obendrein mir noch die Unwahrheit zu sagen!

NORA: Die Unwahrheit?

HELMER: Hast du nicht gesagt, es sei niemand hiergewesen? *Droht mit dem Finger.* Das darf mein kleines Singvögelchen nie wieder tun! Ein Singvogel soll mit reinem Schnäbelchen zwitschern! Keine falschen Töne! *Faßt sie um die Taille.* Habe ich nicht recht? – Na, das wußte ich doch. *Läßt sie los.* Und nun nichts mehr davon! *Setzt sich vor den Ofen.* Ah, wie ist es hier schön warm und gemütlich! *Blättert in seinen Papieren.*

NORA *mit dem Weihnachtsbaum beschäftigt, nach kurzer Gesprächspause*: Torvald!

HELMER: Ja?

NORA: Ich freue mich so schrecklich auf den Kostümball übermorgen bei Stenborgs.

HELMER: Und ich bin schrecklich neugierig, mit welchem Kostüm du mich überraschen willst.

NORA: Ach, so was Dummes!

HELMER: Wieso denn?

NORA: Mir fällt nichts Gescheites ein. Alles ist so albern. So phantasielos.

HELMER: Zu der Erkenntnis ist die kleine Nora gekommen?

NORA *hinter seinem Stuhl, die Arme auf der Lehne*: Bist du sehr beschäftigt, Torvald?

HELMER: Oh...

NORA: Was sind das für Papiere?

HELMER: Banksachen.

NORA: Schon?

HELMER: Ich habe mir von der alten Leitung Vollmacht für die nötigen Veränderungen im Personal und im Geschäftsplan geben lassen. Dazu muß ich die Weihnachtswoche benutzen. Bis Neujahr will ich alles in Ordnung haben.

NORA: Darum also war der arme Krogstad...

HELMER: Hm.

NORA *noch immer auf die Stuhllehne gestützt, krault ihn im Nacken*: Wenn du nicht so beschäftigt wärst, würde ich dich um einen schrecklich großen Gefallen bitten, Torvald.

HELMER: Laß hören! Was soll's denn sein?

NORA: Niemand hat einen so guten Geschmack wie du. Nun möchte ich doch gern auf dem Kostümball recht hübsch aussehen. Torvald, kannst du mir nicht helfen? Kannst du mir nicht raten, als was ich gehen soll und wie mein Kostüm aussehen soll?

HELMER: Aha, braucht unser kleiner Eigensinn einen rettenden Engel?

NORA: Ja, Torvald, ohne deine Hilfe geht es nicht.

HELMER: Gut, gut. Ich will darüber nachdenken. Wir werden schon etwas finden.

NORA: Oh, das ist nett von dir! *Geht wieder zum Weihnachtsbaum. Schweigen.* Wie hübsch sich die roten Blumen ausnehmen! – Aber sag mal: ist das wirklich so schlimm, was dieser Krogstad gemacht hat?

HELMER: Urkundenfälschung. Hast du eine Vorstellung, was das heißt?

NORA: Kann er's nicht aus Not getan haben?

HELMER: Ja, oder – wie so mancher andere – aus Leichtsinn. Ich bin nicht so herzlos, einer vereinzelten Handlung wegen einen Menschen unbedingt zu verdammen.

NORA: Nein, nicht wahr, Torvald!?

HELMER: Manch einer kann moralisch wieder gesunden, wenn er sein Vergehen offen bekennt und seine Strafe abbüßt.

NORA: Strafe?

HELMER: Aber diesen Weg ist Krogstad nicht gegangen. Er hat sich mit Kniffen und Kunstgriffen herausgeschwindelt. Und das hat ihn moralisch ruiniert.

NORA: Glaubst du wirklich, daß...?

Helmer: Denk doch nur, wie so ein schuldbewußter Mensch lügen und heucheln und sich nach allen Seiten verstellen muß, wie er seinen nächsten Angehörigen, seiner eigenen Frau und seinen Kindern gegenüber eine Maske tragen muß! Und das mit den Kindern, Nora, das ist das allerschrecklichste.

Nora: Warum?

Helmer: Weil ein solcher Dunstkreis von Lüge eine ganze Familie mit Krankheitsstoffen infiziert. Jeder Atemzug, den die Kinder in einem solchen Heim tun, ist voller giftiger Keime.

Nora *näher hinter ihm*: Bist du dessen gewiß?

Helmer: Ach, liebes Kind, diese Erfahrung habe ich im Anwaltsberuf oft machen müssen. Fast alle entgleisten Menschen haben verlogene Mütter gehabt.

Nora: Warum gerade – Mütter?

Helmer: Am häufigsten kommt es von den Müttern, obwohl natürlich auch der Einfluß der Väter in gleicher Weise wirken kann. Das weiß jeder Jurist. Und doch hat dieser Krogstad jahrelang mit seinen Kindern zusammen gelebt und sie mit seiner Verlogenheit und Heuchelei vergiftet. Deshalb nenne ich ihn moralisch verkommen. *Streckt Nora die Hände entgegen.* Darum soll meine süße kleine Nora mir versprechen, nicht für ihn einzutreten. Deine Hand drauf! – Nun, nun, was heißt das? Gib mir deine Hand! So. Abgemacht also! Ich versichere dir, es wäre mir unmöglich gewesen, mit ihm zu arbeiten. Ich empfinde buchstäblich eine physische Übelkeit in Gegenwart solcher Menschen.

Nora *entzieht ihm ihre Hand und geht auf die andere Seite des Weihnachtsbaums*: Wie heiß es hier ist! Und ich habe so viel zu tun!

Helmer *erhebt sich und packt seine Papiere zusammen*: Ja, ich muß vor Tisch hiervon auch noch einiges durcharbeiten. An dein Kostüm will ich denken. Und etwas, was man in Goldpapier an den Weihnachtsbaum hängen kann, habe ich vielleicht auch in Bereitschaft. *Legt die Hand auf ihren Kopf.* O du mein liebes Singvögelchen! *Geht in sein Zimmer und schließt die Tür hinter sich.*

Nora *leise, nach einer Stille*: Ach was! Das kann nicht sein! Das ist unmöglich. Das muß unmöglich sein!

KINDERFRAU *in der Tür links*: Die Kleinen bitten so schön, daß sie zur Mama hinein dürfen.

NORA: Nein, nein, nein! Laß sie nicht zu mir! Bleib du bei ihnen, Anne-Marie!

KINDERFRAU: Jaja. *Schließt die Tür.*

NORA *bleich vor Entsetzen*: Meine Kinder vergiften! *Kurzes Schweigen, dann hebt sie den Kopf.* Das ist nicht wahr! Nie im Leben ist das wahr!

ZWEITER AKT

Dasselbe Zimmer. In der Ecke neben dem Klavier steht der Weihnachtsbaum, geplündert, mit heruntergebrannten Kerzen. Noras Hut und Mantel liegen auf dem Sofa.

Nora ist allein im Zimmer und geht unruhig umher. Schließlich bleibt sie am Sofa stehen und greift nach ihrem Mantel.

NORA *wirft den Mantel wieder hin*: Da kommt jemand! *Geht zur Tür und lauscht.* Nein – niemand! Natürlich, heute am ersten Feiertag kommt niemand – und morgen auch nicht. Aber vielleicht ... *Öffnet die Tür und sieht hinaus.* Nein! Nichts im Briefkasten! Ganz leer! *Geht wieder umher.* Ach, Unsinn! Natürlich macht er damit nicht Ernst. Das kann ja gar nicht sein! Das ist ja ganz unmöglich! Ich habe doch drei kleine Kinder!

Die Kinderfrau kommt mit einer großen Pappschachtel aus dem Zimmer links.

KINDERFRAU: Endlich habe ich die Schachtel mit dem Maskenkostüm gefunden!

NORA: Danke. Stell sie auf den Tisch!

KINDERFRAU *tut es*: Aber es ist viel dran kaputt.

NORA: Am liebsten risse ich es in tausend Stücke!

KINDERFRAU: Gott bewahre! Man immer sachte! Das läßt sich leicht ausbessern.

NORA: Ich will zu Frau Linde gehen und sie bitten, mir dabei zu helfen.

KINDERFRAU: Jetzt schon wieder weg? Bei diesem gräßlichen Wetter? Frau Nora wird sich erkälten und krank werden!

NORA: Ach, das wäre nicht das schlimmste. – Was machen die Kinder?

KINDERFRAU: Die Kinderchen spielen mit den Weihnachtsgeschenken, aber ...

NORA: Fragen sie oft nach mir?

KINDERFRAU: Sie sind doch dran gewöhnt, daß die Mama immer um sie herum ist.

NORA: Ja, aber – Anne-Marie, ich kann nun nicht mehr so viel wie bisher mit ihnen zusammen sein.

KINDERFRAU: Na, kleine Kinder gewöhnen sich an alles.

NORA: Meinst du? Glaubst du, sie würden ihre Mama vergessen, wenn sie nicht mehr da wäre?

KINDERFRAU: Gott bewahre! – Nicht mehr da wäre!

NORA: Sag mal, Anne-Marie – ich habe oft dran denken müssen: Wie hast du's nur übers Herz bringen können, dein Kind zu fremden Leuten zu geben?

KINDERFRAU: Aber das mußte ich doch, wenn ich Klein Noras Amme werden wollte.

NORA: Gewiß, aber daß du das w o l l t e s t !

KINDERFRAU: Wenn ich so eine gute Stellung bekommen konnte? Ein armes Mädchen, das durch so einen Kerl ins Unglück gekommen ist, muß da noch froh sein. Der schlechte Kerl hat ja nichts für mich getan.

NORA: Aber deine Tochter hat dich sicher vergessen?

KINDERFRAU: I bewahre! Sie hat mir geschrieben, als sie konfirmiert wurde, und dann wieder, als sie heiratete.

NORA *umarmt sie*: Liebe alte Anne-Marie, du bist mir eine gute Mutter gewesen, als ich klein war!

KINDERFRAU: Die arme kleine Nora hatte ja keine andere Mutter mehr.

NORA: Und wenn meine Kleinen nun auch keine andere mehr hätten, dann weiß ich, du würdest – ach Unsinn, Unsinn! *Öffnet die Schachtel.* Geh wieder zu ihnen! Ich muß jetzt ... Morgen wirst du sehen, wie hübsch mich das kleidet.

KINDERFRAU: Ja, sicher wird auf dem ganzen Ball keine so hübsch aussehen wie unsere Frau Nora. *Geht ins Zimmer links.*

NORA *beginnt die Schachtel auszupacken, wirft aber bald alles wieder hin*: Ach, wenn ich nur weg könnte! Wenn ich nur sicher wäre, daß inzwischen niemand kommt! Daß hier zu Haus nichts passiert, während ich weg bin! Unsinn! Was soll denn passieren? Nur nicht dran denken! Den Muff abbürsten! Feine Handschuhe, feine Handschuhe... Nicht dran denken, nur nicht dran denken! – Eins, zwei, drei, vier, fünf, sechs... *Schreit auf:* Ah, da kommen sie! *Will zur Tür eilen, bleibt aber unschlüssig stehen.*

Frau Linde kommt von der Diele, wo sie schon abgelegt hat.

Ach, du bist's, Kristine? Sonst ist doch weiter keiner draußen? Nicht? – Wie gut, daß du gekommen bist!

FRAU LINDE: Ich höre, du bist bei mir gewesen und hast nach mir gefragt.

NORA: Ja, ich ging gerade vorbei. Du mußt mir behilflich sein! Wir wollen uns hier aufs Sofa setzen. Paß auf! Morgen abend ist oben bei Konsul Stenborg Kostümball, und nun will Torvald, daß ich als neapolitanisches Fischermädchen gehe und Tarantella tanze. Das habe ich nämlich auf Capri gelernt.

FRAU LINDE: Sieh einer an! Du willst also eine richtige Vorstellung geben?

NORA: Ja, Torvald möchte es gern. Sieh, hier habe ich das Kostüm. Torvald hat es unten in Italien für mich anfertigen lassen. Aber nun ist alles so zerrissen, und ich weiß gar nicht...

FRAU LINDE: Oh, das werden wir bald haben! Es ist ja nur der Besatz hier und da abgerissen. Nadel und Zwirn? – Na, hier haben wir ja, was wir brauchen!

NORA: Das ist aber nett von dir!

FRAU LINDE *näht:* So, du willst also morgen als Italienerin gehen, Nora? Weißt du was – da komme ich morgen abend auf einen Sprung her, um dich im Kostüm zu bewundern. – Aber ich habe ja ganz vergessen, dir für den gemütlichen Abend gestern zu danken!

NORA *erhebt sich und geht umher:* Ach, gestern fand ich's gar nicht so gemütlich wie sonst. Du hättest eher zu uns in die Stadt kommen sollen, Kristine! – Ja, Torvald versteht es freilich blendend, unser Heim schön und gemütlich zu machen.

FRAU LINDE: Du nicht minder, sollte ich meinen. Du bist nicht umsonst deines Vaters Tochter. Doch sag mal – ist Doktor Rank immer so niedergeschlagen?

NORA: Nein, gestern war's besonders auffallend. Aber er leidet ja auch an einer unheilbaren Krankheit. Er hat Rückenmarksschwindsucht, der Ärmste! Du mußt wissen, sein Vater war ein abscheulicher Mensch, der sich Geliebte hielt und sonstwas machte. Und deshalb war sein Sohn von Kindheit an kränklich, verstehst du.

FRAU LINDE *läßt die Näharbeit sinken*: Aber liebste, beste Nora, woher weißt du so was?

NORA *spaziert umher*: Ph – wenn man drei Kinder hat, dann bekommt man mitunter Besuch von – von Frauen, die so halbe Ärzte sind. Und von denen erfährt man dann so allerlei.

FRAU LINDE *näht wieder; nach kurzem Schweigen*: Kommt Doktor Rank jeden Tag zu euch?

NORA: Jeden Tag. Er ist ja Torvalds bester Jugendfreund. Und mein guter Freund ist er auch. Doktor Rank gehört sozusagen mit zur Familie.

FRAU LINDE: Aber sag mal, ist der Mann immer aufrichtig? Ich meine: er sagt wohl den Leuten allzugern etwas Angenehmes?

NORA: Nein, im Gegenteil! Wie kommst du darauf?

FRAU LINDE: Als du uns gestern miteinander bekannt machtest, versicherte er, meinen Namen schon oft hier im Haus gehört zu haben. Aber nachher merkte ich, daß dein Mann keine Ahnung hatte, wer ich bin. Wie konnte dann Doktor Rank ...?

NORA: Ja, das stimmt schon, Kristine. Torvald hat mich doch so unbeschreiblich lieb, und darum will er, wie er sagt, mich ganz für sich allein haben. In der ersten Zeit wurde er schon eifersüchtig, wenn ich nur mein Elternhaus erwähnte. Da hab ich's natürlich vermieden. Aber mit dem Doktor spreche ich darüber. Denn der hört das gern. Siehst du, so ist das.

FRAU LINDE: Hör mal, Nora, du bist in manchen Dingen noch ein rechtes Kind. Ich bin ja etwas älter als du und habe so einige Erfahrung. Ich will dir etwas sagen: Du solltest zusehen, dieser Geschichte mit Doktor Rank ein Ende zu machen!

NORA: Was für einer Geschichte?

FRAU LINDE: Nun – gestern sprachst du von einem reichen Verehrer, der dir Geld verschaffen sollte ...

NORA: Ja, von einem, der nicht existiert – leider. Doch was weiter?

FRAU LINDE: Hat Doktor Rank Vermögen?

NORA: Ja, das schon.

FRAU LINDE: Und für niemanden zu sorgen?

NORA: Für niemanden. Aber ...

FRAU LINDE: Und er kommt jeden Tag zu euch ins Haus?

NORA: Ja, das hast du ja eben gehört.

FRAU LINDE: Wie kann dieser feine Mann sich nur so aufdrängen!

NORA: Ich verstehe nicht, was du meinst.

FRAU LINDE: Verstell dich jetzt nicht, Nora! Glaubst du, ich habe nicht erraten, von wem du dir das Geld geliehen hast?

NORA: Bist du wahnsinnig? Wie kannst du nur so etwas denken! Ein Freund von uns, der jeden Tag herkommt! Was für eine peinliche Situation wäre das!

FRAU LINDE: Also wirklich nicht von ihm?

NORA: Nein, das versichere ich dir. Auf den Gedanken wäre ich nie gekommen! – Übrigens hatte er damals noch kein Vermögen. Geerbt hat er erst später.

FRAU LINDE: Na, das war wohl auch ein Glück für dich, meine liebe Nora.

NORA: Nein, es wäre mir nie eingefallen, den Doktor zu bitten ... Übrigens bin ich überzeugt: wenn ich ihn darum bäte ...

FRAU LINDE: Aber das tust du natürlich nicht?

NORA: Selbstverständlich nicht. Ich kann mir auch kaum denken, daß es nötig sein wird. Aber ich bin ganz sicher, wenn ich mit dem Doktor spräche ...

FRAU LINDE: Hinter deines Mannes Rücken?

NORA: Ich muß aus der anderen Sache heraus! Das ist auch hinter seinem Rücken. Ich muß da heraus!

FRAU LINDE: Ja gewiß, das habe ich gestern schon gesagt, aber ...

NORA *geht auf und ab*: Ein Mann kann mit so etwas leichter fertig werden als unsereins.

FRAU LINDE: Der eigene Mann, ja.

NORA: Unsinn! *Bleibt stehen.* Wenn man alles zurückgezahlt hat, dann bekommt man doch seinen Schuldschein zurück?

FRAU LINDE: Ja, natürlich.

NORA: Und darf ihn in hunderttausend Stücke reißen und verbrennen – den ekelhaften Fetzen!

FRAU LINDE *blickt sie scharf an, legt das Nähzeug weg und erhebt sich langsam*: Nora, du verheimlichst mir etwas!

NORA: Siehst du mir das an?

FRAU LINDE: Es muß etwas passiert sein seit gestern morgen! Nora, was ist es?

NORA *auf sie zu*: Kristine! *Horcht.* Pst! Jetzt kommt Torvald nach Haus! Sei so gut und setz dich solange ins Kinderzimmmer. Torvald kann die Näherei nicht leiden. Laß dir von Anne-Marie helfen!

FRAU LINDE *nimmt einen Teil der Nähsachen*: Ja, ja, aber ich gehe nicht weg, ehe wir uns ausgesprochen haben!

Frau Linde geht ins Zimmer links. Gleichzeitig tritt Helmer von der Diele her ein.

NORA *ihm entgegen*: Ach, wie habe ich auf dich gewartet, Liebster!

HELMER: War das die Schneiderin?

NORA: Nein, das war Kristine. Sie hilft mir, mein Kostüm in Ordnung zu bringen. Du kannst dich darauf verlassen, daß ich gut aussehen werde.

HELMER: Ja, war das nicht eine gute Idee von mir?

NORA: Eine großartige Idee! Aber ist es nicht auch nett von mir, daß ich so folgsam bin?

HELMER *faßt sie unters Kinn*: Nett – daß du deinem Mann folgst? Na, na, du kleiner Tollkopf, ich weiß ja, daß du's nicht so meinst. – Doch ich will dich nicht stören. Du wirst wohl üben müssen.

NORA: Und du hast wohl zu arbeiten?

HELMER: Ja. *Zeigt einen Stoß Akten.* Da sieh! Ich bin auf der Bank gewesen. *Will in sein Zimmer gehen.*

NORA: Torvald!

HELMER *bleibt stehen*: Ja?

NORA: Wenn nun dein kleines Eichhörnchen dich recht herzlich um etwas bäte...

HELMER: Worum denn?

NORA: Würdest du's dann tun?

HELMER: Erst müßte ich natürlich wissen, um was es geht.

NORA: Das Eichhörnchen würde einen Luftsprung tun, wenn du so nett wärst und ihm den Gefallen tätest.

Helmer: Heraus damit!

Nora: Die Lerche würde durch alle Zimmer zwitschern, in allen Tonarten...

Helmer: Ach was, das tut meine Lerche ja ohnehin!

Nora: Ich würde Elfe spielen und dir im Mondschein etwas vortanzen, Torvald.

Helmer: Nora – es ist doch nicht etwa dasselbe, womit du mir heute morgen in den Ohren gelegen hast?

Nora *tritt näher zu ihm:* Ja, Torvald, ich bitte dich so herzlich!

Helmer: Und du hast wirklich den Mut, mir noch einmal damit zu kommen?

Nora: Ja, ja, du mußt mir den Gefallen tun! Du mußt Krogstad die Stellung lassen!

Helmer: Meine liebe Nora, für seine Stelle habe ich Frau Linde vorgesehen.

Nora: Ja, das ist furchtbar nett von dir. Aber du brauchst ja nur einen anderen Kontoristen zu entlassen. Es muß ja nicht gerade Krogstad sein!

Helmer: Das ist doch ein unglaublicher Eigensinn! Weil du ihm das voreilige Versprechen gegeben hast, ein Wort für ihn einzulegen, darum soll ich...

Nora: Nicht darum, Torvald! Es ist deinetwegen. Dieser Mensch schreibt doch für die schmutzigsten Skandalblätter, das hast du selbst gesagt. Er kann dir so schrecklich schaden! Ich habe eine Todesangst...

Helmer: Aha, verstehe: alte Erinnerungen schrecken dich.

Nora: Was meinst du damit?

Helmer: Du denkst natürlich an deinen Vater.

Nora: Gewiß, natürlich. Du weißt doch, wie böse Menschen in den Zeitungen über Papa geschrieben und was sie ihm alles nachgesagt haben! Ich glaube, die hätten noch fertiggekriegt, daß er abgesetzt wurde, wenn das Ministerium nicht dich geschickt hätte, um nach dem Rechten zu sehen, und du nicht so wohlwollend und hilfsbereit ihm gegenüber gewesen wärst.

Helmer: Meine kleine Nora, zwischen deinem Vater und mir besteht ein großer Unterschied. Dein Vater war als Beamter nicht unangreifbar. Aber ich bin es. Und ich hoffe es zeit meines Lebens zu bleiben.

NORA: Ach, man weiß ja nicht, worauf böse Menschen alles kommen! Jetzt könnten wir's so gut haben und so ruhig und glücklich in unserem schönen, friedlichen Heim leben – du und ich und die Kinder, Torvald! Und darum bitte ich dich dringend...

HELMER: Und gerade deine Fürsprache macht es mir unmöglich, ihn zu behalten. Man weiß auf der Bank bereits, daß ich Krogstad kündigen will. Wenn es nun hieße: Der neue Direktor läßt sich von seiner Frau umstimmen...

NORA: Ja, was dann?

HELMER: Natürlich! Wenn nur das Trotzköpfchen seinen Willen bekommt! Ich soll mich vor dem ganzen Personal lächerlich machen – die Leute auf den Gedanken bringen, ich sei allen möglichen fremden Einflüssen zugänglich? – Du kannst dich darauf verlassen, ich würde bald die Folgen zu spüren bekommen! Und außerdem – es gibt da einen Umstand, durch den Krogstad für die Bank untragbar ist, solange ich Direktor bin.

NORA: Was für einen Umstand?

HELMER: Über seinen moralischen Knacks könnte ich notfalls hinwegsehen...

NORA: Ja, nicht wahr, Torvald?

HELMER: Zumal der Mann ganz brauchbar sein soll. Aber er ist ein Jugendbekannter von mir. Eine von diesen übereilten Bekanntschaften, deren man sich später im Leben geniert. Ich kann es dir ja offen sagen: wir duzen uns. Und dieser taktlose Mensch macht davon auch in Gegenwart Dritter Gebrauch. Und das sogar mit Vorliebe. Er glaubt, es berechtige ihn zu einem familiären Ton mir gegenüber. Und so trumpft er jeden Augenblick auf mit seinem „Du, Helmer, du...". Das ist mir im höchsten Grade peinlich. Er würde mir meine Stellung in der Bank verleiden.

NORA: Torvald, das meinst du doch nicht im Ernst?!

HELMER: So? Wieso denn nicht?

NORA: Nein, das sind doch nur kleinliche Bedenken.

HELMER: Was sagst du da? Kleinlich? Findest du, daß ich kleinlich bin?

NORA: Nein, im Gegenteil, lieber Torvald! Und gerade darum ...

HELMER: Gleichviel! Du nennst meine Beweggründe kleinlich! Dann muß ich's wohl auch sein. Kleinlich! So etwas! – Es ist Zeit, daß der Sache ein Ende gemacht wird! *Öffnet die Tür zur Diele und ruft*: Helene!

NORA: Was willst du tun?

HELMER *sucht zwischen seinen Papieren*: Der Sache ein Ende machen. *Das Hausmädchen kommt.* Hier! Nimm diesen Brief und übergib ihn sofort einem Dienstmann, damit er ihn abliefert! Aber sofort! Die Adresse steht drauf. Und hier ist das Geld.

HAUSMÄDCHEN: Ist recht. *Geht mit dem Brief hinaus.*

HELMER *packt seine Papiere zusammen*: Siehst du, mein kleiner Eigensinn!

NORA *atemlos*: Torvald – was war das für ein Brief?

HELMER: Krogstads Kündigung.

NORA: Hol ihn zurück, Torvald! Noch ist Zeit. Ach, Torvald, hol ihn zurück! Tu's mir zulieb – deinetwillen – für die Kinder! Hörst du, Torvald, tu's! Du weißt nicht, was für Folgen dieser Brief für uns alle haben kann!

HELMER: Zu spät.

NORA: Ja, zu spät.

HELMER: Liebe Nora, ich verzeihe dir diese Angst, obwohl sie im Grunde eine Kränkung für mich ist. Ja, das ist sie! Oder ist es vielleicht nicht kränkend, wenn du glaubst, ich müßte mich vor der Rache eines verkommenen Winkeladvokaten fürchten? Aber ich verzeihe dir trotzdem, weil deine Angst auch ein schöner Beweis deiner großen Liebe zu mir ist. *Nimmt sie in die Arme.* So soll es sein, meine geliebte Nora. Laß kommen, was will! Glaub mir, wenn's drauf ankommt, habe ich Mut und Kraft. Ich bin Manns genug, alles auf mich zu nehmen.

NORA *zu Tode erschrocken*: Was meinst du damit?

HELMER: Alles, sage ich ...

NORA *entschieden*: Das sollst du nie und nimmer tun!

HELMER: Gut. Dann teilen wir, Nora – als Mann und Frau. So muß es auch sein. *Streichelt sie.* Zufrieden? Na aber – nicht diese erschrockenen Taubenaugen! Das sind doch alles nur leere Einbildungen! – Jetzt solltest du die Tarantella durchspielen und mit dem Tamburin üben. Ich setze mich in das hintere Zimmer und schließe die Zwischentür, dann höre ich nichts. Du kannst so viel Lärm machen, wie du willst. *Dreht sich in der Tür um.* Und wenn Rank kommt, dann sag ihm, wo ich zu finden bin! *Er nickt ihr zu, geht mit den Akten in sein Zimmer und macht die Tür hinter sich zu.*

NORA *irrsinnig vor Angst, steht wie angenagelt, flüstert*: Er ist imstande, es zu tun! Er tut es! Er tut es, aller Welt zum Trotz! – Nein, alles, nur das nicht! Was mach ich bloß? Gibt es keinen Ausweg?

Es läutet.

Der Doktor! Nur das nicht! Eher alles andere!

Sie streicht sich übers Gesicht, sucht sich zu beherrschen und öffnet die Tür zur Diele. Draußen steht Dr. Rank und hängt seinen Pelz auf. Während der folgenden Szene beginnt es zu dämmern.

Guten Tag, Doktor! Ich habe Sie am Läuten erkannt. Aber gehen Sie jetzt nicht zu Torvald hinein! Ich glaube, er hat zu tun.

RANK: Und Sie?

NORA *indem sie Rank ins Zimmer nötigt und die Tür schließt*: Oh, das wissen Sie doch – für Sie habe ich immer ein Weilchen Zeit.

RANK: Schönsten Dank! Ich will davon Gebrauch machen, solange ich kann.

NORA: Was meinen Sie damit? Solange Sie können?

RANK: Ja. Erschreckt Sie das?

NORA: Sie haben sich so seltsam ausgedrückt. Erwarten Sie, daß etwas passiert?

RANK: Etwas, worauf ich lange vorbereitet bin. Allerdings hatte ich nicht geglaubt, daß es so bald kommen würde.

NORA *faßt seinen Arm*: Was ist es denn? Was wird bald kommen? Sie müssen es mir sagen, Doktor!

RANK *setzt sich an den Ofen*: Mit mir geht es bergab. Da ist nichts zu machen.

NORA *atmet erleichtert auf*: Ist es was mit I h n e n?

Rank: Mit wem denn sonst? Es ist sinnlos, sich etwas vorzulügen. Ich bin der hoffnungsloseste Fall unter meinen Patienten, Frau Helmer. In diesen Tagen habe ich eine Generaluntersuchung meines inneren Status vorgenommen. Bankrott! In einem Monat liege ich vielleicht schon auf dem Friedhof und gehe in Fäulnis über.

Nora: O pfui! Wie können Sie so häßlich reden!

Rank: Es handelt sich auch um etwas verdammt Häßliches. Doch das schlimmste ist, daß dem so viel Häßliches vorausgehen wird. Es steht noch eine einzige Untersuchung aus. Wenn ich mit der fertig bin, dann weiß ich so ungefähr den Zeitpunkt, an dem die Auflösung beginnt. In diesem Zusammenhang möchte ich Ihnen etwas sagen: Helmer hat bei seiner feinnervigen Natur einen so ausgeprägten Widerwillen gegen alles, was häßlich ist. Ich will ihn nicht in meinem Krankenzimmer sehen.

Nora: Aber Doktor!

Rank: Ich will ihn da nicht sehen. Auf keinen Fall! Für ihn ist meine Tür verschlossen. – Sobald ich volle Gewißheit habe, schicke ich Ihnen meine Visitenkarte mit einem schwarzen Kreuz darauf. Dann wissen Sie, daß der häßliche Prozeß der Auflösung begonnen hat.

Nora: Nein, wissen Sie, heute reden Sie ganz ungereimtes Zeug. Und ich hätte Sie so gern bei recht guter Laune gesehen!

Rank: Mit dem Tod vor Augen? – So für die Schuld eines anderen büßen zu müssen! Ist das Gerechtigkeit? Und irgendwie gibt es in jeder Familie einen solchen Fall von unerbittlicher Vergeltung …

Nora *hält sich die Ohren zu*: Hören Sie auf! Lassen Sie uns lustig sein!

Rank: Ja, im Grunde ist es auch eine lustige Geschichte, über die man nur lachen kann. Mein armes, unschuldiges Rückgrat muß für die lustigen Leutnantstage meines Vaters büßen.

Nora *am Tisch links*: Er war ja ein großer Freund von Spargel und Gänseleberpastete. Nicht wahr?

Rank: Ja, und von Trüffeln.

Nora: Ja, von Trüffeln. Und von Austern wohl auch?

Rank: Ja, von Austern, versteht sich.

NORA: Und dazu der viele Portwein und Champagner! Es ist traurig, daß sich all diese leckeren Dinge auf das Rückgrat schlagen.

RANK: Besonders traurig, wenn sie sich auf ein unglückliches Rückgrat schlagen, das nicht das geringste davon gehabt hat.

NORA: Ach ja, das ist freilich das allertraurigste.

RANK *blickt sie forschend an*: Hm...

NORA *nach einem Weilchen*: Warum haben Sie gelächelt?

RANK: Nein, Sie haben gelächelt!

NORA: Nein, Sie, Doktor!

RANK *erhebt sich*: Sie sind ein noch größerer Schelm, als ich gedacht hatte.

NORA: Ich bin heute zu tollen Streichen aufgelegt.

RANK: Das sieht so aus.

NORA *legt ihm beide Hände auf die Schultern*: Lieber, lieber Doktor, Sie dürfen uns beiden – Torvald und mir – nicht wegsterben!

RANK: Ach, diesen Verlust werden Sie sicher bald verschmerzen! Die Davongegangenen werden bald vergessen.

NORA *blickt ihn angstvoll an*: Glauben Sie das?

RANK: Man schließt neue Verbindungen, und dann...

NORA: Wer schließt neue Verbindungen?

RANK: Sie und Helmer, wenn ich nicht mehr bin. Sie selbst sind bereits dabei, scheint mir. Was wollte gestern abend diese Frau Linde hier?

NORA: Aha – Sie sind doch wohl nicht eifersüchtig auf die arme Kristine?

RANK: Doch, das bin ich! Sie wird meine Nachfolgerin hier im Hause werden. Nach mir wird wahrscheinlich diese Person...

NORA: Pst! Sprechen Sie nicht so laut! Sie ist da drin!

RANK: Schon wieder hier? Da haben wir's!

NORA: Nur, um mein Kostüm herzurichten. Herrgott, wie unleidlich Sie sind! *Setzt sich aufs Sofa.* Seien Sie nun friedlich, Doktor! Morgen dürfen Sie mich tanzen sehen. Und dabei dürfen Sie sich vorstellen, daß ich es nur für Sie tue – und natürlich auch für Torvald, versteht sich. *Nimmt verschiedene Bekleidungsstücke aus der Schachtel.* Doktor, setzen Sie sich hierher! Ich will Ihnen etwas zeigen.

RANK *setzt sich*: Was denn?

NORA: Sehen Sie her! Hier.

RANK: Seidenstrümpfe.

NORA: Fleischfarbene. Sind sie nicht hübsch? Jetzt ist es hier dunkel, aber morgen ... Aber nein! Sie dürfen nur den Fuß sehen! Na ja, meinetwegen können Sie auch mehr sehen.

RANK: Hm ...

NORA: Warum blicken Sie so kritisch drein? Glauben Sie vielleicht, daß sie nicht passen?

RANK: Darüber kann ich unmöglich eine begründete Meinung haben.

NORA *sieht ihn einen Augenblick an*: Pfui! Schämen Sie sich! *Schlägt ihm die Strümpfe leicht um die Ohren.* Das haben Sie dafür! *Packt die Strümpfe wieder ein.*

RANK: Und was für Herrlichkeiten bekomme ich noch zu sehen?

NORA: Kein bißchen bekommen Sie mehr zu sehen, weil Sie so unartig sind! *Sie summt vor sich hin und kramt in den Sachen.*

RANK *nach kurzem Schweigen*: Wenn ich hier so nett mit Ihnen zusammen sitze, dann begreife ich nicht – nein, dann kann ich mir einfach nicht vorstellen, was aus mir geworden wäre, wenn ich dieses Haus nie betreten hätte.

NORA *lächelt*: Ja, ich glaube schon, daß Sie sich tatsächlich recht wohl bei uns fühlen.

RANK *leiser, blickt vor sich hin*: Und das alles verlassen zu müssen ...

NORA: Ach was! Sie verlassen uns nicht!

RANK *im selben Tonfall fortfahrend*: ... und nicht einmal ein armseliges Zeichen des Dankes hinterlassen zu können. Kaum ein flüchtiges Vermissen – nur ein leerer Platz, der vom ersten besten ausgefüllt werden kann.

NORA: Und wenn ich Sie nun bäte ... Nein ...

RANK: Worum?

NORA: Um einen großen Freundschaftsbeweis ...

RANK: Ja, welchen?

NORA: Nein, ich meine – um einen unerhört großen Freundschaftsdienst ...

RANK: Wollen Sie mich wirklich noch so glücklich machen?

NORA: Sie wissen ja noch gar nicht, was es ist!

RANK: Nun, so sagen Sie's doch!

NORA: Nein, ich kann nicht, Doktor. Es ist so schrecklich viel verlangt – Hilfe durch Rat und Tat...

RANK: Je mehr, desto besser! Aber ich habe immer noch keine Ahnung, was Sie wollen. Sagen Sie's doch! – Habe ich nicht Ihr Vertrauen?

NORA: Doch, wie niemand sonst. Sie sind mein treuster und bester Freund, das weiß ich wohl. Darum will ich's Ihnen auch sagen. Also, Doktor: es muß etwas verhindert werden. Und dabei müssen Sie mir helfen. Sie wissen, wie unbeschreiblich Torvald mich liebt. Keinen Augenblick würde er sich bedenken, für mich sein Leben hinzugeben.

RANK *beugt sich zu ihr*: Nora – glauben Sie denn, er sei der einzige, der...

NORA *zuckt leicht zusammen*: Der...

RANK: ...der für Sie freudig sein Leben hingeben würde?

NORA *betroffen*: Ach so.

RANK: Ich habe mir geschworen, daß Sie es erfahren sollen, ehe ich von hier gehe. Eine bessere Gelegenheit findet sich nicht wieder. – Ja, Nora, nun wissen Sie es. Und jetzt wissen Sie also auch, daß Sie sich mir voll und ganz anvertrauen können.

NORA *erhebt sich und sagt ruhig und sachlich*: Lassen Sie mich durch!

RANK *macht ihr Platz, bleibt aber sitzen*: Nora...

NORA *in der Tür zur Diele*: Helene! Bring die Lampe herein! *Dann geht sie zum Ofen.* Ach, lieber Doktor, das war wirklich häßlich von Ihnen.

RANK *steht auf*: Daß ich Sie ebenso von Herzen geliebt habe wie jemand anders? War das häßlich?

NORA: Nein, aber daß Sie's mir gesagt haben! Das war doch wahrhaftig nicht nötig.

RANK: Wie meinen Sie das? Haben Sie denn gewußt...

Das Mädchen kommt mit der Lampe, stellt sie auf den Tisch und geht wieder.

Nora – Frau Helmer –, ich frage Sie, haben Sie etwas gewußt?

NORA: Ach, was weiß ich, was ich gewußt oder nicht gewußt habe! Das kann ich Ihnen wirklich nicht sagen. – Daß Sie aber auch so tolpatschig sein konnten, Doktor! Wo alles so schön war!

RANK: Na, jedenfalls haben Sie nun die Gewißheit, daß ich Ihnen mit Leib und Seele zur Verfügung stehe. Also bitte, sprechen Sie freiheraus!

NORA *blickt ihn an*: Nach dem eben Vorgefallenen?

RANK: Ich bitte Sie, lassen Sie mich wissen, worum es sich handelt!

NORA: Nichts bekommen Sie jetzt noch zu wissen.

RANK: Aber, aber! So dürfen Sie mich nicht strafen! Erlauben Sie mir, für Sie zu tun, was in meiner Macht steht!

NORA: Nichts können Sie nun für mich tun. – Im übrigen werde ich gar keine Hilfe brauchen. Sie sollen sehen, das sind alles nur Einbildungen. Ja sicher! Natürlich! *Setzt sich in den Schaukelstuhl, sieht ihn an, lächelt.* Ja, Sie sind mir ein schöner Schwerenöter, Doktor! Jetzt, wo die Lampe brennt, schämen Sie sich wohl?

RANK: Nein, eigentlich nicht. Aber vielleicht soll ich mich nun zurückziehen – für immer?

NORA: Nein, das sollen Sie nicht! Sie müssen natürlich zu uns kommen wie bisher. Sie wissen ja selbst, daß Torvald Sie nicht entbehren kann.

RANK: Ja, aber Sie?

NORA: Oh, ich fand es immer so ungemein unterhaltend, wenn Sie hier waren.

RANK: Und das hat mich auf eine falsche Spur gebracht. Sie sind mir ein Rätsel. Manchmal kam's mir vor, als ob Sie beinahe ebensogern mit mir wie mit Helmer zusammen wären.

NORA: Ja, sehen Sie, die einen hat man am liebsten, und mit den andern ist man – beinahe – am liebsten zusammen.

RANK: Gewiß, daran ist etwas Wahres.

NORA: Als ich noch zu Haus war, hatte ich natürlich Papa am liebsten. Aber ich fand es immer ungeheuer reizvoll, mich in die Mädchenkammer zu stehlen. Dort machte niemand den Versuch, mich zu erziehen. Und die Mädchen, wenn sie unter sich waren, plauderten immer so unterhaltend.

RANK: Aha! Die habe ich also abgelöst!

NORA *springt auf und tritt zu ihm*: Ach, lieber, guter Doktor! So habe ich das doch nicht gemeint! Aber Sie verstehen doch wohl: Mit Torvald geht es mir geradeso wie mit Papa.

Das Hausmädchen kommt von der Diele.

HAUSMÄDCHEN: Gnädige Frau! *Flüstert Nora etwas zu und überreicht ihr eine Karte.*

NORA *wirft einen Blick auf die Karte*: Ah... *Steckt die Karte in die Tasche.*

RANK: Etwas Unangenehmes?

NORA: Nein, nein! Durchaus nicht! Es ist nur – es handelt sich um mein neues Kostüm...

RANK: Wie? Ihr Kostüm liegt doch da!

NORA: Ja, das! Aber es handelt sich um ein anderes. Ich habe es bestellt – Torvald darf davon nichts wissen.

RANK: Aha, da haben wir also das große Geheimnis!

NORA: Ja, natürlich. Gehen Sie nur zu ihm hinein! Er sitzt im hinteren Zimmer. Halten Sie ihn so lange auf...

RANK: Seien Sie unbesorgt! Er soll mir nicht entwischen. *Geht in Helmers Zimmer.*

NORA *zum Mädchen*: Er wartet in der Küche?

HAUSMÄDCHEN: Ja, er ist die Hintertreppe heraufgekommen.

NORA: Aber hast du ihm nicht gesagt, ich hätte Besuch?

HAUSMÄDCHEN: Das schon, aber das half alles nichts.

NORA: Wollte er durchaus warten?

HAUSMÄDCHEN: Jawohl. Er muß Frau Helmer unbedingt sprechen, sagt er.

NORA: So laß ihn eintreten! Aber leise! – Helene! Du darfst niemand etwas davon sagen! Es ist eine Überraschung für meinen Mann.

HAUSMÄDCHEN: Ja, ja, ich verstehe schon... *Sie geht hinaus.*

NORA: Jetzt kommt es, das Entsetzliche! Es läßt sich nicht aufhalten! Nein, nein, nein! Es kann nicht, darf nicht geschehen! *Sie geht zu Helmers Tür und verriegelt sie.*

Das Mädchen läßt Krogstad eintreten und schließt die Tür hinter ihm. Er trägt Reisepelz, Pelzmütze und Langschäfter. Nora geht ihm entgegen.

Sprechen Sie leise! Mein Mann ist zu Haus!

KROGSTAD: Na, soll er!

NORA: Was wollen Sie von mir?

KROGSTAD: Einen Bescheid.

NORA: Dann schnell. Worum handelt es sich?

KROGSTAD: Sie wissen sicher, daß ich meine Kündigung bekommen habe.

NORA: Ich habe es nicht verhindern können, Herr Krogstad! Ich habe für Ihre Sache gekämpft bis zum äußersten. Aber es hat nichts geholfen.

KROGSTAD: Liebt Ihr Mann Sie so wenig? Er weiß, daß Sie in meiner Hand sind, und trotzdem wagt er...

NORA: Wie können Sie annehmen, daß er das weiß?

KROGSTAD: Allerdings nicht. Das habe ich auch nicht angenommen. So viel Zivilcourage sähe meinem guten Torvald Helmer gar nicht ähnlich.

NORA: Herr Krogstad, ich verlange Achtung vor meinem Mann!

KROGSTAD: Versteht sich, alle schuldige Achtung. Aber da Sie diese Angelegenheit so ängstlich geheimhalten, so darf ich wohl annehmen, daß Sie sich nunmehr etwas klarer als gestern darüber sind, was Sie eigentlich getan haben?

NORA: Jedenfalls klarer, als ich durch eine Belehrung Ihrerseits werden könnte.

KROGSTAD: Gewiß, so ein schlechter Jurist wie ich...

NORA: Was wollen Sie nun eigentlich?

KROGSTAD: Nur sehen, wie es Ihnen geht, Frau Helmer. Ich habe den ganzen Tag an Sie gedacht. Ein Winkeladvokat, ein Wucherer – na, so einer wie ich, der besitzt auch ein wenig von dem, was man Gemüt nennt, müssen Sie wissen.

NORA: Dann beweisen Sie es! Denken Sie an meine kleinen Kinder!

KROGSTAD: Haben Sie und Ihr Mann an meine Kinder gedacht? Doch lassen wir das! Ich habe Ihnen nur sagen wollen, daß Sie diese Sache nicht allzu schwer zu nehmen brauchen. Fürs erste wird sie von meiner Seite nicht anhängig gemacht.

NORA: Nein! Nicht wahr? Das wußte ich!

KROGSTAD: Die ganze Geschichte kann ja in Güte geregelt werden. Sie braucht ja gar nicht unter die Leute zu kommen, sie kann unter uns dreien bleiben.

NORA: Mein Mann darf nie etwas davon erfahren!

KROGSTAD: Wie wollen Sie das verhindern? Können Sie vielleicht den Rest bezahlen?

NORA: Nein, nicht sofort.

KROGSTAD: Oder sehen Sie vielleicht eine Möglichkeit, das Geld in den nächsten Tagen zu beschaffen?

NORA: Wenigstens keine, von der ich Gebrauch machen möchte.

KROGSTAD: Das würde Ihnen auch nichts nützen. Und wenn Sie mir noch soviel bares Geld böten, Ihren Schuldschein bekämen Sie doch nicht zurück.

NORA: Was wollen Sie denn nur damit?

KROGSTAD: Lediglich behalten – ihn in meiner Verwahrung haben. Kein Unbeteiligter soll ihn zu sehen bekommen. Sollten Sie also mit irgendeinem verzweifelten Entschluß umgehen...

NORA: Das tue ich!

KROGSTAD: ... zum Beispiel daran denken, von Mann und Kindern fortzulaufen...

NORA: Das tue ich!

KROGSTAD: ... oder an noch Schlimmeres denken...

NORA: Wie können Sie das wissen?

KROGSTAD: ... so schlagen Sie sich das aus dem Kopf!

NORA: Wie können Sie wissen, daß ich d a r a n denke?

KROGSTAD: Die meisten von uns denken zunächst d a r a n. Ich selbst hatte auch daran gedacht. Aber ich hatte, offen gestanden, nicht den Mut...

NORA *tonlos*: Ich auch nicht.

KROGSTAD *erleichtert*: Nein, nicht wahr? Sie haben nicht den Mut dazu? Sie auch nicht?

NORA: Nein, ich habe ihn nicht.

KROGSTAD: Es wäre auch eine große Dummheit. Sobald der erste häusliche Sturm vorüber ist... Ich habe hier in der Tasche einen Brief an Ihren Mann...

NORA: In dem alles steht?

KROGSTAD: In so schonender Form wie möglich.

NORA: Den Brief darf er nicht erhalten! Zerreißen Sie ihn! Ich will nun doch das Geld beschaffen.

KROGSTAD: Verzeihung, Frau Helmer, aber ich glaube, ich sagte Ihnen vorhin...

NORA: Oh, ich spreche nicht von dem Betrag, den ich Ihnen schulde. Sagen Sie mir nur, wie hoch die Summe ist, die Sie von meinem Mann verlangen! Dann beschaffe ich das Geld.

KROGSTAD: Ich verlange von Ihrem Mann kein Geld.

NORA: Was verlangen Sie denn sonst?

KROGSTAD: Das will ich Ihnen sagen. Ich will wieder auf die Beine, Frau Helmer. Ich will hoch! Und dabei soll Ihr Mann mir helfen. Anderthalb Jahre habe ich mir nichts Unehrenhaftes zuschulden kommen lassen. Während der ganzen Zeit habe ich unter den drückendsten Verhältnissen gelebt. Ich habe mich damit begnügt, Schritt für Schritt voranzukommen. Aber jetzt, wo man mich weggejagt hat, begnüge ich mich nicht mehr damit, wieder in Gnaden aufgenommen zu werden. Ich will nach oben, sage ich Ihnen. Ich will wieder an die Bank – will eine höhere Stellung haben. Ihr Mann soll eine Position für mich schaffen...

NORA: Das tut er nie!

KROGSTAD: Er tut es. Ich kenne ihn. Er wagt nicht zu mucksen. Und sitze ich erst im Direktionsbüro, dann sollen Sie sehen! Kein Jahr, und ich bin die rechte Hand des Direktors! Dann leitet Nils Krogstad und nicht Torvald Helmer die Aktienbank.

NORA: Dazu wird es nie kommen!

KROGSTAD: Wollen Sie vielleicht...?

NORA: Jetzt habe ich den Mut dazu.

KROGSTAD: Oh, Sie machen mir nicht bange! Eine feine, verwöhnte Dame wie Sie...

NORA: Das werden Sie sehen!

KROGSTAD: Vielleicht unters Eis? In das kalte, pechschwarze Wasser? Und dann im Frühjahr angeschwemmt werden, entstellt bis zur Unkenntlichkeit, mit ausgefallenem Haar...

NORA: Sie schrecken mich nicht ab!

KROGSTAD: Sie mich auch nicht. – So etwas tut man nicht, Frau Helmer. Und außerdem, was würde es nützen? Ich habe ihn ja trotzdem in der Tasche.

NORA: Auch dann? Wenn ich nicht mehr...?

KROGSTAD: Vergessen Sie, daß Ihr Nachruf von mir abhängt? *Nora steht sprachlos da und starrt ihn an.* So, nun wissen Sie, wie die Dinge liegen. Machen Sie keine Dummheiten! Auf meinen Brief erwarte ich umgehend Nachricht von Ihrem Mann. Und vergessen Sie nicht, daß er selbst mich gezwungen hat, wieder solche Wege zu gehen! Das werde ich ihm nie verzeihen. Adieu, Frau Helmer! *Er geht durch die Diele hinaus.*

NORA *öffnet die Tür zur Diele einen Spalt und lauscht*: Er geht! Gibt den Brief nicht ab! Nein, nein, das kann er doch auch nicht! *Öffnet die Tür immer weiter.* Was ist das? Bleibt stehen? Geht nicht die Treppe hinunter! Überlegt er sich's? Sollte er...?

Ein Brief fällt in den Briefkasten. Darauf hört man Krogstad die Treppe hinuntergehen und seine Schritte allmählich verhallen. Nora stößt einen leisen Schrei aus, läuft im Zimmer umher und bleibt eine Weile am Sofatisch starr stehen.

Im Briefkasten! *Schleicht sich scheu zur Dielentür.* Da ist er! – Torvald, Torvald – jetzt sind wir verloren!

FRAU LINDE *kommt mit dem Kostüm aus dem Zimmer links*: So, mehr ist wohl nicht auszubessern. Wollen wir es mal anprobieren?

NORA *heiser und leise*: Kristine, komm her!

FRAU LINDE *wirft das Kostüm aufs Sofa*: Was fehlt dir? Du siehst ganz verstört aus!

NORA: Komm her! Siehst du den Brief dort? Da, sieh – hinter der Scheibe im Briefkasten!

FRAU LINDE: Ja gewiß, ich sehe ihn.

NORA: Der Brief ist von Krogstad.

FRAU LINDE: Nora – Krogstad hat dir das Geld geliehen!

NORA: Ja. Und nun bekommt Torvald alles zu wissen.

FRAU LINDE: Glaub mir, Nora, das ist für euch beide das beste!

NORA: Du weißt noch nicht alles. Ich habe die Unterschrift gefälscht.

FRAU LINDE: Aber um Himmels willen!

NORA: Jetzt will ich dir vor allem eins sagen, Kristine: Du mußt mein Zeuge sein!

FRAU LINDE: Wieso Zeuge? Was soll ich denn?

NORA: Wenn ich etwa den Verstand verliere – und das kann ja leicht passieren...

FRAU LINDE: Nora!

NORA: ... oder mir etwas anderes zustößt – und ich dann nicht hier sein kann ...

FRAU LINDE: Nora, Nora, du bist ja ganz außer dir!

NORA: Wenn dann jemand alles auf sich nehmen will, die ganze Schuld, verstehst du ...

FRAU LINDE: Ja, ja – aber wie kommst du nur darauf?

NORA: Dann sollst du bezeugen, daß es nicht wahr ist, Kristine! Ich bin durchaus nicht außer mir, ich habe meine fünf Sinne beisammen. Und ich sage dir: Niemand hat von der Sache was gewußt, ich habe alles allein getan. Denk daran!

FRAU LINDE: Das will ich wohl. Aber ich verstehe den Zusammenhang nicht.

NORA: Wie solltest du auch? Wo das, was jetzt geschehen wird, ein Wunder ist.

FRAU LINDE: Ein Wunder?

NORA: Ja, etwas Wunderbares. Aber – das ist das Entsetzliche daran, Kristine – es darf nicht geschehen, um keinen Preis der Welt!

FRAU LINDE: Ich will gleich zu Krogstad gehen und mit ihm reden.

NORA: Geh nicht zu ihm, er tut dir etwas zuleide!

FRAU LINDE: Es gab eine Zeit, in der er mir alles zuliebe getan hätte.

NORA: Er?

FRAU LINDE: Wo wohnt er?

NORA: Ach, was weiß ich! Oder doch – *faßt in ihre Tasche* –, hier ist seine Karte. Aber der Brief, der Brief!

HELMER *in seinem Zimmer, klopft an die Tür*: Nora!

NORA *schreit angstvoll auf*: Ah! Was ist? Was willst du von mir?

HELMER: Na, na, erschrick nur nicht gleich! Wir können ja nicht hinein, du hast dich ja eingeschlossen! Du bist wohl noch beim Anprobieren?

NORA: Ja, ja! Das bin ich. Ich werde wunderschön aussehen, Torvald!

FRAU LINDE *nachdem sie die Visitenkarte gelesen hat*: Er wohnt ja gleich hier um die Ecke!

NORA: Ja, aber das nützt ja nichts! Wir sind verloren! Der Brief liegt doch im Kasten!

FRAU LINDE: Und dein Mann hat den Schlüssel?

NORA: Ja, er gibt ihn nie aus der Hand.

FRAU LINDE: Krogstad muß seinen Brief ungelesen zurückerbitten, er muß einen Vorwand finden...

NORA: Aber gerade um diese Zeit pflegt Torvald...

FRAU LINDE: Lenk ihn ab! Geh solange zu ihm hinein! Ich komme so schnell wie möglich zurück. *Sie geht rasch zur Diele hinaus.*

NORA *geht zu Helmers Tür, öffnet sie und guckt in das Arbeitszimmer*: Torvald!

HELMER *aus dem Hinterzimmer*: Na, darf man endlich wieder in sein eigenes Wohnzimmer? Komm, Rank, jetzt wollen wir mal sehen... *In der Tür*: Aber was ist denn?

NORA: Was, lieber Torvald?

HELMER: Rank bereitete mich auf eine großartige Kostümierung vor...

RANK *in der Tür*: Ich hatte es so verstanden, aber mich wohl verhört.

NORA: Vor morgen abend bekommt niemand Gelegenheit, mich in meinem Staat zu bewundern.

HELMER: Aber, liebe Nora, du siehst so angegriffen aus. Hast du zuviel geübt?

NORA: Nein, ich habe überhaupt noch nicht geübt.

HELMER: Das ist aber nötig!

NORA: Ja, Torvald, und wie nötig das ist! Aber ich komme ohne deine Hilfe nicht von der Stelle! Ich habe einfach alles vergessen!

HELMER: Ach, das werden wir bald wieder haben!

NORA: Hoffentlich! Nimm mich nur tüchtig ran, Torvald! Versprichst du mir das? Ach, ich habe solche Angst! – Die große Gesellschaft! Du mußt mir den ganzen Abend heute opfern! Du darfst keinen Moment an Geschäftliches denken, keinen Federhalter anrühren! Nicht wahr, lieber Torvald?

HELMER: Das verspreche ich dir. Heute abend bin ich ausschließlich für dich da – du kleines hilfloses Geschöpf. – Hm, da fällt mir ein, erst will ich noch... *Geht zur Dielentür.*

NORA: Was willst du da draußen?

HELMER: Nur sehen, ob Post gekommen ist.

NORA: Nein, nein, tu das nicht, Torvald!

HELMER: Aber warum denn nicht?

NORA: Torvald, ich bitte dich, bleib hier! Es ist keine Post gekommen.

HELMER: Laß mich doch nachsehen! *Will gehen. Nora schlägt auf dem Klavier die ersten Takte der Tarantella an. Helmer bleibt in der Tür stehen.* Aha!

NORA: Ich kann morgen nicht tanzen, wenn du nicht mit mir übst!

HELMER *tritt zu ihr*: Hast du wirklich solche Angst, Norachen?

NORA: Ja, maßlose Angst! Laß uns sofort anfangen! Wir haben vor Tisch noch Zeit. Setz dich bitte ans Klavier und begleite mich, lieber Torvald! Und sag mir, was ich falsch mache! Sei mein Tanzlehrer, so wie damals!

HELMER: Gern, sehr gern, da du Wert darauf legst. *Er setzt sich ans Klavier.*

NORA *nimmt aus der Schachtel das Tamburin und einen langen bunten Schal, den sie rasch um sich drapiert; darauf begibt sie sich mit einem Sprung mitten ins Zimmer und ruft*: Spiel jetzt! Nun will ich tanzen!

Helmer spielt, und Nora tanzt. Rank steht hinter Helmer am Klavier und sieht zu.

HELMER *während er spielt*: Langsamer – langsamer!

NORA: Ich kann nicht anders.

HELMER: Nicht so wild, Nora!

NORA: Das ist gerade richtig!

HELMER *hört auf zu spielen*: Nein, nein, so geht es wirklich nicht.

NORA *lacht und schwingt das Tamburin*: Habe ich dir das nicht gleich gesagt?

RANK: Ich kann sie ja begleiten.

HELMER *steht auf*: Ja, tu das! Dann kann ich sie besser korrigieren.

Rank setzt sich ans Klavier und spielt, Nora tanzt immer wilder. Helmer hat sich an den Ofen gestellt und macht ständig korrigierende Bemerkungen, die Nora nicht zu hören scheint. Ihr Haar geht auf und fällt ihr über die Schultern. Sie beachtet es nicht und tanzt weiter. Frau Linde tritt ein.

FRAU LINDE *bleibt sprachlos an der Tür stehen*: Ah!

NORA *weitertanzend*: Kristine, hier geht's lustig zu!

HELMER: Aber liebste, beste Nora, du tanzt ja, als ging's um dein Leben!

NORA: Das tut's doch auch.

HELMER: Rank, hör auf! Das ist ja der reine Wahnsinn! Hör auf, sage ich! *Rank hört auf zu spielen, und Nora bleibt plötzlich stehen. Helmer tritt zu ihr.* Das hätte ich nie geglaubt! Du hast ja alles vergessen, was ich dir beigebracht hatte!

NORA *wirft das Tamburin weg*: Da siehst du's selbst!

HELMER: Der Tanz muß ganz neu einstudiert werden!

NORA: Ja, du siehst, wie bitter nötig ich deine Anleitung brauche! Du mußt bis zum letzten Augenblick mit mir üben! Versprichst du mir das, Torvald?

HELMER: Darauf kannst du dich verlassen.

NORA: Heute und morgen darfst du den ganzen Tag an nichts anderes denken! Keinen Brief darfst du aufmachen, nicht den Briefkasten leeren...

HELMER: Aha, immer noch die Angst vor diesem Menschen!

NORA: Ja, ja, auch das.

HELMER: Nora, ich seh's dir an, es steckt schon ein Brief von ihm im Kasten!

NORA: Ich weiß nicht. Ich glaube fast... Aber du sollst jetzt so was nicht lesen! Nichts Häßliches darf sich zwischen uns drängen, ehe alles vorüber ist!

RANK *leise zu Helmer*: Du darfst ihr nicht widersprechen!

HELMER *legt den Arm um sie*: Das Kind soll seinen Willen haben. Doch morgen nacht, wenn du getanzt hast...

NORA: Dann bist du frei.

HAUSMÄDCHEN *in der Tür rechts*: Gnädige Frau, der Tisch ist gedeckt.

NORA: Bring Champagner, Helene!

HAUSMÄDCHEN: Jawohl. *Geht hinaus.*

HELMER: Ei, ei – ein großes Gelage also?

NORA: Ein Sektgelage bis zum hellen Morgen! *Ruft hinaus*: Und auch Makronen, Helene, viel Makronen – ausnahmsweise!

HELMER *nimmt ihre Hände*: So, so, so! Nicht diese hektische Ekstase! Sei nun wieder meine süße kleine Lerche!

NORA: Ja, das will ich gern. Aber geh schon hinein! Und Sie auch, Doktor! Kristine, du mußt mir helfen, meine Frisur in Ordnung zu bringen!

RANK *leise im Abgehen*: Es ist doch nicht etwas unterwegs?

HELMER: Ausgeschlossen, mein Lieber. Es ist bloß diese kindische Angst, von der ich dir erzählt habe.

Helmer und Rank gehen rechts hinaus.

NORA: Nun?!

FRAU LINDE: Aufs Land gefahren.

NORA: Ich habe es dir angesehen.

FRAU LINDE: Er kommt morgen abend zurück. Ich habe ihm einen Zettel hinterlassen.

NORA: Das hättest du dir sparen können. Du sollst nichts verhindern. Im Grunde ist es doch herrlich, dieses Warten auf das Wunderbare!

FRAU LINDE: Worauf wartest du eigentlich?

NORA: Ach, das kannst du nicht verstehen. Geh zu ihnen hinein! Ich komme sofort nach. *Frau Linde geht rechts hinaus. Nora steht eine Weile still da, als wolle sie sich sammeln; dann blickt sie auf ihre Uhr.* Fünf. Sieben Stunden bis Mitternacht. Dann noch vierundzwanzig Stunden bis zur nächsten Mitternacht. Dann ist die Tarantella aus. Vierundzwanzig und sieben? Noch einunddreißig Stunden zu leben.

HELMER *in der Tür rechts*: Aber wo bleibt denn meine kleine Lerche?

NORA *fliegt ihm mit offenen Armen entgegen*: Hier ist deine Lerche!

DRITTER AKT

Dasselbe Zimmer. Der Sofatisch ist mit den dazugehörigen Stühlen in die Mitte gerückt. Auf dem Tisch steht eine brennende Lampe. Die Tür zur Diele steht offen. Aus der oberen Etage tönt Tanzmusik.

FRAU LINDE *sitzt am Tisch und blättert zerstreut in einem Buch. Sie versucht zu lesen, scheint sich aber nicht konzentrieren zu können. Hin und wieder blickt sie gespannt nach der Entreetür und horcht. Schließlich sieht sie auf ihre Uhr.* Immer noch nicht! Und es ist doch höchste Zeit! Wenn er nur nicht ... *Horcht wieder.* Ah, da ist er! *Sie geht auf die Diele hinaus und öffnet vorsichtig die Entreetür. Man hört leise Schritte auf der Treppe. Sie flüstert:* Kommen Sie herein! Es ist niemand hier.

KROGSTAD *in der Tür*: Ich habe einen Zettel von Ihnen vorgefunden. Was soll das bedeuten?

FRAU LINDE: Ich muß Sie dringend sprechen.

KROGSTAD: So? Und das muß unbedingt in diesem Hause sein?

FRAU LINDE: Bei mir war es nicht möglich. Mein Zimmer hat keinen separaten Eingang. Kommen Sie herein! Wir sind ganz allein. Das Mädchen schläft, und Helmers sind oben auf einem Hausball.

KROGSTAD *tritt ins Zimmer*: Sieh einer an! Helmers tanzen heute abend? Wirklich?

FRAU LINDE: Ja, warum denn nicht?

KROGSTAD: Gewiß. Warum nicht?

FRAU LINDE: Krogstad, lassen Sie uns miteinander reden!

KROGSTAD: Haben wir beide uns denn noch etwas zu sagen?

FRAU LINDE: Wir haben uns allerlei zu sagen.

KROGSTAD: Nicht, daß ich wüßte.

FRAU LINDE: Weil Sie mich nie richtig verstanden haben.

KROGSTAD: Was war da weiter viel zu verstehen? So etwas kommt doch oft genug im Leben vor: Ein herzloses Weib gibt einem Mann den Laufpaß, wenn sich eine vorteilhaftere Partie bietet!

FRAU LINDE: Glauben Sie wirklich, daß ich so ganz herzlos bin? Und daß ich leichten Herzens mit Ihnen gebrochen habe?

KROGSTAD: Nicht?

FRAU LINDE: Krogstad, haben Sie das wirklich geglaubt?

KROGSTAD: Wenn es sich nicht so verhielt, warum haben Sie mir dann damals so einen Brief geschrieben?

FRAU LINDE: Ich konnte doch nicht anders. Wenn ich mit Ihnen brechen mußte, so war es meine Pflicht, in Ihnen alles auszulöschen, was Sie für mich empfanden.

KROGSTAD *preßt seine Hände aufeinander*: Das war es also! Und nur – nur um des Geldes willen!

FRAU LINDE: Sie dürfen nicht vergessen, daß ich eine hilflose Mutter und zwei kleine Brüder hatte. Wir konnten nicht auf Sie warten, Krogstad. Bei Ihnen hatte es ja mit der Gründung einer Existenz noch gute Weile.

KROGSTAD: Das wohl. Aber Sie hatten kein Recht, mir eines anderen Menschen wegen den Laufpaß zu geben.

FRAU LINDE: Mag sein. So manches Mal habe ich mich selbst gefragt, ob ich ein Recht dazu hatte.

KROGSTAD: Als ich Sie verlor, da war's mir, als glitte der Boden unter meinen Füßen weg. Sehen Sie mich an! Nun bin ich ein Schiffbrüchiger auf einem Wrack.

FRAU LINDE: Die Hilfe ist vielleicht nahe.

KROGSTAD: Sie war nahe. Aber da kamen Sie und versperrten mir den Weg!

FRAU LINDE: Ohne es zu wissen, Krogstad! Erst heute habe ich erfahren, daß ich Ihre Stelle bekommen soll.

KROGSTAD: Ich glaube es Ihnen, wenn Sie es sagen. Aber jetzt, wo Sie es wissen, treten Sie da zurück?

FRAU LINDE: Nein. Denn es würde Ihnen nicht im mindesten nützen.

KROGSTAD: Ach, nützen, nützen! Ich würde es trotzdem tun!

FRAU LINDE: Ich habe gelernt, vernünftig zu handeln. Das Leben und das harte, bittere Muß haben es mich gelehrt.

KROGSTAD: Und mich hat das Leben gelehrt, Redensarten nicht zu trauen.

FRAU LINDE: Da hat das Leben Sie etwas sehr Vernünftiges gelehrt. Doch an Taten werden Sie doch glauben?

KROGSTAD: Wie meinen Sie das?

FRAU LINDE: Sie sagten, Sie stünden wie ein Schiffbrüchiger auf einem Wrack.

KROGSTAD: Das zu sagen, habe ich wohl Grund genug.

FRAU LINDE: Auch ich bin schiffbrüchig. Ich habe niemand, um den ich mich sorgen und für den ich sorgen kann.

KROGSTAD: Sie haben dieses Los selbst gewählt.

FRAU LINDE: Ich hatte damals keine andere Wahl.

KROGSTAD: Na, und was weiter?

FRAU LINDE: Krogstad, wenn wir zwei Schiffbrüchigen nun zueinanderkommen könnten!

KROGSTAD: Was sagen Sie?

FRAU LINDE: Zwei auf einem Wrack können sich doch eher helfen als jeder für sich allein.

KROGSTAD: Kristine!

FRAU LINDE: Warum, glauben Sie, bin ich in die Stadt gekommen?

KROGSTAD: Sollten Sie dabei auch an mich gedacht haben?

FRAU LINDE: Ich muß arbeiten, wenn ich das Leben ertragen soll. Mein ganzes Leben, so weit ich zurückdenken kann, habe ich gearbeitet, und das war meine größte, im Grunde meine einzige Freude. Aber jetzt stehe ich ganz allein auf der Welt und fühle mich so schrecklich leer und verlassen. Nur für sich selbst arbeiten, das macht keine Freude. Meine Arbeit muß einen Sinn haben. Ich brauche einen Menschen, Krogstad, für den ich arbeiten kann!

KROGSTAD: Daran glaube ich nicht. Das ist weiter nichts als weibliche Überspanntheit – diese Sucht, sich selbst aufzuopfern!

FRAU LINDE: Haben Sie jemals bemerkt, daß ich überspannt bin?

KROGSTAD: Könnten Sie das wirklich? Sagen Sie bitte – sind Sie auch ganz im Bilde über meine Vergangenheit?

FRAU LINDE: Ja.

KROGSTAD: Und wissen Sie, in welchem Ruf ich hier stehe?

Frau Linde: Es klang vorhin, als ob Sie glaubten, daß Sie mit mir ein anderer Mensch hätten werden können.

Krogstad: Davon bin ich überzeugt.

Frau Linde: Wäre das nicht jetzt noch möglich?

Krogstad: Kristine – das sagen Sie mit voller Überlegung! Das sehe ich Ihnen an. Haben Sie also wirklich den Mut?

Frau Linde: Ich brauche jemand, den ich bemuttern kann. Und Ihre Kinder brauchen eine Mutter. Wir beide brauchen einander. Krogstad, ich glaube an Ihren guten Kern – ich wage es mit Ihnen.

Krogstad *ergreift ihre Hände*: Dank, Dank, Kristine! Jetzt werde ich mich auch in den Augen der andern zu rehabilitieren wissen. – Oh, doch ich vergaß...

Frau Linde *lauscht:* Pst! Die Tarantella! Gehen Sie, gehen Sie!

Krogstad: Warum? Was ist denn?

Frau Linde: Hören Sie den Tanz da oben? Wenn er aus ist, können sie jeden Augenblick hiersein!

Krogstad: Na ja, ich gehe. Es ist ja doch alles vergebens. Sie wissen natürlich nichts von meinem Schritt Helmers gegenüber?

Frau Linde: Doch, Krogstad, ich weiß.

Krogstad: Und trotzdem sollten Sie den Mut haben...?

Frau Linde: Ich verstehe gut, wohin die Verzweiflung einen Mann wie Sie treiben kann.

Krogstad: Ach, wenn ich das doch ungeschehen machen könnte!

Frau Linde: Das könnten Sie schon. Denn Ihr Brief liegt noch im Kasten.

Krogstad: Wissen Sie das genau?

Frau Linde: Ganz genau. Aber...

Krogstad *blickt sie forschend an*: Sollte es das sein? Sie wollen Ihre Freundin um jeden Preis retten. Sagen Sie es freiheraus! Ist es nicht so?

Frau Linde: Krogstad, wer sich einmal andern zuliebe verkauft hat, tut es nicht wieder!

Krogstad: Ich verlange meinen Brief zurück!

Frau Linde: Nein, Nein!

Krogstad: Aber gewiß doch! Ich warte hier, bis Helmer herunterkommt. Ich bitte ihn, mir meinen Brief zurückzugeben –

sage, es drehe sich nur um meine Kündigung, er möchte ihn nicht lesen . . .

FRAU LINDE: Nein, Krogstad, Sie sollen den Brief nicht zurückverlangen!

KROGSTAD: Aber sagen Sie mir – war das nicht der eigentliche Grund, warum Sie mich herbestellt haben?

FRAU LINDE: Ja, im ersten Schreck. Doch darüber ist eine Nacht vergangen, und gestern habe ich hier im Hause unglaubliche Dinge zu wissen bekommen. Helmer muß alles erfahren. Dieses unglückselige Geheimnis muß an den Tag. Die beiden müssen sich restlos aussprechen. Bei diesen Vertuschungen und Ausflüchten darf es unmöglich bleiben.

KROGSTAD: Nun gut. Wenn Sie's also wagen wollen . . . Aber eins kann ich auf jeden Fall tun, und das soll sofort geschehen . . .

FRAU LINDE *horcht*: Schnell! Gehen Sie, gehen Sie! Der Tanz ist aus! Wir sind keinen Augenblick mehr sicher!

KROGSTAD: Ich warte unten auf Sie.

FRAU LINDE: Ja, tun Sie das! Sie können mich bis an meine Haustür begleiten.

KROGSTAD: So glücklich bin ich noch nie gewesen! *Er geht durch die Entreetür hinaus.*

Die Tür zwischen Zimmer und Diele bleibt offen.

FRAU LINDE *räumt etwas auf und macht sich zum Weggehen fertig*: Welch eine Wendung! Ja, welche Wendung! Menschen zu haben, für die man arbeiten kann – für die man leben kann! Und ein Heim, das man ihnen gemütlich macht! Na, das wollen wir schon schaffen! – Hoffentlich kommen sie bald. *Horcht.* Aha, da sind sie schon! Meine Sachen! *Nimmt Hut und Mantel.*

Helmers und Noras Stimmen werden hörbar. Ein Schlüssel wird umgedreht, und Helmer führt Nora beinahe mit Gewalt herein. Sie hat das italienische Kostüm an und darüber einen großen schwarzen Schal. Er trägt über dem Frack einen offenen schwarzen Domino.

NORA *noch in der Tür, widerstrebend*: Nein, nein, nein! Nicht hier herein! Ich will wieder hinauf! Ich will noch nicht Schluß machen!

HELMER: Aber liebste Nora!

NORA: Ach, ich bitte dich, Torvald! Ich flehe dich an – nur noch eine Stunde!

HELMER: Keine Minute, meine süße Nora! Du weißt, es war so abgemacht! So – jetzt hinein in die gute Stube! Hier erkältest du dich nur. *Er führt sie trotz ihres Widerstands mit sanfter Gewalt ins Zimmer.*

FRAU LINDE: Guten Abend!

NORA: Kristine!

HELMER: Wie, Frau Linde, Sie hier? So spät?

FRAU LINDE: Ja, entschuldigen Sie, ich wollte Nora so gern in ihrem Kostüm sehen.

NORA: Hast du hier gesessen und auf mich gewartet?

FRAU LINDE: Ja, ich war leider zu spät gekommen, du warst schon oben. Und ich wollte doch nicht wieder gehen, ohne dich gesehen zu haben.

HELMER *nimmt Nora den Schal ab*: Also dann schauen Sie sie nur richtig an! Ich glaube wohl, sie ist des Anschauens wert. Ist sie nicht schön, Frau Linde?

FRAU LINDE: Ja, das muß ich sagen...

HELMER: Ist sie nicht wunderschön? Darüber gab es auch nur eine Meinung auf dem Ball. Aber schrecklich eigensinnig ist es – das süße kleine Geschöpf! Was ist da zu machen? Wollen Sie es glauben? Ich mußte beinahe Gewalt anwenden, um sie wegzukriegen!

NORA: Ach, Torvald, du wirst es noch bereuen, daß du mir nicht wenigstens noch ein halbes Stündchen gegönnt hast!

HELMER: Da hören Sie's, Frau Linde! Sie tanzt ihre Tarantella, erntet stürmischen Beifall – er war auch wohlverdient, obgleich ihre Leistung vielleicht reichlich naturalistisch war, ich meine: natürlicher, echter, als es sich strenggenommen mit den Forderungen der Kunst vertragen dürfte. Doch meinetwegen! Die Hauptsache ist: sie hat Erfolg, sie erntet stürmischen Beifall. Und darauf hätte ich sie noch dort lassen sollen? Die Wirkung abschwächen? Nein, danke! Ich nahm mein schönes kleines Caprimädchen – mein kapriziöses kleines Caprimädchen, könnte ich auch sagen – unter den Arm. Ein schneller Rundgang durch die Festräume, eine Verbeugung nach allen Seiten, und – wie es in den Romanen heißt – die schöne Erscheinung entschwand den Blicken. Ein Abgang muß immer wirkungsvoll sein, Frau Linde. Aber das ist Nora nicht begreiflich zu machen. Puh, ist es hier heiß! *Wirft den Domino auf einen Stuhl und öffnet die Tür zu seinem Zimmer.* Was? Da ist es ja dunkel! Ach ja, natürlich. Entschuldigen Sie ... *Er geht hinein und zündet einige Lichter an.*

NORA *flüstert schnell und atemlos*: Nun?!

FRAU LINDE *leise*: Ich habe mit ihm gesprochen.

NORA: Na, und ...?

FRAU LINDE: Nora – du mußt deinem Mann alles sagen!

NORA *tonlos*: Ich wußte es.

FRAU LINDE: Von Krogstads Seite hast du nichts zu befürchten, aber sagen mußt du es!

NORA: Das tu ich nicht!

FRAU LINDE: Dann sagt es der Brief!

NORA: Ich danke dir, Kristine. Ich weiß nun, was ich zu tun habe. Pst!

HELMER *kommt zurück*: Nun, Frau Linde, haben Sie sie bewundert?

FRAU LINDE: Ja. Und nun will ich gute Nacht sagen.

HELMER: Oh, schon? Gehört das Ihnen, das Strickzeug hier?

FRAU LINDE *nimmt es*: Ja, danke. Das hätte ich beinahe vergessen.

HELMER: Sie stricken also?

FRAU LINDE: Gewiß.

HELMER: Wissen Sie, Sie sollten lieber sticken!

FRAU LINDE: So? Warum denn?

HELMER: Es sieht viel hübscher aus. Wollen Sie einmal herschauen. Man hält die Stickerei so mit der linken Hand und führt mit der rechten die Nadel – so – in einem leichten, langgestreckten Bogen – nicht wahr?

FRAU LINDE: Ja, ja, das mag wohl sein ...

HELMER: Stricken dagegen – das wird immer unschön aussehen. Schauen Sie her: die zusammengeklemmten Arme, die sich hebenden und senkenden Stricknadeln – das hat so etwas Chinesisches an sich. – Ah, der Champagner, der war wirklich exquisit!

FRAU LINDE: Also gute Nacht, Nora, und sei nun nicht mehr eigensinnig!

HELMER: Wohl gesprochen, Frau Linde!

FRAU LINDE: Gute Nacht, Herr Direktor!

HELMER *begleitet sie zur Tür*: Gute Nacht, gute Nacht! Ich hoffe, Sie kommen gut nach Haus. Ich würde gern ... Aber es ist ja nicht weit. Gute Nacht also! *Er schließt die Tür hinter Frau Linde und tritt wieder ins Zimmer.* So! Endlich sind wir sie los, diese schrecklich langweilige Pute!

NORA: Bist du nicht sehr müde, Torvald?

HELMER: Nein, nicht im geringsten.

NORA: Auch nicht ruhebedürftig?

HELMER: Ganz und gar nicht! Ich fühle mich im Gegenteil mächtig munter. Aber du? – Du siehst wirklich müde und ruhebedürftig aus.

NORA: Ich bin auch sehr müde. Ich werde bald schlafen.

HELMER: Siehst du, siehst du! Es war also doch richtig von mir, nicht länger zu bleiben.

NORA: Was du tust, ist immer richtig.

HELMER *küßt sie auf die Stirn*: Jetzt spricht meine Lerche vernünftig. Aber ist dir aufgefallen, wie aufgekratzt Rank heute abend war?

NORA: So? War er das? Ich bin gar nicht dazu gekommen, mit ihm zu sprechen.

HELMER: Ich auch kaum. Aber ich habe ihn lange nicht bei so guter Laune gesehen. *Blickt sie eine Weile an und nähert sich ihr dann.* Du – es ist doch herrlich, wieder in seinen vier Wänden zu sein, ganz allein mit dir! O du entzückendes, schönes junges Weib!

NORA: Sieh mich nicht so an, Torvald!

HELMER: Soll ich meinen kostbarsten Besitz nicht ansehen? All die Herrlichkeit, die mir gehört, mir allein, mir ganz allein!

NORA *geht auf die andere Seite des Tisches*: Du darfst heute nacht nicht so zu mir sprechen!

HELMER *folgt ihr*: Du hast wohl noch die Tarantella im Blut? Das macht dich noch verführerischer. Hör! Jetzt brechen die Gäste auf. *Leiser*: Nora – bald wird es still sein im ganzen Haus!

NORA: Ja, das hoffe ich.

HELMER: Ja, nicht wahr, meine geliebte Nora? Ach weißt du, wenn ich so mit dir in Gesellschaft bin – weißt du, warum ich dann so wenig mit dir spreche, deine Nähe meide, dir nur ab und zu einen verstohlenen Blick zuwerfe – weißt du, warum ich das tue? – Weil ich mir dann vorstelle, du wärst meine heimliche Geliebte, meine heimliche junge Braut, und niemand ahne etwas davon.

NORA: Nun ja, ich weiß wohl, daß alle deine Gedanken bei mir sind.

HELMER: Und wenn wir dann aufbrechen und ich den Schal um deine feingeschwungenen, schönen Schultern lege – um diesen wundervollen Nacken –, dann stelle ich mir vor, du bist meine junge Braut, wir kommen gerade von der Trauung, ich führe dich zum erstenmal in meine Wohnung – bin zum erstenmal mit dir allein, ganz allein mit dir, du junge bebende Schönheit! – Den ganzen Abend habe ich mich nur nach dir gesehnt. Als ich dich die Tarantella tanzen sah, sprühend und lockend, da begann mein Blut zu kochen. Ich hielt es nicht mehr aus – darum habe ich dich der Gesellschaft so früh entführt...

NORA: Geh nun, Torvald! Laß mich! Ich will das nicht!

HELMER: Was soll das heißen? Du machst wohl Spaß, kleine Nora! Du willst nicht, willst nicht? Bin ich nicht dein Mann?

Es klopft an der Entreetür.

NORA *fährt zusammen*: Hast du gehört?

HELMER *geht hinaus*: Wer ist da?

RANK *von draußen*: Ich bin's! Darf ich einen Augenblick eintreten?

HELMER *leise, verdrießlich*: Was will denn der jetzt? *Laut*: Sofort! *Schließt auf.* Das ist aber nett, daß du nicht an unserer Tür vorbeigehst!

RANK: Ich glaubte, deine Stimme zu hören, und da wollte ich doch gern noch hereinsehen. *Blickt sich um.* Ach ja! Diese lieben, vertrauten Räume! Ihr habt es nett und gemütlich hier, ihr zwei!

HELMER: Ich hatte den Eindruck, daß du dich da oben auch recht wohl fühltest.

RANK: Außerordentlich! Warum auch nicht? Warum soll man nicht alles im Leben mitnehmen? Jedenfalls soviel und solange man kann. Der Wein war ausgezeichnet...

HELMER: Besonders der Champagner.

RANK: Hast du das auch gemerkt? Es ist kaum zu glauben, wieviel ich hinunterspülen konnte.

NORA: Torvald hat heute abend auch viel Champagner getrunken.

RANK: So?

NORA: Ja. Und danach ist er immer so vergnügt.

RANK: Na, warum soll man sich nicht einen vergnügten Abend machen nach einem sinnvoll verbrachten Tag?

HELMER: Sinnvoll verbracht? Dessen kann ich mich leider nicht rühmen.

RANK *klopft ihm auf die Schulter*: Aber ich kann's, siehst du!

NORA: Doktor, Sie haben sicher heute eine wissenschaftliche Untersuchung vorgenommen!

RANK: Ganz recht!

HELMER: Sieh mal einer an! Norachen redet von wissenschaftlichen Untersuchungen!

NORA: Und darf man Sie zu dem Resultat beglückwünschen?

RANK: Allerdings, das darf man.

NORA: Das Resultat war also gut?

RANK: Das denkbar beste für Arzt und Patient: Gewißheit.

NORA *rasch und forschend*: Gewißheit?

RANK: Volle Gewißheit. Sollte ich mir daraufhin nicht einen vergnügten Abend machen?

NORA: Aber ja, da taten Sie recht, Doktor.

HELMER: Dem kann ich nur beipflichten. Wenn du nur nicht morgen dafür büßen mußt!

RANK: Nun, nichts ist umsonst auf dieser Welt.

NORA: Doktor – Sie sind sicher ein großer Freund von Maskenbällen?

RANK: Ja freilich, wenn's recht groteske Masken gibt.

NORA: Hören Sie, als was gehen wir beide auf den nächsten Maskenball?

HELMER: Du kleiner Leichtsinn – denkst du jetzt schon an den nächsten?

RANK: Wir beide? Ja, das will ich Ihnen sagen: Sie kommen als Glückskind...

HELMER: Aber denk dir auch ein Kostüm dazu aus!

RANK: Sie kommt als Glückskind, wie sie geht und steht...

HELMER: Sehr treffend gesagt! Aber weißt du auch schon, als was du selbst kommen wirst?

RANK: Ja, lieber Freund, darüber bin ich mir vollkommen klar.

HELMER: Na?

RANK: Auf dem nächsten Maskenball werde ich unsichtbar sein.

HELMER: Ein witziger Einfall.

RANK: Es gibt eine schwarze Kappe – hast du noch nie von der Tarnkappe gehört? Die setzt man auf, und niemand sieht einen.

HELMER *mit unterdrücktem Lächeln*: Ganz recht.

RANK: Aber ich vergesse ganz, warum ich gekommen bin! Helmer, gib mir eine Zigarre, eine von den dunklen Havannas!

HELMER: Mit dem größten Vergnügen. *Bietet ihm aus seinem Etui an.*

RANK *nimmt eine Zigarre und schneidet die Spitze ab*: Danke.

NORA *streicht ein Wachszündholz an*: Hier haben Sie Feuer.

RANK: Danke schön. *Sie hält ihm das Feuer hin, er raucht die Zigarre an.* Und nun lebt wohl!

HELMER: Adieu, adieu, lieber Freund!

NORA: Schlafen Sie wohl, Doktor!

RANK: Ich danke für diesen Wunsch!

NORA: Wünschen Sie mir das gleiche!

RANK: Ihnen? Na ja, wenn Sie's gern wollen: Schlafen Sie gut! Und Dank für das Feuer! *Er nickt beiden zu und geht.*

HELMER *leise*: Er hat einiges intus.

NORA *geistesabwesend*: Mag sein.

Helmer nimmt sein Schlüsselbund aus der Tasche und geht hinaus.

Torvald – was willst du da draußen?

HELMER: Ich muß den Briefkasten leeren. Er ist ganz voll. Sonst ist morgen früh kein Platz für die Zeitungen.

NORA: Willst du heute nacht noch arbeiten?

HELMER: Du weißt doch, daß ich das nicht will. – Was ist das? Hier ist jemand am Schloß gewesen!

NORA: Am Schloß?

HELMER: Ja, ganz sicher. Wer kann das gewesen sein? Ich will doch nicht hoffen, daß die Mädchen ...? Hier liegt eine abgebrochene Haarnadel. Nora, das ist deine ...

NORA *rasch*: Dann müssen es die Kinder ...

HELMER: Das mußt du ihnen wirklich abgewöhnen! Hm, hm – na, da habe ich ihn doch noch aufbekommen. *Leert den Kasten und ruft in die Küche hinaus*: Helene? Mach im Flur die Lampe aus! *Er kommt wieder ins Zimmer und macht die Tür zur Diele hinter sich zu; die Briefe hält er in der Hand.* Sieh nur! Wie sich das angesammelt hat! *Blättert in der Post.* Was ist das?

NORA *am Fenster*: Der Brief! Ach nein, nein, Torvald!

HELMER: Zwei Visitenkarten – von Rank.

NORA: Vom Doktor?

HELMER *nimmt die Karten in Augenschein:* Doctor medicinae Rank. Sie lagen zuoberst. Er muß sie beim Weggehen eingesteckt haben.

NORA: Steht etwas drauf?

HELMER: Über dem Namen ein schwarzes Kreuz. Schau her! Ein unheimlicher Einfall! Als zeige er seinen eigenen Tod an!

NORA: Das tut er auch.

HELMER: Was? Weißt du etwas? Hat er dir etwas gesagt?

NORA: Ja. Diese Karten bedeuten, daß er von uns Abschied genommen hat. Er will sich einschließen und sterben.

HELMER: Mein armer Freund! Zwar wußte ich, daß ich ihn nicht lange behalten würde. Aber so bald ... Und da verkriecht er sich wie ein wundes Tier!

NORA: Wenn es schon sein muß, dann geschieht's am besten ohne Worte. Nicht wahr, Torvald?

HELMER *geht auf und ab*: Er war so verwachsen mit uns. Ich kann mir gar nicht vorstellen, daß er nicht mehr bei uns ist. Mit seinem Leiden und seiner Vereinsamung bildete er gleichsam den dunklen Hintergrund zu unserm sonnenhellen Glück. – Na, vielleicht ist es am besten so. Jedenfalls für ihn. *Bleibt stehen.* Und schließlich auch für uns, Nora. Jetzt sind wir beide ganz auf uns allein angewiesen. *Umarmt sie.* O du mein geliebtes Weib! Mir ist, als könne ich dich nicht fest genug halten. Weißt du, Nora –

mitunter wünsche ich mir, es möchte dir eine große Gefahr drohen, damit ich Blut und Leben und alles, alles für dich wagen könnte.

NORA *reißt sich los und sagt fest und entschlossen*: Jetzt sollst du deine Briefe lesen, Torvald!

HELMER: Nein, nein, jetzt nicht. Ich will bei dir sein, Liebste.

NORA: Mit dem Gedanken an deinen sterbenden Freund?

HELMER: Du hast recht. Das hat uns beide erschüttert. Damit ist etwas Unschönes zwischen uns getreten, der Gedanke an Tod und Auflösung. Davon müssen wir erst loszukommen suchen. Bis dahin... Wir wollen jeder in sein Zimmer gehen.

NORA *an seinem Hals*: Torvald – gute Nacht! Gute Nacht!

HELMER *küßt sie auf die Stirn*: Gute Nacht, mein Singvögelchen! Schlaf gut, Nora! – Ich sehe noch die Post durch. *Er geht mit den Briefen in sein Zimmer und macht die Tür hinter sich zu.*

NORA *mit irren Augen, tastet umher, greift nach Helmers Domino, wirft ihn sich um und flüstert heiser, gehetzt und dann wieder stockend*: Ihn nie wiedersehen! Nie, nie! *Wirft sich den Schal über den Kopf.* Die Kinder nie wiedersehen! Auch die nicht! Niemals, niemals! Das eiskalte schwarze Wasser! Die dunkle Tiefe! Ach, wenn's doch schon vorüber wäre! – Jetzt hat er den Brief, jetzt liest er ihn! Nein, nein! Noch nicht! Torvald, leb wohl – du und die Kinder...

Sie will hinausstürzen. In diesem Moment reißt Helmer seine Tür auf und steht mit einem offenen Brief in der Hand da.

HELMER: Nora!

NORA *schreit laut*: Ah!

HELMER: Was bedeutet das? Weißt du, was in diesem Brief steht?

NORA: Ja, ich weiß es. Laß mich gehen! Laß mich hinaus!

HELMER *hält sie zurück*: Wo willst du hin?

NORA *versucht sich loszureißen*: Du sollst mich nicht retten, Torvald!

HELMER *taumelt zurück*: Wahr! Es ist also wahr, was er schreibt? – Entsetzlich! Nein, nein! Das ist doch unmöglich, das kann nicht wahr sein!

NORA: Es *ist* wahr. Ich habe dich über alles in der Welt geliebt.

HELMER: Komm mir nicht mit albernen Ausflüchten!

NORA *macht einen Schritt auf ihn zu*: Torvald!

HELMER: Du Unselige – was hast du getan!

NORA: Laß mich gehen! Du sollst nicht dafür einstehen! Du sollst nicht die Schuld auf dich nehmen!

HELMER: Laß diese Komödie! *Verriegelt die Tür zur Diele.* Hier bleibst du und stehst mir Rede und Anwort! Weißt du, was du getan hast? Antworte mir! Weißt du das?

NORA *blickt ihn unverwandt an und sagt mit erstarrender Miene*: Ja. Jetzt beginne ich zu begreifen – alles von Grund auf.

HELMER *geht im Zimmer umher*: Welch ein entsetzliches Erwachen für mich! Sie, auf die ich so stolz war – in den ganzen acht Jahren war sie eine Heuchlerin, eine Lügnerin – schlimmer, schlimmer: eine Verbrecherin! Oh, pfui, wie abstoßend und erbärmlich ist das alles! *Nora schweigt und blickt ihn immer noch unverwandt an. Helmer bleibt vor ihr stehen.* Ich hätte mir denken können, daß so etwas geschehen würde! Ich hätte es voraussehen müssen! Die leichtsinnigen Grundsätze deines Vaters ... Schweig! Die leichtsinnigen Grundsätze deines Vaters hast du alle geerbt. Keine Religion, keine Moral, kein Pflichtgefühl! Wie bin ich dafür gestraft, daß ich ihm durch die Finger gesehen habe! Um deinetwillen hatte ich das getan. Und du lohnst es mir so!

NORA: Ja – so.

HELMER: Nun hast du mir mein Leben kaputtgemacht! Meine ganze Zukunft hast du mir verpfuscht! Entsetzlich, daran zu denken! Ich bin in der Gewalt eines gewissenlosen Menschen. Er kann mit mir machen, was er will, kann von mir verlangen, was er will, kann über mich gebieten und mir befehlen, wie ihm beliebt – ich darf nicht mucksen. Und so jämmerlich muß ich abstürzen und zugrunde gehen – durch die Schuld einer leichtsinnigen Frau!

NORA: Wenn ich aus der Welt bin, dann bist du frei.

HELMER: Mach kein Theater! Solche Redensarten hatte dein Vater auch immer parat. Was würde es mir nützen, daß du „aus der Welt" bist, wie du sagst? Nicht das geringste. Er kann die Sache trotzdem an die große Glocke hängen. Und tut er das, dann komme ich vielleicht in den Verdacht, von deiner verbrecherischen Tat gewußt zu haben. Man wird vielleicht glauben, ich hätte dahintergesteckt, ich hätte dich dazu angestiftet! Und das alles habe ich dir zu verdanken, dir, die ich während unserer ganzen Ehe auf Händen getragen habe! Begreifst du nun, was du mir angetan hast?

NORA *mit kalter Ruhe*: Ja.

HELMER: Es ist so unglaublich, daß ich es nicht fassen kann! Aber wir müssen sehen, wie wir damit fertig werden. Nimm den Schal ab! Nimm ihn ab, sage ich! Ich muß sehen, Krogstad irgendwie abzufinden. Die Sache muß um jeden Preis vertuscht werden. – Was uns angeht – dich und mich –, so muß es aussehen, als ob alles wie bisher sei. Aber natürlich nur vor den Augen der Leute. Du bleibst also weiter hier im Haus. Das ist selbstverständlich. Aber die Erziehung der Kinder, die kann ich dir nicht mehr anvertrauen. Oh, so etwas der Frau sagen zu müssen, die ich so innig geliebt habe und die ich noch ...! Na, das muß vorbei sein. Von nun an kommt es nicht mehr auf unser Glück an. Es kommt lediglich noch darauf an, die Fassade zu retten, den Schein zu wahren ... *Es läutet. Helmer fährt zusammen.* Was ist das? So spät in der Nacht? Sollte das Schlimmste ...? Sollte er ...? Versteck dich, Nora! Sag, du seist krank! *Nora bleibt unbeweglich stehen. Helmer öffnet die Tür zur Diele.*

HAUSMÄDCHEN *halb angezogen, in der Diele*: Ein Brief für die gnädige Frau!

HELMER: Gib her! *Greift nach dem Brief und schließt die Tür.* Ja, von ihm. Du kriegst ihn nicht, ich will ihn selbst lesen.

NORA: Lies ihn!

HELMER *an der Lampe*: Ich habe fast nicht den Mut dazu. Vielleicht sind wir verloren, du und ich. Aber ich muß wissen, was er schreibt. *Bricht den Brief hastig auf und überfliegt ein paar Zeilen, besieht ein beigelegtes Papier, stößt einen Freudenschrei aus*: Nora! *Nora blickt ihn fragend an.* Nora! – Nein, ich muß es noch einmal lesen! – Ja, gewiß, es ist so! Ich bin gerettet! Nora, ich bin gerettet!

NORA: Und ich?

HELMER: Du auch, natürlich. Wir sind beide gerettet, du und ich. Sieh her! Er schickt dir deinen Schuldschein zurück! Er schreibt, es tue ihm leid und er bereue – eine glückliche Wendung in seinem Leben... Ach, es ist ja egal, was er schreibt! Wir sind gerettet, Nora! Niemand kann dir etwas anhaben. Ach, Nora, Nora... Aber erst muß dieses schreckliche Zeug hier aus der Welt! Laß sehen... *Wirft einen Blick auf den Schuldschein.* Nein, ich will es gar nicht sehen. Die ganze Geschichte soll für mich weiter nichts als ein böser Traum gewesen sein. *Zerreißt den Schuldschein und beide Briefe, wirft die Fetzen in den Ofen und sieht zu, wie sie verbrennen.* So. Nun ist es aus der Welt! – Er schrieb, daß du seit dem Heiligen Abend... Oh, das müssen drei schreckliche Tage für dich gewesen sein, Nora!

NORA: Ich habe in diesen drei Tagen einen harten Kampf gekämpft.

HELMER: Und bist vor Angst vergangen und hast keinen anderen Ausweg gesehen als...? Doch wir wollen nicht mehr an das Schreckliche denken! Wir wollen nur immer wieder jubeln: Es ging vorüber, es ging vorüber! Hör doch nur, Nora! Du scheinst es noch nicht zu fassen: Es ist an uns vorübergegangen! Was hast du denn nur? Diese starre Miene! Ach, arme kleine Nora, ich verstehe dich schon: du kannst es immer noch nicht glauben, daß ich dir verziehen habe. Doch, das habe ich, Nora! Ich schwöre dir, ich habe dir alles vergeben. Ich weiß ja, was du getan hast, das hast du aus Liebe zu mir getan.

NORA: Das ist wahr.

HELMER: Du hast mich geliebt, wie eine Frau ihren Mann lieben soll. Du hast dich nur in der Wahl der Mittel vergriffen. Aber glaubst du, ich liebte dich weniger, weil du nicht selbständig zu handeln vermagst? Aber nein! Stütz dich nur auf mich, ich will dir Führer und Berater sein. Ich müßte kein Mann sein, wenn nicht gerade diese weibliche Hilflosigkeit dich in meinen Augen doppelt anziehend machte! Vergiß die harten Worte, die mir im ersten Schreck entfuhren, als ich glaubte, alles müsse über mir zusammenstürzen. Ich habe dir verziehen, Nora. Ich schwöre dir, ich habe dir vergeben.

NORA: Ich danke dir für deine Vergebung. *Sie geht in das Zimmer rechts.*

HELMER: Aber bleib doch hier! *Blickt durch die Tür.* Was willst du denn dort drin?

NORA *aus dem Nebenzimmer*: Das Maskenkostüm ausziehen.

HELMER *an der offenen Tür*: Ja, tu das! Und sieh zu, daß du dich beruhigst und wieder ins Gleichgewicht kommst, mein scheu gewordenes Vögelchen! Ruhe unter meinem Schutz, ich habe breite Fittiche! *Geht in der Nähe der Tür umher.* Ach, wie hübsch und gemütlich ist es doch bei uns, Nora! Hier bist du in sicherer Hut, du meine Taube, die ich den Krallen des Habichts entrissen habe. Ich werde dein armes pochendes Herz schon wieder zur Ruhe bringen! Mit der Zeit wird mir das gelingen, Nora, glaube mir! Schon morgen wirst du alles in ganz anderem Licht sehen. Und bald wird alles wie früher sein. Ich werde dir nicht immer wieder sagen müssen, daß ich dir vergeben habe. Dein Gefühl wird es dir bestätigen. Wie kannst du nur denken, ich brächte es über mich, dich zu verstoßen oder dir auch nur einen Vorwurf zu machen? Ach, da weißt du nicht, wie ein wirklicher Mann empfindet! Es liegt für einen Mann so etwas unbeschreiblich Süßes und Befriedigendes in dem Bewußtsein, seiner Frau verziehen, ihr aus vollem, aufrichtigem Herzen vergeben zu haben. Sie ist ja dadurch gewissermaßen doppelt sein Eigentum geworden. Es ist, als habe er ihr ein zweites Leben geschenkt. Sie ist, möchte ich sagen, ihm nun Frau und Kind zugleich. Das sollst du mir nun sein von heute an, du kleines rat- und hilfloses Wesen! Du brauchst vor nichts mehr Angst zu haben, Norachen! Sei nur immer offen zu mir, dann werde ich für dich handeln und dir die Verantwortung abnehmen. – Was ist los? Du willst noch nicht zu Bett? Du hast dich umgezogen?

NORA *in ihrem Alltagskleid*: Ja, Torvald, ich habe mich umgezogen.

HELMER: Aber warum nur? Jetzt noch, so spät?

NORA: Heute nacht werde ich nicht schlafen.

HELMER: Aber, liebe Nora...

NORA *sieht auf ihre Uhr*: Es ist noch nicht allzu spät. Setz dich, Torvald! Wir haben viel zu besprechen, wir beide. *Sie setzt sich auf die eine Seite des Tisches.*

HELMER: Nora, was bedeutet das? Diese starre Miene...

NORA: Setz dich! Es wird lange dauern. Ich habe mit dir über vieles zu sprechen.

HELMER *setzt sich ihr gegenüber an den Tisch*: Du machst mir angst, Nora. Ich verstehe dich nicht.

NORA: Das ist es gerade. Du verstehst mich nicht. Und ich habe dich auch nicht verstanden – bis heute abend. Nein, unterbrich mich nicht! Du sollst nur zuhören, was ich dir zu sagen habe. – Ich halte Abrechnung, Torvald!

HELMER: Wie meinst du das?

NORA *nach kurzem Schweigen*: Wie wir hier sitzen, fällt dir da nicht etwas auf?

HELMER: Was soll mir denn auffallen?

NORA: Acht Jahre sind wir jetzt verheiratet. Fällt dir nicht auf, daß wir beide – du und ich, Mann und Frau – jetzt zum erstenmal ernsthaft miteinander reden?

HELMER: Ernsthaft? Was willst du damit sagen?

NORA: Volle acht Jahre, nein, länger – vom ersten Tag unserer Bekanntschaft an haben wir nie ein ernstes Wort über ernste Dinge gewechselt.

HELMER: Hätte ich dir denn stets und ständig mit meinen Sorgen kommen sollen, die du mir doch nicht abnehmen konntest?

NORA: Ich spreche nicht von Sorgen. Ich meine, wir haben uns nie zusammengesetzt, um über grundsätzliche Dinge ernsthaft zu sprechen.

HELMER: Aber liebste Nora, wäre denn das etwas für dich gewesen?

NORA: Jetzt sind wir beim Kern der Sache. Du hast mich nie verstanden. – Es ist viel an mir gesündigt worden, Torvald. Erst von Papa und dann von dir.

HELMER: Was? Von uns beiden, die dich über alles in der Welt geliebt haben?

NORA *schüttelt den Kopf*: Ihr habt mich nie geliebt. Ihr habt es bloß reizvoll gefunden, in mich verliebt zu sein.

HELMER: Aber Nora, wie kannst du das sagen!

NORA: Es ist aber so, Torvald. Als ich zu Haus bei Papa war, dozierte er mir alle seine Ansichten, und da hatte ich dieselben Ansichten. Und wenn ich einmal anders dachte, behielt ich es für mich, weil er's nicht gern gesehen hätte. Er nannte mich sein Puppenkind und spielte mit mir, wie ich mit meinen Puppen spielte. Dann kam ich zu dir ins Haus...

HELMER: Was für einen Ausdruck gebrauchst du da für unsere Ehe?

NORA *unbeirrt*: Ich meine, dann ging ich aus Papas Händen in deine über. Du richtetest alles nach deinem Geschmack ein, und ich nahm deinen Geschmack an. Oder ich tat bloß so, ich weiß nicht recht... Ich glaube, es war beides, bald das eine und bald das andere. Wenn ich jetzt zurückdenke, dann finde ich, daß ich ein recht armseliges Leben geführt habe – nur von der Hand in den Mund. Ich habe davon gelebt, dir Kunststückchen vorzumachen. Aber du wolltest es ja so haben. Du und Papa, ihr habt euch schwer an mir versündigt. Ihr seid schuld, daß aus mir nichts geworden ist.

HELMER: Nora, wie ungerecht und undankbar du doch bist! Bist du hier nicht glücklich gewesen?

NORA: Nein, nie! Ich habe es geglaubt, aber ich bin es nie gewesen.

HELMER: Nicht – nicht glücklich?!

NORA: Nein, nur vergnügt. Und du bist immer so nett zu mir gewesen. Aber unser Heim war nichts weiter als eine Spielstube. So, wie ich zu Haus Papas Puppenkind war, bin ich hier deine Puppenfrau gewesen. Und die Kinder, die waren wieder meine Puppen. Ich fand es amüsant, wenn du mit mir spieltest, so wie es den Kindern Spaß machte, wenn ich mit ihnen spielte. Das ist unsere Ehe gewesen, Torvald.

HELMER: Daran ist etwas Wahres, so übertrieben und überspannt deine Worte auch sind. Doch nun soll es anders werden. Die Zeit des Spielens ist vorbei. Nun kommt die Zeit der Erziehung.

NORA: Wessen Erziehung? Meine oder die der Kinder?

HELMER: Deine und die der Kinder, meine geliebte Nora.

NORA: Ach, Torvald, du bist nicht der Mann, mich zu einer Frau zu erziehen, wie du sie brauchtest.

HELMER: Und das sagst du?

NORA: Und ich – habe ich denn die Reife, die Kinder zu erziehen?

HELMER: Nora!

NORA: Hast du nicht eben selbst gesagt, du könntest mir die Erziehung der Kinder nicht anvertrauen?

HELMER: In der ersten Erregung! Wie kannst du dem solches Gewicht beimessen!

NORA: Oh, damit hattest du durchaus recht. Ich bin der Kindererziehung nicht gewachsen. Zunächst steht eine andere

Aufgabe vor mir. Mich selbst muß ich erziehen. Und du bist nicht der Mann, mir dabei zu helfen. Damit muß ich schon allein fertig werden. Und deshalb verlasse ich dich jetzt.

HELMER *springt auf*: Was sagst du da?

NORA: Ich muß mir ganz selbst überlassen sein, wenn ich mir über mich selbst und meine Umwelt klarwerden soll. Deshalb kann ich nicht länger bei dir bleiben.

HELMER: Nora!

NORA: Ich gehe jetzt gleich, Kristine wird mich für diese Nacht aufnehmen.

HELMER: Du bist wahnsinnig! Das darfst du nicht! Ich verbiete es dir!

NORA: Von jetzt an hat es keinen Zweck, mir etwas zu verbieten. Ich nehme mit, was mir persönlich gehört. Von dir will ich nichts haben, weder jetzt noch irgendwann.

HELMER: Was für ein Irrsinn!

NORA: Morgen reise ich nach Haus – ich meine: in meine alte Heimatstadt. Dort wird sich am ehesten irgendeine Arbeit für mich finden lassen.

HELMER: O du verblendetes, unerfahrenes Geschöpf!

NORA: Also muß ich mir Erfahrung erwerben, Torvald.

HELMER: Dein Heim zu verlassen, deinen Mann und deine Kinder! Und was die Leute sagen werden, daran denkst du wohl gar nicht?

NORA: Darauf kann ich keine Rücksicht nehmen. Ich weiß nur, daß es für mich notwendig ist.

HELMER: Das ist empörend! Kannst du so deine heiligsten Pflichten vergessen?

NORA: Was nennst du meine heiligsten Pflichten?

HELMER: Das muß ich dir erst sagen? Muß ich dich erinnern an die Pflichten gegen deinen Mann und deine Kinder?

NORA: Ich habe andere Pflichten, die ebenso heilig sind.

HELMER: Die hast du nicht! Was für Pflichten sollten das wohl sein?

NORA: Die Pflichten gegen mich selbst.

HELMER: Vor allem andern bist du Gattin und Mutter!

NORA: Das glaube ich nicht mehr. Ich glaube, daß ich vor allem andern Mensch bin, so gut wie du – vielmehr: ich muß versuchen, es zu werden. Ich weiß wohl, Torvald, daß die meisten Leute dir recht geben werden und daß so etwas auch in den Büchern steht. Aber für mich kann nicht maßgebend sein, was die Leute sagen und was in den Büchern steht. Ich muß mich selbst mit den Dingen auseinandersetzen und mir über sie klarwerden.

HELMER: Du solltest dir nicht über deine Stellung in der eigenen Familie klar sein? Hast du nicht in solchen Fragen einen untrüglichen Wegweiser? Hast du nicht die Religion?

NORA: Ach, Torvald, ich weiß ja nicht einmal, was Religion eigentlich ist.

HELMER: Was sagst du da?

NORA: Ich weiß nur das, was Pastor Hansen im Konfirmationsunterricht gesagt hat. Er hat uns beigebracht, Religion sei das und das. Wenn ich all das hier hinter mir habe und für mich allein bin, will ich auch untersuchen, ob es richtig ist, was Pastor Hansen gesagt hat. Oder vielmehr, ob es für m i c h richtig ist.

HELMER: Nein, das ist doch unerhört! Daß eine junge Frau so etwas über die Lippen bringt! – Aber wenn die Religion keinen Einfluß auf dich hat, so laß wenigstens mich dein Gewissen aufrütteln! Denn moralisches Gefühl, das hast du doch wohl? Oder hast du vielleicht auch das nicht? Antworte!

NORA: Ach, Torvald, es ist nicht leicht, darauf zu antworten. Ich weiß es wirklich nicht. Ich sehe in diesen Dingen absolut nicht klar. Ich weiß nur, daß ich dergleichen ganz anders sehe als du. Ich höre ja nun auch, daß die Gesetze anders sind, als ich dachte. Aber daß sie richtig sein sollen, das will mir ganz und gar nicht in den Kopf. Eine Frau soll also nicht das Recht haben, ihren sterbenden alten Vater zu schonen und das Leben ihres Mannes zu retten? Das glaube ich nicht!

HELMER: Du sprichst wie ein Kind. Du verstehst die Gesellschaft nicht, in der du lebst.

NORA: Nein, ich verstehe sie nicht, da hast du recht. Aber jetzt will ich mich näher mit ihr befassen. Ich muß dahinterkommen, wer recht hat, die Gesellschaft oder ich.

HELMER: Du bist krank, Nora. Du hast Fieber. Ich glaube beinahe, du bist nicht bei klarem Verstand.

NORA: Ich war noch nie so klar und meiner so sicher wie jetzt.

HELMER: Und mit klarem Bewußtsein verläßt du deinen Mann und deine Kinder?

NORA: Ja, das tue ich.

HELMER: Dann ist nur e i n e Erklärung möglich.

NORA: Welche?

HELMER: Du liebst mich nicht mehr.

NORA: Nein, das ist es ja.

HELMER: Nora! – Und das sagst du so hin?

NORA: Es tut mir weh, Torvald. Du bist immer gut zu mir gewesen. Aber ich kann's nicht ändern: ich liebe dich nicht mehr.

HELMER *mit mühsam erkämpfter Fassung*: Auch dies ist deine klare und feste Überzeugung?

NORA: Ja, meine klare und feste Überzeugung. Und deswegen will ich nicht mehr bei dir bleiben.

HELMER: Und kannst du mir sagen, wodurch ich deine Liebe verloren habe?

NORA: Ja, das kann ich. Es war heute abend, als das Wunderbare ausblieb. Da sah ich, daß du nicht der Mann bist, für den ich dich gehalten hatte.

HELMER: Erklär dich deutlicher, ich begreife dich nicht!

NORA: Ich hatte so geduldig gewartet, acht Jahre hindurch. Du lieber Himmel, ich sah doch ein, daß das Wunderbare nicht wie etwas Alltägliches kommen kann! Da türmte sich dieses Entsetzliche vor mir auf. Und nun war ich felsenfest überzeugt: Jetzt kommt das Wunderbare! Als Krogstads Brief im Kasten steckte – keinen Moment ist mir da der Gedanke gekommen, du könntest den Forderungen dieses Menschen nachgeben. Ich war so felsenfest überzeugt, du würdest ihm erwidern: Mach nur die Sache der ganzen Welt bekannt! Und dann ...

HELMER: Ja, was dann? Wenn ich meine eigene Frau der Schmach und Schande preisgegeben hätte?

NORA: Dann – daran habe ich so fest geglaubt –, dann würdest du vor die Öffentlichkeit treten, würdest alles auf dich nehmen und sagen: Der Schuldige bin ich.

HELMER: Nora!

NORA: Du meinst, ein solches Opfer hätte ich niemals angenommen? Nein, selbstverständlich nicht. Aber was hätten meine Erklärungen gegenüber deinen gegolten? – Das war das Wunderbare, auf das ich voll Bangen wartete und hoffte. Und um das zu verhindern, wollte ich aus dem Leben gehen.

HELMER: Mit Freuden würde ich Tag und Nacht für dich arbeiten, Nora, deinetwegen Not und Sorgen auf mich nehmen. Aber keiner opfert dem Menschen, den er liebt, seine Ehre.

NORA: Das haben hunderttausend Frauen getan!

HELMER: Ach, du denkst und sprichst wie ein unverständiges Kind!

NORA: Mag sein. Aber du denkst und sprichst nicht wie der Mann, dem ich mich noch weiter zugehörig fühlen kann. Als deine Angst vorbei war – nicht vor dem, was mir drohte, sondern vor der Gefahr, der du selbst ausgesetzt warst –, als die Gefahr für dich vorüber war, da tatest du so, als ob gar nichts geschehen wäre. Ich war wieder deine kleine Lerche, deine Puppe, die du nun doppelt behutsam auf Händen tragen wolltest, weil sie ja so schwach und zerbrechlich ist. *Erhebt sich.* Torvald, in jenem Augenblick kam es mir zum Bewußtsein, daß ich acht Jahre lang mit einem fremden Mann gelebt, daß ich mit einem fremden Mann drei Kinder gehabt habe. Oh, ich darf nicht daran denken! Ich könnte mich selbst in Stücke reißen!

HELMER *sehr bedrückt*: Ich sehe wohl, es hat sich ein Abgrund zwischen uns aufgetan. – Aber sollte er sich nicht überbrücken lassen, Nora?

NORA: So, wie ich jetzt bin, bin ich keine Frau für dich.

HELMER: Ich habe die Kraft, ein anderer zu werden.

NORA: Vielleicht – wenn die Puppe dir weggenommen wird.

HELMER: Trennen, ich mich von dir trennen – nein, Nora! Ich kann es nicht fassen!

NORA: Um so notwendiger ist es. *Sie geht in das Zimmer rechts und kommt mit Hut und Mantel in der Hand und einer Reisetasche zurück, die sie auf einen Stuhl am Tisch stellt.*

HELMER: Nicht jetzt, Nora! Warte bis morgen!

NORA *zieht den Mantel an*: Ich kann nicht die Nacht in der Wohnung eines fremden Mannes verbringen.

HELMER: Aber könnten wir nicht hier zusammen leben wie Bruder und Schwester?

NORA *bindet den Hut fest*: Du weißt ganz genau, dabei würde es nicht lange bleiben. *Nimmt den Schal um.* Leb wohl, Torvald! Die Kleinen will ich nicht sehen. Ich weiß, sie sind in besseren Händen als in meinen. So, wie ich jetzt bin, kann ich ihnen nichts sein.

HELMER: Aber später einmal, Nora – später?

NORA: Wie kann ich das wissen? Ich weiß ja gar nicht, was aus mir wird.

HELMER: Aber du bist meine Frau, Nora, jetzt und allezeit!

NORA: Hör zu, Torvald: Wenn eine Frau das Haus ihres Mannes verläßt wie ich jetzt, dann hat er nach dem Gesetz ihr gegenüber keine Verpflichtungen mehr, soviel ich weiß. Jedenfalls entbinde ich dich aller Verpflichtungen. Du sollst dich in keiner Weise gebunden fühlen, ebensowenig wie ich mich gebunden fühlen will. Beide Teile müssen völlig frei sein. So, hier hast du deinen Ring zurück. Gib mir meinen!

HELMER: Auch das noch?

NORA: Auch das.

HELMER: Hier ist er.

NORA: So. Ja, nun ist es also vorbei. Hier lege ich die Schlüssel hin. Die Mädchen wissen mit allem Bescheid – besser als ich. Morgen nach meiner Abreise kommt Kristine her, um alle Sachen zu packen, die mir gehören. Sie sollen mir nachgeschickt werden.

HELMER: Alles vorbei! Nora, wirst du nie mehr an mich denken?

NORA: Ich werde sicher oft an dich und die Kinder und das Haus hier denken müssen.

HELMER: Darf ich dir schreiben, Nora?

NORA: Nein, das darfst du nicht! Niemals!

HELMER: Aber schicken darf ich dir doch ...

NORA: Nein, nichts.

HELMER: ... dir helfen, falls du etwas brauchst?

NORA: Nein, sage ich! Ich nehme von Fremden nichts an.

HELMER: Nora – werde ich dir niemals mehr als ein Fremder sein können?

NORA *nimmt ihre Reisetasche*: Ach, Torvald, da müßte das größte Wunder geschehen...

HELMER: Sage mir, was du damit meinst!

NORA: Da müßten wir beide uns so wandeln, daß... Ach, Torvald, ich glaube nicht mehr an Wunder.

HELMER: Aber ich will daran glauben. Sprich zu Ende! Uns so wandeln, daß...?

NORA: Daß unser Zusammenleben eine Ehe werden könnte. Leb wohl! *Sie geht durch die Diele hinaus.*

HELMER *sinkt auf einen Stuhl neben der Tür und schlägt die Hände vors Gesicht*: Nora! Nora! *Blickt sich um und steht auf.* Leer! Sie ist nicht mehr hier! *Eine Hoffnung blitzt in ihm auf.* Das Wunder...?

Unten fällt eine Tür ins Schloß.

GESPENSTER

Ein Familiendrama in drei Akten

PERSONEN

Frau Alving, *Witwe des Hauptmanns und Kammerherrn Alving*
Osvald, *ihr Sohn, Kunstmaler*
Pastor Manders
Engstrand, *Tischler*
Regine Engstrand, *Haustochter bei Frau Alving*

Das Stück spielt auf Frau Alvings Landgut an einem großen Fjord im westlichen Norwegen.

ERSTER AKT

Ein geräumiges Gartenzimmer. Links eine Tür und rechts zwei Türen. In der Mitte des Zimmers ein runder Tisch mit Stühlen. Auf dem Tisch Bücher, Zeitschriften und Zeitungen. Vorn links ein Fenster und an diesem ein kleines Sofa und ein Nähtisch. Im Hintergrund – ohne Trennwand zum Zimmer – eine etwas schmalere geschlossene Veranda, von der auf der rechten Seite eine Tür in den Garten führt. Durch die großen Glasscheiben der Veranda sieht man eine düstere, von einem Dauerregen verschleierte Fjordlandschaft.

Engstrand steht an der Verandatür. Sein linkes Bein ist etwas krumm, unter der Stiefelsohle hat er einen Holzklotz. Regine, in der Hand eine kleine Gießkanne, hindert ihn am Nähertreten.

REGINE *mit gedämpfter Stimme*: Was willst du denn? Bleib stehen! Du triefst ja von Nässe!

ENGSTRAND: Den Regen schickt unser Herrgott, mein Kind.

REGINE: Der Teufel schickt ihn!

ENGSTRAND: Jesses, wie du nur so was sagen kannst, Regine! *Humpelt einige Schritte vor.* Aber was ich dir sagen wollte…

REGINE: Tramps nicht so, Mensch! Der junge Herr schläft oben.

ENGSTRAND: Jetzt schläft er? Am hellichten Tag?

REGINE: Das geht dich nichts an.

ENGSTRAND: Ich war gestern abend auf dem Bummel…

REGINE: Das glaube ich dir gern.

ENGSTRAND: Ja, wir Menschen sind schwach, mein Kind.

REGINE: Ja, das stimmt.

ENGSTRAND: Und der Versuchungen sind viele auf dieser Welt, siehst du… Aber trotzdem stand ich schon, Gott weiß es, heute früh um halb sechs an meiner Hobelbank.

REGINE: Schon gut, mach nur, daß du wegkommst! Ich will nicht hier herumstehen und Rendezvous mit dir haben.

ENGSTRAND: Was für 'n Ding?

REGINE: Ich will nicht, daß dich hier jemand sieht. Also mach, verschwinde jetzt!

ENGSTRAND *kommt einige Schritte näher*: Erst habe ich mit dir was zu bereden, und vorher wirst du mich nicht los. – Also heute nachmittag werde ich mit der Arbeit in dem neuen Heim fertig, und dann fahre ich mit dem Nachtdampfer in die Stadt zurück.

REGINE *murmelt*: Glückliche Reise!

ENGSTRAND: Danke, mein Kind! Morgen soll ja das Waisenheim eingeweiht werden, und da wird wahrscheinlich allerhand gesoffen. Aber es soll keiner sagen, daß Jakob Engstrand sich nicht raushalten kann, wenn die Versuchung an ihn herantritt.

REGINE: O ha! O ha!

ENGSTRAND: Ja, wo doch morgen so viele feine Leute herkommen! Pastor Manders aus der Stadt wird ja auch erwartet.

REGINE: Der kommt schon heute.

ENGSTRAND: Na siehst du. Und ich will zum Teufel nicht, daß er an mir was auszusetzen hat, verstehst du!

REGINE: Aha, daher der Wind!

ENGSTRAND: Wieso?

REGINE *blickt ihn fest an*: Was willst du denn diesmal rausschinden beim Pastor?

ENGSTRAND: Pst! Pst! Bist du verrückt? Wieso will ich von Pastor Manders was rausschinden? Gott bewahre, wo der immer so nett zu mir ist! – Aber worüber ich mit dir schnacken wollte: also heute nacht will ich wieder nach Hause.

REGINE: Meinetwegen gleich!

ENGSTRAND: Aber du mußt mitkommen, Regine!

REGINE *mit offenem Mund*: Ich soll mit...? Was soll das heißen?

ENGSTRAND: Das heißt: ich will dich bei mir zu Hause haben.

REGINE *höhnisch*: Nie im Leben!

ENGSTRAND: Na, das wollen wir doch sehen!

REGINE: Das schlag dir nur aus dem Kopf! Ich, die ich bei der

Kammerherrin Alving aufgewachsen bin und beinahe wie ein Kind hier gehalten werde! Ich soll bei dir wohnen? In so einem Haus? Pfui nein!

ENGSTRAND: Was, zum Teufel, soll das heißen? Willst du dich deinem eigenen Vater widersetzen, dumme Deern?

REGINE *murmelt, ohne ihn anzusehen*: Du hast oft genug gesagt, ich ginge dich nichts an.

ENGSTRAND: Ach, das darfst du nicht so nehmen!

REGINE: Hast du mich nicht so manches Mal beschimpft und mich – sonstwas genannt? Fi donc!

ENGSTRAND: Gott bewahre! So 'n unanständiges Wort hab ich nie in den Mund genommen!

REGINE: Oh, ich weiß noch recht gut, was für ein Wort du gebraucht hast!

ENGSTRAND: Na ja – aber doch nur, wenn ich einen sitzen hatte. Der Versuchungen sind so viele auf dieser Welt, Regine.

REGINE: Meinst du!

ENGSTRAND: Und dann war ich manchmal ärgerlich, wenn deine Mutter ihren Spleen bekam. Irgendwas mußte ich doch haben, womit ich sie aufziehen konnte. Immer tat sie so fein. *Nachäffend*: „Laß mich los, Mann! Laß mich in Ruhe! Ich habe drei Jahre beim Kammerherrn Alving auf Rosenvold gedient!" *Lacht.* Sie konnte nicht vergessen, daß der Hauptmann Kammerherr wurde, als sie bei ihm in Stellung war.

REGINE: Arme Mutter! – Du hast sie früh ins Grab gebracht!

ENGSTRAND *strafft sich*: Na natürlich! Ich habe immer schuld!

REGINE *wendet sich ab, halblaut*: Ach! Und dann das Bein!

ENGSTRAND: Was sagst du, mein Kind?

REGINE: Pied de mouton.

ENGSTRAND: Ist das englisch?

REGINE: Ja.

ENGSTRAND: Jaja. Gelernt hast du hier allerhand, und das kann uns jetzt zupaß kommen, Regine.

REGINE *nach kurzem Schweigen*: Und was hast du mit mir in der Stadt vor?

ENGSTRAND: Du fragst, was ein Vater mit seinem einzigen Kinde vorhat? Bin ich nicht ein armer, einsamer Witwer?

REGINE: Komm mir nicht mit solchem Schmus! Warum willst du mich in der Stadt haben?

ENGSTRAND: Das will ich dir sagen: Ich habe die Absicht, jetzt was Neues anzufangen.

REGINE *wegwerfend*: Das hast du schon oft versucht. Aber es ging immer schief.

ENGSTRAND: Aber diesmal sollst du sehen, Regine! – Hol mich der Teufel!

REGINE *stampft mit dem Fuß*: Laß das Fluchen!

ENGSTRAND: Pst! Pst! Da hast du wirklich recht, mein Kind! – Was ich noch sagen wollte: Ich habe von dem Geld, das ich für die Arbeit beim Neubau, beim Waisenhaus unten, bekommen habe, einiges auf die Seite gelegt.

REGINE: So? Wirklich? Das war vernünftig von dir.

ENGSTRAND: Was soll man auch hier auf dem Lande mit den Moneten anfangen?

REGINE: Na und?

ENGSTRAND: Ja, siehst du, nun hatte ich mir gedacht, das Geld in eine Sache zu stecken, die sich lohnt. So 'ne Art Hospiz für Seeleute ...

REGINE: Nicht mein Geschmack!

ENGSTRAND: Was ganz Nobles, weißt du – nicht so 'ne Kaschemme für Matrosen. Nein, beim Satan, für Kapitäne und Steuermänner und – also für richtig feine Leute, verstehst du!

REGINE: Und da sollte ich ...?

ENGSTRAND: Du mußt mir dabei helfen, klar. Nur daß du dich sehen läßt, verstehst du. Du sollst es, hol's der Teufel, nicht schwer haben, mein Kind. Du kannst es dir einrichten, wie du willst.

REGINE: Jawohl – gewiß ...

ENGSTRAND: Aber Frauenzimmer gehören in so ein Haus, das ist doch klar. Denn abends soll's doch vergnügt zugehen mit Gesang und Tanz und so was. Du mußt verstehen, es ist doch für Seeleute, die die meiste Zeit auf dem Weltmeer zubringen. *Näher rückend*: Sei nun nicht dumm und steh dir nicht selbst im Wege, Deern! Was versprichst du dir hier noch? Kann es dir was nützen, daß die Alving dich hat was lernen lassen? Wie man hört, sollst du nun auf die Bälger in dem neuen Waisenheim aufpassen. Ist denn das was für dich? Bist du darauf versessen, dich für die Rotznasen abzurackern?

REGINE: Nein, wenn's nach mir ginge, dann ... Na, das kann ja noch was werden! Das kann noch werden!

ENGSTRAND: Was kann noch werden?

REGINE: Nichts für dich! – Ist es viel, was du dir gespart hast?

ENGSTRAND: Alles in allem sind es wohl so sieben-, achthundert Kronen.

REGINE: Nicht schlecht.

ENGSTRAND: Genug, um was in Gang zu bringen, mein Kind!

REGINE: Willst du mir nicht etwas von dem Geld abgeben?

ENGSTRAND: Nein, Gott bewahre! Ich denke nicht dran!

REGINE: Willst du mir nicht wenigstens ein Kleid spendieren?

ENGSTRAND: Komm nur mit mir in die Stadt und mach mit, dann kriegst du Kleider, soviel du willst!

REGINE: Ph, wenn ich dazu Lust hätte – das könnte ich auch allein!

ENGSTRAND: Nein, an der Hand eines fürsorglichen Vaters geht das besser, Regine. Ich kann jetzt ein hübsches Haus in der kleinen Hafengasse kriegen. Viel bares Geld brauche ich dazu nicht. Und das könnte so 'ne Art Seemannsheim werden, siehst du.

REGINE: Aber ich will nicht zu dir! Mit dir will ich nichts zu tun haben. Geh nun endlich!

ENGSTRAND: Lange würdest du ja – so leid, wie's mir täte – nicht bei mir bleiben! Das müßte doch mit dem Teufel zugehen! Wenn du's nur richtig anstellst! Wo du dich in den letzten Jahren so rausgemacht hast – so 'ne hübsche Deern ...

REGINE: Na und?

ENGSTRAND: Das dauert gar nicht lange, und es kommt ein Steuermann – oder gar ein Kapitän ...

REGINE: So einen will ich gar nicht heiraten. Die Seeleute haben kein Savoir-vivre.

ENGSTRAND: Was für 'n Zeug?

REGINE: Lehr du mich die Seeleute kennen! Das ist nichts zum Heiraten!

ENGSTRAND: Brauchst du ja nicht! Es verlohnt sich auch so. *Ver-*

traulicher: Der Engländer – der mit der Lustjacht –, der hat dreihundert Taler gegeben – und sie war nicht hübscher als du!

REGINE *auf ihn zu*: Raus mit dir!

ENGSTRAND *weicht zurück*: Na, na! Man nicht gleich schlagen!

REGINE: Du! Wenn du so über Mutter sprichst, dann vergesse ich mich. Raus mit dir, sag ich! *Drängt ihn zur Gartentür.* Und schmeiß die Türen nicht so! Der junge Herr Alving...

ENGSTRAND: Weiß schon, der schläft. Du bist ja bannig besorgt um den jungen Herrn... *Leiser*: Hoho! Pfeift vielleicht der Wind aus dem Loch?

REGINE: Raus, und das schnell! Du bist verrückt, Mensch! Nein, nicht hier durch! Da kommt Pastor Manders! Geh die Küchentreppe runter!

ENGSTRAND *nach rechts*: Na gut, ich geh ja schon. Aber sprich mit dem Pastor! Der wird dir sagen, was ein Kind seinem Vater schuldig ist. Denn ich bin doch nun mal dein Vater. Das kann ich aus dem Kirchenbuch beweisen.

Er geht durch die zweite Tür rechts ab, die Regine geöffnet hat und hinter ihm wieder schließt. Regine blickt in den Spiegel, fächelt sich mit dem Taschentuch und streicht ihre Kleidung glatt. Dann macht sie sich an den Blumen zu schaffen. Pastor Manders, im Mantel, mit Regenschirm und einer kleinen Reisetasche am Schulterriemen, tritt durch die Gartentür in die Veranda.

MANDERS: Guten Tag, Jungfer Engstrand!

REGINE *wendet sich nach ihm um und tut freudig überrascht*: Ach – guten Tag, Herr Pastor! Ist das Dampfschiff schon angekommen?

MANDERS: Soeben. *Geht ins Gartenzimmer.* Dieser andauernde Regen ist doch recht verdrießlich.

REGINE *folgt ihm*: Für den Landmann ein wahrer Segen, Herr Pastor!

MANDERS: Ja, da haben Sie freilich recht. Wir Stadtleute vergessen das leicht. *Schickt sich an, den Mantel auszuziehen.*

REGINE: Oh, darf ich helfen? – So. – Nein, wie naß der ist! Ich will ihn gleich auf der Diele aufhängen. Und den Schirm – den werde ich aufspannen, damit er trocknen kann. *Sie geht mit den Sachen durch die zweite Tür rechts ab.*

Manders legt Reisetasche und Hut auf einen Stuhl. Regine kommt zurück.

MANDERS: Ah, man ist richtig froh, wenn man wieder ein Dach überm Kopf hat. Nun, hier auf dem Gut steht doch wohl alles zum besten?

REGINE: Ja, danke sehr.

MANDERS: Aber es gibt noch viel Arbeit für den morgigen Tag, nicht wahr?

REGINE: O ja, zu tun ist natürlich so manches.

MANDERS: Frau Alving ist hoffentlich zu Haus?

REGINE: Gewiß doch. Sie ist gerade oben und bringt dem jungen Herrn die Schokolade.

MANDERS: Ja, richtig. Ich hörte unten an der Landungsstelle, Osvald sei gekommen.

REGINE: Ja, schon vorgestern. Wir hatten ihn erst heute erwartet.

MANDERS: Und hoffentlich gesund und munter?

REGINE: Ja, danke, das ist er wohl. Aber furchtbar müde von der Reise. Er ist ohne Aufenthalt von Paris hierhergereist – ich glaube, die ganze Tour mit ein und demselben Zug. Wahrscheinlich schläft er jetzt ein bißchen. Wir müssen wohl etwas leiser sprechen.

MANDERS: Natürlich, seien wir leise!

REGINE *indem sie einen Lehnstuhl am Tisch zurechtrückt*: Bitte sehr, Herr Pastor, nehmen Sie doch Platz und machen Sie sich's bequem! *Er setzt sich, sie rückt eine Fußbank unter seine Füße.* So! Sitzen Herr Pastor nun gut?

MANDERS: Danke, danke! Ich sitze vortrefflich. *Betrachtet sie.* Hören Sie mal, Jungfer Engstrand, ich glaube wahrhaftig, Sie sind noch gewachsen, seit ich Sie zuletzt gesehen habe!

REGINE: Finden Herr Pastor? Frau Kammerherr sagt, daß ich auch voller geworden bin.

MANDERS: Voller geworden? Na ja, vielleicht ein wenig – gerade richtig.

Kurze Gesprächspause.

REGINE: Soll ich vielleicht der Frau Kammerherr Bescheid sagen?

MANDERS: Danke, danke, das eilt nicht, mein liebes Kind. – Na, jetzt sagen Sie erst mal, meine gute Regine: Wie geht es Ihrem Vater hier draußen?

REGINE: Ich danke, Herr Pastor, ganz gut.

MANDERS: Er hat mich aufgesucht, als er neulich in der Stadt war.

REGINE: Nein, hat er das? Er ist immer so glücklich, wenn er sich mit dem Herrn Pastor aussprechen kann.

MANDERS: Und Sie sehen wohl in diesen Tagen fleißig nach ihm?

REGINE: Ich? – Na ja – sooft ich Zeit habe...

MANDERS: Ihr Vater hat keinen starken Charakter, Jungfer Engstrand. Er braucht so dringend eine leitende Hand.

REGINE: O ja, das mag schon sein.

MANDERS: Er muß jemanden haben, an den er sein Herz hängen kann und auf dessen Meinung er etwas gibt. Er hat das selbst so treuherzig zugegeben, als er neulich bei mir war.

REGINE: Ja, er hat mir auch so etwas gesagt. Aber ich weiß nicht, ob Frau Alving mich gern gehen ließe – gerade jetzt, wo das neue Waisenheim betreut sein will. Und dann gehe ich auch so ungern von Frau Alving weg, wo sie immer so gut zu mir gewesen ist.

MANDERS: Aber die Kindespflicht, meine gute Regine! – Natürlich müßten wir zuerst das Einverständnis Ihrer Brotherrin einholen.

REGINE: Aber ich weiß nicht, ob es schicklich ist, daß ich, in meinem Alter, einer alleinstehenden Mannsperson die Wirtschaft führe.

MANDERS: Was? Aber liebe Jungfer Engstrand, hier ist doch von Ihrem eigenen Vater die Rede!

REGINE: Ja, das mag sein – aber trotzdem ... Ja, wenn es in einem guten Haus wäre und bei einem wirklich soliden Herrn...

MANDERS: Aber, meine liebe Regine!

REGINE: Bei einem, zu dem ich Vertrauen haben und zu dem ich emporschauen könnte – dem ich wie eine Tochter wäre...

MANDERS: Ja, aber – mein liebes, gutes Kind...

REGINE: Dann ginge ich gern in die Stadt. Hier draußen ist es recht einsam – und Herr Pastor wissen ja selbst, was es heißt, einsam in der Welt dazustehen. Und das darf ich wohl sagen: Tüchtig und willig bin ich. Wissen Herr Pastor nicht so eine Stellung für mich?

MANDERS: Ich? Wahrhaftig nicht, wie soll ich so etwas wissen?

REGINE: Aber lieber, lieber Herr Pastor – denken Sie auf jeden Fall an mich, falls etwa...

MANDERS *erhebt sich*: Ja, das will ich, Jungfer Engstrand.

REGINE: Denn wenn ich...

MANDERS: Wären Sie wohl so freundlich, mich nunmehr Frau Alving zu melden?

REGINE: Sofort, Herr Pastor! *Geht links ab.*

MANDERS *geht einige Male im Zimmer auf und ab, steht ein Weilchen im Hintergrund, mit den Händen auf dem Rücken, und blickt in den Garten, nähert sich darauf wieder dem Tisch, nimmt ein Buch in die Hand, betrachtet das Titelblatt, stutzt und sieht sich mehrere andere Bücher an*: Hm... Nein! So etwas!

Frau Alving tritt durch die Tür links ein, gefolgt von Regine, die dann gleich durch die erste Tür rechts abgeht.

FRAU ALVING *reicht Manders die Hand*: Willkommen, Herr Pastor!

MANDERS: Guten Tag, verehrte Frau! Hier bin ich, wie versprochen.

FRAU ALVING: Immer auf den Glockenschlag!

MANDERS: Aber Sie können mir glauben, daß es mir schwergefallen ist, mich frei zu machen. Alle die Kommissionen und Ehrenämter, in denen ich sitze...

FRAU ALVING: Desto liebenswürdiger ist es von Ihnen, daß Sie nicht erst im letzten Moment kommen. Nun können wir unsere Geschäfte noch vor dem Mittagessen erledigen. Aber wo haben Sie Ihren Koffer?

MANDERS *rasch*: Mein Gepäck steht unten beim Krämer. Ich werde dort übernachten.

FRAU ALVING *unterdrückt ein Lächeln*: Sind Sie wirklich nicht zu bewegen, diesmal bei uns zu übernachten?

MANDERS: Nein, wirklich nicht, verehrte Frau, vielen Dank! Ich bleibe da unten wie immer. Es ist so bequem, wenn ich wieder an Bord gehe.

FRAU ALVING: Na, Sie sollen Ihren Willen haben. Aber eigentlich meine ich, daß wir zwei alten Leute...

MANDERS: Sie scherzen! Ja, Sie sind natürlich heute freudig bewegt. Einmal der morgige Festtag, und dann haben Sie ja Osvald wieder daheim.

FRAU ALVING: Ja, denken Sie nur, welches Glück für mich! Es ist schon über zwei Jahre her, daß er das letztemal hier war. Doch er hat mir versprochen, diesmal den ganzen Winter hierzubleiben.

MANDERS: Hat er das? Das ist freilich schön und verrät den braven Sohn. Zumal es doch viel verlockender sein dürfte, in Rom oder Paris zu leben.

FRAU ALVING: Ja, aber hier hat er seine Mutter, sehen Sie. O mein lieber, guter Junge – er hat noch ein Herz für seine Mutter!

MANDERS: Es wäre ja auch sehr traurig, wenn die Trennung und die Beschäftigung mit solchen Dingen wie der Kunst die natürlichen Gefühle abstumpfte.

FRAU ALVING: Ja, da haben Sie recht. Doch bei ihm hat das keine Not. Aber jetzt bin ich wirklich gespannt, ob Sie ihn wiedererkennen. Er kommt nachher herunter. Jetzt liegt er oben ein bißchen auf dem Sofa und ruht sich aus. – Aber setzen Sie sich doch, mein lieber Herr Pastor!

MANDERS: Danke. Also wenn es Ihnen jetzt paßt...

FRAU ALVING: Ja gewiß. *Setzt sich an den Tisch.*

MANDERS: Gut. Dann will ich Ihnen zeigen... *Geht zum Stuhl, auf dem die Reisetasche liegt, nimmt aus dieser einen Stoß Papiere, setzt sich an die andere Seite des Tisches und macht für seine Papiere Platz.* Hier haben wir nun zunächst... *Bricht ab.* Sagen Sie, Frau Alving, wie kommen diese Bücher hierher?

FRAU ALVING: Diese Bücher? – Darin lese ich.

MANDERS: So etwas lesen Sie?

FRAU ALVING: Ja gewiß.

MANDERS: Haben Sie das Gefühl, durch diese Art Lektüre besser oder glücklicher zu werden?

FRAU ALVING: Ich glaube, ich fühle mich danach gewissermaßen ruhiger.

MANDERS: Merkwürdig! Wieso das?

FRAU ALVING: Nun ja, ich bekomme so etwas wie eine Erklärung und eine Bestätigung für vieles, worüber ich mir schon Gedanken gemacht habe. Denn das ist das seltsame, lieber Pastor – eigentlich steht gar nichts Neues in diesen Büchern, nichts, als was die meisten Menschen denken und glauben. Nur, daß die meisten Menschen sich dessen nicht bewußt sind oder es sich nicht eingestehen wollen.

MANDERS: Du lieber Gott! Glauben Sie im Ernst, daß die meisten Menschen ...?

FRAU ALVING: Ja, das glaube ich allerdings.

MANDERS: Aber doch wohl nicht hierzulande? Nicht hier bei uns?

FRAU ALVING: O doch, auch hier bei uns.

MANDERS: Na, da muß ich schon sagen ...!

FRAU ALVING: Was haben Sie eigentlich gegen diese Bücher einzuwenden?

MANDERS: Einzuwenden? Sie glauben doch wohl nicht, daß ich meine Zeit mit der Lektüre solcher Geistesprodukte verschwende?

FRAU ALVING: Das heißt, Sie kennen gar nicht, was Sie verdammen?

MANDERS: Ich habe hinreichend über diese Schriften gelesen, um sie zu mißbilligen.

FRAU ALVING: Ja, aber Ihre eigene Meinung ...

MANDERS: Liebe Frau Alving, man muß sich im Leben gar manches Mal auf andere verlassen. Das ist nun einmal so auf dieser Welt. Und das ist gut so. Ohne das wäre ein wirkliches Zusammenleben nicht möglich.

FRAU ALVING: Da können Sie allerdings recht haben.

MANDERS: Im übrigen bestreite ich natürlich nicht die Möglichkeit, daß diese Schriften einiges Fesselnde enthalten. Und ich kann Ihnen ja auch nicht verdenken, daß Sie sich mit den geistigen Strömungen der großen Welt bekannt zu machen wünschen, zumal Sie Ihren Sohn so lange dort draußen leben ließen. Aber ...

FRAU ALVING: Aber?

MANDERS *senkt die Stimme*: Aber man spricht nicht darüber, Frau Alving! Man schuldet doch wirklich nicht allen und jedem

Rechenschaft darüber, was man innerhalb seiner vier Wände liest und denkt.

FRAU ALVING: Natürlich nicht, das meine ich auch.

MANDERS: Bedenken Sie doch, welche Rücksichten Sie dem Waisenheim schulden, dessen Errichtung Sie in einer Zeit beschlossen hatten, als Ihre Ansichten über geistige Dinge von Ihrer jetzigen stark abwichen – soweit ich es beurteilen kann.

FRAU ALVING: Ja, ja, das gebe ich durchaus zu. Aber wir wollten über das Waisenheim...

MANDERS: Wir wollten über das Waisenheim sprechen, ja. Also – Vorsicht, liebe Frau Alving! Und jetzt gehen wir wohl zum Geschäftlichen über. *Öffnet den Umschlag und nimmt einen Stoß Papiere heraus.* Sehen Sie das hier?

FRAU ALVING: Die Urkunden?

MANDERS: Alles beieinander. Und alles in bester Ordnung. Sie können mir glauben, es hat schwergehalten, alles rechtzeitig zu beschaffen. Ich habe tüchtig nachfassen müssen. Die Behörden sind ja beinahe peinlich gewissenhaft, wenn sie etwas entscheiden sollen. Doch jetzt haben wir glücklich alles beieinander. *Blättert in den Papieren.* Sehen Sie: Hier ist die Grundbucheintragung über den Hof Solvik, bisher Teil des Herrenhofes Rosenvold, mit den darauf befindlichen Neubauten – Schule, Lehrerwohnung und Kapelle. Und hier ist die Genehmigung des Legats und der Satzungen für die Stiftung. Hier bitte: Satzungen für das Waisenheim „Hauptmann-Alving-Stift".

FRAU ALVING *blickt lange auf die Urkunde*: So weit wären wir also.

MANDERS: Ich habe die Bezeichnung „Hauptmann" gewählt und nicht „Kammerherr". Hauptmann klingt schlichter.

FRAU ALVING: Ja gewiß, ganz wie Sie meinen.

MANDERS: Und hier haben Sie das Sparbuch über das zinstragende Kapital, das zur Deckung der Betriebskosten ausgesetzt ist.

FRAU ALVING: Danke. Aber wollen Sie es bitte der Einfachheit halber behalten?

MANDERS: Sehr gern. Ich denke, wir lassen das Geld fürs erste auf der Sparkasse. Der Zinsfuß ist freilich nicht sehr verlockend. Vier Prozent bei halbjähriger Kündigung. Falls man später gute Hypothekenbriefe kaufen könnte – natürlich nur erste Priorität und nur mündelsichere Papiere –, so könnten wir ja noch darüber reden.

FRAU ALVING: Gewiß, lieber Pastor, das verstehen Sie ja alles viel besser.

MANDERS: Jedenfalls will ich die Augen offenhalten. – Aber noch etwas, wonach ich Sie schon immer fragen wollte...

FRAU ALVING: Und das wäre?

MANDERS: Sollen die Gebäude versichert werden oder nicht?

FRAU ALVING: Ja. Natürlich müssen sie versichert werden!

MANDERS: Erlauben Sie, verehrte Frau! Lassen Sie uns die Sache etwas näher beleuchten!

FRAU ALVING: Ich pflege alles zu versichern: Gebäude, Gerätschaften, die Ernte, das Vieh...

MANDERS: Selbstverständlich. Ihr persönliches Eigentum. Das tue ich auch – natürlich. Doch hier, sehen Sie, liegt der Fall ganz anders. Das Waisenheim soll doch einer höheren Aufgabe geweiht sein.

FRAU ALVING: Ja, aber deswegen...

MANDERS: Ich selbst würde wahrhaftig nicht den geringsten Anstoß daran nehmen, wenn man sich gegen alle Eventualitäten sicherte...

FRAU ALVING: Das will ich doch auch meinen.

MANDERS: Aber wie würden sich die Leute hier draußen dazu stellen? Sie kennen sie ja besser als ich.

FRAU ALVING: Hm – die Leute...

MANDERS: Gibt es hier eine ins Gewicht fallende Anzahl Meinungsberechtigter – wirklich Meinungsberechtigter –, die daran Anstoß nehmen könnten?

FRAU ALVING: Ja, was verstehen Sie eigentlich unter wirklich Meinungsberechtigten?

MANDERS: Nun, ich denke besonders an in hohem Grade unabhängige und einflußreiche Männer, deren Meinung eine gewisse Bedeutung beizumessen man nicht umhinkann.

FRAU ALVING: Davon gibt's hier verschiedene, die vielleicht Anstoß nehmen könnten.

MANDERS: Da sehen Sie! In der Stadt haben wir davon eine ganze Menge. Denken Sie nur an alle die Anhänger meines Amtsbruders! Man könnte es wirklich leicht dahin auslegen, weder Sie noch ich hätten das rechte Vertrauen zu einer höheren Fügung.

FRAU ALVING: Aber was Sie anbelangt, lieber Herr Pastor, so wissen Sie doch jedenfalls von sich, daß ...

MANDERS: Ja, ich weiß, ich weiß. Ich habe das rechte Gottvertrauen, das stimmt schon. Aber wir würden dennoch eine irrige und unvorteilhafte Auslegung nicht verhindern können. Und eine solche könnte leicht einen hemmenden Einfluß auf die Tätigkeit des Waisenheims ausüben.

FRAU ALVING: Ja, wenn das zu befürchten ist ...

MANDERS: Ich kann auch nicht die Augen verschließen vor der schwierigen – ja, ich darf wohl sagen, peinlichen Lage, in die i c h möglicherweise kommen würde. In den leitenden Kreisen der Stadt interessiert man sich sehr für diese Stiftung. Das Waisenheim soll ja auch der Stadt zugute kommen, und hoffentlich wird es in nicht unbeträchtlichem Grad die Lasten, die der Stadt aus der Armenversorgung erwachsen, erleichtern. Da ich nun aber Ihr Ratgeber gewesen bin und den geschäftlichen Teil besorgt habe, so muß ich befürchten, daß die Übereifrigen vor allem über mich herfallen würden.

FRAU ALVING: Ja, dem dürfen Sie sich nicht aussetzen.

MANDERS: Von den Angriffen, die seitens gewisser Blätter und Zeitschriften zweifellos gegen mich gerichtet würden, gar nicht zu reden.

FRAU ALVING: Das genügt, lieber Manders. Dieser Gesichtspunkt ist ausschlaggebend.

MANDERS: Sie wünschen also nicht, daß wir versichern?

FRAU ALVING: Nein, sehen wir davon ab.

MANDERS *lehnt sich in den Stuhl zurück*: Aber wenn es nun das Unglück will? Man kann ja nie wissen ... Würden Sie dann den Schaden ersetzen können?

FRAU ALVING: Nein, das sage ich Ihnen rundheraus: das könnte ich unter keinen Umständen.

MANDERS: Ja, aber wissen Sie, Frau Alving – eigentlich nehmen wir dann eine große Verantwortung auf uns ...

FRAU ALVING: Aber glauben Sie denn, daß wir anders können?

MANDERS: Nein, das ist es ja eben! Wir können eigentlich nicht anders. Wir dürfen uns doch keiner schiefen Beurteilung aussetzen – und keinesfalls Ärgernis in der Gemeinde erregen.

Frau Alving: Sie als Pfarrer jedenfalls nicht.

Manders: Und dann glaube ich auch wirklich, wir können uns darauf verlassen, daß eine solche Anstalt vom Glück begünstigt wird – ja, daß sie unter besonderem Schutz steht.

Frau Alving: Wir wollen es hoffen, Herr Pastor!

Manders: Wollen wir's also drauf ankommen lassen?

Frau Alving: Ja, gewiß.

Manders: Gut. Wie Sie wollen. *Notiert.* Also – nicht versichern.

Frau Alving: Es ist übrigens seltsam, daß Sie gerade heute hiermit kommen ...

Manders: Ich hatte schon oft die Absicht, Sie danach zu fragen ...

Frau Alving: ... denn beinahe hätten wir gestern im Waisenheim Feuer gehabt.

Manders: Was?

Frau Alving: Nun, es hatte weiter nichts auf sich. Einige Hobelspäne in der Tischlerwerkstatt hatten Feuer gefangen.

Manders: Da, wo Engstrand arbeitet?

Frau Alving: Ja. Er soll oft recht unvorsichtig mit Streichhölzern umgehen.

Manders: Der Mann hat so viel im Kopf – und ist so vielerlei Anfechtungen ausgesetzt. Gott sei Dank befleißigt er sich jetzt, wie ich höre, eines untadeligen Lebenswandels.

Frau Alving: So? Wer sagt das?

Manders: Das hat er mir selbst versichert. Und ein tüchtiger Arbeiter ist er ja auch.

Frau Alving: O ja, solange er nüchtern ist.

Manders: Ja, diese betrübliche Schwäche! Aber er sieht sich zuweilen dazu gezwungen wegen seines kranken Beins, sagt er. Als er das letztemal bei mir war, da bin ich wirklich gerührt gewesen. Er kam zu mir und bedankte sich so herzlich, weil ich ihm hier draußen Arbeit verschafft hatte und er hier mit Regine viel zusammen sein kann.

Frau Alving: So viel bekommt er sie gar nicht zu sehen.

Manders: Doch, er spricht sie jeden Tag. Das hat er mir selbst erzählt.

FRAU ALVING: Na ja, kann sein.

MANDERS: Er fühlt sehr wohl, daß er jemanden braucht, der ihn zurückhalten kann, wenn die Versuchung an ihn herantritt. Das ist so sympathisch an Jakob Engstrand, daß er völlig hilflos zu einem kommt und sich selbst anklagt, eine Schwäche offen bekennt. Als er zuletzt bei mir war und sich aussprach ... Hören Sie, Frau Alving: Wenn es ihm nun ein Herzensbedürfnis wäre, Regine wieder bei sich zu Haus zu haben ...

FRAU ALVING *erhebt sich hastig*: Regine?

MANDERS ... dann dürfen Sie sich dem nicht widersetzen!

FRAU ALVING: Doch, dem widersetze ich mich! Allerdings! Und außerdem – Regine soll ja eine Aufgabe im Waisenheim übernehmen.

MANDERS: Aber bedenken Sie, er ist doch ihr Vater!

FRAU ALVING: Oh, ich weiß, was für ein Vater er ihr gewesen ist! Nein, zu ihm soll sie nie zurück – soweit ich mitzureden habe.

MANDERS *erhebt sich ebenfalls*: Aber liebe Frau Alving, seien Sie doch nicht so heftig! Es tut mir sehr leid, daß Sie Engstrand so verkennen. Es ist ja, als hätten Sie einen richtigen Schock bekommen.

FRAU ALVING *ruhiger*: Wie dem auch sei: ich habe Regine zu mir genommen, und hier bleibt sie. *Horcht.* Still, lieber Pastor, nichts mehr davon! *Die Freude leuchtet ihr aus den Augen.* Hören Sie! Osvald kommt herunter! Jetzt wollen wir nur an ihn denken!

Osvald Alving, in einem leichten Mantel, den Hut in der Hand, tritt mit einer rauchenden Meerschaumpfeife durch die Tür links ein.

OSVALD *bleibt an der Tür stehen*: O Verzeihung – ich hatte geglaubt, du seist mit dem Besuch im Bibliothekszimmer. *Näher kommend*: Guten Tag, Herr Pastor!

MANDERS *mit aufgerissenen Augen*: Ah! Das ist aber merkwürdig ...

FRAU ALVING: Ja, was sagen Sie zu dem da, Herr Pastor?

MANDERS: Ich sage – ich sage ... Nein, aber ist denn das wirklich ...?

OSVALD: Ja, das ist wirklich der verlorene Sohn, Herr Pastor.

MANDERS: Nicht doch, mein lieber junger Freund ...

OSVALD: Na, dann der heimgekehrte Sohn.

FRAU ALVING: Osvald denkt daran, wie sehr Sie damals dagegen waren, daß er Maler wurde.

MANDERS: Für menschliche Augen kann ja mancher Schritt bedenklich aussehen, der nachher dennoch ... *Schüttelt Osvald die Hand.* Nun, willkommen, willkommen! Nein, nein, mein lieber Osvald – ich darf Sie doch wohl noch beim Vornamen nennen?

OSVALD: Natürlich, wie sollten Sie mich denn sonst nennen?

MANDERS: Gut. Was ich sagen wollte, mein lieber Osvald – Sie dürfen nicht von mir glauben, daß ich den Künstlerstand grundsätzlich verdamme. Ich nehme an, daß es auch in diesem Stand viele Menschen gibt, die an ihrer Seele keinen Schaden nehmen.

OSVALD: Das wollen wir doch hoffen.

FRAU ALVING *freudestrahlend*: Ich kenne einen, der an Leib und Seele gesund geblieben ist! Sehen Sie ihn nur an, lieber Pastor!

OSVALD *geht hin und her*: Ja, ja, liebe Mutter, laß es nun gut sein!

MANDERS: Wahrhaftig – das läßt sich nicht leugnen. Und nun sind Sie ja schon auf dem besten Wege, sich einen Namen zu machen! Die Zeitungen haben oft über Sie geschrieben, und zwar überaus günstig. Ja, das heißt – in letzter Zeit ist es etwas still geworden.

OSVALD *in der Veranda bei den Blumen*: In letzter Zeit habe ich nicht mehr soviel malen können.

FRAU ALVING: Ein Maler muß sich doch auch mal ausruhen.

MANDERS: Das kann ich mir denken. Dann bereitet man sich vor und sammelt Kräfte zu etwas Großem.

OSVALD: Gewiß. – Mutter, werden wir bald essen?

FRAU ALVING: In einer kleinen halben Stunde. Appetit hat er, Gott sei Dank!

MANDERS: Und die Pfeife schmeckt ihm auch!

OSVALD: Ich habe Vaters Pfeife oben in seinem Arbeitszimmer gefunden, und da ...

MANDERS: Aha, daher ...

FRAU ALVING: Was?

MANDERS: Als Osvald vorhin mit der Pfeife im Mund in die Tür trat, war's mir, als sähe ich seinen Vater leibhaftig vor mir.

OSVALD: Nein, wirklich?

FRAU ALVING: Ach, wie können Sie bloß so etwas sagen! Osvald kommt doch ganz nach mir!

MANDERS: Schon. Aber da ist ein Zug um die Mundwinkel – so um die Lippen –, der erinnert so unverkennbar an Alving – jedenfalls jetzt, wo er raucht.

FRAU ALVING: Ganz und gar nicht! Osvald hat eher etwas Priesterliches um den Mund, finde ich.

MANDERS: O ja, gewiß! Verschiedene meiner Amtsbrüder haben einen ähnlichen Zug.

FRAU ALVING: Aber leg die Pfeife weg, mein lieber Junge! Ich möchte hier im Zimmer keinen Rauch haben.

OSVALD *tut es*: Gern. Ich wollte sie nur probieren, weil ich einmal als Kind aus ihr geraucht habe.

FRAU ALVING: Du?

OSVALD: Ja. Ich war damals noch ganz klein. Doch ich erinnere mich: Als ich eines Abends in Vaters Zimmer kam, da war er so lustig und vergnügt.

FRAU ALVING: Ach was! Aus der Zeit hast du doch keine Erinnerungen!

OSVALD: Doch! Ich erinnere mich ganz deutlich: Er setzte mich auf sein Knie und ließ mich aus der Pfeife rauchen. „Rauch, mein Junge", sagte er, „rauch tüchtig, mein Junge!" Und ich rauchte, was ich konnte, bis ich blaß wurde und mir der Schweiß ausbrach und in großen Tropfen auf der Stirn stand. Da lachte Vater so von Herzen ...

MANDERS: Das ist ja höchst sonderbar.

FRAU ALVING: Lieber Manders, das hat Osvald bloß geträumt!

OSVALD: Nein, Mutter, das habe ich wirklich nicht geträumt! Denn dann – kannst du dich nicht darauf besinnen? –, dann kamst du herein und trugst mich ins Kinderzimmer hinüber. Dort wurde mir schlecht. Und dann sah ich, daß du weintest. – Hat Vater öfter solche Späße getrieben?

MANDERS: In seiner Jugend war er ein ausnehmend lebensfroher Mann.

OSVALD: Und hat doch so viel in seinem Leben geleistet! So viel Gutes und Nützliches, obwohl er nicht alt geworden ist.

MANDERS: Ja, Sie haben wahrhaftig den Namen eines tätigen und ehrenwerten Mannes geerbt, mein lieber Osvald Alving. Nun, das wird Ihnen hoffentlich ein Ansporn sein.

OSVALD: Das sollte es wohl, ja.

MANDERS: Jedenfalls war es schön von Ihnen, zu seinem Ehrentag heimzukommen.

OSVALD: Weniger konnte ich doch nicht für Vater tun.

FRAU ALVING: Aber das allerschönste ist, daß ich ihn so lange hierbehalten darf!

MANDERS: Ja, Sie bleiben ja den Winter über daheim, wie ich höre.

OSVALD: Ich bleibe auf unbestimmte Zeit, Herr Pastor. – Oh, es ist doch wundervoll, wieder daheim zu sein!

FRAU ALVING *strahlend*: Ja, nicht wahr, du?

MANDERS *blickt ihn teilnehmend an*: Sie sind früh in die Welt hinausgekommen, mein lieber Osvald.

OSVALD: Das bin ich. Mitunter frage ich mich, ob es zu früh war.

FRAU ALVING: Aber nein! Das tut einem richtigen Jungen nur gut. Besonders, wenn er einziges Kind ist. Der darf nicht immer daheim bei den Eltern sitzen und sich verhätscheln lassen.

MANDERS: Das ist eine sehr strittige Frage, Frau Alving. Das Vaterhaus ist und bleibt doch des Kindes natürliche Heimstätte.

OSVALD: Da muß ich dem Herrn Pastor allerdings beipflichten.

MANDERS: Sehen Sie sich nur Ihren Sohn an! Ja, wir können sehr wohl in seiner Gegenwart darüber sprechen. Welche Folgen hat es für ihn gehabt? Er ist sechs- oder siebenundzwanzig Jahre alt geworden, ohne je Gelegenheit gehabt zu haben, ein ordentliches Heim kennenzulernen!

OSVALD: Verzeihung, Herr Pastor – da sind Sie sehr im Irrtum!

MANDERS: So? Ich glaubte, Sie hätten so gut wie ausschließlich in Künstlerkreisen verkehrt?

OSVALD: Das habe ich auch.

MANDERS: Und meist mit jüngeren Künstlern.

OSVALD: Jawohl.

MANDERS: Aber ich glaubte, die meisten dieser Leute hätten nicht die Mittel, eine Familie und ein Heim zu gründen.

OSVALD: Es gibt manche unter ihnen, die nicht die Mittel haben, um sich zu verheiraten, Herr Pastor.

MANDERS: Na ja, das sage ich doch!

OSVALD: Aber deswegen können sie doch ein Heim haben! Und der eine oder andere hat auch eins, und zwar ein sehr ordentliches und sehr gemütliches Heim.

Frau Alving folgt gespannt, nickt zuweilen, sagt aber nichts.

MANDERS: Aber ich spreche doch nicht von Junggesellenwirtschaften! Unter einem Heim verstehe ich das Heim einer Familie, in dem ein Mann mit seiner Frau und seinen Kindern lebt.

OSVALD: Ja. Oder mit seinen Kindern und der Mutter seiner Kinder.

MANDERS *stutzt und schlägt die Hände zusammen*: Ach du Barmherziger!

OSVALD: Was haben Sie denn?

MANDERS: Mit – mit der Mutter seiner Kinder!

OSVALD: Ja, würden Sie's denn lieber sehen, er jagte die Mutter seiner Kinder davon?

MANDERS: Sie sprechen also von ungesetzlichen Verhältnissen! Von diesen sogenannten wilden Ehen!

OSVALD: Ich habe nie etwas besonders Wildes im Zusammenleben dieser Menschen bemerkt.

MANDERS: Aber wie ist es nur möglich, daß – daß auch nur einigermaßen wohlerzogene junge Leute sich zu einem solchen Zusammenleben vor aller Welt bereit finden können?

OSVALD: Aber was sollen sie denn machen? Ein armer junger Künstler – ein armes junges Mädchen ... Heiraten kostet Geld. Was sollen sie da tun?

MANDERS: Was sie tun sollen? Ja, Herr Alving, ich will Ihnen sagen, was sie tun sollen: Sie sollen von Anfang an einander fernbleiben – das sollen sie!

OSVALD: Mit dieser Predigt kommen Sie nicht weit bei jungen, verliebten Menschen.

FRAU ALVING: Nein, damit kommen Sie nicht weit!

MANDERS *unbeirrt*: Und daß die Behörden so etwas dulden! Daß so etwas ganz offenkundig geschehen darf! *Bleibt vor Frau Alving stehen.* Hatte ich nicht alle Ursache, um Ihren Sohn ehrlich besorgt zu sein? – In Kreisen, in denen die unverhüllte Unsittlichkeit eine Art Gewohnheitsrecht erlangt hat ...

OSVALD: Ich will Ihnen etwas sagen, Herr Pastor. Ich war ständiger Sonntagsgast in einigen dieser illegitimen Familien ...

MANDERS: Und das noch dazu am Sonntag!

OSVALD: Ja, da amüsiert man sich doch, nicht wahr? Aber nie habe ich dort ein anstößiges Wort gehört, und noch weniger bin ich Zeuge von irgend etwas gewesen, was man unsittlich nennen könnte. Nie! Wissen Sie, wann und wo ich in Künstlerkreisen der Unsittlichkeit begegnet bin?

MANDERS: Gott sei Dank, nein!

OSVALD: Na, so möchte ich mir erlauben, es Ihnen zu sagen: Ich bin ihr begegnet, wenn der eine oder andere unserer mustergültigen Ehemänner und Familienväter in die Metropole kam, um sich auf eigene Faust zu amüsieren – und bei dieser Gelegenheit den Künstlern die Ehre erwies, sie in ihren bescheidenen Kneipen aufzusuchen. Da konnten wir etwas lernen! Diese Herren wußten uns von Orten und Dingen zu erzählen, von denen wir uns nichts hatten träumen lassen.

MANDERS: Was? Wollen Sie behaupten, daß ehrenwerte Männer aus unserem Lande...?

OSVALD: Haben Sie solche ehrenwerten Männer, wenn sie wieder nach Hause kamen, nie über die zunehmende Unsittlichkeit im Ausland klagen hören?

MANDERS: O ja, natürlich...

FRAU ALVING: Das habe ich auch schon gehört.

OSVALD: Man kann ihnen getrost aufs Wort glauben. Es sind sachkundige Leute darunter. *Greift sich an den Kopf.* Oh, dieses herrliche freie Leben – daß es so besudelt werden darf!

FRAU ALVING: Du darfst dich nicht so ereifern, Osvald! Das tut dir nicht gut!

OSWALD: Du hast recht, Mutter! Es bekommt mir nicht. Und diese verdammte Müdigkeit, weißt du. Na, ich mache noch einen kleinen Spaziergang vor Tisch. – Entschuldigen Sie, Herr Pastor! Sie können sich da nicht hineinversetzen. Es war so über mich gekommen. *Durch die zweite Tür rechts ab.*

FRAU ALVING: Mein armer Junge!

MANDERS: Ja, das können Sie freilich sagen. So weit ist es also mit ihm gekommen! *Frau Alving blickt ihn an und schweigt.* Er nannte sich den verlorenen Sohn. Ja, leider – leider! *Frau Alving blickt ihn noch immer an.* Und was sagen Sie zu alledem?

FRAU ALVING: Ich sage, daß Osvald mit jedem einzigen Wort recht hatte.

MANDERS *bleibt stehen*: Recht! Recht? Mit solchen Grundsätzen?

FRAU ALVING: Hier in meiner Einsamkeit habe ich gelernt, ebenso zu denken, Herr Pastor. Doch ich habe nie den Mut gefunden, diese Gedanken auszusprechen. Nun gut. Mein Junge soll für mich sprechen.

MANDERS: Sie sind ein bedauernswertes Weib, Frau Alving. Aber nun will ich ein ernstes Wort mit Ihnen reden. Jetzt bin ich nicht Ihr geschäftlicher Berater, nicht Ihr und Ihres Mannes Jugendfreund. Jetzt steht der Pfarrer vor Ihnen, wie schon einmal im Augenblick Ihrer größten Verirrung.

FRAU ALVING: Und was hat der Pfarrer mir zu sagen?

MANDERS: Ich will erst Ihre Erinnerung wachrufen, Frau Alving. Der Zeitpunkt ist gut gewählt. Morgen ist der zehnjährige Todestag Ihres Mannes. Morgen soll sein Ehrenmal enthüllt werden. Morgen werde ich vor der Festversammlung sprechen. Heute aber will ich zu Ihnen allein sprechen.

FRAU ALVING: Gut, Herr Pastor. Sprechen Sie!

MANDERS: Erinnern Sie sich, daß Sie nach kaum einjähriger Ehe am Rande des Abgrunds standen? Daß Sie Haus und Heim verließen – daß Sie von Ihrem Mann flüchteten – ja, Frau Alving, flüchteten, flüchteten! – Und daß Sie sich weigerten, zu ihm zurückzukehren, sosehr er auch darum bat und flehte?

FRAU ALVING: Haben Sie vergessen, wie grenzenlos unglücklich ich mich in diesem ersten Jahr fühlte?

MANDERS: Das ist just der rechte Geist des Aufruhrs: das Glück zu verlangen in diesem Leben! Was für ein Recht haben wir Menschen auf das Glück? Nein, wir sollen unsere Pflicht tun, liebe Frau! Und Ihre Pflicht war, bei dem Mann auszuhalten, den Sie einmal erwählt hatten und an den Sie durch heilige Bande geknüpft waren.

FRAU ALVING: Sie wissen sehr wohl, was für ein ausschweifendes Leben dieser Mann in jener Zeit führte!

MANDERS: Ich weiß sehr wohl, welche Gerüchte damals über ihn im Umlauf waren. Und ich bin der letzte, der seinen Lebenswandel in den Jugendjahren billigt, sofern die Gerüchte der Wahrheit entsprachen. Aber eine Ehefrau ist nicht zum Richter über ihren Gatten gesetzt. Es wäre Ihre Pflicht und Schuldigkeit gewesen, demütigen Sinnes das Kreuz zu tragen, das ein höherer Wille Ihnen zu Ihrem Heil auferlegt hatte. Statt dessen aber werfen Sie aufrührerischen Geistes das Kreuz ab, verlassen den Strauchelnden, den Sie hätten stützen sollen, und setzen Ihren guten Namen und Ruf aufs Spiel und – bringen beinahe noch andere Menschen um ihren Ruf!

FRAU ALVING: Andere? Einen anderen, meinen Sie wohl?

MANDERS: Es war überaus rücksichtslos von Ihnen, bei m i r Zuflucht zu suchen.

FRAU ALVING: Bei unserem Pfarrer? Dem Freund unseres Hauses?

MANDERS: Ja, gerade deswegen. – Danken Sie Ihrem Herrn und Gott, daß ich die nötige Standhaftigkeit besaß – daß ich Sie von Ihrem überspannten Vorhaben abbrachte und es mir vergönnt war, Sie auf den Weg der Pflicht und zu Ihrem rechtmäßigen Ehegatten zurückzuführen.

FRAU ALVING: Ja, Herr Pastor, darauf können Sie stolz sein!

MANDERS: Ich war nur ein Werkzeug in der Hand eines Höheren. Und ist es nicht zum Segen ausgeschlagen für Ihr ganzes übriges Leben, daß ich Sie unter das Joch der Pflicht und des Gehorsams zu beugen vermochte? Kam es nicht so, wie ich Ihnen vorhergesagt hatte? Kehrte Alving nicht auf seinen Irrwegen um, wie es einem Mann geziemt? Führte er nicht von da an ein untadeliges Leben an Ihrer Seite, und wurde er Ihnen nicht ein liebevoller Gatte? Wurde er nicht zum Wohltäter der ganzen Gegend, und hob er Sie nicht zu sich empor, so daß Sie mit der Zeit seine Mitarbeiterin bei allen Unternehmungen wurden? Und zwar eine tüchtige Mitarbeiterin – o ja, das weiß ich, Frau Alving, dieses Lob sei Ihnen nicht vorenthalten. – Doch nun komme ich zum nächsten großen Fehltritt Ihres Lebens.

FRAU ALVING: Was wollen Sie damit sagen?

MANDERS: So, wie Sie einst die Pflichten der Gattin versäumt haben, so vernachlässigten Sie später die Pflichten der Mutter.

FRAU ALVING: Ah!

MANDERS: Zeit ihres Lebens haben Sie sich von einem unseligen

Geist des Eigensinns beherrschen lassen. Ihr ganzes Trachten war auf das Fessellose und Gesetzlose gerichtet. Jede Art von Bindung war Ihnen lästig. Alles, was Ihnen im Leben beschwerlich war, haben Sie rücksichtslos und gewissenlos abgeworfen, wie eine Bürde, über die Sie nach Belieben zu verfügen hatten. Es behagte Ihnen nicht mehr, Ehefrau zu sein, und Sie gingen von Ihrem Mann weg. Ihre Mutterpflichten waren Ihnen beschwerlich, und Sie schickten Ihr Kind in die Fremde.

FRAU ALVING: Ja, das stimmt. Das habe ich getan.

MANDERS: Doch darum sind Sie auch Osvald eine Fremde geworden.

FRAU ALVING: Nein, nein! Das bin ich nicht!

MANDERS: Das sind Sie. Anders ist es gar nicht möglich. Und wie ist er zurückgekommen! Bedenken Sie das wohl, Frau Alving! Sie haben sich gegen Ihren Mann schwer vergangen. Das erkennen Sie an durch die Stiftung zu seinem Gedächtnis. Erkennen Sie auch, was Sie an Ihrem eigenen Sohn verschuldet haben! Vielleicht ist noch Zeit, ihn von seinen Irrwegen abzubringen. Kehren Sie selbst um, und richten Sie in ihm auf, was sich noch aufrichten läßt! Denn, Frau Alving – *mit erhobenem Zeigefinger* –, Sie sind wahrlich eine schuldbeladene Mutter! – Ihnen dies zu sagen, habe ich für meine Pflicht gehalten.

Schweigen.

FRAU ALVING *langsam und beherrscht*: Sie haben nun gesprochen, Herr Pastor. Und morgen werden Sie öffentlich reden zum Gedächtnis meines Mannes. Ich werde morgen nicht das Wort ergreifen. Aber jetzt werde ich zu Ihnen sprechen, so, wie Sie eben zu mir gesprochen haben.

MANDERS: Natürlich, Sie wollen Ihr Verhalten entschuldigen.

FRAU ALVING: Nein. Ich will nur berichten.

MANDERS: Nun?

FRAU ALVING: Alles, was Sie eben gesagt haben über meinen Mann und mich und unser Zusammenleben von der Zeit an, da Sie mich auf den Weg der Pflicht zurückgeführt hatten, wie Sie sich ausdrückten – all das kennen Sie nicht aus eigener Beobachtung.

Von jenem Augenblick an haben Sie, die Sie uns bis dahin alle Tage freundschaftlich besucht hatten, Ihren Fuß nicht mehr über unsere Schwelle gesetzt.

MANDERS: Sie sind ja gleich darauf aus der Stadt weggezogen.

FRAU ALVING: Das wohl. Und hier heraus sind Sie zu Lebzeiten meines Mannes nie gekommen. Erst als Sie mit dem Bau des Waisenheims zu tun bekamen, sahen Sie sich – des Geschäftlichen wegen – gezwungen, mich aufzusuchen.

MANDERS *leise und unsicher*: Helene – wenn das ein Vorwurf sein soll, so möchte ich Sie bitten, zu erwägen...

FRAU ALVING: ... was Sie Ihrer Stellung schuldeten? Gewiß. Und auch, daß es sich um eine Frau handelte, die ihrem Mann weggelaufen war? Man kann niemals zurückhaltend genug gegenüber solchen rücksichtslosen Frauenzimmern sein.

MANDERS: Liebe – Frau Alving, das ist eine so ungeheure Übertreibung...

FRAU ALVING: Glauben Sie? Lassen wir das auf sich beruhen. Worauf es mir ankam, das war die Feststellung: Wenn Sie über meine Ehe urteilen, so stützen Sie sich lediglich auf die öffentliche Meinung.

MANDERS: Nun ja, und was weiter?

FRAU ALVING: Aber heute, Manders, heute will ich Ihnen die Wahrheit sagen. Ich habe mir geschworen, Sie sollten sie einmal erfahren. Sie allein!

MANDERS: Was denn für eine Wahrheit?

FRAU ALVING: Die Wahrheit ist, daß mein Mann ebenso ruchlos gestorben ist, wie er alle seine Tage gelebt hat.

MANDERS *tastet nach einem Stuhl*: Was sagen Sie da?

FRAU ALVING: Nach neunzehnjähriger Ehe ebenso ruchlos – jedenfalls in seinen Begierden – wie vor der Ehe.

MANDERS: Und diese Jugendverirrungen – diese Unregelmäßigkeiten, Ausschweifungen, wenn Sie durchaus wollen – nennen Sie ein ruchloses Leben!

FRAU ALVING: Unser Hausarzt gebrauchte diesen Ausdruck.

MANDERS: Jetzt verstehe ich nicht.

FRAU ALVING: Das ist auch nicht nötig.

MANDERS: Mir ist ganz schwindlig. Ihre ganze Ehe – dieses langjährige Zusammenleben mit Ihrem Mann, sollte nichts anderes gewesen sein als ein überdeckter Abgrund?!

Frau Alving: Gar nichts anderes. Nun wissen Sie es.

Manders: Da – da finde ich mich nicht so schnell zurecht. Das kann ich nicht fassen! Es will mir nicht in den Kopf! – Wie war das nur möglich? Wie hat so etwas geheim bleiben können?

Frau Alving: Nur durch meinen unaufhörlichen täglichen Kampf. Nach Osvalds Geburt glaubte ich, Alving habe sich etwas gebessert. Aber es dauerte nicht lange. Und nun mußte ich doppelt kämpfen, auf Tod und Leben kämpfen, damit niemand erführe, was für ein Mensch der Vater meines Kindes war. Und dann: Sie wissen ja, wie bestrickend liebenswürdig er sein konnte. Niemand traute ihm etwas Schlechtes zu. Er gehörte zu den Menschen, deren Ruf besser ist als ihr Lebenswandel. Aber dann, Manders – auch das sollen Sie wissen –, dann kam das Abscheulichste von allem.

Manders: Abscheulicher als dies?

Frau Alving: Ich hatte ihm durch die Finger gesehen, obwohl ich über seine Untreue außerhalb des Hauses im Bilde war. Aber als dann das Ärgernis innerhalb unserer eigenen vier Wände dazukam . . .

Manders: Was sagen Sie? Hier?

Frau Alving: Ja, hier in unserem eigenen Heim. Ich war da drin – *zeigt auf die erste Tür rechts* – im Speisezimmer, als ich ihm zufällig auf die Spur kam. Ich hörte unser Stubenmädchen aus dem Garten kommen, wo sie Wasser für die Blumen im Wintergarten geholt hatte.

Manders: Nun, und?

Frau Alving: Gleich darauf hörte ich Alving kommen. Ich hörte, daß er ihr leise etwas sagte. Und dann – *mit einem kurzen Lachen* –, oh, es klingt mir noch in den Ohren – herzzerreißend und lächerlich zugleich –, dann hörte ich mein eigenes Dienstmädchen flüstern: „Lassen Sie mich los, Herr Kammerherr! Lassen Sie mich doch!“

Manders: Was für ein unziemlicher Leichtsinn! – Ja, mehr als Leichtsinn ist es nicht gewesen, Frau Alving. Glauben Sie mir!

Frau Alving: Was in dieser Sache zu glauben ist und was nicht, das weiß ich seit langem: Der Kammerherr bekam seinen Willen bei dem Mädchen – und das Verhältnis hatte Folgen.

Manders *wie versteinert*: Und das alles hier im Haus! In diesem Haus!

Frau Alving: In diesem Haus habe ich viel ertragen müssen. Um ihn abends – und nachts – an das Haus zu fesseln, mußte ich mich bei seinen Saufgelagen oben in seinem sogenannten Arbeitszimmer zu seinem Zechgenossen hergeben. Ich mußte bei ihm sitzen, mit ihm anstoßen und trinken, mußte sein unzüchtiges, sinnloses Gerede mit anhören, mußte mit ihm ringen, bis ich ihn zu Bett bekam...

Manders *erschüttert*: Daß Sie das alles ertragen konnten!

Frau Alving: Ich hatte meinen kleinen Jungen, für den ich es ertrug. Als er mir aber dann noch diesen Schimpf antat mit meinem eigenen Dienstmädchen – da schwur ich mir: Das soll ein Ende haben! Und jetzt riß ich die Macht im Hause an mich – über ihn und über alles andere. Denn nun hatte ich eine Waffe gegen ihn, sehen Sie. Er wagte nicht aufzumucken. Damals war's, daß ich Osvald weggab. Er wurde sieben Jahre und begann zu beobachten und Fragen zu stellen, wie es Kinder in diesem Alter tun. Das durfte ich nicht mit ansehen. Ich glaubte, das Kind würde vergiftet werden, wenn es weiter die Luft dieses besudelten Hauses atmete. Deshalb habe ich ihn weggegeben. Und jetzt werden Sie auch einsehen, warum ich ihn dieses Haus nie mehr betreten ließ, solgange sein Vater lebte. Niemand weiß, was mich das gekostet hat.

Manders: Sie haben wahrlich die Bitterkeit dieses Lebens zu schmecken bekommen!

Frau Alving: Hätte ich nicht meine Arbeit gehabt, ich hätte es nicht ausgehalten. Ja, ich darf wohl sagen, daß ich gearbeitet habe! Die Vergrößerung des Gutes, alle Verbesserungen, die vielen nützlichen Neuerungen, für die Alving Lob und Ruhm geerntet hat – glauben Sie, er habe auch nur einen Deut dazu beigetragen? Er, der den ganzen Tag auf dem Sofa lag und in einem alten Staatskalender las! Nein! Nun will ich Ihnen auch das sagen: Ich habe ihn angetrieben, wenn er seine lichten

Momente hatte. Ich habe die ganze Last ziehen müssen, wenn er wieder mit seinen Ausschweifungen begann oder jämmerlich in sich zusammensackte.

MANDERS: Und diesem Mann errichten Sie ein Ehrenmal!

FRAU ALVING: Da sehen Sie die Macht des schlechten Gewissens.

MANDERS: Des schlechten...? Was meinen Sie damit?

FRAU ALVING: Ich hatte immer das Gefühl, die Wahrheit müsse zwangsläufig an den Tag kommen und Glauben finden. Und daher sollte das Waisenheim alle Gerüchte widerlegen und alle Zweifel verscheuchen.

MANDERS: Diesen Zweck haben Sie sicher erreicht, Frau Alving.

FRAU ALVING: Und dann hatte ich noch einen Grund. Ich wollte nicht, daß Osvald, mein lieber Junge, irgendein Erbe von seinem Vater übernimmt.

MANDERS: Also von Alvings Vermögen ist...?

FRAU ALVING: Jawohl. Die Beträge, die ich alle die Jahre für das Waisenheim überwiesen habe, machen das Vermögen aus – ich habe es genau ausgerechnet –, das seinerzeit Leutnant Alving zu einer guten Partie machte.

MANDERS: Ich verstehe Sie...

FRAU ALVING: Das war die Kaufsumme. Ich will nicht, daß dieses Geld in Osvalds Hände übergeht. Mein Sohn soll alles von mir haben. Alles!

Osvald tritt ohne Hut und Mantel durch die zweite Tür rechts ein. Frau Alving geht ihm entgegen.

Bist du schon zurück? Mein lieber, lieber Junge!

OSVALD: Ja. Was soll man da draußen bei diesem ewigen Regenwetter? Doch ich höre, wir gehen zu Tisch. Das freut mich.

REGINE *kommt mit einem Paket aus dem Speisezimmer*: Hier ist ein Paket für Frau Kammerherr. *Reicht es ihr.*

FRAU ALVING *mit einem Blick auf Manders*: Die Lieder für die Feier morgen, vermute ich.

MANDERS: Hm...

REGINE: Es ist auch serviert.

FRAU ALVING: Gut. Wir kommen gleich. Ich will nur... *Beginnt das Paket zu öffnen.*

REGINE *zu Osvald*: Wünschen Herr Alving weißen oder roten Portwein?

OSVALD: Beides, Mademoiselle.

REGINE: Bien – sehr wohl, Herr Alving. *Sie geht ins Speisezimmer.*

OSVALD: Ich kann ihr eigentlich helfen beim Flaschenaufziehen... *Geht gleichfalls ins Speisezimmer, dessen Tür sich hinter ihm wieder halb öffnet.*

FRAU ALVING *die das Paket aufgemacht hat*: Ja, ich hatte recht, hier haben wir die Liedertexte, Herr Pastor.

MANDERS *mit gefalteten Händen*: Wie ich morgen unbefangenen Sinnes meine Festrede halten soll...!

FRAU ALVING: Ach, das werden Sie schon machen!

MANDERS *leise, um im Speisezimmer nicht gehört zu werden*: Ja, Ärgernis dürfen wir doch nicht erwecken.

FRAU ALVING *leise, aber fest*: Nein. Aber damit hat auch das lange nichtswürdige Komödiespielen ein Ende. Von übermorgen an soll es sein, als habe der Verstorbene nie in diesem Haus gelebt. Hier soll es niemanden geben als meinen Jungen und seine Mutter.

Man hört im Speisezimmer einen Stuhl umfallen und gleichzeitig Regine scharf flüstern.

REGINE: Aber Osvald! Bist du verrückt? Laß mich los!

FRAU ALVING *fährt entsetzt zusammen*: Ah! *Sie stiert wie irr nach der halboffenen Tür, hinter der man Osvald husten und vor sich hin summen hört. Ein Korken knallt.*

MANDERS *aufgeregt*: Aber was ist denn das? Was ist das, Frau Alving?

FRAU ALVING *heiser*: Gespenster! Das Paar aus dem Wintergarten...!

MANDERS: Was sagen Sie? – Regine? – Ist sie...?

FRAU ALVING: Ja. – Kommen Sie! Kein Wort davon! *Sie nimmt Manders' Arm und geht wankend dem Speisezimmer zu.*

ZWEITER AKT

Derselbe Raum. Der Regendunst liegt noch immer drückend über der Landschaft.

Pastor Manders und Frau Alving kommen aus dem Speisezimmer.

FRAU ALVING *noch in der Tür*: Gesegnete Mahlzeit, Herr Pastor! *Spricht ins Speisezimmer*: Kommst du nicht auch, Osvald?

OSVALD *von drinnen*: Nein, danke. Ich glaube, ich gehe ein bißchen spazieren.

FRAU ALVING: Ja, tu das! Jetzt regnet es gerade nicht. *Schließt die Speisezimmertür, öffnet die Tür zur Diele und ruft*: Regine!

REGINE *von draußen*: Ja, Frau Kammerherr?

FRAU ALVING: Geh hinunter in die Plättstube und hilf beim Girlandebinden!

REGINE: Jawohl, Frau Kammerherr.

Frau Alving vergewissert sich, daß Regine geht. Dann schließt sie die Tür.

MANDERS: Er kann uns doch nicht hören?

FRAU ALVING: Nicht, wenn die Tür geschlossen ist. Zudem geht er ja spazieren.

MANDERS: Ich bin noch ganz durcheinander. Ich begreife nicht, wie ich auch nur einen Bissen von dem guten Essen hinunterbringen konnte.

FRAU ALVING *geht auf und ab und sucht ihre Unruhe zu beherrschen*: Ich auch nicht. Doch was soll man nur machen?

MANDERS: Ja, was soll man machen? Ich weiß es wahrhaftig nicht. In solchen Dingen bin ich gänzlich unerfahren.

FRAU ALVING: Ich bin überzeugt, daß noch nichts passiert ist.

MANDERS: Das verhüte der Himmel! – Unziemlich ist dieses Verhältnis aber auf jeden Fall.

Frau Alving: Das Ganze ist nur eine Augenblickslaune von Osvald, glauben Sie nur!

Manders: Ja, wie gesagt, ich verstehe mich nicht auf dergleichen Dinge. Aber es scheint mir doch angebracht…

Frau Alving: Aus dem Hause muß sie natürlich. Und zwar sofort. Das ist sonnenklar.

Manders: Ja, das versteht sich.

Frau Alving: Aber wohin? Wir können doch nicht verantworten, daß sie…

Manders: Wohin? Natürlich nach Haus zu ihrem Vater!

Frau Alving: Zu wem, sagen Sie?

Manders: Zu ihrem… Nein, aber Engstrand ist ja gar nicht… Du lieber Himmel, wie ist das nur möglich? Frau Alving, vielleicht irren Sie sich doch!

Frau Alving: Leider nein. Ich irre mich keineswegs. Johanne hat mir beichten müssen, und Alving konnte es nicht abstreiten. Was war da weiter zu machen, als die Sache zu vertuschen?

Manders: Nun ja, das war wohl das einzig Mögliche.

Frau Alving: Das Mädchen wurde sofort entlassen und bekam eine ziemlich hohe Abfindung, damit es bis auf weiteres den Mund hielt. Alles andere besorgte Johanne selbst, als sie erst in der Stadt war. Sie erneuerte ihre alte Bekanntschaft mit dem Tischler Engstrand, ließ vermutlich durchblicken, wieviel Geld sie habe, und machte ihm etwas weis von irgendeinem Ausländer, der im Sommer mit seiner Lustjacht hier gelegen haben sollte. Dann wurde sie mit Engstrand in aller Eile getraut. Ach ja, Sie haben sie ja selbst getraut.

Manders: Aber wie soll ich mir nun folgendes erklären? Ich entsinne mich deutlich, wie Engstrand zu mir kam, um die Trauung zu bestellen. Er war ganz zerknirscht und klagte sich bitterlich an wegen des Leichtsinns, dessen er und seine Verlobte sich schuldig gemacht hätten.

Frau Alving: Nun ja, er mußte doch die Schuld auf sich nehmen.

Manders: Aber eine solche Unaufrichtigkeit! Und das mir gegenüber! Das hätte ich dem Jakob Engstrand wahrhaftig nicht zugetraut. Na, ich werde ihn mir ernstlich vornehmen, darauf kann er sich verlassen! – Und dann die Unmoral einer solchen

Verbindung! Um des Geldes willen! Wie groß war der Betrag, über den das Mädchen verfügte?

FRAU ALVING: Dreihundert Taler.

MANDERS: Man denke nur – sich für lumpige dreihundert Taler wegzuwerfen und mit einer Gefallenen den Ehebund zu schließen!

FRAU ALVING: Und was sagen Sie dann von mir, die mit einem gefallenen Mann vor den Altar trat?

MANDERS: Gott bewahre – was sagen Sie? Ein gefallener Mann?

FRAU ALVING: Glauben Sie vielleicht, Alving trat reiner vor den Altar als Johanne?

MANDERS: Aber das sind doch himmelweit verschiedene Dinge...

FRAU ALVING: Keineswegs! Nur im Preis bestand ein großer Unterschied – lumpige dreihundert Taler und ein ganzes Vermögen.

MANDERS: Aber daß Sie so verschiedenartige Verhältnisse miteinander vergleichen können! Sie hatten sich doch mit Ihrem Herzen und Ihren Angehörigen beraten.

FRAU ALVING *ohne ihn anzusehen*: Ich dächte, Sie wüßten, wohin das, was Sie mein Herz nennen, sich damals verirrt hatte.

MANDERS *reserviert*: Hätte ich etwas Derartiges gewußt, wäre ich nicht täglicher Gast im Hause Ihres Mannes gewesen.

FRAU ALVING: Auf jeden Fall steht fest: Mit mir selbst hatte ich mich nicht beraten. Wahrhaftig nicht!

MANDERS: Nun, dann aber doch mit Ihren nächsten Anverwandten, wie es vorgeschrieben ist: mit Ihrer Mutter und mit Ihren beiden Tanten.

FRAU ALVING: Ja, das stimmt. Diese drei machten sich statt meiner an die Rechenaufgabe. Unglaublich, wie unwiderlegbar sie mir vorrechneten, daß es die größte Dummheit wäre, einen solchen Antrag auszuschlagen. Wenn meine Mutter jetzt sehen könnte, was aus der ganzen Herrlichkeit geworden ist!

MANDERS: Für den Ausgang kann niemand verantwortlich gemacht werden. So viel steht jedenfalls fest: Ihre Ehe wurde in völliger Übereinstimmung mit der gesetzlichen Ordnung geschlossen.

FRAU ALVING *am Fenster:* Ach, verschonen Sie mich mit Gesetz und

Ordnung! Ich glaube oft, davon kommt alles Unglück auf der Welt.

MANDERS: Frau Alving, jetzt versündigen Sie sich!

FRAU ALVING: Das mag sein. Aber ich kann diese Fesseln und Rücksichten nicht mehr ertragen. Ich kann es nicht mehr. Ich muß wieder frei atmen können!

MANDERS: Was meinen Sie damit?

FRAU ALVING *trommelt auf den Fensterrahmen*: Ich hätte Alvings Lebenswandel nie vertuschen dürfen! Aber ich wagte damals nicht, den andern Weg zu gehen – auch um meiner selbst willen nicht. So feige war ich.

MANDERS: Feige?

FRAU ALVING: Hätten die Leute etwas erfahren, so hätten sie gesagt: „Der arme Mann! Es ist ihm nicht zu verdenken, daß er ein ausschweifendes Leben führt! Wo ihm seine Frau davongelaufen ist!"

MANDERS: Dazu hätten sie eine gewisse Berechtigung gehabt.

FRAU ALVING *blickt ihn fest an*: Wenn ich richtig handeln wollte, dann müßte ich Osvald reinen Wein einschenken und ihm sagen: „Höre, mein Junge, dein Vater ist ein verkommener Mensch gewesen."

MANDERS: Du Barmherziger!

FRAU ALVING: Und dann würde ich ihm alles erzählen, was ich Ihnen erzählt habe – alles.

MANDERS: Ich bin beinahe empört über Sie, Frau Alving!

FRAU ALVING: Das weiß ich. Natürlich. Es sträubt sich in mir selbst alles bei dem Gedanken. *Geht vom Fenster weg.* So feige bin ich!

MANDERS: Sie nennen es Feigheit, wenn Sie einfach Ihre Pflicht und Schuldigkeit tun? Haben Sie vergessen, daß ein Kind Vater und Mutter achten und lieben soll?

FRAU ALVING: Bleiben wir nicht so im allgemeinen. Lassen Sie uns lieber fragen: Soll Osvald den Kammerherrn Alving achten und lieben?

MANDERS: Sagt Ihnen keine Stimme in Ihrem Mutterherzen, daß Sie Ihrem Sohne nicht seine Ideale nehmen dürfen?

FRAU ALVING: Aber was wird aus der Wahrheit?

MANDERS: Und was aus den Idealen?

FRAU ALVING: Ach – Ideale! Ideale! – Wenn ich nur nicht so feige wäre!

MANDERS: Werfen Sie nicht die Ideale über Bord, liebe Frau – das rächt sich bitter! Und nun besonders bei Osvald! Osvald hat wohl nicht viele Ideale, leider. Doch das habe ich bemerkt: Sein Vater ist ein Ideal für ihn geblieben.

FRAU ALVING: Da haben Sie recht.

MANDERS: Und diese Vorstellung haben Sie selbst in ihm geweckt und genährt durch Ihre Briefe.

FRAU ALVING: Ja. Ich hatte mich durch ein falsches Pflichtgefühl zu falschen Rücksichten verleiten lassen. Deshalb habe ich meinem Jungen jahraus, jahrein etwas vorgelogen. Oh, wie feige, wie feige bin ich gewesen!

MANDERS: Sie haben Ihrem Sohn zu einer glücklichen Illusion verholfen, Frau Alving, und das sollten Sie wirklich nicht geringschätzen.

FRAU ALVING: Hm. Wer weiß, ob das nun wirklich gut war. – Aber daß er mit Regine anbändelt, das will ich auf keinen Fall zulassen! Er soll das arme Mädel nicht unglücklich machen!

MANDERS: Du lieber Gott, nein! Das wäre ja entsetzlich!

FRAU ALVING: Wenn ich wüßte, daß er es ernst meinte und daß es sein Glück wäre...

MANDERS: Wie? Was dann?

FRAU ALVING: Aber das wäre es nicht. Dazu ist Regine leider nicht der Mensch.

MANDERS: Nun, was dann? Was meinen Sie damit?

FRAU ALVING: Wäre ich nicht so gottsjämmerlich feige, dann würde ich zu ihm sagen: „Heirate sie, oder richtet euch ein, wie ihr wollt! Nur nichts vertuschen!"

MANDERS: Barmherziger! Nun noch gar eine rechtmäßige Ehe! Etwas so Schreckliches – etwas so Unerhörtes...!

FRAU ALVING: Nennen Sie das unerhört? Hand aufs Herz, Herr Pastor! Glauben Sie nicht, daß es hier im Lande genug Eheleute gibt, die ebenso nah verwandt sind?

MANDERS: Ich verstehe Sie wirklich nicht.

FRAU ALVING: Doch, Sie verstehen mich recht gut!

MANDERS: Nun, Sie setzen den immerhin denkbaren Fall, daß...

Ja, das Familienleben ist gewiß nicht immer so rein, wie es wünschenswert wäre, leider. Aber das, was Sie da andeuten, das kann man doch nie wissen – wenigstens nicht mit Bestimmtheit. Hier dagegen ... Daß Sie, die Mutter, zugeben wollen, daß Ihr ...

FRAU ALVING: Aber ich will es doch gar nicht! Ich würde es um keinen Preis der Welt zugeben. Das sage ich doch gerade!

MANDERS: Weil Sie feige sind, wie Sie sich ausdrücken. Wenn Sie aber nicht feige wären, dann ... Heiliger Schöpfer – eine so empörende Verbindung!

FRAU ALVING: Ja, wir stammen schließlich alle aus Verbindungen dieser Art, heißt es. Und wer hat das so eingerichtet auf der Welt, Herr Pastor?

MANDERS: Derlei Fragen erörtere ich nicht mit Ihnen, Frau Alving. Dazu fehlt Ihnen ganz und gar die rechte Einstellung. Aber daß Sie sagen können, es sei feige von Ihnen ...!

FRAU ALVING: Ich will Ihnen erklären, wie ich das meine: Ich bin ängstlich und befangen, weil ich im Sumpf überkommener Vorstellungen stecke, von denen ich mich wohl nie ganz frei machen kann.

MANDERS: Wie nannten Sie das?

FRAU ALVING: Den Sumpf überkommener Vorstellungen. Als ich Regine und Osvald da drinnen hörte, war's mir, als wäre die Vergangenheit wieder lebendig geworden. Aber ich glaube, in uns allen lebt ein Stück Vergangenheit. Nicht nur das, was wir von Vater und Mutter geerbt haben, wirkt in uns fort. Auch noch anderes, wie alte, überlebte Ansichten und alter, abgestorbener Glaube. Es ist schon in Fäulnis übergegangen, aber es steckt uns im Blut, und wir können es nicht loswerden. Wenn ich nur eine Zeitung zur Hand nehme und drin lese, ist mir's, als geisterten zwischen den Zeilen längst überlebte und vermoderte Anschauungen. Und so dürfte überall im Lande das Alte und Abgestorbene das Leben verseuchen. Ich denke manchmal, es gibt so reichlich davon wie Sand am Meer. Und dann scheuen wir alle davor zurück, der Wahrheit ins Gesicht zu sehen.

MANDERS: Aha! Da haben wir also die Ausbeute Ihrer Lektüre! Schöne Früchte, wahrhaftig! O diese abscheulichen, aufrührerischen, freidenkerischen Schriften!

FRAU ALVING: Sie irren, lieber Pastor! Sie selbst sind es, der mich zum Nachdenken gebracht hat. Und dafür seien Sie bedankt.

MANDERS: Ich?

FRAU ALVING: Gewiß. Als Sie mich unter das Joch meiner vermeintlichen Pflicht und Schuldigkeit zwangen. Als Sie als recht und richtig priesen, wogegen sich mein ganzes Wesen empörte. Damals begann ich die Nahtstellen Ihrer Lehren zu untersuchen. Nur einen einzigen Stich wollte ich auftrennen. Doch da löste sich die ganze Naht auf.

MANDERS *leise, erschüttert*: Sollte das der Gewinn des schwersten Kampfes meines Lebens sein?

FRAU ALVING: Nennen Sie es lieber Ihre jämmerlichste Niederlage!

MANDERS: Es war der größte Sieg meines Lebens, Helene! Der Sieg über mich selbst.

FRAU ALVING: Es war ein Verbrechen an uns beiden.

MANDERS: Daß ich Ihnen gebot: Weib, gehen Sie heim zu Ihrem rechtmäßigen Gatten, als Sie in Ihrer Verirrung zu mir kamen? Als Sie riefen: Hier bin ich, nimm mich! War das ein Verbrechen?

FRAU ALVING: Meiner Meinung nach ja.

MANDERS: Wir verstehen einander nicht.

FRAU ALVING: Jedenfalls jetzt nicht mehr.

MANDERS: Nie, niemals – nicht einmal in meinen geheimsten Gedanken – habe ich Sie anders gesehen denn als das Eheweib eines andern Mannes.

FRAU ALVING: So...? Sind Sie dessen sicher?

MANDERS: Helene...!

FRAU ALVING: Seine eigenen Gefühle vergißt man sehr leicht.

MANDERS: Ich nicht! Ich bin derselbe, der ich immer gewesen bin.

FRAU ALVING *wechselt den Ton*: Na ja – sprechen wir nicht mehr von Vergangenem! Jetzt sitzen Sie bis über die Ohren in Kommissionen und Ämtern. Und ich sitze hier und schlage mich mit der Vergangenheit herum. Nun auch mit der Gestalt gewordenen Vergangenheit.

MANDERS: Daß Sie diese Gespenster loswerden, dabei will ich Ihnen behilflich sein. Nach allem, was ich heute mit Entsetzen von

Ihnen gehört habe, kann ich es nicht vor meinem Gewissen verantworten, ein junges, unerfahrenes Mädchen in Ihrem Haus zu lassen.

FRAU ALVING: Halten Sie's nicht für das beste, wenn wir sie gut versorgen könnten? Ich meine: durch eine Heirat?

MANDERS: Sicherlich. Ich glaube, dies wäre in jeder Hinsicht wünschenswert für sie. Regine ist ja nun in dem Alter, wo ... Ja, ich verstehe mich ja nicht weiter darauf, aber ...

FRAU ALVING: Regine war zeitig entwickelt.

MANDERS: Ja, nicht wahr? Ich glaube, mich entsinnen zu können, daß sie in körperlicher Hinsicht schon auffallend stark entwickelt war, als sie meinen Konfirmandenunterricht besuchte. Also vorläufig muß sie auf jeden Fall nach Haus, unter die Aufsicht ihres Vaters. Aber nein! Engstrand ist ja gar nicht ... Daß er – daß er mich so hinters Licht führen konnte!

Es klopft an die Tür, die zur Diele führt.

FRAU ALVING: Wer kann das sein? – Herein!

ENGSTRAND *im Sonntagsanzug, bleibt in der Tür stehen*: Ich bitte sehr um Entschuldigung, aber ...

MANDERS: Aha! Hm ...

FRAU ALVING: Sie, Engstrand?

ENGSTRAND: Es war keins von den Mädchen draußen, und da war ich so dreist, mir die Freiheit zu nehmen und hier gleich selbst anzuklopfen.

FRAU ALVING: Na ja. Kommen Sie herein! Wollen Sie etwas von mir?

ENGSTRAND *tritt ins Zimmer*: Nein, vielen Dank. Aber wenn ich den Herrn Pastor einen Augenblick sprechen dürfte ...

MANDERS *geht auf und ab*: Hm – so? Sie wollen mich sprechen? Ach, wirklich?

ENGSTRAND: Ja, ich wollte so schrecklich gern ...

MANDERS *bleibt vor ihm stehen*: Nun? Darf ich fragen, worum es sich handelt?

ENGSTRAND: Es handelt sich darum, Herr Pastor: Eben hatten wir da unten im Waisenheim die Abnahme. – Vielen Dank, Frau Kammerherr! – Und jetzt sind wir mit allem fertig. Und da dachte ich, es wäre schön und würde sich so gehören, wenn wir, die wir die ganze Zeit fleißig zusammengearbeitet haben – ich dachte, wir sollten heute abend mit einer kleinen Andacht abschließen.

MANDERS: Eine Andacht? Unten im Waisenheim?

ENGSTRAND: Jawohl. Aber wenn Herr Pastor es vielleicht nicht richtig finden...

MANDERS: Natürlich finde ich es richtig, aber – hm...

ENGSTRAND: Ich habe selbst öfters nach Feierabend eine kleine Andacht da unten abgehalten.

FRAU ALVING: Sie?

ENGSTRAND: Ja, mitunter. Was man so 'ne kleine Erbauungsstunde nennt. Aber ich bin ja man nur ein gewöhnlicher kleiner Mann und verstehe mich nicht darauf – Gott bessere mich –, und da dachte ich, weil Herr Pastor Manders gerade hier ist...

MANDERS: Einen Augenblick, Engstrand! Ich muß erst eine Frage an Sie richten: Sind Sie in der rechten Stimmung für eine solche Andacht? Fühlen Sie Ihr Gewissen frei und leicht?

ENGSTRAND: Gott sei mir Sünder gnädig! Vom Gewissen wollen wir lieber nicht reden, Herr Pastor.

MANDERS: Doch, gerade davon wollen wir reden. Was haben Sie mir zu erwidern?

ENGSTRAND: Ja, das Gewissen – damit ist's manchmal so 'ne Sache...

MANDERS: Nun, das geben Sie immerhin zu. Doch wollen Sie mir nun ohne Vorbehalt sagen: Was hat es für eine Bewandtnis mit Regine?

FRAU ALVING *rasch*: Herr Pastor!

MANDERS *in beruhigendem Ton*: Lassen Sie mich, bitte!

ENGSTRAND: Mit Regine? Jesses, wie Sie mir angst machen! *Blickt Frau Alving an.* Es ist doch nicht etwa was passiert mit Regine?

MANDERS: Das wollen wir nicht hoffen. Aber ich meine, welche Bewandtnis es mit Ihnen und Regine hat. Sie gelten ja als ihr Vater und haben sich selbst dafür ausgegeben. – Nun?

ENGSTRAND *unsicher*: Ja – hm... Herr Pastor wissen doch, wie das mit mir und der seligen Johanne gewesen ist...

MANDERS: Bitte jetzt keine Verdrehung der Wahrheit mehr! Ihre verstorbene Frau hat Frau Alving den wahren Sachverhalt mitgeteilt, bevor sie aus ihrer Stellung ausschied.

ENGSTRAND: Na, da soll doch gleich ...! Hat sie das doch gemacht?

MANDERS: Jetzt haben Sie sich entlarvt, Engstrand!

ENGSTRAND: Und sie hatte doch so heilig geschworen und geflucht ...

MANDERS: Geflucht?!

ENGSTRAND: Nein, nur geschworen. Aber so richtig von Herzen!

MANDERS: Und während all dieser Jahre haben Sie mir die Wahrheit verheimlicht! Mir, der Ihnen sein uneingeschränktes Vertrauen geschenkt hatte!

ENGSTRAND: Ja, das habe ich freilich, leider.

MANDERS: Habe ich das um Sie verdient, Engstrand? Habe ich Ihnen nicht immer bereitwillig mit Rat und Tat geholfen, soweit es in meinen Kräften stand? Antworten Sie! Habe ich das nicht?

ENGSTRAND: Es hätte manchmal böse für mich ausgesehen, wenn ich Herrn Pastor nicht gehabt hätte.

MANDERS: Und dann lohnen Sie mir das so! Veranlassen mich, unrichtige Angaben ins Kirchenbuch einzutragen, und enthalten mir nachher jahrzehntelang die Aufklärungen vor, die Sie mir und der Wahrheit schuldig waren! Ihr Verhalten ist ganz unverantwortlich gewesen, Engstrand! Von heute an ist es zwischen uns aus!

ENGSTRAND *mit einem Seufzer*: Ja, damit werde ich mich wohl abfinden müssen!

MANDERS: Wie wollten Sie sich auch rechtfertigen?

ENGSTRAND: Aber sollte sie denn ihre Schande noch größer machen und selber noch unter die Leute bringen? Stellen Sie sich doch nur mal vor, Herr Pastor, Sie wären in derselben Verfassung wie die selige Hanne ...

MANDERS: Ich?

ENGSTRAND: Jesses, Jesses, ich meine doch nicht, akkurat so. Ich meine nur, wenn Herr Pastor etwas ausgefressen hätten, das in den Augen der Leute eine Schande ist. – Wir Mannsleute sollten nicht zu streng über ein armes Weib urteilen, Herr Pastor!

MANDERS: Aber das tue ich ja gar nicht! Ihnen mache ich Vorwürfe, Engstrand!

ENGSTRAND: Darf ich dem Herrn Pastor eine kleine Frage stellen?

MANDERS: Nun ja, fragen Sie!

ENGSTRAND: Tut ein Mann nicht recht, wenn er eine Gefallene aufrichtet?

MANDERS: Ja, selbstverständlich.

ENGSTRAND: Und ist es nicht Mannespflicht, sein Wort zu halten?

MANDERS: Ja, gewiß.

ENGSTRAND: Damals, als Hanne ins Unglück gekommen war durch diesen Engländer – oder vielleicht war's ein Amerikaner oder ein Russe oder sonstwas –, also da kam sie in die Stadt. Die Ärmste! Früher hatte sie mir ein- oder zweimal einen Korb gegeben. Denn sie sah ja man nur auf die Schönheit, und ich hatte doch dieses verkrüppelte Bein hier. Der Herr Pastor wird sich ja noch erinnern, daß ich mich einmal auf einen Schwof gewagt hatte, wo besoffene Matrosen Ärgernis erregten. Und wie ich sie vermahnen wollte, ein neues Leben anzufangen...

FRAU ALVING *am Fenster*: Hm...

MANDERS: Das weiß ich, Engstrand. Die rohen Menschen haben Sie die Treppe hinuntergeworfen. Diesen Vorgang haben Sie mir bereits früher geschildert. Sie tragen Ihren Leibesschaden in Ehren.

ENGSTRAND: Ich bilde mir weiter nicht groß was drauf ein, Herr Pastor. Aber was ich erzählen wollte: Sie kam also zu mir und vertraute sich mir an unter Heulen und Zähneklappern. Ich muß schon sagen, Herr Pastor, da tat sie mir herzlich leid.

MANDERS: So, tat sie das, Engstrand? Nun, und weiter?

ENGSTRAND: Ja, dann habe ich zu ihr gesagt: „Der Amerikaner, der schwirrt auf dem Weltmeer herum. Und du, Johanne", habe ich gesagt, „du hast einen Sündenfall getan und bist eine gefallene Kreatur. Aber Jakob Engstrand", habe ich gesagt, „der steht auf zwei reellen Beinen" – ja, das habe ich mehr als ein Gleichnis gemeint, Herr Pastor.

MANDERS: Ich verstehe schon. Fahren Sie nur fort!

ENGSTRAND: Nun ja, dann habe ich sie aufgerichtet und zum Altar geführt, damit die Leute nichts von ihrem Fehltritt mit dem Ausländer zu wissen kriegten.

MANDERS: Das war alles recht schön von Ihnen gehandelt. Ich kann nur nicht billigen, daß Sie sich dazu verstanden haben, Geld anzunehmen.

ENGSTRAND: Geld? Ich? – Nicht einen roten Heller!

MANDERS *blickt fragend Frau Alving an*: Aber ...

ENGSTRAND: Ach ja – warten Sie mal – jetzt fällt's mir ein! Hanne hatte allerdings ein paar Schillinge. Aber davon habe ich nichts wissen wollen. Ich habe gesagt: „Pfui, Mammon! Das ist Sündensold! Das gleißende Gold – oder vielleicht ist es auch Papiergeld gewesen –, das schmeißen wir dem Amerikaner ins Gesicht", habe ich gesagt. Aber er hatte sich aus dem Staube gemacht und war verschwunden übers wilde Meer, Herr Pastor.

MANDERS: War er das, mein guter Engstrand?

ENGSTRAND: Jawohl. Und da bin ich mit Hanne einig geworden, daß wir das Geld für die Erziehung des Kindes zurücklegten. Und so wurde es auch gemacht. Und ich kann Rechenschaft ablegen über jeden Schilling.

MANDERS: Aber das verändert ja die Sache ganz erheblich!

ENGSTRAND: So hängt das zusammen, Herr Pastor. Und ich darf wohl sagen, ich bin Regine ein wirklicher Vater gewesen – soweit meine Kräfte reichten –, denn ich bin nur ein schwacher Mensch, leider.

MANDERS: Nun, nun, mein lieber Engstrand ...

ENGSTRAND: Aber das darf ich wohl sagen: Ich habe das Kind gut erzogen und bin mit der seligen Hanne in Liebe verbunden gewesen. Und ich habe Hauszucht geübt, wie geschrieben steht. Aber nicht im Traum ist mir eingefallen, zu Herrn Pastor raufzugehen und mich hochmütig aufzuplustern, ich hätte auch ein gutes Werk getan. Nein, wenn Jakob Engstrand mal so was macht, dann schweigt er still. Leider kommt das nicht oft vor, das weiß ich wohl. Und wenn ich zum Herrn Pastor komme, dann habe ich genug zu beichten, was schlecht und sündig ist. Denn wie gesagt: mit dem Gewissen ist's manchmal so 'ne Sache.

MANDERS: Reichen Sie mir Ihre Hand, Jakob Engstrand!

ENGSTRAND: O Jesses, Herr Pastor ...

MANDERS: Keine Umschweife! *Drückt ihm die Hand.* Na also!

ENGSTRAND: Und wenn ich Herrn Pastor nun von Herzen um Verzeihung bitten darf ...

MANDERS: Sie mich? Nein, im Gegenteil! Ich muß Sie um Verzeihung bitten!

ENGSTRAND: Aber man ja nicht!

MANDERS: Ja wahrhaftig! Und ich tue es von ganzem Herzen. Verzeihen Sie mir, daß ich Sie so verkennen konnte! Und hoffentlich kann ich Ihnen einen Beweis meines aufrichtigen Bedauerns und meines Wohlwollens geben.

ENGSTRAND: Wollen Sie das, Herr Pastor?

MANDERS: Mit dem allergrößten Vergnügen.

ENGSTRAND: Ja, dazu wäre jetzt Gelegenheit. Mit dem Geld, das ich mir hier draußen sparen konnte, will ich eine Art Seemannsheim in der Stadt gründen.

FRAU ALVING: Sie?

ENGSTRAND: Ja, das sollte so 'ne Art Hospiz werden. Der Versuchungen sind so viele für den Seemann, der auf Landurlaub kommt. Aber in diesem Haus könnte er sozusagen eine väterliche Betreuung haben – hatte ich mir gedacht.

MANDERS: Was sagen Sie dazu, Frau Alving!

ENGSTRAND: Es ist ja nicht viel, was ich reinstecken kann, aber der liebe Gott wird mir helfen. Und wenn ich nur ein bißchen auf wohlwollende Unterstützung rechnen könnte...

MANDERS: Ja, ja, darüber läßt sich reden. Ihr Vorhaben sagt mir ganz außerordentlich zu. Doch gehen Sie nun voraus, und bereiten Sie alles vor! Zünden Sie auch die Lichter an, damit es ein bißchen feierlich wirkt! Und dann wollen wir eine rechte Erbauungsstunde miteinander halten, mein lieber Engstrand. Denn jetzt bin ich überzeugt, daß Sie in der rechten Stimmung sind.

ENGSTRAND: Das glaube ich auch, ja. Und nun sage ich adieu, Frau Kammerherr, und vielen Dank für alles! Und passen Sie mir gut auf Regine auf! *Wischt sich eine Träne aus dem Auge.* Das Kind der seligen Hanne – hm, es mag wunderlich sein, aber es ist mir richtig ans Herz gewachsen. Na ja, da kann man nichts machen... *Er grüßt und geht durch die Tür zur Diele ab.*

MANDERS: Was sagen Sie nun zu dem Mann, Frau Alving? Das war eine ganz andere Erklärung, die wir da gehört haben!

FRAU ALVING: Ja, allerdings.

MANDERS: Da sehen Sie, wie sehr man auf der Hut sein muß, damit man einen Mitmenschen nicht zu Unrecht verurteilt! Doch es ist auch eine Herzensfreude, wenn man sich vergewissern kann, daß man sich geirrt hat. Oder was sagen Sie?

FRAU ALVING: Ich sage, Sie sind und bleiben ein großes Kind, Manders.

MANDERS: Ich?

FRAU ALVING *legt beide Hände auf seine Schultern*: Und ich sage, ich hätte Lust, Sie zu umarmen.

MANDERS *entzieht sich ihr rasch*: Aber nein! Um Gottes willen! Derartige Gelüste!

FRAU ALVING *mit einem Lächeln*: Oh, Sie brauchen keine Angst vor mir zu haben!

MANDERS *am Tisch*: Sie haben bisweilen so eine übertriebene Art, sich auszudrücken. Doch nun will ich vorerst die Urkunden wieder einpacken. *Tut es.* So. Und nun auf Wiedersehn. Halten Sie die Augen offen, wenn Osvald zurückkommt! Ich sehe später noch einmal herein. *Er nimmt seinen Hut und geht durch die Tür zur Diele ab.*

FRAU ALVING *stößt einen Seufzer aus, blickt einen Augenblick aus dem Fenster, räumt im Zimmer ein bißchen auf und will dann ins Speisezimmer gehen, bleibt aber mit einem leisen Aufschrei in der Tür stehen:* Osvald! Du bist noch hier?

OSVALD *im Speisezimmer*: Ich rauche nur meine Zigarre zu Ende.

FRAU ALVING: Ich glaubte, du seiest etwas spazierengegangen.

OSVALD: Bei diesem Wetter?

Ein Glas klirrt. Frau Alving läßt die Tür offenstehen und setzt sich mit ihrem Strickzeug auf das Sofa am Fenster. Osvald vom Speisezimmer aus.

War das nicht Pastor Manders, der eben wegging?

FRAU ALVING: Ja, er ist nach dem Waisenheim hinuntergegangen.

OSVALD: Hm ...

Glas und Karaffe klirren aufs neue.

FRAU ALVING *mit bekümmerter Miene*: Lieber Osvald, sei mit dem Likör vorsichtig! Er ist stark.

OSVALD: Gut gegen die Feuchtigkeit!

FRAU ALVING: Willst du nicht zu mir hereinkommen?

OSVALD: Da darf ich ja nicht rauchen!

FRAU ALVING: Du weißt doch, eine Zigarre darfst du rauchen!

OSVALD: Na gut, dann komme ich. – Nur noch ein Schlückchen! – So. *Er kommt mit seiner Zigarre ins Zimmer und schließt die Tür hinter sich. Kurzes Schweigen.* Wohin ist denn der Pastor gegangen?

FRAU ALVING: Ich sagte doch schon: ins Waisenheim.

OSVALD: Ach ja, ist ja wahr.

FRAU ALVING: Du solltest nicht so lange bei Tisch sitzen bleiben, Osvald!

OSVALD *die Zigarre hinter dem Rücken*: Aber ich finde das so gemütlich, Mutter. *Streichelt sie.* Denk doch, was das für mich heißt, endlich wieder mal zu Haus zu sein, an Mutters Tisch zu sitzen und Mutters gutes Essen zu genießen.

FRAU ALVING: Mein lieber, lieber Junge!

OSVALD *etwas ungeduldig, geht umher und raucht*: Und was soll ich hier sonst auch anfangen? Arbeiten kann ich nicht...

FRAU ALVING: Ja, warum denn nicht?

OSVALD: Bei solch diesigem Wetter? Ohne einen einzigen Sonnenstrahl den ganzen Tag! *Geht auf und ab.* Ach, dieser Zustand! Nicht arbeiten können!

FRAU ALVING: Dein Entschluß zur Heimreise war vielleicht nicht richtig überlegt.

OSVALD: Doch, Mutter, das mußte sein.

FRAU ALVING: Zehnmal lieber würde ich das Glück entbehren wollen, dich bei mir zu haben, als daß du...

OSVALD *bleibt am Tisch stehen*: Sag mir mal, Mutter: Ist es wirklich ein so großes Glück für dich, mich hier zu haben?

FRAU ALVING: Und ob das ein Glück für mich ist!

OSVALD *zerknittert eine Zeitung*: Mir scheint, es müßte für dich ziemlich auf eins herauskommen, ob ich auf der Welt bin oder nicht.

FRAU ALVING: Osvald! Wie kannst du's nur übers Herz bringen, deiner Mutter so etwas zu sagen!

OSVALD: Aber du hast doch bisher so gut ohne mich leben können!

FRAU ALVING: Ja, ich habe ohne dich gelebt, das stimmt.

Schweigen. Es beginnt langsam zu dämmern. Osvald geht hin und her. Die Zigarre hat er weggelegt.

OSVALD *bleibt bei Frau Alving stehen*: Mutter, darf ich mich zu dir aufs Sofa setzen?

FRAU ALVING *macht ihm Platz*: Ja, komm nur, mein lieber Junge!

OSVALD *setzt sich*: Ich muß dir etwas sagen, Mutter.

FRAU ALVING *gespannt*: Ja, was denn?

OSVALD *starrt vor sich hin*: Denn ich kann es nicht mehr allein tragen.

FRAU ALVING: Was denn? Was kannst du nicht...

OSVALD *weiter vor sich hin starrend*: Ich habe es nicht über mich gebracht, dir das zu schreiben. Und wo ich nun zu Haus bin...

FRAU ALVING *packt ihn am Arm*: Osvald, was ist es denn?

OSVALD: Gestern den ganzen Tag und heute habe ich versucht, nicht mehr daran zu denken – es abzuschütteln. Doch das gelingt mir nicht.

FRAU ALVING *steht auf*: Osvald! Jetzt mußt du dich aussprechen!

OSVALD *zieht sie wieder zu sich aufs Sofa*: Bleib sitzen! Dann will ich versuchen, es dir zu sagen. – Ich habe über Müdigkeit nach der Reise geklagt...

FRAU ALVING: Nun ja. Was weiter?

OSVALD: Aber das ist es nicht, was mir fehlt. Nicht eine gewöhnliche Müdigkeit...

FRAU ALVING *will aufspringen*: Du bist doch nicht etwa krank, Osvald?!

OSVALD *zieht sie wieder zu sich aufs Sofa*: Bleib sitzen, Mutter! Bleib ruhig! Ich bin auch nicht richtig krank. Nicht, was man so gewöhnlich krank nennt. *Schlägt die Hände überm Kopf zusammen.* Mutter, ich bin geistig gebrochen – unrettbar zugrunde gerichtet – ich werde nie wieder arbeiten können! *Er birgt, die Hände vor dem Gesicht, seinen Kopf in ihren Schoß und bricht in heftiges Schluchzen aus.*

FRAU ALVING *bleich und bebend*: Osvald! Sieh mich an! Nein, nein, das ist nicht wahr!

OSVALD *blickt mit verzweifelten Augen auf*: Nie wieder arbeiten können! Nie! Nie! Ein lebender Leichnam sein! Mutter, kannst du dir etwas so Schreckliches vorstellen?

Frau Alving: Mein armer Junge! Aber wie ist das nur gekommen?

Osvald *setzt sich wieder aufrecht hin*: Ja, das ist es ja gerade, was ich einfach nicht fassen kann! Nie habe ich ein ausschweifendes Leben geführt. In keiner Beziehung. Das darfst du nicht von mir glauben, Mutter! Das habe ich nie getan!

Frau Alving: Das glaube ich auch nicht, Osvald.

Osvald: Und trotzdem ist es über mich gekommen, dieses furchtbare Unglück!

Frau Alving: Ach, das wird sich schon wieder geben, mein lieber, guter Junge! Das ist weiter nichts als Überanstrengung. Glaub mir das!

Osvald *schwermütig*: Das habe ich zuerst auch geglaubt. Aber es ist nicht so.

Frau Alving: Du mußt mir alles erzählen, von Anfang bis Ende!

Osvald: Das will ich auch.

Frau Alving: Wann hast du es zuerst gemerkt?

Osvald: Gleich, als ich nach meinen letzten Ferien wieder in Paris war. Es begann mit fürchterlichen Kopfschmerzen, meist im Hinterkopf, glaube ich. Es war, als würde mir um Nacken und Hinterkopf ein enger Eisenring geschraubt.

Frau Alving: Und weiter?

Osvald: Im Anfang glaubte ich, es sei weiter nichts als das gewöhnliche Kopfweh, von dem ich in den Entwicklungsjahren so gequält wurde.

Frau Alving: Ja, ja...

Osvald: Doch das war es nicht. Das merkte ich bald. Ich konnte nicht mehr arbeiten. Ich wollte ein neues großes Bild anfangen, aber es war, als ließe mich mein Talent im Stich. Ich war wie gelähmt, konnte mir keine festen Vorstellungen machen und mich nicht konzentrieren. Alles tanzte vor meinen Augen. Oh, war das ein schrecklicher Zustand! Schließlich ließ ich den Arzt kommen – und er schenkte mir reinen Wein ein.

Frau Alving: Wie soll ich das verstehen?

Osvald: Es war einer der ersten Pariser Ärzte. Ich mußte ihm meinen Zustand beschreiben. Darauf stellte er mir eine Menge Fragen, die mir nicht zur Sache zu gehören schienen. Ich begriff nicht, worauf der Mann hinauswollte.

FRAU ALVING: Nun?

OSVALD: Schließlich sagte er: „Sie haben von Geburt an etwas Wurmstichiges gehabt" – er gebrauchte den Ausdruck „vermoulu".

FRAU ALVING *gespannt*: Was meinte er damit?

OSVALD: Ich hatte es auch nicht verstanden und bat ihn um nähere Erklärung. Und da sagte der alte Zyniker... *Ballt die Faust.* Oh...

FRAU ALVING: Was sagte er?

OSVALD: Er sagte: „Die Sünden der Väter werden heimgesucht an den Kindern."

FRAU ALVING *erhebt sich langsam*: Die Sünden der Väter...

OSVALD: Ich hätte ihm beinahe ins Gesicht geschlagen!

FRAU ALVING *geht umher*: Die Sünden der Väter...

OSVALD *lächelt schwermütig*: Ja, wie findest du das? Natürlich versicherte ich ihm, daß von so etwas ganz und gar nicht die Rede sein könne. Aber glaubst du, er ging davon ab? Nein, er blieb dabei. Erst als ich deine Briefe vorholte und ihm alle die Stellen übersetzte, die von Vater handelten...

FRAU ALVING: Und da?

OSVALD: Ja, das mußte er selbstredend einräumen, daß er auf einer falschen Fährte gewesen sei. Und dann bekam ich die Wahrheit zu hören. Die unfaßbare Wahrheit! Dem fröhlichen, glücklichen Leben meiner Altersgenossen hätte ich fernbleiben sollen. Das wäre über meine Kräfte gegangen. – Selbstverschuldet also!

FRAU ALVING: Osvald! Nein, glaub das nicht!

OSVALD: Da sei keine andere Erklärung möglich, sagte er. Das ist das Entsetzliche! Unheilbar zugrunde gerichtet fürs ganze Leben – aus eigener Unbesonnenheit! Alles, was ich im Leben schaffen sollte – nicht daran denken dürfen! Ach, könnte ich doch nur mein Leben von vorn anfangen, alles ungeschehen machen! *Er wirft sich mit dem Gesicht aufs Sofa. Frau Alving ringt die Hände und geht in innerem Kampf hin und her. Osvald blickt nach einer Weile auf und bleibt, auf den Ellbogen gestützt, halb liegen.* Wenn es wenigstens Vererbung wäre – wofür man selbst nichts könnte! Aber so! Auf so schandbare, gedankenlose, leichtsinnige Art sein

Glück vertan zu haben, seine Gesundheit – alles, was es gibt, seine Zukunft, sein Leben …

FRAU ALVING: Nein, nein, mein lieber, guter Junge, das ist nicht so! *Beugt sich über ihn.* So verzweifelt, wie du glaubst, steht es mit dir gar nicht!

OSVALD: Ach, du weißt nicht … *Springt auf.* Und dann noch dies, Mutter, daß ich dir diesen Kummer machen muß! Manchmal habe ich beinahe gewünscht und gehofft, daß du im Grunde nicht so sehr an mir hängst.

FRAU ALVING: Ich? Osvald, mein einziger Junge! Das einzige, was ich auf der Welt habe! Das einzige, was ich wirklich liebe!

OSVALD *ergreift ihre beiden Hände und küßt sie*: Ja, ja, ich sehe es wohl. Wenn ich bei dir bin, sehe ich es. Und das ist mit das schwerste für mich. – Also jetzt weißt du es. Und nun wollen wir für heute nicht mehr davon sprechen. Ich darf nicht lange hintereinander daran denken. *Geht umher.* Schaff mir bitte etwas zu trinken, Mutter!

FRAU ALVING: Zu trinken? Was möchtest du denn?

OSVALD: Ach, irgend etwas. Du hast doch wohl etwas kalten Punsch im Hause?

FRAU ALVING: Das wohl. Aber mein lieber Osvald …

OSVALD: Widersprich mir nicht, Mutter, sei so gut! Ich brauche etwas, um alle diese qualvollen Gedanken hinunterzuspülen. *Geht in die Veranda.* Ach, und dann diese ewige Dunkelheit! *Frau Alving zieht an dem Klingelzug an der rechten Wand.* Und dieses ewige Regenwetter! Woche für Woche kann das so bleiben, monatelang! Niemals ein Sonnenstrahl! Ich kann mich nicht erinnern, daß hier jemals die Sonne geschienen hat.

FRAU ALVING: Osvald – du denkst daran, wieder abzureisen und mich allein zu lassen!

OSVALD: Hm … *Atmet schwer.* Ich denke an gar nichts. Kann gar nicht an irgend etwas denken! *Leise*: Das lasse ich lieber bleiben.

REGINE *aus dem Speisezimmer*: Haben Frau Kammerherr geläutet?

FRAU ALVING: Ja, bring uns die Lampe, bitte!

REGINE: Sofort, Frau Kammerherr. Sie ist schon angezündet. *Geht hinaus.*

Frau Alving *tritt zu Oswald*: Osvald, du darfst mir nichts verheimlichen!

Osvald: Das tue ich nicht, Mutter. *Geht zum Tisch.* Ich finde, ich habe dir schon sehr viel gesagt.

Regine bringt die Lampe und stellt sie auf den Tisch.

Frau Alving: Hör mal, Regine, du könntest uns eine halbe Flasche Champagner bringen.

Regine: Sehr wohl, Frau Kammerherr. *Geht wieder hinaus.*

Osvald *streichelt Frau Alvings Kopf*: So ist's recht! Ich wußte doch, Mutter würde ihren Jungen nicht Durst leiden lassen.

Frau Alving: Mein armer, lieber Junge! Wie sollte ich dir jetzt etwas abschlagen können?

Osvald *lebhaft*: Ist das wahr, Mutter? Meinst du das wirklich?

Frau Alving: Wieso? Was?

Osvald: Daß du mir nichts abschlagen könntest?

Frau Alving: Mein lieber Osvald...

Osvald: Pst!

Regine *bringt auf einem Tablett eine halbe Flasche Champagner und zwei Gläser, die sie auf den Tisch stellt*: Soll ich aufziehen?

Osvald: Nein, danke, das besorge ich selbst.

Regine geht wieder hinaus.

Frau Alving *setzt sich an den Tisch*: Was meinst du, was dürfte ich dir nicht abschlagen?

Osvald *mit dem Aufziehen der Flasche beschäftigt*: Zunächst ein Glas – oder zwei. *Der Korken knallt. Er schenkt das eine Glas voll und ist im Begriff, das zweite zu füllen.*

Frau Alving *hält die Hand drüber*: Danke – für mich nicht!

Osvald: Na, dann für mich! *Er leert das Glas, füllt es aufs neue, leert es wieder. Dann setzt er sich an den Tisch.*

Frau Alving *in Erwartung*: Nun – also?

Osvald *ohne sie anzusehen*: Hör bitte, sag mir mal: Ich hatte den Eindruck – der Pastor und du, ihr wart bei Tisch so merkwürdig – hm, so merkwürdig still.

Frau Alving: Hast du das bemerkt?

OSVALD: Ja. Hm... *Nach kurzem Schweigen*: Sag mir bitte – wie findest du Regine?

FRAU ALVING: Wie ich sie finde?

OSVALD: Ja, ist sie nicht entzückend?

FRAU ALVING: Lieber Osvald, du kennst sie nicht so genau wie ich...

OSVALD: Nun?

FRAU ALVING: Regine hat leider zu lange bei Engstrand gelebt. Ich hätte sie eher zu mir nehmen sollen.

OSVALD: Ja, aber ist sie nicht entzückend anzusehen, Mutter? *Füllt sein Glas.*

FRAU ALVING: Regine hat viele große Fehler.

OSVALD: Nun ja, aber was tut das? *Trinkt wieder.*

FRAU ALVING: Ich habe sie trotzdem gern und fühle mich für sie verantwortlich. Um keinen Preis möchte ich, daß ihr etwas zustieße.

OSVALD *springt auf*: Mutter, Regine ist meine einzige Rettung!

FRAU ALVING *erhebt sich*: Was meinst du damit?

OSVALD: Ich kann diese seelische Qual nicht allein tragen!

FRAU ALVING: Hast du nicht deine Mutter, die sie dir tragen hilft?

OSVALD: Ja, das hatte ich gedacht. Und darum bin ich ja auch zu dir nach Hause gekommen. Aber so geht es nicht. Das sehe ich: Es geht nicht. Hier halte ich dieses qualvolle Leben nicht aus!

FRAU ALVING: Osvald!

OSVALD: Ich brauche ein anderes Leben, Mutter. Darum muß ich wieder fort. Ich will auch nicht, daß du das immer mit ansiehst.

FRAU ALVING: Mein unglücklicher Junge! Aber solange du so krank bist wie augenblicklich...

OSVALD: Wenn es nur die Krankheit wäre, dann würde ich gewiß bei dir bleiben, Mutter. Du stehst mir doch am nächsten von allen Menschen.

FRAU ALVING: Ja, nicht wahr, Osvald?

OSVALD *geht unruhig umher*: Aber da sind diese Qualen – und vor allem die Reue – und dann die tödliche Angst. Oh – diese furchtbare Angst!

FRAU ALVING *geht ihm nach*: Angst? Was für eine Angst? Was meinst du damit?

OSVALD: Ach, danach darfst du mich nicht fragen! Ich weiß es nicht. Ich kann es dir nicht beschreiben.

Frau Alving geht nach rechts und zieht am Klingelzug.

Was willst du?

FRAU ALVING: Ich will, daß mein Junge fröhlich ist. Das will ich. Er soll nicht grübeln und sich den Kopf zermartern. *Zu Regine, die in der Tür erscheint*: Mehr Champagner! Eine ganze Flasche. *Regine geht.*

OSVALD: Mutter!

FRAU ALVING: Glaubst du, auf dem Lande verstünde man nicht auch zu leben?

OSVALD: Ist sie nicht wundervoll anzusehen? Wie sie gebaut ist! Und so kerngesund!

FRAU ALVING *setzt sich an den Tisch*: Setz dich, Osvald, und laß uns ruhig miteinander reden!

OSVALD *setzt sich*: Du weißt natürlich nicht, Mutter, daß ich an Regine ein Unrecht wiedergutzumachen habe.

FRAU ALVING: Du?

OSVALD: Oder eigentlich nur eine kleine Unbedachtsamkeit – wie du's nennen willst. Sehr unschuldig übrigens. Als ich das letztemal hier daheim war ...

FRAU ALVING: Ja?

OSVALD: ... da fragte sie mich oft nach Paris, und ich erzählte ihr dieses und jenes von dort. Und jetzt erinnere ich mich, daß ich sie eines Tages – so gesprächsweise – gefragt habe: „Haben Sie nicht Lust, selbst einmal hinzureisen?"

FRAU ALVING: Nun?

OSVALD: Ich sah, wie sie feuerrot wurde. Und dann sagte sie: „O ja, dazu hätte ich schon Lust!" – „Gut", erwiderte ich „da ließe sich Rat schaffen" – oder so was Ähnliches.

FRAU ALVING: Nun ja. Und?

OSVALD: Ich hatte natürlich die ganze Geschichte vergessen. Aber als ich sie vorgestern fragte, ob sie sich freue, daß ich so lange hierbleiben will ...

FRAU ALVING: Ja?

OSVALD: ...da hat sie mich so sonderbar angesehen und dann gefragt: „Aber was wird dann aus meiner Reise nach Paris?"

FRAU ALVING: Aus ihrer Reise!

OSVALD: Und dann bekam ich aus ihr heraus, daß sie die Sache ernst genommen und die ganze Zeit an mich gedacht hatte. Ja, sie hat sich sogar Mühe gegeben, Französisch zu lernen!

FRAU ALVING: Darum also...

OSVALD: Mutter, als ich das prächtige, hübsche, kerngesunde Mädchen vor mir stehen sah – früher hatte ich ihr ja nicht weiter Beachtung geschenkt –, aber jetzt, wie sie so dastand, als wollte sie mich mit offenen Armen umfangen...

FRAU ALVING: Osvald!

OSVALD: ...da ging es mir auf, daß sie meine Rettung ist. Weil ich gesehen habe: sie ist voller Lebensfreude.

FRAU ALVING *stutzt*: Lebensfreude? Kann das die Rettung sein?

REGINE *aus dem Speisezimmer mit einer Flasche Champagner*: Ich bitte um Entschuldigung, daß ich so lange geblieben bin, aber ich mußte in den Keller... *Stellt die Flasche auf den Tisch.*

OSVALD: Und bring noch ein Glas!

REGINE *blickt ihn erstaunt an*: Da steht doch schon ein Glas für Frau Kammerherr, Herr Alving!

OSVALD: Ja, ja, aber hol noch ein Glas für dich, Regine! *Regine fährt zusammen und wirft einen blitzschnellen scheuen Seitenblick auf Frau Alving.* Na?

REGINE *leise und zögernd*: Ist Frau Kammerherr damit einverstanden?

FRAU ALVING: Hol das Glas, Regine! *Regine geht ins Speisezimmer.*

OSVALD *blickt ihr nach*: Hast du bemerkt, wie sie geht? So fest und beschwingt!

FRAU ALVING: Daraus wird nichts, Osvald!

OSVALD: Daran ist nicht mehr zu rütteln! Das siehst du doch. Jedes Wort dagegen ist nutzlos.

Regine kommt mit einem leeren Glas, das sie in der Hand behält.

Setz dich, Regine! *Regine sieht fragend Frau Alving an.*

FRAU ALVING: Setz dich hin! *Regine setzt sich auf einen Stuhl neben der Tür zum Speisezimmer, immer noch das leere Glas in der Hand.* Osvald – was hast du da eben von der Lebensfreude gesagt?

OSVALD: Ja, Mutter, die Lebensfreude – von der wißt ihr hier daheim nicht viel. Ich spüre hier nie etwas davon.

FRAU ALVING: Auch nicht, wenn du bei mir bist?

OSVALD: Überhaupt nicht, wenn ich daheim bin. Doch das kannst du nicht verstehen.

FRAU ALVING: Doch, doch, ich glaube beinahe, ich verstehe es – jetzt.

OSVALD: Die Lebensfreude – und dann die Arbeitsfreude. Das ist freilich im Grunde ein und dasselbe. Aber auch von der wißt ihr nichts.

FRAU ALVING: Da kannst du recht haben, Osvald. Laß mich mehr darüber hören!

OSVALD: Ja, ich meine nur, hier wird den Leuten eingetrichtert, die Arbeit sei ein Fluch und eine Sündenstrafe und das Leben ein Jammertal, dem man nicht schnell genug den Rücken kehren könne.

FRAU ALVING: Ein Jammertal, ja. Wir geben uns ja auch die redlichste Mühe, es dazu zu machen.

OSVALD: Davon will man aber in der Welt draußen nichts wissen. Kein Mensch glaubt dort noch an derartige Lehren. Dort draußen bedeutet das bloße Bewußtsein, daß man auf der Welt ist, schon ein überquellendes Glücksgefühl. Mutter, hast du bemerkt, daß alles, was ich gemalt habe, sich um die Lebensfreude dreht? Immer und immer wieder um die Lebensfreude? Da gibt es Licht und Sonnenschein – und festliche Stimmung – und strahlend vergnügte Menschen. Darum habe ich Angst, hier daheim bei dir zu bleiben.

FRAU ALVING: Angst? Wovor fürchtest du dich hier?

OSVALD: Ich fürchte, daß alles, was mich bewegt, hier in Häßlichkeit ausarten würde.

FRAU ALVING *blickt ihn fest an*: Glaubst du das wirklich?

OSVALD: Das weiß ich ganz gewiß. Und wenn man hier genau dasselbe Leben führen würde wie dort draußen, es wäre doch nicht dasselbe Leben.

Frau Alving *die gespannt zugehört hat, erhebt sich und sagt*: Nun sehe ich den Zusammenhang!

Osvald: Was siehst du?

Frau Alving: Jetzt sehe ich ihn zum erstenmal. Und jetzt kann ich reden.

Osvald *erhebt sich*: Mutter, ich verstehe dich nicht.

Regine *die gleichfalls aufgestanden ist*: Soll ich vielleicht gehen?

Frau Alving: Nein, bleib hier! Jetzt kann ich reden. Jetzt, mein Junge, sollst du alles wissen. Und dann kannst du wählen. Osvald! Regine!

Osvald: Still! Der Pastor...

Manders *tritt von der Diele her ein*: So – wir haben eben eine wirkliche Erbauungsstunde gehabt.

Osvald: Wir auch!

Manders: Engstrand muß mit seinem Seemannsheim geholfen werden. Regine muß wieder zu ihm und ihm behilflich sein...

Regine: Nein, danke, Herr Pastor!

Manders *bemerkt sie erst jetzt*: Was? Hier? Und mit einem Glas in der Hand?

Regine *stellt schnell das Glas weg*: Pardon!

Osvald: Regine geht mit mir, Herr Pastor!

Manders: Mit Ihnen?

Osvald: Ja, als meine Frau – wenn sie es verlangt.

Manders: Du Barmherziger!

Regine: Ich kann nichts dafür, Herr Pastor!

Osvald: Oder sie bleibt hier, wenn ich hierbleibe.

Regine *unwillkürlich*: Hier?

Manders: Ich bin starr über Sie, Frau Alving!

Frau Alving: Nichts von alledem wird geschehen. Denn jetzt kann ich offen reden.

Manders: Aber das werden Sie doch nicht! Nein! Nein! Nein!

Frau Alving: Doch! Ich kann's, und ich will's. Und ohne Schaden für irgendwelche Ideale.

Osvald: Mutter, was wird hier vor mir verheimlicht?

Regine *horcht nach draußen*: Frau Kammerherr! Hören Sie doch! Da draußen schreien die Leute! *Sie geht in die Veranda und sieht hinaus.*

OSVALD *tritt rasch ans Fenster links*: Was ist da los? Wo kommt der helle Schein her?

REGINE *schreit*: Es brennt im Waisenheim!

FRAU ALVING *stürzt ans Fenster*: Es brennt?

MANDERS: Es brennt? Unmöglich! Ich war ja eben erst unten.

OSVALD: Wo ist mein Hut? Na, das ist auch egal! Vaters Waisenheim! *Er stürzt durch die Gartentür hinaus.*

FRAU ALVING: Meinen Schal, Regine! Es brennt in hellen Flammen!

MANDERS: Fürchterlich! Frau Alving, das ist das Strafgericht für dieses Haus der Verirrungen!

FRAU ALVING: Ja, ja, gewiß. Komm, Regine! *Sie eilt mit Regine zur Diele hinaus.*

MANDERS *schlägt die Hände zusammen*: Und nicht versichert! *Eilt den beiden nach.*

DRITTER AKT

Derselbe Raum. Alle Türen stehen offen. Die Lampe auf dem Tisch brennt immer noch. Draußen ist es dunkel. Nur ein schwacher Feuerschein links im Hintergrund.

Frau Alving, einen großen Schal um den Kopf, steht in der Veranda und blickt hinaus. Regine, die auch einen Schal umgetan hat, steht einige Schritte hinter ihr.

FRAU ALVING: Alles heruntergebrannt! Bis auf den Grund!

REGINE: In den Kellern brennt es noch.

FRAU ALVING: Daß Osvald nicht heraufkommt! Wo doch nichts zu retten ist.

REGINE: Soll ich ihm vielleicht seinen Hut bringen?

FRAU ALVING: Hat er nicht einmal seinen Hut auf?

REGINE *zeigt in Richtung der Diele*: Nein, da hängt er.

FRAU ALVING: Laß nur! Er muß ja doch gleich kommen. Ich will selbst mal nach ihm sehen. *Geht durch die Gartentür hinaus.*

MANDERS *kommt durch die Diele*: Ist Frau Alving nicht hier?

REGINE: Eben ist sie zur Gartentür hinaus.

MANDERS: Das ist die schrecklichste Nacht meines Lebens!

REGINE: Ja, ist das nicht ein furchtbares Unglück, Herr Pastor?

MANDERS: Ach, seien Sie still davon! Ich darf nicht einmal daran denken.

REGINE: Aber wie mag das nur gekommen sein?

MANDERS: Fragen Sie mich nicht, Jungfer Engstrand! Woher soll ich das wissen? Wollen Sie vielleicht auch ...? Ist es nicht genug, daß Ihr Vater ...

REGINE: Was ist mit ihm?

MANDERS: Ach, er hat mich ganz wirr im Kopf gemacht.

ENGSTRAND *kommt durch die Diele*: Herr Pastor!

MANDERS *dreht sich erschrocken um*: Kommen Sie mir auch hierher nach!?

ENGSTRAND: Ja, da soll doch der Teu...! Ach, du lieber Gott! Aber das ist doch auch zu schlimm, Herr Pastor!

MANDERS *geht hin und her*: Leider, leider!

REGINE: Worum handelt es sich denn?

ENGSTRAND: Ach, das kommt alles von unserer Andacht, weißt du. *Leise*: Jetzt haben wir ihn in der Tasche! *Laut*: Und daß ich daran schuld sein muß, daß Pastor Manders sich solche Schuld aufgeladen hat!

MANDERS: Aber ich versichere Ihnen, Engstrand...

ENGSTRAND: Aber es hat doch niemand anders als der Herr Pastor mit den Lichtern hantiert!

MANDERS *bleibt stehen*: Das behaupten Sie. Doch ich kann mich wahrhaftig nicht entsinnen, ein Licht in der Hand gehabt zu haben.

ENGSTRAND: Und ich habe ganz genau gesehen, Herr Pastor, daß Sie das Licht nahmen und mit den Fingern schneuzten, direkt in die Hobelspäne rein.

MANDERS: Das haben Sie gesehen?

ENGSTRAND: Jawohl, das habe ich.

MANDERS: Das begreife ich wirklich nicht. Es ist doch sonst nicht meine Gewohnheit, das Licht mit den Fingern zu putzen.

ENGSTRAND: Ja, es hat auch so ausgesehen, als wären Sie mit Ihren Gedanken ganz woanders gewesen. Aber kann das denn so gefährlich werden, Herr Pastor?

MANDERS *geht unruhig hin und her*: Ach, fragen Sie mich nicht!

ENGSTRAND *bleibt ihm auf den Fersen*: Und versichert hatten Herr Pastor auch nicht?

MANDERS *immer umhergehend*: Nein doch, nein! Das hören Sie ja!

ENGSTRAND *dicht hinter ihm*: Nicht versichert! Und dann einfach hinzugehen und die ganze Geschichte anzustecken! Jesses, Jesses, was für ein Unglück!

MANDERS *wischt sich den Schweiß von der Stirn*: Ja, das kann man wohl sagen, Engstrand!

ENGSTRAND: Und dann ausgerechnet eine Wohlfahrtseinrichtung, die Stadt und Land zugute kommen sollte, wie es heißt. Für die Zeitungen ist das ein Fressen, kann ich mir denken.

MANDERS: Das ist es ja gerade, was mir im Kopf herumgeht! Das ist beinahe das schlimmste von allem. Diese gehässigen Angriffe und Anschuldigungen! Ach, wenn man sich das nur vorstellt! Schrecklich!

FRAU ALVING *kommt aus dem Garten*: Er ist nicht zu bewegen, die Brandstätte zu verlassen.

MANDERS: Ach, da sind Sie ja, Frau Alving!

FRAU ALVING: Nun sind Sie doch noch um Ihre Festrede herumgekommen, Herr Pastor!

MANDERS: Ach, ich hätte mit Freuden...

FRAU ALVING *leise*: Es ist schon das beste, daß es so gekommen ist. Auf diesem Waisenheim hätte kein Segen geruht.

MANDERS: Glauben Sie?

FRAU ALVING: Sie nicht?

MANDERS: Aber ein ungeheures Unglück ist es dennoch.

FRAU ALVING: Wir wollen in aller Kürze nüchtern darüber sprechen wie über eine geschäftliche Angelegenheit. – Engstrand, warten Sie auf den Herrn Pastor?

ENGSTRAND *an der Tür zur Diele*: Jawohl, das tue ich.

FRAU ALVING: Dann setzen Sie sich solange!

ENGSTRAND: Danke, ich kann gut stehen.

FRAU ALVING: Nun reisen Sie vermutlich mit dem nächsten Dampfschiff zurück?

MANDERS: Ja. Es geht in einer Stunde.

FRAU ALVING: Seien Sie so gut und nehmen Sie alle Papiere wieder mit! Ich will von dieser Sache nichts mehr hören und sehen. Ich habe jetzt an anderes zu denken...

MANDERS: Frau Alving...

FRAU ALVING: Ich werde Ihnen eine Vollmacht schicken, daß Sie alles nach eigenem Gutdünken abwickeln können.

MANDERS: Das will ich herzlich gern übernehmen. Die ursprüngliche Bestimmung des Legats muß ja nun leider völlig geändert werden.

FRAU ALVING: Natürlich.

MANDERS: Ja, dann möchte ich es vorläufig so machen, daß der bisherige Gutsteil Solvik der Landgemeinde zufällt. Der Grund und Boden ist ja keineswegs ganz wertlos und wird irgendwie nutzbar gemacht werden können. Und die Zinsen aus dem auf der Sparkasse hinterlegten Barvermögen würde ich vielleicht am angemessensten zur Unterstützung eines Unternehmens verwenden, dessen gemeinnütziger Charakter unbestritten ist.

FRAU ALVING: Ganz, wie Sie wollen. Mir ist das alles jetzt völlig gleichgültig.

ENGSTRAND: Denken Sie an mein Seemannsheim, Herr Pastor!

MANDERS: Ja freilich, da haben Sie recht. Nun, das will genau überlegt sein.

ENGSTRAND: Zum Teufel mit dem Überlegen! – Ach, du lieber Gott!

MANDERS *mit einem Seufzer*: Leider weiß ich ja auch nicht, wie lange ich noch mit dieser Angelegenheit betraut sein werde. Ob nicht die öffentliche Meinung mich zum Rücktritt zwingen wird. Das hängt ja alles vom Ausgang der Branduntersuchung ab.

FRAU ALVING: Was sagen Sie da?

MANDERS: Und der Ausgang läßt sich ja nicht voraussehen.

ENGSTRAND *tritt näher*: Na allemal, das läßt sich schon voraussehen. Schließlich ist Jakob Engstrand auch noch da.

MANDERS: Ja, ja, aber...

ENGSTRAND *leiser*: Und Jakob Engstrand ist nicht der Mann, der seinen Wohltäter in der Stunde der Not in der Klemme läßt.

MANDERS: Ja, aber mein Lieber – wie denken Sie sich das?

ENGSTRAND: Jakob Engstrand ist, wenn ich so sagen darf, der rettende Engel, Herr Pastor!

MANDERS: Nein, nein, das kann ich wahrhaftig nicht annehmen!

ENGSTRAND: Ach, machen Sie man keine Fisimatenten! Ich kenne einen, der schon mal die Schuld eines anderen Mannes auf sich genommen hat.

MANDERS: Jakob! *Drückt ihm die Hand.* Sie sind ein selten wertvoller Mensch! Nun, Sie sollen auch zu Ihrem Seemannsheim kommen! Darauf können Sie sich verlassen! *Engstrand will sich bedanken, bringt aber vor Rührung nichts heraus. Manders hängt die Reisetasche über die Schulter.* Und nun fort! Wir treten die Rückreise gemeinsam an.

ENGSTRAND *an der Tür zum Speisezimmer, leise zu Regine*: Komm mit, Deern! Du sollst ein Leben haben wie die Made im Speck!

REGINE *wirft den Kopf in den Nacken*: Merci. *Sie geht nach der Diele und holt die Sachen des Pastors.*

MANDERS: Leben Sie wohl, Frau Alving. Möge der Geist der Ordnung und Gesetzlichkeit recht bald seinen Einzug in dieses Haus halten!

FRAU ALVING: Leben Sie wohl, Manders! *Sie geht, da sie Osvald durch die Gartentür kommen sieht, in die Veranda.*

ENGSTRAND *indem er und Regine dem Pastor in den Mantel helfen*: Mach's gut, mein Kind. Und wenn du mich brauchst, so weißt du ja, wo Jakob Engstrand zu finden ist. *Leise*: Kleine Hafengasse, hm! *Zu Frau Alving und Osvald*: Und das Haus für die Seefahrer, das soll heißen „Kammerherr Alvings Heim". Und wenn ich das Haus so leiten darf, wie ich mir das denke, dann soll es des seligen Kammerherrn würdig sein.

MANDERS *in der Tür*: Hm – hm! Kommen Sie jetzt, mein lieber Engstrand! Adieu! Leben Sie wohl! *Er und Engstrand gehen durch die Diele ab.*

OSVALD *tritt an den Tisch*: Was ist das für ein Haus, von dem er gesprochen hat?

FRAU ALVING: Das ist eine Art Heim, das er mit Pastor Manders' Hilfe gründen will.

OSVALD: Das wird auch abbrennen. So wie unseres hier.

FRAU ALVING: Wie kommst du darauf?

OSVALD: Alles wird verbrennen. Nichts wird übrigbleiben, was an Vater erinnert. Ich werde auch verbrennen.

Regine blickt ihn erstaunt an.

FRAU ALVING: Osvald, du hättest nicht so lange da unten bleiben dürfen, mein armer Junge!

OSVALD *setzt sich an den Tisch*: Ich glaube fast, du hast recht.

FRAU ALVING: Laß mich dein Gesicht abtrocknen, Osvald, du bist ganz naß. *Wischt ihm das Gesicht mit ihrem Taschentuch ab.*

OSVALD *blickt gleichgültig vor sich hin*: Danke, Mutter.

FRAU ALVING: Bist du nicht müde, Osvald? Willst du vielleicht schlafen?

OSVALD *angstvoll*: Nein, nein – nicht schlafen! Ich schlafe nie. Ich tue nur so. *Schwermütig*: Schlafen kann ich noch lange genug.

FRAU ALVING *blickt ihm bekümmert an*: Ja, du bist wirklich krank, mein lieber Junge!

REGINE *gespannt*: Herr Alving ist krank?

OSVALD *ungeduldig*: Macht bitte alle Türen zu! Diese tödliche Angst...

FRAU ALVING: Schließ die Türen, Regine! *Regine tut es und bleibt an der Tür zur Diele stehen. Frau Alving nimmt ihren Schal ab, Regine gleichfalls. Frau Alving rückt einen Stuhl neben Osvald und setzt sich zu ihm.* So, nun will ich bei dir sitzen...

OSVALD: Ja, tu das! Und Regine soll auch hierbleiben! Regine soll immer um mich sein! Du tust mir doch den Liebesdienst, Regine? Nicht wahr?

REGINE: Ich verstehe nicht...

FRAU ALVING: Den Liebesdienst?

OSVALD: Ja, sobald ich ihn brauche.

FRAU ALVING: Osvald, hast du nicht deine Mutter, die dir jeden Wunsch erfüllen würde?

OSVALD: Du? *Lächelt.* Nein, Mutter, diesen Liebesdienst würdest du mir nicht leisten. *Lacht schwermütig.* Du! Ha – ha! *Blickt sie ernst an.* Übrigens käme es dir zuerst zu ... *Heftig*: Warum kannst du nicht du zu mir sagen, Regine? Warum nennst du mich nicht Osvald?

REGINE *leise*: Ich glaube nicht, daß Frau Kammerherr das gern sähe.

FRAU ALVING: Wart noch ein wenig, und du wirst es dürfen. Und setz dich jetzt zu uns! *Regine setzt sich zögernd an die andere Seite des Tisches.* Und jetzt, mein armer Junge, jetzt will ich dich befreien von allem, was dich so bedrückt.

OSVALD: Mutter, du?

FRAU ALVING: Von allem, was du Gewissensbisse – und Reue und Selbstvorwürfe genannt hast...

OSVALD: Und du meinst, das könntest du?

FRAU ALVING: Ja, jetzt kann ich es, Osvald. Du sprachst vorhin von der Lebensfreude. Und da sah ich plötzlich mein ganzes Leben in einem neuen Licht.

OSVALD *schüttelt den Kopf*: Das begreife ich nicht.

FRAU ALVING: Du solltest deinen Vater als blutjungen Leutnant gekannt haben. Der hatte Lebensfreude in sich, du!

OSVALD: Ja, das weiß ich.

FRAU ALVING: Man brauchte ihn bloß anzusehen, so wurde einem festtäglich zumute. Was für unbändige Lebenskraft und Lebensfreude gingen doch von ihm aus!

OSVALD: Und dann?

FRAU ALVING: Und dann mußte so ein Kind der Lebensfreude – denn er war damals wie ein Kind –, dann mußte er hier leben, in einer Stadt von kaum mittlerer Größe, die keine Freude zu bieten hatte, sondern bloß Amüsement. Mußte hier seine Jugend verbringen ohne wirklichen Lebenszweck. Er hatte nur seinen Dienst. Er sah keine Aufgabe, der er sich hätte mit Herz und Sinn widmen können – er hatte nur eine Beschäftigung. Und nicht mal einen Kameraden hatte er, nicht einen einzigen, der fähig gewesen wäre, zu empfinden, was echte Lebensfreude ist. Nur Tagediebe und Zechbrüder.

OSVALD: Mutter!

FRAU ALVING: So kam es, wie es kommen mußte.

OSVALD: Und wie mußte es kommen?

FRAU ALVING: Du hast selbst gesagt, wie es dir ergehen würde, wenn du hier daheim bliebest.

OSVALD: Willst du damit sagen, daß Vater ...?

FRAU ALVING: Dein armer Vater hatte kein Ventil für seine überquellende Lebensfreude. Auch ich habe ihm keine Feststimmung ins Haus gebracht.

OSVALD: Auch du nicht?

FRAU ALVING: Man hatte mich etwas gelehrt von Pflichten und dergleichen. Lange habe ich so dahingelebt und daran geglaubt. Das ganze Leben lief auf Pflichten hinaus – auf m e i n e Pflichten und s e i n e Pflichten und ... Ich fürchte, ich habe deinem armen Vater sein Zuhause verleidet, Osvald.

OSVALD: Warum hast du mir nie etwas davon geschrieben?

FRAU ALVING: Ich habe es bisher nie so gesehen, daß ich es dir, seinem Sohn, gegenüber hätte berühren können.

OSVALD: Und wie hast du es gesehen?

FRAU ALVING *langsam*: Ich habe nur das eine gesehen: daß dein Vater ein durch und durch kranker Mann war, ehe du geboren wurdest.

OSVALD *leise*: Ah! *Er erhebt sich und tritt ans Fenster.*

FRAU ALVING: Und dann habe ich immer daran denken müssen, daß Regine im Grunde ebenso hier ins Haus gehört – wie mein eigenes Kind.

OSVALD *wendet sich rasch*: Regine?

REGINE *springt auf und fragt leise*: Ich?

FRAU ALVING: Ja. Nun wißt ihr es beide.

OSVALD: Regine!

REGINE *für sich hin*: Mutter war also so eine...!

FRAU ALVING: Deine Mutter hatte viele gute Eigenschaften, Regine.

REGINE: Gewiß, aber trotzdem: so eine war sie also. Na ja, ich hatte mir schon manchmal so was gedacht, aber... Frau Alving, dann muß ich Sie bitten, mich gleich auf der Stelle gehen zu lassen.

FRAU ALVING: Willst du das wirklich, Regine?

REGINE: Jawohl, allerdings!

FRAU ALVING: Das steht dir natürlich frei, aber...

OSVALD *tritt zu Regine*: Jetzt willst du weg? Du gehörst doch hierher!

REGINE: Merci, Herr Alving – ja, nun darf ich wohl Osvald sagen. Wenn ich's auch freilich auf diese Art nicht gemeint hatte.

FRAU ALVING: Regine, ich bin nicht offen zu dir gewesen...

REGINE: Nein, das weiß der Himmel! Hätte ich gewußt, daß Osvald kränklich ist... Und nun, wo mit uns beiden doch nichts Richtiges werden kann... Nein, ich denke nicht daran, hier auf dem Lande zu bleiben und mich für kranke Leute abzuschinden!

OSVALD: Nicht einmal für einen, der dir so nahesteht?

REGINE: Nein, wirklich nicht! Ein armes Mädchen muß seine Jugend nutzen. Sonst hat man eines Tages nicht mal mehr ein Hemd auf dem Hintern. Und ich habe auch Lebensfreude in mir, Frau Alving!

FRAU ALVING: Ja, leider. Aber wirf dich nur nicht weg, Regine!

REGINE: Na, und wenn's so kommt, dann hat's eben so sein sollen. Wenn Osvald nach seinem Vater schlägt, dann schlage ich wohl nach meiner Mutter. – Darf ich fragen, ob Pastor Manders über diese Sache Bescheid weiß?

FRAU ALVING: Pastor Manders weiß alles.

REGINE *hat es plötzlich eilig und bindet sich ihren Schal um*: Ja, dann will ich mich sputen, daß ich noch das Dampfboot kriege! Mit dem Herrn Pastor läßt sich reden. Und schließlich finde ich, daß ich ebensoviel Recht auf das Geld habe wie der gräßliche Tischler.

FRAU ALVING: Das Geld sei dir gegönnt, Regine.

REGINE *blickt sie steif an*: Sie hätten mich auch wie feiner Leute Kind erziehen können, das hätte besser zu mir gepaßt! *Wirft den Kopf in den Nacken.* Aber Schiet – ist auch egal! *Mit einem erbitterten Seitenblick auf die Sektflasche*: Ich werde auch noch mal Champagner mit feinen Leuten trinken!

FRAU ALVING: Und wenn du ein Zuhause brauchst, Regine, dann komm zu mir!

REGINE: Nein, danke bestens, Frau Alving, Pastor Manders wird sich schon um mich kümmern. Und wenn alle Stränge reißen, da weiß ich ja ein Haus, wo ich hingehöre.

FRAU ALVING: Wo wäre das?

REGINE: Kammerherr Alvings Heim.

FRAU ALVING: Regine – jetzt sehe ich: du kommst unter die Räder!

REGINE: Ach was! Adieu! *Sie grüßt und geht zur Diele hinaus.*

OSVALD *steht am Fenster und blickt hinaus*: Ist sie fort?

FRAU ALVING: Ja.

OSVALD *murmelt vor sich hin*: Das ist also schiefgegangen ...!

FRAU ALVING *tritt hinter ihn und legt die Hände auf seine Schultern*: Osvald, mein lieber Junge – geht es dir sehr nahe?

OSVALD *wendet ihr sein Gesicht zu*: Das mit Vater, meinst du?

FRAU ALVING: Ja, was ich dir über deinen unglücklichen Vater erzählt habe. Ich habe solche Angst, daß es dich zu stark erschüttert hat.

OSVALD: Wo denkst du hin? Es kam mir natürlich höchst überraschend. Aber im Grunde kann es mir doch ganz gleich sein.

FRAU ALVING *zieht die Hände zurück*: Ganz gleich! Daß dein Vater so grenzenlos unglücklich war!

OSVALD: Natürlich kann ich Teilnahme für ihn wie für jeden anderen empfinden, aber...

FRAU ALVING: Nicht mehr? Für deinen eigenen Vater!

OSVALD *ungeduldig*: Ach, Vater – Vater! Ich habe doch Vater kaum gekannt. Meine einzige Erinnerung an ihn ist, wie er einmal die Ursache war, daß ich mich übergeben mußte.

FRAU ALVING: Schrecklich, sich das vorzustellen! – Sollte ein Kind nicht trotz alledem für seinen Vater Liebe empfinden?!

OSVALD: Wenn es ihm nichts zu verdanken hat? Ihn nie gekannt hat? Hältst du wirklich an dem alten Aberglauben fest, du, die du sonst so aufgeklärt bist?

FRAU ALVING: Das sollte nur Aberglaube sein?

OSVALD: Ja, das mußt du doch einsehen, Mutter! Das ist eine von den Ansichten, die einmal in Umlauf gesetzt sind und dann...

FRAU ALVING *erschüttert*: Auch hier gespenstern überkommene Anschauungen!

OSVALD *macht einen Gang durchs Zimmer*: Ja, gespenstern – so kann man das nennen.

FRAU ALVING *ausbrechend*: Osvald – dann liebst du auch mich nicht.

OSVALD: Dich kenne ich doch...

FRAU ALVING: Ja, du kennst mich. Aber das ist auch alles!

OSVALD: Und dann weiß ich doch, wie lieb du mich hast. Dafür muß ich dir dankbar sein. Und außerdem kannst du mir so ungeheuer nützlich sein, jetzt, wo ich krank bin.

FRAU ALVING: Ja, nicht wahr, Osvald? Ich möchte beinahe deine Krankheit segnen, die dich heim zu mir trieb. Denn das sehe ich schon: Ich besitze dich nicht, ich muß dich erst gewinnen.

OSVALD *ungeduldig*: Ja, ja, ja – das sind alles solche Redensarten! Du darfst nicht vergessen, Mutter: ich bin ein kranker Mensch. Ich kann mich nicht soviel mit anderen beschäftigen, ich habe genug mit mir selbst zu tun.

FRAU ALVING *leise*: Ich werde mich bescheiden und in Geduld üben.

OSVALD: Und auch ein frohes Herz haben, Mutter!

FRAU ALVING: Ja, mein lieber Junge, da hast du recht. *Geht zu ihm.* Habe ich dich nun von allen Gewissensbissen und allen Selbstvorwürfen befreit?

OSVALD: Ja, das hast du. Aber wer nimmt nun diese Angst von mir?

FRAU ALVING: Angst?

OSVALD *macht einen Gang durch das Zimmer*: Regine hätte es getan.

FRAU ALVING: Ich verstehe nicht. Was ist das mit der Angst – und was hat Regine damit zu tun?

OSVALD: Ist es schon sehr spät in der Nacht, Mutter?

FRAU ALVING: Es geht schon auf den Morgen. *Blickt zur Veranda hinaus.* Über den Bergen beginnt der Tag schon zu grauen. Und wir werden schönes Wetter haben, Osvald! Nicht mehr lange – und du wirst die Sonne sehen!

OSVALD: Darauf freue ich mich. Oh, es gibt noch so viel, woran ich mich erfreuen und wofür ich leben könnte...

FRAU ALVING: Das will ich doch meinen!

OSVALD: Wenn ich auch nicht arbeiten kann...

FRAU ALVING: Ach, nun wirst du bald wieder arbeiten können, mein lieber Junge! Jetzt bist du diese quälenden und niederdrückenden Gedanken los.

OSVALD: Ja. Es war gut, daß du mich von diesen Einbildungen befreit hast. Und wenn ich nun noch dieses eine hinter mir habe... *Setzt sich aufs Sofa.* Jetzt wollen wir miteinander plaudern, Mutter...

FRAU ALVING: Ja, tun wir das! *Sie schiebt einen Lehnstuhl zum Sofa und setzt sich dicht neben Osvald.*

OSVALD: ... und inzwischen geht die Sonne auf. Und dann wirst du es wissen. Und ich werde nicht mehr diese Angst haben.

FRAU ALVING: Was sagst du da? Was werde ich wissen?

OSVALD *ohne darauf zu hören*: Mutter, hast du nicht gesagt, es gäbe nichts auf der Welt, was du mir abschlagen würdest?

FRAU ALVING: Ja doch, das habe ich gesagt!

OSVALD: Und du stehst zu diesem Versprechen, Mutter?

FRAU ALVING: Darauf kannst du dich verlassen, du mein lieber einziger Junge. Ich lebe doch nur für dich.

OSVALD: Ja, ja, dann sollst du's jetzt wissen... Du bist stark, Mutter, das weiß ich. Jetzt mußt du ganz ruhig sitzen bleiben und mich anhören.

FRAU ALVING: Aber was ist es denn so Schreckliches?

OSVALD: Du darfst nicht aufschreien, hörst du? Versprichst du mir das? Wir wollen hier sitzen und ganz ruhig darüber sprechen. Versprichst du mir das, Mutter?

FRAU ALVING: Ja, ja, ich verspreche es dir. Aber rede jetzt endlich!

OSVALD: Ja, nun sollst du es wissen: Das mit der Müdigkeit und daß ich nicht mehr ans Arbeiten denken kann – all das ist nicht die eigentliche Krankheit...

FRAU ALVING: Was ist denn die eigentliche Krankheit?

OSVALD: Die Krankheit, die mein Erbteil ist, die – *zeigt auf seine Stirn und setzt ganz leise hinzu* –, die sitzt hier drin.

FRAU ALVING *fassungslos*: Osvald! Nein – nein!

OSVALD: Nicht schreien! Das kann ich nicht vertragen. Ja, du, die sitzt hier drin und liegt auf der Lauer. Und sie kann jederzeit ausbrechen – zu jeder Stunde.

FRAU ALVING: O wie entsetzlich...!

OSVALD: Nur ruhig jetzt! – So steht es also um mich...

FRAU ALVING *springt auf*: Osvald! Das ist nicht wahr! Das ist nicht möglich! Das kann nicht wahr sein!

OSVALD: Ich habe in Paris schon einen Anfall gehabt. Er ging schnell vorüber. Aber als ich erfuhr, was mit mir los war, da kam die Angst über mich – eine jagende, rasende Angst. Und da reiste ich Hals über Kopf zu dir nach Haus.

FRAU ALVING: Das ist also die Angst!

OSVALD: Ja, denn es ist so abscheulich, daß man's nicht beschreiben kann, siehst du. Ach, wäre es nur eine gewöhnliche tödliche Krankheit... Vor dem Tod habe ich keine Angst. Wenn ich auch gern so lange leben möchte, wie ich – leben kann.

FRAU ALVING: Ja, ja, Osvald, das mußt du!

OSVALD: Aber das hier ist so gräßlich und abscheulich! Wieder zum Säugling zu werden – gefüttert werden zu müssen und – all das andere. Oh – das läßt sich nicht beschreiben!

FRAU ALVING: Das Kind hat seine Mutter, die es pflegen kann.

OSVALD *springt auf*: Nie und nimmer! Das ist es ja gerade, was ich nicht will! Ich ertrage den Gedanken nicht, vielleicht viele Jahre so dahinzuvegetieren – alt und grau dabei zu werden! Und schließlich könntest du sogar noch vor mir sterben! *Setzt sich auf Frau Alvings Stuhl.* Denn es muß nicht gleich tödlich enden, hat der Arzt gesagt. Er nannte es eine Art Gehirnerweichung – oder so etwas Ähnliches. *Lächelt schwermütig.* Ich finde, das hört sich so hübsch an. Ich muß immer an kirschroten Seidensamt denken – etwas, an dem man so schön herunterstreichen kann.

FRAU ALVING *schreit auf*: Osvald!

OSVALD *springt auf und geht wieder umher*: Und nun hast du mir Regine genommen! Wenn ich die nur noch hätte! Sie hätte mir schon den Liebesdienst erwiesen!

FRAU ALVING *geht zu ihm hin*: Was meinst du damit, mein geliebter Junge? Gibt es auf der Welt einen Liebesdienst, den ich dir verweigern würde?

OSVALD: Als ich mich in Paris von meinem Anfall erholt hatte, sagte mir der Arzt: „Wenn es wiederkommt – und es kommt wieder –, dann ist keine Hoffnung mehr."

FRAU ALVING: Er war so herzlos, dir das...

OSVALD: Ich hatte es von ihm verlangt, hatte ihm gesagt, ich hätte Verfügungen zu treffen... *Lächelt listig.* Und das hatte ich wirklich. *Zieht aus der inneren Brusttasche eine kleine Schachtel.* Mutter, siehst du das hier?

FRAU ALVING: Was ist das?

OSVALD: Morphium.

FRAU ALVING *blickt ihn entsetzt an*: Osvald, mein Junge!

OSVALD: Ich habe zwölf Kapseln zusammengespart.

FRAU ALVING *greift danach*: Gib mir die Schachtel, Osvald!

OSVALD: Noch nicht, Mutter. *Er steckt die Schachtel wieder in die Tasche.*

FRAU ALVING: Das überlebe ich nicht!

OSVALD: Das mußt du! Hätte ich jetzt Regine hier, dann würde ich ihr sagen, wie es um mich steht – und sie um den letzten Liebesdienst bitten. Sie hätte mir geholfen, das weiß ich.

FRAU ALVING: Nie und nimmer!

OSVALD: Wenn das Entsetzliche über mich kommt und sie mich so hilflos wie einen Säugling daliegen sähe – völlig hoffnungslos...

FRAU ALVING: Nie im Leben hätte Regine das getan!

OSVALD: Regine hätte es getan. Regine hatte ein so wundervoll leichtes Herz. Und es wäre ihr auch bald über geworden, einen Kranken wie mich zu pflegen.

FRAU ALVING: Dann danke ich Gott, daß Regine nicht mehr hier ist!

OSVALD: Also jetzt mußt du mir den Liebesdienst erweisen, Mutter!

FRAU ALVING *schreit laut*: Ich?

OSVALD: Wer stünde mir näher als du?

FRAU ALVING: Ich? Deine Mutter!

OSVALD: Gerade darum.

FRAU ALVING: Ich, die dir das Leben gegeben!

OSVALD: Ich habe dich nicht um das Leben gebeten. Und was ist das für ein Leben, das du mir gegeben hast? Ich will es nicht haben! Du sollst es mir wieder abnehmen!

FRAU ALVING: Hilfe! Hilfe! *Sie läuft auf die Diele hinaus.*

OSVALD *ihr nach*: Laß mich nicht allein! Wo willst du hin?

FRAU ALVING *auf der Diele*: Einen Arzt für dich holen, Osvald! Laß mich hinaus!

OSVALD *gleichfalls draußen*: Ich laß dich nicht hinaus! Und ich lasse auch niemand herein. *Man hört, wie ein Schlüssel im Schloß umgedreht wird.*

FRAU ALVING *kommt wieder herein*: Osvald! Osvald! Mein Kind!

OSVALD *folgt ihr*: Du willst für mich das Herz einer Mutter haben und läßt mich diese namenlose Angst leiden!

FRAU ALVING *sagt nach kurzem Schweigen, vollkommen selbstbeherrscht*: Hier hast du meine Hand darauf.

OSVALD: Du willst?

FRAU ALVING: Wenn es sein muß. Aber es wird nicht nötig sein. Nein, nein, das ist ja nicht möglich!

OSVALD: Hoffen wir das! Und laß uns zusammen leben, solange wir können. Ich danke dir, Mutter. *Er setzt sich in den Lehnstuhl, den Frau Alving vor das Sofa geschoben hatte.*

Der Tag bricht an. Die Lampe auf dem Tisch brennt weiter.

FRAU ALVING *nähert sich Osvald behutsam*: Bist du jetzt beruhigt?

OSVALD: Ja.

FRAU ALVING *beugt sich über ihn*: Das ist eine schreckliche Einbildung von dir gewesen, Osvald. Alles nur Einbildung! Du hast die vielen Aufregungen nicht vertragen. Doch nun sollst du dich ausruhen! Daheim bei deiner Mutter, mein lieber Junge. Alles, was du willst, sollst du haben! Wie damals, als du ein kleines Kind warst. – So – nun ist der Anfall vorüber. Siehst du, wie leicht das ging! Das habe ich doch gewußt. – Und du wirst sehen, was für einen schönen Tag wir bekommen! Herrliches, sonniges Wetter! Jetzt kannst du deine Heimat erst richtig sehen.

Sie tritt an den Tisch und bläst die Lampe aus. Die Sonne geht auf. Gletscher und Bergspitzen im Hintergrund liegen in strahlendem Morgenlicht.

OSVALD *sitzt im Lehnstuhl mit dem Rücken gegen den Hintergrund, ohne sich zu rühren. Plötzlich sagt er*: Mutter, gib mir die Sonne!

FRAU ALVING *am Tisch, stutzt und sieht ihn an*: Was sagst du?

OSVALD *wiederholt dumpf und tonlos*: Die Sonne! Die Sonne!

FRAU ALVING *eilt zu ihm*: Osvald, was ist dir? *Osvald scheint im Stuhl zusammenzuschrumpfen. Alle Muskeln werden schlapp. Sein Gesicht ist ausdruckslos. Die Augen stieren blöde. Frau Alving ruft, bebend vor Entsetzen*: Was ist das? *Schreit laut*: Osvald! Was hast du? *Wirft sich vor ihm auf die Knie und rüttelt ihn.* Osvald! Osvald! Sieh mich an! Kennst du mich nicht?

OSVALD *tonlos wie zuvor*: Die Sonne! – Die Sonne!

FRAU ALVING *springt verzweifelt auf, rauft sich mit beiden Händen das Haar und schreit*: Das ertrage ich nicht! *Flüstert wie erstarrt*: Das ist nicht zu ertragen! Nie! *Plötzlich*: Wo hat er es? *Betastet in jagender Hast seine Brust.* Hier! *Weicht einige Schritte zurück und schreit*: Nein! Nein! Nein! – Doch! – Nein, nein! *Sie steht einige Schritte von ihm entfernt, die Hände im Haar verkrampft, und starrt ihn in sprachlosem Entsetzen an.*

OSVALD *sitzt immer noch unbeweglich da und lallt*: Die Sonne! – Die Sonne!

EIN VOLKSFEIND

Schauspiel in fünf Akten

PERSONEN

Dr. Thomas Stockmann, *Badearzt*
Katrine Stockmann, *seine Frau*

Petra, *Lehrerin* Eilif, *dreizehnjährig* Morten, *zehnjährig*	*deren Kinder*

Peter Stockmann, *Bruder des Arztes, Stadthauptmann und Vorsitzender der Kurverwaltung*
Morten Kiil, *Gerbermeister, Frau Stockmanns Pflegevater*
Hovstad, *Redakteur des „Volksboten"*
Billing, *Mitarbeiter des Blattes*
Aslaksen, *Buchdrucker*
Horster, *Kapitän*
Schiffsreeder Vik
Versammlungsteilnehmer: Männer aus allen Ständen, einige Frauen und Schulknaben

Das Stück spielt in einer südnorwegischen Küstenstadt.

ERSTER AKT

Dr. Stockmanns einfach, doch solide eingerichtetes Wohnzimmer. Rechts vorn Tür zum Sprechzimmer, rechts hinten Tür zum Flur. Links gegenüber der Flurtür eine Tür zu den übrigen Räumen der Wohnung. Links ein Kachelofen, weiter vorn ein Sofa mit einem Spiegel darüber und vor dem Sofa ein ovaler Tisch mit Decke. Auf dem Tisch eine brennende Lampe mit Schirm. Im Hintergrund eine offene Tür zum Eßzimmer, durch die man den von einer Lampe beleuchteten Eßtisch sieht. Am Eßtisch sitzt Billing mit einer Serviette unter dem Kinn. Neben ihm steht Frau Stockmann und reicht ihm eine Schüssel mit einem großen Stück Rinderbraten. Die Unordnung auf dem Tisch zeugt davon, daß mehrere Personen bereits gegessen haben.

FRAU STOCKMANN: Ja, Herr Billing, wenn Sie eine Stunde zu spät kommen, dann müssen Sie mit kaltem Essen vorliebnehmen.

BILLING *essend*: Es schmeckt ganz ausgezeichnet, wirklich großartig.

FRAU STOCKMANN: Sie wissen doch, wie großen Wert mein Mann auf pünktliches Einhalten der Mahlzeiten legt.

BILLING: Aber das macht doch nichts! Ich finde beinahe, am besten schmeckt es, wenn man so ganz allein und ungestört essen kann.

FRAU STOCKMANN: Na ja, wenn's Ihnen nur schmeckt! – *Horcht nach dem Flur.* Da kommt wohl auch Herr Hovstad.

BILLING: Kann sein.

Stadthauptmann Stockmann, mit Mantel, Dienstmütze und Stock, betritt das Wohnzimmer.

STADTHAUPTMANN: Wünsche gehorsamst guten Abend, Frau Schwägerin.

FRAU STOCKMANN *kommt ins Wohnzimmer*: Was sehe ich? Sie sind's? Guten Abend! Das ist aber nett, daß Sie mal nach uns sehen!

STADTHAUPTMANN: Ich ging gerade vorbei, und da... *Mit einem Blick zum Eßzimmer hinüber*: Oh, Sie haben Gäste, wie mir scheint.

FRAU STOCKMANN *etwas verlegen*: Aber nein, das hat sich nur ganz zufällig so ergeben. *Rasch*: Wollen Sie nicht auch einen Happen mit essen?

STADTHAUPTMANN: Ich? Nein, vielen Dank! Gott bewahre, am Abend warmes Essen! Nichts für meine Verdauung.

FRAU STOCKMANN: Aber ausnahmsweise...

STADTHAUPTMANN: Nein, nein! Es ist zwar gut gemeint von Ihnen, aber ich bleibe bei meinem Tee mit Butterbrot. Das ist auf die Dauer doch gesünder – und auch etwas wirtschaftlicher.

FRAU STOCKMANN *lächelt*: Sie dürfen nun nicht glauben, daß Thomas und ich schreckliche Verschwender sind!

STADTHAUPTMANN: Sie nicht, Frau Schwägerin! Das zu glauben liegt mir fern. *Deutet auf das Sprechzimmer.* Er ist wohl nicht zu Haus?

FRAU STOCKMANN: Nein, er macht nach dem Essen einen kleinen Spaziergang. Die Jungens hat er mitgenommen.

STADTHAUPTMANN: Ob er wohl glaubt, daß das gesund ist? *Horcht.* Aber da scheint er zu kommen!

FRAU STOCKMANN: Nein, das ist er nicht! *Es klopft.* Bitte sehr!

Hovstad tritt vom Flur her ein.

Ach, der Herr Redakteur Hovstad!

HOVSTAD: Ja, Sie müssen schon entschuldigen, aber ich wurde in der Druckerei aufgehalten. Guten Abend, Herr Stadthauptmann!

STADTHAUPTMANN *grüßt etwas steif*: Herr Redakteur! Sie kommen vermutlich in geschäftlichen Dingen?

HOVSTAD: Zum Teil. Es handelt sich um einen Beitrag für unsere Zeitung.

STADTHAUPTMANN: Kann ich mir denken. Mein Bruder ist ja, wie ich höre, ein ungemein fruchtbarer Mitarbeiter des „Volksboten".

HOVSTAD: Ja, er erlaubt sich, für den „Volksboten" zu schreiben, sooft er sich für etwas einsetzen will.

FRAU STOCKMANN *zu Hovstad*: Aber möchten Sie nicht...? *Deutet zum Eßzimmer hin.*

STADTHAUPTMANN: Ich verdenke es ihm durchaus nicht, daß er für den Leserkreis schreibt, bei dem er den meisten Anklang zu finden hofft. Gott bewahre! Im übrigen habe ich ja persönlich keinen Grund, gegen Ihr Blatt eingestellt zu sein, Herr Hovstad.

HOVSTAD: Nein, das meine ich auch.

STADTHAUPTMANN: Im allgemeinen herrscht in unserer Stadt ein schöner Geist der Verträglichkeit, ein Geist echten Bürgertums. Und das kommt daher, daß wir ein großes gemeinsames Anliegen haben, das uns zusammenschmiedet – ein Anliegen, das in gleich hohem Grad allen rechtschaffenen Mitbürgern am Herzen liegt...

HOVSTAD: Das Heilbad, gewiß.

STADTHAUPTMANN: Jawohl. Wir haben unsere neuen großartigen Bäder- und Kureinrichtungen. Passen Sie auf! Das Bad wird unsere wichtigste Einnahmequelle, Herr Hovstad. Ohne Zweifel!

FRAU STOCKMANN: Das sagt Thomas auch.

STADTHAUPTMANN: Welchen ganz außerordentlichen Aufschwung hat der Ort bereits in diesen wenigen Jahren genommen! Es ist Geld unter die Leute gekommen. Hier gibt's jetzt Leben und Bewegung. Haus- und Grundbesitz steigen täglich im Wert.

HOVSTAD: Und die Arbeitslosigkeit nimmt ab.

STADTHAUPTMANN: Das auch, gewiß. Die Ausgaben für die Armenkasse haben sich für die besitzenden Kreise in erfreulichem Maße vermindert und werden noch weiter sinken, wenn wir nur dieses Jahr einen guten Sommer bekommen – einen großen Zustrom von Kurgästen – recht viele Kranke, durch die das Bad noch bekannter wird.

HOVSTAD: Und darauf besteht ja gute Aussicht, wie ich höre.

STADTHAUPTMANN: Es läßt sich recht vielversprechend an. Täglich laufen Anfragen wegen Quartier und dergleichen ein.

HOVSTAD: Na, dann kommt ja der Aufsatz des Herrn Doktor im rechten Augenblick.

STADTHAUPTMANN: Hat er wieder einen Artikel geschrieben?

HOVSTAD: Der liegt schon seit dem Winter bei uns. Eine Empfehlung des Bades, eine Schilderung der hiesigen günstigen Verhältnisse für Heilung- und Erholungsuchende. Aber damals habe ich den Aufsatz liegengelassen.

STADTHAUPTMANN: Aha, vermutlich ist dabei irgendein Haken?

HOVSTAD: Nein, das nicht. Doch es schien mir besser, damit bis zum Frühjahr zu warten. Denn jetzt fangen die Leute ja an, an die Sommerreise zu denken.

STADTHAUPTMANN: Sehr richtig, durchaus richtig, Herr Hovstad!

FRAU STOCKMANN: Ja, Thomas ist wirklich unermüdlich, wenn es sich um das Bad handelt.

STADTHAUPTMANN: Nun, er steht ja auch im Dienste des Bades.

HOVSTAD: Und er ist ja auch der eigentliche Gründer des Bades.

STADTHAUPTMANN: Ach? Wirklich? – Ich höre ja zuweilen, daß gewisse Leute dieser Meinung sind. Allerdings hatte ich bis jetzt geglaubt, ich hätte auch meinen bescheidenen Anteil an dieser Gründung.

FRAU STOCKMANN: Ja, das sagt Thomas immer.

HOVSTAD: Aber wer leugnet das, Herr Stadthauptmann? Sie haben die Sache in Gang gebracht und in die Praxis umgesetzt. Das wissen wir doch alle. Ich meinte nur, daß die ursprüngliche Idee vom Herrn Doktor stammt.

STADTHAUPTMANN: Ja, an Ideen hat's meinem Bruder noch nie gefehlt – leider! Aber wenn etwas in die Tat umgesetzt werden soll, dazu braucht man Männer von anderem Schlage, Herr Hovstad! Freilich hatte ich geglaubt, daß man wenigstens hier, in diesem Hause...

FRAU STOCKMANN: Aber lieber Schwager!

HOVSTAD: Herr Stadthauptmann, wie können Sie nur...

FRAU STOCKMANN: Jetzt gehen Sie aber ins Eßzimmer und nehmen etwas zu sich, Herr Hovstad! Inzwischen wird mein Mann sicher zurückkommen.

HOVSTAD: Danke schön! Vielleicht eine Kleinigkeit... *Ab ins Eßzimmer.*

STADTHAUPTMANN *mit etwas gedämpfter Stimme*: Es ist doch merkwürdig mit diesen Leuten, die direkt von Bauern abstammen. Sie sind und bleiben taktlos.

FRAU STOCKMANN: Aber wozu sich darüber ärgern? Thomas und

Sie sind doch Brüder! Können Sie sich nicht beide in die Ehre teilen?

STADTHAUPTMANN: Das sollte man meinen. Aber gewisse Leute scheinen sich mit ihrem Anteil nicht begnügen zu können.

FRAU STOCKMANN: Ach was! Thomas und Sie kommen doch ganz ausgezeichnet miteinander aus. *Horcht.* Ich glaube, jetzt kommt er! *Sie öffnet die Flurtür.*

DR. STOCKMANN *man hört ihn draußen lachen und laut sprechen*: Schau her, Katrine, hier hast du noch einen Gast! Fein, was? Bitte sehr, lieber Kapitän! Hängen Sie Ihren Mantel dort an den Haken! Ach so, Sie haben gar keinen an? Katrine, ich habe ihn auf der Straße erwischt. Er wollte erst gar nicht mitkommen!

Kapitän Horster tritt ein und begrüßt Frau Stockmann.

DOKTOR *in der Tür*: Hinein mit euch, Jungens! Du, nun haben sie schon wieder einen Bärenhunger! Kommen Sie, Kapitän! Jetzt sollen Sie einen Rinderbraten zu kosten kriegen, der... *Er nötigt Horster ins Eßzimmer, in das auch Eilif und Morten gehen.*

FRAU STOCKMANN: Aber Thomas, siehst du denn nicht...?

DOKTOR *wendet sich auf der Schwelle um*: Ach, du bist hier, Peter? *Tritt zu seinem Bruder und gibt ihm die Hand.* Nein, das ist aber wirklich nett!

STADTHAUPTMANN: Leider muß ich gleich wieder gehen...

DOKTOR: Ach Unsinn! Nun kommt bald der Grog auf den Tisch. Du denkst doch an den Grog, Katrine?

FRAU STOCKMANN: Aber ja! Das Wasser kocht schon. *Sie geht ins Eßzimmer.*

STADTHAUPTMANN: Auch noch Grog!

DOKTOR: Ja, laß dich nur nieder! Wir wollen es uns gemütlich machen!

STADTHAUPTMANN: Danke! Ich beteilige mich grundsätzlich nicht an Gelagen.

DOKTOR: Aber wir veranstalten hier doch kein Gelage!

STADTHAUPTMANN: Mir scheint doch... *Blickt zum Eßzimmer hinüber.* Merkwürdig, was die alles verschlingen können!

DOKTOR *reibt sich die Hände*: Ja, ist es nicht herzerfrischend, junge Menschen beim Essen zu beobachten? Denen fehlt's nie an

Appetit! So ist's recht! Immer tüchtig essen! Das schafft Mark in die Knochen! Peter, das sind die Menschen, die den Stoff der neuen Zeit zur Gärung bringen sollen!

STADTHAUPTMANN: Darf ich fragen, was es hier „zur Gärung zu bringen" gibt, wie du dich auszudrücken beliebst?

DOKTOR: Das mußt du die Jugend fragen – wenn die Zeit gekommen ist. Wir sind dann natürlich passé! Selbstverständlich. So alte Knaben wie du und ich...

STADTHAUPTMANN: Na, na! Du drückst dich ja recht burschikos aus!

DOKTOR: Du darfst meine Worte nicht auf die Goldwaage legen, Peter. Ich bin doch so froh und vergnügt, mußt du wissen. Ich fühle mich unbeschreiblich glücklich mitten in all diesem sprießenden, sprossenden Leben. Es ist doch eine herrliche Zeit, in der wir leben! Es ist, als sei eine ganz neue Welt im Werden.

STADTHAUPTMANN: Findest du das wirklich?

DOKTOR: Ja, dir fällt das natürlich nicht so auf wie mir. Du bist ja zeitlebens hiergeblieben und hast nie etwas anderes gesehen. Da wird man unempfindlich für diesen Eindruck. Aber ich, der ich lange Jahre da oben im Norden in meinem gottverlassenen Winkel sitzen mußte, fast nie einen fremden Menschen zu sehen bekam – und also höchst selten Anregungen von außen erhielt –, auf mich wirkt das hier, als sei ich in das Gewimmel einer Weltstadt versetzt.

STADTHAUPTMANN: Hm, Weltstadt...

DOKTOR: Ja, ich weiß wohl, daß die Verhältnisse hier bescheiden sind im Vergleich zu vielen anderen Orten. Aber hier ist doch Leben, verheißungsvolles Leben, hier gibt es eine Unzahl von Dingen, für die man wirken und kämpfen kann. Und das ist die Hauptsache. *Ruft*: Katrine, hat der Briefträger nichts gebracht?

FRAU STOCKMANN *im Eßzimmer*: Nein, nichts.

DOKTOR: Und dann das gute Auskommen, Peter! So etwas lernt man schätzen, wenn man wie wir an den Hungerpfoten saugen mußte.

STADTHAUPTMANN: Übertreib nur nicht!

DOKTOR: Du kannst mir glauben, daß es da oben bei uns manchmal recht mager zugegangen ist. Und nun auf einmal wie Gott in Frankreich leben zu können! Heute zum Beispiel hatten wir zu

Mittag Rinderbraten. Und abends auch noch. Willst du nicht mal kosten? Oder soll ich ihn dir nicht wenigstens zeigen? Komm mal mit!

STADTHAUPTMANN: Nein, nein, auf keinen Fall!

DOKTOR: Na, dann komm hierher! Hast du schon gesehen, daß wir uns eine Tischdecke zugelegt haben?

STADTHAUPTMANN: Ja, das habe ich bemerkt.

DOKTOR: Und auch einen Lampenschirm haben wir uns geleistet. Siehst du? Das hat alles Katrine zusammengespart. Und das macht die Stube so gemütlich. Findest du nicht? Stell dich nur mal hierher – nein, nein, nicht so. So – ja! Wenn das Licht so konzentriert darauf fällt... Ich finde, es sieht wirklich elegant aus. Was?

STADTHAUPTMANN: Ja, wenn man sich solchen Luxus erlauben kann...

DOKTOR: O ja, jetzt kann ich mir das schon erlauben. Katrine sagt, ich verdiene fast schon so viel, wie wir brauchen.

STADTHAUPTMANN: Fast? Na ja...

DOKTOR: Aber ein Mann der Wissenschaft muß doch auch ein wenig nobel leben. Ich bin sicher, daß ein gewöhnlicher Amtmann im Jahr viel mehr verbraucht als ich.

STADTHAUPTMANN: Ja, das glaube ich gern! Ein Amtmann, ein Repräsentant der Behörde...

DOKTOR: Oder irgendein Engroskaufmann! So einer verbraucht das Werweißwievielfache!

STADTHAUPTMANN: Ja, das bringen die Verhältnisse nun einmal mit sich.

DOKTOR: Übrigens bin ich wirklich kein Verschwender, Peter. Aber ich möchte mir nicht die Freude versagen, Menschen bei mir zu sehen. Das brauche ich, weißt du! Wo ich so lange von der Welt abgeschlossen war – da ist es mir nun ein Bedürfnis, mit lebensfrohen, tatenlustigen Menschen zusammen zu sein, Leuten mit freiem Sinn und voller Schaffensdrang. Und das sind sie, alle, die da drin sitzen und kräftig zulangen. Ich wünschte, du lerntest diesen Hovstad näher kennen.

STADTHAUPTMANN: Hovstad? Richtig, der hat mir erzählt, er wolle jetzt wieder einen Artikel von dir bringen.

DOKTOR: Einen Artikel von mir?

STADTHAUPTMANN: Ja, über das Bad. Einen Artikel, den du im Winter geschrieben hast.

DOKTOR: Ach so – den! – Aber den will ich vorläufig nicht gedruckt sehen!

STADTHAUPTMANN: Nicht? Ich finde doch, daß gerade jetzt der Zeitpunkt dafür günstig ist!

DOKTOR: Da magst du recht haben. Unter normalen Umständen ... *Beginnt hin und her zu gehen.*

STADTHAUPTMANN *folgt ihm mit den Blicken*: Was sollte denn jetzt unnormal sein?

DOKTOR *bleibt stehen*: Ja, Peter, das kann ich dir im Moment nicht sagen. Jedenfalls heute abend noch nicht. Möglicherweise ist sehr viel recht unnormal – oder möglicherweise auch gar nichts. Es kann durchaus sein, daß es nur eine Einbildung von mir ist.

STADTHAUPTMANN: Ich muß gestehen, das klingt mir höchst rätselhaft. Ist etwas los? Etwas, wovon ich nichts wissen soll? Ich sollte doch meinen, daß ich, als Vorsitzender der Badeverwaltung ...

DOKTOR: Und ich sollte meinen, daß ich ... Na, Peter, wir wollen uns nicht in die Haare geraten.

STADTHAUPTMANN: Gott bewahre! Ich pflege mit niemandem „in die Haare zu geraten", wie du dich ausdrückst. Aber ich muß auf das entschiedenste darauf bestehen, daß alle Maßnahmen auf dem vorgeschriebenen Dienstweg und durch die hierzu autorisierten Instanzen getroffen und durchgeführt werden. Ich kann nicht dulden, daß krumme Wege gegangen und irgendwelche Hintertürchen benutzt werden.

DOKTOR: Pflege ich jemals krumme Wege zu gehen und irgendwelche Hintertürchen zu benutzen?

STADTHAUPTMANN: Jedenfalls hattest du von jeher die Neigung, eigene Wege zu gehen. Und das ist in einer wohlgeordneten Gesellschaft ebenso unstatthaft. Der einzelne hat sich, gern oder ungern, in das Ganze einzuordnen oder, richtiger gesagt, sich den Behörden unterzuordnen, die über das Wohl des Ganzen zu wachen haben.

DOKTOR: Mag sein. Aber zum Teufel, was geht mich das an?

STADTHAUPTMANN: Was dich das angeht, mein lieber Thomas? Das ist es ja gerade, was du nie lernen willst! Aber paß auf, du wirst noch einmal dafür büßen müssen – früher oder später. Ich habe es dir nun gesagt. Adieu!

DOKTOR: Aber bist du denn total verrückt? Du bist ja auf einer ganz falschen Fährte...

STADTHAUPTMANN: Das pflege ich doch sonst nicht zu sein. Übrigens muß ich mir verbitten... *Grüßt ins Eßzimmer hinüber*: Leben Sie wohl, Frau Schwägerin! Adieu, meine Herren! *Er geht.*

FRAU STOCKMANN *kommt ins Wohnzimmer*: Geht er denn schon?

DOKTOR: Ja, und mit hochrotem Kopf.

FRAU STOCKMANN: Aber, lieber Thomas, womit hast du ihn nun wieder geärgert?

DOKTOR: Ich bin ganz unschuldig. Er kann doch nicht verlangen, daß ich ihm Rechenschaft gebe, bevor etwas greifbar ist.

FRAU STOCKMANN: Worüber solltest du ihm denn Rechenschaft geben?

DOKTOR: Hm – lassen wir das jetzt, Katrine. – Es ist doch seltsam, daß ich keine Post bekomme!

Hovstad, Billing und Horster haben sich vom Eßtisch erhoben und kommen ins Wohnzimmer, Eilif und Morten folgen ihnen gleich darauf.

BILLING *reckt sich*: Ah, nach solch einem guten Essen ist man tatsächlich ein ganz anderer Mensch!

HOVSTAD: Der Stadthauptmann schien heute abend nicht in der rosigsten Laune zu sein.

DOKTOR: Das kommt vom Magen. Er leidet an schlechter Verdauung.

HOVSTAD: Besonders uns vom „Volksboten“ kann er nicht verdauen.

FRAU STOCKMANN: Sie sind doch ganz gut mit ihm ausgekommen, schien mir.

HOVSTAD: Na ja. Aber es ist doch immer nur so eine Art Waffenstillstand.

BILLING: Waffenstillstand! Dieses Wort charakterisiert glänzend die Situation.

DOKTOR: Wir dürfen nicht vergessen, daß Peter ein einsamer Mensch ist. Der arme Kerl! Er hat kein Zuhause, wo er sich wohl fühlen könnte. Nur Arbeit und immer wieder Arbeit. Und dann dieser verdammte dünne Tee, den er immerzu in sich hineingießt. Na, nun aber die Stühle an den Tisch gestellt, Jungens! Katrine, bekommen wir nun unsern Grog?

FRAU STOCKMANN *geht ins Eßzimmer*: Ich hole ihn ja schon.

DOKTOR: Setzen Sie sich zu mir aufs Sofa, Kapitän! Sie sind hier ein so seltener Gast. Bitte sehr! Nehmen Sie Platz, liebe Freunde!

Die Herren setzen sich um den Tisch. Frau Stockmann bringt ein Tablett mit Wasserkessel, Gläsern, Karaffen und dem übrigen Zubehör.

FRAU STOCKMANN: Bitte schön! Hier ist Arrak und hier Rum. Und hier Kognak. Nun bediene sich jeder!

DOKTOR *nimmt ein Glas*: Jawohl, das werden wir schon machen. *Während des Grogmischens*: Und nun die Zigarren her! Eilif, du weißt sicher, wo die Kiste steht! Und du, Morten, kannst mir meine Pfeife holen! *Die Jungen verschwinden im Zimmer rechts.* Ich habe den Verdacht, daß Eilif ab und zu eine Zigarre stibitzt. Aber ich tue, als merke ich nichts. *Ruft*: Und bring auch mein Käppchen mit, Morten! Katrine, kannst du ihm nicht sagen, wo ich es hingelegt habe? Na, da hat er es ja schon! *Die Jungen bringen das Verlangte.* Bitte sehr, meine Freunde! Ich bleibe bei meiner Pfeife, wissen Sie. Die hat mich da oben im Nordland auf mancher Sturmfahrt begleitet. *Stößt an.* Zum Wohl! – Ah, es ist schon angenehmer, hier warm und trocken zu sitzen.

FRAU STOCKMANN *hat sich hingesetzt und strickt*: Werden Sie bald wieder in See stechen, Herr Kapitän?

HORSTER: Nächste Woche, denke ich, werde ich soweit sein.

FRAU STOCKMANN: Und dann geht's nach Amerika?

HORSTER: Ja, so ist es geplant.

BILLING: Aber dann können Sie ja nicht an der Stadtverordnetenwahl teilnehmen!

HORSTER: Ist hier wieder eine Wahl fällig?

BILLING: Das wissen Sie nicht?

HORSTER: Nein, um solche Sachen kümmere ich mich nicht.

BILLING: Aber für die öffentlichen Angelegenheiten müssen Sie sich doch interessieren!

HORSTER: Nein, davon verstehe ich nichts.

BILLING: Trotzdem. Von seinem Stimmrecht muß man auf jeden Fall Gebrauch machen!

HORSTER: Auch wenn man nichts davon versteht?

BILLING: Wieso? Versteht? Was meinen Sie damit? Die Gesellschaft ist wie ein Schiff. Alle Mann müssen mitsteuern.

HORSTER: An Land geht das vielleicht. An Bord würde das nicht gut ablaufen.

HOVSTAD: Seltsam, daß sich die meisten Seeleute so wenig für die Angelegenheiten ihrer Heimat interessieren.

BILLING: Wirklich merkwürdig.

DOKTOR: Die Seeleute sind wie Zugvögel. Sie fühlen sich im Süden wie im Norden zu Hause. Doch darum müssen wir anderen um so reger sein, Herr Hovstad. Bringt denn der „Volksbote“ morgen etwas von besonderem Interesse?

HOVSTAD: Nicht, was unsere Stadt betrifft. Aber übermorgen dachte ich Ihren Artikel zu bringen.

DOKTOR: Alle Wetter, der Artikel! Nein, hören Sie, den müssen Sie noch zurückstellen!

HOVSTAD: So? Jetzt hätten wir aber gerade so gut Platz, und ich finde, daß jetzt die günstigste Zeit ist...

DOKTOR: Das mag alles sein. Aber Sie müssen ihn trotzdem zurückstellen. Ich werde es Ihnen später erklären.

Petra, in Hut und Mantel, einen Stoß Hefte unter dem Arm, kommt vom Flur herein.

PETRA: Guten Abend!

DOKTOR: Guten Abend, Petra! Kommst du endlich?

Allgemeine Begrüßung. Petra legt ihre Sachen auf einen Stuhl neben der Tür.

PETRA: Hier sitzt man vergnügt beisammen und läßt sich's gut gehen, während ich mich draußen abplage!

DOKTOR: Nun, so mach dir's auch gemütlich!

BILLING: Soll ich Ihnen einen Grog brauen?

PETRA *tritt an den Tisch*: Danke, das tue ich lieber selbst. Sie machen ihn mir doch zu stark. – Ach, richtig, Vater, ich habe einen Brief für dich. *Geht zum Stuhl, auf dem ihre Sachen liegen.*

DOKTOR: Einen Brief? Von wem?

PETRA *sucht in ihrer Manteltasche*: Der Briefträger hat ihn mir gegeben, als ich aus dem Haus ging.

DOKTOR *steht auf und tritt zu ihr*: Und da gibst du ihn mir erst jetzt?

PETRA: Ich hatte wirklich keine Zeit, noch einmal heraufzukommen. Bitte, hier ist er.

DOKTOR *greift hastig nach dem Brief*: Zeig her, Kind, laß sehen! *Sieht nach dem Absender.* Na endlich!

FRAU STOCKMANN: Ist das der Brief, auf den du so gewartet hast, Thomas?

DOKTOR: Ja, eben. Jetzt muß ich aber gleich ... Wo finde ich ein Licht, Katrine? Ist wieder keine Lampe in meinem Zimmer?

FRAU STOCKMANN: Doch, die Lampe steht auf dem Schreibtisch und brennt schon.

DOKTOR: Gut, gut. Bitte entschuldigen Sie mich einen Augenblick. *Geht ins Sprechzimmer.*

PETRA: Was kann das nur sein, Mutter?

FRAU STOCKMANN: Ich weiß nicht. In den letzten Tagen hat er so oft nach Post gefragt.

BILLING: Vermutlich ein auswärtiger Patient ...

PETRA: Der arme Vater! Allmählich bekommt er fast zuviel zu tun. *Braut sich einen Grog.* Ah, das soll mir aber schmecken!

HOVSTAD: Haben Sie heute auch in der Abendschule unterrichtet?

PETRA *nippt an ihrem Glas*: Zwei Stunden.

BILLING: Und vormittags vier Stunden in der Mädchenschule ...

PETRA *setzt sich an den Tisch*: Fünf.

FRAU STOCKMANN: Und heute abend hast du noch Aufsätze zu korrigieren, wie ich sehe.

PETRA: Ja, einen ganzen Stoß.

HORSTER: Sie haben auch nicht über Mangel an Beschäftigung zu klagen, scheint mir.

PETRA: Schon wahr. Aber das gefällt mir gerade. Man ist dann abends so schön müde.

BILLING: Das gefällt Ihnen?

PETRA: Doch. Dann schläft man so gut.

MORTEN: Du mußt eine große Sünderin sein, Petra!

PETRA: Eine Sünderin?

MORTEN: Ja, wenn du so viel arbeitest. Herr Rörlund sagt, die Arbeit ist die Strafe für unsere Sünden.

EILIF *verächtlich*: Ph! Wie dumm du bist, daß du so etwas glaubst!

FRAU STOCKMANN: Na, na, Eilif!

BILLING *lacht*: Das ist ja großartig!

HOVSTAD: Du möchtest wohl nicht gern so viel arbeiten, Morten?

MORTEN: Nein, das möchte ich nicht.

HOVSTAD: Was willst du denn mal werden?

MORTEN: Am liebsten ein Wiking.

EILIF: Aber dann müßtest du ja ein Heide werden!

MORTEN: Dann werde ich eben ein Heide.

BILLING: Da bin ich einer Meinung mit dir, Morten.

FRAU STOCKMANN *macht ihm ein Zeichen*: Aber das meinen Sie doch nicht im Ernst, Herr Billing!

BILLING: Doch, Gott verdamm mich! Ich bin Heide, und darauf bin ich stolz. Passen Sie auf, bald sind wir allesamt Heiden!

MORTEN: Und dürfen wir dann alles tun, was wir wollen?

BILLING: Ja, sieh mal, Morten...

FRAU STOCKMANN: Nun macht aber, daß ihr in euer Zimmer kommt, Jungens! Ihr habt sicher noch für morgen zu lernen.

EILIF: Ich darf doch wohl noch ein Weilchen bleiben...

FRAU STOCKMANN: Du auch nicht! Geht jetzt! *Die Jungen sagen gute Nacht und gehen links hinaus.*

HOVSTAD: Glauben Sie wirklich, es schadet den Jungens, wenn sie so etwas hören?

FRAU STOCKMANN: Ich weiß nicht recht. Aber ich habe es nicht gern.

PETRA: Aber Mutter, ich glaube, das ist ganz unvernünftig von dir.

FRAU STOCKMANN: Mag sein, aber ich habe es nun einmal nicht gern. Besonders nicht hier zu Haus.

PETRA: Man ist den Kindern gegenüber nicht aufrichtig, im Elternhaus nicht und auch nicht in der Schule. Zu Hause umgeht man das heikle Religionsthema, und in der Schule müssen wir den Kindern etwas vorlügen.

HORSTER: Etwas vorlügen?

PETRA: Können Sie sich denn nicht denken, daß wir so manches lehren müssen, woran wir selbst nicht glauben?

BILLING: Sicher, das ist nur allzu wahr.

PETRA: Hätte ich nur die Mittel! Ich würde dann selbst eine Schule gründen, und da sollte es anders zugehen!

BILLING: Ach was, Mittel!

HORSTER: Wenn Sie sich mit solchen Absichten tragen, Fräulein Stockmann, dann stelle ich Ihnen gern Räumlichkeiten zur Verfügung. Das große Haus meines verstorbenen Vaters steht doch fast leer. Das Speisezimmer im Erdgeschoß ist ein richtiger Saal...

PETRA *lacht*: Herzlichen Dank! Aber daraus wird ja doch nichts.

HOVSTAD: Nein, da geht Fräulein Petra noch eher zu den Journalisten über, denke ich. Da fällt mir gerade ein – haben Sie schon Zeit gehabt, in den englischen Roman zu sehen, den Sie für uns übersetzen wollten?

PETRA: Nein, noch nicht. Aber Sie sollen die Übersetzung rechtzeitig bekommen.

Dr. Stockmann kommt mit dem geöffneten Brief in der Hand aus seinem Zimmer.

DOKTOR *schwenkt den Brief*: Aufgepaßt, Herrschaften: Jetzt gibt es eine Sensation in der Stadt!

BILLING: Eine Sensation?

FRAU STOCKMANN: Was denn?

DOKTOR: Eine große Entdeckung, Katrine!

HOVSTAD: So?

FRAU STOCKMANN: Die du gemacht hast?

DOKTOR: Jawohl, ich. Allerdings. *Geht hin und her.* Laß sie nur kommen und wieder von Grillen und verrückten Einfällen reden! Aber sie werden sich schön hüten! Haha! Die werden sich hüten!

PETRA: Aber Vater, so sag doch, worum es sich handelt!

DOKTOR: Nur Geduld, ihr sollt schon alles erfahren. Hätte ich nur jetzt den Peter hier! Ja, da sieht man, daß wir Menschen oft wie die blinden Maulwürfe urteilen...

HOVSTAD: Wie meinen Sie das, Herr Doktor?

DOKTOR *bleibt am Tisch stehen*: Ist man nicht allgemein der Ansicht, unsere Stadt sei ein gesunder Ort?

HOVSTAD: Selbstverständlich.

DOKTOR: Sogar ein außerordentlich gesunder Ort, der kranken und gesunden Mitmenschen aufs wärmste empfohlen werden muß?

FRAU STOCKMANN: Ja aber, lieber Thomas...

DOKTOR: Und empfohlen und angepriesen haben wir ihn ja auch zur Genüge. Ich habe geschrieben und geschrieben, im „Volksboten" und in Prospekten...

HOVSTAD: Nun ja, und was weiter?

DOKTOR: Dieses Bad, das man „die Pulsader der Stadt" nennt und „den Lebensnerv der Stadt" – und der Teufel weiß, was sonst noch alles...

BILLING: „Das klopfende Herz der Stadt" habe ich mir bei einer festlichen Gelegenheit gestattet zu...

DOKTOR: Na schön. Aber wissen Sie, was es in Wirklichkeit ist, dieses große, prächtige, vielgepriesene Bad, das so viel Geld gekostet hat – wissen Sie, was es ist?

HOVSTAD: Was ist es denn?

FRAU STOCKMANN: Na, was denn?

DOKTOR: Das ganze Bad ist eine Pesthöhle.

PETRA: Das Bad? Aber Vater!

FRAU STOCKMANN *gleichzeitig*: Unser Bad!

HOVSTAD *ebenso*: Aber Herr Doktor!

BILLING: ... wohl nicht möglich!

DOKTOR: Das ganze Bad ist eine übertünchte Pestgrube, sage ich. Gesundheitsgefährlich im allerhöchsten Grade! Der ganze Unrat aus dem oberen Mühltal – alles, was da so stinkt –, der verunreinigt das Wasser, das ins Brunnenhaus geleitet wird. Und dieses vergiftete Dreckzeug sickert auch bis zum Strand hinunter...

HORSTER: Wo das Strandbad ist?

DOKTOR: Gerade dahin.

HOVSTAD: Woher wissen Sie denn dies alles so genau, Herr Doktor?

DOKTOR: Ich habe die Verhältnisse sehr gewissenhaft untersucht. Oh, ich hatte schon lange einen Verdacht! Im vorigen Jahr hatten wir eine ganze Reihe auffälliger Krankheitsfälle unter den Kurgästen – sowohl typhöse als auch gastrische Fälle...

FRAU STOCKMANN: Ja richtig!

DOKTOR: Damals glaubten wir, diese Infektionskrankheiten seien von den Kurgästen eingeschleppt worden. Aber später, im Winter, bin ich auf andere Gedanken gekommen. Und da habe ich mir die Mühe gemacht, das Wasser zu untersuchen, so gut es sich machen ließ.

FRAU STOCKMANN: Das war es also, was dich so in Anspruch genommen hat!

DOKTOR: Ja, da hast du recht: in Anspruch genommen hat es mich, Katrine. Es standen mir ja hier nicht die nötigen wissenschaftlichen Hilfsmittel zur Verfügung. Darum habe ich Proben vom Trinkwasser und vom Seewasser an die Universität geschickt und um eine exakte chemische Analyse gebeten.

HOVSTAD: Und die haben Sie nun erhalten?

DOKTOR *zeigt den Brief*: Hier habe ich sie! Es ist erwiesen, daß das Wasser in Fäulnis übergegangene organische Stoffe enthält – Infusorien in Massen. Das Wasser ist absolut gesundheitsschädigend, ob es nun innerlich oder äußerlich gebraucht wird.

FRAU STOCKMANN: Welch ein Glück, daß du noch beizeiten dahintergekommen bist!

DOKTOR: Das kann man wohl sagen.

HOVSTAD: Und was gedenken Sie nun zu tun, Herr Doktor?

DOKTOR: Natürlich für Abhilfe zu sorgen.

HOVSTAD: Die ist also möglich?

DOKTOR: Muß möglich sein! Sonst wären die ganzen Kureinrichtungen unverwendbar – einfach wertlos. Aber es besteht kein Anlaß zur Besorgnis. Ich bin mir schon vollständig im klaren darüber, was zu tun ist.

FRAU STOCKMANN: Aber, lieber Thomas, daß du das alles so geheimgehalten hast!

DOKTOR: Hätte ich es denn auf dem Marktplatz ausschreien sollen, ehe ich volle Gewißheit hatte? Nein! Ich bin doch kein Narr!

PETRA: Na, aber uns hättest du doch...

DOKTOR: Keiner lebenden Seele. Aber morgen kannst du zum Dachs laufen...

FRAU STOCKMANN: Aber Thomas!

DOKTOR: Nun, dann zum Großvater. Der wird jetzt Mund und Nase aufsperren, der Alte! Er hält mich doch für verrückt. Na ja, es gibt ja noch mehr Leute, die das glauben. Das weiß ich wohl. Aber jetzt sollen die guten Leutchen sehen – jetzt sollen sie sehen! *Geht umher und reibt sich die Hände.* Das wird ein Hallo geben im Städtchen, Katrine! Da wirst du was erleben! Die ganze Wasserleitung muß umgelegt werden!

HOVSTAD *springt auf*: Die ganze Wasserleitung?

DOKTOR: Selbstverständlich. Das Sammelbassin liegt zu tief. Es muß höher angelegt werden.

PETRA: Du hast also doch recht gehabt!

DOKTOR: Ja. Kannst du dich erinnern, Petra? Ich hatte mich schriftlich gegen den Bauplan ausgesprochen. Aber damals wollte man nicht auf mich hören. Na, ihr könnt mir glauben, das kriegen sie aufs Butterbrot! Natürlich habe ich jetzt einen Bericht für die Badeverwaltung aufgesetzt. Er liegt seit einer Woche fertig da. Ich habe nur noch hierauf gewartet. *Zeigt auf den Brief.* Aber nun soll er gleich abgegeben werden. *Geht in sein Zimmer und kommt mit einem Stoß Papiere zurück.* Hier! Vier engbeschriebene Bogen! Und den Brief lege ich bei. Eine Zeitung, Katrine! Bring mir etwas zum Einschlagen! Gut. So – gib es der – der ... *Stampft auf.* Zum Teufel, wie heißt sie doch gleich? Also gib's dem Mädchen! Und sag ihr, sie soll das sofort zum Stadthauptmann bringen! *Frau Stockmann geht mit dem Paket durch das Eßzimmer hinaus.*

PETRA: Du, Vater! Was wird wohl Onkel Peter dazu sagen?

DOKTOR: Was soll er wohl sagen? Er muß doch froh sein, daß ich hinter eine so wichtige Tatsache gekommen bin, meine ich.

HOVSTAD: Darf ich im „Volksboten" eine kleine Notiz über Ihre Entdeckung bringen?

DOKTOR: Aber ja, ich wäre Ihnen sehr dankbar.

HOVSTAD: Es ist doch wünschenswert, daß die Allgemeinheit darüber informiert wird – je eher, desto besser.

DOKTOR: Selbstverständlich.

FRAU STOCKMANN *kommt zurück*: Sie ist schon unterwegs damit.

BILLING: Herr Doktor! Sie sind im Begriff, der erste Mann hier zu werden. Gott verdamm mich!

DOKTOR *geht vergnügt umher*: Ach was! Im Grunde habe ich doch nur meine Pflicht getan. Es war mehr ein glücklicher Zufall, daß ich dahintergekommen bin. Aber trotzdem ...

BILLING: Hovstad, finden Sie nicht, die Stadt sollte den Herrn Doktor mit einem Fackelzug ehren?

HOVSTAD: Das will ich gern befürworten.

BILLING: Und ich will mit Aslaksen reden.

DOKTOR: Nein, liebe Freunde, laßt solchen Humbug! Von so etwas will ich nichts wissen. Und sollte es der Badeverwaltung einfallen, mir eine Gehaltszulage zu bewilligen, dann würde ich sie nicht annehmen. Katrine, das sage ich dir – ich nehme sie nicht an!

FRAU STOCKMANN: Da tust du recht, Thomas.

PETRA *erhebt ihr Glas*: Dein Wohl, Vater!

HOVSTAD UND BILLING: Zum Wohle, Herr Doktor, zum Wohle!

HORSTER *stößt mit dem Doktor an*: Mögen Sie nur Freude an dieser Geschichte haben, lieber Doktor!

DOKTOR: Danke, danke, meine lieben Freunde! Ich bin ja so von Herzen froh – ach, es ist doch ein schönes Bewußtsein, sich um seine Vaterstadt und seine Mitbürger verdient gemacht zu haben! Hurra, Katrine!

Er umschlingt sie mit beiden Armen und wirbelt mit ihr herum. Frau Stockmann schreit und wehrt sich. Gelächter, Klatschen und Hurrarufe auf den Doktor. Die Jungens stecken ihre Köpfe durch die Tür.

ZWEITER AKT

Dr. Stockmanns Wohnzimmer. Die Tür zum Eßzimmer ist geschlossen. Vormittag.

FRAU STOCKMANN *kommt mit einem versiegelten Brief aus dem Eßzimmer, geht nach der Tür rechts vorn und öffnet sie*: Bist du da, Thomas?

DOKTOR *in seinem Zimmer*: Ja, ich bin eben nach Haus gekommen. *Tritt ins Wohnzimmer.* Ist etwas?

FRAU STOCKMANN: Ein Brief von deinem Bruder. *Reicht ihm den Brief.*

DOKTOR: Aha! Zeig her! *Öffnet den Umschlag und liest:* „Eingabe mit Anlagen urschriftlich an Absender zurück..." *Liest murmelnd weiter.* Hm...

FRAU STOCKMANN: Was schreibt er denn?

DOKTOR *steckt die Papiere in die Tasche*: Ach, weiter nichts. Er schreibt nur, er käme gegen Mittag selbst her.

FRAU STOCKMANN: Dann vergiß aber nicht, daß du zu Haus bleiben mußt!

DOKTOR: Das kann ich gut einrichten. Mit meinen Vormittagsvisiten bin ich schon durch.

FRAU STOCKMANN: Ich bin mächtig gespannt, wie er sich zu der Sache stellt.

DOKTOR: Paß mal auf: es wird ihm nicht behagen, daß ich die Entdeckung gemacht habe und nicht er!

FRAU STOCKMANN: Ach, du fürchtest das also auch?

DOKTOR: Na, im Grunde wird er natürlich froh sein. Aber trotzdem – Peter hat immer mächtige Angst, es könnten außer ihm auch andere Leute etwas zum Wohl der Stadt leisten.

FRAU STOCKMANN: Weißt du was, Thomas – dann solltest du

großzügig sein und die Ehre mit ihm teilen! Kann es nicht heißen, er habe dich auf die Spur gebracht?

DOKTOR: Gewiß, meinetwegen gern! Wenn nur die Mängel behoben werden...

MORTEN KIIL *steckt den Kopf durch die halbgeöffnete Flurtür, blickt sich forschend um, kichert leise und fragt pfiffig*: Stimmt das? – Ist das wahr?

FRAU STOCKMANN *ihm entgegen*: Vater! Du?

DOKTOR: Sieh da, Schwiegervater! Guten Morgen! Guten Morgen!

FRAU STOCKMANN: Aber so komm doch herein!

MORTEN KIIL: Bloß, wenn's wahr ist! Sonst gehe ich wieder.

DOKTOR: Was soll denn wahr sein?

MORTEN KIIL: Na, diese verrückte Geschichte mit der Wasserleitung. Ist das wirklich wahr?

DOKTOR: Natürlich ist das wahr. Aber woher wissen Sie das denn schon?

MORTEN KIIL *kommt herein*: Die Petra war auf dem Weg zur Schule auf einen Sprung bei mir...

DOKTOR: So?

MORTEN KIIL: Und da hat sie mir die Neuigkeit aufgetischt. Ich dachte erst, sie wollte mich zum Narren halten. Aber das sieht der Petra eigentlich nicht ähnlich.

DOKTOR: Nein, wie konnten Sie das nur denken!

MORTEN KIIL: Ach, man soll keinem Menschen trauen. Man wird reingelegt, ehe man sich's versieht! – Es ist also wahr?

DOKTOR: Darauf können Sie sich verlassen. Aber nehmen Sie doch Platz, Schwiegervater! *Nötigt ihn, sich auf einen Stuhl zu setzen.* Und ist es nicht ein Glück für die Stadt?

MORTEN KIIL *kämpft mit dem Lachen*: Ein Glück für die Stadt?

DOKTOR: Daß ich diese Entdeckung noch rechtzeitig gemacht habe.

MORTEN KIIL *wieder lachend*: Ja! Ja! Ja! – Aber ich hätte nie geglaubt, daß Sie ihrem leiblichen Bruder einen solchen Schabernack spielen würden.

DOKTOR: Schabernack?

FRAU STOCKMANN: Aber Vater...

MORTEN KIIL *stützt Hände und Kinn auf seinen Stockknauf und zwinkert dem Doktor pfiffig zu*: Wie war das doch? War's nicht so, daß irgendwelche Tiere in die Wasserrohre gekommen sein sollen?

DOKTOR: Ja gewiß, Infusorien.

MORTEN KIIL: Und viele solche Tiere sollen da drin sein, hat die Petra gesagt. Massenhaft.

DOKTOR: Jawohl. Das können Hunderttausende sein.

MORTEN KIIL: Aber kein Mensch kann sie sehen – war's nicht so?

DOKTOR: Nein, sehen kann man sie nicht.

MORTEN KIIL *mit leise glucksendem Lachen*: Weiß der Teufel, das ist der beste Witz, den Sie sich bisher geleistet haben!

DOKTOR: Wie meinen Sie das?

MORTEN KIIL: Aber das können Sie doch nie im Leben dem Stadthauptmann einreden!

DOKTOR: Na, das wollen wir doch sehen!

MORTEN KIIL: Glauben Sie, daß er so verrückt ist?

DOKTOR: Ich hoffe, daß die ganze Stadt so verrückt sein wird.

MORTEN KIIL: Die ganze Stadt? – Das mag schon sein. Aber den Leuten geschieht recht. Das haben sie verdient. Die wollten alle klüger sein als wir Alten. Die haben mich aus dem Stadtrat rausgebissen. Ja, das haben sie! Wie einen Hund haben die mich rausgejagt. Aber jetzt kriegen sie's heimgezahlt. Lassen Sie sie nur zappeln, Stockmann!

DOKTOR: Ja – aber, Schwiegervater...

MORTEN KIIL: Lassen Sie sie nur zappeln, sag ich. *Erhebt sich.* Wenn Sie's fertigbringen, daß der Stadthauptmann und seine Freunde mit der Nase im Dreck liegen, dann stifte ich auf der Stelle hundert Kronen für die Armenkasse.

DOKTOR: Donnerwetter, das ist ja sehr menschenfreundlich von Ihnen!

MORTEN KIIL: Ich habe es freilich nicht zum Rausschmeißen, das wissen Sie ja. Aber wenn Sie das fertigbringen, dann kriegen die Armen zu Weihnachten fuffzig Kronen von mir.

Redakteur Hovstad kommt vom Flur herein.

HOVSTAD: Guten Morgen! *Bleibt stehen.* Ach, entschuldigen Sie...

DOKTOR: Kommen Sie nur! Kommen Sie nur herein.

MORTEN KIIL *gluckst wieder*: Der! Weiß der etwa auch Bescheid?

HOVSTAD: Was meinen Sie?

DOKTOR: Natürlich weiß er Bescheid.

MORTEN KIIL: Das hätte ich mir eigentlich denken können. Es soll doch in die Zeitungen! Ja, ja, Stockmann, Sie sind mir schon der Richtige! Machen Sie weiter so! – Jetzt will ich aber gehen.

DOKTOR: Bleiben Sie doch noch ein bißchen, Schwiegervater!

MORTEN KIIL: Nein, nun will ich gehen. Und spielen Sie ihnen nur ordentlich mit! Sie sollen's, weiß der Teufel, nicht umsonst gemacht haben. *Er geht, Frau Stockmann begleitet ihn hinaus.*

Doktor *lacht*: Denken Sie nur, der Alte glaubt einfach nicht an meine Entdeckung!

HOVSTAD: Ach, darum ging es!

DOKTOR: Ja, natürlich. Und Sie kommen wahrscheinlich auch deswegen.

HOVSTAD: Richtig. Haben Sie einen Augenblick Zeit, Herr Doktor?

DOKTOR: So lange Sie wollen, mein Lieber.

HOVSTAD: Hat der Stadthauptmann schon etwas von sich hören lassen?

DOKTOR: Noch nicht. Er will nachher herkommen.

HOVSTAD: Ich habe seit gestern abend recht ausgiebig über die Sache nachgedacht.

DOKTOR: Nun?

HOVSTAD: Sie sehen die Angelegenheit mit der Wasserleitung nur als Arzt und Mann der Wissenschaft. Ich meine, es kommt Ihnen gar nicht zum Bewußtsein, daß sie mit so manchen anderen Faktoren zusammenhängt.

DOKTOR: Wie soll ich das verstehen? – Setzen wir uns, mein Lieber! – Nein, dort aufs Sofa! *Hovstad setzt sich aufs Sofa, der Doktor in einen Lehnstuhl auf der anderen Seite des Tisches.* Nun? Sie meinen also...?

HOVSTAD: Sie sagten gestern, das verdorbene Wasser käme aus dem verunreinigten Erdboden.

DOKTOR: Ja, es kommt ohne Zweifel aus dem verseuchten Sumpf im oberen Mühltal.

HOVSTAD: Entschuldigen Sie, Herr Doktor, aber ich glaube, es kommt aus einem ganz anderen Sumpf!

DOKTOR: Was für einen Sumpf meinen Sie denn?

HOVSTAD: Den Sumpf, auf dem unser ganzes kommunales Leben ruht und fault.

DOKTOR: Aber, zum Teufel, Herr Hovstad, was soll das heißen?

HOVSTAD: Alle städtischen Angelegenheiten sind nach und nach in die Hände einer Beamtenclique geraten...

DOKTOR: Na, es sind doch wohl nicht alle Beamte!

HOVSTAD: Aber dann sind sie zum mindesten Freunde und Parteigänger der Beamten. Sie gehören alle den reichen, privilegierten Kreisen unserer Stadt an. Diese Leute haben bei uns das Heft in der Hand.

DOKTOR: Na ja, doch es sind auch wirklich tüchtige und umsichtige Menschen.

HOVSTAD: Haben Sie Tüchtigkeit und Umsicht bewiesen, als sie die Wasserleitung so anlegten, wie sie jetzt ist?

DOKTOR: Da haben sie freilich eine große Dummheit gemacht. Aber das wird ja nun korrigiert.

HOVSTAD: Glauben Sie, daß das so glatt gehen wird?

DOKTOR: Glatt oder nicht glatt – gehen muß es! Auf jeden Fall!

HOVSTAD: Ja, wenn die Presse nachhelfen darf.

DOKTOR: Wird gar nicht nötig sein, mein Lieber. Ich bin sicher, daß mein Bruder...

HOVSTAD: Entschuldigen Sie, Herr Doktor, aber ich will Ihnen nur gleich sagen, daß ich beabsichtige, mich der Sache anzunehmen.

DOKTOR: In der Zeitung?

HOVSTAD: Ja natürlich. Als ich den „Volksboten" übernahm, da geschah es in der Absicht, diesen Ring der alten Starrköpfe zu brechen, die alle Fäden in den Händen hatten.

DOKTOR: Aber Sie haben mir doch selbst erzählt, wie das ausgegangen ist! Sie hatten damit die Zeitung an den Rand des Konkurses gebracht!

HOVSTAD: Ja, damals mußten wir klein beigeben, das stimmt schon. Es war nämlich zu befürchten, daß nach einem Sturz jener Männer das Bad nicht finanziert werden könnte. Aber jetzt steht es fix und fertig da, und nun sind die hohen Herren entbehrlich.

DOKTOR: Das schon. Doch wir sind ihnen zu großem Dank verpflichtet.

HOVSTAD: Wird gebührend anerkannt. Aber ein Zeitungsmann meiner populären Richtung kann sich eine Gelegenheit wie diese hier nicht entgehen lassen. Mit dem Märchen von der Unfehlbarkeit der Männer an der Spitze muß aufgeräumt werden. So wie mit jedem anderen Aberglauben.

DOKTOR: Da stimme ich Ihnen von Herzen zu, Herr Hovstad. Weg mit jedem Aberglauben!

HOVSTAD: Den Stadthauptmann will ich nach Möglichkeit schonen, weil er Ihr Bruder ist. Aber Sie werden mir recht geben, daß die Wahrheit jeder Rücksichtnahme vorgeht.

DOKTOR: Das versteht sich doch von selbst. – *Etwas ungeduldig*: Ja, aber ...! Aber ...

HOVSTAD: Sie dürfen nicht schlecht von mir denken. Ich bin weder egoistischer noch machthungriger als die Menschen im allgemeinen.

DOKTOR: Aber mein Lieber – das behauptet doch auch niemand!

HOVSTAD: Ich stamme aus kleinen Verhältnissen, wie Sie wissen, und ich habe genügend Gelegenheit gehabt festzustellen, was den unteren Bevölkerungsschichten vor allem not tut: ein Mitspracherecht in den öffentlichen Angelegenheiten. Das entwickelt Fähigkeiten und Kenntnisse und auch das Selbstbewußtsein.

DOKTOR: Das klingt mir recht plausibel.

HOVSTAD: Und daher glaube ich, daß ein Journalist eine schwere Verantwortung auf sich nimmt, wenn er eine günstige Gelegenheit versäumt zur Befreiung der Masse, des kleinen Mannes, der Unterdrückten. Ich weiß wohl, im Lager der Großen wird man das Volksverhetzung oder ähnlich nennen. Doch das mögen sie halten, wie sie wollen – wenn ich nur der Stimme meines Gewissens folge.

DOKTOR: Völlig richtig, lieber Herr Hovstad, völlig richtig! Aber trotzdem ... Hol's der Teufel! *Es klopft.* Herein!

Buchdrucker Aslaksen erscheint in der Tür, die zum Flur führt. Er ist einfach, aber anständig gekleidet, trägt einen schwarzen Anzug und ein weißes, etwas zerknittertes Halstuch. In der Hand hält er einen Zylinderhut und Handschuhe.

ASLAKSEN *verbeugt sich*: Verzeihung, Herr Doktor, daß ich so frei bin ...

DOKTOR *erhebt sich*: Der Herr Buchdrucker Aslaksen!

ASLAKSEN: Ja, Herr Doktor.

HOVSTAD *steht auf*: Suchen Sie mich, Aslaksen?

ASLAKSEN: Nein, das nicht. Ich wußte gar nicht, daß ich Sie hier treffen würde. Nein, ich wollte den Herrn Doktor sprechen.

DOKTOR: Na, was steht zu Diensten?

ASLAKSEN: Ist das wahr, was ich von Herrn Billing gehört habe: daß Herr Doktor uns eine bessere Wasserleitung verschaffen wollen?

DOKTOR: Ja, für das Bad.

ASLAKSEN: Jawohl, ich verstehe. Nun, ich komme also, um zu sagen, daß ich diese Sache unterstützen will, wie ich nur kann.

HOVSTAD *zum Doktor*: Sehen Sie!

DOKTOR: Da danke ich Ihnen herzlich. Aber ...

ASLAKSEN: Denn es könnte vielleicht doch gut sein, daß Sie uns Kleinbürger im Rücken haben. Wir bilden hier in der Stadt sozusagen eine kompakte Majorität – wenn wir ernstlich wollen. Und es ist immer gut, die Majorität auf seiner Seite zu haben, Herr Doktor.

DOKTOR: Das ist zweifellos wahr. Doch ich kann nur nicht begreifen, warum es hier besonderer Vorsichtsmaßnahmen bedürfen sollte. Ich meine, eine so einwandfreie und selbstverständliche Sache ...

ASLAKSEN: O doch, das könnte trotzdem ratsam sein. Unsere lokalen Behörden, die kenne ich nämlich. Die hohen Herren gehen nicht gern auf Vorschläge ein, die von anderen Leuten kommen. Und darum, meine ich, könnte es nichts schaden, wenn wir einen kleinen Druck ausübten.

HOVSTAD: Sehr richtig!

DOKTOR: Druck ausüben, sagen Sie? Ja, wie denken Sie sich denn das?

ASLAKSEN: Natürlich mit Maßen, Herr Doktor. Ich bin immer für

Mäßigung; denn Mäßigung, das ist die erste Bürgerpflicht – meiner Meinung nach, jawohl.

DOKTOR: Dafür sind Sie ja auch bekannt, Herr Aslaksen.

ASLAKSEN: Ja, das darf ich wohl von mir sagen. Und diese Sache mit der Wasserleitung, die ist so außerordentlich wichtig für uns Kleinbürger. Das Bad wächst sich ja zu einer kleinen Goldgrube für die Stadt aus. Vom Bad wollen wir alle leben, und gerade wir Hausbesitzer. Darum wollen wir auch das Bad unterstützen, so gut wir können. Und da ich nun Vorsitzender des Hausbesitzervereins bin...

DOKTOR: Ja?

ASLAKSEN: ... und außerdem Vorstandsmitglied der Gesellschaft für Mäßigkeit – Herr Doktor wissen doch wohl, daß ich für die Mäßigkeitsbewegung tätig bin?

DOKTOR: Ja, selbstverständlich.

ASLAKSEN: Na, da können Sie sich denken, daß ich mit allerlei Menschen zusammenkomme. Und da ich als besonnener und gesetzestreuer Staatsbürger bekannt bin, wie Herr Doktor selbst sagten, so habe ich in unserer Stadt einen gewissen Einfluß – so etwas wie eine kleine Machtposition, wenn ich das von mir selbst sagen darf.

DOKTOR: Das weiß ich sehr wohl, Herr Aslaksen.

ASLAKSEN: Also – darum wäre es für mich eine Kleinigkeit, eine Menge Unterschriften zusammenzubringen, wenn es brenzlig werden sollte.

DOKTOR: Unterschriften, sagen Sie?

ASLAKSEN: Ja, unter eine Art Dankschreiben der Bürger, dafür, daß Sie diese für die Allgemeinheit so wichtige Sache ans Licht gebracht haben. Selbstverständlich müßte das Schreiben mit der gebührenden Mäßigung abgefaßt sein, damit nicht die Behörden und die einflußreichen Leute vor den Kopf gestoßen werden. Und wenn wir das nicht außer acht lassen, dann kann uns das doch niemand übelnehmen, nicht wahr?

HOVSTAD: Na, und wenn die Herrschaften auch nicht davon begeistert sein sollten...

ASLAKSEN: Nein, nein! Nur nicht den Behörden zu nahe treten, Herr Hovstad! Keine Opposition gegen Leute, die uns im

Nacken sitzen! Da habe ich meine Erfahrungen gemacht. Dabei kommt nie was Gutes heraus. Aber besonnene, freimütige Äußerungen, die können keinem Staatsbürger verdacht werden.

DOKTOR *schüttelt ihm die Hand*: Ich kann Ihnen gar nicht sagen, lieber Herr Aslaksen, wie sehr es mich freut, einen solchen Widerhall bei meinen Mitbürgern zu finden. Ich bin so froh, so froh! Hören Sie: Wie wär's mit einem Gläschen Sherry? Was?

ASLAKSEN: Nein, vielen Dank! Ich genieße nie derartige Spirituosen.

DOKTOR: Na, dann ein Glas Bier! Was meinen Sie dazu?

ASLAKSEN: Danke, auch das nicht, Herr Doktor. So früh am Tage trinke ich nichts. Aber nun will ich in die Stadt und mit diesem und jenem Hausbesitzer sprechen und Stimmung machen.

DOKTOR: Das ist wirklich sehr freundlich von Ihnen, Herr Aslaksen. Aber es will mir wirklich nicht in den Kopf, daß alle diese Vorkehrungen nötig sein sollten. Ich meine, die Sache müßte sich ganz von selbst machen.

ASLAKSEN: Die Behörden arbeiten ein bißchen schwerfällig, Herr Doktor. Aber ich will damit niemand tadeln, Gott behüte!

HOVSTAD: Morgen wollen wir den Herrschaften in unsrer Zeitung den Marsch blasen, Aslaksen!

ASLAKSEN: Aber nicht zu gewaltsam, Herr Hovstad! Immer mit Maßen, sonst erreichen Sie nichts! Sie können sich auf meinen Rat verlassen. Ich habe in der Schule des Lebens meine Erfahrungen gesammelt. – Herr Doktor, nun will ich aber adieu sagen. Sie wissen nun, daß wir Kleinbürger auf jeden Fall hinter Ihnen stehen, wie eine Mauer. Sie haben die kompakte Majorität auf Ihrer Seite, Herr Doktor.

DOKTOR: Vielen Dank, mein lieber Herr Aslaksen. *Reicht ihm die Hand.* Adieu, leben Sie wohl!

ASLAKSEN: Kommen Sie mit in die Druckerei, Herr Hovstad?

HOVSTAD: Ich komme nach. Ich habe noch etwas zu erledigen.

ASLAKSEN: Gut, gut. *Er grüßt und geht. Der Doktor begleitet ihn hinaus.*

HOVSTAD *als der Doktor zurückkommt*: Na, was sagen Sie nun, Herr Doktor? Meinen Sie nicht, daß es an der Zeit ist, hier mal gründlich auszulüften und gegen all diese Schlappheit und Halbheit und Feigheit energisch anzugehen?

DOKTOR: Denken Sie dabei an Aslaksen?

HOVSTAD: Allerdings. Er gehört zu denen, die im Sumpf stecken – ein so braver Mann er sonst auch sein mag. Und so sind die meisten hier bei uns. Sie schwanken und schaukeln nach beiden Seiten. Aus lauter Rücksichten und Bedenken wagen sie keinen richtigen Schritt vorwärts.

DOKTOR: Ja, aber Aslaksen scheint mir doch einen ehrlichen, guten Willen zu haben.

HOVSTAD: Es gibt etwas, das ich höher schätze: eine feste und zielbewußte Haltung.

DOKTOR: Da gebe ich Ihnen durchaus recht.

HOVSTAD: Daher will ich jetzt die Gelegenheit benutzen und versuchen, meine Gesinnungsgenossen zu bewegen, sich einmal aufzuraffen. Mit dem Kuschen vor der Autorität muß es bei uns ein Ende haben. Dieser unerhörte Mißgriff beim Bau der Wasserleitung muß allen stimmberechtigten Bürgern eindringlich vor Augen geführt werden.

DOKTOR: Gut. Wenn Sie meinen, es sei zum Wohl der Allgemeinheit, dann bitte! Aber nicht, ehe ich mit meinem Bruder gesprochen habe!

HOVSTAD: Auf jeden Fall werde ich einen Leitartikel vorbereiten. Und wenn der Stadthauptmann taube Ohren hat ...

DOKTOR: Aber wie können Sie das nur denken?

HOVSTAD: Das kann ich mir sehr wohl denken. Also dann ...?

DOKTOR: Ja, dann verspreche ich Ihnen ... Hören Sie: Dann können Sie meine Abhandlung drucken – so wie sie ist, ohne Kürzungen!

HOVSTAD: Darf ich das? Ist das ein Wort?

DOKTOR *reicht ihm das Manuskript*: Hier haben Sie das Manuskript. Nehmen Sie es mit! Es kann ja nichts schaden, daß Sie schon einmal hineinsehen. Sie geben es mir dann später zurück.

HOVSTAD: Gut, gut. Soll geschehen. Und nun adieu, Herr Doktor!

DOKTOR: Adieu, adieu! Aber Sie werden sehen, Herr Hovstad, die Sache geht ganz glatt, ganz glatt!

HOVSTAD: Hm – werden ja sehen. *Er grüßt und geht in den Flur hinaus.*

DOKTOR *öffnet die Tür zum Eßzimmer und ruft*: Katrine! Ach, Petra? Du bist schon zu Haus?

PETRA *kommt ins Wohnzimmer*: Ja, ich bin eben aus der Schule gekommen.

FRAU STOCKMANN *tritt ein*: Ist er noch nicht hiergewesen?

DOKTOR: Peter? Nein. Doch ich habe lange mit Hovstad gesprochen. Er ist ganz hingerissen von meiner Entdeckung. Sie ist nämlich von viel größerer Tragweite, als ich erst angenommen hatte, mußt du wissen. Und er hat mir auch sein Blatt zur Verfügung gestellt, falls dies nötig werden sollte.

FRAU STOCKMANN: Glaubst du denn, das könnte nötig werden?

DOKTOR: Durchaus nicht. Aber es ist zum mindesten ein stolzes Bewußtsein, die freisinnige, unabhängige Presse auf seiner Seite zu haben. Ja, und denk nur: außerdem hat mich auch der Vorsitzende des Hausbesitzervereins besucht!

FRAU STOCKMANN: So? Was wollte denn der?

DOKTOR: Mir gleichfalls seine Unterstützung zusichern. Sie wollen mich alle unterstützen, falls die Sache nicht durchkommen sollte. Katrine – weißt du, was ich hinter mir habe?

FRAU STOCKMANN: Hinter dir? Nein. Was hast du denn hinter dir?

DOKTOR: Die kompakte Majorität!

FRAU STOCKMANN: Ach so. Ist das gut für dich, Thomas?

DOKTOR: Aber ja, das will ich meinen! Und ob das gut ist! *Reibt sich die Hände und geht hin und her.* Herrgott, was ist das doch für ein Gefühl, mit seinen Mitbürgern so brüderlich verbunden zu sein!

PETRA: Und dabei etwas so Gutes und Nützliches zu vollbringen, Vater!

DOKTOR: Und noch dazu für die eigene Vaterstadt!

FRAU STOCKMANN: Jetzt hat es geklingelt!

DOKTOR: Das ist er sicher. *Es klopft.* Bitte sehr!

STADTHAUPTMANN *kommt vom Flur herein*: Guten Morgen!

DOKTOR: Willkommen, Peter!

FRAU STOCKMANN: Guten Morgen, Schwager! Wie geht's denn?

STADTHAUPTMANN: Ach danke. Soso. *Zum Doktor*: Ich habe gestern nach Büroschluß eine Abhandlung von dir zugestellt bekommen, die Wasserverhältnisse des Bades betreffend.

DOKTOR: Hast du sie gelesen?

STADTHAUPTMANN: Das habe ich.

DOKTOR: Und was sagst du dazu?

STADTHAUPTMANN *mit einem Seitenblick*: Hm...

FRAU STOCKMANN: Komm, Petra! *Sie geht mit Petra in das Zimmer links.*

STADTHAUPTMANN *nach einer Pause*: War das nötig, all diese Untersuchungen hinter meinem Rücken vorzunehmen?

DOKTOR: Ja, solange ich keine absolute Gewißheit hatte.

STADTHAUPTMANN: Und die glaubst du also jetzt zu haben?

DOKTOR: Ja. Davon hast du dich wohl selbst überzeugt.

STADTHAUPTMANN: Ist es deine Absicht, dieses Aktenstück der Badeverwaltung offiziell einzureichen?

DOKTOR: Natürlich. Es muß doch etwas geschehen in der Sache. Und das so schnell wie möglich.

STADTHAUPTMANN: In deiner Abhandlung bedienst du dich wie gewöhnlich starker Ausdrücke. Unter anderm behauptest du, was wir unsern Kurgästen bieten, sei eine Vergiftung in Permanenz.

DOKTOR: Aber Peter, kann man denn das anders nennen? Denk doch nur – verseuchtes Wasser zum innerlichen und äußerlichen Gebrauch! Und das für arme Kranke, die in gutem Glauben bei uns Hilfe suchen und geldliche Opfer bringen, um ihre Gesundheit wiederzuerlangen!

STADTHAUPTMANN: Und dann kommst du in deinem Schriftsatz zu dem Resultat, daß wir für die Abwässer aus dem Mühltal, die nach deiner Behauptung das Strandbad verunreinigen, eine Kläranlage bauen und die Trinkwasserleitung umlegen müßten.

DOKTOR: Ja, weißt du einen anderen Ausweg? Ich nicht.

STADTHAUPTMANN: Ich nahm heute vormittag die Gelegenheit wahr, mit dem Stadtingenieur zu sprechen. Und da habe ich – so halb wie zum Scherz – die Rede auf die Umbauten gebracht, die wir vielleicht irgendeinmal ins Auge fassen müßten.

DOKTOR: Irgendeinmal?

STADTHAUPTMANN: Er hat natürlich über meine vermeintliche

Extravaganz gelächelt. Hast du dir die Mühe gemacht, darüber nachzudenken, was die vorgeschlagenen Umbauten kosten würden? Nach meinen Informationen dürften die Ausgaben sich auf mehrere hunderttausend Kronen belaufen.

DOKTOR: So viel sollte das kosten?

STADTHAUPTMANN: Ja. Und was das schlimmste ist: die Arbeiten würden mindestens zwei Jahre in Anspruch nehmen.

DOKTOR: Zwei Jahre, sagst du? Ganze zwei Jahre?

STADTHAUPTMANN: Mindestens. Und was soll während dieser Zeit mit dem Bad werden? Sollen wir es schließen? Etwas anderes würde uns nicht übrigbleiben. Oder glaubst du vielleicht, es käme noch jemand zu uns, wenn sich das Gerücht verbreitet, das Wasser sei gesundheitsschädigend?

DOKTOR: Aber Peter, das ist es doch auch!

STADTHAUPTMANN: Und das alles jetzt – gerade jetzt, wo das Bad im Aufblühen ist. Die Nachbarstädte haben auch gewisse Voraussetzungen, sich zum Kurort zu entwickeln. Glaubst du nicht, daß sie alles dransetzen würden, um den ganzen Fremdenstrom an sich zu ziehen? Natürlich, ganz zweifellos. Und dann stünden wir da! Wahrscheinlich müßten wir den ganzen Kurbetrieb, der uns so viel Geld gekostet hat, einfach aufgeben. Und dann hättest du deine Vaterstadt ruiniert.

DOKTOR: Ich – ruiniert!

STADTHAUPTMANN: Einzig und allein durch das Bad hat die Stadt nennenswerte Entwicklungschancen. Das siehst du wahrscheinlich ebensogut wie ich.

DOKTOR: Aber was soll nun deiner Meinung nach geschehen?

STADTHAUPTMANN: Deine Abhandlung hat mich nicht davon überzeugt, daß die Wasserverhältnisse des Bades so bedenklich sind, wie du sie hinstellst.

DOKTOR: Sie sind eher noch schlimmer! Zum mindesten werden sie es im Sommer unter dem Einfluß der Hitze.

STADTHAUPTMANN: Wie gesagt, ich glaube, daß du stark übertreibst. Ein tüchtiger Arzt muß seine Maßnahmen zu treffen wissen – er muß verstehen, schädlichen Wirkungen vorzubeugen und, falls sie doch in Erscheinung treten sollten, sie zu bekämpfen.

DOKTOR: Und dann? Was weiter?

STADTHAUPTMANN: Die Wasserleitung, so wie sie damals angelegt wurde, ist nun einmal ein Faktum und muß selbstverständlich als solches behandelt werden. Aber wahrscheinlich wird die Direktion zu gegebener Zeit nicht abgeneigt sein, in Erwägung zu ziehen, inwieweit es mit erschwinglichen pekuniären Mitteln möglich wäre, gewisse Verbesserungen vorzunehmen.

DOKTOR: Und du glaubst, auf solche Hinterhältigkeiten ließe ich mich jemals ein!?

STADTHAUPTMANN: Hinterhältigkeiten?

DOKTOR: Jawohl! Das wäre eine Hinterhältigkeit – eine Betrügerei, eine Lüge, geradezu ein Verbrechen an der Allgemeinheit, an der ganzen Bevölkerung!

STADTHAUPTMANN: Ich habe, wie bereits bemerkt, nicht die Überzeugung gewinnen können, daß eine eigentliche, unmittelbare Gefahr besteht.

DOKTOR: Doch, das hast du! Es ist auch gar nicht anders möglich. Meine Darstellung ist sachlich richtig und unwiderlegbar, das weiß ich! Und darüber, Peter, bist du dir auch völlig im klaren. Du willst es nur nicht zugeben. Weil du damals selbst die Anlage der Wasserleitung in der jetzigen Gestalt durchgesetzt hast. Da liegt der Hase im Pfeffer! Du willst diesen verdammt groben Fehler nicht eingestehen. Ph! Glaubst du, ich durchschaue dich nicht?

STADTHAUPTMANN: Und selbst, wenn es so wäre? Wenn ich vielleicht etwas peinlich um meine Autorität besorgt bin, so geschieht dies zum Wohl der Stadt. Ohne moralische Autorität kann ich meine Amtsgeschäfte nicht so abwickeln, wie ich es im Interesse des Ganzen für zweckdienlich halte. Daher – und aus einer Reihe anderer Gründe – ist mir daran gelegen, daß deine Abhandlung der Badedirektion nicht vorgelegt wird. Sie muß im öffentlichen Interesse zurückgehalten werden. Ich will dann später die Sache zur Diskussion stellen, und wir werden in aller Stille unser Bestes tun. Aber es darf nichts von dieser fatalen Angelegenheit in die Öffentlichkeit dringen! Nicht ein Wort!

DOKTOR: Hm, das wird sich kaum verhindern lassen, mein lieber Peter.

STADTHAUPTMANN: Das muß und wird sich verhindern lassen!

DOKTOR: Das geht nicht, sage ich dir. Dazu wissen schon zu viele davon.

STADTHAUPTMANN: Wissen davon? Wer? Doch nicht etwa diese Herren vom „Volksboten"?

DOKTOR: O doch. Auch die. Die freisinnige, unabhängige Presse wird schon dafür sorgen, daß ihr eure Schuldigkeit tut!

STADTHAUPTMANN *nach kurzem Schweigen*: Thomas, du bist ein maßlos unbesonnener Mensch! Hast du nicht bedacht, was für Folgen das für dich selbst haben kann?

DOKTOR: Folgen? Folgen für mich?

STADTHAUPTMANN: Für dich und für deine Familie, jawohl.

DOKTOR: Was, zum Teufel, soll das heißen?

STADTHAUPTMANN: Ich glaube, ich bin dir jederzeit ein fürsorglicher und hilfsbereiter Bruder gewesen.

DOKTOR: Gewiß, das bist du. Und dafür bin ich dir dankbar.

STADTHAUPTMANN: Das verlange ich nicht. Schließlich war ich einesteils dazu gezwungen – im eigenen Interesse. Ich hatte immer gehofft, dich einigermaßen im Zaum halten zu können, indem ich dir half, deine wirtschaftlichen Verhältnisse zu verbessern.

DOKTOR: Was sagst du da? Es war also nur Egoismus!

STADTHAUPTMANN: Einesteils, sage ich. Für einen Beamten ist es peinlich, wenn sich seine nächsten Verwandten immer wieder kompromittieren.

DOKTOR: Und du findest, daß ich das tue?

STADTHAUPTMANN: Ja, leider tust du das, wohl ohne es selbst zu wissen. Du hast einen unruhigen, streitbaren, aufrührerischen Charakter. Und dann deine unglückselige Neigung, über alle möglichen und unmöglichen Fragen deine Meinung zu publizieren! Kaum hast du einen Einfall, gleich mußt du einen Zeitungsartikel oder gar eine Broschüre daraus machen.

DOKTOR: Nun ja, aber ist es nicht die Pflicht eines Staatsbürgers, wenn er einen neuen Gedanken hat, ihn der Allgemeinheit mitzuteilen?

STADTHAUPTMANN: Ach, die Allgemeinheit bedarf gar keiner neuen Gedanken! Der Allgemeinheit ist am besten gedient mit den altbewährten Gedanken.

DOKTOR: Und das sagst du so ganz unverblümt!

STADTHAUPTMANN: Na, einmal muß ich doch ein offenes Wort mit dir reden. Bisher habe ich es zu vermeiden gesucht, weil ich deine Empfindlichkeit kenne. Aber jetzt muß ich dir ehrlich meine Meinung sagen, Thomas. Du machst dir keine Vorstellung davon, wie sehr du dir selbst mit deiner Unbesonnenheit schadest. Du beklagst dich über die Behörden, selbst über die Regierung – machst sie sogar herunter, behauptest, du würdest zurückgesetzt und geächtet. Kannst du aber etwas anderes erwarten, wenn du aller Welt lästig bist?

DOKTOR: Was soll das heißen – ich sei aller Welt lästig?

STADTHAUPTMANN: Ja, Thomas, du erschwerst den Menschen eine Zusammenarbeit mit dir. Davon weiß ich ein Lied zu singen. Du läßt alle Rücksicht außer acht, scheinst auch ganz vergessen zu haben, daß du deinen Posten als Badearzt mir zu verdanken hast.

DOKTOR: Die Stellung kam mir zu! Mir und niemand anderem! Ich war der erste, der gesehen hat, daß aus der Stadt ein blühender Kurort werden könnte. Und ich stand damals mit meiner Ansicht allein da. Ganz allein habe ich mich jahrelang für den Gedanken eingesetzt. Und ich habe geschrieben und geschrieben...

STADTHAUPTMANN: Wird nicht bestritten. Doch damals war die Zeit dafür noch nicht reif. Na, das konntest du dort oben in deinem Krähwinkel freilich nicht beurteilen. Aber als dann der richtige Moment gekommen war, nahm ich – und die anderen –, da nahmen wir die Sache in die Hand...

DOKTOR: Um meinen ganzen herrlichen Plan zu verpfuschen! O ja, jetzt zeigt es sich freilich, was für überkluge Kerle ihr wart!

STADTHAUPTMANN: Meines Erachtens zeigt sich nur, daß du wieder einmal ein Ventil für deine Streitlust brauchst. Du willst deinen Vorgesetzten zu Leibe – wie es deine alte Gewohnheit ist. Du kannst keine Autorität über dir vertragen. Du siehst jeden schief an, der ein übergeordnetes Amt bekleidet. Du betrachtest ihn als deinen persönlichen Feind, und jede Angriffswaffe ist dir recht. Doch jetzt habe ich dich darauf aufmerksam gemacht, was für die ganze Stadt auf dem Spiel steht – und damit auch für mich. Und daher sage ich dir, Thomas, daß ich unerbittlich auf der Forderung beharren werde, die ich jetzt an dich stelle.

DOKTOR: Was ist das für eine Forderung?

STADTHAUPTMANN: Da du deine Zunge nicht im Zaum gehalten und Unbefugte in diese heikle Angelegenheit eingeweiht hast, obwohl sie als Dienstgeheimnis hätte behandelt werden müssen, so kann die Sache natürlich nicht vertuscht werden. Mancherlei Gerüchte werden aufkommen und durch übelgesinnte Elemente genährt werden. Daher wird es erforderlich sein, daß du derlei Gerüchten öffentlich entgegentrittst.

DOKTOR: Ich! Was? Ich höre wohl nicht recht?

STADTHAUPTMANN: Wir erwarten folgendes von dir: Du wirst auf Grund erneuter Untersuchungen zu dem Ergebnis kommen, daß der Befund bei weitem nicht so gefährlich oder bedenklich ist, wie es dir im ersten Augenblick schien.

DOKTOR: Aha – so! Das erwartest du also!

STADTHAUPTMANN: Des weiteren wird erwartet, daß du in die Leitung das Vertrauen setzt – und dieses auch öffentlich zum Ausdruck bringst –, sie werde in ausreichender Weise das zur Beseitigung eventueller Mängel Erforderliche veranlassen.

DOKTOR: Aber diese Mängel könnt ihr nie und nimmer beseitigen, solange ihr euch mit Flick- und Pfuschwerk begnügt! Das sage ich dir, Peter, und das ist meine volle, unerschütterliche Überzeugung!

STADTHAUPTMANN: Als Angestellter hast du nicht das Recht zu einer separaten Überzeugung.

DOKTOR *betroffen*: Nicht das Recht?

STADTHAUPTMANN: Als Angestellter, sage ich. Als Privatperson – nun ja, das ist etwas anderes. Aber in deiner subalternen Stellung als Badearzt hast du keine Überzeugung zum Ausdruck zu bringen, die zu der deiner Vorgesetzten im Widerspruch steht.

DOKTOR: Das geht zu weit! Ich, als Arzt, als Wissenschaftler, sollte nicht sagen dürfen ...!

STADTHAUPTMANN: Die Angelegenheit, um die es sich hier handelt, ist keine rein wissenschaftliche, sondern eine kombinierte. Sie hat sowohl eine technische als auch eine wirtschaftliche Seite.

DOKTOR: Teufel noch mal, das ist mir schnuppe! Ich beanspruche das Recht, über alles und jedes frei meine Meinung zu sagen!

STADTHAUPTMANN: Bitte sehr! Doch nicht über die Angelegenheiten des Bades. Das verbieten wir dir.

DOKTOR *außer sich*: Ihr verbietet mir ...! Ihr! Ihr ...

STADTHAUPTMANN: Ich verbiete es dir – ich, dein oberster Vorgesetzter. Und wenn ich es dir verbiete, so hast du zu gehorchen.

DOKTOR *bezwingt sich*: Peter, wärst du nicht mein Bruder – wahrhaftig ...

PETRA *reißt die Tür auf*: Vater, das darfst du dir nicht gefallen lassen!

FRAU STOCKMANN *stürzt hinter ihr her*: Petra! Petra!

STADTHAUPTMANN: Ach, man hat gehorcht?

FRAU STOCKMANN: Es war ja so laut. Wir mußten es ja hören.

PETRA: Natürlich habe ich zugehört.

STADTHAUPTMANN: Nun, das ist mir im Grunde ganz lieb.

DOKTOR *tritt an seinen Bruder heran*: Du sagtest mir etwas von verbieten und gehorchen?

STADTHAUPTMANN: Du hast mich gezwungen, einen solchen Ton anzuschlagen.

DOKTOR: Und nun soll ich in einer öffentlichen Erklärung mich selbst aufs Maul schlagen?

STADTHAUPTMANN: Es ist unseres Erachtens unumgänglich, daß du eine öffentliche Erklärung in der angegebenen Art abgibst.

DOKTOR: Und wenn ich nun – nicht – gehorche?

STADTHAUPTMANN: Dann geben wir zur Beruhigung des Publikums selbst eine Erklärung ab.

DOKTOR: Nun gut. Aber dann werde ich eine Entgegnung veröffentlichen. Ich bleibe bei meinem Befund. Ich werde beweisen, daß ich recht habe und daß ihr unrecht habt. Was wollt ihr dann tun?

STADTHAUPTMANN: Dann würde ich nicht verhindern können, daß du deine Entlassung erhältst.

DOKTOR: Was?

PETRA: Vater – deine Entlassung!

FRAU STOCKMANN: Entlassung!

STADTHAUPTMANN: Deine Entlassung als Badearzt. Ich würde mich veranlaßt sehen, deine fristlose Entlassung zu beantragen und dir die Befugnis zu entziehen, dich noch irgendwie mit den Angelegenheiten des Bades zu befassen.

DOKTOR: Da würdet ihr ein gewagtes Spiel spielen!

STADTHAUPTMANN: Wer hier ein gewagtes Spiel spielt, das bist du.

PETRA: Onkel, dieses Vorgehen gegen einen Mann wie meinen Vater ist empörend!

FRAU STOCKMANN: Willst du wohl den Mund halten, Petra!

STADTHAUPTMANN *blickt Petra an*: Aha, man erlaubt sich bereits Meinungsäußerungen? Ja, natürlich. *Zu Frau Stockmann*: Frau Schwägerin, vermutlich sind Sie die Besonnenste hier im Haus. Gebrauchen Sie Ihren ganzen Einfluß, den Sie auf Ihren Mann haben! Machen Sie ihm klar, daß sein Verhalten die übelsten Folgen haben wird sowohl für seine Familie...

DOKTOR: Meine Familie geht niemand etwas an!

STADTHAUPTMANN: Sowohl für seine Familie, sage ich, als auch für die Stadt, in der er lebt.

DOKTOR: Niemand ist so ehrlich auf das Wohl der Stadt bedacht wie ich! Ich will die Mängel aufdecken, die früher oder später doch ans Tageslicht kommen müssen! Oh, es wird sich schon erweisen, daß ich meine Vaterstadt liebe!

STADTHAUPTMANN: Du, der du in Trotz und Verblendung die Stadt von ihrer wichtigsten Lebensquelle abschneiden willst!

DOKTOR: Diese Quelle ist vergiftet, Menschenskind! Bist du denn ganz von Sinnen? Wir leben hier vom Hökern mit verfaultem Unrat! Die wirtschaftliche Blüte würden wir einer Lüge verdanken!

STADTHAUPTMANN: Hirngespinste – oder etwas noch Schlimmeres! Wer solche beleidigenden Unterstellungen gegen seine eigene Vaterstadt verbreitet, der muß ein Feind der Gesellschaft sein.

DOKTOR *will sich auf ihn stürzen*: Und das wagst du...!

FRAU STOCKMANN *wirft sich dazwischen*: Thomas!

PETRA *faßt ihren Vater am Arm*: Ruhig, Vater!

STADTHAUPTMANN: Ich will mich nicht Gewalttätigkeiten aussetzen. Du bist nun gewarnt. Überlege dir, was du dir und den Deinen schuldig bist. Adieu. *Er geht hinaus.*

DOKTOR *geht auf und ab*: Und so eine Behandlung muß ich mir bieten lassen! In meinem eigenen Haus, Katrine! Was sagst du dazu?

FRAU STOCKMANN: Freilich ist das eine Schmach und Schande, Thomas...

PETRA: Oh, ich könnte dem Onkel...!

DOKTOR: Aber es ist meine eigene Schuld. Ich hätte mich schon lange auf die Hinterbeine stellen, ihnen die Zähne zeigen sollen – ich hätte um mich beißen müssen! – Mich einen Feind der Gesellschaft zu schimpfen! Mich! Weiß der Himmel! Das lasse ich nicht auf mir sitzen!

FRAU STOCKMANN: Aber, lieber Thomas, dein Bruder hat nun einmal die Macht.

DOKTOR: Aber ich habe das Recht auf meiner Seite, du!

FRAU STOCKMANN: Ach ja, das Recht, das Recht. Was hilft dir dein Recht, wenn du nicht die Macht hast?

PETRA: Aber Mutter! Wie kannst du nur so reden!

DOKTOR: Also das Recht auf seiner Seite zu haben, das sollte in einer freien Gesellschaftsordnung nichts nützen? Das ist doch lächerlich, Katrine! Und außerdem – habe ich nicht auch die freisinnige, unabhängige Presse auf meiner Seite – und die kompakte Majorität hinter mir? Das ist wohl Macht genug, sollte ich meinen!

FRAU STOCKMANN: Aber Thomas, du denkst doch wohl um Gottes willen nicht etwa...

DOKTOR: Was? Woran soll ich nicht denken?

FRAU STOCKMANN: ... dich deinem Bruder zu widersetzen, meine ich.

DOKTOR: Was, zum Teufel, soll ich denn sonst tun, ohne Recht und Wahrheit zu verraten?

PETRA: Ja, das frage ich auch!

FRAU STOCKMANN: Aber das nützt doch alles nichts! Wenn sie nicht wollen, dann wollen sie nicht!

DOKTOR: Hoho, Katrine, laß mir nur Zeit, und du wirst sehen, daß ich mich durchsetze!

FRAU STOCKMANN: Du wirst es noch so weit treiben, daß du deine Entlassung erhältst! So weit wird es noch kommen!

DOKTOR: Dann habe ich wenigstens meine Pflicht getan – der

Gesellschaft gegenüber. Ich, den man einen Feind der Gesellschaft geschimpft hat!

FRAU STOCKMANN: Aber deiner Familie gegenüber, Thomas? Uns gegenüber? Nennst du d a s deine Pflicht als Familienvater erfüllen?

PETRA: Ach, denk doch nicht immer nur an uns, Mutter!

FRAU STOCKMANN: Ja, du hast gut reden! Du kannst im Notfall auf eigenen Füßen stehen. – Aber denk an die Jungens, Thomas! Und denk auch ein wenig an dich selbst, und an mich...

DOKTOR: Ich glaube, du bist nicht bei Trost, Katrine! Wenn ich so ein Waschlappen wäre und vor diesem Peter und seiner verdammten Clique in die Knie ginge – könnte ich dann in meinem ganzen Leben noch eine glückliche Stunde haben?

FRAU STOCKMANN: Das weiß ich nicht. Aber Gott bewahre uns vor dem Glück, das unser harrt, wenn du weiter mit dem Kopf durch die Wand willst. Dann stehst du wieder ohne sicheres Einkommen da. Ich meine, das haben wir lange genug durchgemacht. Vergiß das nicht, Thomas! Denke daran, was das bedeutet!

DOKTOR *windet sich in innerem Kampf und ballt die Fäuste*: Und in eine solche Lage können diese Bürokraten einen freien, ehrlichen Mann versetzen! Ist das nicht fürchterlich, Katrine?

FRAU STOCKMANN: Gewiß, das ist gemein dir gegenüber, weiß der liebe Himmel. Aber es gibt auf der Welt so viel Ungerechtigkeit, mit der man sich abfinden muß. – Da kommen die Jungens, Thomas! Sieh sie dir an! Was soll aus ihnen werden? Aber nein, das bringst du doch nicht übers Herz...

Eilif und Morten sind inzwischen mit ihren Schulbüchern hereingekommen.

DOKTOR: Die Jungens! *Auf einmal fest und entschlossen*: Und wenn die Welt in Trümmer geht – ich beuge mich nicht unter das Joch! *Will in sein Zimmer gehen.*

FRAU STOCKMANN *ruft ihm nach*: Thomas, was willst du tun?

DOKTOR *an der Tür*: Meine Jungen werden einmal erwachsen und freie Männer sein. Dann will ich ihnen mit gutem Gewissen in die Augen sehen können. *Geht in sein Zimmer.*

FRAU STOCKMANN *bricht in Tränen aus*: Gott steh uns bei!

PETRA: Vater hat das Herz auf dem rechten Fleck! Er kriecht nicht zu Kreuze!

Die Jungen fragen erstaunt, worum es geht. Petra bedeutet ihnen zu schweigen.

DRITTER AKT

Redaktion des „Volksboten". Im Hintergrund links die Eingangstür, rechts eine Tür, durch deren Scheiben man in die Druckerei blickt. Auf der rechten Seite eine weitere Tür. In der Mitte des Raums ein großer Tisch mit Papieren, Zeitungen und Büchern. Links vorn ein Fenster und an diesem ein Schreibpult mit einem hohen Kontorschemel. Am Tisch ein paar Lehnstühle, an den Wänden einige gewöhnliche Stühle. Das Zimmer ist düster und ungemütlich, die Einrichtung abgenutzt, die Bezüge der Lehnstühle sind schmutzig und zerschlissen. In der Druckerei sieht man einige Setzer bei der Arbeit und ganz im Hintergrund eine Handpresse in Tätigkeit.

Hovstad sitzt am Pult und schreibt. Nach einer Weile kommt Billing mit Dr. Stockmanns Manuskript aus der Tür rechts.

BILLING: Na, das muß ich sagen...

HOVSTAD *weiterschreibend*: Haben Sie es durchgelesen?

BILLING *legt das Manuskript aufs Pult*: Ja, natürlich.

HOVSTAD: Der Doktor geht scharf ins Zeug, was?

BILLING: Scharf? Ätzend! Gott verdamm mich! Jedes Wort saust nieder – ich möchte sagen, wuchtig wie ein Schmiedehammer.

HOVSTAD: Schon recht, aber diese Leute fallen nicht beim ersten Schlag.

BILLING: Das stimmt. Aber dann kämpfen wir weiter – Schlag auf Schlag, bis die Macht der großen Herren zusammenbricht. Als ich vorhin in meinem Zimmer das hier las, war mir, als sähe ich die Revolution von fern heranrücken.

HOVSTAD *dreht sich um*: Pst! Lassen Sie das nur Aslaksen nicht hören!

BILLING *dämpft seine Stimme*: Aslaksen ist eine Bangbüx, ein ganz feiger Kerl. Es steckt kein Mannesmut in ihm. Aber diesmal setzen Sie doch wohl Ihren Willen durch? Was? Der Artikel des Doktors wird doch gebracht?

HOVSTAD: Ja, wenn der Stadthauptmann nicht gutwillig nachgibt...

BILLING: Das wäre aber schade!

HOVSTAD: Na, glücklicherweise können wir uns die Situation zunutze machen, wie die Dinge sich auch entwickeln mögen. Geht der Stadthauptmann auf den Vorschlag des Doktors nicht ein, dann bekommt er alle Kleinbürger auf den Hals, den ganzen Hausbesitzerverein mit Anhang. Und geht er darauf ein, dann verdirbt er es mit der ganzen Clique der Aktionäre des Bades, die bisher seine besten Stützen waren.

BILLING: Jawohl, das ist klar! Die müßten doch verdammt tief in den Beutel greifen!

HOVSTAD: Darauf können Sie Gift nehmen. Und dann ist der Ring gesprengt, wissen Sie, und dann können wir in unserer Zeitung Tag für Tag dem breiten Publikum einhämmern, daß der Stadthauptmann überhaupt nichts versteht und daß alle Vertrauensämter, die ganze kommunale Verwaltung in die Hände freisinniger Männer gehören.

BILLING: Gott verdamm mich, das ist sonnenklar! Ich sehe, ich sehe: wir stehen am Vorabend einer Revolution!

Es klopft.

HOVSTAD: Pst! *Ruft*: Herein!

Dr. Stockmann tritt durch die Eingangstür ein. Hovstad geht ihm entgegen.

Ah, der Herr Doktor! – Nun?

DOKTOR: Drucken Sie los, Herr Hovstad!

HOVSTAD: Also doch?

BILLING: Hurra!

DOKTOR: Drucken Sie los, sage ich. Nun ist es soweit. Jetzt sollen sie auslöffeln, was sie sich eingebrockt haben! Nun gibt's Krieg im Städtchen, Herr Billing!

BILLING: Krieg bis aufs Messer, will ich hoffen! Immer feste, Herr Doktor!

Doktor: Dieser Aufsatz ist nur ein Anfang. Ich wälze bereits vier, fünf andere Artikel im Kopf. Wo steckt denn Aslaksen?

Billing *ruft in die Druckerei hinein*: Aslaksen, ach, kommen Sie doch einen Augenblick herein!

Hovstad: Vier, fünf andere Artikel, sagen Sie? Über dasselbe Thema?

Doktor: I wo, mein Lieber. Nein, über ganz was anderes. Aber Ausgangspunkt ist bei allem die Wasserleitung und die Kläranlage. Eins zieht das andere nach, wissen Sie. Es ist wie beim Umbau eines alten Hauses. Genauso.

Billing: Stimmt genau, Gott verdamm mich! Man gibt sich nicht zufrieden, ehe man die ganze Bude niedergerissen hat.

Aslaksen *kommt aus der Druckerei*: Niedergerissen? Der Herr Doktor denkt doch wohl nicht daran, das Brunnenhaus niederzureißen?

Hovstad: Ach was! Haben Sie nur keine Angst!

Doktor: Nein, es handelt sich um ganz andere Dinge. Na, was sagen Sie zu meiner Abhandlung, Herr Hovstad?

Hovstad: Ein wahres Meisterstück.

Doktor: Ja, nicht wahr? Nun, das freut mich, das freut mich.

Hovstad: Es ist alles so klar und überzeugend. Man braucht durchaus nicht Fachmann zu sein, um Ihren Ausführungen folgen zu können. Ich möchte wetten, jeder vorurteilsfreie Leser wird Ihnen beipflichten.

Aslaksen: Und alle besonnenen doch wohl auch?

Billing: Besonnene und Unbesonnene – ich möchte sagen, so ziemlich die ganze Stadt!

Aslaksen: Na, dann können wir den Beitrag ja drucken.

Doktor: Das sollte ich meinen!

Hovstad: Er wird morgen früh erscheinen.

Doktor: Auch nicht ein Tag darf verlorengehen! Hören Sie, Herr Aslaksen, ich möchte Sie bitten: nehmen Sie sich persönlich dieses Manuskripts an!

Aslaksen: Das will ich tun.

Doktor: Passen Sie gut auf! Als sei es pures Gold! Keinen Druckfehler! Jedes Wort ist wichtig. Ich komme später wieder vorbei. Vielleicht kann ich dann schon die Korrekturfahnen lesen. Ach, ich kann gar nicht sagen, wie sehr ich darauf brenne, die Sache gedruckt zu sehen, hinausgeschleudert...

BILLING: Geschleudert – jawohl, wie ein Blitz!

DOKTOR: Allen einsichtigen Mitbürgern zur Kenntnis. – Oh, Sie können sich nicht vorstellen, was ich mir heute alles bieten lassen mußte! Womit man mir gedroht hat! Man hat mir meine elementarsten Menschenrechte absprechen wollen.

BILLING: Was? Ihre Menschenrechte?

DOKTOR: Man hat mich ducken wollen, mich zum Schuft machen! Man hat mir zugemutet, persönliche Vorteile über meine innerste, heiligste Überzeugung zu stellen!

BILLING: Gott verdamm mich! Das ist freilich starker Tobak!

HOVSTAD: O ja, von der Seite muß man auf allerhand gefaßt sein.

DOKTOR: Aber bei mir sollen sie den kürzeren ziehen! Das sollen sie schwarz auf weiß bekommen! Jetzt will ich mich Tag für Tag im „Volksboten" sozusagen vor Anker legen und sie mit einem Explosivgeschoß nach dem andern bestreichen!

ASLAKSEN: Ja, aber hören Sie mal...

BILLING: Hurra! Es gibt Krieg, es gibt Krieg!

DOKTOR: Ich will sie zu Boden schlagen, will sie zerschmettern, will ihre Festungswerke vor den Augen aller rechtschaffenen Bürger wegrasieren! Jawohl! Das will ich!

ASLAKSEN: Aber immer mit Maßen, Herr Doktor! Das gilt auch fürs Schießen!

BILLING: Ach was! Nicht mit Dynamit gespart!

DOKTOR *unbeirrt fortfahrend*: Denn jetzt geht es nicht nur um die Wasserleitung und die Kläranlage, sehen Sie. Das ganze Gemeinwesen muß gereinigt werden. Desinfiziert!

BILLING: Desinfiziert! Das ist der richtige Ausdruck!

DOKTOR: Alle Flickwerk-Politikaster müssen weggefegt werden, verstehen Sie. Und zwar auf allen Gebieten! Heute haben sich mir unendliche Perspektiven eröffnet. Noch sehe ich nicht alles klar. Aber das wird schon kommen. Liebe Freunde, wir müssen uns nach jungen Bannerträgern umsehen! Nach solchen, die vom neuen Geist beseelt sind. Wir brauchen auf allen Vorposten neue Führer.

BILLING: Hört, hört!

DOKTOR: Und wenn wir nur zusammenhalten, dann wird alles glatt gehen. Die ganze Umwälzung wird so glatt vom Stapel laufen wie ein Schiff. Glauben Sie das nicht auch?

HOVSTAD: Ich für mein Teil glaube, daß wir jetzt alle Aussicht haben, das kommunale Steuer auf die Seite herumzubekommen, auf die es von Rechts wegen gehört.

ASLAKSEN: Und wenn wir nur immer mit Maßen vorgehen, dann kann ich mir nicht denken, daß es gefährlich werden könnte!

DOKTOR: Wer, zum Teufel, denkt dabei an Gefahr? Was ich tue, das tue ich im Namen der Wahrheit und um meines Gewissens willen.

HOVSTAD: Sie sind ein Mann, der Unterstützung verdient, Herr Doktor!

ASLAKSEN: Ja, das steht fest, der Herr Doktor ist wahrhaftig ein Freund unserer Stadt, ein echter Freund des kleinen Mannes. Jawohl!

BILLING: Ein Volksfreund, das ist der Doktor Stockmann, Gott verdamm mich!

ASLAKSEN: Ich denke, der Hausbesitzerverein wird von diesem Ausdruck bald Gebrauch machen.

DOKTOR *bewegt, drückt ihnen die Hände*: Danke, danke, meine lieben, treuen Freunde! Wie wohl tun mir solche Worte! Mein Herr Bruder hat mich ganz anders genannt. Na, das soll er wahrhaftig mit Zinsen zurückbekommen! Aber jetzt muß ich gehen und nach einem armen Teufel sehen. – Ich komme also wieder. Nehmen Sie sich nur des Manuskripts an, Herr Aslaksen! Und vor allem: streichen Sie mir keine Ausrufungszeichen! Setzen Sie lieber noch ein paar dazu! Also dann – adieu so lange! Adieu, adieu! *Stockmann wird unter Händeschütteln zur Tür begleitet und geht.*

HOVSTAD: Er kann für uns ein unbezahlbarer Mitarbeiter werden.

ASLAKSEN: Gewiß, solange er bei der Geschichte mit dem Bad bleibt. Aber sollte er weitergehen, dann wäre es nicht ratsam, ihm zu folgen.

HOVSTAD: Das kommt noch darauf an...

BILLING: Sie sind aber auch verdammt ängstlich, Aslaksen!

ASLAKSEN: Ängstlich? Ja, wenn es sich um die lokalen Machthaber handelt, dann bin ich's, Herr Billing. Das habe ich in der Schule des Lebens gelernt, will ich Ihnen sagen. Aber geht es um große Politik, und wenn es Opposition gegen die Regierung ist, da bin ich nicht ängstlich.

BILLING: Nein, das allerdings nicht, das stimmt. Aber das ist ja gerade der Widerspruch bei Ihnen.

ASLAKSEN: Ich bin ein Mann von Gewissen, das ist die Sache. Wenn man die Regierung angreift, dann schadet man der Allgemeinheit nicht. Denn die da oben berührt das nicht, wissen Sie. Die stürzt man nicht so leicht. Aber die lokalen Behörden, die können über Bord gehen, und dann bekommt man vielleicht Leute ans Ruder, die gar nichts verstehen. Und das wäre dann ein nicht wiedergutzumachender Schaden für die Hausbesitzer und viele andere.

HOVSTAD: Aber die Erziehung der Bürger durch die Selbstverwaltung – an die denken Sie wohl nicht?

ASLAKSEN: Wenn man es zu etwas gebracht hat, das man festhalten will, dann kann man nicht an alles mögliche andere denken, Herr Hovstad.

HOVSTAD: Dann bewahre mich Gott, daß ich es je zu etwas bringe!

BILLING: Hört, hört!

ASLAKSEN *lächelt*: Hm. *Weist auf das Pult.* Auf dem Redakteursessel da hat vor Ihnen der Stiftsamtmann Stensgaard gesessen.

BILLING *spuckt aus*: Pfui! So ein Überläufer!

HOVSTAD: Ich hänge den Mantel nicht nach dem Wind – und werde es auch nie tun!

ASLAKSEN: Ein Politiker sollte nichts beschwören, Herr Hovstad! Und Sie, Herr Billing, Sie sollten auch ein oder zwei Loch zurückstecken, scheint mir. Sie haben sich ja um den Posten des Magistratssekretärs beworben!

BILLING: Ich?

HOVSTAD: Sie? Billing!

BILLING: Na ja, zum Teufel – Sie können sich doch wohl denken, daß ich es nur getan habe, um die hochweisen Herren zu ärgern.

ASLAKSEN: Schön, das geht mich ja nichts an. Aber wenn man mir Feigheit und Widersprüche in meiner Haltung vorwirft, dann möchte ich doch betonen: die politische Vergangenheit des

Buchdruckers Aslaksen liegt vor aller Welt da. Ich habe meine Haltung nicht geändert, außer daß ich maßvoller geworden bin, sehen Sie. Mein Herz ist noch immer beim Volke. Aber ich will nicht bestreiten, daß mein Verstand ein bißchen den Machthabern zuneigt – den lokalen, versteht sich. *Er geht in die Druckerei.*

BILLING: Wollen wir nicht zusehen, ihn loszuwerden, Hovstad?

HOVSTAD: Wissen Sie jemand anders, der uns die Kosten für Papier und Druck vorschießt?

BILLING: Verdammt, daß wir nicht das nötige Betriebskapital haben!

HOVSTAD *setzt sich ans Pult*: Ja, wenn wir das hätten...

BILLING: Wenn Sie sich mal an Doktor Stockmann wendeten?

HOVSTAD *blättert in seinen Papieren*: Wozu? Der hat doch selbst nichts.

BILLING: Aber er hat einen zahlungskräftigen Mann hinter sich: den ollen Morten Kiil – den „Dachs", wie die Leute ihn nennen.

HOVSTAD *beim Schreiben*: Wissen Sie denn so sicher, daß der was hat?

BILLING: Jawohl, Gott verdamm mich, der hat was! Und davon muß doch wohl ein Teil an die Familie Stockmann fallen. Er wird sie doch sicherstellen wollen. Auf jeden Fall die Kinder.

HOVSTAD *wendet sich halb um*: Würden Sie darauf bauen?

BILLING: Bauen? Ich baue natürlich auf nichts.

HOVSTAD: Da tun Sie recht. Und auf diesen Posten beim Magistrat sollten Sie schon gar nicht bauen. Denn ich kann Ihnen versichern – den bekommen Sie nicht.

BILLING: Natürlich nicht. Glauben Sie, ich wüßte das nicht? Aber es ist mir sogar lieb, daß ich ihn nicht bekomme. Nach so einer Zurücksetzung hat man erst die richtige Wut im Leibe. So etwas wirkt wie die Zufuhr frischer Galle. Und das tut einem gut in einem gottverlassenen Winkel wie hier, wo so selten etwas wirklich Aufregendes passiert.

HOVSTAD *beim Schreiben*: Ja, ja...

BILLING: Na, die sollen bald von mir hören! – Nun will ich erst einmal den Aufruf an den Hausbesitzerverein zusammenbrauen. *Er geht rechts ab.*

HOVSTAD *sitzt am Pult, kaut am Federhalter und sagt langsam*: Hm – ja, wenn der alte Dachs – dann...

Es klopft.

Herein!

Petra tritt durch die Eingangstür ein. Hovstad erhebt sich.

Ah – Fräulein Petra...! Sie?

PETRA: Ja. Sie müssen entschuldigen...

HOVSTAD *rückt ihr einen Lehnstuhl hin*: Wollen Sie nicht Platz nehmen?

PETRA: Nein, danke. Ich gehe gleich wieder.

HOVSTAD: Kommen Sie vielleicht im Auftrag Ihres Vaters?

PETRA: Nein, in eigener Sache. *Zieht ein Buch aus ihrer Manteltasche.* Hier gebe ich Ihnen den englischen Roman zurück.

HOVSTAD: Warum wollen Sie ihn denn zurückgeben?

PETRA: Weil ich ihn nicht übersetzen will.

HOVSTAD: Aber Sie haben mir doch so fest versprochen...

PETRA: Ja, da hatte ich ihn noch nicht gelesen. Und Sie hatten ihn gewiß auch nicht gelesen?

HOVSTAD: Nein. Sie wissen ja, ich kann nicht Englisch.

PETRA: Na gut. Darum möchte ich Ihnen sagen, daß Sie sich nach etwas anderem umsehen müssen. *Legt das Buch auf den Tisch.* Dieser Schmarren ist für den „Volksboten" nicht zu gebrauchen.

HOVSTAD: Wieso nicht?

PETRA: Weil er im Widerspruch mit Ihren eigenen Anschauungen steht.

HOVSTAD: Na, wenn's weiter nichts ist...

PETRA: Sie haben mich noch nicht verstanden. Die Geschichte handelt davon, daß eine übernatürliche Macht sich der sogenannten guten Menschen hier im Leben annimmt und alle Dinge für sie schließlich zum Besten lenkt – und daß die sogenannten bösen Menschen samt und sonders ihre Strafe erhalten.

HOVSTAD: Ja, aber das ist doch sehr schön! So etwas will das Publikum ja gerade haben!

PETRA: Wollen denn Sie den Leuten solche Kost vorsetzen? Sie selbst glauben doch kein Wort davon! Sie wissen doch sehr wohl, daß es im wirklichen Leben nicht so zugeht.

HOVSTAD: Da haben Sie vollkommen recht. Aber ein Redakteur kann nicht immer seine eigene Meinung sprechen lassen. In minder wichtigen Dingen muß man sich in der Regel nach dem Geschmack der Leser richten. Die Politik ist doch die Hauptsache im Leben – zum mindesten für eine Zeitung. Und sollen mir die Leute auf dem Weg zu Freiheit und Fortschritt folgen, darf ich die Pferde nicht scheu machen. Wenn sie unterm Strich so eine moralische Geschichte finden, dann fressen sie viel eher, was über dem Strich steht. Sie haben dann mehr Vertrauen.

PETRA: Pfui! So hinterlistig werden Sie doch nicht sein und Ihre Leser so in die Netze locken! Sie sind doch keine Spinne!

HOVSTAD *lächelt*: Ich danke Ihnen für Ihre gute Meinung. Allerdings ist das eigentlich Billings Gedanke und nicht meiner.

PETRA: Billings!

HOVSTAD: Ja, wenigstens hat er sich neulich in diesem Sinne geäußert. Und er ist auch so versessen darauf, daß dieser Roman bei uns erscheint. Ich kenne das Buch doch gar nicht.

PETRA: Aber wie kann denn Billing mit seinen freien Anschauungen ...

HOVSTAD: Oh, Billing ist vielseitig! Jetzt bemüht er sich auch um den Posten des Magistratssekretärs, höre ich.

PETRA: Das glaube ich einfach nicht, Hovstad. Wie sollte er sich dazu hergeben können?

HOVSTAD: Ja, das müssen Sie ihn selbst fragen.

PETRA: Nie und nimmer hätte ich das von ihm gedacht!

HOVSTAD *blickt sie fester an*: Nicht? Kommt Ihnen das so ganz unerwartet?

PETRA: Ja. – Oder vielleicht auch nicht. Ach, ich weiß nicht recht ...

HOVSTAD: Wir Zeitungsschreiber taugen nicht viel, liebes Fräulein.

PETRA: Meinen Sie das im Ernst?

HOVSTAD: Manchmal glaube ich es.

PETRA: Ja, unter dem Eindruck des gewöhnlichen Tagesgezänks. Das kann ich schon verstehen. Aber jetzt, wo Sie eine große Sache zu vertreten haben ...

HOVSTAD: Die Sache Ihres Vaters, meinen Sie?

PETRA: Natürlich. Jetzt, will mir scheinen, müßten Sie doch das Gefühl haben, zu einer großen Aufgabe auserwählt zu sein.

HOVSTAD: Ja, heute empfinde ich auch so etwas.

PETRA: Ja, nicht wahr? Oh, Sie haben doch einen herrlichen Beruf! Verkannten Wahrheiten und fortschrittlichen Anschauungen den Weg zu bahnen! Ja – und dann: furchtlos für einen Mann einzutreten, dem Unrecht geschehen ist...

HOVSTAD: Besonders wenn dieser Mann – hm –, ich weiß nicht recht, wie ich...

PETRA: Wenn er so rechtschaffen und so grundehrlich ist, meinen Sie?

HOVSTAD *leiser*: Vor allem, wenn er Ihr Vater ist, meinte ich.

PETRA *als habe sie ein Schlag getroffen*: Darum?

HOVSTAD: Ja, Petra – Fräulein Petra.

PETRA: Das also ist Ihnen dabei am wichtigsten? Nicht die Sache selbst? Nicht die Wahrheit? Nicht meines Vaters große, warmherzige Gesinnung?

HOVSTAD: Doch – doch, versteht sich, das auch.

PETRA: Nein, ich weiß genug. Nun haben Sie sich verraten, Herr Hovstad. Und jetzt glaube ich Ihnen überhaupt nichts mehr.

HOVSTAD: Können Sie mir das so übelnehmen, daß ich vor allem Ihretwegen...?

PETRA: Was ich Ihnen übelnehme, das ist: Sie sind Vater gegenüber nicht ehrlich gewesen. Sie haben ihm gegenüber so getan, als lägen Ihnen am meisten die Wahrheit und das allgemeine Wohl am Herzen. Sie haben meinen Vater und auch mich hintergangen. Sie sind nicht der Mann, für den Sie sich ausgegeben haben. Und das verzeihe ich Ihnen nie – niemals!

HOVSTAD: Sie sollten nicht so abweisend sein, Fräulein Petra! Am allerwenigsten jetzt.

PETRA: Warum gerade jetzt nicht?

HOVSTAD: Weil Ihr Vater meine Hilfe nicht entbehren kann.

PETRA *blickt ihn verächtlich an*: So einer sind Sie auch noch? Pfui!

HOVSTAD: Nein, nein! So bin ich nicht! Das kam nur so unversehens über mich! Das dürfen Sie nicht glauben...

PETRA: Ich weiß, was ich zu glauben habe. Adieu!

ASLAKSEN *kommt rasch aus der Druckerei, ruft geheimnisvoll*: Hol's der Teufel, Herr Hovstad... *Erblickt Petra.* Au, verdammt!

PETRA: Also da liegt das Buch. Sie müssen es schon von jemand anders übersetzen lassen. *Geht zur Ausgangstür.*

HOVSTAD *folgt ihr*: Aber Fräulein...

PETRA: Adieu. *Sie geht.*

ASLAKSEN: Herr Hovstad, hören Sie!

HOVSTAD: Na, was ist denn?

ASLAKSEN: Der Stadthauptmann steht draußen – in der Druckerei!

HOVSTAD: Der Stadthauptmann, sagen Sie?

ASLAKSEN: Ja, er will Sie sprechen. Er ist durch die Hintertür gekommen, will nicht gesehen werden, verstehen Sie.

HOVSTAD: Was kann er nur wollen? – Warten Sie, ich will selbst... *Geht zur Druckereitür, öffnet sie, grüßt und bittet den Stadthauptmann einzutreten.* Passen Sie auf, Aslaksen, damit niemand...

ASLAKSEN: Verstehe! *Geht in die Druckerei.*

STADTHAUPTMANN: Herr Hovstad, Sie hatten sicher nicht erwartet, mich hier zu sehen.

HOVSTAD: Nein, allerdings...

STADTHAUPTMANN *blickt sich um*: Sie haben sich ja hier ganz gemütlich eingerichtet. Wirklich nett.

HOVSTAD: Na, es geht.

STADTHAUPTMANN: Und nun platze ich so einfach hier herein und nehme Ihre Zeit in Anspruch.

HOVSTAD: Bitte sehr, Herr Stadthauptmann! Ich stehe zu Ihrer Verfügung. Aber darf ich Ihnen nicht Mütze und Stock abnehmen...? *Legt Mütze und Stock des Stadthauptmanns auf einen Stuhl.* Und wollen Herr Stadthauptmann nicht Platz nehmen?

STADTHAUPTMANN *nimmt am Tisch Platz*: Danke.

Hovstad setzt sich ebenfalls an den Tisch.

Ich hatte heute einen – einen großen Verdruß, Herr Hovstad.

HOVSTAD: So? Nun ja. Bei so vielen Ämtern, die der Herr Stadthauptmann haben...

STADTHAUPTMANN: An dem Ärger heute war der Badearzt schuld.

HOVSTAD: So? Der Herr Doktor?

STADTHAUPTMANN: Er hat eine Art Memorandum für die Badeverwaltung abgefaßt, allerlei angebliche Mängel des Bades betreffend.

HOVSTAD: So? Hat er das?

STADTHAUPTMANN: Ja, hat er Ihnen das nicht gesagt? Mir ist, als habe er so etwas geäußert...

HOVSTAD: Ach ja, richtig, er ließ eine Bemerkung fallen...

ASLAKSEN *aus der Druckerei*: Ich wollte nur das Manuskript...

HOVSTAD *ärgerlich*: Hm. Da auf dem Pult liegt es.

ASLAKSEN *findet es*: Gut.

STADTHAUPTMANN: Aber das ist doch...

ASLAKSEN: Das ist der Aufsatz von Herrn Doktor, Herr Stadthauptmann.

HOVSTAD: Ach, den meinten Sie?

STADTHAUPTMANN: Eben den. Was halten Sie von der Sache?

HOVSTAD: Ich bin ja kein Fachmann, und ich habe die Abhandlung auch nur überflogen.

STADTHAUPTMANN: Aber Sie lassen sie doch drucken?

HOVSTAD: Einer namhaften Persönlichkeit kann ich es nicht gut abschlagen.

ASLAKSEN: Ich habe in redaktionellen Angelegenheiten nichts zu sagen, Herr Stadthauptmann...

STADTHAUPTMANN: Versteht sich.

ASLAKSEN: Ich habe einfach zu drucken, was mir übergeben wird.

STADTHAUPTMANN: Ganz in der Ordnung.

ASLAKSEN: Und darum muß ich jetzt... *Will in die Druckerei gehen.*

STADTHAUPTMANN: Nein, bleiben Sie noch einen Augenblick, Herr Aslaksen! – Sie gestatten doch, Herr Hovstad?

HOVSTAD: Aber bitte sehr, Herr Stadthauptmann.

STADTHAUPTMANN: Herr Aslaksen, Sie sind ein besonnener und vernünftiger Mann.

ASLAKSEN: Es freut mich, daß Herr Stadthauptmann das von mir sagen.

STADTHAUPTMANN: Und ein Mann, der in weiten Kreisen Einfluß hat.

ASLAKSEN: Allerdings hauptsächlich unter den kleinen Leuten.

STADTHAUPTMANN: Die kleinen Steuerzahler sind in der Mehrzahl, hier wie überall.

ASLAKSEN: Das wohl.

STADTHAUPTMANN: Und ich zweifle nicht, daß Sie die Stimmung in diesen Kreisen kennen. Das tun Sie doch?

ASLAKSEN: Freilich, das darf ich wohl sagen, die kenne ich, Herr Stadthauptmann.

STADTHAUPTMANN: Nun gut – wenn also unter den minderbemittelten Bürgern ein so lobenswerter Geist der Opferbereitschaft herrscht...

ASLAKSEN: Opferbereitschaft?

HOVSTAD: Wieso?

STADTHAUPTMANN: ...dann ist es ein schönes Zeichen von Gemeinschaftsgeist. Ein außerordentlich gutes Zeichen. Ich hatte das nicht erwartet, offen gestanden. Aber Sie kennen ja die Stimmung besser als ich.

ASLAKSEN: Ja aber, Herr Stadthauptmann...

STADTHAUPTMANN: Und es ist wahrlich kein kleines Opfer, das die Stadt bringen müßte.

HOVSTAD: Die Stadt?

ASLAKSEN: Aber ich verstehe nicht... Es handelt sich doch um das Bad!

STADTHAUPTMANN: Nach einem vorläufigen Überschlag werden sich die Kosten der vom Badearzt als wünschenswert erachteten Umbauten auf mehrere hunderttausend Kronen belaufen.

ASLAKSEN: Das ist freilich verdammt viel Geld. Aber...

STADTHAUPTMANN: Natürlich bleibt uns nichts anderes übrig, als die Kosten auf dem Wege einer kommunalen Sondersteuer aufzubringen.

HOVSTAD *steht auf*: Es kann doch nicht im Ernst beabsichtigt sein, die Kosten...?

ASLAKSEN: Zu Lasten der Gemeinde soll das gehen! Aus den Taschen der armen Kleinbürger soll das bezahlt werden!

STADTHAUPTMANN: Ja, verehrter Herr Aslaksen, wo sollen denn die Mittel sonst herkommen?

ASLAKSEN: Das ist Sache der Herren Aktionäre.

STADTHAUPTMANN: Die Aktionäre des Bades sehen sich zu weiteren Investitionen nicht in der Lage.

ASLAKSEN: Ist das wirklich an dem, Herr Stadthauptmann?

STADTHAUPTMANN: Ich habe mich genau informiert. Wenn diese radikalen Veränderungen tatsächlich gewünscht werden, so muß die Gemeinde die Kosten tragen.

ASLAKSEN: Da soll doch der Teufel...! Verzeihung – aber da sieht die Sache ja ganz anders aus, Herr Hovstad!

HOVSTAD: Ja, allerdings.

STADTHAUPTMANN: Das fatalste daran ist, daß wir gezwungen würden, das Bad für etwa zwei Jahre zu schließen.

HOVSTAD: Schließen? Ganz schließen?

ASLAKSEN: Gleich für zwei Jahre!

STADTHAUPTMANN: Mindestens. So lange werden die Arbeiten wenigstens dauern.

ASLAKSEN: Gott verdamm mich, das halten wir nicht durch, Herr Stadthauptmann! Wovon sollen wir Hausbesitzer denn inzwischen leben?

STADTHAUPTMANN: Diese Frage ist leider außerordentlich schwer zu beantworten, Herr Aslaksen. Aber was sollen wir denn Ihrer Meinung nach tun? Glauben Sie, wir locken auch nur einen einzigen Badegast her, wenn man den Leuten mit der Marotte kommt, das Wasser sei vergiftet und wir lebten auf einem verpesteten Terrain?

ASLAKSEN: Und Sie meinen, das alles ist bloß eine Marotte?

STADTHAUPTMANN: Ich habe mich beim besten Willen nicht vom Gegenteil überzeugen können.

ASLAKSEN: Ja, aber dann ist es doch ganz unverantwortlich von Doktor Stockmann – bitte um Verzeihung, Herr Stadthauptmann, aber...

STADTHAUPTMANN: Sie sprechen eine bedauernswerte Tatsache aus, Herr Aslaksen. Mein Bruder ist leider schon immer zu impulsiv gewesen.

ASLAKSEN: Und dabei wollen Sie ihn noch unterstützen, Herr Hovstad!

HOVSTAD: Aber wer konnte denn auch so etwas ahnen!

STADTHAUPTMANN: Ich habe eine kurze Darstellung des Sachverhalts aufgesetzt, so wie er von einem nüchternen Standpunkt aus gesehen werden muß. Darin habe ich auch angedeutet, wie eventuellen Mängeln auf eine für die Kasse des Bades zuträgliche Art abgeholfen werden könnte.

HOVSTAD: Haben Sie den Aufsatz bei sich, Herr Stadthauptmann?

STADTHAUPTMANN *faßt in die Tasche*: Ja, ich habe ihn eingesteckt für den Fall...

ASLAKSEN *rasch*: Verdammt noch mal! Da kommt er!

STADTHAUPTMANN: Wer? Mein Bruder?

HOVSTAD: Wo – wo?

ASLAKSEN: Er kommt durch die Druckerei.

STADTHAUPTMANN: Fatal. Ich möchte ihm hier nicht gern begegnen, und ich hätte doch noch verschiedenes mit Ihnen zu besprechen.

HOVSTAD *deutet auf die Tür rechts*: Gehen Sie so lange dort hinein!

STADTHAUPTMANN: Aber...

HOVSTAD: Da drin ist niemand weiter als Billing.

ASLAKSEN: Schnell, schnell, Herr Stadthauptmann! Er wird gleich hiersein!

STADTHAUPTMANN: Na meinetwegen. Aber sehen Sie zu, ihn bald wieder loszuwerden! *Er verschwindet durch die Tür rechts, die Aslaksen öffnet und hinter ihm wieder zumacht.*

HOVSTAD: Machen Sie sich hier etwas zu schaffen, Aslaksen! *Er setzt sich ans Pult und beginnt zu schreiben. Aslaksen kramt in einem Haufen Zeitungen, die auf einem Stuhl liegen.*

DOKTOR *kommt aus der Druckerei*: Hier bin ich wieder. *Legt Hut und Stock ab.*

HOVSTAD *schreibend*: Schon, Herr Doktor? Aslaksen, sehen Sie zu, das Besprochene schnell zu erledigen! Wir sind heute sehr in Zeitnot!

DOKTOR *zu Aslaksen*: Wie ich höre, sind noch keine Korrekturfahnen da.

ASLAKSEN *ohne sich umzuwenden*: Nein. Wie konnten Sie das auch erwarten, Herr Doktor?

DOKTOR: Nein, nein. Aber Sie können wohl verstehen, daß ich ungeduldig bin. Ich habe keine Ruhe, ehe ich es gedruckt sehe.

HOVSTAD: Hm. Das wird gewiß noch eine ganze Weile dauern. Glauben Sie nicht auch, Aslaksen?

Aslaksen: Jawohl. Das fürchte ich allerdings auch.

Doktor: Gut, gut, meine lieben Freunde. Dann komme ich wieder. Ich komme gern zweimal, wenn's sein muß. Eine so große Sache – das Wohl der ganzen Stadt... Da darf man keine Mühe scheuen. *Schickt sich zum Gehen an, hält aber inne und kommt zurück.* Ach ja, hören Sie – da ist noch etwas, worüber ich mit Ihnen sprechen muß.

Hovstad: Entschuldigen Sie, aber könnten wir das nicht nachher...

Doktor: Es ist mit zwei Worten gesagt. Es handelt sich nur darum, sehen Sie: Wenn man nun morgen meine Abhandlung in der Zeitung liest und erfährt, daß ich mich den ganzen Winter in aller Stille für das Wohl der Stadt abgemüht habe...

Hovstad: Ja aber, Herr Doktor...

Doktor: Ich weiß, was Sie sagen wollen. Sie finden, das war nur meine verdammte Schuldigkeit, meine selbstverständliche Bürgerpflicht. Natürlich, das weiß ich so gut wie Sie. Doch meine Mitbürger, sehen Sie... Herrgott, die guten Leute, die halten so viel von mir...

Aslaksen: Ja, Ihre Mitbürger haben bis zum heutigen Tage mächtig viel von Ihnen gehalten, Herr Doktor.

Doktor: Und gerade deshalb fürchte ich, daß... Ich meine also: Wenn es nun in der Öffentlichkeit bekannt wird – ich denke in erster Linie an die unbemittelten Schichten –, wenn das Bekanntwerden dieser Zustände auf die Leute wie eine Mahnung wirkt, künftig das Geschick der Stadt selbst in die Hand zu nehmen...

Hovstad *erhebt sich*: Hm, Herr Doktor, ich will Ihnen nicht verhehlen...

Doktor: Aha, hatte ich mir doch schon gedacht, daß sich da etwas anspinnt! Aber davon will ich nichts wissen! Falls man im Begriff ist, dergleichen vorzubereiten...

Hovstad: Was denn?

Doktor: Na, irgend etwas, einen Fackelzug oder ein Festessen oder eine Ehrengabe – oder was es sonst sein mag –, dann müssen Sie mir hoch und heilig versprechen, es zu stoppen. Und Sie auch, Herr Aslaksen, hören Sie!

HOVSTAD: Verzeihung, Herr Doktor! Wir können Ihnen auch gleich reinen Wein einschenken …

Frau Stockmann, in Hut und Mantel, kommt durch die Eingangstür herein.

FRAU STOCKMANN *erblickt ihren Mann*: Natürlich, hatte ich mir's doch gedacht!

HOVSTAD *geht ihr entgegen*: Welch unerwarteter Besuch!

DOKTOR: Was zum Teufel willst du denn hier, Katrine?

FRAU STOCKMANN: Das kannst du dir doch wohl denken!

HOVSTAD: Wollen Sie nicht Platz nehmen? Oder vielleicht …

FRAU STOCKMANN: Danke. Machen Sie sich keine Umstände! Und nehmen Sie es nicht übel, daß ich herkomme, um meinen Mann zu holen. Aber schließlich bin ich Mutter von drei Kindern.

DOKTOR: Lirum larum! Das wissen wir ja!

FRAU STOCKMANN: Na, es hat aber nicht den Anschein, daß du heute viel an Frau und Kinder denkst. Denn sonst würdest du nicht bedenkenlos uns alle ins Unglück stürzen.

DOKTOR: Aber du bist ja nicht bei Trost, Katrine! Soll ein Mann, der Frau und Kinder hat, nicht für die Wahrheit eintreten dürfen – nicht als Staatsbürger aktiv sein dürfen? Soll es ihm nicht erlaubt sein, seiner Vaterstadt zu nützen?

FRAU STOCKMANN: Alles mit Maßen, Thomas!

ASLAKSEN: Das sage ich auch! „Halte Maß in allen Dingen!"

FRAU STOCKMANN: Und deshalb versündigen Sie sich an uns, Herr Hovstad, wenn Sie meinen Mann verleiten, sich ohne Rücksicht auf Heim und Familie in solche Sachen einzulassen!

HOVSTAD: Ich verleite wahrhaftig niemanden …

DOKTOR: Verleiten! Glaubst du, ich ließe mich verleiten?

FRAU STOCKMANN: Jawohl, das tust du! Ich weiß wohl, daß du der klügste Mann in der ganzen Stadt bist. Aber man kann dich schrecklich leicht zu etwas verleiten, Thomas. *Zu Hovstad*: Bedenken Sie doch, daß er seinen Posten als Badearzt verliert, wenn Sie seinen Artikel abdrucken!

ASLAKSEN: Was sagen Sie da?

HOVSTAD: Ja, wissen Sie was, Herr Doktor …

Doktor *lacht*: Haha, das sollen sie nur versuchen! Aber die werden sich hüten. Denn ich habe die kompakte Majorität hinter mir! Vergiß das nicht!

Frau Stockmann: Das ist ja gerade das Unglück, daß du die hinter dir hast!

Doktor: Unsinn, Katrine – geh nach Haus und kümmere dich um deine Wirtschaft! Laß mich meine Pflicht im Interesse der Allgemeinheit tun! Wie kannst du nur so ängstlich sein, wo ich so siegesgewiß und guter Stimmung bin? *Reibt sich die Hände und geht auf und ab.* Das Volk wird der Wahrheit zum Sieg verhelfen, verlaß dich drauf! Oh, ich sehe schon, das freisinnige Bürgertum – Mann für Mann – zu einem siegreichen Heer formiert... *Bleibt vor einem Stuhl stehen.* Was – was zum Teufel ist denn das?!

Aslaksen *blickt nach dem Stuhl*: Au weh!

Hovstad *gleichfalls*: Aber...

Doktor: Hier liegen ja die Insignien der Macht! *Er nimmt vorsichtig mit den Fingerspitzen die Dienstmütze des Stadthauptmanns und hält sie hoch.*

Frau Stockmann: Die Mütze deines Bruders?

Doktor: Und hier ist auch der Amtsknüppel. Wie in drei Teufels Namen...?

Hovstad: Nun ja...

Doktor: Ah, ich verstehe! Er ist hiergewesen, um Sie zu beschwatzen! Haha, da ist er an den Rechten gekommen! Und als er mich in der Druckerei auftauchen sah – *bricht in Lachen aus* –, da hat er wohl Reißaus genommen, Herr Aslaksen?

Aslaksen *rasch*: Natürlich, Herr Doktor, das hat er!

Doktor: Reißaus genommen und dabei Stock und... Ausgeschlossen! Peter nimmt nicht Reißaus und läßt nichts liegen. Aber wo zum Teufel habt ihr ihn gelassen? – Ah, da drin natürlich! Nun gib mal acht, Katrine!

Frau Stockmann: Thomas, ich bitte dich!

Aslaksen: Übertreiben Sie's nur nicht, Herr Doktor!

Der Doktor setzt sich die Mütze des Stadthauptmanns auf und nimmt dessen Stock in die Hand. Darauf öffnet er die Tür zu Billings

Zimmer und grüßt mit der Hand am Mützenschirm. Der Stadthauptmann stürzt herein, rot vor Zorn. Billing folgt.

STADTHAUPTMANN: Was soll diese Kinderei?

DOKTOR: Respekt, lieber Peter! Nun repräsentiere ich die städtische Autorität! *Er spaziert auf und ab.*

FRAU STOCKMANN *fast weinend*: Nein, aber Thomas!

STADTHAUPTMANN *hinter ihm her*: Gib mir meine Mütze und meinen Stab!

DOKTOR *spaziert weiter umher*: Wenn du Polizeichef bist, dann bin ich Bürgermeister – der Chef vom Ganzen, also Respekt bitte!

STADTHAUPTMANN: Nimm die Mütze ab, sage ich! Vergiß nicht, daß es eine vorschriftsmäßige Dienstmütze ist!

DOKTOR: Ph! Glaubst du, der erwachende Volkslöwe ließe sich durch Dienstmützen schrecken? Wir machen nämlich morgen Revolution im Städtchen, mußt du wissen! Du hast mir mit Absetzung gedroht. Aber jetzt setze ich dich ab – enthebe dich aller deiner Vertrauensposten! Glaubst du, ich kann das nicht? O doch! Ich habe die unaufhaltsamen progressiven Kräfte der Gesellschaft hinter mir. Hovstad und Billing werden im „Volksboten" donnern, und Buchdrucker Aslaksen rückt an der Spitze des ganzen Hausbesitzervereins aus.

ASLAKSEN: Das tue ich nicht, Herr Doktor.

DOKTOR: Doch, das tun Sie!

STADTHAUPTMANN: Aha, hat Herr Hovstad sich vielleicht doch für den Anschluß an die Opposition entschieden?

HOVSTAD: Nein, Herr Stadthauptmann!

ASLAKSEN: Nein, Herr Hovstad ist nicht so töricht, einer Marotte zuliebe sich und die Zeitung zu ruinieren!

DOKTOR *stutzt*: Was ist hier los?

HOVSTAD: Sie haben Ihre Sache in falschem Licht dargestellt, Herr Doktor. Und deshalb kann ich Sie nicht unterstützen.

BILLING: Nein, nach allem, was mir der Herr Stadthauptmann liebenswürdigerweise nebenan erklärt hat...

DOKTOR: In falschem Licht? Lassen Sie das meine Sorge sein! Drucken Sie nur meine Abhandlung! Ich bin Manns genug, dafür einzustehen.

HOVSTAD: Die lasse ich nicht drucken. Ich kann und will und darf sie nicht bringen.

DOKTOR: Sie dürfen nicht? Was soll das heißen? Sie sind doch Redakteur! Und die Redakteure haben doch wohl zu bestimmen, was in die Zeitung kommt, will mir scheinen!

ASLAKSEN: Nein, das tun die Abonnenten!

STADTHAUPTMANN: Gott sei Dank!

ASLAKSEN: Die öffentliche Meinung, die Hausbesitzer und alle die anderen aufgeklärten Leser, die bestimmen das Gesicht der Zeitung.

DOKTOR *faßt sich*: Und diese Mächte sollte ich alle gegen mich haben?

ASLAKSEN: Ja, das haben Sie. Es wäre für die Bürgerschaft geradezu eine Katastrophe, wenn Ihr Aufsatz gedruckt würde.

DOKTOR: Soso.

STADTHAUPTMANN: Meine Mütze und meinen Stab! *Der Doktor nimmt die Mütze ab und legt sie mit dem Stab auf den Tisch. Der Stadthauptmann nimmt beides an sich.* Deine Bürgermeisterwürde hat ein jähes Ende gefunden.

DOKTOR: Am Ende sind wir noch nicht. *Zu Hovstad*: Es ist also ganz unmöglich, daß mein Aufsatz im „Volksboten" erscheint?

HOVSTAD: Ganz unmöglich. Auch mit Rücksicht auf Ihre Familie.

FRAU STOCKMANN: Oh, wegen der Familie machen Sie sich nur keine Sorgen, Herr Hovstad!

STADTHAUPTMANN *zieht ein Blatt Papier aus der Tasche*: Zur Orientierung der Öffentlichkeit wird es genügen, wenn Sie das hier bringen. Es ist eine offizielle Erklärung. Bitte sehr!

HOVSTAD *nimmt das Blatt*: Gut. Wird gemacht. Das werden wir bringen.

DOKTOR: Und meine Abhandlung nicht! Man glaubt, mich und die Wahrheit totschweigen zu können! Aber so glatt geht das nicht. Herr Aslaksen, wollen Sie bitte mein Manuskript sofort als Flugblatt drucken – auf meine Kosten, im Selbstverlag? Ich möchte vierhundert Exemplare. Nein, fünf-, sechshundert.

ASLAKSEN: Herr Doktor, und wenn Sie's mit Gold aufwiegen, ich kann Ihnen meine Druckerei dafür nicht zur Verfügung stellen.

Ich darf es einfach nicht mit Rücksicht auf die öffentliche Meinung. Sie kriegen das auch nirgendwo anders gedruckt, in der ganzen Stadt nicht.

DOKTOR: Dann geben Sie mir mein Manuskript zurück!

HOVSTAD *reicht ihm das Manuskript*: Bitte sehr!

DOKTOR *nimmt Hut und Stock*: Bekannt werden soll's trotzdem. Ich werde es in einer großen Volksversammlung zur Verlesung bringen. Alle meine Mitbürger sollen die Wahrheit erfahren.

STADTHAUPTMANN: Kein Verein in der ganzen Stadt überläßt dir zu diesem Zweck seinen Saal.

ASLAKSEN: Kein einziger. Das kann ich Ihnen vorher sagen.

BILLING: Gott verdamm mich, das kommt gar nicht in Frage!

FRAU STOCKMANN: Das wäre doch wirklich empörend! Aber warum sind sie denn so gegen dich, alle, Mann für Mann?

DOKTOR *gereizt*: Das will ich dir sagen, Katrine: Weil in dieser Stadt alle Männer eigentlich Weiber sind. Alle denken nur an die Familie und nicht an die Allgemeinheit – so wie du.

FRAU STOCKMANN *faßt ihn am Arm*: Dann will ich ihnen zeigen, daß eine – ein Weib auch ein Mann sein kann, wenn's sein muß. Denn jetzt stehe ich zu dir, Thomas!

DOKTOR: Das ist schön von dir, Katrine. Aber bekannt soll es werden, so wahr ich lebe! Wenn ich keinen Saal bekomme, dann miete ich mir einen Trommler. Mit dem ziehe ich durch die Stadt und lese meinen Artikel an allen Straßenecken vor.

STADTHAUPTMANN: Ganz so verrückt bist du wohl doch nicht!

DOKTOR: Doch! Das bin ich!

ASLAKSEN: Sie finden in der ganzen Stadt keinen Menschen, der mit Ihnen geht.

BILLING: Nein, Gott verdamm mich, den finden Sie nicht!

FRAU STOCKMANN: Nur nicht klein beigeben, Thomas! Unsere Jungens sollen dich begleiten.

DOKTOR: Das ist ein großartiger Einfall!

FRAU STOCKMANN: Morten tut es mehr als gern. Na, und Eilif, der wird auch mitgehen.

DOKTOR: Ja, und Petra auch! Und du selbst, Katrine!

FRAU STOCKMANN: Nein, nein, ich nicht! Aber ich werde am Fenster stehen und euch nachblicken. Das werde ich tun.

DOKTOR *umarmt und küßt sie*: Ich danke dir! Auf zum Kampf, ihr werten Herren! Ich will doch sehen, ob durch so viel Niedertracht ein Patriot, der das Beste für die Allgemeinheit will, mundtot gemacht werden kann! *Er verläßt mit seiner Frau die Redaktion.*

STADTHAUPTMANN *schüttelt bedenklich den Kopf*: Nun hat er auch sie noch verrückt gemacht!

VIERTER AKT

Ein großer, altmodischer Saal im Hause von Kapitän Horster. Im Hintergrund führt eine offene Flügeltür zur Diele. An der linken Längswand drei Fenster. Vor der Mitte der gegenüberliegenden Wand ist ein behelfsmäßiges Podium errichtet. Darauf steht ein Tischchen mit zwei Leuchtern, einer Wasserkaraffe und einem Glas sowie einer Glocke. Zwischen den Fenstern brennende Wandleuchter. Links vorn ein Tisch mit einem Leuchter, davor ein Stuhl. Rechts vorn eine Tür, daneben einige Stühle.

Es versammeln sich Bürger aller Art, auch einzelne Frauen und ein paar Schuljungen. Allmählich strömen immer mehr Menschen über die Diele herein, und der Raum füllt sich.

ERSTER BÜRGER *zum zweiten, den er hier antrifft*: Na, auch hier, Lamstad?

DER ANGEREDETE ZWEITE BÜRGER: Ich bin doch bei allen Versammlungen mit bei.

EIN DANEBEN STEHENDER DRITTER BÜRGER: Haben Sie auch was zum Pfeifen mitgebracht?

ZWEITER BÜRGER: Na und ob! Sie nicht?

DRITTER BÜRGER: Gewiß doch! Und der Schiffer Evensen, der will ein richtiges Nebelhorn mitbringen.

ZWEITER BÜRGER: Evensen hat Humor!

Gelächter.

VIERTER BÜRGER *tritt zu ihnen*: Sagt mal, was ist eigentlich heute abend los?

ZWEITER BÜRGER: Doktor Stockmann will doch einen Vortrag halten und gegen den Stadthauptmann vom Leder ziehen.

VIERTER BÜRGER: Aber der Stadthauptmann ist doch sein Bruder!

ERSTER BÜRGER: Das ist egal. Der Doktor, der ist kein Angsthase.

DRITTER BÜRGER: Aber er hat doch unrecht! Das habe ich in der Zeitung gelesen.

ZWEITER BÜRGER: Jawohl, diesmal hat er sicher unrecht. Denn der Hausbesitzerverein wollte ihm seinen Saal nicht vermieten, und der Bürgerklub auch nicht.

ERSTER BÜRGER: Nicht mal die Brunnenhalle hat er gekriegt!

ZWEITER BÜRGER: Na, das kannst du dir doch denken!

FÜNFTER BÜRGER *in einer anderen Gruppe*: Mit wem soll man's nun eigentlich in dieser Sache halten? Was meinen Sie?

SECHSTER BÜRGER *in derselben Gruppe*: Passen Sie nur auf, wie sich Buchdrucker Aslaksen verhält! Was der macht, das machen Sie dann auch.

BILLING *mit einer Mappe unter dem Arm, bahnt sich einen Weg durch das Publikum*: Verzeihung, meine Herren! Darf ich wohl vorbei? Ich bin der Berichterstatter des „Volksboten". – Danke bestens! *Er setzt sich an den Tisch links.*

ERSTER HANDWERKSGESELLE: Wer war denn das?

ZWEITER HANDWERKSGESELLE: Den kennst du nicht? Das ist doch der Billing, der bei Aslaksen seine Zeitung ist.

Kapitän Horster führt Frau Stockmann und Petra durch die Tür rechts vorn herein. Eilif und Morten folgen.

HORSTER: Diese Plätze hier hatte ich Ihnen zugedacht. Hier kommt man rasch heraus, falls es mulmig werden sollte.

FRAU STOCKMANN: Fürchten Sie das?

HORSTER: Man kann nie wissen; wo so viel Menschen beisammen sind... Aber nehmen Sie nur ruhig Platz!

FRAU STOCKMANN *setzt sich*: Es war sehr freundlich von Ihnen, daß Sie meinem Mann diesen Raum zur Verfügung gestellt haben.

HORSTER: Da niemand anders bereit war...

PETRA: Und mutig war's auch, Herr Horster!

HORSTER: Ach, dazu gehört doch weiter kein Mut.

Hovstad und Aslaksen kommen gleichzeitig, aber jeder für sich, und bahnen sich ihren Weg durch die Versammelten.

ASLAKSEN *tritt zu Horster*: Ist der Doktor noch nicht hier?

HORSTER: Er wartet nebenan.

Bewegung an der Tür im Hintergrund.

HOVSTAD *zu Billing*: Da ist der Stadthauptmann! Sehen Sie!

BILLING: Gott verdamm mich! Er kommt also doch!

Stadthauptmann Stockmann geht langsam durch die Menge, grüßt höflich und stellt sich an die linke Wand. Bald darauf tritt Dr. Stockmann durch die Tür rechts vorn ein. Er trägt einen schwarzen Gehrock mit weißer Binde. Einzelne klatschen unsicher, was ein leises Zischen zur Folge hat. Es wird still.

DOKTOR *halblaut*: Wie ist dir, Katrine?

FRAU STOCKMANN: Ach, ganz gut. *Leiser*: Werde nur nicht gleich wieder heftig, Thomas!

DOKTOR: Oh, ich weiß mich schon zu beherrschen. *Blickt auf seine Uhr, betritt das Podium und verbeugt sich.* Es ist bereits eine Viertelstunde über die angesetzte Zeit – ich fange also an. *Zieht sein Manuskript aus der Tasche.*

ASLAKSEN: Erst muß ein Vorsitzender gewählt werden!

DOKTOR: Nein, das ist durchaus nicht nötig.

EINIGE HERREN *rufen*: Doch! Doch!

STADTHAUPTMANN: Ich bin auch der Meinung, daß ein Vorsitzender gewählt werden sollte.

DOKTOR: Aber Peter, ich habe doch nur zu einem Vortrag eingeladen!

STADTHAUPTMANN: Der Vortrag des Herrn Badearztes könnte möglicherweise zu divergierenden Meinungsäußerungen Anlaß geben.

MEHRERE STIMMEN *aus der Menge*: Einen Vorsitzenden! Einen Vorsitzenden!

HOVSTAD: Der allgemeine Bürgerwille verlangt offenbar einen Vorsitzenden!

DOKTOR *sich beherrschend*: Na gut. Lassen wir dem Bürgerwillen seinen Willen.

ASLAKSEN: Möchten nicht der Herr Stadthauptmann dieses Amt übernehmen?

MEHRERE HERREN *klatschen*: Bravo! Bravo!

STADTHAUPTMANN: Aus naheliegenden Gründen muß ich ablehnen. Aber glücklicherweise haben wir in unserer Mitte einen Mann, den wohl alle akzeptieren dürften. Ich meine den Vorsitzenden des Hausbesitzervereins, Herrn Buchdrucker Aslaksen.

VIELE STIMMEN: Jawohl, jawohl! Aslaksen lebe hoch! – Hurra!

Dr. Stockmann nimmt sein Manuskript und verläßt das Podium.

ASLAKSEN: Wenn das Vertrauen meiner Mitbürger mich ruft, dann will ich nicht nein sagen...

Klatschen und Beifallsrufe. Aslaksen betritt das Podium.

BILLING *schreibt*: Also – „Herr Buchdrucker Aslaksen durch Zuruf gewählt"...

ASLAKSEN: Und da ich nun auf diesen Platz berufen bin, darf ich wohl die Versammlung mit einigen kurzen Worten eröffnen. Ich bin ein ruhiger und friedliebender Mann, der auf besonnene Mäßigung hält und auf – auf maßvolle Besonnenheit. Das weiß jeder, der mich kennt.

VIELE STIMMEN: Jawohl! Jawohl! Bravo, Aslaksen!

ASLAKSEN: Ich habe in der Schule des Lebens und der Erfahrung gelernt, daß Mäßigung die Tugend ist, mit der ein Staatsbürger sich selbst und auch der Allgemeinheit am besten dient.

STADTHAUPTMANN: Hört! Hört!

ASLAKSEN: Ich möchte daher dem geschätzten Mitbürger, der diese Versammlung einberufen hat, empfehlen, die Grenzen der Mäßigung zu respektieren.

EIN MANN *im Hintergrund*: Prost, Mäßigkeitsverein!

EINE STIMME: Pfui Teufel!

VIELE: Pst! Pst!

ASLAKSEN: Bitte unterbrechen Sie mich nicht, meine Herren! Wünscht jemand das Wort?

STADTHAUPTMANN: Herr Vorsitzender!

ASLAKSEN: Der Herr Stadthauptmann hat das Wort!

STADTHAUPTMANN: In Anbetracht des nahen verwandtschaftlichen Verhältnisses, in dem ich, wie als bekannt vorausgesetzt werden kann, zu dem derzeitigen Badearzt stehe, hätte ich gewünscht, mich hier heute abend nicht zu Wort melden zu müssen. Aber meine Position in der Badeverwaltung und die Rücksicht auf die Lebensinteressen der Stadt zwingen mich, einen Vorschlag einzubringen. Ich darf wohl voraussetzen, daß keiner der hier anwesenden Bürger die weitere Verbreitung von unbewiesenen und übertriebenen Behauptungen über die sanitären Verhältnisse des Bades und der Stadt als wünschenswert ansieht.

VIELE STIMMEN: Nein! Nein! Nein! Auf keinen Fall! Wir protestieren!

STADTHAUPTMANN: Ich schlage deshalb vor, die Versammlung möge dem Herrn Badearzt nicht gestatten, seine Darstellung der sanitären Verhältnisse vorzulesen oder vorzutragen.

DOKTOR *aufbrausend*: Nicht gestatten? Was soll das heißen?!

FRAU STOCKMANN *hustet*: Hm – hm!

DOKTOR *faßt sich*: Na, dann nicht.

STADTHAUPTMANN: Ich habe in meinem im „Volksboten" erschienenen Situationsbericht die Öffentlichkeit mit den wesentlichsten Fakten bekannt gemacht, so daß alle loyalen Bürger sich leicht ein Urteil bilden können. Man wird daraus ersehen haben, daß der Vorschlag des Badearztes – abgesehen von einem Mißtrauensvotum gegen die leitenden Persönlichkeiten der Stadtverwaltung – im Grunde nur darauf hinausläuft, den steuerpflichtigen Einwohnern eine unnötige Ausgabe von mehreren hunderttausend Kronen aufzubürden. *Äußerungen des Unmuts, u. a. einige Pfiffe.*

ASLAKSEN *läutet mit der Glocke*: Silentium, meine Herren! Ich möchte den Vorschlag des Herrn Stadthauptmann unterstützen. Auch ich bin der Ansicht, daß die Agitation des Herrn Doktor einen Hintergedanken hat. Er spricht vom Bade. Aber was er anstrebt, das ist eine Revolution. Er will die Verwaltung in andere Hände überführen. Niemand zweifelt an den redlichen Absichten des Herrn Doktor. I bewahre, darüber herrscht wohl nur eine Meinung. I c h bin auch ein Freund der Selbstverwaltung, soweit sie die Steuerzahler nicht zu teuer kommt. Aber das würde hier der Fall sein. Und darum, hol's der Teufel – Verzeihung! –, darum kann ich diesmal dem Doktor Stockmann nicht recht geben. Man kann auch Gold zu teuer bezahlen. Das ist so meine Meinung. *Lebhafte Zustimmung von allen Seiten.*

HOVSTAD: Auch ich fühle mich verpflichtet, meine Stellungnahme zu begründen. Doktor Stockmanns Agitation schien anfangs einiges für sich zu haben, und ich habe sie so unparteiisch wie möglich unterstützt. Aber dann wurde uns klar, daß wir uns durch eine falsche Darstellung hatten irreführen lassen.

DOKTOR: Falsche ...!

HOVSTAD: Also dann durch eine nicht ganz zuverlässige Darstellung. Die Erklärung des Herrn Stadthauptmann hat das bewiesen. Ich hoffe, keiner der Anwesenden zweifelt meine liberale Gesinnung an. Die Haltung des „Volksboten" in den großen politischen Fragen ist jedermann bekannt. Doch ich habe von erfahrenen und besonnenen Männern gelernt, daß in rein lokalen Fragen eine Zeitung mit einer gewissen Behutsamkeit vorgehen muß.

ASLAKSEN: Bin vollkommen einverstanden mit dem Redner!

HOVSTAD: Und im vorliegenden Fall steht es nun völlig außer Zweifel, daß Doktor Stockmann die öffentliche Meinung gegen sich hat. Aber, meine Herren, was ist die erste und vornehmste Pflicht eines Redakteurs? Hat er nicht die Pflicht, die Ansichten seiner Leser zu vertreten? Hat er nicht sozusagen ein stillschweigendes Mandat, unermüdlich und unbeirrt die Interessen seiner Gesinnungsgenossen zu fördern? Oder sollte ich mich vielleicht irren?

VIELE STIMMEN: Nein! Nein! Nein! Redakteur Hovstad hat recht!

HOVSTAD: Es hat mich einen schweren Kampf gekostet, mit einem Mann zu brechen, in dessen Haus ich in letzter Zeit ein häufiger Gast war – einem Mann, der bis zum heutigen Tag sich der ungeteilten Sympathie seiner Mitbürger erfreuen konnte, einem Mann, dessen einziger – oder auf jeden Fall wesentlichster Fehler ist, daß er mehr sein Herz als seinen Kopf zu Rate zieht.

EINZELNE VERSTREUTE STIMMEN: Das stimmt! Sehr richtig! Doktor Stockmann lebe hoch!

HOVSTAD: Doch meine Pflicht gegenüber der Gesellschaft gebot mir, mit ihm zu brechen. Außerdem bewog mich noch etwas anderes, ihn zu bekämpfen und womöglich von seinem verhängnisvollen Weg abzubringen. Es ist die Rücksicht auf seine Familie ...

DOKTOR: Bleiben Sie bei der Wasserleitung und der Kläranlage!

HOVSTAD: ... die Rücksicht auf seine Gattin und seine unversorgten Kinder.

MORTEN: Sind wir das, Mutter?

FRAU STOCKMANN: Pst!

ASLAKSEN: Ich lasse jetzt über den Vorschlag des Herrn Stadthauptmann abstimmen.

DOKTOR: Das erübrigt sich! Ich beabsichtige jetzt nicht mehr, über die Schweinerei im Brunnenhaus zu reden. Nein, ihr sollt etwas ganz anderes zu hören bekommen.

STADTHAUPTMANN *halblaut*: Was ist denn nun schon wieder?

EIN BETRUNKENER *am Eingang*: Ich bin steuerberechtigt! Und darum bin ich auch meinungsberechtigt! Und ich habe die feste – unerschütterliche – unmaßgebliche Meinung...

MEHRERE STIMMEN: Ruhe dahinten!

ANDERE: Er ist betrunken! Schmeißt ihn raus! *Der Betrunkene wird vor die Tür gesetzt.*

DOKTOR: Habe ich nun das Wort?

ASLAKSEN *läutet*: Herr Doktor Stockmann hat das Wort.

DOKTOR: Noch vor einigen Tagen hätte es man nur wagen sollen, mir den Mund zu verbieten, wie es heute abend hier geschehen ist! Wie ein Löwe hätte ich da meine elementarsten Rechte verteidigt! Aber jetzt ist mir das gleichgültig. Denn jetzt geht es mir um größere Dinge, über die will ich reden.

Die Menge drängt sich enger um das Podium. Unter den Umstehenden wird Morten Kiil sichtbar. Der Doktor fährt fort.

Ich habe in den letzten Tagen viel nachgedacht – so viel gegrübelt, bis mir der Schädel brummte...

STADTHAUPTMANN *hustet*: Hm!

DOKTOR: ... aber dann brachte ich Ordnung in die Dinge, und die Zusammenhänge wurden mir klar. Und darum stehe ich heute abend hier. Ich will große Enthüllungen machen, meine Mitbürger! Ich will euch in eine Entdeckung einweihen, die von ganz anderer Tragweite ist als die Bagatelle, daß unsere Wasserleitung vergiftet ist und unser Heilbad auf verpestetem Boden liegt.

VIELE STIMMEN *schreiend*: Nicht vom Bad reden! Davon wollen wir nichts hören! Schluß damit!

DOKTOR: Ich habe gesagt, daß ich über die große Entdeckung reden will, die ich in den letzten Tagen gemacht habe, die Entdeckung, daß alle unsere geistigen Lebensquellen vergiftet sind, daß unsere gesamte bürgerliche Ordnung auf Verlogenheit basiert, die ihr ganzes Tun und Treiben infiziert.

VERBLÜFFTE STIMMEN *halblaut*: Was sagt er da?

STADTHAUPTMANN: Solch eine Unterstellung!

ASLAKSEN *mit der Hand an der Glocke*: Ich ersuche den Redner, sich zu mäßigen!

DOKTOR: Ich habe meine Geburtsstadt so innig geliebt, wie ein Mensch seinen Heimatort und die Stätte seiner Jugend überhaupt lieben kann. Ich war noch jung, als ich von hier wegkam, und Entfernung, Sehnsucht und Erinnerung ließen mir die Stadt und ihre Menschen in einem verklärten Licht erscheinen. *Vereinzelt Klatschen und Beifallsrufe.* Dann habe ich viele Jahre in einem gottverlassenen Nest oben im Norden gelebt. Wenn ich mit den Leuten da oben in Berührung kam, die dort in der Steinwüste wie Tiere leben müssen, da schien es mir manchmal, die armen zurückgebliebenen Geschöpfe brauchten eher einen Tierarzt als einen Menschenarzt. *Gemurmel im Auditorium.*

BILLING *legt den Bleistift hin*: So was habe ich, Gott verdamm mich, denn doch noch nicht gehört!

HOVSTAD: Das heißt eine Bevölkerungsschicht verhöhnen, die Anspruch auf unsere Achtung hat!

DOKTOR: Einen Augenblick! Ich glaube nicht, daß mir jemand nachsagen kann, ich hätte meine Vaterstadt vergessen. Habe ich doch damals unaufhörlich an sie gedacht und – ich möchte fast sagen: gebrütet wie ein Eidervogel. Und was ich ausgebrütet habe – das war der Plan zu unserem Heilbad. *Applaus und Widerspruch.* Und als dann das Schicksal es schließlich so gnädig fügte, daß ich in meine Heimatstadt zurückkehren konnte – ja, meine Mitbürger, da war ich beinahe wunschlos glücklich. Nur den einen Wunsch hatte ich noch: mit unermüdlichem, brennendem Eifer zum Besten meiner Vaterstadt und der Allgemeinheit wirken zu dürfen.

STADTHAUPTMANN *blickt in die Luft*: Hm – eine etwas seltsame Art...

DOKTOR: Und so schwelgte ich im Glück – freilich in einem trügerischen. Aber gestern vormittag, nein, eigentlich schon vorgestern abend, da gingen mir die Augen auf, und das erste, was sie erblickten, das war die unbeschreibliche Dummheit der Behörden. *Lärm, Rufe und Lachen. Frau Stockmann hustet eifrig.*

STADTHAUPTMANN: Herr Vorsitzender!

ASLAKSEN *läutet*: Kraft meines Amtes...

DOKTOR: Es ist kleinlich, sich an ein Wort zu klammern, Herr Aslaksen! Ich meine nur, daß mir aufgegangen ist, welch einer unsagbaren Schweinerei sich die Bürokraten bei der Anlage des Bades schuldig gemacht haben. Bürokraten kann ich auf den Tod nicht ausstehen. Diese Sorte Menschen liegen mir schon lange im Magen. Sie sind wie Ziegenböcke in einer jungen Anpflanzung. Überall richten sie Unheil an. Einem freien Mann stehen sie auf Schritt und Tritt im Wege – und am liebsten sähe ich, man könnte sie ausrotten wie schädliche Tiere! *Unruhe im Saal.*

STADTHAUPTMANN: Herr Vorsitzender, wollen Sie solche Äußerungen durchgehen lassen?

ASLAKSEN *mit der Hand an der Glocke*: Herr Doktor!

DOKTOR: Ich begreife nur nicht, warum mir erst jetzt die Augen über diese Herren richtig aufgegangen sind. Zumal ich doch hier fast täglich ein Prachtexemplar vor Augen hatte, meinen Bruder Peter – geistig unelastisch und in Vorurteilen befangen...

Lachen, Lärm und Pfeifen. Frau Stockmann hustet andauernd, und Aslaksen läutet heftig.

DER BETRUNKENE *der wieder hereingekommen ist*: Meinen Sie mich? Pettersen heiße ich! Allerdings! Aber Schockschwerenot...

ENTRÜSTETE STIMMEN: Raus mit dem Besoffenen! An die Luft mit dem Kerl! *Der Betrunkene wird hinausgeworfen.*

STADTHAUPTMANN: Wer war der Mensch?

EIN NEBEN IHM STEHENDER: Den kenne ich nicht, Herr Stadthauptmann.

EIN ANDERER: Der ist nicht von hier.

EIN DRITTER: Es soll ein Holzhändler von außerhalb sein.

ASLAKSEN: Der Mann hat offensichtlich des Guten zuviel getan.

Sprechen Sie weiter, Herr Doktor! Aber befleißigen Sie sich jetzt einer gemäßigten Ausdrucksweise!

DOKTOR: Nun gut, liebe Mitbürger. Ich will mich nicht weiter über unsere Bürokraten auslassen. Sollte jemand aus meinen Bemerkungen vorhin schließen, ich wollte diesen Herren heute abend zu Leibe, dann irrt er, irrt sich ganz gewaltig. Denn ich hege die beruhigende, tröstliche Überzeugung, alle diese verkalkten Überbleibsel aus einer absterbenden Gedankenwelt, die bringen sich selbst um die Ecke, die bedürfen keiner ärztlichen Hilfe, um ihren Exitus zu beschleunigen. Und ich sehe in dieser Sorte Menschen nicht einmal die größte Gefahr für die Gesellschaft. Sie sind es auch nicht, die unsere geistigen Lebensquellen am ärgsten vergiften und den Boden unter uns am schlimmsten verpesten. Nicht sie sind in unserem Gemeinwesen die gefährlichsten Feinde der Wahrheit und der Freiheit.

RUFE VON ALLEN SEITEN: Wer denn? Wer ist es denn? Namen nennen!

DOKTOR: Wartet nur ab! Ich werde sie schon nennen! Das muß ich ohnehin, wenn ich mit der großen Entdeckung herausrücke, die ich gestern gemacht habe. *Mit erhobener Stimme*: Der gefährlichste Feind der Wahrheit und der Freiheit – das ist bei uns die kompakte Majorität. Jawohl, die verdammte, kompakte, liberale Majorität – die ist es! Nun wißt ihr's!

Ungeheurer Lärm. Die meisten schreien, trampeln und pfeifen. Einige ältere Herren wechseln verstohlene Blicke und scheinen sich heimlich zu amüsieren. Frau Stockmann erhebt sich ängstlich. Eilif und Morten nehmen eine drohende Haltung gegen die pfeifenden Schuljungen ein. Aslaksen läutet und mahnt zur Ruhe. Hovstad und Billing suchen beide zu Wort zu kommen, dringen aber nicht durch. Endlich tritt wieder Ruhe ein.

ASLAKSEN: Der Versammlungsleiter spricht die Erwartung aus, daß der Redner seine unbesonnene Äußerung zurücknimmt.

DOKTOR: Da können Sie lange warten, Herr Aslaksen! Will mich denn die große Mehrheit nicht meiner Freiheit berauben und mir verbieten, die Wahrheit zu sagen?

HOVSTAD: Die Mehrheit hat immer das Recht auf ihrer Seite!

BILLING: Und die Wahrheit auch, Gott verdamm mich!

DOKTOR: Die Mehrheit hat immer das Recht auf ihrer Seite, sagen Sie? Das ist eine dieser überall nachgeplapperten, weitverbreiteten Lügen, gegen die sich ein selbständig denkender Mensch empören muß. Wer bildet denn im Lande die Mehrheit der Bewohner? Die Klugen oder die Dummen? Ich denke, wir sind uns einig, daß auf der ganzen weiten Erde die Dummen in geradezu erschreckender Majorität sind. Aber, hol's der Teufel, es kann doch nie und nimmer richtig sein, daß die Dummen über die Klugen herrschen! *Lärmen und Schreien.* Ja, überschreien könnt ihr mich, aber ihr könnt mich nicht widerlegen! Die Mehrheit hat die Macht – leider! Aber das Recht hat sie nicht. Das Recht ist bei mir und einigen wenigen. Das Recht ist bei der Minorität. *Erneuter Tumult.*

HOVSTAD: Aha! Doktor Stockmann ist also seit vorgestern Aristokrat!

DOKTOR: Ich habe gesagt, daß ich kein Wort über das zurückgebliebene Häuflein der Engbrüstigen und Kurzatmigen verlieren möchte. Mit denen hat das pulsierende Leben nichts mehr zu schaffen. Vielmehr denke ich an die wenigen unter uns, die sich alle jungen keimenden Wahrheiten zu eigen gemacht haben. Diese Menschen stehen gewissermaßen auf Vorposten, die so weit vorgeschoben sind, daß die kompakte Majorität noch nicht nachgerückt ist. Und dort kämpfen sie für Wahrheiten, die noch zu neu in der Welt des Bewußtseins sind, als daß sie die Mehrheit für sich haben könnten.

HOVSTAD: Na, dann ist also der Herr Doktor Revolutionär geworden!

DOKTOR: Zum Donnerwetter ja, das bin ich, Herr Hovstad! Ich will Revolution machen gegen die Lüge, daß die Mehrheit im Besitz der Wahrheit ist. Was sind das für Wahrheiten, die die Mehrheit auf ihre Fahnen zu schreiben pflegt? Es sind Wahrheiten, die so hoch zu Jahren gekommen, daß sie mit der Zeit hinfällig geworden sind. Ist aber eine Wahrheit so alt geworden, meine Herren, dann ist sie auf dem besten Wege, eine Lüge zu werden. *Gelächter und höhnische Zurufe.* Ja, ja, das können Sie mir schon glauben! Die Wahrheiten sind keineswegs solche zählebigen Methusalems, wie die Leute im allgemeinen glauben. Eine normal gebaute Wahrheit lebt – sagen wir – in der Regel siebzehn bis achtzehn, höchstens zwanzig Jahre, selten länger. Aber solche altersgrauen Wahrheiten sind immer entsetzlich dürr. Trotzdem macht sich erst dann die Mehrheit mit ihnen vertraut und propagiert sie als gesunde geistige Nahrung. Aber viel Nährwert hat diese Kost nicht, kann ich versichern. Und das muß ich als Arzt wissen. Alle diese Mehrheitswahrheiten sind wie vorjähriger Speck, wie ranziger und verschimmelter, nachgesalzener Schinken. Daher dieser ganze moralische Skorbut, wie er überall in unserer Gesellschaft grassiert.

ASLAKSEN: Mir scheint, der werte Redner schweift etwas weit vom Thema ab.

STADTHAUPTMANN: Ich muß der Meinung des Herrn Vorsitzenden im wesentlichen beistimmen.

DOKTOR: Ich glaube, du bist nicht bei Trost, Peter! Ich halte mich so eng ans Thema wie nur möglich! Denn darüber will ich doch gerade reden, daß die Masse, die Mehrheit, diese verfluchte liberale Majorität – daß sie es ist, sage ich, die unsere geistigen Lebensquellen vergiftet und die Luft um uns verpestet.

HOVSTAD: Und das täte die große freisinnige Mehrheit des Volkes, weil sie besonnen genug ist, sich nur an die sicheren und anerkannten Wahrheiten zu halten?

DOKTOR: Ach, mein lieber Herr Hovstad, reden Sie doch nicht von sicheren Wahrheiten! Die von der Masse anerkannten Wahrheiten, die haben die Vorpostenkämpfer zur Zeit unserer Großeltern für sicher gehalten. Wir Vorpostenkämpfer von heute, wir erkennen sie nicht mehr an. Und ich glaube, keine Wahrheit ist sicherer als die, daß keine Gesellschaft auf solchen alten mark- und kraftlosen Wahrheiten ein gesundes Leben aufbauen kann.

HOVSTAD: Anstatt hier so ins Blaue zu reden, sollten Sie uns lieber sagen, was das für alte mark- und kraftlose Wahrheiten sind, nach denen wir angeblich leben! *Zustimmung von mehreren Seiten.*

DOKTOR: Oh, ich könnte einen ganzen Haufen aus der Mottenkiste hervorziehen. Doch zunächst will ich mich auf e i n e anerkannte Wahrheit beschränken, die im Grunde eine gemeine Lüge ist, obgleich von ihr Herr Hovstad und der „Volksbote“ und alle seine Anhänger leben.

HOVSTAD: Und das wäre?

DOKTOR: Das ist die Lehre, die ihr von euren Vorfahren übernommen habt und gedankenlos weiterverbreitet – die Lehre, daß die breite Masse den Kern des Volkes bildet – daß sie das eigentliche Volk sei; daß der gemeine Mann, daß die Stimmen der unwissenden und unfertigen Mitglieder der Gesellschaft dasselbe Gewicht haben müßten wie die Meinung der wenigen geistig vornehmen Persönlichkeiten.

BILLING: Gott verdamm mich, hat man schon so etwas...!

HOVSTAD *ruft gleichzeitig*: Hört! Hört!

ERBITTERTE STIMMEN: Hoho, sind wir nicht das Volk? Sollen nur die Vornehmen was zu sagen haben?

EIN HANDWERKER: Raus mit dem Mann, der so was sagt!

ANDERE: Setzt ihn an die Luft!

EIN BÜRGER *schreit*: Tute in dein Horn, Evensen! *Ohrenbetäubende Horntöne, Pfeifen und Tumult.*

DOKTOR *nachdem sich der Lärm etwas gelegt hat*: Aber so seid doch vernünftig! Könnt ihr denn nicht vertragen, wenigstens ein einziges Mal die Wahrheit zu hören! Ich verlange doch gar nicht, daß ihr mir alle gleich recht gebt! Von Herrn Hovstad hatte ich allerdings erwartet, daß er mir nach einigem Überlegen zustimmen würde. Herr Hovstad erhebt doch den Anspruch, Freidenker zu sein...

VERBLÜFFTE HALBLAUTE FRAGEN: Freidenker, sagt er? Was? Redakteur Hovstad ein Freidenker?

HOVSTAD *ruft*: Beweise, Doktor Stockmann! Beweise! Wann hätte ich das geschrieben?

DOKTOR *bedenkt sich*: Nein, schriftlich haben Sie das nicht von sich gegeben – den Freimut haben Sie niemals gehabt. Na, ich will Sie nicht in die Klemme bringen, Herr Hovstad. Dann will ich also allein das Freidenkertum vertreten. Und euch mit Hilfe der Naturwissenschaft klarmachen, daß der „Volksbote“ euch schändlich an der Nase herumführt, wenn er euch weismacht, daß ihr – die breite Masse – der eigentliche Kern des Volkes seid. Das ist nur eine Zeitungslüge, müßt ihr wissen! Die breite

Masse ist nur der Rohstoff. Daraus soll erst das Volk hervorgehen! *Murren, Gelächter und Unruhe.* Aber ist es denn in der übrigen organischen Welt anders? Welch ein Unterschied besteht doch zwischen einer kultivierten und einer unkultivierten Tierfamilie! Seht euch nur ein gewöhnliches Bauernhuhn an! Welchen Fleischwert hat so ein Kroppzeug? Keinen großen! Und was für Eier legt es? Eine halbwegs anständige Krähe legt fast ebenso gute Eier. Nun nehmt dagegen ein kultiviertes spanisches oder japanisches Huhn oder einen vornehmen Fasan oder eine Truthenne – da werdet ihr den Unterschied sehen! Und dann denkt an die Hunde, mit denen wir Menschen so verblüffend nah verwandt sind. Stellt euch erst mal einen gewöhnlichen Straßenhund vor – ich meine so einen widerlichen, pöbelhaften Köter, der sich auf der Straße herumtreibt und die Häuser vollschweinigelt. Und vergleicht dann diesen Köter mit einem Pudel, der durch Generationen einen vornehmen Stammbaum hat, ausgesuchtes Futter bekommt und Gelegenheit gehabt hat, harmonische Stimmen und Musik zu hören. Glaubt ihr nicht, daß der Schädel dieses Pudels ganz anders entwickelt ist als der des Straßenköters? Darauf könnt ihr euch verlassen. Die Welpen solcher kultivierten Pudel werden von den Gauklern zu den unglaublichsten Kunststücken abgerichtet, die ein gemeiner Bauernköter nie erlernen kann, und wenn er sich auf den Kopf stellt. *Lärm und Gelächter im ganzen Raum.*

Ein Bürger *ruft*: Wollen Sie uns nun auch noch zu Hunden machen?

Ein anderer: Wir sind keine Tiere, Herr Doktor!

Doktor: Doch, mein Lieber, so wahr ich hier stehe, wir sind Tiere! Wir sind so echte Tiere, wie man sich nur denken kann. Vornehme Tiere gibt es allerdings nicht viele unter uns. Oh, es ist ein ganz gewaltiger Unterschied zwischen Pudelmenschen und Kötermenschen. Und das amüsante dabei ist, daß Redakteur Hovstad meine Ansicht teilt, solange es um vierbeinige Tiere geht...

Hovstad: Bei den Tieren stimmt's ja auch!

Doktor: Gewiß. Aber sobald ich das Gesetz auf die Zweibeiner ausdehne, dann sträubt sich etwas in Herrn Hovstad. Dann wagt er nicht mehr, sich seine eigenen Ansichten einzugestehen und seine eigenen Gedanken zu Ende zu denken. Dann stellt er die Lehre auf den Kopf und verkündet im „Volksboten", der Bauernhahn und der Straßenköter – gerade das seien die richtigen Prachtexemplare der Menagerie. Aber so geht es immer, solange einem die Gewöhnlichkeit in den Knochen sitzt und man sich nicht zu geistiger Vornehmheit durchgearbeitet hat.

HOVSTAD: Ich mache auf keinerlei Vornehmheit Anspruch. Ich stamme von einfachen Bauern her. Und ich bin stolz darauf, daß ich tief im gewöhnlichen Volk wurzele, das hier verhöhnt wird.

VIELE HANDWERKER UND GESELLEN: Hoch Hovstad! Er lebe hoch!

DOKTOR: Die Art Gewöhnlichkeit, von der ich rede, die gibt's nicht nur in den untersten Schichten. Die findet man überall, bis hinauf zu den Spitzen der Gesellschaft. Ihr braucht euch nur euren repräsentativen, ehrenwerten Stadthauptmann anzusehen! Mein Bruder Peter repräsentiert den Spießbürger, wie er im Buche steht... *Lachen und Tuscheln.*

STADTHAUPTMANN: Ich protestiere gegen solche persönlichen Verunglimpfungen.

DOKTOR *unbeirrt*: ... und zwar nicht, weil er wie ich von einem alten rüden Seeräuber aus Pommern oder da herum abstammt – da stammen wir nämlich her...

STADTHAUPTMANN: Dummes Märchen! Sehr anfechtbar!

DOKTOR: ... sondern weil er die Gedanken seiner Vorgesetzten denkt und immer der Meinung seiner Vorgesetzten beipflichtet. Menschen, die das tun, die sind geistig subaltern. Seht, darum ist mein repräsentativer Bruder Peter im Grunde so wenig vornehm – und infolgedessen auch nicht wahrhaft freisinnig.

STADTHAUPTMANN: Herr Vorsitzender!

HOVSTAD: Also die Vornehmen, die repräsentieren hierzulande den Freisinn? Das ist eine ganz neue Theorie! *Lachen in der Versammlung.*

DOKTOR: Ja, gewiß, das gehört ebenfalls zu meiner heutigen Entdeckung. Und noch etwas: daß eine freisinnige und eine moralische Lebensauffassung annähernd das gleiche ist. Und daher sage ich, daß es vom „Volksboten" ganz unverantwortlich ist, wenn er Tag für Tag die Irrlehre verkündet, die breite Masse, die kompakte Majorität habe Freisinn und Moral gepachtet – und Laster und Verderbtheit und alle mögliche geistige Korruption, die kämen von der Kultur, wie all der Unflat von den Gerbereien. *Lärm, man versucht den Redner zu unterbrechen. Er fährt unbeirrt fort, lacht in seinem Eifer.* Und doch predigt derselbe „Volksbote", die breite Masse müsse auf ein höheres Niveau gehoben werden! Aber, in drei Teufels Namen – wäre die These des „Volksboten" stichhaltig, dann wäre ja die Hebung der breiten Masse gleichbedeutend mit ihrem Verderb! Aber glücklicherweise ist die Behauptung von der demoralisierenden Kultur nur ein alter Aberglaube. Nein, die Verdummung, die Armut, die elenden Lebensverhältnisse, die sind des Teufels Handlanger! In einem Haus, in dem nicht täglich gelüftet und ausgefegt wird – meine Frau behauptet, der Fußboden müsse auch immer gescheuert werden, doch darüber läßt sich streiten –, also in einem solchen Haus, sage ich, büßen die Menschen innerhalb von zwei, drei Jahren die Fähigkeit ein, moralisch zu denken und moralisch zu handeln. Mangel an Sauerstoff schwächt das Gewissen. Und in recht vielen Häusern unserer Stadt scheint großer Sauerstoffmangel zu herrschen. Denn sonst könnte die kompakte Majorität nicht so gewissenlos sein, die Zukunft der Stadt auf einem Sumpf von Lug und Trug aufbauen zu wollen.

ASLAKSEN: Eine derart unerhörte Beschuldigung der ganzen Einwohnerschaft muß gerügt werden!

EIN HERR: Ich beantrage, dem Redner das Wort zu entziehen!

AUFGEREGTE STIMMEN: Jawohl! Sehr richtig! Das Wort entziehen!

DOKTOR *aufbrausend*: Dann schreie ich die Wahrheit an allen Straßenecken aus! Ich bringe es in auswärtige Zeitungen! Das ganze Land soll erfahren, was man hier treibt!

HOVSTAD: Der Doktor scheint darauf auszugehen, unsere Stadt zugrunde zu richten.

DOKTOR: Ich liebe meine Vaterstadt so sehr, daß ich sie lieber zugrunde richte, als daß ich mit ansehen möchte, wie sie durch eine Lüge gedeiht.

ASLAKSEN: Das ist stark!

Lärm und Pfeifen. Frau Stockmann hustet vergebens.

HOVSTAD *ruft in den Lärm hinein*: Der Mann, der eine ganze Bürgerschaft vernichten will, der ist ihr Feind!

DOKTOR *in steigender Erregung*: Um den Untergang einer lügenhaften Gesellschaft ist es nicht schade! Mag sie dem Erdboden gleichgemacht werden, sage ich! Wie schädliche Tiere müßten alle ausgerottet werden, die von der Lüge leben! Ihr verpestet noch das ganze Land! Ihr bringt es so weit, daß das ganze Land für den Untergang reif wird. Sollte es aber dahin kommen, dann würde ich aus innerstem Herzen sagen: Mag das ganze Land vernichtet werden! Mag dieses ganze Volk ausgerottet werden!

EIN MANN *aus der Menge*: Der redet ja wie ein Volksfeind!

BILLING: Das war, Gott verdamm mich, die Stimme des Volkes!!

DIE GANZE MENGE *schreit*: Jawohl! Jawohl! Er ist ein Volksfeind! Er haßt sein Land! Er haßt das ganze Volk!

ASLAKSEN: Ich bin als Staatsbürger und als Mensch tief erschüttert. Doktor Stockmann hat sich entlarvt in einer Weise, wie ich es selbst im Traum nicht für möglich gehalten hätte. Ich muß mich leider der Ansicht anschließen, die soeben von ehrenwerten Bürgern ausgesprochen wurde. Und ich bin dafür, daß wir dieser Ansicht in einer Resolution Ausdruck verleihen. Ich schlage vor: „Die Versammlung erklärt, daß sie den Badearzt Doktor Thomas Stockmann als einen Volksfeind betrachtet."

Stürmischer Beifall und Rufe der Zustimmung. Man bildet einen großen Kreis um den Doktor und pfeift ihm ins Gesicht. Frau Stockmann und Petra sind aufgestanden. Morten und Eilif prügeln sich mit den anderen Schuljungen, die mitgepfiffen haben, bis sie von Erwachsenen getrennt werden.

DOKTOR *zu den Pfeifern*: O ihr Toren! Ich sage euch ...

ASLAKSEN *läutet*: Der Doktor hat nicht mehr das Wort. Es muß eine förmliche Abstimmung stattfinden. Um jedoch persönliche Gefühle zu schonen, soll es schriftlich und ohne Namensnennung geschehen. Billing, haben Sie noch Schreibpapier?

BILLING: Blaues und weißes.

ASLAKSEN *verläßt das Podium*: Das ist gut. Auf diese Weise geht es rascher. Machen Sie kleine Zettel! So – ja! *Zur Versammlung*:

Blau bedeutet „nein“, Weiß bedeutet „ja“. Ich will selbst herumgehen und die Stimmen einsammeln.

Der Stadthauptmann verläßt den Raum. Aslaksen und einige andere Bürger gehen in der Versammlung herum und sammeln die Zettel im Hut ein.

EIN HERR *zu Hovstad*: Was ist eigentlich mit dem Doktor los? Was soll man nur davon halten?

HOVSTAD: Sie wissen ja, wie impulsiv er ist.

EIN ANDERER HERR *zu Billing*: Hören Sie mal! Sie verkehren doch da im Hause. Haben Sie vielleicht bemerkt, daß der Mann trinkt?

BILLING: Gott verdamm mich, was soll ich sagen ... Sooft man hinkommt, steht der Grog auf dem Tisch.

EIN DRITTER HERR: Nein, ich glaube eher, daß er manchmal nicht ganz normal ist.

DER ERSTE HERR: Vielleicht ist er erblich belastet?

BILLING: Kann schon sein.

EIN VIERTER HERR: Ach was, es ist weiter nichts als pure Bosheit. Er will sich für irgend etwas rächen.

BILLING: Er hat allerdings dieser Tage von Gehaltszulage gesprochen. Und die hat er nicht bekommen.

ALLE HERREN *einstimmig*: Aha! Das erklärt alles!

DER BETRUNKENE *in der Menge*: Ich – ich will – 'nen blauen! Her mit so 'm Wisch! Und 'nen weißen will ich auch.

RUFE: Da ist der Betrunkene schon wieder! Raus mit ihm!

MORTEN KIIL *nähert sich dem Doktor*: Na, Stockmann, sehen Sie nun, was bei solchem Affentheater herauskommt?

DOKTOR: Ich habe meine Pflicht getan.

MORTEN KIIL: Wie war das gleich? Was haben Sie über die Gerbereien im Mühltal gesagt?

DOKTOR: Das haben Sie ja gehört. Ich habe gesagt, daß von dort die ganze Sauerei ausgeht.

MORTEN KIIL: Von meiner Gerberei auch?

DOKTOR: Leider ja, von Ihrer Gerberei stammt der ärgste Dreck.

MORTEN KIIL: Wollen Sie das auch in die Zeitungen bringen?

DOKTOR: Ich halte mit nichts hinterm Berg.

MORTEN KIIL: Das kann Sie teuer zu stehen kommen, Stockmann. *Er geht.*

EIN KORPULENTER HERR *tritt an Kapitän Horster heran, ohne die Damen zu grüßen*: Na, Kapitän, Sie stellen also Ihr Haus Volksfeinden zur Verfügung?

HORSTER: Ich denke, ich kann mit meinem Eigentum machen, was ich will, Herr Konsul.

DER KORPULENTE HERR: Dann haben Sie wohl nichts dagegen, daß ich es mit meinem Eigentum ebenso halte.

HORSTER: Wie meinen Sie das, Herr Konsul?

DER KORPULENTE HERR: Sie werden morgen von mir hören. *Dreht sich um und geht.*

PETRA: Herr Horster, war das nicht Ihr Reeder?

HORSTER: Ja, das war Konsul Vik.

ASLAKSEN *betritt mit den Stimmzetteln in der Hand das Podium und läutet*: Meine Herren, darf ich Sie mit dem Resultat bekannt machen? Mit allen Stimmen gegen eine...

EIN JÜNGERER HERR: Die ist von dem Betrunkenen!

ASLAKSEN: Mit allen Stimmen gegen eine – von einer unter Alkohol stehenden Person! – hat die Bürgerversammlung den Badearzt Doktor Thomas Stockmann zum Volksfeind erklärt. *Rufe und Beifallsbekundungen.* Es lebe unser altes, ehrbares Bürgertum! *Wieder Beifallsrufe.* Es lebe unser tüchtiger und rühriger Stadthauptmann, der so loyal die Stimme des Blutes unterdrückt hat! *Hochrufe.* Die Versammlung ist geschlossen. *Er verläßt das Podium.*

BILLING: Ein Hoch auf den Vorsitzenden!

DIE MENGE: Hoch, Aslaksen! Hurra!

DOKTOR: Meinen Hut und meinen Mantel, Petra! Kapitän, haben Sie Platz für einige Passagiere nach der Neuen Welt?

HORSTER: Für Sie und Ihre Familie ist immer noch Platz, Herr Doktor.

DOKTOR *während ihm Petra in den Mantel hilft*: Gut. Komm, Katrine! Kommt, Jungens! *Er nimmt den Arm seiner Frau.*

FRAU STOCKMANN *leise*: Lieber Thomas, laß uns durch die Hintertür gehen!

DOKTOR: Keine Hintertüren, Katrine! *Mit erhobener Stimme*: Ihr sollt noch vom Volksfeind hören, ehe er den Staub von seinen Füßen schüttelt! Ich bin nicht so gütig wie ein gewisser Jemand. Ich sage nicht: Ich vergebe euch, denn ihr wisset nicht, was ihr tut.

ASLAKSEN *ruft*: Das ist Gotteslästerung, Doktor Stockmann!

BILLING: Gott verdamm...! So etwas mit anhören zu müssen bedeutet für einen seriösen Mann eine Zumutung!

EINE GROBE STIMME: Und drohen tut er auch noch!

AUFREIZENDE RUFE: Schmeißt ihm die Fenster ein! Schmeißt ihn doch in den Fjord!

EIN MANN *in der Menge*: Tute in dein Horn, Evensen! Aber feste!

Tuten, Pfeifen und wildes Schreien.

Der Doktor geht mit seiner Familie dem Ausgang zu. Horster bahnt ihnen den Weg.

DIE MENGE *heult den Fortgehenden nach*: Volksfeind! Volksfeind! Volksfeind!

BILLING *indem er seine Notizen ordnet*: Gott verdamm mich! Heute abend möchte ich nicht bei Stockmanns Grog trinken!

Die Menge drängt zum Ausgang. Der Lärm pflanzt sich auf der Straße fort, und man hört den Ruf: „Volksfeind! Volksfeind!“

FÜNFTER AKT

Dr. Stockmanns Sprechzimmer. Bücherregale und Schränke mit Präparaten. Im Hintergrund führt eine Tür zum Flur, vorn links eine Tür ins Wohnzimmer. Rechts zwei Fenster, deren Scheiben sämtlich eingeschlagen sind. Mitten im Zimmer der mit Büchern und Papieren bedeckte Schreibtisch. Im Zimmer herrscht große Unordnung. Vormittag.

Der Doktor, im Schlafrock und in Pantoffeln, bückt sich und stochert mit einem Schirm unter einem Schrank. Schließlich holt er einen Stein hervor.

DOKTOR *ruft durch die offene Tür ins Wohnzimmer hinein*: Katrine, hier habe ich noch einen gefunden!

FRAU STOCKMANN *aus dem Wohnzimmer*: Das wird wohl nicht der letzte sein.

DOKTOR *legt den Stein zu einem Haufen anderer auf den Tisch*: Diese Steine will ich wie ein Heiligtum aufbewahren. Eilif und Morten sollen sie sich jeden Tag ansehen und sie später von mir erben. *Stochert unter einem Regal.* Ist sie nicht – zum Teufel, wie heißt sie doch gleich? Ich meine das Mädchen! Ist sie noch nicht beim Glaser gewesen?

FRAU STOCKMANN *kommt herein*: Doch, aber er hat gesagt, er wüßte noch nicht, ob er heute kommen könnte.

DOKTOR: Er wird es einfach nicht wagen! Das wirst du sehen!

FRAU STOCKMANN: Randine meinte auch, er traue sich nicht – wegen der Nachbarn. *Spricht ins Wohnzimmer hinein*: Was willst du, Randine? – Ach so. *Sie geht hinein und kommt gleich wieder zurück.* Hier ist ein Brief für dich, Thomas.

DOKTOR: Zeig her! *Öffnet den Brief und liest.* Hm...

FRAU STOCKMANN: Von wem ist er denn?

DOKTOR: Vom Hauswirt. Er kündigt uns.

FRAU STOCKMANN: Ach! Wirklich? So ein anständiger Mann...

DOKTOR *blickt in den Brief*: Er könne nicht anders, schreibt er. Er täte es sehr ungern, aber er könne nicht anders – seiner Mitbürger wegen – mit Rücksicht auf die öffentliche Meinung – er sei abhängig – dürfe gewisse einflußreiche Leute nicht vor den Kopf stoßen...

FRAU STOCKMANN: Da siehst du's, Thomas!

DOKTOR: Ja, ja! Das sehe ich wohl! Sie sind alle feige, die Leute hier. Kein Mensch getraut sich etwas vor lauter Rücksicht auf die anderen Menschen. *Wirft den Brief auf den Tisch.* Aber das kann uns ja egal sein, Katrine. Wir wandern aus. In die Neue Welt, und dann...

FRAU STOCKMANN: Ja, aber Thomas, hast du dir das auch richtig überlegt, das mit dem Auswandern?

DOKTOR: Soll ich vielleicht hier bleiben, wo sie mich angeprangert haben als einen Volksfeind, mich gebrandmarkt, mir die Fenster eingeschlagen haben?! Und sieh mal her, Katrine: meine schwarzen Hosen haben sie mir auch zerrissen!

FRAU STOCKMANN: O Gott! Und das waren deine besten!

DOKTOR: Man sollte nie seine besten Hosen anziehen, wenn man in den Kampf für Freiheit und Wahrheit zieht. Na, der Hosen wegen mache ich mir weiter keine Sorgen. Die kannst du ja flicken. Aber daß die Bande es wagt, mir auf den Leib zu rücken, als wäre ich ihresgleichen – das geht mir doch an die Nieren!

FRAU STOCKMANN: Ja, die Leute haben sich unglaublich gegen dich benommen, Thomas. Aber müssen wir deshalb gleich auswandern?

DOKTOR: Glaubst du vielleicht, anderswo hier im Land sei der Mob nicht ebenso wie hier? Das ist überall dasselbe. Na, darauf huste ich. Laß die Köter kläffen! Das ist nicht das schlimmste. Das schlimmste ist, daß die Menschen im ganzen Land Parteisklaven sind. Allerdings ist es jenseits vom großen Teich im freien Westen vielleicht nicht viel besser. Dort grassiert auch die kompakte Majorität und die liberale öffentliche Meinung und all das andere Teufelszeug. Doch die Verhältnisse sind dort großzügiger, weißt du. Sie können einen totschlagen, aber sie martern einen nicht langsam zu Tode. Sie spannen einen freien Geist nicht auf die Folter wie hier. Und im Notfall kann man sich ja von allem fernhalten. *Geht auf und ab.* Wenn ich nur wüßte, wo ein Urwald oder eine kleine Südseeinsel billig zu haben wäre...

FRAU STOCKMANN: Na, und die Jungens, Thomas?

DOKTOR *bleibt stehen*: Du bist aber merkwürdig, Katrine! Möchtest du lieber, daß die Jungens in einer solchen Gesellschaft wie hier aufwachsen? Du hast doch gestern abend selbst gesehen, daß die halbe Bevölkerung einfach irrsinnig ist! Und wenn die andere Hälfte den Verstand nicht verloren hat, dann nur, weil sie aus Hornochsen besteht, die keinen zu verlieren haben.

FRAU STOCKMANN: Ach, mein lieber Thomas, du bist aber auch so unvorsichtig in deinen Reden!

DOKTOR: Na – es stimmt doch, was ich sage! Stellen sie nicht alle Begriffe auf den Kopf? Vermengen sie nicht Recht und Unrecht zu einem Brei? Nennen sie nicht alles Lüge, was ich als wahr erkannt habe? Aber das allertollste ist, daß hier erwachsene Menschen massenhaft umherstolzieren, sich Liberale nennen und sich selbst und anderen weismachen, sie seien freisinnig! Was sagst du dazu, Katrine?

FRAU STOCKMANN: Na ja, freilich ist das verdreht, aber...

Petra kommt aus dem Wohnzimmer.

Kommst du jetzt schon aus der Schule?

PETRA: Ja. Man hat mir gekündigt.

FRAU STOCKMANN: Gekündigt?

DOKTOR: Dir auch?

PETRA: Frau Busk hat mir gekündigt. Und da schien es mir am besten, sofort zu gehen.

DOKTOR: Da hast du recht getan!

FRAU STOCKMANN: Wer hätte gedacht, daß Frau Busk ein so schlechter Mensch ist!

PETRA: Ach, Mutter, Frau Busk ist gar nicht so schlecht. Ich habe es ihr deutlich angesehen, wie leid es ihr tat. Aber sie könne nicht anders, hat sie gesagt. Und da habe ich eben meine Kündigung bekommen.

DOKTOR *lacht und reibt sich die Hände*: Sie konnte nicht anders! Überall dasselbe! Oh, es ist gottvoll!

Frau Stockmann: Na ja, nach dem gräßlichen Spektakel gestern abend...

Petra: Das war nicht allein der Grund. Hör nur, Vater!

Doktor: Na?

Petra: Frau Busk hat mir nicht weniger als drei Briefe gezeigt, die sie heute morgen bekommen hat.

Doktor: Wohl anonym?

Petra: Allerdings.

Doktor: Natürlich, ihren Namen wagen sie nicht zu nennen, Katrine!

Petra: Und in zwei Briefen stand: Ein Herr, der hier im Hause verkehre, habe gestern nacht im Klub erzählt, daß ich – über gewisse Dinge – so unerhört freie Ansichten hätte...

Doktor: Und das hast du doch nicht geleugnet?

Petra: Nein, das kannst du dir doch denken. Frau Busk hat selbst freie Ansichten, wenn wir unter vier Augen sind. Aber da nun dies über mich bekannt geworden ist, durfte sie mich nicht behalten.

Frau Stockmann: Man denke: Jemand, der hier im Hause verkehrt! Thomas, das ist der Dank für deine Gastfreundschaft!

Doktor: In einem solchen Dreckpfuhl wollen wir nicht länger leben! Packe so rasch wie möglich, Katrine! Laß uns dieser Stadt den Rücken kehren! Je eher, desto besser!

Frau Stockmann: Still! Ich glaube, draußen ist jemand. Sieh mal nach, Petra!

Petra *öffnet die Tür*: Oh, Sie sind's, Herr Kapitän? Bitte kommen Sie herein!

Horster *tritt ein*: Guten Tag. Ich wollte mal hereinsehen und mich nach dem Befinden erkundigen.

Doktor *schüttelt ihm die Hand*: Danke! Das ist sehr freundlich von Ihnen.

Frau Stockmann: Und vielen Dank, daß Sie uns gestern durch das Gewühl geholfen haben, Herr Kapitän!

Petra: Aber wie sind Sie denn wieder nach Haus gekommen?

Horster: Ach, das ging schon. Ich habe kräftige Fäuste. Und diese Leute sind ja meist nur Maulhelden.

Doktor: Ja, ist das nicht merkwürdig, was für feige Hunde das sind? Kommen Sie her, ich will Ihnen etwas zeigen! Hier sind die Steine, mit denen sie uns die Fenster eingeworfen haben. Sehen Sie sich die mal an! Im ganzen Haufen sind nicht mehr als zwei ordentliche Brocken. Alles andere ist nur Kleinzeug. Und dabei haben sie da draußen gejault und geflucht und geschworen, sie wollten mich totschlagen. Aber zu einer Handlung rafft man sich hierzulande selten auf.

HORSTER: Na, diesmal war das für Sie doch ganz günstig, Herr Doktor.

DOKTOR: Gewiß. Aber ärgerlich ist es doch. Denn kommt es einmal zu einem ernsten, für das Land entscheidenden Konflikt, dann werden Sie erleben, daß die öffentliche Meinung dafür sein wird, die Beine in die Hand zu nehmen. Dann flüchtet die kompakte Majorität in den Wald wie eine Schafherde. Das ist ein betrüblicher Gedanke, das macht mich ganz krank. Aber, zum Teufel – im Grunde sind das ja alles nur Dummheiten! Haben sie mich nun mal zum Volksfeind erklärt, will ich auch einer sein.

FRAU STOCKMANN: Das wirst du doch nie, Thomas!

DOKTOR: Weise das lieber nicht so weit von dir, Katrine! Ein böses Wort kann wirken wie ein Nadelstich in die Lunge. Und dieses verdammte Wort – ich kann es nicht loswerden! Es hat sich hier unter der Herzgrube festgesetzt. Dort liegt es und bohrt und zieht, als ob es saure Säfte wären. Dagegen hilft kein Pulver!

PETRA: Ph, Vater! Lach doch darüber!

HORSTER: Die Leute werden eines Tages wieder anders denken, Herr Doktor.

FRAU STOCKMANN: Ja, Thomas, das ist so sicher wie das Amen in der Kirche.

DOKTOR: Ja, vielleicht, wenn es zu spät ist. Aber dann sollen sie's auslöffeln! Dann sollen sie hier in ihrem Dreck sitzen und bereuen, daß sie einen Patrioten aus dem Lande getrieben haben! Wann geht die Reise los, Kapitän?

HORSTER: Hm – deswegen bin ich eigentlich gekommen, darüber wollte ich mit Ihnen sprechen...

DOKTOR: Ist mit dem Schiff irgend etwas?

HORSTER: Das nicht. Aber i c h werde wohl nicht mit auf Fahrt gehen.

PETRA: Haben Sie etwa auch die Kündigung bekommen?

HORSTER *lächelt*: Ja, allerdings.

PETRA: Sie also auch!

FRAU STOCKMANN: Da siehst du's, Thomas!

DOKTOR: Und nur, weil Sie der Wahrheit zu ihrem Recht verhelfen wollten! Ach, wenn ich das vorausgesehen hätte...

HORSTER: Das brauchen Sie sich nicht weiter zu Herzen zu nehmen! Ich finde schon einen anderen Posten bei irgendeiner auswärtigen Reederei.

DOKTOR: Und noch dazu Konsul Vik – ein vermögender Mann, vollständig unabhängig! Pfui Teufel!

HORSTER: Er ist sonst ganz korrekt. Und wie er selbst sagt, hätte er mich gern behalten, wenn er nur könnte.

DOKTOR: Aber er kann nicht? Versteht sich!

HORSTER: Es sei nicht so einfach, sagte er, zumal für ein Mitglied einer Partei...

DOKTOR: Da hat dieser Ehrenmann ein wahres Wort gesprochen! Eine Partei, die ist wie ein Saugapparat, der den Mitgliedern die Grütze aus dem Kopf saugt. Daher sind sie alle solche Hohlköpfe.

FRAU STOCKMANN: Nein, aber Thomas!

PETRA *zu Horster*: Hätten Sie uns nicht nach Haus begleitet, dann wäre es vielleicht nicht zu Ihrer Kündigung gekommen!

HORSTER: Ich bereue es nicht.

PETRA *reicht ihm die Hand*: Ich danke Ihnen.

HORSTER *zum Doktor*: Und dann noch eins: Für den Fall, daß Sie wirklich ausreisen wollen, wüßte ich einen andern Rat.

DOKTOR: Das ist schön. Wenn wir nur wegkommen von hier...

FRAU STOCKMANN: Hat es nicht geklopft?

PETRA: Doch nicht etwa der Onkel?

DOKTOR *ruft*: Herein!

FRAU STOCKMANN: Lieber Thomas, versprich mir aber...

Der Stadthauptmann tritt vom Flur herein.

STADTHAUPTMANN *in der Tür*: Oh, du hast Besuch! Dann will ich lieber...

DOKTOR: Nein, nein! Komm nur herein!

STADTHAUPTMANN: Aber ich wollte dich unter vier Augen sprechen.

FRAU STOCKMANN: Wir gehen solange ins Wohnzimmer.

HORSTER: Und ich kann ja später wiederkommen.

DOKTOR: Nein, warten Sie bitte im Wohnzimmer, Kapitän! Ich möchte von Ihnen noch Näheres hören.

HORSTER: Gut, wenn Sie wünschen. *Geht mit Frau Stockmann und Petra ins Wohnzimmer.*

Der Stadthauptmann mustert schweigend die Fenster.

DOKTOR: Du findest es wohl heute recht luftig hier? Setz lieber die Mütze auf!

STADTHAUPTMANN: Wenn du gestattest ... *Setzt sich die Mütze auf.* Ich glaube, ich habe mich gestern erkältet. Habe sicher zu lange in der Zugluft gestanden und gefroren ...

DOKTOR: So? Mir war eher zu warm.

STADTHAUPTMANN: Ich bedaure, daß ich diese nächtlichen Exzesse nicht verhindern konnte.

DOKTOR: Hast du mir sonst noch etwas zu sagen?

STADTHAUPTMANN *zieht einen großen Brief hervor*: Ich habe hier ein offizielles Schreiben der Kurverwaltung an dich.

DOKTOR: Wohl die Kündigung?

STADTHAUPTMANN: Ja, mit sofortiger Wirkung. *Legt den Brief auf den Tisch.* Es tut uns leid. Aber – offen gestanden – wir konnten nicht anders mit Rücksicht auf die öffentliche Meinung.

DOKTOR *lächelt*: Ihr konntet nicht anders? Das habe ich heute schon mehrmals gehört.

STADTHAUPTMANN: Ich bitte dich, dir über deine Lage klarzuwerden. Du kannst hier in Zukunft auf keinen Patienten mehr rechnen.

DOKTOR: Zum Henker damit! – Aber woher weißt du das so sicher?

STADTHAUPTMANN: Der Hausbesitzerverein läßt eine Unterschriftenliste zirkulieren. Alle staatstreuen Bürger sollen sich verpflichten, deine ärztliche Hilfe nicht mehr in Anspruch zu nehmen. Und ich sage dir: Kein einziger Familienvater wird es wagen, seine Unterschrift zu verweigern.

DOKTOR: Sicherlich. Daran zweifle ich nicht. Doch was weiter?

STADTHAUPTMANN: Wenn ich dir einen Rat geben darf, dann ist es dieser: Geh für einige Zeit weg von hier!

DOKTOR: Daran hatte ich auch schon gedacht.

STADTHAUPTMANN: Gut. Und wenn du dann nach etwa einem halben Jahr reiflicher Überlegung dich dazu verstehen könntest, mit einigen Worten des Bedauerns deinen Irrtum einzugestehen...

DOKTOR: Dann könnte ich vielleicht meinen Posten wiederbekommen, meinst du?

STADTHAUPTMANN: Vielleicht; das ist gar nicht so ausgeschlossen.

DOKTOR: Aber die öffentliche Meinung? Ihr dürft das doch gar nicht mit Rücksicht auf die öffentliche Meinung!

STADTHAUPTMANN: Die öffentliche Meinung ist überaus wandelbar. Und es wäre uns, offen gestanden, sehr wichtig, ein solches Zugeständnis von deiner Hand zu erhalten.

DOKTOR: Ja, das könnte euch so passen! Aber zum Teufel, hast du vergessen, was ich dir neulich über solche Diplomatenkniffe gesagt habe?

STADTHAUPTMANN: Da war deine Position unvergleichlich günstiger. Da durftest du voraussetzen, daß du die ganze Stadt im Rücken hattest.

DOKTOR: Ja, und jetzt soll ich es zu fühlen bekommen, daß ich die ganze Stadt im Nacken habe... *Braust auf*: Und wenn ich den Teufel und seine Großmutter im Nacken hätte! Nie, sage ich! Nie und nimmer!

STADTHAUPTMANN: So darf ein Familienvater nicht handeln. Das darfst du nicht, Thomas.

DOKTOR: Das darf ich nicht? Es gibt nur eins auf der Welt, was ein freier Mann nicht darf. Und weißt du, was das ist?

STADTHAUPTMANN: Nein.

DOKTOR: Natürlich nicht. Doch ich will es dir sagen: Ein freier Mann darf sich nicht wie ein Lump benehmen. Nicht so, daß er sich selbst anspucken müßte!

STADTHAUPTMANN: Das klingt ja überaus plausibel. Und wenn es keine andere Erklärung für deine Halsstarrigkeit gäbe... Aber die gibt es.

DOKTOR: Was meinst du damit?

STADTHAUPTMANN: Du wirst mich schon verstanden haben. Aber als dein Bruder und als besonnener Mann rate ich dir, nicht allzu fest auf Hoffnungen und Aussichten zu bauen, die sich verdammt leicht zerschlagen könnten.

DOKTOR: Aber worauf in aller Welt willst du nur hinaus?

STADTHAUPTMANN: Willst du mir wirklich weismachen, du wüßtest nichts von den testamentarischen Verfügungen des Gerbermeisters Kiil?

DOKTOR: Ich weiß, daß das bißchen, was er hat, an eine Stiftung für alte, bedürftige Handwerker fallen soll. Doch was geht das mich an?

STADTHAUPTMANN: Erstens kann hier nicht von „einem bißchen" die Rede sein. Kiil ist ein ziemlich vermögender Mann.

DOKTOR: Davon hatte ich keine Ahnung!

STADTHAUPTMANN: Hm – wirklich nicht? Du hast also auch keine Ahnung davon, daß ein nicht unbedeutender Teil seines Vermögens deinen Kindern zufallen soll, und zwar mit der Bestimmung, daß deine Frau und du in den lebenslänglichen Genuß der Zinsen kommen sollt? Hat er dir das nicht gesagt?

DOKTOR: Nein, das schwöre ich dir! Im Gegenteil, er hat immer nur geklagt, er müsse zu hohe Steuern zahlen. Aber weißt du das auch sicher, Peter?

STADTHAUPTMANN: Ich habe es aus ganz zuverlässiger Quelle.

DOKTOR: Herrgott, dann ist ja Katrine gesichert – und die Kinder auch! Das muß ich ihr doch gleich erzählen! *Ruft*: Katrine! Katrine!

STADTHAUPTMANN *hält ihn zurück*: Pst! Sag noch nichts davon!

FRAU STOCKMANN *öffnet die Tür*: Was ist denn?

DOKTOR: Ach, nichts – geh nur wieder! *Frau Stockmann zieht sich wieder zurück. Der Doktor geht hin und her.* Sichergestellt! Sich vorzustellen, daß sie alle gesichert sind! Und auf Lebenszeit! Es ist doch ein herrliches Gefühl, seine Zukunft gesichert zu wissen!

STADTHAUPTMANN: Das schon, aber das trifft hier nicht zu. Kiil kann sein Testament jederzeit annullieren.

DOKTOR: Aber das tut er nicht, mein lieber Peter. Dazu freut sich der alte Dachs viel zu sehr darüber, daß ich dich und deine liebwerten Freunde in die Zange genommen habe.

Stadthauptmann *stutzt und blickt ihn forschend an*: Aha! Jetzt wird mir manches klar!

Doktor: Was denn?

Stadthauptmann: Das Ganze war also ein abgekartetes Manöver! Diese gewaltsamen, rücksichtslosen Attacken gegen die leitenden Persönlichkeiten der Stadt, die du angeblich im Namen der Wahrheit verüben wolltest ...

Doktor: Was soll damit sein?

Stadthauptmann: ... die waren also lediglich eine verabredete Gegenleistung für das Testament des alten Kiil, der sich auf diese Weise rächen wollte!

Doktor *fast sprachlos*: Peter – du bist doch der gemeinste Kerl, der mir je vorgekommen ist!

Stadthauptmann: Zwischen uns ist es aus. Deine Entlassung ist unwiderruflich – denn jetzt haben wir eine Waffe gegen dich! *Er geht.*

Doktor: Pfui! Pfui! Pfui! *Ruft*: Katrine! Laß den Fußboden scheuern, wo er gestanden hat! Sie soll mit einem Waschfaß kommen, die – die – zum Teufel – die mit der ewig rußigen Nase!

Frau Stockmann *in der Wohnzimmertür*: Pst! Still doch, Thomas!

Petra *ebenfalls in der Tür*: Der Großvater ist hier und fragt, ob er mit dir allein sprechen kann.

Doktor: Selbstverständlich kann er das! *An der Tür*: Kommen Sie nur, Schwiegervater! *Morten Kiil tritt ein. Der Doktor schließt hinter ihm die Tür.* Na, was ist denn? Setzen Sie sich!

Kiil: Sitzen möchte ich nicht! *Sieht sich um.* Bei Ihnen sieht's ja heute schön aus, Stockmann!

Doktor: Ja, nicht wahr?

Kiil: Sehr hübsch sieht das hier aus. Und an frischer Luft fehlt's auch nicht. Heute haben Sie genug von dem sauren Stoff, von dem Sie gestern faselten. Sie werden heute ein verdammt gutes Gewissen haben, nicht wahr?

Doktor: Gewiß, habe ich auch.

Kiil: Kann ich mir denken. *Klopft sich auf die Brust.* Aber wissen Sie, was ich hier habe?

Doktor: Wohl auch ein gutes Gewissen, hoffe ich.

KIIL: Pah! Was viel Besseres. *Er holt eine dicke Brieftasche hervor, öffnet sie und zeigt einen Stoß Papiere.*

DOKTOR *blickt ihn erstaunt an*: Badeaktien?

KIIL: Die waren heute leicht zu haben.

DOKTOR: Und da haben Sie einige gekauft?

KIIL: Für das ganze Geld, das ich beiseite gelegt hatte.

DOKTOR: Aber, lieber Schwiegervater – jetzt, bei der verzweifelten Lage des Bades!

KIIL: Wenn Sie Vernunft annehmen, wird auch das Bad wieder florieren.

DOKTOR: Ich tue mein Bestes. Aber die Leute hier sind ja alle verrückt!

KIIL: Sie haben gestern gesagt, die ärgste Sauerei käme von meiner Gerberei. Wenn das wahr wäre, dann müßten ja mein Großvater und mein Vater und auch ich selbst viele Jahre lang die Stadt verseucht haben – wie drei Pestengel. Sie glauben doch nicht, daß ich diese Schande auf mir sitzen lasse?

DOKTOR: Leider wird Ihnen nichts anderes übrigbleiben.

KIIL: Nein, dafür danke ich. Ich lasse auf meinen guten Namen und meinen guten Ruf nichts kommen. Die Leute nennen mich den „Dachs", habe ich gehört. Ein Dachs, das ist doch so 'ne Art Dreckschwein. Aber damit sollen die Leute nie und nimmer recht behalten. Ich will als sauberer Kerl leben und sterben.

DOKTOR: Und wie denken Sie sich das?

KIIL: Sie, Stockmann, Sie sollen mich rein waschen!

DOKTOR: Ich?

KIIL: Wissen Sie, was das für Geld war, wovon ich die Aktien hier gekauft habe? – Nein, das können Sie freilich nicht wissen. Aber ich will's Ihnen sagen: Das ist das Geld, das Katrine und Petra und die Jungens von mir erben sollten. Jawohl. Denn ich hatte mir doch ein bißchen auf die Seite gelegt, wissen Sie.

DOKTOR *braust auf*: Und da nehmen Sie Katrines Geld und schmeißen's zum Fenster hinaus!

KIIL: Das ganze Geld ist nun in Badeaktien angelegt. Und nun will ich doch sehen, ob Sie wirklich so verrückt sind, so wie von einem tollen Hund gebissen, Stockmann. Wenn Sie noch weiter solche Tierchen und anderes Dreckzeug aus meiner Gerberei kommen lassen, dann ist das akkurat dasselbe, als wenn Sie breite Streifen aus Katrines Haut schneiden, und auch aus der Haut von Petra und den Jungens. Aber das tut kein anständiger Familienvater – wenn er nicht verrückt ist.

DOKTOR *geht auf und ab*: Ich b i n aber verrückt! Ich bin so verrückt!

KIIL: So verdreht werden Sie wohl doch nicht sein, wenn es um Frau und Kinder geht.

DOKTOR *bleibt vor Kiil stehen*: Warum haben Sie nicht mit mir gesprochen, bevor Sie all das Zeug da kauften?

KIIL: Was geschehen ist, ist geschehen. Da beißt die Maus keinen Faden ab.

DOKTOR *geht unruhig umher*: Wenn ich meiner Sache nicht so sicher wäre! Aber ich bin so fest davon überzeugt, daß ich recht habe!

KIIL *wiegt die Brieftasche in seiner Hand*: Wenn Sie weiter den Verrückten spielen, dann ist das hier nicht mehr viel wert. *Steckt die Brieftasche ein.*

DOKTOR: Aber zum Teufel, die Wissenschaft müßte doch wohl auch Vorbeugungsmittel finden können, meine ich. Irgendein Präservativ . . .

KIIL: Meinen Sie etwas, womit man die Tiere totmacht?

DOKTOR: Ja – oder unschädlich.

KIIL: Können Sie's nicht mal mit Rattengift probieren?

DOKTOR: Ach, Unsinn! – Aber die Leute sagen doch alle, es sei nur eine Marotte von mir! Könnte es denn nicht wirklich eine sein? Meinetwegen! Haben mich nicht diese unwissenden, engherzigen Banditen einen Volksfeind geschimpft? Und viel hat nicht gefehlt, dann hätten sie mir auch noch die Kleider vom Leibe gerissen!

KIIL: Und die Fenster haben sie Ihnen auch eingeschmissen!

DOKTOR: Ja, und dann die Pflichten gegen die Familie! Darüber muß ich mit Katrine reden. In solchen Fragen ist sie kompetent.

KIIL: Das ist recht. Hören Sie nur auf den Rat einer vernünftigen Frau!

DOKTOR *fährt ihn an*: Daß Sie auch so etwas machen konnten! Katrines Geld aufs Spiel setzen! Mich in dieses qualvolle Dilemma zu bringen! Wenn ich Sie ansehe, ist mir's, als stünde der leibhaftige Satan vor mir!

KIIL: Dann gehe ich wohl jetzt am besten. Aber bis zwei Uhr will ich von Ihnen Bescheid haben. Ja oder nein. Sagen Sie „nein", dann wandern die Aktien zur Stiftung – und zwar heute noch.
DOKTOR: Und was bekommt dann Katrine?
KIIL: Nicht so viel!

Die Flurtür wird geöffnet. Hovstad und Aslaksen werden draußen sichtbar.

Oha! Sehen Sie mal, wer da kommt!
DOKTOR *starrt die beiden an*: Was? Und Sie wagen es noch, meine Schwelle zu betreten?
HOVSTAD: Ja, wir sind so frei.
ASLAKSEN: Wir haben etwas mit Ihnen zu besprechen, wissen Sie.
KIIL *flüstert*: Ja oder nein – bis zwei Uhr!
ASLAKSEN *wirft Hovstad einen Blick zu*: Aha!

Morten Kiil geht.

DOKTOR: Na, was wollen Sie von mir? Machen Sie's kurz!
HOVSTAD: Ich kann gut verstehen, daß Sie wegen unserer Haltung in der gestrigen Versammlung gegen uns eingenommen sind ...
DOKTOR: Das nennen Sie Haltung? Schöne Haltung! Ich nenne das Gesinnungslumperei. Pfui Teufel!
HOVSTAD: Nennen Sie's, wie Sie wollen. Aber wir durften nicht anders.
DOKTOR: Und konnten nicht anders? Nicht wahr?
HOVSTAD: Gewiß, Sie können es auch so ausdrücken.
ASLAKSEN: Aber warum haben Sie uns nicht vorher eine Andeutung gemacht? Ein kleiner Wink Herrn Hovstad oder mir gegenüber hätte genügt.
DOKTOR: Ein Wink? Was für ein Wink?
ASLAKSEN: Na, in bezug auf das, was dahintersteckt.
DOKTOR: Ich verstehe Sie nicht – ganz und gar nicht.
ASLAKSEN *nickt vertraulich*: Oh, Sie verstehen sehr gut, Doktor Stockmann.
HOVSTAD: Verheimlichen läßt sich das sowieso nicht mehr.
DOKTOR *blickt sie abwechselnd an*: Was wollen Sie eigentlich? – Himmelkreuzbombenelement!

ASLAKSEN: Darf ich fragen: Geht nicht Ihr Schwiegervater von Haus zu Haus und kauft alle Badeaktien auf?

DOKTOR: Ja, das tut er. Na und?

ASLAKSEN: Es wäre klüger gewesen, Sie hätten das jemand anders machen lassen – jemand, der Ihnen nicht so nahesteht.

HOVSTAD: Sie hätten nicht selbst in Erscheinung treten dürfen. Es brauchte doch niemand zu wissen, daß der Angriff auf das Bad von Ihnen ausging. Sie hätten mich zu Rate ziehen sollen, Herr Doktor!

DOKTOR *blickt vor sich hin; dann scheint ihm ein Licht aufzugehen, und er sagt, wie aus den Wolken gefallen*: Ist so etwas denkbar? Ist so etwas überhaupt menschenmöglich?

ASLAKSEN *lächelt*: Die Tatsachen beweisen ja, daß es möglich ist. Aber es hätte feiner eingefädelt werden müssen, wissen Sie.

HOVSTAD: Und dann hätten auch mehr daran beteiligt werden müssen. Die Verantwortung wird doch für den einzelnen geringer, wenn sie sich auf mehrere verteilt.

DOKTOR *faßt sich*: Kurz und gut, meine Herren – was wollen Sie eigentlich?

ASLAKSEN: Das kann am besten Herr Hovstad...

HOVSTAD: Nein, sagen Sie es, Aslaksen!

ASLAKSEN: Na also, die Sache ist die: Jetzt, wo wir wissen, wie alles zusammenhängt, jetzt glauben wir, Ihnen den „Volksboten" zur Verfügung stellen zu können.

DOKTOR: Jetzt können Sie es? Aber die öffentliche Meinung? Fürchten Sie nicht, daß sie sich wie ein Sturm gegen uns erheben wird?

HOVSTAD: Wir werden den Sturm abzuwettern wissen.

ASLAKSEN: Und dann muß der Herr Doktor ein bißchen elastisch sein. Sobald Ihr Angriff seinen Zweck erreicht hat...

DOKTOR: Sobald mein Schwiegervater und ich die Aktien billig ergattert haben, meinen Sie?

HOVSTAD: Es sind doch wohl hauptsächlich wissenschaftliche Interessen, die Sie nach der Leitung des Bades streben lassen.

DOKTOR: Versteht sich. Es geschah aus rein wissenschaftlichem Interesse, daß ich den alten Dachs zu diesem Coup überredete. Und nun flicken wir etwas an der Wasserleitung herum und buddeln ein bißchen am Strand, ohne daß es die Stadtkasse einen Nickel kostet. Meinen Sie nicht, daß das geht? Was?

HOVSTAD: Ich denke wohl – wenn Sie den „Volksboten“ auf Ihrer Seite haben.

ASLAKSEN: In einer freien Gesellschaftsordnung ist die Presse eine Macht, Herr Doktor!

DOKTOR: Jawohl. Und die öffentliche Meinung natürlich auch. Und Sie, Herr Aslaksen, Sie nehmen wohl den Hausbesitzerverein auf Ihr Gewissen?

ASLAKSEN: Den Hausbesitzerverein und die Mäßigkeitsbewegung. Darauf können Sie sich verlassen.

DOKTOR: Aber, meine Herren – ich geniere mich fast, danach zu fragen –, aber die Gegenleistung?

HOVSTAD: Am liebsten würden wir Ihnen umsonst helfen, wie Sie sich denken können. Aber der „Volksbote“ steht auf schwachen Füßen, er rentiert sich nicht recht. Und das Blatt eingehen lassen, jetzt, wo es auf dem Gebiet der großen Politik so wichtige Aufgaben hat, das möchte ich nur sehr ungern.

DOKTOR: Das versteht sich. Das müßte ja einem Volksfreund wie Ihnen äußerst schwerfallen. *Braust auf*: Aber ich, ich bin ein Volksfeind! *Fährt im Zimmer umher.* Wo habe ich meinen Stock? Zum Teufel! Wo ist mein Stock?

HOVSTAD: Was soll das heißen?

ASLAKSEN: Sie wollen doch wohl nicht...

DOKTOR *bleibt stehen*: Und wenn ich Ihnen nun keinen einzigen Pfennig von meinem Aktiengewinn abgebe? Bei reichen Leuten sitzt das Geld nicht so locker. Vergessen sie das nicht!

HOVSTAD: Und vergessen S i e nicht, daß sich die Aktienmanipulation auf zweierlei Art darstellen läßt!

DOKTOR: Auf dem Gebiet sind Sie ja Meister. Wenn ich dem „Volksboten“ nicht unter die Arme greife, dann sehen Sie die Sache sicher in einem trüben Licht. Dann machen Sie Jagd auf mich, kann ich mir denken – dann setzen Sie mir nach, um mich zu würgen wie die Hunde den Hasen.

HOVSTAD: Das ist Naturgesetz. Jedes Tier geht auf Nahrung aus.

ASLAKSEN: Man muß sein Futter nehmen, wo man's findet, wissen Sie.

DOKTOR: Dann seht, ob ihr draußen im Rinnstein was findet! *Rast im Zimmer umher.* Verflucht noch mal, jetzt soll es sich zeigen, wer von uns dreien das stärkste Tier ist! *Ergreift seinen Schirm und schwingt ihn.* Heißa! Halali!

HOVSTAD: Sie werden sich doch nicht an uns vergreifen wollen!

ASLAKSEN: Nehmen Sie sich mit dem Schirm da in acht!

DOKTOR: Durchs Fenster mit Ihnen, Herr Hovstad!

HOVSTAD *an der Flurtür*: Sind Sie denn total verrückt!

DOKTOR: Aus dem Fenster, Herr Aslaksen! Los! Springen Sie! Nicht gefackelt!

ASLAKSEN *läuft um den Schreibtisch herum*: Mäßigung, Herr Doktor! Ich bin von schwacher Gesundheit! Ich vertrage nicht viel! *Schreit*: Hilfe! Hilfe! *Frau Stockmann, Petra und Horster kommen aus dem Wohnzimmer.*

FRAU STOCKMANN: Um Gottes willen, Thomas, was ist denn hier los?

DOKTOR *schwingt den Schirm*: Springen Sie aus dem Fenster, sage ich! In den Rinnstein mit Ihnen!

HOVSTAD: Ein Überfall auf Wehrlose! Sie sind Zeuge, Kapitän Horster! *Läuft in den Flur hinaus.*

ASLAKSEN *ratlos*: Wenn man nur mit den lokalen Verhältnissen hier vertraut wäre... *Schleicht ins Wohnzimmer hinaus.*

FRAU STOCKMANN *faßt ihren Mann am Arm*: Aber so beherrsche dich doch, Thomas!

DOKTOR *schleudert den Schirm in die Ecke*: Nun sind sie mir doch noch entwischt!

FRAU STOCKMANN: Aber was wollten Sie denn von dir?

DOKTOR: Das erzähle ich dir später. Jetzt habe ich an anderes zu denken. *Tritt an den Schreibtisch und schreibt etwas auf eine Visitenkarte.* Sieh mal her, Katrine! Was steht hier?

FRAU STOCKMANN: Drei große „Nein". Was bedeutet das?

DOKTOR: Auch das sollst du später zu wissen bekommen. *Reicht Petra die Karte.* Da, Petra! Die mit der rußigen Nase soll das zum Dachs bringen! Und das so schnell wie möglich! – Nun geh doch schon! *Petra geht mit der Karte in den Flur hinaus.* Wenn ich heute nicht von allen Sendboten der Hölle Besuch gehabt habe, dann weiß ich nicht. Aber nun will ich auch meine Feder so spitzen, daß sie wie eine Ahle wird. Ich will sie in Gift und Galle tauchen. Ich werde ihnen mein Tintenfaß an den Kopf schmeißen!

FRAU STOCKMANN: Aber wir gehen doch weg von hier, Thomas!

Petra kommt zurück.

DOKTOR: Nun?

PETRA: Ist besorgt.

DOKTOR: Gut. Wir gehen weg von hier, sagst du? – Nein, beim Satan, das tun wir nicht! Wir bleiben, wo wir sind, Katrine!

PETRA: Wir bleiben?!

FRAU STOCKMANN: Hier in der Stadt?

DOKTOR: Jawohl, hier! Gerade hier – auf dem Kampfplatz! Hier soll die Schlacht ausgekämpft werden! Hier will ich siegen! Wenn nur erst meine Hosen geflickt sind, dann gehe ich in die Stadt und suche uns eine Wohnung. Wir müssen doch im Winter ein Dach überm Kopf haben.

HORSTER: Das können Sie bei mir haben.

DOKTOR: Wirklich?

HORSTER: Selbstverständlich. Ich habe Platz genug. Außerdem bin ich fast nie zu Haus.

FRAU STOCKMANN: Ach, wie freundlich ist das von Ihnen, Herr Horster!

PETRA: Herzlichen Dank!

DOKTOR *schüttelt Horster die Hand*: Haben Sie vielen Dank! Diese Sorge bin ich also los. Nun kann ich mich noch heute ans Werk machen. Ich habe einen Berg Arbeit vor mir, Katrine! Wie gut, daß ich nun unbeschränkt über meine Zeit verfügen kann. Du mußt nämlich wissen: Die Kurverwaltung hat mir gekündigt.

FRAU STOCKMANN *seufzt*: Ach, das habe ich befürchtet.

DOKTOR: Und jetzt wollen sie mir auch noch die Praxis nehmen. Aber sollen sie! Die Armen behalte ich doch – die Patienten, die nichts bezahlen können. Du lieber Gott, die brauchen mich ja auch am nötigsten. Aber hören soll man von mir, weiß der Teufel! Ich will ihnen predigen in Zeit und Unzeit, wie irgendwo geschrieben steht.

FRAU STOCKMANN: Aber lieber Thomas, du hast doch gesehen, was dein Predigen nützt!

DOKTOR: Du bist wirklich merkwürdig, Katrine! Soll ich mich vielleicht von der öffentlichen Meinung und der liberalen Majorität und dergleichen Teufelszeug aus dem Felde schlagen lassen? Dafür danke ich. Was ich will, das ist doch so einfach und klar und selbstverständlich. Ich will nur den Kötern einbleuen, daß die Liberalen die heimtückischsten Feinde der freien Menschen sind; daß ihre Parteiprogramme allen jungen, lebenstüchtigen Wahrheiten den Hals umdrehen; daß die zweckmäßigen Rücksichtnahmen Moral und Gerechtigkeit so ins Gegenteil verkehren, daß man hier nicht mehr atmen kann. Meinen Sie nicht auch, Kapitän, daß ich das den Leuten begreiflich machen kann?

HORSTER: Mag schon sein. Ich verstehe davon nicht viel.

DOKTOR: Glauben Sie mir: Vor allem müssen die Parteihäuptlinge ausgerottet werden! Ein Parteihäuptling ist wie ein Wolf, müssen Sie wissen – wie ein hungriger Wolf. Er braucht im Jahr soundso viele Stück Kleinvieh, um selbst am Leben zu bleiben. Sehen Sie sich nur Hovstad und Aslaksen an! Wieviel Kleinvieh verschlingen die! Oder sie verhunzen und verstümmeln es, daß nie etwas daraus werden kann als Hausbesitzer und Abonnenten des „Volksboten!" *Setzt sich auf die Tischkante.* Komm doch einmal her, Katrine! Sieh doch mal, wie schön heute die Sonne hereinscheint! Und dann die herrliche frische Frühlingsluft!

FRAU STOCKMANN: Ja, wenn wir nur von Sonnenschein und Frühlingsluft satt würden, Thomas!

DOKTOR: Na, du mußt nur hübsch sparsam sein – dann wird's schon gehen. Das ist meine geringste Sorge. Nein, schlimmer ist, daß ich niemand weiß, der die Courage hätte, nach meinem Tode meine Aufgabe fortzuführen.

PETRA: Denk doch nicht daran, Vater! Dein Leben liegt doch noch vor dir. Ach, da kommen ja die Jungens schon!

FRAU STOCKMANN: Habt ihr heute schon frei? *Eilif und Morten kommen aus dem Wohnzimmer.*

MORTEN: Nein. Wir haben uns in der Pause mit den andern geprügelt . . .

EILIF: Das ist nicht wahr. Die anderen haben sich mit uns geprügelt.

MORTEN: Ja, und da hat Herr Rörlund gesagt, am besten blieben wir paar Tage zu Haus.

DOKTOR *schnippt mit den Fingern und springt vom Tisch herunter*: Jetzt hab ich's! Jetzt hab ich's! Ihr sollt nie mehr einen Fuß in die Schule setzen!

DIE JUNGENS: Nicht mehr in die Schule?!

FRAU STOCKMANN: Nein – aber, Thomas!

DOKTOR: Nie mehr, sage ich! Ich will euch selbst unterrichten – ja, das heißt, ihr sollt nicht irgendwelches totes Zeug büffeln...

MORTEN: Hurra!

DOKTOR: ...sondern ich will freie, selbständig denkende Männer aus euch machen. – Und du, Petra, du mußt mir dabei helfen!

PETRA: Ja, Vater, das will ich mit Freuden tun.

DOKTOR: Und die Schule soll in dem Raum abgehalten werden, in dem sie mich einen Volksfeind geschimpft haben. Aber ich will mehr Schüler haben. Für den Anfang mindestens zwölf Jungens.

FRAU STOCKMANN: Die bekommst du in der ganzen Stadt nicht zusammen, Thomas.

DOKTOR: Das wollen wir doch sehen! *Zu den Jungen*: Kennt ihr nicht ein paar Straßenjungens — so ein paar richtige Lümmel?

MORTEN: Jawohl, Vater, 'ne ganze Menge!

DOKTOR: Das ist schön. Bring mir ein paar von der Sorte! Manchmal findet man recht beachtliche Köpfe darunter. Ich will einmal ein Experiment riskieren.

MORTEN: Aber was sollen wir denn tun, wenn wir freie, selbständig denkende Männer geworden sind?

DOKTOR: Dann sollt ihr alle Wölfe übers Meer jagen! Nach dem fernen Westen! *Eilif sieht bedenklich drein. Morten macht einen Luftsprung und ruft hurra.*

FRAU STOCKMANN: Ach, wenn nur die Wölfe dich nicht jagen, Thomas!

DOKTOR: Bist du nicht recht bei Trost, Katrine? Mich jagen! Jetzt, wo ich der stärkste Mann der Stadt bin!

FRAU STOCKMANN: Der stärkste Mann – jetzt?

DOKTOR: Ja. Ich darf das große Wort aussprechen: Jetzt bin ich einer der stärksten Männer auf der ganzen Welt.

MORTEN: Ach, wirklich?!

DOKTOR *senkt die Stimme*: Ihr dürft noch nicht darüber sprechen, aber ich habe eine große Entdeckung gemacht.

FRAU STOCKMANN: Schon wieder?

DOKTOR: Jawohl! *Geheimnisvoll*: Ihr müßt nämlich wissen: Am stärksten auf der Welt ist, wer alle Brücken hinter sich abgebrochen hat.

FRAU STOCKMANN *lächelt und schüttelt den Kopf*: Ach, Thomas! Du Kindskopf!

PETRA *faßt vertrauensvoll seine Hände*: O Vater!

DIE WILDENTE

Schauspiel in fünf Akten

PERSONEN

Werle, *Großkaufmann und Bergwerksbesitzer*
Gregers Werle, *sein Sohn*
Der alte Ekdal
Hjalmar Ekdal, *sein Sohn, Fotograf*
Gina, *Hjalmars Frau*
Hedwig, *ihre vierzehnjährige Tochter*
Frau Sörby, *Hausdame bei Werle*
Relling, *Mediziner*
Molvik, *Theologe*
Graaberg, *Buchhalter bei Werle*
Pettersen, *Diener bei Werle*
Jensen, *Lohndiener*
Ein schwammiger Herr
Ein glatzköpfiger Herr — *Werles Dinergäste*
Ein kurzsichtiger Herr
Sechs weitere Herren
Mehrere Lohndiener

Der erste Akt spielt beim Großkaufmann Werle,
die andern beim Fotografen Ekdal.

ERSTER AKT

Im Haus des Großkaufmanns Werle. Komfortabel eingerichtetes Arbeitszimmer. Bücherschränke und Polstermöbel; mitten im Raum ein Schreibtisch mit Papieren und Mappen; brennende Lampen mit grünen Schirmen, die ein gedämpftes Licht geben. In der Hinterwand eine offene Flügeltür, durch die ein großes, elegantes Zimmer sichtbar wird, das im hellen Licht von Lampen und Armleuchtern liegt. Im Arbeitszimmer auf der rechten Seite eine kleine Tapetentür. Links vorn ein Kamin mit glühenden Kohlen. Links hinten eine Tür zum Speisesaal.

Pettersen in Livree und Jensen im schwarzen Anzug legen im Arbeitszimmer letzte Hand an. Im hinteren Zimmer weitere Lohndiener, die etwas ordnen und noch mehr Lichter anzünden. Vom Speisesaal her Stimmengesumm und Gelächter. Man hört, wie an ein Glas geschlagen wird, worauf Stille eintritt; ein Trinkspruch wird ausgebracht. Bravorufe und dann wieder Stimmengesumm.

PETTERSEN *zündet eine Lampe auf dem Kamin an und stülpt den Schirm darüber*: Na, hören Sie bloß, Jensen, nun ist der Alte aufgestanden und hält einen langen Prost auf Frau Sörby.

JENSEN *rückt einen Lehnstuhl*: Die Leute sagen, daß die beiden was miteinander haben. Ist da eigentlich was dran?

PETTERSEN: Weiß der Deibel!

JENSEN: Er ist wohl früher 'n doller Bock gewesen?

PETTERSEN: Kann sein.

JENSEN: Dieses Festessen heute gibt er ja wohl dem Sohn zu Ehren?

PETTERSEN: Ja. Der junge Herr ist gestern angekommen.

JENSEN: Habe nie gewußt, daß der Alte 'nen Sohn hat.

PETTERSEN: Aber gewiß doch, er hat 'nen Sohn. Aber der hat sich die ganze Zeit oben in den Bergen verkrochen, wo der Alte das

Werk hat. All die Jahre, wo ich hier in Stellung bin, ist er nicht hiergewesen.

EIN LOHNDIENER *in der Tür zum hinteren Zimmer*: Sie, Pettersen! Da ist so 'n oller Knacker...

PETTERSEN *murmelt*: Teufel noch mal, ausgerechnet jetzt!

Der alte Ekdal wird rechts im hinteren Zimmer sichtbar. Er hat einen fadenscheinigen Mantel mit hochgeschlagenem Kragen und Fausthandschuhe an. In der Hand hält er einen Stock und eine Pelzmütze, unter dem Arm ein in Packpapier eingeschlagenes Bündel. Rotbraune schmutzige Perücke und kleiner brauner Knebelbart. Pettersen geht ihm entgegen.

Gott verdamm mich – was wollen Sie denn hier?

EKDAL *in der Tür*: Muß unbedingt aufs Kontor, Pettersen!

PETTERSEN: Das Kontor ist schon eine Stunde zu.

EKDAL: Hat man mir unten schon gesagt, mein Lieber. Aber der Graaberg arbeitet noch drin. Seien Sie so gut, Pettersen, und lassen Sie mich durch das Türchen hinein! *Zeigt auf die Tapetentür.* Bin doch schon öfter hier durchgegangen.

PETTERSEN: Na, meinetwegen. *Öffnet die Tür.* Aber daß Sie mir nachher den richtigen Ausgang benutzen! Wir haben nämlich Gäste!

EKDAL: Weiß ich – hm! Danke, lieber Pettersen! Alter Freund! Danke schön! *Murmelt leise*: Blöder Kerl! *Er verschwindet durch die Tapetentür, die Pettersen hinter ihm schließt.*

JENSEN: Arbeitet der auch im Kontor?

PETTERSEN: Nee, das ist bloß einer, der zu Haus Schreibarbeiten macht, wenn sie Aushilfe brauchen. Aber das ist mal ein feiner Pinkel gewesen, der olle Ekdal!

JENSEN: Ja, so 'n bißchen merkt man ihm das auch noch an.

PETTERSEN: Freilich, der ist Leutnant gewesen, müssen Sie wissen!

JENSEN: Donnerwetter! Leutnant?

PETTERSEN: Aber gewiß doch! Aber dann legte er sich auf den Holzhandel oder so was Ähnliches. Es heißt: er hatte den Chef damals in Schwulitäten gebracht. Die beiden hatten nämlich damals das Bergwerk zusammen, verstehen Sie. Oh, ich kenne den alten Ekdal gut! Wir trinken so manches liebe

Mal 'nen Schnaps und 'ne Pulle Bier zusammen bei Madam Eriksen.

JENSEN: Der hat's doch wohl nicht so dicke zum Spendieren?

PETTERSEN: Gott, Jensen, Sie können sich doch denken, daß ich spendieren muß! Ich sage immer: Man soll sich nicht lumpen lassen bei Leuten, die mal bessere Tage gesehen haben.

JENSEN: Hat er Bankrott gemacht?

PETTERSEN: Nee. Viel schlimmer: Festung hat er gekriegt.

JENSEN: Festung!

PETTERSEN: Oder vielleicht war's Zuchthaus. *Horcht.* Pst, nun stehen sie vom Tisch auf!

Die Tür vom Speisesaal wird durch Diener geöffnet. Frau Sörby kommt im Gespräch mit zwei Herren heraus. Grüppchenweise folgt die ganze Tischgesellschaft, darunter Werle. Zuletzt kommen Hjalmar und Gregers.

FRAU SÖRBY *im Vorbeigehen*: Pettersen, lassen Sie den Kaffee im Musiksalon servieren!

PETTERSEN: Sehr wohl, Frau Sörby.

Sie geht mit den beiden Herren in das hintere Zimmer und von dort rechts ab. Pettersen und Jensen gehen denselben Weg ab.

EIN SCHWAMMIGER HERR *zu einem glatzköpfigen*: Puh, dieses Diner – das war ein schweres Stück Arbeit!

DER GLATZKÖPFIGE HERR: Oh, mit etwas gutem Willen kann man in drei Stunden unwahrscheinlich viel leisten!

DER SCHWAMMIGE HERR: Ja, aber hinterher, hinterher, mein lieber Kammerherr!

EIN DRITTER HERR: Ich höre, Mokka und Likör sollen im Musiksalon gereicht werden.

DER SCHWAMMIGE HERR: Bravo! Dann spielt uns vielleicht Frau Sörby etwas vor.

DER GLATZKÖPFIGE HERR *leise*: Wenn nur Frau Sörby nicht bald auf uns pfeift!

DER SCHWAMMIGE HERR: Aber ganz und gar nicht! Berta läßt ihre alten Freunde nicht im Stich! *Sie lachen und gehen ins hintere Zimmer.*

WERLE *leise und verstimmt*: Gregers, hoffentlich hat es niemand bemerkt!

GREGERS *blickt ihn an*: Was?

WERLE: Hast du's auch nicht bemerkt?

GREGERS: Was sollte ich bemerkt haben?

WERLE: Wir waren dreizehn bei Tisch.

GREGERS: So? Waren wir dreizehn?

WERLE *mit einem Blick auf Hjalmar*: Wir sind gewöhnlich zwölf. *Zu den übrigen*: Haben Sie die Güte, meine Herren... *Er und die übrigen, mit Ausnahme von Hjalmar und Gregers, gehen durch das hintere Zimmer nach rechts.*

HJALMAR *der die Unterhaltung gehört hat*: Du hättest mich nicht einladen sollen, Gregers!

GREGERS: Was? Die Gesellschaft ist doch wohl mir zu Ehren arrangiert! Und da sollte ich meinen einzigen und besten Freund nicht einladen dürfen?

HJALMAR: Aber ich glaube nicht, daß es deinem Vater paßt. Ich komme ja sonst nie in dieses Haus.

GREGERS: Das habe ich gehört. Aber ich mußte dich gleich sehen und sprechen; denn ich reise sicher bald zurück. – Ja, wir zwei alten Schulkameraden, wir sind freilich ziemlich auseinandergekommen! Sechzehn, siebzehn Jahre sind's wohl her, daß wir uns nicht gesehen haben.

HJALMAR: Schon so lange?

GREGERS: Ja, tatsächlich. – Na, wie geht's dir denn? Du siehst gut aus. Bist schon ein wenig füllig und schwer geworden!

HJALMAR: Hm, das ist wohl ein bißchen übertrieben! Aber ich sehe natürlich etwas männlicher aus als damals.

GREGERS: Ja, das stimmt. Dein Äußeres hat nicht gelitten.

HJALMAR *in düsterem Ton*: Doch das Innere, mein Lieber! Da sieht's anders aus, das kannst du mir glauben! Du weißt doch, wie alles über mir und den Meinen zusammengestürzt ist, seit wir uns zuletzt gesehen haben.

GREGERS *leiser*: Wie geht's deinem Vater jetzt?

HJALMAR: Sprechen wir nicht davon! Mein armer, unglücklicher Vater lebt natürlich bei mir. Er hat ja sonst niemand auf der Welt. Doch darüber zu sprechen fällt mir unsagbar schwer, wie du verstehen wirst. – Sag mir lieber, wie es dir ergangen ist da oben im Werk!

GREGERS: Herrlich einsam war's, ich hatte viel Zeit, über so manches nachzudenken. – Komm her, wir wollen es uns gemütlich machen! *Er setzt sich in einen Sessel am Kamin und nötigt Hjalmar, in dem daneben stehenden Platz zu nehmen.*

HJALMAR *weich*: Ich danke dir aber trotz allem dafür, Gregers, daß du mich an deines Vaters Tisch geladen hast.

GREGERS *erstaunt*: Wie warst du nur darauf gekommen, ich hätte etwas gegen dich?

HJALMAR: In den ersten Jahren war es doch so.

GREGERS: In welchen ersten Jahren?

HJALMAR: Nachdem das große Unglück geschehen war. Und das war auch ganz natürlich. Um Haaresbreite – und dein Vater wäre auch mit hineingezogen worden in diese – diese schreckliche Geschichte!

GREGERS: Und deshalb sollte ich etwas gegen dich gehabt haben? Wer hat dir so was eingeredet?

HJALMAR: Ich weiß, daß es so war, Gregers. Dein Vater hat es mir gesagt.

GREGERS *stutzt*: Mein Vater? Ach so! Hm. – Deshalb hast du nie etwas von dir hören lassen? Nicht eine Silbe?

HJALMAR: Ja, deshalb.

GREGERS: Nicht einmal in der Zeit, als du Fotograf wurdest.

HJALMAR: Dein Vater sagte, es wäre sinnlos, an dich zu schreiben.

GREGERS *blickt vor sich hin*: Nun, vielleicht hatte er recht. – Doch sag mir, Hjalmar, bist du einigermaßen zufrieden in deinem Beruf?

HJALMAR *mit einem leichten Seufzer*: Ach ja, gewiß, es geht mir nicht schlecht. Zunächst war mir ja alles fremd, wie du verstehen wirst. Es waren ja immerhin ganz andere Verhältnisse. Aber auch alles andere war ja völlig verändert. Die Katastrophe, die über Vater hereingebrochen war, die schreckliche Schande...

GREGERS *erschüttert*: Jawohl – natürlich – jawohl...

HJALMAR: Selbstverständlich konnte ich nicht daran denken weiterzustudieren. Uns war ja nichts geblieben. Im Gegenteil, Schulden. Hauptsächlich bei deinem Vater, glaube ich...

GREGERS: Hm...

HJALMAR: Na, da schien es mir das beste, mich aus allen bisherigen Verhältnissen und Bindungen zu lösen, so mit einem Ruck, siehst du. Vor allem dein Vater riet mir dazu. Und da er sich meiner so hilfreich annahm...

GREGERS: Tat er das?

HJALMAR: Aber das weißt du doch! Wo hätte ich das Geld hernehmen sollen, um den Beruf zu erlernen, ein Atelier einzurichten und festen Fuß zu fassen? Das kostet eine Stange Geld, das kannst du glauben!

GREGERS: Und das alles hat mein Vater bezahlt?

HJALMAR: Ja, mein Lieber, weißt du das nicht? Ich hatte ihn so verstanden, als hätte er dir's geschrieben.

GREGERS: Nicht ein Wort davon, daß er das bezahlt hat. Das muß er vergessen haben. Wir haben immer nur Geschäftsbriefe gewechselt. Also das war mein Vater!

HJALMAR: Allerdings. Er wollte nicht, daß es bekannt wurde. – Aber er hat das Geld gegeben. Und daß ich heiraten konnte, hat er mir auch ermöglicht. Oder weißt du das etwa auch nicht?

GREGERS: Nein, das wußte ich allerdings nicht. *Packt ihn am Arm.* Lieber Hjalmar, ich kann dir nicht sagen, wie sehr mich das freut – und zugleich quält. Vielleicht habe ich Vater doch unrecht getan, in manchen Dingen. Ja, denn was du mir eben erzählt hast, das verrät doch menschliches Gefühl. Und so etwas wie Gewissen...

HJALMAR: Gewissen?

GREGERS: Ja, ja, oder wie du's nennen willst. Ich kann gar nicht sagen, wie mich das freut, das von Vater zu hören! – Also du bist verheiratet, Hjalmar? So weit werde ich's wohl nie bringen! Nun, ich hoffe, du bist glücklich in deiner Ehe?

HJALMAR: O ja, das bin ich. Sie ist eine so tüchtige, brave Ehefrau, wie sie sich ein Mann nur immer wünschen kann. Und ganz ohne Bildung ist sie auch nicht.

GREGERS *erstaunt*: Das habe ich auch nicht angenommen!

HJALMAR: Das Leben erzieht, mußt du bedenken. Der tägliche Umgang mit mir – und dann kommen häufig ein paar gebildete

Menschen zu uns. Ich versichere dir, du würdest Gina nicht wiedererkennen.

GREGERS: Gina?

HJALMAR: Ja, mein Lieber, weißt du denn nicht mehr, daß sie Gina hieß?

GREGERS: Wer hieß Gina? Ich weiß ja gar nicht...

HJALMAR: Aber erinnerst du dich denn nicht, daß sie eine Zeitlang hier im Haus in Stellung war?

GREGERS *blickt ihn an*: Ist es Gina Hansen?

HJALMAR: Ja, natürlich ist es Gina Hansen.

GREGERS: Die unseren Haushalt führte, als Mutter krank war – das letzte Jahr vor ihrem Tod?

HJALMAR: Ja gewiß. Aber, lieber Freund, ich weiß doch genau, daß dein Vater dir von meiner Heirat geschrieben hat!

GREGERS *der aufgestanden ist*: Ja, das hat er allerdings. Aber nicht, daß... *Geht umher.* Moment mal! – Vielleicht hat er doch – wenn ich so darüber nachdenke... Aber Vater schreibt mir immer nur kurz. *Setzt sich auf die Sessellehne.* Hör mal, Hjalmar, sag mir bitte – das interessiert mich –, wie kam es eigentlich, daß du mit Gina – mit deiner Frau bekannt wurdest?

HJALMAR: Ach, das war höchst einfach. Gina blieb ja nicht lange hier im Haus. Hier war's damals so unruhig – die Krankheit deiner Mutter... Das wurde Gina bald zuviel, und da hat sie gekündigt. Das war das Jahr vor dem Tode deiner Mutter – oder vielleicht war's auch im selben Jahr.

GREGERS: Es war im selben Jahr. Ich war damals oben im Werk. Und weiter?

HJALMAR: Dann wohnte Gina wieder bei ihrer Mutter. Das war eine außerordentlich tüchtige und strebsame Frau, die eine kleine Speisewirtschaft unterhielt. Und dann hatte sie auch ein Zimmer zu vermieten, ein wirklich nettes, gemütliches Zimmer...

GREGERS: Das du als glücklicher Mieter in Besitz nahmst?

HJALMAR: Ja, die Anregung dazu ging auch von deinem Vater aus. Und dort, siehst du, dort habe ich dann Gina näher kennengelernt.

GREGERS: Und es kam zur Verlobung?

HJALMAR: Ja. Junge Leute verlieben sich ja so leicht.

GREGERS *erhebt sich und geht umher*: Sag mir bitte – als du verlobt warst, ließ mein Vater damals dich – ich meine, war es erst damals, daß du dich der Fotografiererei zugewandt hast?

HJALMAR: Ja, gerade damals; denn ich wollte doch gern vorwärtskommen und je eher, desto lieber festen Boden unter die Füße bekommen! Und so fanden wir beide, dein Vater und ich, daß die Fotografiererei das geeignetste war. Und Gina fand das auch. Ja, und dann gab es noch einen Grund. Es stellte sich heraus, daß Gina das Retuschieren erlernt hatte.

GREGERS: Das paßte ja wunderbar zusammen!

HJALMAR *erhebt sich befriedigt*: Ja, nicht wahr? Du findest also auch, daß alles wunderbar zusammenpaßte?

GREGERS: Ja, das muß ich sagen! Mein Vater ist sozusagen eine Art Vorsehung für dich gewesen.

HJALMAR *bewegt*: Er hat den Sohn seines alten Freundes nicht im Stich gelassen in den Tagen der Not. Denn er hat ein gütiges Herz.

FRAU SÖRBY *kommt herein mit Werle, den sie untergefaßt hat*: Keine Widerrede, lieber Herr Werle! Sie dürfen nicht länger da drin sitzen und in das viele Licht starren! Das tut Ihren Augen nicht gut!

WERLE *macht sich los und fährt sich mit der Hand über die Augen*: Ich glaube beinahe, Sie haben recht.

Pettersen und Jensen bringen Tabletts mit Gläsern.

FRAU SÖRBY *zu den Gästen im anderen Zimmer*: Bitte sehr, meine Herren! Wenn jemand ein Glas Punsch wünscht, muß er sich hierherbemühen!

DER SCHWAMMIGE HERR *kommt zu Frau Sörby*: Herrgott, ist es wahr, daß Sie die liebe Rauchfreiheit aufgehoben haben?

FRAU SÖRBY: Ja, hier in Herrn Werles Bereich herrscht Rauchverbot, Herr Kammerherr!

DER GLATZKÖPFIGE HERR: Wann haben Sie diese verschärften Bestimmungen erlassen, Frau Sörby?

FRAU SÖRBY: Nach dem vorigen Diner, Herr Kammerherr. Denn

da haben gewisse Personen sich erlaubt, über die Stränge zu schlagen.

DER GLATZKÖPFIGE HERR: Und es ist nicht gestattet, ein wenig über die Stränge zu schlagen, Frau Bertha? Ein ganz klein bißchen?

FRAU SÖRBY: In keiner Beziehung, Kammerherr Balle.

Die meisten Gäste haben sich im Arbeitszimmer eingefunden. Die Diener bieten Punsch an.

WERLE *zu Hjalmar, der an einem Tisch steht*: Was studieren Sie denn da, Ekdal?

HJALMAR: Nur ein Album, Herr Werle.

DER GLATZKÖPFIGE HERR *der im Zimmer umhergeht*: Aha, Fotografien! So etwas interessiert Sie natürlich!

DER SCHWAMMIGE HERR *in einem Sessel*: Haben Sie keine von Ihren eigenen Aufnähmen mitgebracht?

HJALMAR: Nein, bedaure.

DER SCHWAMMIGE HERR: Hätten Sie aber tun sollen! Ist gut für die Verdauung, so im Sessel zu sitzen und Bilderchen zu betrachten.

DER GLATZKÖPFIGE HERR: Trägt auch ein bißchen zur Unterhaltung bei, müssen Sie bedenken!

EIN KURZSICHTIGER HERR: Und jedes Scherflein wird dankend entgegengenommen.

FRAU SÖRBY: Die Kammerherren meinen, wenn man zum Diner eingeladen ist, sollte man fürs Essen auch etwas tun, Herr Ekdal.

DER SCHWAMMIGE HERR: In einem Haus mit guter Küche ist das ein reines Vergnügen.

DER GLATZKÖPFIGE HERR: Herrgott, im Kampf ums Dasein ...

FRAU SÖRBY: Da haben Sie recht!

Das Gespräch wird unter Lachen und Scherzen fortgesetzt.

GREGERS *leise*: Du mußt dich an der Unterhaltung beteiligen, Hjalmar!

HJALMAR *verlegen*: Worüber soll ich denn reden?

DER SCHWAMMIGE HERR: Meinen Sie nicht, Herr Werle, daß Tokaier für den Magen ein verhältnismäßig gesundes Getränk ist?

WERLE *am Kamin*: Jedenfalls kann ich für den Tokaier, den Sie heute bekommen haben, einstehen. Der ist vom allerfeinsten Jahrgang! Na, das haben Sie wohl schon gemerkt?

DER SCHWAMMIGE HERR: Ja, er schmeckte ganz ausgezeichnet.

HJALMAR *unsicher*: Besteht ein Unterschied zwischen den einzelnen Jahrgängen?

DER SCHWAMMIGE HERR *lacht*: Nein, Sie sind köstlich!

WERLE *lächelt*: Sie verdienen wirklich nicht, daß man Ihnen einen edlen Tropfen vorsetzt!

DER GLATZKÖPFIGE HERR: Mit dem Tokaier ist es wie mit dem Fotografieren, Herr Ekdal: beides braucht Sonne. Oder etwa nicht?

HJALMAR: Ja, sicher spielt das Licht eine große Rolle.

FRAU SÖRBY: Aber dann ist es ja genauso wie mit den Kammerherren! Die gedeihen auch nur, wenn sie von der Sonne beschienen werden!

DER GLATZKÖPFIGE HERR: Au – das war aber ein alter Witz!

DER KURZSICHTIGE HERR: Die Gnädige ist geistreich ...

DER SCHWAMMIGE HERR: Und das auf unsere Kosten. *Droht*: Frau Bertha, Frau Bertha!

FRAU SÖRBY: Ja, aber eins steht fest: Die einzelnen Jahrgänge können höchst verschieden sein. Die alten Jahrgänge sind die feinsten!

DER KURZSICHTIGE HERR: Rechnen Sie mich zu den alten?

FRAU SÖRBY: Aber keineswegs!

DER GLATZKÖPFIGE HERR: Hört! Hört! Aber mich, liebste Frau Sörby?

DER SCHWAMMIGE HERR: Ja, und mich? Zu welchen Jahrgängen rechnen Sie uns?

FRAU SÖRBY: Sie rechne ich zu den süßen Jahrgängen, meine Herren. *Sie nippt an ihrem Punsch. Die Kammerherren lachen und scherzen mit ihr.*

WERLE: Frau Sörby findet immer einen Ausweg – wenn sie will. Trinken Sie doch, meine Herren! – Petterson, so passen Sie doch auf! – Gregers, ich denke, wir beide trinken ein Glas zusammen. *Gregers rührt sich nicht.* Wollen Sie nicht mithalten, Ekdal? Ich hatte bei Tisch keine Gelegenheit, mit Ihnen anzustoßen.

Buchhalter Graaberg erscheint in der Tapetentür.

GRAABERG: Verzeihung, Herr Werle, aber ich kann nicht raus.

WERLE: Na, hat man Sie wieder eingeschlossen?

GRAABERG: Jawohl, und Flakstad hat die Schlüssel mitgenommen.

WERLE: Na, so kommen Sie nur hier durch!

GRAABERG: Aber da ist noch jemand...

WERLE: Na, kommen Sie, kommen Sie nur alle beide! Genieren Sie sich nicht! *Graaberg und der alte Ekdal kommen heraus. Werle unwillkürlich*: Teufel noch mal!

Gelächter und Konversation verstummen. Hjalmar fährt beim Anblick seines Vaters zusammen, stellt sein Glas ab und dreht sich zum Kamin.

EKDAL *macht kleine Verbeugungen nach allen Seiten, ohne dabei aufzublicken, und murmelt*: Bitte um Verzeihung... Bin den falschen Weg gekommen. Kontorausgang verschlossen... Ausgang verschlossen... Bitte um Verzeihung. *Er und Graaberg gehen durch das hintere Zimmer nach rechts ab.*

WERLE *zwischen den Zähnen*: Dieser verdammte Graaberg!

GREGERS *starrt Hjalmar mit offenem Munde an*: Aber das war doch nicht etwa...

DER SCHWAMMIGE HERR: Was ist los? Wer war das?

GREGERS: Oh, weiter niemand. Nur der Buchhalter und noch jemand.

DER KURZSICHTIGE HERR *zu Hjalmar*: Kannten Sie den Mann?

HJALMAR: Ich weiß nicht... Ich habe nicht achtgegeben.

DER SCHWAMMIGE HERR *erhebt sich*: Was zum Teufel ist denn bloß los? *Tritt zu einigen anderen Herren, die miteinander tuscheln.*

FRAU SÖRBY *flüstert dem Diener zu*: Stecken Sie ihm draußen etwas zu! Etwas recht Gutes!

PETTERSEN *nickt*: Wird gemacht. *Geht hinaus.*

GREGERS *erschüttert, leise zu Hjalmar*: Er war es also wirklich!

HJALMAR: Ja.

GREGERS: Und du hast dagestanden und wolltest ihn nicht kennen!

HJALMAR *flüstert heftig*: Aber konnte ich denn...

GREGERS: ...deinen Vater kennen?

HJALMAR *schmerzlich*: Oh, wärest du an meiner Stelle!

Die Gespräche zwischen den Gästen, die mit gedämpfter Stimme geführt wurden, werden jetzt gezwungen laut.

Der glatzköpfige Herr *nähert sich freundschaftlich Hjalmar und Gregers*: Aha, hier werden wohl alte Erinnerungen aus der Studentenzeit aufgefrischt? Was? Rauchen Sie, Herr Ekdal? Wollen Sie Feuer haben? Ach so, wir dürfen ja nicht.

Hjalmar: Danke, ich möchte auch nicht.

Der schwammige Herr: Haben Sie nicht ein nettes kleines Gedicht, das Sie uns vortragen könnten, Herr Ekdal? Früher machten Sie das ganz reizend.

Hjalmar: Ich kann leider keins mehr auswendig.

Der schwammige Herr: Oh, das ist schade. Ja, was machen wir denn jetzt, lieber Balle? *Beide Herren gehen in das andere Zimmer.*

Hjalmar *düster*: Gregers – ich möchte gehen! Ein Mann, der vom Schicksal gezeichnet ist... Richte bitte deinem Vater meine Empfehlung aus!

Gregers: Ja, ja. Gehst du gleich nach Haus?

Hjalmar: Ja. Warum?

Gregers: Vielleicht komme ich nachher zu dir.

Hjalmar: Nein, das sollst du nicht! Nicht in die Wohnung! Bei mir ist es zu trist, Gregers, besonders nach einer so festlichen Gesellschaft. Wir können uns jederzeit an einem dritten Ort treffen.

Frau Sörby *hat sich genähert und fragt leise*: Wollen Sie gehen, Ekdal?

Hjalmar: Ja.

Frau Sörby: Grüßen Sie Gina!

Hjalmar: Danke.

Frau Sörby: Und sagen Sie ihr, ich komme in den nächsten Tagen mal vorbei!

Hjalmar: Ja, danke. *Zu Gregers*: Bleib hier! Ich möchte unbemerkt verschwinden. *Er geht langsam in das hintere Zimmer und dann rechts hinaus.*

Frau Sörby *leise zum Diener, der zurückgekommen ist*: Na, hat der Alte etwas mitbekommen?

Pettersen: Aber gewiß. Ich habe ihm eine Flasche Kognak gegeben.

Frau Sörby: Na, es hätte wahrhaftig auch was Besseres sein können!

Pettersen: Nein, Frau Sörby, Besseres als Kognak gibt's für den nicht!

DER SCHWAMMIGE HERR *in der Tür mit einem Notenheft in der Hand*: Wollen wir nicht ein bißchen vierhändig spielen, Frau Sörby?

FRAU SÖRBY: Ach ja, tun wir das!

DIE GÄSTE: Bravo! Bravo!

Frau Sörby und die Gäste gehen durch das Hinterzimmer rechts hinaus. Gregers bleibt am Kamin stehen. Werle sucht etwas auf dem Schreibtisch und scheint zu wünschen, daß Gregers geht. Da sich dieser nicht rührt, wendet Werle sich zur Tür.

GREGERS: Vater, würdest du bitte einige Minuten bleiben?

WERLE *bleibt stehen*: Was gibt's?

GREGERS: Ich muß mit dir sprechen.

WERLE: Hat das nicht Zeit, bis wir allein sind?

GREGERS: Nein, das hat es nicht. Denn es könnte leicht die letzte Gelegenheit sein.

WERLE *kommt näher*: Was soll das heißen?

Während des folgenden Gesprächs hört man gedämpftes Klavierspiel aus dem Musiksalon.

GREGERS: Wie konnte man diese Familie so jämmerlich verkommen lassen?

WERLE: Du meinst vermutlich die Ekdals?

GREGERS: Ja, ich meine die Ekdals. Der Leutnant Ekdal stand dir doch einmal sehr nah!

WERLE: Ja, leider sogar zu nah. Die Folgen davon habe ich Jahre hindurch zu spüren bekommen. Ihm habe ich's zu verdanken, daß auch mein guter Name befleckt wurde.

GREGERS *leise*: War wirklich er allein der Schuldige?

WERLE: Wer sonst? Worauf willst du hinaus?

GREGERS: Ihr beide hattet doch die großen Waldankäufe gemeinsam getätigt?

WERLE: Aber hat nicht Ekdal allein die Karte über das Waldgebiet angelegt – diese ungenaue Karte? Er allein hat die ungesetzliche Abholzung auf Staatsgrund vorgenommen! Er hat ja auch den ganzen Betrieb da oben geleitet. Ich war nicht über Leutnant Ekdals Handlungen informiert!

GREGERS: Leutnant Ekdal war wohl selbst nicht über alle Vorgänge informiert, für die er verantwortlich war.

WERLE: Mag sein. Tatsache ist, daß er verurteilt und ich freigesprochen wurde.

GREGERS: Gewiß, aus Mangel an Beweisen.

WERLE: Freispruch ist Freispruch. Warum rührst du diese alten Geschichten auf, die mich vor der Zeit grau gemacht haben? Hast du etwa all die Jahre dort oben hierüber nachgedacht? Gregers, ich kann dir versichern, hier in der Stadt sind diese Geschichten längst vergessen, soweit sie meine Person betrafen.

GREGERS: Aber die unglückliche Familie Ekdal!

WERLE: Was willst du eigentlich? Was soll ich denn für die Leute noch tun? Als Ekdal wieder auf freien Fuß kam, war er ein gebrochener Mann, dem nicht mehr zu helfen war. Es gibt Menschen, die gehen auf Grund, wenn sie nur ein paar Schrotkörner abkriegen, und kommen dann nie wieder hoch. Du kannst mir aufs Wort glauben, Gregers: ich habe getan, was ich konnte, wenn ich mich nicht bloßstellen und Verdächtigungen und Klatschereien Nahrung geben wollte.

GREGERS: Verdächtigungen? Ach so, jawohl!

WERLE: Ich habe Ekdal Schreibarbeit zukommen lassen und bezahle ihm seine Arbeit weit über den Wert.

GREGERS *ohne ihn anzusehen*: Hm. Daran zweifle ich nicht.

WERLE: Lachst du etwa? Glaubst du nicht, was ich dir sage? In meinen Büchern steht allerdings nichts davon; denn über Ausgaben dieser Art führe ich nie Buch.

GREGERS *mit kaltem Lächeln*: Es gibt gewisse Ausgaben, über die man am besten nicht Buch führt.

WERLE *stutzt*: Was meinst du damit?

GREGERS *unter Aufbietung seines ganzen Mutes*: Hast du darüber Buch geführt, was dich Hjalmar Ekdals fotografische Ausbildung gekostet hat?

WERLE: Ich? Inwiefern Buch geführt?

GREGERS: Ich weiß jetzt, daß du sie bezahlt hast. Und ich weiß jetzt auch, daß du ihm so großzügig geholfen hast, sich einzurichten.

WERLE: Na, und da heißt es noch, ich hätte nichts für Ekdals getan!

Ich kann dir versichern, diese Leute haben mich wahrhaftig genug gekostet.

GREGERS: Hast du über irgendeine dieser Ausgaben Buch geführt?

WERLE: Warum fragst du danach?

GREGERS: Oh, das hat seine Gründe. Sage mir: Als du für den Sohn deines alten Freundes so rührend sorgtest – war das nicht gerade zu der Zeit, als er heiraten wollte?

WERLE: Zum Teufel – wie soll ich nach so vielen Jahren...

GREGERS: Du hattest mir damals einen Brief geschrieben – einen Geschäftsbrief natürlich. Und als Nachschrift stand da, ganz kurz, Hjalmar Ekdal habe sich mit einem Fräulein Hansen verheiratet.

WERLE: Ja, das war doch ganz richtig. So hieß sie.

GREGERS: Aber du hast nichts davon geschrieben, daß dieses Fräulein Hansen Gina Hansen war – unsere frühere Mamsell.

WERLE *lacht spöttisch, aber gezwungen*: Nein, denn ich konnte doch nicht wissen, daß du für unsere frühere Mamsell ein besonderes Interesse hattest.

GREGERS: Das hatte ich auch nicht. Aber – *er senkt die Stimme* – es gab hier im Haus jemand, der sich für sie stark interessierte.

WERLE: Wen meinst du damit? *Braust auf*: Das soll doch nicht etwa auf mich gehen?!

GREGERS *leise, aber fest*: Ja, damit bist du gemeint.

WERLE: Und das wagst du! Das unterstehst du dich! Wie kann dieser undankbare Kerl von einem Fotografen – wie kann er es wagen, mir so etwas anzuhängen!

GREGERS: Hjalmar hat diesen Punkt mit keinem Wort berührt. Ich glaube nicht, daß er überhaupt eine Ahnung davon hat.

WERLE: Aber wo hast du es denn her? Wer hat dir so etwas sagen können?

GREGERS: Das hat mir meine arme, unglückliche Mutter gesagt. Das letzte Mal, als ich sie sah.

WERLE: Deine Mutter? Hätte ich mir eigentlich denken können! Ihr beide, ihr habt ja immer zusammengehalten! Von Anfang an hat sie mich dir entfremdet!

GREGERS: Nein, das hat sie nie versucht. Aber ich habe gesehen, wie sie durch dich leiden mußte und elend zugrunde ging!

WERLE: Oh, sie mußte durchaus nicht leiden, jedenfalls nicht mehr als viele andere! Aber mit kränklichen, überspannten Menschen ist kein Auskommen. Das habe ich sattsam genug spüren müssen. Und nun kommst du mit einer solchen Verdächtigung, wühlst in allen möglichen und unmöglichen Geschichten und verleumdest deinen Vater! Hör mal, Gregers, ich glaube, du in deinem Alter könntest dich mit etwas Nützlicherem beschäftigen!

GREGERS: Ja, das dürfte allerdings an der Zeit sein.

WERLE: Dann würdest du vielleicht auch unbeschwerter werden, als es jetzt der Fall zu sein scheint. Wohin soll das führen, daß du jahraus, jahrein dort oben im Werk hockst und wie ein einfacher Angestellter arbeitest, ohne eine Krone über das normale Monatsgehalt annehmen zu wollen? Das ist doch mehr als töricht von dir!

GREGERS: Wenn ich das nur so genau wüßte!

WERLE: Ich versteh dich schon. Du willst unabhängig sein, willst mir keinen Dank schulden. Doch gerade jetzt bietet sich dir eine Gelegenheit, unabhängig und in jeder Beziehung dein eigener Herr zu werden.

GREGERS: So? Und auf welche Weise?

WERLE: Als ich dir schrieb, du müßtest unbedingt sofort in die Stadt kommen, hm...

GREGERS: Ja, was willst du eigentlich von mir? Ich habe schon den ganzen Tag darauf gewartet, daß du dich dazu äußerst.

WERLE: Ich möchte dir vorschlagen, in die Firma als Teilhaber einzutreten.

GREGERS: Ich? In deine Firma? Als Kompagnon?

WERLE: Ja. Wir brauchten ja deswegen nicht immer zusammenzuhocken. Du könntest die Geschäfte hier in der Stadt übernehmen, und ich zöge hinauf ins Werk.

GREGERS: Du?

WERLE: Ja, siehst du, Gregers, ich bin nicht mehr so leistungsfähig wie früher. Ich sehe mich gezwungen, meine Augen zu schonen, denn sie werden allmählich schwach.

GREGERS: Das sind sie doch immer gewesen.

WERLE: Nicht so wie jetzt. Und außerdem: Die Umstände könnten es wünschenswert machen, daß ich dort oben wohne – auf jeden Fall für eine gewisse Zeit.

GREGERS: Das kommt mir ganz überraschend!

WERLE: Nun hör mal zu, Gregers! Es ist ja sehr viel, was trennend zwischen uns steht, aber trotz alledem: Wir sind doch Vater und Sohn! Ich meine, wir müßten zu einer gewissen Verständigung kommen können.

GREGERS: Äußerlich, meinst du natürlich?

WERLE: Na, das wäre schon etwas. Denk darüber nach, Gregers! Meinst du nicht, daß sich das machen ließe? Was?

GREGERS *betrachtet ihn kalt*: Hier steckt etwas dahinter!

WERLE: Wieso?

GREGERS: Du scheinst mich für etwas zu brauchen.

WERLE: In einem so nahen Verhältnis wie dem unseren braucht der eine den anderen wohl immer.

GREGERS: Ja, so sagt man.

WERLE: Ich möchte dich jetzt gern eine Zeitlang bei mir zu Haus haben. Ich bin ein einsamer Mann, Gregers, habe mich immer einsam gefühlt – mein ganzes Leben hindurch, aber besonders jetzt, wo sich das Alter bemerkbar macht. Ich habe das Bedürfnis, jemand um mich zu haben.

GREGERS: Du hast ja Frau Sörby!

WERLE: Ja, das hab ich. Und sie ist mir beinahe unentbehrlich geworden. Sie ist immer guter Dinge und ohne Launen, bringt Leben ins Haus – und das tut mir wohl.

GREGERS: Na also. Dann hast du ja alles, was du willst!

WERLE: Gewiß, aber ich fürchte, so kann das nicht bleiben. Eine Frau in einer solchen Situation gerät bei der Gesellschaft leicht in ein schiefes Licht. Ja, ich hätte beinahe gesagt: Auch für den Mann ist das nicht das richtige.

GREGERS: Oh, wenn ein Mann solche Diners gibt wie du, kann er sich gewiß einiges erlauben.

WERLE: Ja, aber sie, Gregers? Ich fürchte, daß sie sich auf die Dauer nicht damit abfindet. Und selbst wenn sie aus Anhänglichkeit an mich Klatsch und Tratsch in Kauf nehmen würde – glaubst du denn, Gregers, du mit deinem ausgeprägten Gerechtigkeitssinn ...

GREGERS *unterbricht ihn*: Sag mir kurz und bündig: Beabsichtigst du, sie zu heiraten?

WERLE: Und wenn ich nun an so etwas dächte? Was dann?

GREGERS: Ja, das frage ich auch. Was dann?

WERLE: Wärst du sehr dagegen?

GREGERS: Nein, ganz und gar nicht. Nicht im geringsten!

WERLE: Ich konnte doch nicht wissen, ob du vielleicht aus Pietät gegen deine verstorbene Mutter...

GREGERS: Ich bin nicht überspannt.

WERLE: Na, wie dem auch sein mag, auf jeden Fall ist mir ein Stein vom Herzen gefallen. Es ist mir sehr lieb, daß ich in dieser Angelegenheit auf deine Zustimmung zählen darf.

GREGERS *sieht ihn unverwandt an*: Jetzt verstehe ich, dazu willst du mich gebrauchen.

WERLE: Gebrauchen? Was ist das für ein Ausdruck!

GREGERS: Wollen wir mit unseren Worten doch nicht allzu wählerisch sein – wenigstens nicht unter vier Augen! *Lacht kurz auf.* Ja, so ist das! Verdammt noch mal! Deshalb also mußte ich mich in höchsteigener Person im Vaterhaus einfinden. Frau Sörbys wegen soll hier harmonisches Familienleben arrangiert werden! Vater und Sohn Arm in Arm! Das ist freilich etwas Neues!

WERLE: Wie kannst du dir deinem Vater gegenüber einen solchen Ton erlauben?

GREGERS: Wann hat es hier ein Familienleben gegeben? Solange ich denken kann – nie! Aber jetzt ist Bedarf dafür, wenigstens für ein gewisses Quantum. Denn es wird sich ausgezeichnet machen, wenn man erzählen kann, daß der Sohn – auf den Schwingen der Pietät – zum Hochzeitsfest des alternden Vaters nach Haus geeilt ist. Was bleibt da übrig von all den Gerüchten, worunter meine arme Mutter leiden mußte! Nichts! Der eigene Sohn macht diese Gerüchte zunichte!

WERLE: Gregers – ich glaube, niemand auf der Welt ist dir so zuwider wie ich!

GREGERS *leise*: Ich habe dich zu sehr aus der Nähe gesehen!

WERLE: Mit den Augen deiner Mutter hast du mich gesehen. *Senkt etwas die Stimme.* Doch du solltest daran denken, daß diese Augen zuweilen – umnebelt waren.

GREGERS *bebend*: Ich verstehe, worauf du hinauswillst. Doch wer trägt die Schuld an Mutters unglückseliger Schwäche? Du und alle diese...! Die letzte war dieses Frauenzimmer, mit dem du Hjalmar Ekdal verkuppelt hast, als du sie nicht länger...!

WERLE *zuckt mit den Schultern*: Wort für Wort, als ob ich deine Mutter hörte!

GREGERS *ohne den Einwurf zu beachten*: Und da lebt er nun, er mit seinem kindlichen Gemüt – umgeben von Betrug; lebt unter einem Dach zusammen mit so einer und weiß nicht, daß sein Heim auf einer Lüge aufgebaut ist! *Tritt einen Schritt näher.* Wenn ich dein Leben überdenke, so hast du alle Menschen, die in deine Nähe kamen, um ihr Lebensglück gebracht.

WERLE: Ich glaube fast selbst, die Kluft zwischen uns beiden ist zu tief.

GREGERS *verneigt sich beherrscht*: Das habe ich bereits festgestellt. Und daher nehme ich meinen Hut und gehe.

WERLE: Du gehst? Für immer?

GREGERS: Ja, denn jetzt sehe ich endlich eine Aufgabe, für die ich leben kann.

WERLE: Was ist das für eine Aufgabe?

GREGERS: Du würdest doch nur lachen, wenn du es hörtest.

WERLE: Ein einsamer Mensch lacht nicht so leicht, Gregers.

GREGERS *zeigt nach dem Hintergrund*: Sieh, Vater – da spielen die Kammerherren Blindekuh mit Frau Sörby. – Gute Nacht und leb wohl! *Er geht durch das Hinterzimmer und rechts hinaus. Gelächter und Scherze der Gäste, die in dem hinteren Zimmer sichtbar werden.*

WERLE *murmelt höhnisch hinter Gregers her*: Und da behauptet der Junge, er sei nicht überspannt! – Armseliger Phantast!

ZWEITER AKT

Hjalmar Ekdals Atelier. Dem ziemlich großen Raum sieht man an, daß es ein ausgebauter Dachboden ist. Rechts schräges Dach mit großer Glasfläche, vor die zur Hälfte ein blauer Vorhang gezogen ist. In der Ecke rechts hinten die Flurtür, rechts vorn Tür zum Wohnzimmer. Links gleichfalls zwei Türen und zwischen diesen ein eiserner Ofen. In der Hinterwand eine breite, zweiteilige Schiebetür. Das Atelier ist einfach, aber gemütlich eingerichtet. Zwischen den Türen rechts, etwas abgerückt von der Wand, ein Sofa mit Tisch und Stühlen. Auf dem Tisch eine brennende Lampe mit Schirm. Nahe dem Ofen ein alter Lehnstuhl. Verschiedene fotografische Apparate mit Zubehör sind über den Raum verstreut. An der Hinterwand links der Schiebetür ein Regal mit Büchern, Schachteln und Flaschen mit Chemikalien, verschiedenen Gerätschaften, Werkzeugen und anderem. Auf dem Tisch Fotos, Pinsel, Papier und dergleichen.

Gina sitzt auf einem Stuhl am Tisch und näht. Hedwig sitzt auf dem Sofa und liest in einem Buch, die Hände vor den Augen verschränkt und die Daumen in den Ohren.

GINA *wirft mehrmals verstohlen besorgte Blicke zu Hedwig hinüber und sagt dann*: Hedwig! *Hedwig hört nicht. Lauter*: Hedwig!

HEDWIG *nimmt die Hände herunter und blickt auf*: Ja, Mutter?

GINA: Kind, du sollst jetzt nicht mehr lesen!

HEDWIG: Ach, Mutter, darf ich nicht noch ein bißchen? Nur ein ganz kleines bißchen?

GINA: Nein, nein! Jetzt mußt du das Buch weglegen! Vater kann das nicht leiden. Er liest abends auch nie.

HEDWIG *klappt das Buch zu*: Na ja, Vater macht sich nicht viel aus Lesen.

GINA *legt das Nähzeug beiseite und nimmt einen Bleistift und ein kleines*

Heft zur Hand: Weißt du noch, wieviel wir heute für Butter ausgegeben haben?

HEDWIG: Das war eine Krone und fünfundsechzig Öre.

GINA: Richtig! *Notiert.* Schrecklich, wieviel Butter wir brauchen! Und dann Wurst und Käse – 'nen Augenblick – *notiert* – und dann noch Schinken – hm. *Zählt zusammen.* Jetzt habe ich's gleich ...

HEDWIG: Dann kommt noch das Bier dazu!

GINA: Ach natürlich! *Notiert.* Wie das ins Geld geht! Aber ohne Bier geht's ja nicht.

HEDWIG: Dafür haben wir beide heute kein warmes Mittagessen gebraucht, weil Vater weg war.

GINA: Das war ja man gut. Na, und dann habe ich acht Kronen fuffzig für die Fotografien einkassiert.

HEDWIG: Was, so viel?

GINA: Genau acht Kronen fuffzig.

Stille. Gina nimmt wieder ihr Nähzeug vor, Hedwig nimmt Papier und Bleistift zur Hand und beginnt zu zeichnen, wobei sie mit der linken Hand die Augen beschattet.

HEDWIG: Ist es nicht fein, daß Vater auf einer großen Gesellschaft beim reichen Herrn Werle ist?

GINA: Daß er beim alten Werle ist, kann man doch eigentlich nicht sagen. Wer nach ihm geschickt hat, das war doch der Sohn! *Nach einer Pause*: Mit dem alten Werle haben wir doch nichts zu tun!

HEDWIG: Ich freue mich schon mächtig, wenn Vater nach Hause kommt! Er hat mir doch versprochen, Frau Sörby um etwas Gutes zu bitten, das er mir mitbringen kann!

GINA: Ja, gute Sachen, die gibt's da genug, das kann ich dir sagen!

HEDWIG *noch immer zeichnend*: Ein bißchen Hunger habe ich langsam doch.

Der alte Ekdal, sein Bündel mit Papieren unterm Arm und einen eingepackten Gegenstand in der Manteltasche, kommt durch die Flurtür.

GINA: Großvater, Sie kommen ja heute so spät nach Haus!

EKDAL: Die hatten das Kontor schon zugeschlossen. Mußte warten bei Graaberg. Und dann mußte ich durch ... Hm.

HEDWIG: Haben sie dir neue Schreibarbeit mitgegeben, Großvater?

EKDAL: Den ganzen Packen hier. Sieh dir mal an!

GINA: Das ist ja man schön.

HEDWIG: Und in der Tasche hast du auch noch was!

EKDAL: So? Unsinn! Das ist weiter nichts. *Stellt den Stock in die Ecke.* Hier, sieh, das ist Arbeit für lange, Gina! *Schiebt den einen Flügel der Schiebetür etwas auf.* Pst! He-he! Die ganze Gesellschaft schläft schon. Und unser Prachtstück hat sich in den Korb gesetzt! He-he!

HEDWIG: Großvater, weißt du auch ganz bestimmt, daß sie im Korb da nicht friert?

EKDAL: Wie kommst du denn darauf? Friert? Bei dem vielen Stroh? *Wendet sich nach der Tür links hinten.* Bei mir drin sind doch wohl Streichhölzer?

GINA: Auf der Kommode liegen sie.

Ekdal geht in sein Zimmer.

HEDWIG: Wirklich fein, daß Großvater wieder so viel zum Schreiben hat!

GINA: Ja, der arme Großvater! So verdient er sich doch ein bißchen Taschengeld.

HEDWIG: Und dann hat er keine Zeit, den ganzen Vormittag in der gräßlichen Kneipe zu sitzen.

GINA: Das auch, ja.

Kurze Pause.

HEDWIG: Glaubst du, daß sie noch beim Essen sind?

GINA: Weiß der liebe Himmel – schon möglich.

HEDWIG: Stell dir vor, all das gute Essen, das Vater heute bekommt! Bestimmt kommt er froh und vergnügt nach Haus! Glaubst du nicht auch, Mutter?

GINA: Natürlich! Aber stell dir vor, wir könnten ihm erzählen, das Zimmer ist vermietet!

HEDWIG: Heute abend geht's auch ohne das.

GINA: Wir könnten's gut gebrauchen. Das Zimmer steht ganz unnütz leer!

HEDWIG: Ich meine bloß, es ist nicht nötig, weil Vater heute abend sowieso gute Laune hat. Besser, wir haben das mit dem Zimmer für ein andermal.

GINA *blickt zu Hedwig hinüber*: Du möchtest wohl immer gern etwas Gutes zu erzählen haben, wenn Vater nach Haus kommt?

HEDWIG: Ja, dann ist's hier gemütlicher.

GINA *vor sich hin sinnend*: Ach ja, hast auch recht.

Der alte Ekdal kommt zurück und will durch die Tür links vorn hinausgehen. Gina wendet sich sitzend halb nach ihm um.

Wollen Sie etwas in der Küche, Großvater?

EKDAL: Ja. Bleib nur sitzen! *Geht hinaus.*

GINA: Er stellt doch hoffentlich nichts mit der Glut an? *Wartet ein Weilchen.* Hedwig, sieh doch mal nach, was er da treibt!

Ekdal kommt zurück mit einem Töpfchen dampfenden Wassers.

HEDWIG: Hast du dir warmes Wasser geholt, Großvater?

EKDAL: Hab ich. Brauch es, muß schreiben, und die Tinte ist eingetrocknet, dick wie Brei – hm.

GINA: Aber Sie sollten erst Abendbrot essen, Großvater! Es steht ja schon bei Ihnen auf dem Tisch.

EKDAL: Das mit dem Essen ist jetzt nicht so wichtig, Gina. Hab doch schon gesagt, daß ich zu tun habe! Soll auch niemand in mein Zimmer kommen! Niemand – hm. *Er geht in sein Zimmer.*

Gina und Hedwig blicken sich an.

GINA *leise*: Verstehst du, wo er das Geld herhat?

HEDWIG: Wahrscheinlich von Graaberg.

GINA: Ausgeschlossen! Graaberg schickt das Geld doch immer an mich!

HEDWIG: Dann muß er irgendwo eine Flasche auf Pump bekommen haben.

GINA: Dem armen Großvater, dem pumpt keiner was!

Hjalmar Ekdal, im Mantel und mit einem grauen Filzhut, kommt durch die Flurtür. Gina wirft das Nähzeug hin und steht auf.

Nein, Hjalmar, bist du schon zurück?

HEDWIG *gleichzeitig, springt auf*: Was? Vater? Du kommst jetzt schon?

HJALMAR *legt den Hut aus der Hand*: Ja, die meisten sind schon gegangen.

HEDWIG: So früh?

HJALMAR: Ja, es war doch eine Mittagsgesellschaft. *Will den Mantel ausziehen.*

GINA: Wart, ich helf dir!

HEDWIG: Ich auch! *Sie ziehen ihm den Mantel aus, Gina hängt ihn auf.* Waren viele Leute da, Vater?

HJALMAR: Nein, nicht sehr viele. Wir waren so zwölf bis vierzehn Personen zu Tisch.

GINA: Und mit allen hast du dich wohl unterhalten?

HJALMAR: O ja, ein bißchen. Aber Gregers hat mich die meiste Zeit mit Beschlag belegt.

GINA: Ist Gregers noch immer so häßlich?

HJALMAR: Na, ein Adonis ist er nicht gerade. – Ist der Alte schon da?

HEDWIG: Ja, Großvater sitzt in seinem Zimmer und schreibt.

HJALMAR: Hat er was gesagt?

GINA: Nein, was soll er denn gesagt haben?

HJALMAR: Hat er nichts erwähnt von ...? Er soll ja bei Graaberg drin gewesen sein. Ich will mal zu ihm gehen.

GINA: Nee, bloß nicht!

HJALMAR: Wieso? Hat er gesagt, daß er mich nicht sehen will?

GINA: Niemand soll zu ihm rein!

HEDWIG *macht der Mutter Zeichen*: Hm – hm!

GINA *die es nicht bemerkt*: Er ist in der Küche gewesen und hat sich warmes Wasser geholt.

HJALMAR: Aha, hat er wieder?

GINA: Ja, er hat.

HJALMAR: Mein Gott – mein armer, alter, weißhaariger Vater! Ja, laßt ihn nur in Ruhe, soll er sich ordentlich was gönnen!

Der alte Ekdal, im Schlafrock und mit dampfender Tabakspfeife, kommt aus seinem Zimmer.

EKDAL: Schon da? War mir doch so, als hörte ich deine Stimme.

HJALMAR: Eben bin ich gekommen.

EKDAL: Hast mich wohl nicht gesehen, du?

HJALMAR: Nein, aber ich hörte, du wärst dagewesen – und da bin ich dir nachgegangen.

EKDAL: Hm, nett von dir, mein Junge. – Was waren das alles für Leute?

HJALMAR: Oh, verschiedene. Da war Kammerherr Flor und Kammerherr Balle und Kammerherr Kaspersen und Kammerherr Soundso – was weiß ich...

EKDAL *nickt*: Hörst du das, Gina! Mit lauter Kammerherren hat er zusammengesessen!

GINA: Ja, in dem Haus, da geht's jetzt piekfein zu!

HEDWIG: Haben die Kammerherren gesungen, Vater? Oder was vorgetragen?

HJALMAR: Nein, die haben nur Unsinn verzapft. Dann wollten sie von mir etwas vordeklamiert haben. Aber dazu habe ich mich nicht hergegeben.

EKDAL: Hast dich nicht dazu hergegeben?

GINA: Das hättest du wirklich tun können!

HJALMAR: Nein, man soll nicht nach jedermanns Pfeife tanzen. *Stolziert auf und ab.* Ich jedenfalls tu's nicht.

EKDAL: So ist er. Hjalmar macht sich nicht so gemein, der nicht!

HJALMAR: Warum soll gerade ich für die Unterhaltung aufkommen, wenn ich einmal in Gesellschaft bin? Sollen die andern sich anstrengen! Da schleppen sich diese Kerle von einem Diner zum andern und fressen und saufen tagaus, tagein. Sollen die gefälligst was tun für all das gute Essen, das sie verschlingen!

GINA: Aber das hast du ihnen doch nicht etwa gesagt?

HJALMAR *summt vor sich hin*: Ho-ho-ho, die haben einiges zu hören bekommen!

EKDAL: Und wenn's auch lauter Kammerherren waren!

HJALMAR: Deswegen! *Nonchalant*: Nachher haben wir einen kleinen Disput über Tokaier gehabt.

EKDAL: Tokaier? Du, das ist was Gutes!

HJALMAR *bleibt stehen*: Kann was Gutes sein. Aber laß dir sagen: Nicht alle Jahrgänge sind gleich gut. Es kommt ganz darauf an, wieviel Sonne die Trauben bekommen haben.

GINA: Was du aber auch alles weißt, Hjalmar!

EKDAL: Und darüber haben sie disputiert?

HJALMAR: Sie haben es versucht. Aber sie mußten sich sagen lassen, mit den Kammerherren wäre es ebenso. Bei denen wären auch nicht alle Jahrgänge gleich gut – mußten sie sich sagen lassen.

GINA: Nee, auf was du nicht alles kommst!

EKDAL: He-he! Und das haben sie auf den Teller bekommen?

HJALMAR: Direkt ins Gesicht haben sie's gekriegt.

EKDAL: Du, Gina, direkt ins Gesicht hat er's den Kammerherren gesagt!

GINA: Nee, so was, direkt ins Gesicht!

HJALMAR: Aber ich möchte nicht, daß darüber geredet wird. Über so etwas spricht man nicht! Es ging ja auch in aller Freundschaft vor sich, versteht sich. Waren ja alles nette, gemütliche Menschen. Warum hätte ich sie verletzen sollen?

EKDAL: Aber direkt ins Gesicht...

HEDWIG *einschmeichelnd*: Wie schön, daß wir dich auch mal im Frack sehen! Der steht dir so gut, Vater!

HJALMAR: Ja, nicht wahr? Und er sitzt auch wirklich tadellos. Fast wie nach Maß. Höchstens ein bißchen eng unter den Armen. Hilf mir mal, Hedwig! *Zieht den Frack aus.* Ich ziehe lieber die Jacke an. Wo hast du sie denn, Gina?

GINA: Hier ist sie. *Sie bringt ihm die Jacke und hilft ihm hinein.*

HJALMAR: So ist's recht. Denk auch daran, daß Molvik den Frack gleich morgen früh zurückkriegt!

GINA *hängt den Frack weg*: Mach ich schon.

HJALMAR *reckt sich*: Ah, so fühlt man sich doch erst richtig zu Hause! Und so eine legere Hausjacke paßt auch besser zu mir. Findest du das nicht auch, Hedwig?

HEDWIG: Freilich, Vater!

HJALMAR: Und wenn ich mir nun die Schleife so knote, daß die Enden flattern... Sieh mal, so – was meinst du dazu?

HEDWIG: Ja, das macht sich gut zu deinem Schnurrbart und zu deinem schönen krausen Haar.

HJALMAR: Kraus möchte ich es eigentlich nicht nennen, eher lockig.

HEDWIG: Ja, weil's so – so großgekraust ist!

HJALMAR: Eigentlich doch lockig!

Hedwig *zupft ihn nach einer kleinen Gesprächspause an der Jacke*: Vater!

Hjalmar: Na, was denn?

Hedwig: Das weißt du doch sehr gut!

Hjalmar: Ich weiß wirklich nicht...

Hedwig *zwischen Lachen und Weinen*: Aber Vater! Jetzt darfst du mich nicht länger quälen!

Hjalmar: Was willst du denn?

Hedwig: Ach, nun red nicht und rück damit heraus, Vater! Du weißt doch, was du mir versprochen hast: was Gutes!

Hjalmar: Ach herrje! Das hab ich ganz vergessen!

Hedwig: Du willst mich nur necken, Vater! Das ist aber nicht schön von dir! – Wo hast du's denn?

Hjalmar: Ich hab's wirklich vergessen! Aber warte, Hedwig! Ich hab doch was für dich. *Geht zum Frack und sucht in den Taschen.*

Hedwig *hüpft und klatscht in die Hände*: O Mutter, Mutter!

Gina: Siehst du, wenn du nur Geduld hast...

Hjalmar *mit einer Karte*: Schau her, hier ist es!

Hedwig: Das da? Das ist ja nur Papier!

Hjalmar: Du, das ist die Speisekarte, die ganze Speisekarte! Hier steht „Menü". Das heißt Speisenfolge.

Hedwig: Weiter hast du nichts?

Hjalmar: Das andere habe ich doch vergessen, du hörst es doch! Aber du kannst mir glauben, von Süßigkeiten verdirbst du dir nur den Magen. – Setz dich jetzt an den Tisch und lies die Speisekarte! Nachher will ich dir beschreiben, wie die Gerichte schmecken. Hier nimm, Hedwig!

Hedwig *schluckt die Tränen hinunter*: Danke. *Sie setzt sich, liest aber nicht. Gina macht ihr Zeichen, Hjalmar bemerkt es.*

Hjalmar *geht umher*: Der Ernährer einer Familie soll auch wahrhaftig an die unwahrscheinlichsten Dinge denken! Und vergißt er auch nur das Geringste – gleich bekommt er schiefe Gesichter zu sehen. Na, man gewöhnt sich auch daran. *Bleibt bei seinem Vater am Ofen stehen.* Hast du heute abend da drin nach dem Rechten gesehen, Vater?

Ekdal: Na, das kannst du dir doch denken! Sie hat sich in ihren Korb gesetzt.

HJALMAR: Was du sagst, in den Korb! Sie gewöhnt sich also allmählich daran.

EKDAL: Ja, freilich, das habe ich doch prophezeit. Aber nun ist da noch einiges zu machen, weißt du...

HJALMAR: Einiges läßt sich noch verbessern, gewiß!

EKDAL: Aber unbedingt muß das sein, du!

HJALMAR: Ja, natürlich. Wir wollen das gleich bereden, Vater! Komm her, setzen wir uns aufs Sofa!

EKDAL: Ja gern. Hm... Aber – ich will mir erst die Pfeife stopfen – muß sie auch noch reinigen. Hm. *Er geht in sein Zimmer.*

GINA *lächelt Hjalmar zu*: Die Piepe reinigen, verstehst du!

HJALMAR: Na ja, Gina, laß ihn nur – den armen schiffbrüchigen Greis! – Ja, die Verbesserungen – am besten erledigen wir das gleich morgen.

GINA: Morgen wirst du wohl keine Zeit haben, Hjalmar!

HEDWIG *einfallend*: Aber sicherlich, Mutter!

GINA: Denk doch an die Abzüge, die retuschiert werden müssen! Die Leute sind schon so oft deswegen hiergewesen.

HJALMAR: So, so. Also wieder diese Kopien? Die werden schon noch fertig! Sind eigentlich auch neue Aufträge gekommen?

GINA: Leider nein. Morgen habe ich weiter nichts als die beiden Aufnahmen. Du weißt doch!

HJALMAR: Weiter nichts? Na ja, wenn man sich nicht rührt...

GINA: Aber was soll ich denn noch tun? Ich annonciere doch in den Zeitungen, soviel ich kann!

HJALMAR: Ja, in den Zeitungen, in den Zeitungen! Was das hilft, das siehst du ja! – Und natürlich ist niemand hiergewesen und hat sich das Zimmer angesehen?

GINA: Nein, noch nicht.

HJALMAR: Das war ja zu erwarten. Wenn man sich nicht umtut... Man muß sich rühren, Gina!

HEDWIG *tritt zu ihm*: Soll ich dir nicht deine Flöte holen, Vater?

HJALMAR: Nein, nicht die Flöte! Ich kann auch solche Freuden entbehren. *Geht umher.* Aber morgen will ich angespannt arbeiten, daran soll's nicht fehlen! Ich will arbeiten, solange meine Kräfte reichen.

GINA: Aber lieber, guter Ekdal, so war's doch nicht gemeint!

HEDWIG: Vater, soll ich dir eine Flasche Bier bringen?

HJALMAR: Auf keinen Fall! Ich brauche ja nichts. *Bleibt stehen.* Bier? – Hast du Bier gesagt?

HEDWIG *lebhaft*: Ja, Vater, schönes, frisches Bier.

HJALMAR: Nun – wenn du durchaus willst, darfst du eine Flasche holen.

GINA: Ja, mach das! Dann wird's gemütlich! *Hedwig will in die Küche laufen.*

HJALMAR *am Ofen, hält sie auf, blickt sie an, nimmt ihren Kopf in seine Hände und drückt sie an sich*: Hedwig! Hedwig!

HEDWIG *unter Freudentränen*: O du lieber Vater!

HJALMAR: Nein, nenne mich nicht so! Da habe ich an des reichen Mannes Tisch gesessen, habe geschwelgt an der üppigen Tafel! Und dennoch konnte ich...

GINA *sitzt am Tisch*: Ach, Unsinn, Hjalmar!

HJALMAR: Doch, doch! Aber ihr dürft mir das nicht übelnehmen. Ihr wißt doch, daß ich euch trotzdem liebhabe.

HEDWIG *schlingt die Arme um ihn*: Und wir dich noch viel mehr, Vater!

HJALMAR: Und wenn ich auch mal garstig zu euch bin – Herrgott –, vergeßt nicht, ich bin ein leidgeprüfter Mann! Na! *Wischt sich die Augen.* In einem Augenblick wie diesem kein Bier! Gib mir die Flöte! *Hedwig läuft zum Regal und holt sie.* Danke. So ist's recht – mit der Flöte in der Hand und in eurer Mitte, oh! *Hedwig setzt sich zur Mutter an den Tisch. Hjalmar geht auf und ab, setzt kräftig ein und spielt einen böhmischen Volkstanz in langsamem, elegischem Tempo und mit überschwenglichem Gefühl. Er bricht sein Spiel ab, reicht Gina seine Linke und sagt bewegt*: Mag es auch eng und bescheiden unter unserm Dach sein, Gina – es ist doch unser Heim! Und ich sage euch: Hier fühle ich mich wohl! *Er beginnt wieder zu spielen.*

Gleich darauf klopft es an die Flurtür.

GINA *erhebt sich*: Pst, Hjalmar! – Ich glaube, da kommt jemand!

HJALMAR *legt die Flöte ins Regal*: Schon wieder was!

Gina geht zur Tür und öffnet sie.

GREGERS WERLE *draußen auf dem Flur*: Verzeihung...

GINA *weicht zurück*: Oh!

GREGERS: Wohnt hier der Fotograf Ekdal?

GINA: Ja sicher!

HJALMAR *geht zur Tür*: Gregers! Da bist du ja doch! Na, dann komm herein!

GREGERS *tritt ein*: Ich habe dir doch gesagt, daß ich bei dir vorbeikommen wollte.

HJALMAR: Aber heute abend? Bist du aus der Gesellschaft weggegangen?

GREGERS: Aus der Gesellschaft und aus dem Vaterhaus. – Guten Abend, Frau Ekdal! Ich weiß nicht, ob Sie mich noch kennen.

GINA: O ja! Der junge Herr Werle ist nicht so schwer wiederzuerkennen!

GREGERS: Ich sehe ja auch meiner Mutter ähnlich. Und an sie werden Sie sich wohl gut erinnern.

HJALMAR: Du sagst, du bist fort von zu Haus?

GREGERS: Ja, ich bin in ein Hotel gezogen.

HJALMAR: Ach so. – Na, da du schon einmal hier bist, leg ab und laß dich nieder!

GREGERS: Danke. *Zieht den Mantel aus. Er hat jetzt einen einfachen grauen Anzug von ländlichem Schnitt an.*

HJALMAR: Hier, aufs Sofa! Mach dir's bequem! *Gregers setzt sich aufs Sofa, Hjalmar auf einen Stuhl daneben.*

GREGERS *sieht sich im Raum um*: So – hier ist also dein Reich, Hjalmar. Hier wohnst du also!

HJALMAR: Wie du siehst, ist hier mein Atelier.

GINA: Aber hier ist am meisten Platz, und darum halten wir uns am liebsten hier auf.

HJALMAR: Früher haben wir besser gewohnt. Aber diese Wohnung hat einen Vorteil: Wir haben hier ein wunderbar weiträumiges Nebengelaß.

GINA: Und außerdem haben wir auf der anderen Seite vom Flur noch ein Zimmer, das wir vermieten können.

GREGERS *zu Hjalmar*: Sieh da – du hast auch Untermieter?

HJALMAR: Nein, noch nicht. Das geht nicht so rasch, mußt du wissen. Da muß man hinterher sein. *Zu Hedwig*: Aber du, was ist nun mit dem Bier? *Hedwig nickt und geht in die Küche.*

GREGERS: Das ist wohl deine Tochter?

HJALMAR: Ja, das ist Hedwig.

GREGERS: Und sie ist das einzige Kind?

HJALMAR: Das einzige, ja. Sie ist unsere größte Freude auf der Welt und – *senkt die Stimme* – und unser größtes Leid.

GREGERS: Was sagst du da?

HJALMAR: Ja, Gregers. Es droht nämlich die Gefahr, daß sie ihr Augenlicht verliert.

GREGERS: Daß sie blind wird?

HJALMAR: Ja. Vorläufig sind nur die ersten Anzeichen da, und es kann noch eine Zeitlang gut gehen. Aber der Arzt hat uns darauf vorbereitet. Man kann nichts dagegen tun.

GREGERS: Das ist ja ein furchtbares Unglück! Wie ist sie denn dazu gekommen?

HJALMAR: Wahrscheinlich Vererbung.

GREGERS *stutzt*: Vererbung?

GINA: Hjalmars Mutter hatte auch schwache Augen.

HJALMAR: Ja, Vater sagt so. Ich kann mich an sie ja nicht mehr erinnern.

GREGERS: Armes Kind! Und wie trägt sie es?

HJALMAR: Du kannst dir wohl denken, daß wir es nicht übers Herz bringen, ihr das zu sagen. Sie ahnt noch nichts. Froh und unbekümmert flattert sie wie ein zwitscherndes Vöglein in die ewige Nacht ihres Lebens. *Überwältigt*: Oh, das lastet so unsagbar schwer auf mir, Gregers! *Hedwig bringt ein Tablett mit Bier und Gläsern. Hjalmar streicht ihr über den Kopf.* Dank dir schön, Hedwig! *Hedwig legt den Arm um seinen Hals und flüstert ihm etwas ins Ohr.* Nein, Butterbrot nicht. *Blickt Gregers an.* Oder vielleicht möchtest du etwas essen?

GREGERS *abwehrend*: Nein, nein, danke!

HJALMAR *immer noch in wehmütigem Ton*: Nun, du kannst ja trotzdem etwas hereinstellen. Vielleicht hast du einen frischen Knust. Das wäre schön. Und streich ordentlich Butter auf, hörst du! *Hedwig nickt vergnügt und geht wieder in die Küche.*

GREGERS *der ihr mit den Augen gefolgt ist*: Ich finde, sie sieht sonst recht gesund und frisch aus.

GINA: Gott sei Dank, sonst hat sie auch weiter kein Manko.

GREGERS: Sie wird Ihnen gewiß sehr ähnlich werden, Frau Ekdal. Wie alt ist sie jetzt?

GINA: Hedwig ist nun bald akkurat vierzehn. Übermorgen hat sie Geburtstag.

GREGERS: Für ihr Alter ziemlich groß.

GINA: Ja, sie ist im letzten Jahr mächtig in die Höhe geschossen.

GREGERS: An der heranwachsenden Jugend sieht man am besten, wie alt man selbst geworden ist. – Wie lange sind Sie jetzt verheiratet?

GINA: Verheiratet sind wir jetzt – ja, bald an die fünfzehn Jahre.

GREGERS: Was Sie nicht sagen! So lange schon!

GINA *wird aufmerksam, blickt ihn an*: Ja! Allerdings! So lange ist das schon her.

HJALMAR: Ja freilich! Fünfzehn Jahre abzüglich einiger Monate. *Wechselt beflissen das Thema.* Alle diese Jahre müssen dir oben auf dem Werk recht lang geworden sein, Gregers!

GREGERS: Nur, während ich sie durchlebte. Jetzt hinterher weiß ich beinahe nicht, wo die Zeit geblieben ist.

Der alte Ekdal kommt aus seinem Zimmer, ohne Pfeife, mit seiner alten Offiziersmütze auf dem Kopf. Sein Gang ist leicht schwankend.

EKDAL: Also, Hjalmar, jetzt können wir uns zusammensetzen und uns beraten – was ist denn hier los?

HJALMAR *geht ihm entgegen*: Vater, wir haben Besuch: Gregers Werle – ich weiß nicht, ob du dich noch an ihn erinnern kannst?

EKDAL *sieht Gregers an, der sich erheben will*: Werle? Ist das der Sohn? Was will er von mir?

HJALMAR: Nichts. Er besucht mich.

EKDAL: Ach so, dann hat es wohl weiter nichts auf sich?

HJALMAR: Aber nein, ganz und gar nicht!

EKDAL *mit pendelnden Armen*: Nicht deswegen, mußt du wissen. Ich bin nicht bange, aber ...

GREGERS *tritt zu ihm*: Ich soll Sie von Ihrem alten Jagdrevier grüßen, Herr Leutnant.

EKDAL: Jagdrevier?

GREGERS: Ja, von da oben, wo das Werk ist.

EKDAL: Ach so, von da oben. Da kannte ich einmal jeden Fußbreit Erde.

GREGERS: Damals waren Sie ja ein gewaltiger Jäger vor dem Herrn.

EKDAL: War ich, jawohl! Das war ich! – Sie blicken so auf meine Mütze. Frage niemanden um Erlaubnis, ob ich sie hier drinnen tragen darf! Wenn ich nur nicht damit auf die Straße gehe...

Hedwig bringt einen Teller mit belegten Broten.

HJALMAR: Nun setz dich, Vater, und trink ein Glas Bier mit uns! Bitte sehr, Gregers!

Ekdal murmelt etwas und stelzt zum Sofa. Gregers setzt sich neben ihn auf den Stuhl, Hjalmar nimmt anschließend Platz. Gina sitzt etwas vom Tisch entfernt und näht, Hedwig steht bei ihrem Vater.

GREGERS: Können Sie sich erinnern, Herr Leutnant, wie Hjalmar und ich in den Weihnachts- und Sommerferien Sie da oben besucht haben?

EKDAL: So? Haben Sie das? Nein, kann mich nicht entsinnen. – Ja, darf wohl sagen, bin ein erstklassiger Jäger gewesen! Bären habe ich auch geschossen. Ganze neun Stück!

GREGERS *blickt ihn teilnehmend an*: Und jetzt gehen Sie nie mehr auf Jagd?

EKDAL: Oh, will ich nicht gerade sagen, junger Mann! Gehe schon noch auf die Jagd! Freilich ein bißchen anders ist das Gelände schon. Denn der Wald, sehen Sie, der Wald! *Er trinkt.* Was macht der Wald? Steht er noch so gut?

GREGERS: Nicht so prächtig wie zu Ihrer Zeit. Es ist viel abgeholzt.

EKDAL: Abgeholzt? *Leiser und etwas furchtsam:* Das ist ein gefährliches Metier! Man muß dafür zahlen! Der Wald rächt sich!

HJALMAR *gießt ihm ein*: Bitte sehr. Nimm noch einen Schluck, Vater!

GREGERS: Ein Mann wie Sie – so ein Freiluftmensch –, wie kann der leben in der stickigen Stadt, eingeschlossen von vier Wänden?

EKDAL *kichert und zwinkert Hjalmar zu*: Oh, hier ist es gar nicht so übel, gar nicht so übel!

GREGERS: Aber all das, womit Sie verwachsen sind, dieser erfrischende leichte Waldwind, das freie Leben im Wald und auf der Hochebene, das Wild und die Vögel?

Ekdal *lächelt*: Hjalmar, wollen wir's ihm zeigen?

Hjalmar *rasch und etwas verlegen*: Ach nein, Vater, heute abend nicht!

Gregers: Was will er mir zeigen?

Hjalmar: Ach, das ist bloß – du siehst es dir ein andermal an.

Gregers *nimmt sein Gespräch mit dem Alten wieder auf*: Ja, was ich sagen wollte, Herr Leutnant: Sie sollten mit mir hinaufkommen. Ich reise sicher bald zum Werk zurück. Etwas Schreibarbeit könnten Sie auch dort oben bekommen. Hier haben Sie doch so gar nichts, was Sie erfreuen und aufmuntern kann.

Ekdal *starrt ihn erstaunt an*: Hier habe ich so gar nichts – was?

Gregers: Natürlich, Sie haben Hjalmar. Aber der hat doch seine eigene Familie. Und ein Mann wie Sie, der alles geliebt hat, was frei und wild ist...

Ekdal *haut auf den Tisch*: Hjalmar, nun soll er's sehen!

Hjalmar: Aber Vater, ist das jetzt richtig? Es ist doch dunkel.

Ekdal: Unsinn! Haben doch Mondschein! *Steht auf.* Er soll es sehen, sage ich! Laßt mich durch! Komm her und hilf mir, Hjalmar!

Hedwig: O ja, bitte, Vater!

Hjalmar *erhebt sich*: Na schön.

Gregers *zu Gina*: Was ist es denn eigentlich?

Gina: Ach, denken Sie man ja nicht, daß es weiter groß was ist!

Ekdal und Hjalmar sind zur Schiebetür gegangen und schieben jeder einen Flügel zur Seite, wobei Hedwig dem Großvater hilft. Gregers bleibt am Sofa stehen. Gina läßt sich im Nähen nicht stören. Durch die geöffnete Tür wird ein großer, langgestreckter, unregelmäßiger Bodenraum mit Dachwinkeln und einigen frei stehenden Schornsteinen sichtbar. Einzelne Teile des großen Raums liegen im hellen Mondschein und andere im Schatten.

Ekdal *zu Gregers*: Dürfen gerne rankommen, Sie!

Gregers *geht hin*: Was ist es denn eigentlich?

Ekdal: Sperren Sie nur Ihre Lichter auf. Hm.

Hjalmar *etwas verlegen*: Das ist hier Vaters Revier, mußt du wissen.

Gregers *an der Tür, blickt in den Bodenraum*: Sie halten ja Hühner, Herr Leutnant!

Ekdal: Sollte meinen, daß wir Hühner halten! Sind jetzt aufgeflogen. Aber Sie sollten die Hühner nur mal bei Tageslicht sehen, Sie!

Hedwig: Und dann ist da...

Ekdal: Pst – pst! Noch nichts sagen!

Gregers: Und Tauben haben Sie auch, wie ich sehe!

Ekdal: O ja, werden wohl auch Tauben haben! Sie haben ihre Brutkästen da oben im Dachgebälk. Tauben wollen gern hoch sitzen, müssen Sie wissen!

Hjalmar: Das sind aber keine gewöhnlichen Tauben!

Ekdal: Gewöhnliche! Nein, will ich meinen! Tümmler haben wir. Und ein Paar Kropftauben haben wir auch. Aber kommen Sie mal her! Können Sie den Verschlag da hinten an der Wand sehen?

Gregers: Jawohl. Was haben Sie denn da drin?

Ekdal: Da drin liegen nachts die Kaninchen, junger Mann.

Gregers: Aha! Kaninchen haben Sie also auch?

Ekdal: Ja, Sie können sich wohl in drei Deibels Namen denken, daß wir Kaninchen haben! Du, Hjalmar! Er fragt, ob wir Kaninchen haben! Hm. Aber das Beste kommt jetzt erst, passen Sie auf! Jetzt kommt's! Mach mal bißchen Platz, Hedwig! Stellen Sie sich dahin! Ja – so. Und nun blicken Sie mal nach unten! – Sehen Sie da nicht einen Korb mit Stroh?

Gregers: Ja. Und ich sehe, da sitzt ein Vogel im Korb.

Ekdal: Hm – ein „Vogel“...

Gregers: Ist es nicht eine Ente?

Ekdal *gekränkt*: Na ja, eine Ente natürlich!

Hjalmar: Aber was für eine Ente, glaubst du?

Hedwig: Es ist keine gewöhnliche Ente.

Ekdal: Pst!

Gregers: Und eine türkische Ente ist es auch nicht.

Ekdal: Nein, Herr – Werle! Das ist keine türkische Ente, das ist eine Wildente!

Gregers: Nein, wirklich? Eine wilde Ente?

Ekdal: Ja, allerdings. Der „Vogel“, wie Sie sich auszudrücken beliebten, das ist eine Wildente! Das ist unsere Wildente, junger Mann!

HEDWIG: Meine Wildente! Denn mir gehört sie!

GREGERS: Und die kann hier auf dem Boden leben? Und sie gedeiht hier?

EKDAL: Natürlich hat sie einen Trog mit Wasser, in dem sie planschen kann.

HJALMAR: Jeden zweiten Tag bekommt sie frisches Wasser.

GINA *zu Hjalmar*: Aber, lieber Ekdal, jetzt kriege ich hier Eisbeine!

EKDAL: Hm, dann wollen wir zumachen! Ist auch nicht gut, daß wir sie aufscheuchen! Faß an, Hedwig! *Hjalmar und Hedwig schieben die Bodentür zu.* Ein andermal können Sie sie richtig ansehen. *Setzt sich in den Lehnstuhl am Ofen.* Oh, das sind schon merkwürdige Tiere, diese Wildenten, das können Sie glauben!

GREGERS: Aber wie haben Sie sie nur gefangen, Herr Leutnant?

EKDAL: Habe sie nicht gefangen. Wir haben sie jemandem hier am Ort zu verdanken.

GREGERS *stutzt*: Dieser Jemand ist doch nicht etwa mein Vater?

EKDAL: In der Tat! Kein anderer als Ihr Vater. Hm.

HJALMAR: Das ist aber komisch, Gregers, daß du das gleich erraten hast!

GREGERS: Du hattest doch vorhin selbst erzählt, du hättest Vater so manches zu verdanken. Und da dachte ich...

GINA: Aber wir haben die Ente nicht von Herrn Werle selbst bekommen.

EKDAL: Deswegen haben wir sie ihm letzten Endes doch zu verdanken, Gina! *Zu Gregers*: Er war im Boot auf Jagd, müssen Sie wissen. Aber er kann doch so schlecht sehen, Ihr Vater. Hm. Und da hat er sie nur angeschossen.

GREGERS: Ach so, sie hat ein paar Schrotkörner abgekriegt!

HJALMAR: Ja, so zwei, drei Stück.

HEDWIG: Unter die Flügel, und da konnte sie nicht wegfliegen.

GREGERS: Und da ist sie wohl untergetaucht?

EKDAL *schläfrig mit schwerer Zunge*: Ist doch klar! Machen das immer so, die Wildenten. Tauchen, so tief sie können, bis auf den Grund. Beißen sich fest in Tang und Algen – und all dem Teufelszeug da unten. Und dann kommen sie nie mehr nach oben.

GREGERS: Aber, Herr Leutnant, Ihre Wildente ist doch wieder nach oben gekommen!

EKDAL: Er hatte einen so ungemein scharfen Jagdhund, Ihr Vater. – Und der – der ist der Ente nachgetaucht und hat sie nach oben geholt.

GREGERS *zu Hjalmar gewandt*: Und da habt ihr sie bekommen?

HJALMAR: Nicht sofort. Zuerst kam sie zu deinem Vater auf den Hof. Doch dort wollte sie nicht recht gedeihen. Und da sollte Pettersen ihr den Gnadenstoß geben.

EKDAL *halb im Schlaf*: Hm – ja, Pettersen, der Schafskopf...

HJALMAR *spricht leiser*: Und da ist sie bei uns belandet, siehst du, denn Vater ist mit Pettersen ein bißchen bekannt. Und als er die Geschichte mit der Wildente hörte, da hat er es so gedeichselt, daß sie ihm überlassen wurde.

GREGERS: Und hier in dem Bodenraum fühlt sie sich nun wohl?

HJALMAR: Und wie! Fett ist sie geworden! Na, sie lebt ja nun auch schon so lange da drin, daß sie das freie Leben in der Natur vergessen hat. Und nur darauf kommt's ja schließlich an.

GREGERS: Da hast du gewiß recht, Hjalmar. Laß sie nur niemals Himmel und Meer sehen! – Aber ich will nicht länger stören. Ich glaube, dein Vater ist eingeschlafen.

HJALMAR: Oh, deswegen...

GREGERS: Doch da fällt mir noch ein – du sagtest, du hättest ein Zimmer zu vermieten. Ist das Zimmer frei?

HJALMAR: Jawohl. Aber warum? Weißt du vielleicht jemand?

GREGERS: Kann ich das Zimmer bekommen?

HJALMAR: Du?

GINA: Nein, aber Herr Werle! Sie?

GREGERS: Kann ich das Zimmer bekommen? Dann ziehe ich gleich morgen früh ein!

HJALMAR: Aber mit dem größten Vergnügen!

GINA: Aber nicht doch, Herr Werle! Das ist wirklich kein Zimmer für Sie!

HJALMAR: Aber Gina, wie kannst du so was sagen?

GINA: Allerdings, denn das Zimmer ist nicht groß genug und nicht hell genug und nicht...

GREGERS: Darauf kommt es nicht so sehr an, Frau Ekdal!

HJALMAR: Ich finde, es ist ein ganz nettes Zimmer. Und möbliert ist es auch gar nicht so übel.

GINA: Denk doch an die beiden, die drunter wohnen!

GREGERS: Was sind das für Menschen?

GINA: Ach, der eine von ihnen, der ist Hauslehrer gewesen...

HJALMAR: Ein Kandidat Molvik.

GINA: Und dann ist da noch ein Doktor. Relling heißt der.

GREGERS: Relling? Den kenne ich doch! Er hat eine Zeitlang oben beim Werk seine Praxis gehabt.

GINA: Das sind Ihnen ein paar Luftikusse! Abends sind sie immer aus. Und dann kommen sie mitten in der Nacht nach Haus, und da sind sie nicht immer mehr ganz...

GREGERS: Daran gewöhnt man sich. Ich hoffe, es geht mir wie der Wildente.

GINA: Hm, ich meine aber doch, sie sollten erst drüber schlafen!

GREGERS: Sie wollen mich wohl nicht gern hier im Haus haben, Frau Ekdal?

GINA: Um Himmels willen! Wie können Sie bloß so was glauben?

HJALMAR: Ja, du benimmst dich wirklich etwas merkwürdig, Gina! *Zu Gregers*: Doch sage mal: Beabsichtigst du denn, jetzt vorläufig hier in der Stadt zu bleiben?

GREGERS *zieht seinen Mantel an*: Ja, jetzt beabsichtige ich, hier zu bleiben.

HJALMAR: Aber nicht im Haus deines Vaters? Was gedenkst du denn hier zu tun?

GREGERS: Ja, wenn ich das nur wüßte – da wäre mir wohler! Aber wenn einer das Unglück hat, Gregers zu heißen – „Gregers", und dann noch „Werle" dazu! Hast du schon mal so etwas Häßliches gehört?

HJALMAR: Oh, ich finde das gar nicht häßlich.

GREGERS: Pfui Deibel! Ich hätte Lust, den Kerl anzuspucken, der so heißt! Aber wenn einer nun das Unglück hat, als Gregers Werle auf die Welt gekommen zu sein...

HJALMAR *lacht*: Haha, wenn du nun nicht Gregers Werle wärst, wer wolltest du dann sein?

GREGERS: Wenn ich mir das aussuchen könnte, dann möchte ich am liebsten ein flinker Hund sein.

GINA: Ein Hund!

HEDWIG *unwillkürlich*: Aber nein! Nicht doch!

GREGERS: Ja, ein ungemein flinker Hund. So einer, der auf den Grund taucht nach Wildenten, wenn sie sich unten im Modder festgebissen haben in Tang und Algen.

HJALMAR: Nein, weißt du, Gregers, davon verstehe ich kein Wort!

GREGERS: Na ja, Sinn hat es ja auch nicht groß. – Also morgen früh, da ziehe ich ein. *Zu Gina*: Sie sollen mit mir weiter keine Umstände haben! Ich mache nämlich alles selbst. *Zu Hjalmar*: Über alles andere sprechen wir morgen. – Gute Nacht, Frau Ekdal! *Nickt Hedwig zu.* Gute Nacht!

GINA: Gute Nacht, Herr Werle!

HEDWIG: Gute Nacht!

HJALMAR *der eine Kerze angesteckt hat*: Warte ein wenig! Ich muß dir leuchten. Es ist sicher schon dunkel auf der Treppe. *Gregers und Hjalmar gehen hinaus.*

GINA *blickt vor sich hin, das Nähzeug im Schoß*: War das nicht ein närrisches Zeug? Ein Hund möchte er sein?!

HEDWIG: Weißt du, Mutter – ich glaube, er meinte damit ganz was anderes.

GINA: Was denn?

HEDWIG: Das weiß ich nicht. Aber es war, als ob er etwas anderes meinte, als was er sagte – die ganze Zeit.

GINA: Glaubst du? Seltsam war's freilich.

HJALMAR *kommt zurück*: Die Lampe brannte noch. *Löscht die Kerze aus und stellt sie weg.* Ach, endlich kommt man dazu, einen Happen zu essen! *Macht sich über die Brote her.* Na, siehst du, Gina – wenn man sich nur umtut...

GINA: Wieso umtut?

HJALMAR: Na, das hat sich doch gut getroffen! Endlich haben wir das Zimmer vermietet! Und dann – denk nur – an einen Menschen wie Gregers, einen alten Freund!

GINA: Ja, ich weiß nicht recht, was ich dazu sagen soll.

HEDWIG: Ach, Mutter, du wirst sehen, wie schön das wird!

HJALMAR: Du bist aber auch komisch. Erst warst du so darauf versessen, das Zimmer zu vermieten, und nun paßt es dir nicht!

GINA: Na ja, Hjalmar. Wenn's man bloß jemand anders wäre! Aber was glaubst du, was der alte Werle sagen wird?

HJALMAR: Der alte Werle? Den kratzt das wenig!

GINA: Du kannst dir doch an den fünf Fingern abzählen, daß die beiden wieder verquer sind, wenn der Junge woandershin zieht! Du weißt ja, wie die beiden miteinander stehen!

HJALMAR: Ja, das mag gerne sein, aber ...

GINA: Und wenn nun vielleicht der alte Werle glaubt, du steckst dahinter?

HJALMAR: Dann laß ihn glauben, was er lustig ist! Der alte Werle hat so manches für mich getan – Gott ja, das erkenne ich an. Aber deshalb kann ich mich doch nicht für ewige Zeit nach ihm richten!

GINA: Aber Großvater wird das zu merken kriegen! Womöglich verliert er nun das bißchen Verdienst bei Graaberg!

HJALMAR: Ich hätte fast gesagt: Soll er! Ist es nicht demütigend für einen Mann wie mich, seinen ergrauten Vater um Aushilfsarbeit betteln zu lassen? Aber nun hat das bald ein Ende, denke ich. *Nimmt sich noch ein Brot.* Habe ich eine wirkliche Aufgabe im Leben, dann werde ich sie auch lösen!

HEDWIG: O ja, Vater! Tu das!

GINA: Pst! Weckt ihn man nicht auf!

HJALMAR: Ich werde sie lösen, sage ich euch! Es kommt der Tag ...! Und daher ist es gut, daß wir das Zimmer vermietet haben; denn so bin ich doch unabhängiger. Und unabhängig muß der Mann sein, der eine Aufgabe im Leben hat. *Tritt an den Lehnstuhl, bewegt*: Armer alter Vater im weißen Haar, vertraue auf deinen Hjalmar! Der hat breite Schultern – kräftige Schultern zum mindesten. Eines schönen Tages sollst du aufwachen und ... *Zu Gina*: Glaubst du das vielleicht nicht?

GINA *steht auf*: Ja gewiß doch. Aber erst sehn wir man zu, wie wir ihn in seine Koje kriegen!

HJALMAR: Ja, das müssen wir wohl. *Sie heben den Alten vorsichtig hoch.*

DRITTER AKT

Hjalmar Ekdals Atelier. Es ist Morgen. Durch das Dachfenster fällt Tageslicht. Der Vorhang ist zurückgezogen.
Hjalmar sitzt am Tisch und ist mit dem Retuschieren eines Fotos beschäftigt. Mehrere andere Bilder liegen vor ihm. Gleich darauf kommt Gina in Hut und Mantel, einen Henkelkorb am Arm, durch die Flurtür herein.

HJALMAR: Bist du schon zurück, Gina?

GINA: Wie du siehst. Unsereins muß sich sputen! *Setzt den Korb auf einen Stuhl und legt ab.*

HJALMAR: Warst du schon bei Gregers drin?

GINA: Jawohl, das war ich! Bei dem sieht's bunt aus! Der hat sich's gleich hübsch gemütlich gemacht. Und wie!

HJALMAR: Wieso denn?

GINA: Na ja, er wollte doch alles selber machen! Hat er gesagt! Da wollte er nun Feuer machen. Und da hat er die Ofentür zugeschraubt. Natürlich war dann das ganze Zimmer voll Rauch. Pfui Deibel, das stank wie sonstwas!

HJALMAR: Ach nein!

GINA: Aber das Beste kommt noch! Dann wollte er das Feuer ausmachen. Und da hat er das ganze Waschwasser in den Ofen gießen wollen und dabei die Hälfte auf den Fußboden geschüttet. Und nun sieht das Zimmer wie ein Schweinestall aus.

HJALMAR: Das ist ja unangenehm!

GINA: Ich habe nun die Portiersfrau geholt, damit sie dem Schwein seinen Dreck wegmacht. Aber vor heute nachmittag wird er nicht wieder reinkönnen.

HJALMAR: Was fängt er denn inzwischen an?

GINA: Er wollte etwas spazierengehen, hat er gesagt.

HJALMAR: Ich war auch einen Augenblick bei ihm drin – nachdem du zum Einholen gegangen warst.

GINA: Hab schon gehört. Du hast ihn ja zum Frühstück eingeladen!

HJALMAR: Nur so einen kleinen Happen, verstehst du. Es ist doch der erste Tag – wir kommen nicht gut drum rum. Du hast ja doch immer was im Haus.

GINA: Ich werde schon sehen, daß ich was zusammenkratze.

HJALMAR: Aber paß auf, daß es nicht zu knapp wird! Denn Relling und Molvik werden wohl auch noch etwas heraufkommen. Ich habe Relling zufällig auf der Treppe getroffen, weißt du, und da mußte ich doch...

GINA: Was, die beiden auch noch?

HJALMAR: Herrgott – ein paar mehr oder weniger, das macht doch nichts aus!

DER ALTE EKDAL *öffnet seine Tür und sieht herein*: Hör mal, Hjalmar! *Bemerkt Gina.* Ach so...

GINA: Wollten Sie was, Großvater?

EKDAL: Nein, nein, nicht so wichtig. Hm. *Geht wieder in sein Zimmer.*

GINA *nimmt den Korb*: Paß ja auf ihn auf, daß er nicht etwa in die Kneipe geht!

HJALMAR: Ja, ja, das will ich schon tun. – Hör mal, Gina, 'n bißchen Heringssalat wäre nicht übel. Relling und Molvik waren gestern nacht bummeln.

GINA: Wenn die mir nicht zu früh auf die Bude rücken...

HJALMAR: Nein, sicher nicht. Nimm dir nur Zeit!

GINA: Na ja. Und bis dahin kannst du noch bißchen was tun!

HJALMAR: Ich stecke doch mitten in der Arbeit! Ich arbeite, daß ich schon bald nicht mehr sitzen kann!

GINA: Dann hast du's hinter dir, weißt du! *Sie geht mit dem Korb in die Küche.*

Hjalmar sitzt eine Weile und pinselt träge und unlustig auf dem Foto herum.

EKDAL *steckt den Kopf durch die Tür, blickt sich im Atelier um und fragt leise*: Hast du viel zu tun, Hjalmar?

HJALMAR: Ja, ich sitze hier und plage mich mit den Bildern da ab.

EKDAL: Ja, ja, dann nicht – wenn du so viel zu tun hast! Hm. *Geht wieder in sein Zimmer, läßt aber die Tür offen.*

HJALMAR *pinselt eine Weile schweigend weiter; darauf legt er den Pinsel hin und geht zur Tür*: Hast du zu tun, Vater?

EKDAL *brummt von drinnen*: Wenn du zu tun hast, dann habe ich auch zu tun. Hm!

HJALMAR: Na schön. *Geht wieder an seine Arbeit.*

EKDAL *erscheint bald wieder in der Tür*: Hm – hör mal, Hjalmar! So furchtbar viel zu tun habe ich eigentlich nicht.

HJALMAR: Ich glaubte, du wärst beim Schreiben?

EKDAL: Hol's der Deibel, kann der Kerl, der Graaberg, nicht ein, zwei Tage warten? Das Leben geht wohl auch so weiter!

HJALMAR: Und schließlich bist du ja auch kein Sklave!

EKDAL: Und wir wollten doch noch da drin...

HJALMAR: Ja, ganz recht! – Willst du vielleicht hinein? Soll ich dir aufmachen?

EKDAL: Hätte nichts dagegen.

HJALMAR *erhebt sich*: Dann hätten wir das hinter uns!

EKDAL: Eben, eben! Muß ja bis morgen früh fertig sein! Ist doch morgen? Hm?

HJALMAR: Ja, gewiß ist es morgen.

Hjalmar und Ekdal schieben jeder einen Türflügel zur Seite. Die Morgensonne scheint durch die Dachluken auf den Boden. Einige Tauben fliegen hin und her, andere sitzen auf den Dachbalken und gurren. Ganz im Hintergrund gackern die Hühner.

Na, nun kannst du dich ans Werk machen, Vater!

EKDAL *schon im Bodenraum*: Kommst du nicht mit?

HJALMAR: Doch, weißt du was – ich glaube beinahe... *Sieht Gina in der Küchentür.* Ich? Nein, ich hab keine Zeit, ich muß arbeiten! Aber erst den Vorhang! *Zieht an einer Schnur. Ein Vorhang, dessen unterer Teil aus einem Streifen alten Segeltuchs und dessen oberer Teil aus einem Stück Fischernetz besteht, rollt herunter. Dadurch ist der Fußboden dahinter nicht mehr sichtbar. Hjalmar tritt an den Tisch.* Das hätten wir. Nun werde ich wohl eine Weile in Ruhe arbeiten können!

GINA: Mußte er denn wieder da rein und rumfuhrwerken?

HJALMAR: Immer noch besser, als daß er bei Madame Eriksen sitzt! *Er setzt sich.* Wolltest du etwas? Du sagtest doch...

GINA: Ich wollte man nur fragen, ob wir für das Frühstück hier decken sollen?

HJALMAR: Ja, Kundschaft hat sich wohl für so früh nicht angesagt?

GINA: Für heute ist bloß das Brautpaar angemeldet. Aufnahme.

HJALMAR: Zum Teufel, haben die sich nicht einen andern Tag aussuchen können?

GINA: Aber, lieber Ekdal, ich habe sie doch auf Nachmittag bestellt, wenn du dein Nickerchen machst!

HJALMAR: Na, dann paßt es ja! Also dann frühstücken wir hier.

GINA: Na gut. Aber es eilt noch nicht mit dem Decken. Du kannst gerne den Tisch noch eine Weile benutzen.

HJALMAR: Na, du siehst doch wohl, daß ich den Tisch benutze, daß es nur so raucht!

GINA: Dann hast du's nachher hinter dir, weißt du. *Sie geht wieder in die Küche.*

Kurze Pause.

EKDAL *hinter dem Netzvorhang*: Hjalmar!

HJALMAR: Nun?

EKDAL: Fürchte, wir kommen nicht drum rum, den Wassertrog noch weiter vorzurücken.

HJALMAR: Na ja, das habe ich doch schon lange gesagt!

EKDAL: Hm – hm – hm... *Tritt von der Tür zurück.*

Hjalmar arbeitet etwas, schielt zum Bodenraum hinüber und erhebt sich halb. Hedwig kommt aus der Küche.

HJALMAR *setzt sich schnell wieder hin*: Was willst du denn?

HEDWIG: Ich möchte nur ein bißchen bei dir sitzen, Vater.

HJALMAR *nach einer Pause*: Du schnüffelst wohl hier herum? Sollst du vielleicht aufpassen?

HEDWIG: Aber nein, Vater! Was denkst du denn?

HJALMAR: Was macht denn Mutter jetzt draußen?

HEDWIG: Ach, Mutter ist mitten im Heringssalat. *Tritt an den Tisch.* Kann ich dir nicht ein bißchen helfen, Vater?

HJALMAR: Ach nein! Ich mache schon lieber alles allein – solange meine Kräfte reichen. Noch hat's keine Not, Hedwig! Wenn nur dein Vater seine Gesundheit behält...

HEDWIG: Aber nein, Vater. So darfst du nicht reden! *Sie geht etwas im Zimmer umher, bleibt an der offenen Schiebetür stehen und schaut in den Bodenraum.*

Hjalmar: Was macht er jetzt eigentlich, Hedwig?

HEDWIG: Es soll wohl ein neuer Steg zum Wassertrog werden – für die Wildente.

HJALMAR: Allein wird er damit nie fertig! Und ich bin verdammt, hier zu sitzen!

HEDWIG *geht zu ihm*: Gib mir den Pinsel, Vater! Ich kann das schon.

HJALMAR: Ach, Unsinn! Du verdirbst dir damit nur die Augen!

HEDWIG: Wie werd ich denn! Gib mir doch schon den Pinsel!

HJALMAR *steht auf*: Na ja, es wird ja auch nicht länger als ein, zwei Minuten dauern!

HEDWIG: Pah! Was soll das schon machen? *Nimmt den Pinsel.* Das geht schon. *Setzt sich.* Und hier ist ja auch ein fertiges Bild, danach kann ich mich richten.

HJALMAR: Aber verdirb dir die Augen nicht! Hörst du? Ich will da die Verantwortung nicht übernehmen! Verantworten mußt du das selbst – merk dir das!

HEDWIG *retuschiert*: Ja, ja, das tu ich schon.

HJALMAR: Du bist fabelhaft geschickt, Hedwig! Nur ein paar Minuten, verstehst du! *Er schlüpft durch den Vorhangspalt in den Bodenraum hinüber.*

Hedwig sitzt bei ihrer Arbeit. Man hört Hjalmar und Ekdal sich miteinander beraten. Hjalmar kommt bis zum Vorhang.

Hedwig! Ach, reich mir mal die Kneifzange! Sie liegt im Regal! Und den Hammer auch noch! *Zurückgewandt*: Na, jetzt sollst du mal sehen, Vater! Paß mal auf, ich werde dir zeigen, wie ich's mir denke! *Hedwig hat das gewünschte Werkzeug vom Regal geholt und reicht es Hjalmar.* Danke schön. Du, es war aber gut, daß ich hergegangen bin! *Er geht von der Türöffnung weg.*

Man hört die beiden Männer im Bodenraum tischlern und reden. Hedwig bleibt stehen und sieht ihnen zu. Nach einer Weile wird an die Flurtür geklopft, was Hedwig aber nicht bemerkt.)

GREGERS *kommt ohne Hut und Mantel herein und bleibt an der Tür stehen*: Hm!

HEDWIG *dreht sich um und geht ihm entgegen*: Guten Morgen! Bitte sehr, treten Sie näher!

GREGERS *blickt nach dem Boden*: Ihr habt wohl Handwerker in der Wohnung?

HEDWIG: Nein, das sind bloß Vater und Großvater. Ich sag gleich Bescheid...

GREGERS: Nein, nein, bitte nicht! Ich warte lieber, bis sie fertig sind. *Setzt sich aufs Sofa.*

HEDWIG: Hier ist's so unordentlich... *Will die Fotos forträumen.*

GREGERS: Oh, laß nur liegen! – Das sind wohl Bilder, die den letzten Schliff bekommen sollen?

HEDWIG: Ja, ich helfe Vater dabei ein bißchen.

GREGERS: Laß dich nur nicht durch mich stören!

HEDWIG: Aber nein. *Sie schiebt die Sachen auf dem Tisch näher zu sich heran und macht sich an die Arbeit. Gregers sieht ihr zunächst schweigend zu.*

GREGERS: Hat die Wildente heute nacht gut geschlafen?

HEDWIG: Ja danke, ich glaub schon.

GREGERS *dem Bodenraum zugewandt*: Bei Tageslicht sieht alles ganz anders aus als gestern abend im Mondschein.

HEDWIG: Ja, das kann sehr verschieden sein. Morgens sieht es anders aus als nachmittags. Und wenn's regnet, sieht's anders aus als bei schönem Wetter.

GREGERS: Hast du das beobachtet?

HEDWIG: Das sieht man doch!

GREGERS: Hältst du dich auch gern da drin bei der Wildente auf?

HEDWIG: Ja, wenn ich Zeit dazu habe...

GREGERS: Aber viel freie Zeit hast du natürlich nicht. Du gehst ja doch wohl noch zur Schule.

HEDWIG: Nein, nicht mehr. Vater hat nämlich Angst, daß ich mir die Augen verderbe.

GREGERS: Ach so. Dann unterrichtet er dich wohl selbst?

HEDWIG: Versprochen hat er's. Aber bis jetzt hat er noch keine Zeit dazu gehabt.

GREGERS: Und ist nicht jemand anders da, der dir etwas hilft?

HEDWIG: Gewiß, Kandidat Molvik. Aber der ist nicht immer – ich meine, er ist manchmal...

GREGERS: Betrunken?

HEDWIG: Hm.

GREGERS: Na, dann hast du ja viel Zeit. Und da drin, das ist wohl eine ganze Welt für sich – kann ich mir denken.

HEDWIG: Ja, tatsächlich. Und dann gibt's dort so allerlei Seltsames.

GREGERS: So?

HEDWIG: Ja, da sind große Schränke mit Büchern. Und in vielen Büchern sind auch Bilder.

GREGERS: Aha!

HEDWIG: Und dann ist da eine alte Schatulle mit Geheimfächern und eine große Uhr mit Figuren, die heraustreten können. Aber sie geht nicht mehr.

GREGERS: Die Zeit ist also stehengeblieben da drin – bei der Wildente.

HEDWIG: Ja. Und dann sind da alte Farbenkästen und – ich weiß nicht, was noch alles. Und dann die vielen, vielen Bücher!

GREGERS: Und darin liest du wohl?

HEDWIG: O ja, wenn ich kann. Aber die meisten sind englisch geschrieben, und das verstehe ich nicht. Aber die Bilder sehe ich mir an. – Da ist ein riesengroßes Buch, das heißt „Harryson's History of London". Es ist gewiß hundert Jahre alt. Darin sind furchtbar viele Bilder. Vorn ist der Tod drauf mit einem Stundenglas und einer Jungfrau. Das finde ich scheußlich. Aber auf den anderen Bildern sind Kirchen und Schlösser und Straßen und große Schiffe, die aufs Meer hinaussegeln.

GREGERS: Aber sag mal, wo habt ihr denn alle diese alten Sachen her?

HEDWIG: Ach, hier hat früher ein alter Seekapitän gewohnt, und der hat das alles mitgebracht. Die Leute nannten ihn den „fliegenden Holländer". Komisch, denn er war gar kein Holländer.

GREGERS: So?

HEDWIG: Aber zuletzt ist er nicht mehr wiedergekommen. All seine Sachen sind hier stehengeblieben.

GREGERS: Hör mal, sag mir eins: Wenn du da drin sitzt und die

Bilder ansiehst, bekommst du da nicht Lust, selbst hinauszugehen und die weite Welt anzusehen, wie sie wirklich ist?

HEDWIG: Aber nein! Ich bleibe zu Haus und helfe Vater und Mutter.

GREGERS: Beim Fotografieren?

HEDWIG: Nicht nur das. Am liebsten würde ich lernen, solche Bilder zu gravieren wie die in den englischen Büchern.

GREGERS: Hm. Was sagt denn dein Vater dazu?

HEDWIG: Ich glaube nicht, daß Vater das gern hätte. Denn er ist in solchen Dingen komisch. Denken Sie nur, er sagt, ich soll lernen, Körbe und Matten zu flechten. Aber ich finde, das ist doch nichts!

GREGERS: Nein, viel halte ich davon auch nicht.

HEDWIG: Aber damit hat Vater freilich recht: Hätte ich Korbflechten gelernt, dann könnte ich jetzt für die Wildente einen neuen Korb machen.

GREGERS: Das könntest du, ja. Und das wäre ja auch deine Sache.

HEDWIG: Gewiß, denn es ist meine Wildente.

GREGERS: Ja eben.

HEDWIG: Mir gehört sie. Aber Vater und Großvater kriegen sie geborgt, sooft sie wollen.

GREGERS: So. Wozu denn?

HEDWIG: Oh, sie pflegen sie und bauen ihr was und stellen sonst noch allerlei mit ihr an.

GREGERS: Kann ich mir vorstellen. Denn die Wildente ist wohl das vornehmste Tier im „Revier"?

HEDWIG: Ja, das ist sie schon. Denn sie ist doch ein richtiger Vogel, ein Wildvogel. Und dann kann sie einem auch leid tun, wo sie doch niemand hat, an den sie sich anschließen kann, die Ärmste!

GREGERS: Du meinst, keine Familie wie die Kaninchen?

HEDWIG: Jaja. Und die Hühner kennen sich ja alle seit ihrer Kükenzeit. Aber die Wildente hat alle Verbindung mit ihrer Familie verloren! Und dann ist ja alles so geheimnisvoll bei der Wildente. Niemand kennt sie, niemand weiß, woher sie kommt.

GREGERS: Und dann ist sie auf dem Meeresboden gewesen!

HEDWIG *sieht flüchtig zu ihm auf, unterdrückt ein Lächeln und fragt*: Warum sagen Sie ausgerechnet Meeresboden?

GREGERS: Wie sollte ich denn sonst sagen?

HEDWIG: Sie könnten ja auch sagen: auf dem Grund – oder auf dem Meeresgrund.

GREGERS: Warum kann ich nicht ebensogut Meeresboden sagen?

HEDWIG: Na gewiß. Aber ich finde es immer so wunderlich, wenn die andern Meeresboden sagen.

GREGERS: Warum denn nur? Sag mir das bitte!

HEDWIG: Nein, ich will nicht – es ist vielleicht dumm.

GREGERS: Sicher nicht! Sag doch: Warum hast du gelächelt?

HEDWIG: Weil – weil immer, wenn ich so mit einmal, so ganz plötzlich, an das da drinnen denken muß, ja, dann ist mir immer, als wenn der ganze Boden mit allem, was da drauf ist, der „Meeresboden" heißen muß. – Aber das ist natürlich ganz dumm!

GREGERS: Sag das nicht!

HEDWIG: Doch, denn es ist doch nur ein Dachboden!

GREGERS *blickt sie fest an*: Bist du dessen so sicher?

HEDWIG *erstaunt*: Daß es ein Dachboden ist?

GREGERS: Ja, weißt du das so sicher? *Hedwig schweigt und sieht ihn mit offenem Mund an.*

Gina kommt mit Tischtuch und Eßgeschirr aus der Küche. Gregers erhebt sich.

Ich habe Sie wohl zu früh überfallen?

GINA: Ach, irgendwo müssen Sie doch bleiben. Und nun ist es auch bald soweit. – Räum den Tisch ab, Hedwig!

Hedwig räumt ab und hilft ihrer Mutter während der folgenden Szene beim Tischdecken. Gregers setzt sich in den Lehnstuhl und blättert in einem Album.

GREGERS: Ich höre, Sie können retuschieren, Frau Ekdal?

GINA *mit einem Seitenblick*: Ja-a, das kann ich.

GREGERS: Das hat ja dann ausgezeichnet gepaßt!

GINA: Wie meinen Sie das?

GREGERS: Wo doch Hjalmar Fotograf geworden ist, meine ich.

HEDWIG: Mutter kann auch fotografieren!

GINA: Na ja, die Kunst habe ich mir selbst beigebracht.

GREGERS: Dann führen wohl eigentlich Sie das Geschäft?

GINA: Ja, wenn Hjalmar keine Zeit hat...

GREGERS: Er ist wohl sehr in Anspruch genommen durch seinen alten Vater, das kann ich mir denken.

GINA: Ja, und dann ist es auch nichts für einen Mann wie Hjalmar, sich hier hinzustellen und Aufnahmen von Klethi und Prethi zu machen.

GREGERS: Das finde ich auch. Aber wenn er diesen Weg nun einmal eingeschlagen hat...

GINA: Sie können sich wohl denken, Herr Werle, daß Hjalmar nicht wie einer von den gewöhnlichen Fotografen ist.

GREGERS: Das schon, aber...

Auf dem Boden knallt ein Schuß. Gregers fährt zusammen.

Was ist denn das?

GINA: Herrje! Nun schießen sie wieder!

GREGERS: Schießen tun sie auch?

HEDWIG: Sie gehen auf die Jagd!

GREGERS: Was machen sie? *Tritt zur Bodentür.* Du gehst hier auf die Jagd, Hjalmar?

HJALMAR *hinter dem Netzvorhang*: Bist du schon da? Das habe ich nicht gewußt. Ich war so beschäftigt. *Zu Hedwig*: Und du sagst uns nicht Bescheid? *Kommt ins Atelier.*

GREGERS: Du hast die Gewohnheit, auf dem Boden zu schießen?

HJALMAR *zeigt eine Pistole mit Doppellauf*: Ach, nur hiermit.

GINA: Ihr richtet noch mal ein Unglück an mit diesem verdammten Schießprügel!

HJALMAR *ärgerlich*: Ich glaube, ich habe dir schon gesagt, daß solch eine Schußwaffe Pistole heißt!

GINA: Ach, das macht die Sache auch nicht besser!

GREGERS: Dann bist du also auch Jäger geworden, Hjalmar?

HJALMAR: Bloß ab und zu ein bißchen Kaninchenjagd. Mehr Vater zuliebe, wie du dir denken kannst.

GINA: Die Mannsleute sind nun mal ein komisches Volk. Die wollen immer was haben, womit sie sich dividieren können!

HJALMAR *gereizt*: Jawohl, gewiß! Wir wollen immer etwas haben, womit wir uns divertieren!

GINA: Na, das sage ich ja!

HJALMAR: Na – hm! *Zu Gregers*: Der Boden ist so günstig gelegen, daß niemand es hören kann, wenn wir schießen. *Legt die Pistole auf das oberste Brett des Regals.* Rühr die Pistole nicht an, Hedwig! Der eine Lauf ist geladen! Denk daran!

GREGERS *blickt durch den Netzvorhang auf den Boden*: Eine Flinte hast du auch, wie ich sehe!

HJALMAR: Das ist Vaters alte Flinte. Schießen kann man damit nicht mehr, das Schloß ist nicht in Ordnung. Trotzdem haben wir unseren Spaß daran. Wir können sie auseinandernehmen, ab und zu putzen und einfetten und wieder zusammensetzen. Hauptsächlich Vater pusselt gern dran herum.

HEDWIG *nähert sich Gregers*: Jetzt können Sie die Wildente richtig sehen!

GREGERS: Ich sehe sie mir gerade an. Sie läßt den einen Flügel etwas hängen, wenn ich mich nicht irre.

HJALMAR: Na, das ist ja auch kein Wunder. Sie ist doch angeschossen worden!

GREGERS: Und dann schleppt sie den einen Fuß etwas nach. Oder nicht?

HJALMAR: Vielleicht ein ganz klein wenig.

HEDWIG: Ja, da hat sie doch der Hund gebissen!

HJALMAR: Aber sonst hat sie keinerlei Mängel. Und das ist wirklich merkwürdig, wo sie doch eine Ladung Schrot aufgebrummt bekam und im Fang eines Hundes war...

GREGERS *wirft Hedwig einen Blick zu*: ... und auf dem Meeresboden gewesen ist – und so lange.

HEDWIG *lächelt*: Ja.

GINA *ordnet etwas auf dem Tisch*: Die liebe Wildente, die! Was für Fisematenten mit der gemacht werden!

HJALMAR: Hm – ist vielleicht bald fertig gedeckt?

GINA: Ja, gleich! Komm, Hedwig, hilf mir! *Gina und Hedwig gehen in die Küche.*

HJALMAR *halblaut*: Ich glaube, du siehst Vater lieber nicht zu. Er mag das nicht. *Gregers entfernt sich von der Bodentür.* Und ich mache auch am besten jetzt zu, bevor die andern kommen. *Scheucht mit den Händen.* Husch! Husch! Wollt ihr wohl weg!

Indem er den Vorhang hochzieht und die Tür zuschiebt: Dieser Mechanismus hier ist meine Erfindung. Es ist wirklich anregend, etwas zu haben, das man in Ordnung halten und reparieren muß, wenn es kaputt ist! Und außerdem ist es höchst notwendig; denn du kannst dir wohl denken, daß Gina die Kaninchen und Hühner nicht gern im Atelier haben will.

GREGERS: Natürlich. Und deine Frau führt ja wohl auch das Atelier?

HJALMAR: Ich überlasse ihr gewöhnlich die laufenden Geschäfte. Denn inzwischen kann ich mich ins Wohnzimmer zurückziehen und über Dinge nachdenken, die wichtiger sind.

GREGERS: Was sind das eigentlich für Dinge, Hjalmar?

HJALMAR: Ich wundere mich, daß du danach nicht schon eher gefragt hast. Oder hast du vielleicht noch nichts gehört von der Erfindung?

GREGERS: Erfindung? – Nein.

HJALMAR: So? Nicht? Na ja, da oben in deiner Einöde...

GREGERS: Du hast also eine Erfindung gemacht?

HJALMAR: Noch nicht ganz. Aber ich bin im Begriff. Du kannst dir doch wohl denken, daß ich nicht in der Produktion von Familienbildern mit Alltagsmenschen mein Ziel sah, als ich mich entschloß, Fotograf zu werden.

GREGERS: Selbstverständlich, deine Frau hat das vorhin auch gesagt.

HJALMAR: Ich habe mir geschworen: Wenn ich schon diesem Metier meine Kräfte widme, werde ich es auch so heben, daß es eine Kunst und eine Wissenschaft wird! Und so beschloß ich, die denkwürdige Erfindung zu machen.

GREGERS: Und worin besteht diese Erfindung? Was bezweckt sie?

HJALMAR: Ja, mein Lieber, nach Einzelheiten darfst du mich noch nicht fragen! Dazu gehört Zeit, verstehst du. Du darfst auch nicht glauben, Eitelkeit sei bei mir die Triebfeder. In meinem eigenen Interesse arbeite ich wahrhaftig nicht! Nein, um der Lebensaufgabe willen, die mir Tag und Nacht keine Ruhe läßt!

GREGERS: Welche Lebensaufgabe denn?

HJALMAR: Hast du den Greis im Silberhaar vergessen?

GREGERS: Dein armer Vater, gewiß. Aber was kannst du eigentlich für ihn tun?

HJALMAR: Ich kann sein erstorbenes Selbstgefühl wecken, indem ich den Namen Ekdal wieder zu Ehren und Ansehen bringe.

GREGERS: Das also ist deine Lebensaufgabe?

HJALMAR: Ja. Ich will den Schiffbrüchigen retten. Denn Schiffbruch hatte er schon erlitten, als das Unwetter über ihn hereinbrach. Und während dieser furchtbaren Verhöre, da war er nicht mehr er selbst. Die Pistole da – dieselbe, die wir zur Kaninchenjagd benutzen –, du, die hat eine Rolle gespielt in der Tragödie der Familie Ekdal!

GREGERS: Die Pistole? So?

HJALMAR: Als das Urteil verkündet war und er eingekerkert werden sollte, da krampfte sich seine Hand um die Pistole...

GREGERS: Die Pistole!

HJALMAR: Ja. Aber er konnte es nicht. Er war feige. So verkommen, so seelisch zerrüttet war er bereits damals. Oh, kannst du das begreifen? Er, ein Offizier, ein Kraftmensch, der neun Bären geschossen hatte, Abkömmling zweier Oberstleutnants – ja, in zwei Generationen hintereinander natürlich. Kannst du das begreifen, Gregers?

GREGERS: Ja, das begreife ich schon.

HJALMAR: Ich nicht! Und dann griff die Pistole abermals ein in die Geschichte unseres Hauses. Als er die graue Kluft anziehen mußte und hinter Schloß und Riegel saß – oh, das waren grauenhafte Zeiten für mich! Das kannst du mir glauben! Ich hatte die Rouleaus heruntergelassen, an beiden Fenstern. Wenn ich hinausblickte, sah ich, daß die Sonne schien wie gewöhnlich. Das konnte ich nicht begreifen. Ich sah die Menschen auf der Straße spazieren und lachen und über gleichgültige Dinge reden. Das konnte ich nicht fassen. Ich glaubte, das ganze Leben müsse stillstehen wie bei einer Sonnenfinsternis.

GREGERS: Solch ein Gefühl hatte ich, als Mutter tot war.

HJALMAR: In dieser Stimmung hat Hjalmar Ekdal die Pistole auf seine eigene Brust gerichtet.

GREGERS: Auch du?

HJALMAR: Ja. Auch ich.

GREGERS: Aber du hast nicht abgedrückt?

HJALMAR: Nein, im entscheidenden Augenblick gelang mir der Sieg über mich selbst. Ich blieb am Leben. Doch glaub mir, es gehört Mut dazu, unter solchen Umständen das Leben zu wählen.

GREGERS: Nun ja, wie man's nimmt.

HJALMAR: Aber unbedingt! Doch es war so am besten. Denn jetzt mache ich bald meine Erfindung. Und dann – das glaubt Doktor Relling, und ich glaube es auch –, dann wird Vater wieder die Erlaubnis zum Tragen der Uniform bekommen. Das will ich mir als einzige Belohnung ausbitten.

GREGERS: So, das mit der Uniform, das geht ihm so nah?

HJALMAR: Ja, danach steht sein ganzes Sinnen und Trachten. Du kannst dir nicht vorstellen, wie mir das immer wieder das Herz zerreißt! Jedesmal wenn wir ein kleines Familienfest feiern – unseren Hochzeitstag oder was es sonst auch sein mag –, da erscheint der Alte hier in seiner Leutnantsuniform, dem Überbleibsel aus seiner Glanzzeit. Aber wenn es nur an die Flurtür klopft – er darf sich ja nicht vor anderen Leuten sehen lassen –, dann stürzt er wieder in sein Stübchen, so schnell die alten Beine ihn tragen. Das mit ansehen zu müssen, mein Lieber, das kann einem Sohn das Herz zerreißen!

GREGERS: Was glaubst du – wann ungefähr wirst du mit der Erfindung fertig sein?

HJALMAR: Herrgott noch mal, nach solchen Einzelheiten wie dem Termin darfst du mich nicht fragen! Eine Erfindung, das ist etwas, worüber der Erfinder selbst nicht vollständig Herr ist. Dabei kommt es zu einem beträchtlichen Teil auf die Inspiration an, auf die Eingebung, und im voraus zu berechnen, wann die sich einstellt, das ist beinahe unmöglich.

GREGERS: Aber es geht doch vorwärts, nicht wahr?

HJALMAR: Aber natürlich geht's vorwärts. Ich vertiefe mich jeden Tag, den Gott werden läßt, in die Erfindung. Sie nimmt mich völlig in Anspruch. Jeden Nachmittag nach dem Essen schließe ich mich im Wohnzimmer ein, um in Ruhe über die Probleme nachzudenken. Aber man darf mich nur nicht hetzen! Das nützt gar nichts, Relling sagt das auch.

GREGERS: Und du glaubst nicht, daß euer Sport dort auf dem Boden dich zu sehr ablenkt und zerstreut?

HJALMAR: Aber nein! Im Gegenteil! Sag das nicht! Ich kann doch nicht stets und ständig darüber brüten und mich Tag und Nacht diesen anstrengenden Gedanken hingeben. Ich muß daneben etwas haben, das die Wartezeit ausfüllt. Du mußt bedenken, die Inspiration, die kommt von selbst – wenn sie nur will!

GREGERS: Mein lieber Hjalmar, ich glaube fast, in dir steckt etwas von der Wildente!

HJALMAR: Von der Wildente? Wieso denn, was meinst du damit?

GREGERS: Du bist untergetaucht und hast dich im Tang auf dem Meeresgrund festgebissen.

HJALMAR: Spielst du etwa auf den beinah tödlichen Schuß an, der Vaters Schwingen gebrochen – und auch mich getroffen hat?

GREGERS: Das wäre zuviel gesagt. Ich will nicht sagen, daß auch du angeschossen bist. Aber du steckst in einem giftigen Sumpf! Du hast eine schleichende Krankheit im Körper, bist untergetaucht, um im Finstern zu sterben.

HJALMAR: Ich? Ich im Finstern sterben? Nein, hör mal, Gregers, du solltest wirklich nicht solchen Unsinn reden!

GREGERS: Sei nur ruhig! Es wird mir schon gelingen, dich wieder hochzubringen. Ich habe nämlich jetzt auch eine Lebensaufgabe, weißt du. Seit gestern.

HJALMAR: Schön und gut. Aber mich laß aus dem Spiel! Ich versichere dir, daß ich – abgesehen von meiner leicht erklärlichen Melancholie natürlich – mich so wohl fühle, wie ein Mensch es sich nur wünschen kann.

GREGERS: Das ist auch eine Folge der Vergiftung.

HJALMAR: Aber lieber, guter Gregers, sprich jetzt bitte nicht mehr von Krankheit und Vergiftung! Gespräche dieser Art bin ich absolut nicht gewöhnt. In meinem Haus spricht man in meiner Gegenwart nie von unangenehmen Dingen.

GREGERS: Das will ich dir ohne weiteres glauben.

HJALMAR: So etwas tut mir nicht gut. Und hier ist keine Sumpfluft, wie du dich auszudrücken beliebtest. Das Heim des armen Fotografen hat ein niedriges Dach, und ich lebe in bescheidenen

Verhältnissen, das weiß ich wohl. Aber ich bin Erfinder, mein Lieber – und außerdem Familienoberhaupt. Das erhebt mich über diese bescheidenen Verhältnisse. – Ah, da kommt das Frühstück.

Gina und Hedwig bringen Bierflaschen, eine Branntweinkaraffe, Gläser und anderes herein. Gleichzeitig treten vom Flur her Relling und Molvik ein. Sie sind beide ohne Hut und Mantel, Molvik trägt einen schwarzen Anzug.

GINA *stellt die Sachen auf den Tisch*: Na, die zwei beiden kommen akkurat auf die Minute!

RELLING: Molvik bildete sich ein, es röche nach Heringssalat. Und da war er nicht zu halten! – Nochmals guten Morgen, Ekdal!

HJALMAR: Gregers, darf ich dir Kandidat Molvik vorstellen? – Doktor – ach ja, Relling kennst du doch schon.

GREGERS: Ja, allerdings – flüchtig.

RELLING: Ah, das ist ja Herr Werle junior! Ja, wir beide haben uns oben im Werk in den Haaren gehabt. Sie sind wohl eben hier eingezogen?

GREGERS: Heute morgen.

RELLING: Unter Ihrem Zimmer wohnen Molvik und ich. Sie haben es also nicht weit zum Arzt und zum Pastor, falls Sie Bedarf haben.

GREGERS: Danke, das kann ja noch kommen, zumal wir gestern dreizehn bei Tisch waren.

HJALMAR: Ach, fang nur nicht wieder mit dieser peinlichen Geschichte an!

RELLING: Das braucht dich nicht zu beunruhigen, Ekdal! Du bist gegen so was gefeit!

HJALMAR: Das will ich im Interesse meiner Familie auch hoffen. Aber laßt uns nun Platz nehmen! Wir wollen essen und trinken und fröhlich sein!

GREGERS: Wollen wir nicht auf deinen Vater warten?

HJALMAR: Nein, er will nachher etwas auf sein Zimmer haben. Setzt euch bitte!

Die Herren setzen sich an den Frühstückstisch, essen und trinken. Gina und Hedwig gehen aus und ein und warten auf.

RELLING: Gestern stand Molvik auf sehr schwankenden Füßen, Frau Ekdal.

GINA: So? Gestern schon wieder?

RELLING: Haben Sie ihn nicht gehört, als ich ihn heute nacht nach Hause brachte?

GINA: Nein, nicht, daß ich wüßte.

RELLING: Um so besser. Denn heute nacht benahm sich Molvik nicht gerade fein.

GINA: Ist das wahr, Molvik?

MOLVIK: Ziehen wir einen Strich unter die nächtlichen Ereignisse! So etwas hat ja nichts mit meinem besseren Selbst zu tun.

RELLING: Es kommt über ihn wie der Teufel über die arme Seele. Und dann muß ich mit ihm auf den Bummel. Denn, wissen Sie – Kandidat Molvik ist dämonisch.

GREGERS: Dämonisch?

RELLING: Molvik ist dämonisch, jawohl.

GREGERS: Hm.

RELLING: Und dämonische Naturen sind nicht dazu geschaffen, immer den Pfad der Tugend zu wandeln. Sie müssen hin und wieder auf Abwege. – Na, und Sie halten es also noch da oben in dem scheußlichen schwarzen Pott aus?

GREGERS: Ich habe es bis jetzt ausgehalten.

RELLING: Und haben Sie die Forderung einkassieren können, mit der Sie die Gegend unsicher machten?

GREGERS: Die Forderung? *Versteht ihn erst jetzt.* Ach so!

HJALMAR: Du hast da Forderungen einkassiert, Gregers?

GREGERS: Ach, Unsinn!

RELLING: Aber sicher hat er das! Er ist in alle Häuslerhütten gegangen und hat etwas präsentiert, das er die „ideale Forderung“ nannte.

GREGERS: Ich war damals noch jung.

RELLING: Da haben Sie recht! Sie waren schrecklich jung! Und die ideale Forderung – die haben Sie nie honoriert bekommen, solange ich dort oben war.

GREGERS: Nachher auch nicht.

RELLING: Na also! Dann sind Sie wohl klug geworden und von Ihrer idealen Forderung etwas heruntergegangen?

Gregers: Nie, wenn ich vor einem echten, wirklichen Menschen gestanden habe!

Hjalmar: Nun, das scheint mir auch plausibel! – Etwas Butter, Gina!

Relling: Und ein Stück Speck für Molvik!

Molvik: Um Gottes willen! Keinen Speck!

Es klopft an die Bodentür.

Hjalmar: Mach auf, Hedwig! Großvater will heraus!

Hedwig schiebt die Tür einen Spalt auf. Der alte Ekdal kommt mit einem frischen Kaninchenfell herein. Hedwig schließt hinter ihm die Tür.

Ekdal: Morgen, meine Herren! Heute gute Jagd gehabt! Prachtexemplar geschossen!

Hjalmar: Und du hast es ohne mich abgezogen!

Ekdal: Auch schon eingesalzen! Gutes, mürbes Fleisch, Kaninchenfleisch! Und süß – schmeckt wie Zucker! Guten Appetit, meine Herren! *Geht in sein Zimmer.*

Molvik *steht auf*: Entschuldigen Sie – ich kann nicht – ich muß schnellstens hinunter!

Relling: Sodawasser trinken, Mensch!

Molvik *beeilt sich*: Um Gottes willen! *Durch die Flurtür hinaus.*

Relling *zu Hjalmar*: Laßt uns ein Gläschen Schnaps leeren auf die Gesundheit des alten Jägers!

Hjalmar *stößt mit ihm an*: Ja, auf den Weidmann am Rand des Grabes!

Relling: Auf den Greis im ... *Trinkt.* Ja, sag mal – ist sein Haar eigentlich grau oder weiß?

Hjalmar: Es ist meliert, so zwischen Grau und Weiß. Im übrigen hat er nicht mehr viele Haare auf dem Kopf.

Relling: Na ja, mit falschem Haar kommt man auch durch die Welt. – Ekdal, du bist doch im Grunde ein glücklicher Mann! Du hast diese schöne Lebensaufgabe, um deren Lösung du ringen kannst.

Hjalmar: Und ich ringe auch nach Kräften, das kannst du mir glauben!

Relling: Und dann hast du deine tüchtige Frau, die, sich in den

Hüften wiegend, auf Filzlatschen durchs Haus schwebt und dich hegt und pflegt.

HJALMAR: Ja, Gina – *nickt ihr zu* –, du bist mir eine wackere Gefährtin auf dem Weg durchs Leben!

GINA: Ach, sitzt nicht da und rezensiert an mir herum!

RELLING: Und deine Hedwig nicht zu vergessen, Ekdal!

HJALMAR *gerührt*: Das Kind, ja! Vor allem das Kind! Hedwig, komm her zu mir! *Er streicht ihr übers Haar.* Du, was ist morgen für ein Tag?

HEDWIG *zupft ihn am Ärmel*: Nicht, Vater! Nichts sagen!

HJALMAR: Es tut mir im Herzen weh, wenn ich daran denke, daß es so bescheiden ausfällt! Nur eine kleine Feierstunde auf dem Boden...

HEDWIG: Aber das ist doch gerade das Schöne!

RELLING: Warte nur, Hedwig, wenn erst mal die aufsehenerregende Erfindung das Licht der Welt erblickt!

HJALMAR: Ja dann – dann sollst du sehen! Hedwig, ich habe beschlossen, deine Zukunft zu sichern. Du sollst es gut haben, solange du lebst. Ich will für dich etwas fordern. Das soll die einzige Belohnung für den armen Erfinder sein.

HEDWIG *legt den Arm um seinen Hals und flüstert*: O du lieber, lieber Vater!

RELLING *zu Gregers*: Na, finden Sie es nicht ganz nett, zur Abwechslung einmal an einem gutgedeckten Tisch im Kreis einer glücklichen Familie zu sitzen?

HJALMAR: Ja, diese Stunden bei Tisch schätze ich ungemein!

GREGERS: Ich für mein Teil fühle mich in Sumpfluft nicht wohl.

RELLING: Sumpfluft?

HJALMAR: Ach, komm nur nicht wieder mit diesem Unsinn!

GINA: Hier ist weiß Gott keine Sumpfluft, Herr Werle! Ich lüfte doch jeden Tag!

GREGERS: Den Gestank, den ich meine, den bekommen Sie durch Lüften nicht weg!

HJALMAR: Gestank?!

GINA: Na, was sagst du dazu, Hjalmar?!

RELLING: Verzeihung – sollten Sie nicht vielleicht selbst den Gestank aus den Gruben mitgebracht haben?

GREGERS: Es sähe Ihnen ähnlich, das Gestank zu nennen, was ich in dieses Haus bringe!

RELLING *tritt zu ihm*: Hören Sie, Herr Werle junior! Ich habe Sie stark im Verdacht, daß Sie die „ideale Forderung" noch immer ungekürzt in der Hosentasche tragen!

GREGERS: In der Brust trage ich sie.

RELLING: Tragen Sie sie in Teufels Namen, wo Sie wollen, aber ich möchte Ihnen nicht raten, solange ich da bin, hier den Kassierer zu spielen!

GREGERS: Und wenn ich es dennoch tue?

RELLING: Dann fliegen Sie kopfüber die Treppe hinunter, verstehen Sie!

HJALMAR *erhebt sich*: Aber nicht doch, Relling!

GREGERS: Ja, werfen Sie mich nur hinaus...

GINA *tritt dazwischen*: Das dürfen Sie nicht, Relling! Aber das muß ich Ihnen sagen, Herr Werle: Jemand, der wie Sie so eine Schweinerei mit seinem Ofen gemacht hat, der sollte mir nicht kommen von wegen Gestank!

Es klopft an die Flurtür.

HEDWIG: Mutter, da klopft wer!

HJALMAR: Fehlte gerade noch, daß jetzt Kundschaft kommt!

GINA: Laß mich nur... *Geht zur Tür und öffnet sie, stutzt, fährt zusammen und weicht zurück.* Ach nee!

Großkaufmann Werle, im Pelzmantel, tritt über die Schwelle.

WERLE: Bitte um Entschuldigung, aber mein Sohn soll hier im Haus wohnen.

GINA *ganz außer Fassung*: Jawohl! Bitte, Herr Werle!

HJALMAR *tritt näher*: Wollen Sie nicht die Liebenswürdigkeit haben...?

WERLE: Danke. Ich wünsche nur meinen Sohn zu sprechen.

GREGERS: Ja, was ist denn? Hier bin ich.

WERLE: Ich wünsche dich in deinem Zimmer zu sprechen.

GREGERS: In meinem Zimmer – na gut. *Will gehen.*

GINA: Nein, da sieht's weiß Gott nicht danach aus!

WERLE: Nun, dann draußen auf dem Flur. Ich wünsche eine Unterredung unter vier Augen.

HJALMAR: Wir überlassen Ihnen diesen Raum, Herr Werle. – Komm mit ins Wohnzimmer, Relling! *Hjalmar und Relling gehen hinaus. Gina nimmt Hedwig mit in die Küche.*

GREGERS *nach kurzem Schweigen*: Ja, da wären wir also unter vier Augen.

WERLE: Du hast da gestern abend einige Äußerungen fallenlassen ... Und da du dir nun bei Ekdals ein Zimmer gemietet hast, muß ich fast annehmen, daß du etwas gegen mich im Schilde führst.

GREGERS: Ich habe vor, Hjalmar Ekdal die Augen zu öffnen. Er soll seine Lage so sehen, wie sie ist. – Das ist alles.

WERLE: Ist das die Lebensaufgabe, von der du gestern gesprochen hast?

GREGERS: Gewiß. Von dir kann ich keine andere übernehmen.

WERLE: Bin i c h schuld, daß dein Gemüt verdüstert ist, Gregers?

GREGERS: Mein ganzes Leben hast du verdüstert. Ich meine jetzt nicht die Geschichte mit Mutter. Aber dir habe ich es zu verdanken, daß ich unter einem schuldbeladenen Gewissen leiden muß.

WERLE: Aha, das Gewissen ist's, was dich drückt!

GREGERS: Ich hätte gleich damals einschreiten sollen, als dem Leutnant Ekdal Fallen gestellt wurden. Ich hätte ihn warnen sollen; denn ich ahnte sehr wohl, worauf es hinaussollte.

WERLE: Ja, dann hättest du freilich den Mund aufmachen müssen!

GREGERS: Ich hatte nicht den Mut dazu. So feige und eingeschüchtert war ich! Ich hatte vor dir unglaubliche Angst – damals und noch lange nachher.

WERLE: Die Angst scheint dir nun vergangen zu sein!

GREGERS: Das ist sie glücklicherweise. Was am alten Ekdal verbrochen ist, von dir und von – von anderen, das kann nie wiedergutgemacht werden. Doch Hjalmar, den kann ich noch aus dem ganzen Lügengewebe befreien, in dem er sonst zugrunde geht.

WERLE: Glaubst du, damit ein gutes Werk zu tun?

GREGERS: Davon bin ich felsenfest überzeugt.

WERLE: Bildest du dir ein, dieser Ekdal sei der Mann, der dir für einen solchen Freundschaftsdienst dankt?

GREGERS: Ja! D e r Mann ist er.

WERLE: Hm – wir werden sehen!

GREGERS: Und außerdem – soll ich das Leben noch länger ertragen, dann muß ich Genesung finden für mein krankes Gewissen.

WERLE: Die wirst du nie finden! Schon als Kind warst du in dieser Beziehung krankhaft veranlagt. Das ist ein Erbteil deiner Mutter, Gregers – das einzige Erbe, das sie dir hinterlassen hat.

GREGERS *mit einem verkrampften, höhnischen Lächeln*: Hast du es immer noch nicht verdauen können, daß nach eurer Hochzeit die erhoffte große Mitgift ausblieb?

WERLE: Reden wir nicht über Dinge, die nicht zur Sache gehören! Also – bestehst du auf deinem Vorsatz, Ekdal auf eine Spur zu hetzen, von der du vermutest, daß sie die richtige ist?

GREGERS: Ja, dabei bleibe ich.

WERLE: Na, dann hätte ich mir den Weg hierher sparen können. Denn dann ist es wohl auch zwecklos, dich zu fragen, ob du wieder bei mir wohnen willst?

GREGERS: Auf keinen Fall.

WERLE: Und in die Firma willst du wohl auch nicht eintreten?

GREGERS: Nein.

WERLE: Gut. Da ich nun aber eine neue Ehe einzugehen gedenke, muß eine Vermögensteilung vorgenommen werden.

GREGERS *rasch*: Nein, das möchte ich nicht!

WERLE: Das möchtest du nicht?

GREGERS: Nein, ich könnte es nicht vor meinem Gewissen verantworten.

WERLE *nach einer kleinen Pause*: Willst du wieder ins Werk zurückkehren?

GREGERS: Nein, ich betrachte mich als aus deinem Dienst ausgeschieden.

WERLE: Aber was willst du denn anfangen?

GREGERS: Nur meine Lebensaufgabe lösen, sonst nichts.

WERLE: Aber danach? Wovon willst du denn leben?

GREGERS: Ich habe von meinem Gehalt etwas gespart.

WERLE: Wie lange das wohl reichen wird!

GREGERS: Ich denke, solange ich lebe.

WERLE: Was soll das heißen?

GREGERS: Jetzt antworte ich nicht mehr.
WERLE: Also leb wohl, Gregers!
GREGERS: Leb wohl!

Werle geht.

HJALMAR *guckt herein*: Ist er weg?
GREGERS: Ja.

Hjalmar und Relling treten wieder ein, und Gina und Hedwig kommen ebenfalls aus der Küche herein.

RELLING: Unser Frühstück ist im Eimer!

GREGERS: Zieh dich an, Hjalmar! Du mußt einen langen Spaziergang mit mir machen.

HJALMAR: Ja, gern. – Was wollte denn dein Vater? Handelte es sich um mich?

GREGERS: Komm nur! Wir müssen miteinander reden. Ich gehe nur in mein Zimmer und ziehe den Mantel an. *Geht durch die Flurtür hinaus.*

GINA: Du solltest lieber nicht mit ihm gehen, Hjalmar!

RELLING: Nein, tu das nicht! Bleib hier!

HJALMAR *zieht seinen Mantel an*: Was wollt ihr denn? Wenn ein Jugendfreund nun mal das Bedürfnis hat, mit mir allein zu sein, mir sein Herz auszuschütten!

RELLING: Aber zum Teufel – merkst du denn nicht, daß der Kerl übergeschnappt ist, total verrückt?

GINA: Siehst du, da hörst du's! Seine Mutter hatte auch manchmal solche physischen Raptusse!

HJALMAR: Um so mehr braucht er das wachsame Auge seines Freundes. *Zu Gina*: Sorg nur dafür, daß das Mittagessen pünktlich auf dem Tisch steht! Adieu einstweilen! *Er geht durch die Flurtür hinaus.*

RELLING: Es ist aber auch ein Malheur, daß dieser Mensch nicht in den Gruben vom Teufel geholt wurde!

GINA: Um Himmels willen! Warum denn?

RELLING *murmelt*: Na ja, man macht sich so seine Gedanken.

GINA: Glauben Sie wirklich, daß der junge Werle richtig verrückt ist?

RELLING: Leider nein. Er ist nicht verrückter als die meisten Menschen. Aber eine Krankheit steckt allerdings in ihm.

GINA: Was fehlt ihm denn?

RELLING: Das will ich Ihnen sagen, Frau Ekdal. Er leidet an einem akuten Rechtschaffenheitsfieber.

GINA: Rechtschaffenheitsfieber?

HEDWIG: Ist das eine Krankheit?

RELLING: O ja. Es ist eine Nationalkrankheit. Tritt aber nur sporadisch auf. *Nickt Gina zu.* Besten Dank fürs Frühstück! *Er geht durch die Flurtür hinaus.*

GINA *geht unruhig auf und ab*: Jesses, dieser Gregers Werle – das ist immer ein verrückter Hecht gewesen!

HEDWIG *steht am Tisch und blickt ihre Mutter forschend an*: Wie seltsam das alles ist!

VIERTER AKT

Hjalmar Ekdals Atelier. Man sieht, daß gerade eine Aufnahme gemacht worden ist. Mitten im Raum stehen ein mit einem Tuch zugedeckter Apparat auf einem Stativ, einige Stühle, eine Konsole und andere Dekorationsstücke. Es ist kurz vor Sonnenuntergang, das Tageslicht schwindet schon. Während der folgenden Szenen beginnt es zu dämmern.

Gina steht mit einer Kassette und einer nassen Glasplatte in der Hand in der offenen Tür und spricht mit jemandem auf dem Flur.

GINA: Ja, ganz bestimmt! Wenn ich etwas verspreche, dann halte ich's auch. Montag ist das erste Dutzend fertig. – Adieu, adieu! *Man hört jemand die Treppe hinuntergehen. Gina schließt die Tür, steckt die Platte in die Kassette und schiebt diese in den Apparat.*

HEDWIG *kommt aus der Küche*: Sind sie weg?

GINA *räumt auf*: Ja, Gott sei Dank, nun bin ich sie endlich los!

HEDWIG: Aber wie kommt es, daß Vater noch nicht zu Hause ist?

GINA: Ob er nicht unten bei Relling sitzt?

HEDWIG: Nein, da ist er nicht. Ich bin eben mal schnell die Küchentreppe hinuntergesprungen und habe gefragt.

GINA: Und da steht sein Essen und wird kalt!

HEDWIG: Und wo Vater immer so pünktlich zum Essen kommt!

GINA: Paß auf, nun ist er gleich hier!

HEDWIG: Ach, wenn er nur schon hier wäre! Mir kommt auf einmal alles so merkwürdig vor ...

GINA *ruft*: Da ist er!

Hjalmar tritt durch die Flurtür ein.

HEDWIG *ruft ihm entgegen*: Vater! Oh, wie haben wir auf dich gewartet!

GINA *schielt zu ihm hinüber*: Du bist aber mächtig lange weggeblieben, Hjalmar!

HJALMAR *ohne sie anzusehen*: Ja, der Spaziergang hat sich ziemlich ausgedehnt. *Er zieht den Mantel aus. Gina und Hedwig wollen ihm behilflich sein, er wehrt ab.*

GINA: Warst du vielleicht schon mit Werle essen?

HJALMAR *hängt den Mantel weg*: Nein.

GINA *geht auf die Küchentür zu*: Dann werde ich dir dein Essen holen.

HJALMAR: Nein, laß das! Ich esse jetzt nicht.

HEDWIG *tritt näher*: Ist dir nicht gut, Vater?

HJALMAR: Gut? O doch, es geht mir so leidlich. Ich habe mit Gregers einen anstrengenden Marsch gemacht.

GINA: So was solltest du nicht mitmachen, Hjalmar! Das bist du nicht gewöhnt.

HJALMAR: Hm. Es gibt so manches auf dieser Welt, woran ein Mann sich gewöhnen muß. *Auf und ab gehend*: Ist jemand hiergewesen, während ich weg war?

GINA: Nur das Brautpaar.

HJALMAR: Keine neuen Bestellungen?

GINA: Nein, heute nicht.

HEDWIG: Paß nur auf, Vater! Morgen wird schon wieder jemand kommen!

HJALMAR: Das wollen wir hoffen. Denn von morgen ab will ich mich mit aller Kraft in die Arbeit stürzen.

HEDWIG: Morgen? Aber weißt du denn nicht mehr, was für ein Tag morgen ist?

HJALMAR: Ach so – ist ja wahr. Also dann übermorgen. Von jetzt an will ich alles selbst machen. Das Geschäft werde ich ganz allein besorgen.

GINA: Aber warum denn nur, Ekdal? Warum willst du dir das Leben unnütz sauer machen? Die Fotografiererei, die schaff ich schon! Kümmere du dich nur weiter um deine Erfindung!

HEDWIG: Und dann hast du ja noch die Arbeit mit der Wildente, Vater – und mit den Hühnern und den Kaninchen und ...!

HJALMAR: Laß mich mit dem Zeug in Frieden! Von morgen ab setze ich keinen Fuß mehr auf den Boden!

HEDWIG: Ja aber – Vater! Du hast mir doch versprochen, morgen sollte meine Geburtstagsfeier...

HJALMAR: Hm, ist ja wahr! Na, dann von übermorgen ab. Der verdammten Wildente möchte ich am liebsten den Hals umdrehen!

HEDWIG *schreit*: Der Wildente!

GINA: Ist doch nicht zu glauben!

HEDWIG *rüttelt ihn*: Aber Vater – das ist doch meine Wildente!

HJALMAR: Deshalb tu ich's auch nicht! Ich bring's nicht übers Herz – deinetwegen, Hedwig. Aber mir sagt eine innere Stimme, ich müsse es tun. Ich dürfe unter meinem Dach kein Geschöpf dulden, das in d i e s e n Händen gewesen ist!

GINA: Du liebe Güte, weil Großvater das Tier von dem Trottel, dem Pettersen, gekriegt hat, darum...

HJALMAR *auf und ab gehend*: Es gibt Forderungen... Wie soll ich sie nennen? Ich möchte sagen: ideale Forderungen – gewisse Gebote, die ein Mann nicht ignorieren kann, ohne Schaden an seiner Seele zu nehmen.

HEDWIG *geht hinter ihm her*: Aber die Wildente, die arme Wildente!

HJALMAR *bleibt stehen*: Du hörst doch: ich schone sie – dir zuliebe! Es soll ihr nicht ein Haar gekrümmt werden. Es gibt ja auch größere Aufgaben, denen man sich widmen kann. – Aber jetzt solltest du etwas an die Luft gehen, Hedwig! Jetzt ist gerade das richtige Dämmerlicht für dich.

HEDWIG: Nein, ich habe keine Lust, nach draußen zu gehen.

HJALMAR: Das mußt du aber! Mir scheint, du blinzelst wieder so mit den Augen. Diese Dämpfe hier im Atelier sind nicht gut für dich. Unter dem Dach hier ist die Luft so dumpf.

HEDWIG: Na ja, dann laufe ich die Küchentreppe hinunter und gehe ein bißchen spazieren. Mantel und Hut...? Ach, die liegen bei mir drin. Vater – du mußt mir aber versprechen, daß du der Wildente nichts tust, wenn ich weg bin!

HJALMAR: Kein Federchen soll ihr gekrümmt werden! *Drückt sie an sich.* Du und ich, Hedwig – wir beide... Na, geh nur! *Hedwig nickt ihren Eltern zu und geht durch die Küchentür hinaus. Hjalmar geht wieder auf und ab; ohne aufzublicken*: Gina!

GINA: Ja?

HJALMAR: Von morgen ab – oder sagen wir: von übermorgen ab – möchte ich das Haushaltsbuch selbst führen.

GINA: Das Haushaltsbuch willst du nun auch noch führen?

HJALMAR: Ja, oder zumindest möchte ich mich über die Einnahmen informieren.

GINA: Ach du lieber Gott, das ist bald getan!

HJALMAR: Nicht sehr wahrscheinlich. Im Gegenteil! Ich finde nämlich, bei dir reicht das Geld merkwürdig lange. *Bleibt stehen und blickt sie an.* Wie kommt das?

GINA: Das kommt, weil Hedwig und ich so wenig brauchen.

HJALMAR: Ist es wahr, daß Vater vom alten Werle so gut bezahlt wird für seine Schreibarbeiten?

GINA: Ich weiß nicht, ob das gut bezahlt ist. Ich kenne die Preise für so was nicht.

HJALMAR: Nun, was bekommt er denn so ungefähr? Laß mich hören!

GINA: Das ist ganz verschieden. Es kommt wohl ungefähr so viel zusammen, was er uns kostet, und dann noch bißchen Taschengeld.

HJALMAR: Was er uns kostet! Und das hast du mir nicht eher gesagt!

GINA: Nein, das konnte ich nicht übers Herz bringen. Du hast dich doch so gefreut, weil du glaubtest, er bekäme alles von dir!

HJALMAR: Und nun hat er alles vom Herrn Großkaufmann Werle bekommen!

GINA: Na ja, der hat ja genug!

HJALMAR: Mach mal Licht!

GINA *steckt die Lampe an*: Und wir wissen ja auch gar nicht, ob das vom Chef selbst ausgeht. Graaberg kann das ja auch von sich aus...

HJALMAR: Was kommst du mir mit solchen Ausflüchten?

GINA: Ich weiß ja nicht, ich meine doch bloß...

HJALMAR: Hm!

GINA: Und außerdem habe nicht ich dem Großvater die Schreiberei verschafft. Das war Berta. Bald nachdem sie ihre Stellung bei Werles angetreten hatte.

HJALMAR: Mir scheint, deine Stimme zittert.

GINA *setzt den Schirm auf die Lampe*: So? Was du nicht sagst!

HJALMAR: Auch deine Hände zittern. Oder nicht?

GINA *fest*: Sprich's offen aus, Hjalmar! Was hat er auf eurem Spaziergang über mich gesagt?

HJALMAR: Ist es wahr – kann es wahr sein, daß... Hat so etwas wie ein Verhältnis zwischen dir und dem alten Werle bestanden, als du bei ihm in Stellung warst?

GINA: Das ist nicht wahr! Damals nicht, nein! Der Chef war hinter mir her. Das war er. Und seine Frau glaubte, es wäre was dran. Und da machte sie allerhand Hokuspokus und Menkenke. Und sie hat mich beschimpft und hat mich geschlagen. Das hat sie. Und da bin ich aus dem Dienst gegangen.

HJALMAR: Also später!

GINA: Ja, dann hab ich doch wieder zu Hause gewohnt. Und Mutter – die ist nicht so reell gewesen, wie du gedacht hast, Hjalmar. Die hat mir mit allem möglichen in den Ohren gelegen. Denn der Chef war ja mittlerweile Witwer geworden.

HJALMAR: Nun, und weiter?

GINA: Ja, es ist wohl das beste, du bekommst es zu wissen. Er hat mir keine Ruhe gelassen, bis er seinen Willen bekam.

HJALMAR *schlägt die Hände zusammen*: Und das ist die Mutter meines Kindes! Wie konntest du mir nur so etwas verschweigen!

GINA: Ja, das war verkehrt von mir. Ich hätte es dir schon längst sagen sollen.

HJALMAR: Sofort hättest du's mir sagen müssen! – Dann hätte ich gewußt, was für eine du bist!

GINA: Aber hättest du mich dann geheiratet?

HJALMAR: Wie kannst du das nur denken?

GINA: Na siehst du! Darum habe ich mich damals nicht getraut, dir was zu sagen. Du weißt doch, wie verschossen ich damals in dich war! Und ich konnte mich doch wohl nicht selbst unglücklich machen.

HJALMAR *geht umher*: Und das ist die Mutter meiner Hedwig! Und zu wissen, daß alles, was ich hier vor Augen habe – *gibt einem Stuhl einen Tritt* – mein ganzes Heim – das schulde ich einem begünstigten Vorgänger! O dieser Werle! Dieser Verführer!

GINA: Tut es dir leid, daß du die vierzehn, fünfzehn Jahre mit mir zusammen gelebt hast?

HJALMAR *stellt sich vor sie hin*: Sag mir: Hat dir nicht jeden Tag, jede Stunde das Gewissen geschlagen, daß du mich in ein Lügengewebe eingesponnen hast wie eine Spinne? Antworte mir! Hast du wirklich hier an meiner Seite leben können, ohne dich in Reue und Gewissensqualen zu winden?

GINA: Ach, lieber Hjalmar, ich habe genug an die Wirtschaft zu denken gehabt und ans Geschäft.

HJALMAR: Du wirfst also nie einen prüfenden Blick auf deine Vergangenheit?

GINA: Nee, du – ich hatte wahrhaftig diese alten Bagatellen so gut wie vergessen.

HJALMAR: O diese stumpfe, gefühllose Ruhe! Das bringt mich so maßlos auf. Man denke! Nicht einmal Reue!

GINA: Aber sag mir eins, Hjalmar: Was wäre aus dir geworden, wenn du nicht so eine Frau wie mich gekriegt hättest?

HJALMAR: So eine ...!

GINA: Jawohl. Denn ich habe doch immer besser verstanden, für Moneten zu sorgen. Na, das ist ja selbstverständlich, dafür bin ich doch einige Jährchen älter.

HJALMAR: Was aus mir geworden wäre?

GINA: Du warst doch da schon auf der schiefen Bahn, als ich dich kennenlernte. Das kannst du wohl nicht leugnen, was?

HJALMAR: Das nennst du schiefe Bahn? Ach, du kannst nicht nachfühlen, wie einem Mann zumute ist, wenn Trauer und Verzweiflung von ihm Besitz ergriffen haben! Namentlich einem Mann mit meinem sensiblen Gemüt!

GINA: Das mag ja sein, gewiß. Und dagegen habe ich ja auch weiter nichts. Denn du bist ja ein grundanständiger Mann geworden, als du dein eigenes Heim hattest. – Und nun hatten wir drei es so gemütlich und behaglich! Hedwig und ich, wir wollten uns nun auch ein bißchen was gönnen und besser essen und uns was zum Anziehen anschaffen.

HJALMAR: Im Sumpf von Lug und Trug, ja!

GINA: Nee, dieser gräßliche Kerl, daß der uns hier in die Quere kommen mußte!

HJALMAR: Ich fand ja auch, es ließe sich bei uns leben. Das war ein Irrtum. Wo nehme ich nun die nötige Spannkraft her, um die

Erfindung aus dem Reich der Idee in die Realität zu überführen? Vielleicht stirbt sie mit mir. Und dann, Gina, wird es deine Vergangenheit sein, die sie gemordet hat!

GINA *dem Weinen nahe*: Nein, das darfst du nicht sagen, Hjalmar! Wo ich doch immer nur dein Bestes gewollt habe!

HJALMAR: Ich frage dich: Was bleibt jetzt vom Traum des Familienvaters? Wenn ich da drin auf dem Sofa lag und über die Erfindung nachdachte, da ahnte ich wohl, daß sie meine letzte Lebenskraft aufzehren würde. Ich fühlte wohl, der Tag, an dem ich das Patent in Händen halten würde, dieser Tag würde mein letzter sein. Und so war es mein Traum, daß du zurückbliebst als die wohlhabende Witwe des heimgegangenen Erfinders.

GINA *wischt sich die Tränen ab*: Nee, so was darfst du nicht sagen, Hjalmar! Der Himmel gebe, daß ich nie den Tag erlebe, an dem ich als trauernde Witwe dastehe!

HJALMAR: Na, das ist ja jetzt gleichgültig. Jetzt ist sowieso alles aus! Alles!

Gregers Werle öffnet behutsam die Flurtür und sieht herein.

GREGERS: Darf ich eintreten?

HJALMAR: Ja, komm herein!

GREGERS *kommt mit strahlend vergnügtem Gesicht herein und will beiden die Hand reichen*: Nun, ihr lieben Menschen? *Blickt sie abwechselnd an und fragt schließlich Hjalmar flüsternd*: Ist es noch nicht geschehen?

HJALMAR *laut*: Es ist geschehen.

GREGERS: Wirklich?

HJALMAR: Ich habe die bitterste Stunde meines Lebens hinter mir.

GREGERS: Aber auch die erhebendste, denke ich!

HJALMAR: Nun, vorläufig haben wir's jedenfalls hinter uns.

GINA: Gott verzeih Ihnen, Herr Werle!

GREGERS *höchst erstaunt*: Das verstehe ich nicht!

HJALMAR: Was verstehst du nicht?

GREGERS: Eine so grundlegende Klärung – eine Aussprache, die ein ganz neues Leben zur Folge haben soll, ein Leben, ein Zusammenleben in Wahrheit und ohne Trug...

HJALMAR: Ja, das weiß ich. Mir ist das schon klar.

GREGERS: Ich hatte ganz sicher erwartet: wenn ich hier eintrete, da wird mir aus den Augen von Mann und Frau ein Licht der Verklärung entgegenleuchten. Und nun sehe ich nur dieses stumpfe, glanzlose...

GINA: Das werden wir gleich haben! *Nimmt den Lampenschirm ab.*

GREGERS: Sie wollen mich nicht verstehen, Frau Ekdal! Nun ja, Sie brauchen wohl Zeit dazu. – Aber du, Hjalmar? Du müßtest doch eine höhere Weihe durch die große Aussprache empfangen haben!

HJALMAR: Ja, natürlich, das habe ich auch. Das heißt – einesteils...

GREGERS: Denn nichts auf der Welt gleicht wohl dem Bewußtsein, der geliebten Frau, die gefehlt hat, zu vergeben und sie zu sich emporzuziehen.

HJALMAR: Glaubst du, ein Mann könne so leicht den bitteren Geschmack loswerden, nachdem er solch einen Becher geleert hat?

GREGERS: Für einen Durchschnittsmenschen mag das zutreffen. Doch ein Mann wie du...

HJALMAR: Herrgott, das weiß ich ja alles. Aber, Gregers, du darfst mich nicht hetzen! Dazu gehört Zeit, das mußt du einsehen!

GREGERS: Du hast wirklich recht viel von der Wildente, Hjalmar!

Relling ist vom Flur her eingetreten.

RELLING: Aha! Geht's wieder um die Wildente?

HJALMAR: Ja, gewiß, um die flügellahme Jagdbeute des Herrrn Werle senior.

RELLING: Des alten Werle? Von ihm ist also die Rede?

HJALMAR: Von ihm und – von uns.

RELLING *halblaut zu Gregers*: Der Teufel soll Sie holen!

HJALMAR: Was hast du gesagt?

RELLING: Ich äußerte meinen aufrichtigen Wunsch, der Quacksalber hier möge sich zum Teufel scheren. Wenn er noch lange bleibt, bringt er euch noch ganz und gar durcheinander.

GREGERS: Die beiden lassen sich nicht so leicht durcheinanderbringen, Herr Relling! Von Hjalmar will ich gar nicht reden. Ihn kennen wir. Aber auch seine Frau hat unzweifelhaft auf dem Grunde ihres Wesens etwas Vertrauenswürdiges, Zuverlässiges.

GINA: Dann hätten Sie mich ruhig lassen sollen, wie ich war!

RELLING *zu Gregers*: Darf ich fragen, was Sie eigentlich hier wollen?

GREGERS: Ich will eine wahre Ehe stiften.

RELLING: Sie halten also die Ekdalsche Ehe, so wie sie jetzt ist, nicht für gut?

GREGERS: Sie ist sicher nicht schlechter als sehr viele andere Ehen. Aber eine wahre Ehe war sie bisher nicht.

HJALMAR: Du hast nie einen Sinn für die ideale Forderung gehabt, Relling!

RELLING: Quatsch, mein Junge! – Mit Verlaub, Herr Werle: Wieviel – nur so über den Daumen gepeilt –, wieviel wahre Ehen haben Sie bisher in Ihrem Leben kennengelernt?

GREGERS: Ich glaube kaum, auch nur eine gesehen zu haben.

RELLING: Ich auch nicht.

GREGERS: Aber ich habe unzählige Ehen der entgegengesetzten Art gesehen. Und ich hatte Gelegenheit, aus der Nähe zu beobachten, was solche Ehe in zwei Menschen zerbrechen kann.

HJALMAR: Die ganze moralische Grundlage eines Mannes kann ihm unter den Füßen weggleiten! Das ist das Entsetzliche!

RELLING: Allerdings bin ich nie so richtig verheiratet gewesen. Ich kann also über diese Dinge nicht aus Erfahrung urteilen. Aber das eine weiß ich doch: Zu einer Ehe gehört auch das Kind. Und das Kind sollt ihr mir in Frieden lassen!

HJALMAR: Ach – Hedwig! Meine arme Hedwig!

RELLING: Ja, Hedwig laßt gefälligst aus dem Spiel! Ihr beide seid erwachsene Menschen. Was das Verhältnis zwischen euch beiden angeht – damit experimentiert in Gottes Namen herum, wenn's euch Spaß macht. Aber mit Hedwig müßt ihr vorsichtig sein, das sag ich euch! Sonst richtet ihr leicht ein Unglück an!

HJALMAR: Ein Unglück?

RELLING: Ja, oder es kann auch dazu kommen, daß sie sich selbst etwas antut – und vielleicht anderen mit.

GINA: Aber wie kommen Sie nur auf so was, Relling?

HJALMAR: Es besteht doch wohl keine unmittelbare Gefahr für ihre Augen?

RELLING: Das hier hat nichts mit den Augen zu tun. Doch Hedwig ist in einem schwierigen Alter. Sie kann auf alles mögliche verfallen.

GINA: Ja, das ist gar nicht so ohne! Sie hantiert neuerdings in der Küche immer so leichtsinnig mit der Glut. Das nennt sie dann „Feuersbrunst spielen". Ich habe schon oft gezittert, daß sie mal das Haus anstecken könnte.

RELLING: Na also! Das bestätigt meine Diagnose!

GREGERS: Aber wie erklären Sie sich so etwas?

RELLING *mürrisch*: Sie ist im Stimmwechsel, Mensch.

HJALMAR: Solange das Kind mich hat ... Solange ich noch nicht unter der Erde liege ...

Es klopft an die Tür.

GINA: Still, Hjalmar! Es ist jemand auf dem Flur! *Ruft*: Bitte sehr! Herein!

Frau Sörby, in Hut und Mantel, tritt ein.

FRAU SÖRBY: Guten Abend!

GINA *geht ihr entgegen*: Nein, Berta! Du bist's?

FRAU SÖRBY: Ja, gewiß bin ich's. Doch ich komme vielleicht ungelegen?

HJALMAR: Nein, bewahre! Eine Vertreterin des Hauses Werle ...

FRAU SÖRBY *zu Gina*: Offen gestanden, hatte ich gehofft, deine Mannsleute um diese Zeit nicht zu Haus zu treffen. Und da habe ich einen Sprung herauf gemacht, um mit dir ein bißchen zu plauschen und dir adieu zu sagen.

GINA: So? Willst du denn verreisen?

FRAU SÖRBY: Ja, morgen früh – zum Werk hinauf. Der Chef ist schon heute nachmittag vorausgefahren. *Beiläufig zu Gregers*: Soll vielmals grüßen.

GINA: So was!

HJALMAR: Also Herr Werle ist schon abgereist? Und nun reisen Sie hinterher?

FRAU SÖRBY: Ja, was sagen Sie dazu, Ekdal?

HJALMAR: Ich sage: Vorsicht!

GREGERS: Ich will es dir erklären. Mein Vater heiratet Frau Sörby.

HJALMAR: Heiratet sie?!

GINA: Nein, Berta! Wird das nun endlich was?

RELLING *mit leicht zitternder Stimme*: Das kann doch nicht wahr sein!

FRAU SÖRBY: Doch, lieber Relling. Das ist wirklich wahr!

RELLING: Sie wollen noch einmal heiraten?

FRAU SÖRBY: Ja, jetzt wird's Ernst. Werle hat den Heiratsschein besorgt, und nun machen wir oben auf dem Werk in aller Stille Hochzeit.

GREGERS: So muß ich Ihnen wohl als guter Stiefsohn gratulieren?

FRAU SÖRBY: Besten Dank, falls es ernst gemeint ist. Jedenfalls hoffe ich, daß dieser Schritt zu Ihres Vaters und meinem Glück ausschlagen wird.

RELLING: Diese Hoffnung ist berechtigt. Soviel ich weiß, betrinkt Herr Großkaufmann Werle sich nie. Und er pflegt seine Frauen auch nicht grün und blau zu schlagen, wie's der selige Pferdedoktor so gern tat.

FRAU SÖRBY: Ach, lassen Sie meinen verstorbenen Mann in Frieden schlafen! Er hatte auch seine guten Seiten.

RELLING: Ich kann mir denken, daß Herr Großkaufmann Werle Seiten hat, die besser sind.

FRAU SÖRBY: Zum mindesten hat er nicht sein Bestes vergeudet. Ein Mann, der das tut, muß die Folgen tragen.

RELLING: Heute gehe ich mit Molvik aus.

FRAU SÖRBY: Das sollten Sie nicht, lieber Relling. Tun Sie's nicht – mir zuliebe!

RELLING: Da ist nichts zu machen. *Zu Hjalmar*: Wenn du mitwillst, dann komm!

GINA: Nein, danke! Mein Mann beteiligt sich nicht an solchen Sauftouren.

HJALMAR *ärgerlich, halblaut*: Halt doch deinen Mund!

RELLING: Empfehle mich, Frau Werle. *Geht durch die Flurtür ab.*

GREGERS: Es hat den Anschein, daß Sie mit dem Doktor Relling ziemlich gut bekannt sind?

FRAU SÖRBY: Ja, wir kennen uns seit vielen Jahren. Eine Zeitlang hatte es sogar so ausgesehen, als könnte es zu einer engeren Verbindung kommen.

GREGERS: Sie können von Glück sagen, daß es nicht dazu gekommen ist!

FRAU SÖRBY: Da haben Sie schon recht. Aber ich habe mich immer davor gehütet, Augenblicksstimmungen nachzugeben. Eine Frau darf sich nicht dem ersten besten an den Hals werfen.

GREGERS: Fürchten Sie gar nicht, daß ich meinen Vater über diese alte Bekanntschaft in Kenntnis setze?

FRAU SÖRBY: Sie können sich wohl denken, daß ich ihm das selbst gesagt habe.

GREGERS: So?

FRAU SÖRBY: Ihr Vater weiß jede Kleinigkeit, die die Leute über mich klatschen könnten, sofern auch nur etwas dran ist. Was da in Betracht kommt, habe ich ihm gesagt. Es war das erste, was ich tat, als er etwas von seinen Absichten merken ließ.

GREGERS: Dann zeichnen Sie sich durch nicht alltägliche Offenherzigkeit aus.

FRAU SÖRBY: Offenherzig bin ich immer gewesen. Damit kommen wir Frauen am weitesten.

HJALMAR: Was sagst du dazu, Gina?

GINA: Ach, wir Frauensleute sind so verschieden. Die einen machen es so und die andern so.

FRAU SÖRBY: Gina, ich halte nun einmal mein Prinzip für das klügste. Und auch Werle hat mir nichts verheimlicht aus seiner Vergangenheit. Sieh, gerade das hat uns zusammengekittet. Jetzt kann er mit mir so offen wie ein Kind sprechen. Das hat er früher nie gekonnt. Er, der gesunde, lebenskräftige Mann, bekam in seiner Jugend und in seinen besten Mannesjahren nichts anderes als Vorwürfe zu hören. Und meist drehten sich diese Gardinenpredigten um eingebildete Vergehen – nach allem, was ich mir habe sagen lassen.

GINA: Ja, das stimmt allerdings.

GREGERS: Wenn die Damen sich auf dieses Gebiet begeben, ist es wohl besser, ich gehe.

FRAU SÖRBY: Deswegen können Sie ruhig bleiben. Ich werde kein Wort mehr sagen. Aber ich wollte Sie wissen lassen, daß ich nichts vertuscht und nichts verheimlicht habe und ganz ehrlich vorgegangen bin. Es sieht vielleicht so aus, als machte ich eine gute Partie. Und in einer Art ist es ja auch so. Doch ich bin trotzdem der Meinung, daß ich nicht mehr nehme, als ich gebe. Ich werde ihn nie im Stich lassen. Und ihm helfen und nützen, das kann ich wie sonst niemand, wo er jetzt bald hilflos sein wird.

HJALMAR: Wieso hilflos?

GREGERS *zu Frau Sörby*: Schon gut, lassen wir das!

FRAU SÖRBY: Warum? Es läßt sich nicht länger verheimlichen, so gern er es auch möchte: Er wird blind.

HJALMAR *stutzt*: Er wird blind? Das ist ja merkwürdig! Auch er wird blind?

GINA: Das werden ja so viele!

FRAU SÖRBY: Und man kann sich ja denken, was das für einen Geschäftsmann heißt. Nun, ich will versuchen, meine Augen für ihn zu gebrauchen, so gut ich kann. Aber jetzt darf ich nicht länger bleiben. Ich habe in diesen Tagen schrecklich viel zu erledigen. – Ja, noch eins, Ekdal: Ich soll Ihnen sagen, wenn der Chef Ihnen mit irgend etwas behilflich sein kann, dann möchten Sie sich nur an Graaberg wenden.

GREGERS: Für dieses Anerbieten wird sich Hjalmar Ekdal gewiß bedanken.

FRAU SÖRBY: Was Sie nicht sagen! Ich kann mich nicht erinnern, daß er bisher...

GINA: Ja, Berta, jetzt braucht Hjalmar nichts mehr von Herrn Werle anzunehmen!

HJALMAR *langsam und gewichtig*: Wollen Sie bitte Ihren künftigen Gatten grüßen und ihm sagen, daß ich in allernächster Zeit zu Buchhalter Graaberg zu gehen beabsichtige...

GREGERS: Was! Willst du das wirklich?

HJALMAR: ... daß ich zu Buchhalter Graaberg zu gehen beabsichtige, sagte ich, und einen Kontoauszug verlangen werde über die Beträge, die ich seinem Prinzipal schulde. Ich werde diese Ehrenschuld bezahlen, hahaha! – wenn man das eine Ehrenschuld nennen kann! Doch genug davon! Ich will alles zurückzahlen, mit fünf Prozent Zinsen.

GINA: Aber lieber Ekdal, dazu haben wir weiß Gott nicht das Geld!

HJALMAR: Wollen Sie Ihrem Verlobten sagen, daß ich unverdrossen an meiner Erfindung arbeite. Wollen Sie ihm sagen: Was meine Geisteskräfte während dieser anstrengenden Beschäftigung aufrechterhält, das ist der Wunsch, eine peinliche Schuldenlast loszuwerden. Deshalb mache ich die Erfindung. Den ganzen Gewinn will ich dazu verwenden, die pekuniären Auslagen Ihres künftigen Ehemanns zurückzuerstatten.

FRAU SÖRBY: Hier bei euch muß irgend etwas vorgefallen sein!

HJALMAR: Allerdings, Ihre Vermutung ist ganz richtig.

FRAU SÖRBY: Na, dann adieu! Ich hätte noch etwas mit dir zu besprechen, Gina. Doch lassen wir das für ein andermal. Leb wohl!

Hjalmar und Gregers verbeugen sich schweigend. Gina begleitet Frau Sörby zur Tür.

HJALMAR: Nicht weiter als bis zur Schwelle, Gina!

Frau Sörby geht, Gina schließt hinter ihr die Tür.

So, Gregers! Nun bin ich diese drückende Schuld los!

GREGERS: Jedenfalls bald.

HJALMAR: Ich glaube, meine Haltung war durchaus korrekt.

GREGERS: Du bist der Mann, für den ich dich immer gehalten habe.

HJALMAR: In gewissen Fällen kann man sich unmöglich über die idealen Forderungen hinwegsetzen. Ihre Erfüllung ist für mich als Ernährer einer Familie mit großen Opfern verbunden. Denn du kannst mir glauben, es ist für einen unbemittelten Mann wahrhaftig kein Spaß, eine langjährige Schuld einzulösen, auf die sich, sozusagen, schon der Staub der Vergessenheit gelegt hatte. Aber das ist jetzt gleichgültig. Der Mensch in mir fordert auch sein Recht.

GREGERS *legt die Hand auf seine Schulter*: Lieber Hjalmar – war es nicht gut, daß ich gekommen bin?

HJALMAR: Gewiß.

GREGERS: Damit du volle Klarheit bekommst über alles – war das nicht gut?

HJALMAR *etwas ungeduldig*: Ja, gewiß war das gut. Aber eins geht gegen mein Gerechtigkeitsgefühl.

GREGERS: Und das wäre?

HJALMAR: Daß – ja, ich weiß nicht recht, ob ich mich so ungeniert über deinen Vater äußern darf?

GREGERS: Nimm gar keine Rücksicht auf mich!

HJALMAR: Nun gut. Also sieh mal: Mich empört die Vorstellung, daß die wahre Ehe nun nicht von mir, sondern von deinem Vater realisiert wird!

GREGERS: Wie kannst du nur so etwas sagen?

HJALMAR: Aber so verhält es sich doch in der Tat! Dein Vater und Frau Sörby schließen doch nun eine Ehe, die auf vollem gegenseitigem Vertrauen und unbedingter gegenseitiger Offenheit basiert. Sie verbergen voreinander nichts. Es ist, wenn ich mich so ausdrücken darf, Sündenvergebung von beiden Seiten verkündet worden.

GREGERS: Nun ja, was weiter?

HJALMAR: Aber dann ist ja bei ihnen alles mustergültig! Nach dem, was du gesagt hast, haben sie ja alles getan, was zur Gründung einer wahren Ehe gehört!

GREGERS: Aber das ist doch ganz was anderes, Hjalmar! Du willst doch wohl nicht Gina und dich mit den beiden vergleichen? Na, du verstehst mich schon!

HJALMAR: Aber ich komme nicht darüber hinweg, daß hier ein Punkt ist, der mein Rechtsempfinden verletzt und kränkt. Es sieht ja ganz danach aus, als gäbe es keine gerechte Weltordnung.

GINA: Pfui, Hjalmar, so was darfst du weiß Gott nicht sagen!

GREGERS: Lassen wir jetzt diese Probleme beiseite!

HJALMAR: Andererseits glaube ich allerdings dennoch die regulierende Hand des Schicksals zu sehen. Dein Vater erblindet ja.

GINA: Das ist doch noch gar nicht sicher!

HJALMAR: Das steht außer Zweifel. Jedenfalls dürfen wir nicht daran zweifeln. Denn gerade dieses Faktum spricht für ausgleichende Gerechtigkeit. Er hat seinerzeit einen gutgläubigen Mitmenschen blind gemacht.

GREGERS: Leider! Er hat viele blind gemacht.

HJALMAR: Und nun kommt die unerbittliche, geheimnisvolle Vergeltung und fordert sein eigenes Augenlicht.

GINA: Nein, daß du so was über die Lippen bringen kannst! Ich krieg's richtig mit der Angst!

HJALMAR: Es ist heilsam, sich mitunter in die Nachtseiten des Daseins zu vertiefen.

Hedwig, mit Hut und Mantel, tritt freudig und außer Atem durch die Flurtür ein.

GINA: Bist du schon wieder da?

HEDWIG: Ja, ich mochte nicht länger bleiben. Und das war gut. Denn nun habe ich jemand an der Haustür getroffen!

HJALMAR: Wohl diese Frau Sörby?

HEDWIG: Ja.

HJALMAR *geht auf und ab*: Ich hoffe, du hast sie zum letztenmal gesehen!

Stille. Hedwig blickt irritiert von einem zum anderen, um die Stimmung zu erforschen.

HEDWIG *nähert sich einschmeichelnd*: Vater!

HJALMAR: Na – was willst du, Hedwig?

HEDWIG: Frau Sörby hat mir etwas gegeben.

HJALMAR *bleibt stehen*: So?

HEDWIG: Ja, es ist etwas für morgen.

GINA: Berta hat dir zu deinem Geburtstag immer 'ne Kleinigkeit gebracht.

HJALMAR: Was ist es denn?

HEDWIG: Nein, das darfst du noch nicht wissen! Mutter soll es mir morgen früh auf die Bettdecke legen.

HJALMAR: Oh, immer diese Geheimniskrämerei!

HEDWIG *hastig*: Ich kann's dir ja gleich zeigen! Es ist ein großer Brief. *Nimmt den Brief aus ihrer Manteltasche.*

HJALMAR: Auch einen Brief?

HEDWIG: Es ist nur ein Brief. Das andere kommt wohl später. Aber denk doch: ein Brief! Ich habe noch nie einen Brief gekriegt! Und dann steht „Fräulein" auf dem Umschlag. *Liest*: „Fräulein Hedwig Ekdal." Du – das bin ich!

HJALMAR: Laß mich den Brief mal sehen!

HEDWIG *reicht ihm den Brief*: Hier hast du ihn.

HJALMAR: Das ist Werles Handschrift.

GINA: Bist du sicher, Hjalmar?

HJALMAR: Sieh selbst!

GINA: Ach, auf so was verstehe ich mich doch nicht!

HJALMAR: Hedwig, darf ich den Brief öffnen – und lesen?

HEDWIG: Ja gern – wenn du willst.

GINA: Nein, Hjalmar! Heute abend noch nicht. Erst morgen, am Geburtstag!

HEDWIG *leise*: Ach, laß ihn doch den Brief lesen! Da steht bestimmt was Gutes drin. Dann bekommt Vater gute Laune, und dann wird's hier wieder gemütlich!

HJALMAR: Ich darf ihn also öffnen?

HEDWIG: Ja, tu's bitte, Vater! Man ist doch neugierig, was drin steht.

HJALMAR: Gut. *Öffnet den Umschlag, nimmt den Brief heraus, liest ihn und scheint verwirrt.* Was ist denn das?

GINA: Was schreibt er denn?

HEDWIG: Ach, Vater! Sag's doch schnell!

HJALMAR: Seid doch mal ruhig! *Liest den Brief nochmals, wird bleich, sagt aber beherrscht*: Es ist eine Schenkungsurkunde, Hedwig.

HEDWIG: Nein, so was! Was kriege ich denn geschenkt?

HJALMAR: Lies selbst! *Hedwig tritt an die Lampe und liest kurze Zeit in dem Brief. Hjalmar halblaut, mit geballten Fäusten*: Die Augen! Die Augen! Und dazu dieser Brief!

HEDWIG *unterbricht das Lesen*: Ja, aber mir scheint, der Brief ist eigentlich für Großvater bestimmt!

HJALMAR *nimmt ihr den Brief aus der Hand*: Du, Gina – kannst du mir das erklären?

GINA: Ich weiß ja noch gar nichts. Erzähl doch erst mal!

HJALMAR: Herr Werle schreibt an Hedwig, ihr alter Großvater brauche sich nicht mehr mit Abschreiben zu plagen, von jetzt an würden ihm monatlich hundert Kronen auf dem Kontor ausgezahlt...

GREGERS: Aha!

HEDWIG: Hundert Kronen, Mutter! Das habe ich auch schon gelesen.

GINA: Das ist aber fein für Großvater!

HJALMAR: ... hundert Kronen ausgezahlt, solange er dessen bedarf – das soll natürlich heißen, bis er einmal seine Augen schließt.

GINA: Na, dann ist er ja versorgt, der arme Alte!

HJALMAR: Aber dann kommt noch etwas! Das hast du wohl nicht gelesen, Hedwig. Später soll diese Stiftung auf dich übergehen.

HEDWIG: Auf mich! Das viele Geld?

HJALMAR: Der gleiche Betrag sei lebenslänglich für dich sichergestellt, schreibt er. – Gina, hast du das gehört?

GINA: Ja doch! Ich kann ja noch hören.

HEDWIG: Denkt doch nur! So viel Geld soll ich kriegen! *Rüttelt den Vater.* Vater, Vater! Freust du dich denn nicht...?

HJALMAR *weicht ihr aus*: Freuen? *Geht auf und ab.* Oh, was für ein Einblick – was für Zusammenhänge eröffnen sich mir da! Um Hedwig geht es. Ihr gilt die großzügige Schenkung!

GINA: Na ja, Hedwig hat ja auch Geburtstag!

HEDWIG: Und du kriegst ja doch alles, Vater! Du kannst dir doch wohl denken, daß ich das ganze Geld Mutter und dir gebe!

HJALMAR: Mutter – ja! Da haben wir's!

GREGERS: Hjalmar, man hat dir hier eine Schlinge gelegt!

HJALMAR: Meinst du?

GREGERS: Als er heute morgen hier war, sagte er: Hjalmar Ekdal ist nicht der Mann, für den du ihn hältst.

HJALMAR: Nicht der Mann...

GREGERS: Das wirst du sehen, sagte er.

HJALMAR: Du solltest wohl sehen, daß ich mich mit Geld abspeisen lasse!

HEDWIG: Aber Mutter, was ist denn eigentlich los?

GINA: Geh und zieh deinen Mantel aus! *Hedwig, dem Weinen nahe, geht zur Küchentür hinaus.*

GREGERS: Jetzt, Hjalmar – jetzt wird sich zeigen, wer recht hat, er oder ich.

HJALMAR *reißt den Brief langsam mittendurch, legt beide Hälften auf den Tisch und sagt*: Das ist meine Antwort.

GREGERS: Etwas anderes hatte ich nicht erwartet.

HJALMAR *geht zu Gina, die am Ofen steht, und sagt leise*: Und jetzt heraus mit der Sprache! Wenn euer Verhältnis wirklich aus war, als du in mich verschossen warst, wie du das nanntest, warum hat er dann unsere Heirat finanziert?

GINA: Er hat wohl gedacht, er könnte dann immer herkommen.

HJALMAR: War das der einzige Grund? Hat er nicht auch eine gewisse Möglichkeit gefürchtet?

GINA: Ich verstehe nicht. Was meinst du denn?

HJALMAR: Ich will wissen, ob – ob dein Kind das Recht hat, unter meinem Dach zu leben.

GINA *richtet sich kerzengerade auf, ihre Augen blitzen*: Und das fragst du?

HJALMAR: Sage mir nur das eine: Gehört Hedwig mir – oder...? – Nun?

GINA *blickt ihn mit kaltem Trotz an*: Ich weiß es nicht.

HJALMAR *leicht zitternd*: Du weißt es nicht?

GINA: Wie kann ich das wissen? So eine wie ich...

HJALMAR *wendet sich von ihr ab und sagt leise*: Dann habe ich in diesem Haus nichts mehr zu suchen.

GREGERS: Überleg dir das, Hjalmar!

HJALMAR *zieht seinen Mantel an*: Hier gibt's nichts zu überlegen für einen Mann wie mich!

GREGERS: O doch! Hier gibt's unendlich viel zu überlegen! Ihr drei müßt zusammenbleiben, damit du die Kraft zur Vergebung gewinnst!

HJALMAR: Das will ich aber nicht. Nie, nie! Meinen Hut! *Nimmt den Hut.* Mein Heim liegt in Trümmern! *Bricht in Tränen aus.* Gregers, ich habe kein Kind mehr!

HEDWIG *die die Küchentür geöffnet hat*: Was sagst du da? *Stürzt zu ihm hin.* Vater! Vater!

GINA: Na also!

HJALMAR: Hedwig, komm mir nicht nah! Geh mir aus den Augen! Ich kann dich nicht sehen. Oh, die Augen! Lebt wohl! *Will zur Tür gehen.*

HEDWIG *klammert sich an ihm fest und schreit laut*: Nein! Nein! Nicht weggehen!

GINA *ruft*: Sieh doch das Kind an, Hjalmar! Sieh das Kind an!

HJALMAR: Ich will nicht. Ich kann nicht! Ich muß hier heraus – weg von allem! *Er reißt sich von Hedwig los und geht durch die Flurtür hinaus.*

HEDWIG *mit verzweifelten Blicken*: Mutter, er geht! Er geht weg von uns! Er kommt nie wieder!

GINA: Weine nicht, Hedwig! Vater wird schon wiederkommen!

HEDWIG *wirft sich schluchzend aufs Sofa*: Nein, ich weiß es! Er kommt nie mehr zu uns zurück!

GREGERS: Glauben Sie, Frau Ekdal, daß ich nur das Beste gewollt habe?

GINA: Schon möglich. Aber trotzdem – Gott verzeih Ihnen!

HEDWIG *liegt schluchzend auf dem Sofa*: Ach, ich glaube, ich muß sterben! Was hab ich nur getan? Mutter, du mußt ihn zurückholen!

GINA: Ja, ja! Sei ganz ruhig, ich gehe ja schon und hole ihn zurück. *Zieht den Mantel an.* Vielleicht ist er zu Relling gegangen. Aber nun darfst du nicht mehr daliegen und flennen! Versprichst du mir das?

HEDWIG *weint krampfhaft*: Ja, ich will auch aufhören. Wenn nur Vater wiederkommt!

GREGERS *zu Gina, die gehen will*: Wäre es nicht besser, Sie ließen ihn erst seinen Schmerzenskampf zu Ende kämpfen?

GINA: Ach, das kann er nachher immer noch! Jetzt müssen wir erst mal das Kind beruhigen. *Geht durch die Flurtür hinaus.*

HEDWIG *setzt sich auf und trocknet ihre Tränen*: Jetzt müssen Sie mir sagen, was eigentlich los ist! Warum will Vater nichts mehr von mir wissen?

GREGERS: Das darfst du erst erfahren, wenn du groß bist.

HEDWIG *schluchzt*: Aber ich kann doch nicht immer so schrecklich traurig sein, bis ich groß bin! – Ich kann mir schon denken, was los ist. Vielleicht bin ich gar nicht Vaters richtiges Kind.

GREGERS *unruhig*: Wie sollte das wohl möglich sein?

HEDWIG: Mutter kann mich ja gefunden haben. Und nun hat Vater das vielleicht zu wissen bekommen. So was Ähnliches habe ich schon mal gelesen.

GREGERS: Na, und wenn es so wäre...

HEDWIG: Ja, ich finde, deswegen könnte er mich ebenso liebhaben. Ja, sogar noch lieber. Die Wildente haben wir ja auch geschenkt gekriegt, und trotzdem habe ich sie schrecklich lieb.

GREGERS *ablenkend*: Die Wildente! Stimmt ja! An die Wildente habe ich gar nicht mehr gedacht.

HEDWIG: Die arme Wildente! Die mag er auch nicht mehr sehen. Denken Sie doch nur, er wollte ihr den Hals umdrehen!

GREGERS: Ach, das tut er sicher nicht!

HEDWIG: Nein, aber er hat es gesagt. Und das finde ich so häßlich von Vater. Wo ich doch jeden Abend bete, daß die Wildente vor dem Tod und von allem Bösen bewahrt bleiben möge.

GREGERS *sieht sie an*: Betest du jeden Abend?

HEDWIG: O ja.

GREGERS: Wer hat dich das gelehrt?

HEDWIG: Ich selber. Vater war nämlich einmal so krank und hatte Blutegel am Hals. Und da hat er gesagt: Der Tod sitzt mir im Nacken.

GREGERS: Und weiter?

HEDWIG: Da habe ich abends im Bett für ihn gebetet. Und seitdem bin ich dabei geblieben.

GREGERS: Und für die Wildente betest du jetzt auch?

HEDWIG: Mir schien es am richtigsten, daß ich für die Wildente mitbete. Denn anfangs war sie immer kränklich.

GREGERS: Betest du morgens auch?

HEDWIG: Nein, morgens nicht.

GREGERS: Warum denn nicht auch morgens?

HEDWIG: Morgens ist es ja hell, und da gibt's doch nichts zum Fürchten.

GREGERS: Also dieser Wildente, die du so von Herzen liebhast, der wollte dein Vater den Hals umdrehen?

HEDWIG: Nein, er hat gesagt, es wäre für ihn das beste, wenn er es täte. Aber mir zulieb wollte er sie verschonen. Und das war doch lieb von Vater!

GREGERS *etwas näher*: Aber wenn du nun ihm zulieb die Wildente freiwillig opfern würdest?

HEDWIG *springt auf*: Die Wildente!

GREGERS: Wenn du das Beste, das es für dich auf der Welt gibt, freudig für ihn hingeben würdest!

HEDWIG: Glauben Sie, das würde helfen?

GREGERS: Versuche es, Hedwig!

HEDWIG *leise mit leuchtenden Augen*: Ja, ich will's versuchen.

GREGERS: Wirst du's auch übers Herz bringen können?

HEDWIG: Ich will Großvater bitten, er soll die Wildente für mich totschießen.

GREGERS: Ja, tu das! Aber sag nichts zu deiner Mutter!

HEDWIG: Warum denn nicht?

GREGERS: Sie würde uns nicht verstehen.

HEDWIG: Daß ich die Wildente...? Morgen früh will ich's versuchen!

Gina tritt durch die Flurtür ein. Hedwig ruft ihr entgegen.

Hast du ihn gefunden, Mutter?

GINA: Nein. Aber ich habe gehört, daß er bei Relling gewesen und dann mit ihm weggegangen ist.

GREGERS: Wissen Sie das sicher?

GINA: Ja, von der Portiersfrau. Molvik ist auch mitgegangen, sagt sie.

GREGERS: Und das jetzt, wo ihm die Einsamkeit so bitter not täte!

GINA *legt ab*: Ja, die Mannsbilder haben so ihre Mucken! Gott weiß, wo der Relling ihn hingeschleppt hat! Ich habe mal schnell zu Madam Eriksen hineingesehen, aber da waren sie nicht.

HEDWIG *kämpft mit dem Weinen*: Ach, wenn er nun nie mehr nach Haus kommt!

GREGERS: Er kommt wieder! Ich werde morgen zu ihm gehen und vermitteln. *Zu Hedwig*: Und da wirst du sehen, wie schnell er kommt! Deshalb kannst du getrost schlafen gehen, Hedwig! Gute Nacht! *Geht durch die Flurtür hinaus.*

HEDWIG *wirft sich schluchzend der Mutter an die Brust*: Mutter! Mutter!

GINA *klopft ihr den Rücken und seufzt*: Ach ja, Relling hat schon recht! So geht's! Kommt da so 'n überkandidelter Kerl und bringt alles durcheinander mit seinen verrückten Ideen!

FÜNFTER AKT

In Hjalmar Ekdals Atelier fällt kaltes, graues Morgenlicht. Auf den Scheiben der schrägen Dachfenster liegt nasser Schnee.

Gina, in einer Trägerschürze, kommt mit Besen und Staubtuch aus der Küche und steuert auf die Wohnstube zu. Gleichzeitig tritt Hedwig hastig durch die Flurtür ein.

GINA *bleibt stehen*: Na?

HEDWIG: Ja, Mutter, ich glaube, er ist unten bei Relling!

GINA: Na siehst du!

HEDWIG: Die Portiersfrau hat gesagt, daß sie gehört hat, wie Relling mitten in der Nacht mit zwei anderen nach Haus gekommen ist.

GINA: Hab ich's mir doch gedacht!

HEDWIG: Aber das nützt ja nichts, wenn er nicht zu uns raufkommen will!

GINA: Dann will ich wenigstens runtergehen und ihn mir vorknöpfen.

Der alte Ekdal, in Schlafrock und Pantoffeln und mit brennender Pfeife, erscheint in der Tür seines Zimmers.

EKDAL: Du, Hjalmar – ist Hjalmar nicht zu Haus?

GINA: Nein, er ist wohl ausgegangen.

EKDAL: So früh? Und bei solch verrücktem Schneegestöber? – Na ja, bitte sehr! Ich kann ja meinen Morgenspaziergang auch allein machen. *Er schiebt die Bodentür auf, wobei ihm Hedwig behilflich ist. Er geht hinein, sie schließt hinter ihm die Tür.*

HEDWIG *halblaut*: Hör mal, Mutter! Was wird nur der arme Großvater dazu sagen, daß Vater uns verlassen will!

GINA: Ach Quatsch! Großvater braucht davon nichts zu wissen.

Es ist nur ein Glück, daß er bei dem Klamauk gestern nicht zu Haus war!

HEDWIG: Ja aber...

Gregers tritt durch die Flurtür ein.

GREGERS: Nun? Haben Sie ihn aufgestöbert?

GINA: Er soll unten bei Relling sein.

GREGERS: Bei Relling! Ist er wirklich mit diesen Menschen aus gewesen?

GINA: Das sieht ganz danach aus.

GREGERS: Ja aber – wo er die Einsamkeit so bitter nötig hat, um sich ernstlich zu sammeln!

GINA: Ja, Sie haben gut reden.

Relling tritt durch die Flurtür ein.

HEDWIG *ruft ihm entgegen*: Ist Vater bei Ihnen?

GINA *gleichzeitig*: Ist er da?

RELLING: Aber ja doch!

HEDWIG: Und da haben Sie uns nichts gesagt?

RELLING: Ja, ich bin ein Aas. Aber erst mußte ich den anderen Kumpan bändigen. Ich meine natürlich den Dämonischen. Und dann bin ich so fest eingeschlafen, daß...

GINA: Was sagt denn Hjalmar heute?

RELLING: Kein Sterbenswörtchen sagt er.

HEDWIG: Spricht er überhaupt nicht?

RELLING: Keine Silbe.

GREGERS: Nun ja, das kann ich gut verstehen.

GINA: Aber was macht er denn jetzt?

RELLING: Er liegt auf dem Sofa und schnarcht.

GINA: So? Ja, schnarchen kann er ganz schrecklich.

HEDWIG: Er schläft? Kann er jetzt schlafen?

RELLING: Ja, alle Symptome sprechen dafür.

GREGERS: Begreiflich. Nach dem seelischen Kampf, der ihn erschöpft hat...

GINA: Und er ist ja auch nicht gewohnt, sich die Nacht um die Ohren zu schlagen.

HEDWIG: Mutter, es ist vielleicht gut, daß er schlafen kann!

GINA: Das meine ich auch. Und darum wollen wir ihn auch nicht

zu früh munter machen. Haben Sie schönen Dank, Relling! Nun muß ich aber erst saubermachen. – Komm und hilf mir, Hedwig!
Gina und Hedwig gehen ins Wohnzimmer.

GREGERS *wendet sich zu Relling*: Können Sie mir den geistigen Prozeß erklären, der sich jetzt in Hjalmar vollzieht?

RELLING: Von einem geistigen Prozeß habe ich wahrhaftig nichts bei ihm bemerkt.

GREGERS: Was! An einem solchen Wendepunkt, an dem sein ganzes Leben eine neue Grundlage erhält? – Wie können Sie annehmen, daß eine Persönlichkeit wie Hjalmar...

RELLING: Ach, der und Persönlichkeit! Falls er jemals Ansätze zu so etwas Abnormem, das Sie Persönlichkeit nennen, gehabt haben sollte, so sind die Wurzeln bis auf die letzte Faser schon in der Kindheit gründlich exstirpiert worden. Das kann ich Ihnen versichern.

GREGERS: Das wäre doch merkwürdig – bei der liebevollen Erziehung, die er genossen hat!

RELLING: Durch die beiden verschrobenen, hysterischen alten Jungfern, meinen Sie?

GREGERS: Ich will Ihnen sagen, das waren Frauen, die niemals die ideale Forderung außer acht ließen – ja, jetzt werden Sie sich über mich lustig machen.

RELLING: Nein, dazu bin ich nicht aufgelegt. Im übrigen bin ich gut unterrichtet. Denn er hat diesen seinen beiden Seelenmüttern allerlei rhetorische Ergüsse gewidmet. Doch glaube ich nicht, daß er ihnen viel Vernünftiges zu verdanken hat. Ekdals Unglück ist, daß er von seiner Umgebung immer für ein großes Licht gehalten wurde.

GREGERS: Und ist er das etwa nicht? Seiner Veranlagung nach, meine ich.

RELLING: Ich habe nie etwas davon bemerkt. Daß sein Vater es glaubte, das kann man ihm nicht verargen. Der alte Leutnant ist ja zeit seines Lebens ein Hornochse gewesen.

GREGERS: Er hat zeit seines Lebens ein Kindergemüt gehabt. Dafür haben Sie kein Verständnis.

RELLING: Na meinetwegen! Aber als dann der liebe, süße Hjalmar mit Müh und Not Student geworden war, da galt er auch unter seinen Kommilitonen gleich als das zukünftige große Licht. Hübsch war er ja, das zog; wie Milch und Blut – so, wie sich die kleinen Mädchen die Mannsbilder wünschen. Und da er nun dieses leicht gerührte Gemüt und dieses Herzgewinnende in der Stimme hatte und so nett anderer Leute Verse und Gedanken deklamieren konnte...

GREGERS *entrüstet*: Sprechen Sie so von Hjalmar Ekdal?

RELLING: Jawohl, wenn Sie gestatten. Denn so sieht das Götterbild, vor dem Sie auf dem Bauch liegen, inwendig aus.

GREGERS: So ganz blind bin ich doch wohl auch nicht, glaube ich.

RELLING: O doch, da fehlt nicht viel – ein kranker Mann sind Sie auch, das dürfen Sie mir schon glauben.

GREGERS: Da haben Sie recht.

RELLING: Allerdings. Sie sind ein komplizierter Fall. Zunächst einmal dieses lästige Rechtschaffenheitsfieber. Und dann, was schlimmer ist: Sie leiden an einem chronischen Anbetungsdelirium. Immer müssen Sie etwas außerhalb Ihrer eigenen Person zu bewundern haben.

GREGERS: Ja, außerhalb meiner eigenen Person muß ich das schon suchen.

RELLING: Aber Sie täuschen sich so erbärmlich in den phantastischen Wunderfliegen, die Sie überall zu sehen und zu hören glauben. Sie sind wieder einmal mit Ihrer idealen Forderung in eine Häuslerhütte geraten. Hier wohnen keine zahlungsfähigen Leute.

GREGERS: Wenn Sie nicht besser von Hjalmar Ekdal denken, wie kann Ihnen da der ständige Umgang mit ihm Freude machen?

RELLING: Herrgott, ich bin doch nun mal eigentlich – zu meiner Schande sei's gesagt – von Beruf Arzt. Und da muß ich mich doch der armen Kranken annehmen, mit denen ich in einem Haus wohne.

GREGERS: Ach so! Ist Hjalmar Ekdal auch krank?

RELLING: Wer ist wohl nicht krank?

GREGERS: Und was für eine Kur machen Sie mit Hjalmar?

RELLING: Meine gewöhnliche. Ich sorge dafür, daß die Lebenslüge in ihm am Leben bleibt.

GREGERS: Lebenslüge? Habe ich richtig gehört?

RELLING: Jawohl, ich habe Lebenslüge gesagt. Die Lebenslüge ist nämlich das stimulierende Prinzip.

GREGERS: Darf ich fragen, von welcher Lebenslüge Hjalmar beherrscht wird?

RELLING: O nein, solche Berufsgeheimnisse verrate ich Quacksalbern nicht. Sie wären imstande, ihn mir noch mehr zu verpfuschen. Doch die Methode ist probat. Ich habe sie auch bei Molvik angewandt. Bei ihm war's das Dämonische, was ich ihm in die Nackenfontanelle transplantieren mußte.

GREGERS: Ist er denn nicht dämonisch?

RELLING: Was zum Teufel heißt denn „jemand ist dämonisch"? Das ist doch nur Zuckerwasser, was ich ihm verschrieben habe. Ohne die Dämonie wäre das arme, nette Schwein aus lauter Selbstverachtung und Verzweiflung längst eingegangen. Und nun gar der alte Leutnant! Doch der hat sich seine Kur selbst verschrieben.

GREGERS: Leutnant Ekdal? Was denn?

RELLING: Ja, was meinen Sie, warum der große Bärenjäger da drin auf dem Boden herumschleicht und Kaninchen jagt? Auf der ganzen Welt gibt es keinen glücklicheren Schützen als diesen Mummelgreis, wenn er nur zwischen all dem Gerümpel herumpirschen kann. Die vier oder fünf vertrockneten Weihnachtsbäume, die er dort aufgestellt hat, die sind für ihn dasselbe wie der ganze frische Hochwald. Der Hahn und die Hühner, das sind große Wildvögel in den Wipfeln der Kiefern. Und die auf dem Boden herumhüpfenden Kaninchen sind die Bären, mit denen der alte Nimrod sich in einen gefährlichen Kampf einläßt.

GREGERS: Ach ja, der arme alte Leutnant Ekdal! Von den Idealen seiner Jugend hat er viel aufgeben müssen.

RELLING: Damit ich's nicht vergesse, Herr Werle junior – gebrauchen Sie nicht das Fremdwort „Ideale"! Wir haben ja in unserer Muttersprache ein treffliches Wort: Lüge.

GREGERS: Meinen Sie, daß beide Dinge miteinander verwandt sind?

RELLING: Jawohl, ungefähr so wie Typhus und Fleckfieber.

GREGERS: Herr Doktor Relling, ich werde nicht ruhen, ehe ich Hjalmar aus Ihren Klauen befreit habe.

RELLING: Das wäre sehr schlimm für ihn. Nehmen Sie einem Durchschnittsmenschen die Lebenslüge, so nehmen Sie ihm damit sein Lebensglück. *Zu Hedwig, die aus dem Wohnzimmer kommt*: Na, kleine Wildentenmutter, jetzt gehe ich hinunter und sehe, ob Vater noch auf dem Sofa liegt und über die große Erfindung grübelt. *Geht durch die Flurtür hinaus.*

GREGERS *nähert sich Hedwig*: Ich kann es dir ansehen, daß es noch nicht geschehen ist.

HEDWIG: Was? – Ach, das mit der Wildente? Nein.

GREGERS: Ich kann mir's schon denken: Du konntest es doch nicht übers Herz bringen, den Entschluß in die Tat umzusetzen.

HEDWIG: Nein, das war's nicht. Aber als ich heute früh aufwachte und mir wieder einfiel, wovon wir gestern gesprochen hatten, da kam es mir so komisch vor.

GREGERS: Komisch?

HEDWIG: Ja, ich weiß nicht. Gestern abend, im ersten Augenblick, da war es mir ganz herrlich vorgekommen. Als ich's aber überschlafen hatte, da gefiel es mir nicht mehr.

GREGERS: Natürlich, du konntest hier nicht aufwachsen, ohne Schaden zu nehmen.

HEDWIG: Ach, das ist mir alles egal, wenn nur Vater wiederkommt!

GREGERS: Hättest du nur einen Blick für die echten Werte des Lebens, brächtest du nur den wahren, frohen Opfermut auf, so würdest du schon sehen, wie dein Vater zurückkehrt! – Doch ich glaube noch an dich, Hedwig. *Geht durch die Flurtür hinaus.*

Hedwig geht hin und her. Schließlich will sie in die Küche. In diesem Augenblick klopft es an die Bodentür. Hedwig geht hin und öffnet einen Spalt. Der alte Ekdal kommt heraus. Sie schiebt die Tür wieder zu.

EKDAL: Hm, mäßiges Vergnügen, so allein seinen Morgenspaziergang machen zu müssen!

HEDWIG: Hast du nicht Lust, auf Jagd zu gehen, Großvater?

EKDAL: Kein Jagdwetter heute. Viel zu finster. Kann kaum die Hand vor Augen sehen.

HEDWIG: Hast du nicht Lust, einmal etwas anderes als Kaninchen zu schießen?

EKDAL: Sind Kaninchen vielleicht nicht gut genug?

HEDWIG: Das wohl – aber wie wär's mit der Wildente?

EKDAL: Ho-ho. Hast du Angst, daß ich dir die Wildente wegschieße? Nie im Leben, du! Niemals!

HEDWIG: Du könntest es wohl auch nicht. Es soll ja so schwer sein, Wildenten zu schießen.

EKDAL: Ich könnte nicht? Wollte wohl meinen, daß ich das könnte!

HEDWIG: Wie würdest du's denn anstellen, Großvater? – Ich meine, nicht bei meiner Wildente, sondern bei andern.

EKDAL: Würde sehen, sie unter der Brust zu treffen, verstehst du. Ist nämlich das sicherste. Und dann muß man gegen das Gefieder halten, verstehst du.

HEDWIG: Sterben sie dann, Großvater?

EKDAL: Klar, daß sie sterben – wenn man richtig schießt! Na, ich muß mich jetzt wohl in Gala werfen. Hm – du verstehst schon – hm... *Geht in sein Zimmer.*

Hedwig wartet ein wenig, schielt nach der Stubentür, geht zum Regal, stellt sich auf die Zehen, nimmt die doppelläufige Pistole herunter und besieht sie. Gina kommt mit Besen und Staubtuch aus dem Wohnzimmer. Hedwig legt rasch und unbemerkt die Pistole weg.

GINA: Steh nicht herum und stöbre in Vaters Sachen, Hedwig!

HEDWIG *entfernt sich vom Regal*: Ich wollte bloß ein bißchen aufräumen.

GINA: Geh lieber in die Küche und sieh zu, daß der Kaffee warm bleibt. Ich will Vater nachher das Frühstück mit runternehmen.

Hedwig geht hinaus. Gina beginnt das Atelier auszufegen. Nach einer Weile wird die Flurtür zögernd geöffnet, und Hjalmar blickt herein. Er ist im Mantel, doch ohne Hut, ungewaschen und ungekämmt. Er sieht verkatert aus. Gina bleibt mit dem Besen in der Hand stehen und sieht ihn an.

Mein Gott, Hjalmar! Da bist du ja!

HJALMAR *tritt ein und antwortet mit dumpfer Stimme*: Ich komme – um gleich wieder zu verschwinden.

GINA: Na ja, kann mir's schon denken. Aber um Gottes willen – wie siehst du denn aus?

HJALMAR: Wieso?

GINA: Und nun erst dein guter Wintermantel! Der hat aber ordentlich was abgekriegt!

HEDWIG *in der Küchentür*: Mutter, soll ich nicht...? *Erblickt Hjalmar, schreit laut auf vor Freude und stürzt auf ihn zu.* Vater! Vater!

HJALMAR *wendet sich um und winkt mit der Hand ab*: Weg, weg, weg! *Zu Gina*: Schaff sie mir aus den Augen, hörst du!

GINA *halblaut*: Geh in die Wohnstube, Hedwig! *Hedwig geht still ins Wohnzimmer.*

HJALMAR *geschäftig, zieht die Tischlade auf*: Ich muß meine Bücher mitnehmen. Wo sind meine Bücher?

GINA: Was für Bücher?

HJALMAR: Meine wissenschaftlichen Werke natürlich – die technischen Zeitschriften, die ich für meine Erfindung brauche.

GINA *sucht im Regal*: Sind das die hier, die ohne Deckel?

HJALMAR: Ja, gewiß.

GINA *legt einen Stoß Hefte auf den Tisch*: Hedwig kann sie dir ja erst aufschneiden.

HJALMAR: Nicht nötig.

Kurzes Schweigen.

GINA: Hast du dir's nun richtig überlegt? Willst du wirklich von uns wegziehen?

HJALMAR *wühlt zwischen den Büchern*: Das versteht sich doch wohl von selbst.

GINA: Wie du willst.

HJALMAR *heftig*: Ich kann mir doch nicht jeden Tag das Herz von neuem durchbohren lassen!

GINA: Daß du mir so was Schlechtes zutraust!

HJALMAR: Beweise doch ...!

GINA: Das Beweisen ist wohl deine Sache!

HJALMAR: Bei deiner Vergangenheit? Es gibt gewisse Forderungen – ich möchte sie ideale Forderungen nennen ...

GINA: Und Großvater: Was soll aus dem armen Alten werden?

HJALMAR: Ich kenne meine Pflicht. Den hilflosen Greis nehme ich mit mir. Ich will in die Stadt und Vorbereitungen treffen. –

Hm. *Zögernd*: Hat niemand meinen Hut auf der Treppe gefunden?

GINA: Nee. Hast du deinen Hut verbummelt?

HJALMAR: Ich hatte ihn natürlich auf, als ich heute nacht zurückkam. Das steht außer Zweifel. Aber heute morgen habe ich ihn nicht finden können.

GINA: Ach Gott, wo warst du denn nur mit den beiden Saufbrüdern?

HJALMAR: Ach, frag mich nicht nach unwesentlichen Dingen! Glaubst du, ich bin in der Stimmung, mich auf Einzelheiten zu besinnen?

GINA: Wenn du dich nur nicht erkältet hast, Hjalmar! *Sie geht in die Küche.*

HJALMAR *spricht verbittert halblaut mit sich selbst, während er die Tischlade leert*: Relling, du bist ein Schurke! – Ein Halunke bist du! – Ein schändlicher Verführer! – Wenn sich doch jemand fände, der dich umbrächte! *Er legt einige alte Briefe beiseite, findet das durchgerissene gestrige Schreiben und betrachtet die beiden Hälften. Als Gina eintritt, legt er sie rasch weg.*

GINA *setzt ein Tablett mit dem Frühstück auf den Tisch*: Hier bringe ich einen Schluck warmen Kaffee, wenn du magst. Und auch paar Butterbrote mit Rauchfleisch.

HJALMAR *schielt nach dem Tablett*: Rauchfleisch? – Nie mehr unter diesem Dach! Wenn ich auch seit beinahe vierundzwanzig Stunden keine feste Nahrung zu mir genommen habe! Aber das ist jetzt gleichgültig. – Meine Aufzeichnungen! Die Einleitung zu meinen Lebenserinnerungen! Wo finde ich mein Tagebuch und meine wichtigen Papiere? *Öffnet die Tür zum Wohnzimmer und weicht zurück.* Da ist sie schon wieder!

GINA: Herrgott noch mal, irgendwo muß das Kind ja bleiben!

HJALMAR: Komm heraus! *Er macht Platz, Hedwig tritt verschüchtert in das Atelier. Hjalmar, die Hand auf der Türklinke, sagt zu Gina*: Während der letzten Minuten, die ich in meinem bisherigen Heim verbringe, wünsche ich, von fremden Personen verschont zu bleiben. *Geht ins Wohnzimmer.*

HEDWIG *ist mit einem Satz bei ihrer Mutter, fragt leise und bebend*: Soll ich das sein?

GINA: Halt dich in der Küche auf, Hedwig! Oder besser – geh in deine Kammer! *Zu Hjalmar, indem sie ins Wohnzimmer tritt*: So warte doch, Ekdal! Wühl nicht so in der Kommode! Ich weiß doch, wo alles liegt.

HEDWIG *steht einen Augenblick unbeweglich in Angst und Ratlosigkeit da, beißt die Lippen zusammen, um das Weinen zu ersticken. Dann ballt sie krampfhaft die Hände und sagt leise*: Die Wildente! *Sie schleicht zum Regal und holt sich die Pistole, öffnet die Bodentür einen Spalt breit, schlüpft hindurch und zieht die Tür hinter sich zu.*

HJALMAR *kommt aus dem Wohnzimmer mit einigen Schreibheften und losen Blättern, die er auf den Tisch legt*: Wie soll ich denn mit der Reisetasche auskommen? Ich muß doch tausenderlei mitschleppen!

GINA *folgt ihm mit der Reisetasche*: Aber dann laß doch den andern Kram so lange hier und nimm bloß ein Hemd und eine Unterhose mit!

HJALMAR: Puh – diese anstrengenden Vorbereitungen! *Zieht den Mantel aus und wirft ihn aufs Sofa.*

GINA: Und inzwischen wird der Kaffee kalt!

HJALMAR: Hm. *Trinkt unwillkürlich einen Schluck und dann noch einen.*

GINA *wischt die Stuhllehnen ab*: Schwer wird's ja sein, einen großen Boden für die Kaninchen zu finden.

HJALMAR: Was? Soll ich auch die Kaninchen alle mitschleppen?

GINA: Großvater kann doch nicht ohne seine Kaninchen leben, wie ich ihn kenne.

HJALMAR: Daran wird er sich gewöhnen müssen. Ich muß auf höhere Lebensgüter verzichten!

GINA *staubt das Regal ab*: Soll ich dir die Flöte in den Reisesack legen?

HJALMAR: Nein, die Flöte nicht! Aber gib mir die Pistole!

GINA: Die Pistole willst du mitnehmen?

HJALMAR: Ja, meine geladene Pistole.

GINA *sucht diese*: Die ist weg. Er muß sie mit reingenommen haben.

HJALMAR: Ist er auf dem Boden?

GINA: Ja, wird er wohl.

HJALMAR: Hm – der einsame Greis. *Er nimmt sich ein Butterbrot, verspeist es und trinkt dazu seinen Kaffee aus.*

GINA: Hätten wir nun nicht das Zimmer vermietet, dann könntest du da einziehen.

HJALMAR: Ich sollte unter einem Dach wohnen mit...? Nie im Leben!

GINA: Aber könntest du dich nicht ein, zwei Tage in der Wohnstube einrichten? Da wärst du doch ganz für dich!

HJALMAR: Zwischen diesen Wänden? Niemals!

GINA: Na, und unten bei Relling und Molvik?

HJALMAR: Sprich mir nicht diese Namen aus! Mir vergeht der Appetit, wenn ich an diese Menschen denke! – Mir bleibt nichts anderes übrig, als bei Sturm und Schneegestöber von Haus zu Haus zu gehen und ein Obdach zu suchen für Vater und mich.

GINA: Aber du hast doch keinen Hut, Hjalmar! Den hast du doch verbummelt!

HJALMAR: O diese Knechte des Lasters! Dieser Abschaum der Menschheit! Ein Hut muß herbeigeschafft werden. *Nimmt sich ein belegtes Brot.* Das ist das dringendste! Ich habe nämlich nicht die Absicht, auch noch mein Leben aufs Spiel zu setzen. *Sucht etwas auf dem Tablett.*

GINA: Was suchst du denn?

HJALMAR: Butter.

GINA: Kommt sofort! *Geht in die Küche.*

HJALMAR: Ist nicht nötig! Ich kann auch trocken Brot essen.

GINA *bringt eine Butterdose*: Hier, frisch gebuttert!

Sie schenkt ihm noch eine Tasse Kaffee ein. Er setzt sich aufs Sofa, streicht noch mehr Butter aufs Butterbrot, ißt und trinkt eine Weile schweigend.

HJALMAR: Könnte ich, ohne von jemand – von irgend jemand – belästigt zu werden – könnte ich da drin im Wohnzimmer ein, zwei Tage bleiben?

GINA: Gewiß, das könntest du gut, du brauchst nur zu wollen!

HJALMAR: Ich sehe nämlich keine Möglichkeit, Vaters Sachen so im Handumdrehen wegzubekommen.

GINA: Und dann noch was: Du mußt ihm doch erst beibringen, daß du mit uns hier nicht mehr leben willst.

HJALMAR *schiebt die Kaffeetasse weg*: Das auch, ja. Alle diese verwickelten Verhältnisse wieder aufrühren zu müssen! – Ich muß mit mir zu Rate gehen, ich brauche eine Atempause. Ich kann nicht alle Lasten an einem einzigen Tag tragen!

GINA: Nee, und bei so einem Schweinewetter schon gar nicht!

HJALMAR *nimmt Werles Brief in die Hand*: Ich sehe, dieser Wisch treibt sich hier noch immer herum.

GINA: Ich habe das Papier nicht angerührt!

HJALMAR: Mich geht der Wisch ja nichts an...

GINA: Na, ich will auch nichts davon haben!

HJALMAR: Aber es ist auch wieder nicht nötig, daß er ganz in Fetzen geht. In dem Umzugstrubel könnte das leicht...

GINA: Ich werde schon achtgeben, Hjalmar.

HJALMAR: Diese Schenkungsurkunde gehört ja in erster Linie meinem Vater. Und es ist seine Sache, ob er davon Gebrauch machen will.

GINA *seufzt*: Ach, der arme Alte!

HJALMAR: Sicherheitshalber – wo ist etwas Kleister?

GINA *geht zum Regal*: Hier steht der Kleistertopf.

HJALMAR: Und auch einen Pinsel!

GINA: Hier. *Bringt ihm die Sachen.*

HJALMAR *nimmt eine Schere*: Nur einen Papierstreifen auf die Rückseite... *Schneidet und kleistert.* Es sei ferne von mir, mich an fremdem Eigentum zu vergreifen – und zuallerletzt an dem eines mittellosen Greises. Na, und an dem – gewisser anderer Personen ebenfalls nicht! – Siehst du! Laß es ein Weilchen liegen! Und wenn es trocken ist, leg's weg! Ich will dieses Aktenstück nicht mehr sehen. Nie wieder!

Gregers Werle tritt durch die Flurtür ein.

GREGERS *erstaunt*: Was – du hast dich hier häuslich niedergelassen, Hjalmar?

HJALMAR *steht schnell auf*: Ich hatte mich vor Erschöpfung setzen müssen.

GREGERS: Du hast auch gefrühstückt, wie ich sehe.

HJALMAR: Auch der Leib fordert bisweilen sein Recht.

GREGERS: Wozu hast du dich nun entschlossen?

HJALMAR: Für einen Mann wie mich gibt es nur einen Weg. Ich bin im Begriff, meine wichtigsten Sachen zusammenzusuchen. Doch das dauert seine Zeit, wie du dir denken kannst.

GINA *etwas ungeduldig*: Soll ich nun die Wohnstube für dich zurechtmachen, oder soll ich die Reisetasche packen?

HJALMAR *nach einem ärgerlichen Seitenblick auf Gregers*: Packen – und das Zimmer zurechtmachen!

GINA *nimmt die Reisetasche*: Na ja, dann lege ich das Hemd und das andere Zeug hier rein. *Geht ins Wohnzimmer und macht die Tür hinter sich zu.*

GREGERS *nach kurzer Pause*: Nie hätte ich gedacht, daß es so enden würde! Ist es wirklich eine innere Notwendigkeit für dich, von Haus und Familie zu gehen?

HJALMAR *geht unruhig umher*: Was soll ich denn tun? Rate mir doch! – Ich bin nicht dazu geschaffen, unglücklich zu sein. Ich muß es gemütlich und harmonisch um mich haben, ich brauche meine feste Ordnung!

GREGERS: Aber kannst du denn das hier nicht haben? Versuch es nur! Ich bin jetzt überzeugt, daß du hier festen Grund hast, um dein Leben neu aufzubauen. Fang nur an! Und bedenke, du hast ja auch noch die Erfindung, für die du leben kannst!

HJALMAR: Ach, sprich nicht von der Erfindung! Die läßt gewiß noch lange auf sich warten.

GREGERS: So?

HJALMAR: Ja, Herrgott, was soll ich denn eigentlich erfinden? Die anderen haben ja schon fast alles erfunden! Es wird von Tag zu Tag schwerer.

GREGERS: Aber du hast doch schon so viel Arbeit hineingesteckt!

HJALMAR: Dazu hat mich Relling verleitet, dieser Wirrkopf!

GREGERS: Relling?

HJALMAR: Ja, der hat mich zuerst auf meine Begabung aufmerksam gemacht, irgendeine besondere Erfindung auf dem Gebiet der Fotografie zu machen.

GREGERS: Aha – also Relling!

HJALMAR: Erst war ich so von Herzen glücklich darüber. Nicht so sehr wegen der Erfindung an und für sich, sondern weil Hedwig daran glaubte – mit der ganzen Macht und Innigkeit ihrer Kinderseele daran glaubte. – Ja, das heißt, ich Tor hatte mir immer eingebildet, daß sie daran glaubte.

GREGERS: Hältst du wirklich für möglich, daß Hedwig unaufrichtig gegen dich gewesen ist?

HJALMAR: Jetzt halte ich alles für möglich. Hedwig ist hier im Wege. Sie wird mir zeitlebens die Sonne wegnehmen.

GREGERS: Hedwig? Meinst du wirklich? Hedwig! Wie könnte sie dir die Sonne wegnehmen?

HJALMAR *ohne darauf einzugehen*: Wie unsagbar ich dieses Kind geliebt habe! Wie glücklich war ich jedesmal, wenn ich in meine armselige Behausung zurückkehrte und sie mir mit ihren süßen, ein wenig blinzelnden Augen entgegenflog! O ich gutgläubiger Tor! Ich habe sie so unsagbar geliebt, und da bildete ich mir ein, daß sie mich ebenso wiederliebte.

GREGERS: Du meinst, das hättest du dir nur eingebildet?

HJALMAR: Wie kann ich das wissen? Aus Gina bekomme ich doch nichts heraus. Und es fehlt ihr ja auch leider jeglicher Sinn für die ideale Seite der Verwicklungen. Doch dir gegenüber habe ich das Bedürfnis, mein Herz auszuschütten, Gregers. Dieser nagende Zweifel – vielleicht hat mich Hedwig nie aufrichtig liebgehabt!

GREGERS: Was das anbelangt, könntest du möglicherweise einen Beweis erhalten. *Lauscht.* Was ist das? Mir ist, als hörte ich die Wildente schreien!

HJALMAR: Sie schnattert. Vater ist auf dem Boden.

GREGERS: So, ist er das? *Strahlt vor Freude.* Ich sage, du wirst wahrscheinlich einen Beweis erhalten, daß die arme, verkannte Hedwig dich liebhat.

HJALMAR: Ach, was für einen Beweis kann sie mir schon erbringen! Irgendwelchen Beteuerungen von jener Seite kann ich keinen Glauben mehr schenken.

GREGERS: Hedwig ist sicher ohne Hintergedanken.

HJALMAR: Ach, Gregers, gerade das ist nicht so sicher. Wer weiß, was Gina und diese Frau Sörby hier manches Mal geflüstert und getuschelt haben? Und Hedwig hat feine Ohren. Vielleicht ist ihr die Schenkungsurkunde gar nicht so unerwartet gekommen. Ich glaube, so etwas bemerkt zu haben.

GREGERS: Was ist nur in dich gefahren!

HJALMAR: Mir sind die Augen aufgegangen. Paß nur auf – du wirst sehen, der Schenkungsbrief ist nur der Anfang! Frau Sörby hat schon immer viel für Hedwig übrig gehabt. Und jetzt steht es ja in ihrer Macht, alles mögliche für das Kind zu tun. Sie können sie mir nehmen, sobald es ihnen beliebt.

GREGERS: Nie im Leben trennt sich Hedwig von dir!

HJALMAR: Dafür würde ich meine Hand nicht ins Feuer legen! Wenn die anderen ihr nun mit vollen Händen winken? Oh, wenn ich bedenke, wie unsäglich lieb ich sie gehabt habe! Wie ich mein höchstes Glück darin gesehen habe, sie behutsam an der Hand zu nehmen und sie zu führen, wie man ein Kind, das sich im Dunkeln fürchtet, durch einen finstern Raum führt! – Jetzt fühle ich es so schmerzhaft deutlich: Der arme Fotograf in der Dachwohnung hat ihr nie wirklich etwas bedeutet. Sie war nur weiberschlau darauf bedacht, auf gutem Fuß mit ihm zu stehen, solange sie ihn brauchte.

GREGERS: Das glaubst du doch selbst nicht, Hjalmar!

HJALMAR: Das ist ja gerade das Entsetzliche, daß ich nicht weiß, was ich glauben soll – daß ich es nie wissen werde! Aber kannst du wirklich daran zweifeln, daß es sich so verhält, wie ich sage? Hoho, du baust zu sehr auf die ideale Forderung, mein lieber Gregers! Wenn die anderen kämen, die mit den vollen Händen, und dem Kind zuriefen: Geh von ihm weg! Bei uns wartet das Leben auf dich...

GREGERS *rasch*: Ja und? Was glaubst du?

HJALMAR: Wenn ich sie dann fragte: Hedwig, bist du bereit, um meinetwillen auf das Leben zu verzichten? *Lacht spöttisch.* Na, ich danke – da würdest du etwas zu hören bekommen!

Im Bodenraum knallt ein Pistolenschuß.

GREGERS *ruft freudig*: Hjalmar!

HJALMAR: Hör nur an! Nun geht er wieder auf Jagd!

GINA *kommt herein*: Nee, Hjalmar, wie findest du das? Jetzt donnert Großvater allein auf dem Boden herum!

HJALMAR: Ich will gleich mal sehen.

GREGERS *lebhaft, ergriffen*: Einen Augenblick! Weißt du, was das war?

HJALMAR: Ja, natürlich weiß ich das.

Gregers: Nein, das weißt du nicht! Aber ich weiß es. Das war der Beweis!

HJALMAR: Was für ein Beweis?

GREGERS: Es war ein kindliches Opfer. Sie hat deinen Vater bewogen, die Wildente zu schießen.

HJALMAR: Die Wildente zu schießen!

GINA: Nein, so was!

HJALMAR: Warum denn nur?

GREGERS: Hedwig wollte das Beste, das sie auf der Welt besitzt, für dich opfern. Sie meinte nämlich, dann müßtest du sie wieder liebhaben.

HJALMAR *weich, bewegt*: O dieses Kind!

GINA: Ja, worauf die nicht alles kommt!

GREGERS: Ihr einziger Gedanke war, wie sie deine Liebe zurückgewinnen könnte, Hjalmar, ohne die sie nicht leben zu können glaubte.

GINA *kämpft mit den Tränen*: Da siehst du's, Hjalmar!

HJALMAR: Gina, wo ist denn das Kind?

GINA *schneuzt sich*: Das arme Wurm wird wohl draußen in der Küche sitzen.

HJALMAR *reißt die Küchentür auf und ruft*: Hedwig, komm! Komm herein zu mir! *Er blickt sich suchend um.* Nein, hier ist sie nicht.

GINA: Dann ist sie in ihrer Kammer.

HJALMAR *von draußen*: Nein, hier ist sie auch nicht! *Kommt zurück.* Sie muß weggegangen sein.

GINA: Na ja, sie durfte sich ja hier nirgends blicken lassen!

HJALMAR: Ach, wenn sie nur bald nach Hause käme, daß ich ihr aus innerstem Herzen sagen kann ... Jetzt soll alles gut werden, Gregers! Jetzt glaube ich zuversichtlich, wir können ein neues Leben beginnen!

GREGERS *verhalten*: Ich wußte es: Durch das Kind würde die Wende herbeigeführt werden.

Der alte Ekdal erscheint in der Tür seines Zimmers. Er ist in voller Uniform und bemüht sich, seinen Säbel umzuschnallen.

HJALMAR *erstaunt*: Vater! Hier bist du?

GINA: Haben Sie in Ihrer Stube geschossen?

EKDAL *tritt näher und sagt verärgert*: Also du gehst allein auf Jagd, Hjalmar?

HJALMAR *gespannt und verwirrt*: Du warst es also nicht? Du warst nicht auf dem Boden und hast geschossen?

EKDAL: Geschossen? Ich? Hm!

GREGERS *ruft, zu Hjalmar gewandt*: Du! Sie hat die Wildente selbst geschossen!

HJALMAR: Was ist nun eigentlich ...? *Stürzt zur Bodentür, reißt sie auf, blickt hinein und schreit laut*: Hedwig!

GINA *läuft zur Bodentür*: O Gott, was ist denn?

HJALMAR *indem er den Boden betritt*: Sie liegt auf dem Boden!

GREGERS: Hedwig liegt ...! *Eilt Hjalmar nach.*

GINA *gleichzeitig*: Hedwig! *Stürzt in den Bodenraum.* Nein, nein, nein!

EKDAL: Ho! Ho! Geht sie auch auf Jagd?

Hjalmar, Gina und Gregers tragen Hedwig ins Atelier. Mit der herabhängenden rechten Hand umklammert sie fest die Pistole.

HJALMAR *verstört*: Die Pistole ist losgegangen. Das Kind hat sich verletzt. Ruft Hilfe herbei! Hilfe!

GINA *läuft auf den Flur und ruft hinunter*: Relling! Relling! Doktor Relling! Kommen Sie, aber schnell! Machen Sie schnell!

Hjalmar und Gregers legen Hedwig aufs Sofa.

EKDAL *leise*: Der Wald rächt sich.

HJALMAR *neben Hedwig auf den Knien*: Nun kommt sie gleich zu sich. Gleich kommt sie zu sich – ja, ja, ja.

GINA *die wieder hereingekommen ist*: Wo ist sie denn getroffen? Ich kann nirgends was sehen.

Relling tritt rasch ein. Ihm folgt Molvik im offenen Hemd und ohne Rock.

RELLING: Was ist hier los?

GINA: Hedwig hat auf sich geschossen!

HJALMAR: Komm doch her und hilf!

RELLING: Auf sich geschossen! *Er rückt den Tisch beiseite und beginnt Hedwig zu untersuchen.*

HJALMAR *noch kniend, beobachtet ihn angstvoll*: Es kann doch nicht gefährlich sein? Was, Relling? Sie blutet ja fast gar nicht! Es kann doch nicht gefährlich sein?

RELLING: Wie ist das passiert?

HJALMAR: Ach, was weiß ich!

GINA: Sie hat die Wildente schießen wollen.

RELLING: Die Wildente?

HJALMAR: Die Pistole muß losgegangen sein.

RELLING: Hm. Ja so.

EKDAL: Der Wald rächt sich. Habe aber doch keine Angst. *Geht auf den Boden und schiebt die Tür hinter sich zu.*

HJALMAR: Na, Relling – warum sagst du nichts?

RELLING: Die Kugel ist in die Brust gegangen.

HJALMAR: Aber sie wird doch wieder gesund?

RELLING: Du siehst doch, daß Hedwig nicht mehr lebt.

GINA *bricht in Weinen aus*: Das Kind! Das Kind!

GREGERS *mit gepreßter Stimme*: Auf dem Meeresboden ...

HJALMAR *springt auf*: Aber sie muß leben, Relling – ich will es dir ewig danken! – Nur einen Augenblick – nur so lange, bis ich ihr sagen kann, wie lieb ich sie immer gehabt habe!

RELLING: Herzschuß. Innere Verblutung. Der Tod trat auf der Stelle ein.

HJALMAR: Und ich, ich habe sie wie ein Tier von mir gejagt! Und da verkroch sie sich verängstigt auf dem Boden und starb. Sie hat mich zu sehr geliebt. *Schluchzend*: Es nie wiedergutmachen zu können! Nie ihr sagen zu können ...! *Ballt die Fäuste und schreit nach oben gewandt*: Oh, du dort oben! – Wenn du da bist! Warum hast du mir das angetan?

GINA: Still, still! Versündige dich nicht! Vielleicht hatten wir kein Recht, sie zu behalten.

MOLVIK: Das Kind ist nicht tot. Es schläft!

RELLING: Dummes Zeug!

HJALMAR *tritt still zum Sofa und blickt mit verschränkten Armen auf Hedwig*: Da liegt sie nun starr und still!

RELLING *versucht die Pistole aus ihrer Hand zu lösen*: Die sitzt aber fest!

GINA: Lieber nicht, Relling! Brechen Sie ihr nicht die Finger! Lassen Sie die Pistole, wo sie ist!

HJALMAR: Sie soll sie behalten.

GINA: Ja, laßt sie ihr. Aber das Kind soll nicht hier liegenbleiben und paradieren. Sie soll in ihre Kammer. Faß an, Hjalmar! *Hjalmar und Gina heben Hedwig hoch.*

HJALMAR *während sie das Mädchen tragen*: Ach, Gina, Gina, hältst du das aus?!

GINA: Eins muß dem andern helfen. Denn jetzt gehört sie uns beiden, nicht wahr?

MOLVIK *streckt die Arme aus und murmelt*: Gelobt sei der Herr! Von Erde bist du genommen, zu Erde sollst du wieder werden...

RELLING *flüstert*: Halt 's Maul, Mensch! Du bist ja besoffen! *Hjalmar und Gina tragen die Leiche zur Küchentür hinaus. Relling schließt die Tür hinter ihnen. Molvik schleicht sich auf den Flur hinaus. Relling geht zu Gregers und sagt*: Mir soll niemand weismachen, daß das ein Fehlschuß war.

GREGERS *der bisher wie vom Schreck gelähmt dastand, wird jetzt von krampfartigen Zuckungen geschüttelt*: Niemand kann sagen, wie das Schreckliche vor sich gegangen ist.

RELLING: Die Ladung hat das Leibchen versengt. Das Kind muß die Pistole direkt auf die Brust gerichtet und dann abgedrückt haben.

GREGERS: Sie ist nicht vergebens gestorben. Haben Sie gesehen, wie die Trauer eine stille Größe in ihm frei machte?

RELLING: Etwas von einer stillen Größe haben die meisten, wenn sie trauernd an einer Leiche stehen. Doch wie lange, glauben Sie, wird die Herrlichkeit bei ihm vorhalten?

GREGERS: Sollte sie nicht lebenslänglich währen und wachsen?

RELLING: Kein dreiviertel Jahr, und die kleine Hedwig ist für ihn nur noch ein schönes Deklamationsthema!

GREGERS: Wie können Sie das von Hjalmar Ekdal sagen!

RELLING: Wir sprechen uns wieder, wenn das erste Gras auf ihrem Grab welk wird! Dann können Sie ihn predigen hören „von dem Kind, das dem Vaterherzen zu früh entrissen wurde“. Dann sollen Sie sehen, wie er sich beweihräuchert in Rührung und Selbstbewunderung und sich selbst bemitleidet. Passen Sie nur auf!

GREGERS: Falls Sie recht haben und ich unrecht habe, dann ist das Leben nicht wert, gelebt zu werden.

RELLING: Oh, das Leben könnte trotzdem ganz schön sein, würden wir nur in Frieden gelassen werden von diesen verdammten Heilspredigern, die uns armen Menschen das Haus einlaufen mit ihrer idealen Forderung.

GREGERS *blickt vor sich hin*: In diesem Fall gebe ich mich mit meiner Bestimmung zufrieden.

RELLING: Mit Verlaub – was ist denn Ihre Bestimmung?

GREGERS *im Hinausgehen*: Der Dreizehnte bei Tisch zu sein.

RELLING: Zum Teufel! – Vergessen Sie das nur nie!

HEDDA GABLER

Schauspiel in vier Akten

PERSONEN

Jörgen Tesman, *Kulturhistoriker*
Hedda Tesman, *geborene Gabler, seine Frau*
Fräulein Juliane Tesman, *seine Tante*
Frau Elvsted
Assessor Brack
Ejlert Lövborg
Berte, *Dienstmädchen bei Tesmans*

Das Stück spielt in Tesmans Villa,
im Westviertel der Hauptstadt.

ERSTER AKT

Ein geräumiger, elegant und geschmackvoll eingerichteter, in dunklen Farben gehaltener Salon. Im Hintergrund ist durch eine breite, offene Schiebetür, deren Portieren zurückgeschlagen sind, ein kleineres, im gleichen Stil gehaltenes Zimmer sichtbar. Rechts eine Flügeltür zur Diele. Links eine Glastür, ebenfalls mit zurückgeschlagenen Vorhängen. Durch die Scheiben sieht man eine überdachte Veranda und herbstlich gefärbte Laubbäume. Im Vordergrund ein ovaler Tisch, rings Stühle. Rechts vorn ein breiter, dunkler Porzellanofen, ein hochlehniger Sessel, ein Fußschemel mit Kissen und zwei Taburetts. Rechts hinten ein Ecksofa und ein kleiner runder Tisch. Vorn links ein frei stehendes Sofa. In der Nähe der Verandatür ein Klavier. Auf beiden Seiten der Schiebetür Etageren mit Terrakotta- und Majolikagegenständen. Im hinteren Zimmer Sofa, Tisch und Stühle, über dem Sofa das Porträt eines gutaussehenden älteren Mannes in Generalsuniform. Über dem Tisch eine Hängelampe mit matter milchfarbener Glasglocke. – Im Salon überall Blumensträuße, die teils in Vasen und Gläsern stehen, teils auf den Tischen liegen. Der Fußboden ist in beiden Räumen mit dicken Teppichen belegt. – Morgenbeleuchtung. Die Sonne scheint durch die Glastür.

Fräulein Juliane Tesman, mit Hut und Sonnenschirm, tritt von der Diele her ein; Berte, die ein in Seidenpapier gehülltes Bukett trägt, folgt ihr. Fräulein Tesman ist eine sympathisch und gutmütig aussehende Dame von ungefähr 65 Jahren. Sie hat ein schlichtes graues Schneiderkostüm an. Berte ist ein schon etwas bejahrtes Mädchen von einfachem, ländlichem Aussehen.

FRÄULEIN TESMAN *bleibt in der Tür stehen, horcht und sagt mit gedämpfter Stimme*: Nanu? Ich glaube fast, sie haben noch nicht aus den Federn gefunden!

BERTE *gleichfalls gedämpft*: Na, das sagte ich Ihnen ja, Fräulein! Bedenken Sie doch, das war doch schon spät in der Nacht, als der Dampfer ankam! Und dann nachher noch! Du lieber Himmel – was die junge Frau alles noch auszupacken hatte, bis sie sich hinlegen konnte!

FRÄULEIN TESMAN: Ja freilich – sollen sie sich nur ordentlich ausschlafen! Aber frische Luft und Morgensonne sollen sie vorfinden, wenn sie aufgestanden sind. *Sie geht zur Verandatür und macht sie weit auf.*

BERTE *am Tisch, steht ratlos mit dem Bukett in der Hand da*: Weiß der liebe Himmel, wo ich hier noch was hinstellen soll. Ich glaube, am besten vielleicht hierher, Fräulein. *Stellt das Bukett auf das Klavier.*

FRÄULEIN TESMAN: Nun hast du also eine neue Herrschaft bekommen, meine liebe Berte. Der liebe Gott weiß, wie furchtbar schwer es mir gefallen ist, dich herzugeben.

BERTE *dem Weinen nahe*: Na, und mir erst, Fräulein! Was soll ich denn da erst sagen? Wo ich doch so manches liebe Jahr bei den Fräuleins in Lohn und Brot war!

FRÄULEIN TESMAN: Wir müssen uns damit abfinden, Berte. Es ließ sich wirklich nicht anders machen. Jörgen muß dich in seinem Hause haben, das wirst du doch einsehen. Er braucht dich. Du hast ihn doch schon betreut, als er noch ein kleiner Junge war.

BERTE: Das schon, Fräulein. Aber ich muß bloß immer an unsere Kranke denken, die zu Hause liegt. Die Ärmste ist doch ganz hilflos. Und dann mit dem neuen Mädchen! Die lernt im Leben nicht, es der Kranken recht zu machen.

FRÄULEIN TESMAN: Ach, ich werde es ihr schon beibringen. Und das meiste werde ich einfach selbst machen, weißt du. Wegen meiner armen Schwester brauchst du dir nicht solche Sorgen zu machen, meine liebe Berte.

BERTE: Na ja, aber da ist noch was anderes, Fräulein: Ich habe richtig Angst, daß ich's der jungen Frau nicht recht mache.

FRÄULEIN TESMAN: Na, du lieber Gott – im Anfang mag es vielleicht einmal vorkommen, daß dieses oder jenes...

BERTE: Bei der soll sicher alles schrecklich nobel zugehen!

FRÄULEIN TESMAN: Das kannst du dir wohl denken. General Gablers Tochter! So, wie die es gewohnt war, als der General noch lebte! Weißt du noch, wie sie immer mit ihrem Vater ausritt? In dem langen schwarzen Reitkleid? Mit Federn auf dem Hut?

BERTE: Ja doch – das will ich meinen! – Aber weiß der Himmel – das hätte ich nie gedacht, daß aus ihr und dem Herrn Kandidaten mal ein Paar werden würde!

FRÄULEIN TESMAN: Ich auch nicht. – Doch da fällt mir ein – du, Berte – damit ich's nicht vergesse: Jetzt darfst du Jörgen nicht mehr „Kandidat" nennen. Du mußt Herr Doktor sagen!

BERTE: Ja, so was Ähnliches hat die junge Frau auch schon gesagt – gleich heute nacht, als sie gerade hereingekommen waren. Stimmt denn das, Fräulein?

FRÄULEIN TESMAN: Ja natürlich! Denk dir nur, Berte – sie haben ihn im Ausland zum Doktor gemacht. Jetzt auf der Reise, verstehst du. Ich hatte keine Ahnung davon – er hat es mir erst an der Anlegestelle erzählt.

BERTE: Ja, ja, was aus dem noch alles werden kann! So tüchtig, wie der ist! Aber ich hätte nie geglaubt, daß er sich auch damit abgeben würde, die Leute zu kurieren.

FRÄULEIN TESMAN: Nein, solch ein Doktor ist er nicht geworden. – *Nickt bedeutungsvoll.* Übrigens kannst du ihn vielleicht bald noch großartiger titulieren.

BERTE: Ach nein! Wie denn, Fräulein?

FRÄULEIN TESMAN *lächelt*: Hm – ja, wenn du das wüßtest! – *Gerührt*: Ach, du lieber Gott – wenn der selige Jochum aus seinem Grabe schauen und sehen könnte, was aus seinem kleinen Jungen geworden ist! *Sieht sich um.* Aber hör mal, Berte – warum hast du denn das gemacht? Die Schutzüberzüge von allen Möbeln weggenommen?

BERTE: Das hat die junge Frau verlangt. Sie mag so was nicht, hat sie gesagt.

FRÄULEIN TESMAN: Wollen sie denn die gute Stube benutzen – so für alle Tage?

BERTE: Ja, das hörte sich so an. Wenigstens bei ihr. Denn er, der Doktor – der hat nichts gesagt.

Jörgen Tesman betritt trällernd von rechts das hintere Zimmer, einen leeren Koffer in der Hand. Er ist ein mittelgroßer, jugendlich aussehender Mann von 33 Jahren, etwas beleibt, mit offenem, rundem, vergnügtem Gesicht, blondem Haar und Bart, trägt eine Brille und hat einen bequemen, etwas saloppen Hausanzug an.

FRÄULEIN TESMAN: Guten Morgen, guten Morgen, Jörgen!

TESMAN *in der Türöffnung*: Tante Julle! Liebe Tante Julle! *Tritt zu ihr und schüttelt ihr die Hand.* Schon hier draußen – so früh am Morgen! Was?

FRÄULEIN TESMAN: Ja, du kannst dir doch denken, daß ich auf einen Sprung zu euch hereinsehen mußte!

TESMAN: Und das, obwohl du um deine richtige Nachtruhe gekommen bist!

FRÄULEIN TESMAN: Ach, das macht mir gar nichts.

TESMAN: Bist du vom Hafen gut nach Hause gekommen? Was?

FRÄULEIN TESMAN: Aber ja – Gott sei Dank. Der Assessor war so freundlich, mich bis vor die Haustür zu begleiten.

TESMAN: Es tat uns leid, daß wir dich nicht im Wagen mitnehmen konnten. Aber du hast ja selbst gesehen – Hedda hatte so viele Schachteln, die alle mitmußten.

FRÄULEIN TESMAN: Ja, sie hatte einen ganzen Berg von Schachteln bei sich.

BERTE *zu Tesman*: Soll ich die junge Frau fragen, ob ich ihr bei irgendwas helfen kann?

TESMAN: Nein, danke, Berte – lieber nicht. Wenn sie dich braucht, will sie klingeln, hat sie gesagt.

BERTE *will nach rechts gehen*: Na schön.

TESMAN: Aber du – nimm doch den Koffer hier mit!

BERTE *nimmt ihn*: Den bringe ich auf den Boden. *Sie geht in die Diele hinaus.*

TESMAN: Du, Tante, denk mal, den ganzen Koffer hatte ich gestopft voll mit Abschriften. Es ist schier unglaublich, du, was ich überall in den Archiven zusammengetragen habe. Interessante alte Handschriften, die kein Mensch beachtet hatte.

FRÄULEIN TESMAN: Ja, ja, du hast deine Zeit auf der Hochzeitsreise nicht vergeudet, Jörgen.

TESMAN: Ach ja, das darf ich wohl sagen. Aber nimm doch den Hut ab, Tante! Komm! Soll ich dir die Schleife aufbinden? Was?

FRÄULEIN TESMAN *während er es tut*: Ach, du lieber Gott – das ist ja akkurat so, als wärst du noch bei uns zu Hause!

TESMAN *dreht und wendet den Hut*: Nein, was für einen hübschen, eleganten Hut du dir zugelegt hast!

FRÄULEIN TESMAN: Den habe ich mir Heddas wegen gekauft.

TESMAN: Heddas wegen? Was?

FRÄULEIN TESMAN: Ja, damit Hedda sich meiner nicht zu schämen braucht, wenn wir einmal zusammen auf der Straße gehen.

TESMAN *tätschelt ihr die Wange*: Du denkst aber auch an alles, liebe Tante Julle! *Legt den Hut auf einen Stuhl am Tisch.* Und nun – komm her –, nun setzen wir uns gemütlich hier auf das Sofa. Und dann plaudern wir ein bißchen, bis Hedda kommt. *Sie setzen sich. Fräulein Tesman stellt ihren Sonnenschirm in die Sofaecke.*

FRÄULEIN TESMAN *nimmt seine beiden Hände und blickt ihn an*: Wie gut das tut, dich leibhaftig wieder vor Augen zu haben! Ach, du lieber Junge unseres seligen Bruders!

TESMAN: Und wie ich mich freue, dich wiederzusehen, Tante Julle! Die du Vater- und Mutterstelle bei mir vertreten hast!

FRÄULEIN TESMAN: Ich weiß ja, daß du deine alten Tanten immer liebbehalten wirst.

TESMAN: Und Tante Rinas Zustand hat sich also gar nicht gebessert? Was?

FRÄULEIN TESMAN: Ach nein, du – es besteht auch keine Hoffnung auf Besserung. Die Ärmste liegt noch immer so da, wie sie all die Jahre gelegen hat. Aber der liebe Gott möge sie mir noch eine Zeitlang lassen! Denn sonst wüßte ich wahrhaftig nicht, wozu ich noch nütze wäre, Jörgen. Besonders jetzt, weißt du, wo ich nicht mehr für dich zu sorgen habe.

TESMAN *klopft ihr auf den Rücken*: Nun, nun, nun!

FRÄULEIN TESMAN *wechselt unvermittelt den Ton*: Nein, sich vorzustellen, daß du jetzt ein verheirateter Mann bist, Jörgen! – Und dann, daß gerade dir Hedda Gabler ihre Hand fürs Leben gereicht hat! Die reizende Hedda Gabler. Denk mal an! Der so viele den Hof gemacht haben!

TESMAN *trällert leise und lächelt zufrieden*: Ja, ich glaube schon, mehr als einer meiner guten Freunde beneidet mich. Was?

FRÄULEIN TESMAN: Und dann noch: daß du eine so lange Hochzeitsreise machen konntest! Über fünf – fast sechs Monate...

TESMAN: Nun – es ist ja für mich auch eine Art Studienreise gewesen. Alle die Archive, die ich durchstöbern mußte! Und dann die Menge Bücher, die ich durchzuackern hatte, weißt du!

FRÄULEIN TESMAN: Ja, das schon. *Vertraulicher und etwas gedämpft*: Aber hör mal, Jörgen – hast du mir nicht etwas – na, was ganz Besonderes mitzuteilen?

TESMAN: Von der Reise?

FRÄULEIN TESMAN: Ja.

TESMAN: Nein, ich wüßte weiter nichts, als was ich dir bereits in meinen Briefen mitgeteilt habe. Und daß ich da unten promoviert habe – das habe ich dir doch gestern bereits erzählt.

FRÄULEIN TESMAN: Sicher, das meine ich auch nicht. Ich meine – ob nicht gewisse – also gewisse Aussichten vorhanden sind...?

TESMAN: Aussichten?

FRÄULEIN TESMAN: Lieber Gott, Jörgen – ich bin doch deine alte Tante!

TESMAN: Ja, sicher habe ich Aussichten, zweifellos!

FRÄULEIN TESMAN: Na also!

TESMAN: Ich habe die allerbesten Aussichten, demnächst Professor zu werden.

FRÄULEIN TESMAN: Gewiß, Professor, ja...

TESMAN: Oder – ich kann schon sagen, ich habe die Gewißheit, es zu werden. Aber, liebe Tante Julle, das weißt du doch!

FRÄULEIN TESMAN *schmunzelt*: Freilich weiß ich das. Du hast ganz recht. *Wechselt den Ton*: Doch wir sprachen von der Reise... Die muß doch schrecklich viel Geld gekostet haben, nicht wahr, Jörgen?

TESMAN: Na ja, lieber Gott – aber das große Stipendium hat uns ja ganz schön geholfen.

FRÄULEIN TESMAN: Aber ich begreife nicht, wie du es angestellt hast, daß es für zwei reichte!

TESMAN: Na ja, das ist auch nicht so leicht zu begreifen – was?

FRÄULEIN TESMAN: Und noch dazu: wenn man mit einer Dame reist! Das soll ja schrecklich teuer sein – habe ich mir sagen lassen.

TESMAN: Ja, das versteht sich, etwas teurer ist es natürlich. Aber, Tante – Hedda hatte Anspruch auf solch eine Reise! Wirklich! Das ging einfach nicht anders.

FRÄULEIN TESMAN: Nein, nein, das ist wohl richtig. Eine Hochzeitsreise gehört ja heutzutage dazu. – Aber sag mal, hast du dich in deiner Wohnung schon richtig umgesehen?

TESMAN: Ja, das kannst du mir glauben. Ich bin aufgestanden, als es hell wurde.

FRÄULEIN TESMAN: Und wie gefällt dir denn alles?

TESMAN: Ausgezeichnet! Ganz ausgezeichnet! Nur weiß ich nicht, was wir mit den beiden leeren Räumen anfangen sollen, die zwischen dem hinteren Zimmer da und Heddas Schlafzimmer liegen.

FRÄULEIN TESMAN *schmunzelnd*: Ach, mein lieber Jörgen, dafür wird sich schon noch Verwendung finden – so mit der Zeit.

TESMAN: Ja, da hast du wirklich recht, Tante Julle! Denn wenn ich so nach und nach meine Privatbibliothek vergrößere – was?

FRÄULEIN TESMAN: Eben, mein lieber Junge. An die Privatbibliothek hatte ich auch gedacht.

TESMAN: Am meisten freue ich mich für Hedda. Wie oft hat sie gesagt, bevor wir uns verlobten, sie möchte nirgends anders wohnen als in der Villa der Staatsrätin Falk.

FRÄULEIN TESMAN: Ja, denk mal – und dann wollte es der Zufall, daß die Villa zu verkaufen war. Kurz nach eurer Abreise.

TESMAN: Ja, Tante Julle, wir hatten wirklich Glück, was?

FRÄULEIN TESMAN: Aber teuer, mein lieber Jörgen, teuer wird die ganze Herrlichkeit hier für dich!

TESMAN *sieht sie etwas verzagt an*: Ja, das wird es wohl, Tante, was?

FRÄULEIN TESMAN: Ach, du großer Gott!

TESMAN: Wieviel glaubst du? So ungefähr? Was?

FRÄULEIN TESMAN: Aber das kann ich unmöglich wissen, ehe alle Rechnungen da sind.

TESMAN: Na, glücklicherweise hat ja Assessor Brack recht kulante Bedingungen für mich ausgehandelt. Das hat er Hedda selbst geschrieben.

FRÄULEIN TESMAN: Ja, ängstige dich nur deswegen nicht, mein Junge! – Für die Möbel und alle die Teppiche habe ich überdies Sicherheit gegeben.

TESMAN: Sicherheit? Du? Liebe Tante Julle – was für Sicherheit konntest du denn geben?

FRÄULEIN TESMAN: Ich habe Sicherheit auf unsere Leibrente gegeben.

TESMAN *springt auf*: Was? Deine – und Tante Rinas Leibrente?

FRÄULEIN TESMAN: Ja, ich wußte keinen anderen Ausweg, siehst du.

TESMAN *stellt sich vor sie hin*: Aber bist du denn ganz von Sinnen, Tante! Die Leibrente – das ist doch das einzige, wovon ihr beide lebt!

FRÄULEIN TESMAN: Nun, nun – du brauchst es dir nicht so zu Herzen zu nehmen. Das Ganze ist nur eine Formsache, mußt du wissen. Das hat auch Assessor Brack gesagt. Er hatte es freundlicherweise übernommen, alles für mich zu erledigen. Eine reine Formsache, hat er gesagt.

TESMAN: Ja, das mag schon sein. Aber trotzdem ...

FRÄULEIN TESMAN: Und nun bekommst du ja auch dein Gehalt und kannst davon abzahlen. Und lieber Gott, selbst wenn wir ein kleines Opfer bringen müßten ... So ein bißchen beisteuern für den Anfang – das würde uns doch nur glücklich machen.

TESMAN: Ach, Tante – nie wirst du es müde, dich für mich aufzuopfern!

FRÄULEIN TESMAN *erhebt sich und legt die Hände auf seine Schultern*: Gibt es denn für mich eine größere Freude auf dieser Welt, als dir den Weg zu ebnen, mein lieber Junge? Wo du weder Vater noch Mutter gehabt hast, an die du dich hättest halten können. Und jetzt sind wir am Ziel, du! Es hat manchmal recht schwarz ausgesehen. Aber Gott sei Dank, jetzt bist du obenauf, Jörgen!

TESMAN: Ja, es ist im Grunde merkwürdig, wie sich alles so gefügt hat.

FRÄULEIN TESMAN: Ja – und deine Widersacher, die dir den Weg versperren wollten, die sind unterlegen. Die sind gestrauchelt, Jörgen! Und er, der dir am gefährlichsten war – der hat den tiefsten Fall getan! Wie er sich gebettet hat, so liegt er jetzt – der arme, verkommene Mensch.

TESMAN: Hast du etwas von Ejlert gehört? Während ich verreist war, meine ich.

FRÄULEIN TESMAN: Nichts weiter, als daß er ein Buch herausgebracht haben soll.

TESMAN: Was sagst du da? Ejlert Lövborg? Jetzt kürzlich? Was?

FRÄULEIN TESMAN: Ja, so sagt man. Viel kann doch da, weiß Gott, nicht dran sein, nicht wahr? Ja, wenn dein neues Buch herauskommt – das wird eine andere Sache, Jörgen! Wovon soll es denn handeln?

TESMAN: Von der Brabanter Hausindustrie im Mittelalter.

FRÄULEIN TESMAN: Denk mal an – daß du über so etwas schreiben kannst!

TESMAN: Übrigens hat es mit meinem Buch noch gute Weile. Ich muß doch erst dieses umfangreiche Material ordnen, weißt du.

FRÄULEIN TESMAN: Ja, ordnen und sammeln – das kannst du nun mal! Du bist nicht umsonst der Sohn des seligen Jochum!

TESMAN: Ich freue mich auch schon mächtig darauf, mich in die Arbeit zu stürzen. Besonders jetzt, wo ich in meiner eigenen gemütlichen Häuslichkeit arbeiten kann.

FRÄULEIN TESMAN: Und vor allem, da du jetzt sie hast, die dein Herz begehrte, lieber Jörgen.

TESMAN *umarmt sie*: Ach ja, Tante Julle, freilich! Hedda – das ist doch das Allerschönste! *Blickt nach dem hinteren Zimmer.* Ich glaube gar, da kommt sie, was?

Hedda kommt von links durch das hintere Zimmer. Sie ist eine Dame von 29 Jahren. Gesicht und Gestalt sind edel und vornehm, ihr Teint ist von matter Blässe. Aus den stahlgrauen Augen spricht eine kalte, klare Ruhe. Das schöne braune Haar ist nicht sehr voll. Sie hat ein geschmackvolles, etwas lose sitzendes Vormittagskleid an.

FRÄULEIN TESMAN *geht Hedda entgegen*: Guten Morgen, liebe Hedda! Recht schönen guten Morgen!

HEDDA *reicht ihr die Hand*: Guten Morgen, liebes Fräulein Tesman! So zeitig auf Visite? Das ist sehr liebenswürdig.

FRÄULEIN TESMAN *scheint etwas verlegen*: Aber nein – hat denn die junge Frau gut geschlafen in ihrem neuen Heim?

HEDDA: O ja, danke! So leidlich.

TESMAN *lacht*: Leidlich! Nein, du bist gut, Hedda! Wie ein Murmeltier hast du geschlafen, als ich aufstand!

HEDDA: Gott sei Dank. Schließlich muß man sich ja an alles Neue erst gewöhnen, Fräulein Tesman. So nach und nach. *Blickt nach links.* Uh – da hat das Mädchen doch die Verandatür aufgemacht! Ein ganzes Meer von Sonne ist ja hier drin!

FRÄULEIN TESMAN *geht zur Tür*: Na, dann wollen wir zumachen.

HEDDA: Nein, nein, das bitte nicht! Lieber Tesman, zieh bitte die Vorhänge zu! Das gibt ein milderes Licht.

TESMAN *an der Tür*: Jawohl – jawohl. – So, Hedda, jetzt hast du Schatten und auch frische Luft.

HEDDA: Frische Luft kann man hier wirklich brauchen. Dieser Blumensegen! – Aber, meine Liebe – wollen Sie nicht Platz nehmen, Fräulein Tesman?

FRÄULEIN TESMAN: Nein, vielen Dank. Nun weiß ich ja doch, daß hier alles seine Ordnung hat. Gott sei Dank! Und nun muß ich wieder nach Haus, zu der Ärmsten, die auf ihrem Krankenlager so sehnsüchtig wartet.

TESMAN: Grüße sie nur vielmals von mir, du! Und sag ihr, daß ich im Laufe des Tages komme und nach ihr sehe!

FRÄULEIN TESMAN: Ja, ja, das werde ich tun. Doch da fällt mir ein, Jörgen ... *Faßt in ihre Rocktasche.* Das hätte ich beinahe vergessen! Hier habe ich dir etwas mitgebracht.

TESMAN: Was denn, Tante? Was?

FRÄULEIN TESMAN *zieht ein flaches Päckchen heraus, das in Zeitungspapier eingeschlagen ist, und reicht es ihm*: Hier, mein lieber Junge!

TESMAN *macht es auf*: Nein, Herrgott – die hast du mir aufgehoben, Tante Julle! – Hedda! Das ist wirklich rührend, du! Was?

HEDDA *rechts an den Etageren*: Na, mein Lieber, was ist es denn?

TESMAN: Meine alten Pantoffeln, du!

HEDDA: Ach so. Ich erinnere mich, von denen hast du auf der Reise oft gesprochen.

TESMAN: Ja, ich habe sie so sehr vermißt. *Tritt zu ihr.* Hier – schau sie dir an, Hedda!

HEDDA *geht zum Ofen*: Nein danke, das interessiert mich wirklich nicht.

TESMAN *geht ihr nach*: Denk mal – die hat Tante Rina in ihrem Bett für mich gestickt! So krank, wie sie damals schon war. Ach, du kannst dir nicht denken, wieviel Erinnerungen sich an diese Pantoffeln knüpfen!

HEDDA *am Tisch*: Aber für mich doch nicht.

FRÄULEIN TESMAN: Da hat Hedda eigentlich recht, Jörgen!

TESMAN: Ja, aber ich meine, jetzt, wo sie zur Familie gehört...

HEDDA *ihn unterbrechend*: Mit diesem Mädchen wird schwer auszukommen sein, Tesman!

FRÄULEIN TESMAN: Mit Berte schwer auszukommen?

TESMAN: Liebste – wie kommst du nur darauf, was?

HEDDA *zeigt auf einen Stuhl*: Sieh dir das an! Da hat sie ihren alten Hut auf dem Stuhl liegenlassen!

TESMAN *läßt erschrocken die Pantoffeln fallen*: Aber Hedda!

HEDDA: Stell dir vor, wenn nun Besuch gekommen wäre und das gesehen hätte!

TESMAN: Aber Hedda – das ist doch Tante Julles Hut!

HEDDA: So?

FRÄULEIN TESMAN *nimmt den Hut*: Ja gewiß. Allerdings ist das meiner. Und alt ist er übrigens nicht, kleine Frau Hedda.

HEDDA: Ich habe ihn mir wirklich nicht so genau angesehen, Fräulein Tesman.

FRÄULEIN TESMAN *während sie sich die Hutschleife bindet*: Es ist wahrhaftig das erstemal, daß ich ihn aufhabe. Ja, weiß Gott, das ist es.

TESMAN: Und schön ist er auch. Wirklich vornehm.

FRÄULEIN TESMAN: Ach, das mag angehen, mein lieber Jörgen. *Blickt sich um.* Der Sonnenschirm...? Ach hier. *Nimmt ihn.* Denn das ist auch meiner. *Murmelt*: Nicht Bertes.

TESMAN: Ein neuer Hut und ein neuer Sonnenschirm! Nein, denk mal, Hedda!

HEDDA: Recht hübsch!

TESMAN: Ja, nicht wahr – was? Aber, Tante, sieh dir Hedda richtig an, ehe du gehst! Sieh nur, wie hübsch sie ist!

FRÄULEIN TESMAN: Ach, mein Lieber, das ist doch nichts Neues. Hedda ist immer schön gewesen. *Sie nickt und geht nach rechts.*

TESMAN *folgt ihr*: Ja, aber hast du bemerkt, wie voll und üppig sie geworden ist? Wie mächtig sie ausgelegt hat auf der Reise?

Hedda *wendet sich ab*: Ach, laß das ...!

Fräulein Tesman *ist stehengeblieben und wendet sich um*: Ausgelegt?

Tesman: Ja, Tante Julle, du kannst das nicht so gut sehen, wenn sie das Kleid da anhat. Aber ich, der ich Gelegenheit habe ...

Hedda *an der Verandatür, ungeduldig*: Ach, zu gar nichts hast du Gelegenheit!

Tesman: Das muß die Tiroler Gebirgsluft gemacht haben.

Hedda *kurz*: Ich bin genauso wie vor der Reise.

Tesman: Ja, das behauptest du. Aber das stimmt nicht. Findest du nicht auch, Tante?

Fräulein Tesman *hat die Hände gefaltet und starrt Hedda an*: Schön – schön – schön ist Hedda. *Geht zu ihr hin, beugt mit beiden Händen Heddas Kopf herab und küßt sie aufs Haar.* Gott segne und bewahre Hedda Tesman! Um Jörgens willen.

Hedda *macht sich behutsam los*: Ach! Lassen Sie mich doch!

Fräulein Tesman *gerührt*: Jeden Tag, den Gott werden läßt, komme ich zu euch.

Tesman: Ja, das tu nur, Tante – was?

Fräulein Tesman: Adieu! – Adieu!

Sie geht in die Diele hinaus, Tesman folgt ihr. Die Tür bleibt halb offen. Man hört Tesman seine Grüße an Tante Rina wiederholen und für die Pantoffeln danken. Gleichzeitig geht Hedda im Zimmer auf und ab, hebt die Arme, ballt die Hände wie in Wut. Sie schlägt dann die Vorhänge von der Verandatür zurück und blickt hinaus. Kurz darauf kommt Tesman wieder herein und schließt die Tür hinter sich.

Tesman *nimmt die Pantoffeln vom Boden auf*: Warum stehst du denn so da, Hedda? Gibt's da etwas zu sehen?

Hedda *wieder ruhig und beherrscht*: Ich sehe mir nur das Laub an. Es ist schon ganz gelb. Und so welk.

Tesman *packt die Pantoffeln ein und legt sie auf den Tisch*: Ja, wir schreiben ja auch schon September.

Hedda *wieder unruhig*: Ja, wirklich, jetzt haben wir schon – schon September.

Tesman: Fandest du nicht auch, daß Tante Julle etwas seltsam war? Beinahe feierlich? Verstehst du, was sie hatte – was?

Hedda: Ich kenne sie ja kaum. Ist sie nicht öfter so?

TESMAN: Nein, nicht so wie heute.

HEDDA *entfernt sich von der Verandatür*: Glaubst du, sie hat das mit dem Hut übelgenommen?

TESMAN: Ach, nicht besonders. Vielleicht im ersten Moment ein bißchen.

HEDDA: Aber was ist das auch für eine Manier, seinen Hut hier im Salon irgendwo hinzulegen! Das tut man doch nicht.

TESMAN: Nun, du kannst sicher sein, Tante Julle tut es nicht wieder!

HEDDA: Ich werde es schon wiedergutmachen.

TESMAN: Ach, liebe, gute Hedda, wenn du das tätest!

HEDDA: Wenn du heute hingehst, kannst du sie ja zum Abend einladen.

TESMAN: Ja, gern! Und dann könntest du ihr eine ganz große Freude machen.

HEDDA: Womit?

TESMAN: Wenn du dich entschließen könntest, du zu ihr zu sagen! Mir zuliebe, Hedda! Was?

HEDDA: Nein, nein, Tesman – darum darfst du mich wirklich nicht bitten! Ich habe es dir schon einmal gesagt. Ich will versuchen, sie Tante zu nennen. Und damit mag es genug sein.

TESMAN: Na ja. Aber ich finde, jetzt, wo du zur Familie gehörst...

HEDDA: Hm – ich sehe freilich nicht ein... *Sie geht bis zur Schiebetür.*

TESMAN *tritt zu ihr*: Ist dir etwas, Hedda? Was?

HEDDA: Ich sehe mir mein altes Klavier an. Es paßt nicht recht zu den Möbeln hier.

TESMAN: Wenn ich mein erstes Gehalt bekomme, wollen wir sehen, daß wir es umtauschen können.

HEDDA: Nein, nein – nicht tauschen! Weggeben will ich es nicht. Wir können es ja in das andere Zimmer stellen. Und für den Salon kaufen wir ein neues. So bei Gelegenheit, meine ich.

TESMAN *etwas kleinlaut*: Ja – das können wir natürlich auch.

HEDDA *nimmt das Bukett vom Klavier*: Diese Blumen standen doch in der Nacht noch nicht hier?

TESMAN: Sicher hat Tante Julle sie dir mitgebracht.

HEDDA *blickt ins Bukett*: Eine Visitenkarte! *Nimmt sie heraus und liest*: „Komme im Lauf des Tages wieder vorbei." Kannst du raten, wer?

TESMAN: Nein. Von wem ist denn die Karte? Was?

HEDDA: Hier steht „Frau Amtmann Elvsted".

TESMAN: Was du nicht sagst! Frau Elvsted? Fräulein Rysing, wie sie früher hieß.

HEDDA: Ganz recht. Die mit dem auffallenden Haar, mit dem sie überall Eindruck machen wollte. Deine alte Flamme, habe ich mir sagen lassen.

TESMAN *lacht*: Na, das hat nicht lange gedauert. Und das war ja auch, ehe ich dich kannte, Hedda. Aber denk mal – die ist hier!

HEDDA: Komisch, daß sie uns besucht. Ich kenne sie ja eigentlich nur von der Töchterschule.

TESMAN: Ja, und ich habe sie auch Gott weiß wie lange nicht mehr gesehen. Daß sie es in so einem Nest da oben aushalten kann, was?

HEDDA *denkt nach und sagt plötzlich*: Hör mal, Tesman: Lebt der nicht auch irgendwo dort oben, ich meine – Ejlert Lövborg?

TESMAN: Aber ja, das muß in derselben Gegend sein!

Berte kommt von der Diele herein.

BERTE: Frau Doktor, nun ist sie wieder hier, die Dame, die vorhin die Blumen abgegeben hat. *Zeigt.* Die da! Frau Doktor hat sie eben in der Hand.

HEDDA: Aha! – Ich lasse bitten.

Berte läßt Frau Elvsted eintreten und geht selbst wieder hinaus. Frau Elvsted ist von zarter Gestalt und hat schöne, weiche Gesichtszüge. Ihre Augen sind hellblau, groß, rund und etwas vorstehend und haben einen verschüchtert-fragenden Ausdruck. Ihr Haar ist auffallend hell, fast weißblond, und ungewöhnlich voll und wellig. Sie ist einige Jahre jünger als Hedda. Sie trägt ein dunkles Kostüm, das Geschmack verrät, aber nicht ganz der neusten Mode entspricht. Hedda geht ihr freundlich entgegen.

Guten Tag, beste Frau Elvsted! Nett, daß man Sie wieder einmal zu sehen bekommt!

FRAU ELVSTED *nervös, sucht sich zu beherrschen*: Ja, es ist schrecklich lange her, daß wir uns gesehen haben.

TESMAN *reicht ihr die Hand*: Und wir beide auch – was?

HEDDA: Besten Dank für Ihre schönen Blumen.

FRAU ELVSTED: O bitte ... Ich wollte gleich gestern nachmittag bei Ihnen vorsprechen. Doch da hörte ich, Sie wären verreist ...

TESMAN: Sie sind wohl erst kurze Zeit hier in der Stadt, was?

FRAU ELVSTED: Ich bin gestern nachmittag angekommen. Ach, ich war ganz verzweifelt, als ich hörte, Sie wären nicht zu Haus!

HEDDA: Verzweifelt! Warum denn?

TESMAN: Aber liebe, beste Frau Rysing – Frau Elvsted, wollte ich sagen ...

HEDDA: Es ist doch wohl nichts passiert?

FRAU ELVSTED: Doch, leider. Und ich kenne hier sonst keine Menschenseele, der ich mich anvertrauen könnte.

HEDDA *legt das Bukett auf den Tisch*: Kommen Sie – setzen wir uns hier aufs Sofa!

FRAU ELVSTED: Ach, dazu habe ich gar keine Ruhe!

HEDDA: Aber natürlich! Kommen Sie nur her! *Sie zieht Frau Elvsted aufs Sofa nieder und setzt sich neben sie.*

TESMAN: Nun? Was ist los?

HEDDA: Ist dort oben bei Ihnen etwas passiert?

FRAU ELVSTED: Ja – das ist es und auch wieder nicht. Ach – es liegt mir so viel daran, daß Sie mich nicht mißverstehen ...

HEDDA: Aber dann wäre es am besten, wenn Sie uns in alles einweihten, Frau Elvsted.

TESMAN: Und deswegen sind Sie doch wohl auch hergekommen? Was?

FRAU ELVSTED: Ja, ja – das schon. Und so will ich Ihnen denn sagen – falls Sie es nicht schon wissen: Ejlert Lövborg ist auch hier.

HEDDA: Lövborg!

TESMAN: Ach was! Ejlert Lövborg ist wieder hier? Denk mal, Hedda!

HEDDA: Herrgott, ich höre ja.

FRAU ELVSTED: Er ist bereits seit einer Woche hier. Nicht auszudenken: eine ganze Woche! In dieser gefährlichen Stadt!

Allein! Wo er hier so leicht in schlechte Gesellschaft geraten kann!

HEDDA: Aber, beste Frau Elvsted – was geht er Sie eigentlich an?

FRAU ELVSTED *blickt sie verschüchtert an und sagt rasch*: Er war der Lehrer der Kinder.

HEDDA: Ihrer Kinder?

FRAU ELVSTED: Meines Mannes Kinder. Ich habe keine.

HEDDA: Ihrer Stiefkinder also?

FRAU ELVSTED: Ja.

TESMAN *etwas tastend*: War er denn genügend – wie soll ich sagen – genügend – also war sein Lebenswandel so weit regelmäßig, daß man ihm eine solche Aufgabe übertragen konnte? Was?

FRAU ELVSTED: In den letzten Jahren konnte man ihm nichts nachsagen.

TESMAN: Nein, wirklich nicht? Denk mal, Hedda!

HEDDA: Ich höre ja.

FRAU ELVSTED: Nicht das geringste, ich versichere es Ihnen! In keiner Hinsicht. Aber trotzdem ... Jetzt, da ich weiß, daß er hier ist – in der großen Stadt ... Und mit so viel Geld in den Händen! Jetzt habe ich eine schreckliche Angst um ihn.

TESMAN: Aber warum ist er dann nicht lieber dort oben geblieben? Bei Ihnen und Ihrem Mann? Was?

FRAU ELVSTED: Als das Buch herausgekommen war, da konnte ihn nichts mehr bei uns halten.

TESMAN: Ach ja, stimmt ja – Tante Julle sagte, er habe ein neues Buch geschrieben.

FRAU ELVSTED: Ja, ein umfangreiches neues Buch, das von der Entwicklung der Kultur handelt – so unter allgemeinen Gesichtspunkten. Es ist vor vierzehn Tagen erschienen. Und als es so viel gekauft und gelesen wurde – und so großes Aufsehen erregte ...

TESMAN: So, tat es das? Dann ist es wohl etwas, das er noch aus seiner guten Zeit liegen hatte?

FRAU ELVSTED: Sie meinen von früher?

TESMAN: Ja.

FRAU ELVSTED: Nein, er hat es von der ersten bis zur letzten Seite oben bei uns geschrieben. Jetzt, im letzten Jahr.

TESMAN: Das ist ja sehr erfreulich zu hören! Denk mal, Hedda!

FRAU ELVSTED: Ach ja, wenn dieser Zustand nur anhalten wollte!

HEDDA: Haben Sie sich hier schon mit ihm getroffen?

FRAU ELVSTED: Nein, noch nicht. Es war nicht leicht, seine Adresse ausfindig zu machen. Doch heute morgen habe ich sie endlich bekommen.

HEDDA *blickt forschend zu ihr hinüber*: Eigentlich finde ich es etwas merkwürdig von Ihrem Mann – hm...

FRAU ELVSTED *fährt zusammen*: Von meinem Mann? Wieso?

HEDDA: Daß er Sie in einer solchen Mission hierherschickt. Daß er nicht selbst die Reise gemacht hat, um nach seinem Freund zu sehen.

FRAU ELVSTED: Ach nein, nein – mein Mann hat dazu keine Zeit! Und dann hatte ich hier auch – einige Besorgungen zu machen.

HEDDA *lächelt leise*: Na, das ist allerdings etwas anderes.

FRAU ELVSTED *erhebt sich rasch und voller Unruhe*: Und nun bitte ich Sie flehentlich, Herr Tesman: Nehmen Sie Ejlert Lövborg freundlich auf, wenn er zu Ihnen kommt! Und das tut er sicher. Herrgott – Sie waren ja früher so gute Freunde! Und außerdem sind Sie Fachkollegen. Sie arbeiten auf demselben Spezialgebiet, soweit ich das beurteilen kann.

TESMAN: Na, wenigstens war das früher der Fall.

FRAU ELVSTED: Ja, und deshalb bitte ich Sie inständig, daß auch Sie ein wachsames Auge auf ihn haben. Ach, nicht wahr, Herr Tesman – das versprechen Sie mir doch?

TESMAN: Ja, aber gern, Frau Rysing...

HEDDA: Elvsted!

TESMAN: Ich werde für Ejlert gern alles tun, was in meiner Macht steht. Darauf können Sie sich verlassen.

FRAU ELVSTED: Ach, wie hochherzig das von Ihnen ist! *Drückt ihm die Hände.* Haben Sie vielen, vielen Dank! *Erschrocken*: Mein Mann hält doch so ungeheuer viel von ihm!

HEDDA *erhebt sich*: Du solltest ihm schreiben, Tesman! Denn es ist doch möglich, daß er nicht von selbst zu dir kommt.

TESMAN: Ja, das dürfte wohl das richtigste sein, Hedda, was?

HEDDA: Und tu das so schnell wie möglich! Am besten gleich!

FRAU ELVSTED *flehentlich bittend*: Ach ja, wenn Sie das täten!

TESMAN: Ich schreibe sofort. Haben Sie seine Adresse, Frau – Frau Elvsted?

FRAU ELVSTED: Ja. *Holt aus ihrer Tasche einen kleinen Zettel und reicht ihn Tesman.* Hier ist sie.

TESMAN: Gut, gut. Also ziehe ich mich zurück. *Sieht sich um.* Ach Gott – wo sind die Pantoffeln? – Ach hier! *Nimmt das Päckchen und will gehen.*

HEDDA: Schreib ihm nur recht herzlich und freundschaftlich! Und auch recht ausführlich!

TESMAN: Ja, das werde ich schon machen.

FRAU ELVSTED: Aber bitte kein Wort davon, daß ich mich für ihn eingesetzt habe!

TESMAN: Nein, das ist doch selbstverständlich. Was? *Er geht durch das hintere Zimmer nach rechts ab.*

HEDDA *tritt zu Frau Elvsted, lächelt und sagt leise*: Sehen Sie! Nun haben wir zwei Fliegen mit einer Klappe geschlagen!

FRAU ELVSTED: Wie meinen Sie das?

HEDDA: Haben Sie nicht gemerkt, daß ich ihn forthaben wollte?

FRAU ELVSTED: Ja, damit er den Brief schreibt...

HEDDA: Und um mit Ihnen allein sprechen zu können.

FRAU ELVSTED *verwirrt*: Über diese Angelegenheit?

HEDDA: Ja, gewiß.

FRAU ELVSTED *voller Angst*: Aber da ist weiter nichts, Frau Tesman! Wirklich nicht!

HEDDA: Aber ja! Da ist noch etwas. Noch sehr viel sogar! Das sehe ich doch. Kommen Sie – jetzt setzen wir uns erst einmal! *Sie drückt Frau Elvsted in den Sessel am Ofen und setzt sich selbst auf eins der Taburetts.*

FRAU ELVSTED *blickt ängstlich auf ihre Uhr*: Aber liebste, beste Frau Tesman – ich wollte eigentlich jetzt gehen!

HEDDA: Ach, das eilt doch nicht so sehr. – Nicht wahr? Erzählen Sie mir lieber, wie's bei Ihnen zu Haus aussieht!

FRAU ELVSTED: Ach, gerade darüber möchte ich am allerwenigsten sprechen.

HEDDA: Aber mit mir doch, Liebste? – Herrgott, wir sind doch zusammen zur Schule gegangen!

FRAU ELVSTED: Das schon, aber Sie waren eine Klasse höher. Ach, was für eine schreckliche Angst ich damals vor Ihnen hatte!

HEDDA: Angst? Vor mir?

FRAU ELVSTED: Ja. Schreckliche Angst. Denn wenn wir uns auf der Treppe begegneten, zogen Sie mich immer an den Haaren.

HEDDA: Ach! Habe ich das wirklich getan?

FRAU ELVSTED: Ja, und einmal haben Sie gesagt, Sie wollten es mir absengen.

HEDDA: Ach, das war doch nur so hingesagt!

FRAU ELVSTED: Das wohl, aber ich war damals noch so dumm. – Und später – da sind wir dann so weit auseinandergekommen. Unsere Kreise waren doch so ganz verschieden.

HEDDA: Na, dann wollen wir sehen, daß wir uns wieder näherkommen. Doch hören Sie: Auf der Schule haben wir uns doch geduzt. Und uns beim Vornamen genannt.

FRAU ELVSTED: Nein, da irren Sie sich bestimmt!

HEDDA: Aber nein, ich irre mich nicht! Ich weiß es noch ganz genau. Und deshalb wollen wir uns der vertraulichen Anrede bedienen, wie in alten Tagen. *Rückt mit ihrem Taburett näher.* Also – *küßt sie auf die Wange* – jetzt sagst du zu mir du und nennst mich Hedda!

FRAU ELVSTED *drückt und streichelt ihre Hände*: Ach, so viel Güte und Liebe! So etwas bin ich gar nicht gewöhnt.

HEDDA: So, so, so! Und ich sage du zu dir, genau wie früher, und nenne dich meine liebe Thora.

FRAU ELVSTED: Thea heiße ich.

HEDDA: Ja richtig, natürlich. Thea meinte ich auch. *Blickt sie teilnehmend an.* So – bist du so wenig an Güte und Liebe gewöhnt, Thea? Bei dir zu Hause?

FRAU ELVSTED: Ach, wenn ich nur so etwas wie ein Zuhause hätte! Aber ich habe keins. Habe nie eins gehabt.

HEDDA *sieht sie von der Seite an*: Ich hatte so etwas geahnt.

FRAU ELVSTED *starrt hilflos vor sich hin*: Ach ja, ach ja . . .

HEDDA: Ich habe das nicht mehr so genau in Erinnerung. Aber warst du nicht ursprünglich Haushälterin bei Elvsteds?

FRAU ELVSTED: Eigentlich Gouvernante. Aber seine Frau – seine damalige Frau –, die war kränklich und die meiste Zeit bettlägrig. So mußte ich mich auch um den Haushalt kümmern.

HEDDA: Und schließlich wurdest du die Frau des Hauses?

FRAU ELVSTED *seufzend*: Ja, das wurde ich.

HEDDA: Wie lange ist das nun her?

FRAU ELVSTED: Daß ich verheiratet bin?

HEDDA: Ja.

FRAU ELVSTED: Fünf Jahre.

HEDDA: So lange schon?

FRAU ELVSTED: O diese fünf Jahre! Und besonders die zwei, drei letzten! Ach, wenn Sie sich vorstellen könnten...

HEDDA *schlägt ihr leicht auf die Hand*: Sie? Aber Thea!

FRAU ELVSTED: Verzeih, ich will mich bessern. Ach, wenn – du nur eine Ahnung hättest...

HEDDA *wie beiläufig*: Ejlert Lövborg hat ja auch dort oben gelebt. Ich glaube, drei Jahre.

FRAU ELVSTED *blickt sie unsicher an*: Ejlert Lövborg? Ja – allerdings.

HEDDA: Kanntest du ihn schon von früher?

FRAU ELVSTED: Kaum. Ja, das heißt – dem Namen nach natürlich.

HEDDA: Aber dort oben – da kam er also zu euch ins Haus?

FRAU ELVSTED: Ja, er kam jeden Tag zu uns herüber. Er gab doch den Kindern Unterricht; denn ich konnte auf die Dauer nicht alles allein bewältigen.

HEDDA: Nein, das läßt sich denken. – Und dein Mann? Der ist wohl viel auf Reisen?

FRAU ELVSTED: Ja. Sie – du kannst dir vorstellen, daß er als Amtmann oft im Distrikt dienstlich unterwegs ist.

HEDDA *lehnt sich gegen die Sessellehne*: Thea – arme, süße Thea – jetzt mußt du mir alles genau erzählen!

FRAU ELVSTED: Ja, dann mußt du mich fragen!

HEDDA: Wie ist eigentlich dein Mann, Thea? Ich meine – so – im Umgang. Ist er gut zu dir?

FRAU ELVSTED *ausweichend*: Er meint es sicher sehr gut.

HEDDA: Ich vermute, daß er viel zu alt für dich ist. Sicher ist er zwanzig Jahre älter als du?

FRAU ELVSTED *irritiert*: Das auch. Eins kommt zum andern. Alles an ihm ist mir zuwider! Wir haben nicht einen gemeinsamen Gedanken. Nicht den geringsten Berührungspunkt.

HEDDA: Aber hat er dich trotzdem gern? So auf seine Weise?

FRAU ELVSTED: Ach, ich weiß nicht. Wahrscheinlich schätzt er mich nur, soweit ich ihm nützlich bin. Außerdem koste ich nicht viel, ich bin billig.

HEDDA: Das ist dumm von dir.

FRAU ELVSTED *schüttelt den Kopf*: Etwas anderes liegt mir nicht. Wenigstens nicht unter solchen Umständen. Er liebt wohl nur sich – und vielleicht die Kinder ein bißchen.

HEDDA: Und dann Ejlert Lövborg, Thea!

FRAU ELVSTED *blickt sie an*: Ejlert Lövborg? Wie kommst du darauf?

HEDDA: Aber Liebste – ich meine, wenn dein Mann dich ihm nachschickt, bis hierher... *Lächelt fast unmerklich.* Und außerdem hast du es ja selbst zu Tesman gesagt.

FRAU ELVSTED *zuckt nervös zusammen*: Ach so. Ja, das habe ich wohl. *In großer Erregung, aber leise*: Ach, ich kann's dir ebensogut gleich sagen! Es kommt ja doch an den Tag!

HEDDA: Was denn, meine liebe Thea?

FRAU ELVSTED: Also kurz und gut: Mein Mann wußte überhaupt nichts von meiner Reise.

HEDDA: Was sagst du da? Dein Mann wußte nicht...?

FRAU ELVSTED: Natürlich nicht. Außerdem war er nicht zu Haus. Er war auch verreist. Ach, ich konnte es nicht mehr aushalten, Hedda! Ganz unmöglich! So allein, wie ich nun da oben gewesen wäre!

HEDDA: Na? Und weiter?

FRAU ELVSTED: Da packte ich einige Sachen zusammen, nur das Notwendigste. Und dann ging ich in aller Stille aus dem Haus.

HEDDA: So ohne weiteres?

FRAU ELVSTED: Ja. Und dann fuhr ich mit der Eisenbahn hierher.

HEDDA: Aber, meine liebe, gute Thea – daß du das riskiert hast!

FRAU ELVSTED *steht auf und geht umher*: Ja, was in aller Welt hätte ich denn sonst tun sollen?

HEDDA: Doch was wird dein Mann sagen, wenn du zurückkommst?

FRAU ELVSTED *am Tisch, blickt sie an*: Zurück zu ihm?

HEDDA: Ja freilich.

FRAU ELVSTED: Ich gehe nie mehr zurück!

HEDDA *steht auf und nähert sich Frau Elvsted*: Du hast also – ein für allemal – Haus und Familie verlassen?

FRAU ELVSTED: Ja. Anders konnte ich nicht handeln.

HEDDA: Und daß du das so ganz offen getan hast!

FRAU ELVSTED: Ach, so etwas läßt sich ja doch nicht verheimlichen.

HEDDA: Aber was glaubst du denn, Thea, was die Leute von dir sagen werden?

FRAU ELVSTED: Die mögen in Gottes Namen sagen, was sie wollen! *Läßt sich müde und erschöpft aufs Sofa fallen.* Ich habe getan, was ich tun mußte.

HEDDA *nach kurzem Schweigen*: Wie hast du dir nun das Weitere gedacht? Was willst du jetzt machen?

FRAU ELVSTED: Das weiß ich noch nicht. Ich weiß nur, daß ich hier leben muß, wo Ejlert Lövborg lebt. – Wenn ich überhaupt leben soll.

HEDDA *rückt einen Stuhl vom Tisch zum Sofa, setzt sich zu Frau Elvsted und streichelt ihre Hände*: Du, Thea! Wie kam es eigentlich zu – zu dieser Freundschaft zwischen dir und Lövborg?

FRAU ELVSTED: Ach, das kam so nach und nach. Ich bekam einen starken Einfluß auf ihn.

HEDDA: So?

FRAU ELVSTED: Er gab seine alten Gewohnheiten auf. Nicht, daß ich ihn darum gebeten hätte. Das hätte ich nie gewagt. Aber er merkte wohl, daß mir das alles zuwider war. Und da ließ er es.

HEDDA *verbirgt ein unwillkürliches Hohnlächeln*: Du hast ihn also – sozusagen bekehrt – du, kleine Thea?

FRAU ELVSTED: Ja, das sagt er wenigstens selbst. Und er – er hat aus mir so etwas wie einen wirklichen Menschen gemacht. Hat mich denken gelehrt – und manches verstehen.

HEDDA: Am Ende hat er auch dir Unterricht gegeben?

FRAU ELVSTED: Nein, das gerade nicht. Aber er hat sich mit mir unterhalten über so unendlich vieles. Und dann kam die schöne, glückliche Zeit, da ich an seiner Arbeit teilnehmen durfte! Ihm helfen durfte!

HEDDA: So? Das durftest du?

FRAU ELVSTED: Ja, ja! Wenn er etwas schrieb, haben wir immer erst alles gemeinsam besprochen.

HEDDA: Also wie zwei gute Kameraden.

FRAU ELVSTED *lebhaft*: Kameraden! Ja, denke dir, Hedda – so hat er's auch genannt! – Ach, ich sollte doch von Herzen froh sein! Aber das kann ich nicht. Denn wer weiß, ob es immer so bleiben wird.

HEDDA: Bist du seiner so wenig sicher?

FRAU ELVSTED *gedrückt*: Der Schatten einer Frau steht zwischen Ejlert Lövborg und mir.

HEDDA *blickt sie gespannt an*: Wer könnte das sein?

FRAU ELVSTED: Ich weiß nicht. Irgendeine aus seiner Vergangenheit. Wohl eine, die er nicht vergessen kann.

HEDDA: Hat er sich darüber geäußert?

FRAU ELVSTED: Nur ein einziges Mal hat er – so beiläufig – diesen Punkt berührt.

HEDDA: So? Und was hat er gesagt?

FRAU ELVSTED: Er hat gesagt: Als sie auseinandergingen, da habe sie ihn mit einer Pistole erschießen wollen.

HEDDA *kalt, beherrscht*: Ach was! Das kommt doch hier bei uns nicht vor!

FRAU ELVSTED: Nein. Und deshalb glaube ich, das muß die rothaarige Sängerin gewesen sein, mit der er eine Zeitlang...

HEDDA: Ja, das kann wohl sein.

FRAU ELVSTED: Denn ich entsinne mich: Von der wurde behauptet, sie trüge immer eine geladene Waffe bei sich.

HEDDA: Na also – dann ist die es natürlich!

FRAU ELVSTED *ringt die Hände*: Ja, aber denke dir, Hedda – nun höre ich, daß die Sängerin – sie ist wieder hier! Hier in der Stadt! – Ach, ich bin ganz verzweifelt!

HEDDA *blickt nach dem hinteren Zimmer*: Pst! Tesman kommt! *Steht auf und flüstert*: Thea – das muß alles zwischen uns beiden bleiben!

FRAU ELVSTED *springt auf*: Aber ja! Selbstverständlich! Du lieber Gott!

Jörgen Tesman kommt mit einem Brief in der Hand von rechts durch das hintere Zimmer herein.

TESMAN: So, das hätten wir – die Epistel ist fertig.

HEDDA: Das ist ja schön. Aber Frau Elvsted will jetzt gehen, glaube ich. Warte einen Augenblick! Ich bringe sie bis zur Gartenpforte.

TESMAN: Du, Hedda – könnte wohl Berte den Brief besorgen?

HEDDA *nimmt den Brief*: Ich werde es ihr sagen.

Berte kommt von der Diele herein.

BERTE: Der Herr Assessor Brack ist hier und möchte den Herrschaften gern guten Tag sagen.

HEDDA: Ja, lassen Sie ihn eintreten! Und dann – hören Sie – werfen Sie den Brief hier in den Kasten!

BERTE *nimmt den Brief*: Jawohl, Frau Doktor. *Sie läßt den Assessor Brack herein und geht selbst hinaus.*

Der Assessor ist ein Herr von 45 Jahren, untersetzt, doch wohlproportioniert und mit elastischen Bewegungen. Er hat ein rundliches, gutgeschnittenes Gesicht. Das kurz gehaltene Haar ist beinahe noch schwarz und sorgfältig frisiert. Sehr lebhafte Augen. Dicke Augenbrauen. Starker Schnurrbart mit gestutzten Spitzen. Er trägt einen eleganten, doch für sein Alter ein wenig zu jugendlichen Straßenanzug und benutzt ein Einglas.

BRACK *den Hut in der Hand, grüßt*: Darf man so früh am Tage hereinsehen?

HEDDA: Gewiß darf man das.

TESMAN *drückt ihm die Hand*: Sie sind jederzeit willkommen. *Stellt vor*: Herr Assessor Brack – Fräulein Rysing...

HEDDA: Aber...!

BRACK *verbeugt sich*: Ah – sehr angenehm...

HEDDA *sieht ihn an und lacht*: Es ist wirklich amüsant, festzustellen, wie Sie bei Tageslicht aussehen, Herr Assessor!

BRACK: Wie verändert – meinen Sie wohl?

HEDDA: Etwas jünger, scheint mir.

BRACK: Danke verbindlichst.

TESMAN: Aber was sagen Sie zu Hedda? Was? Sieht sie nicht geradezu üppig aus? Ist sie nicht förmlich...

HEDDA: Ach, laß mich gefälligst aus dem Spiel! Danke lieber dem Herrn Assessor für all die Mühe, die er sich gemacht hat!

BRACK: Ach was – war mir ein Vergnügen...

HEDDA: Ja, Sie sind eine treue Seele. Aber meine Freundin hier steht wie auf Kohlen und will gehen. Auf Wiedersehen, Herr Assessor! Ich bin gleich wieder hier. *Gegenseitige Verbeugungen. Frau Elvsted und Hedda gehen in die Diele hinaus.*

BRACK: Na – ist Ihre Gattin so einigermaßen zufrieden?

TESMAN: Ja, wir können Ihnen nicht genug danken. Das heißt – einige Umstellungen werden hier und da nötig sein, wie ich höre. Und dann fehlt ja auch noch dies und das. Allerlei Kleinigkeiten werden wir wohl noch anschaffen müssen.

BRACK: So? Wirklich?

TESMAN: Aber damit sollen Sie verschont werden. Hedda will das Fehlende selbst besorgen. – Wollen wir uns nicht setzen, was?

BRACK: Danke, aber nur für einen Augenblick. *Setzt sich an den Tisch.* Ich möchte etwas mit Ihnen besprechen, lieber Tesman.

TESMAN: So? – Ach, ich verstehe. *Setzt sich.* Jetzt beginnt wohl der ernste Teil des Festes? Was?

BRACK: Ach, mit der Abrechnung eilt es vorläufig nicht so. Allerdings hätte ich es lieber gesehen, wir hätten uns etwas weniger luxuriös eingerichtet.

TESMAN: Aber das wäre doch nicht gegangen! Auf keinen Fall! Denken Sie doch an Hedda, mein Lieber! Sie kennen sie doch! Ich konnte ihr doch unmöglich ein kleinbürgerliches Milieu bieten!

BRACK: Nein, nein – das ist ja gerade der wunde Punkt.

TESMAN: Und dann – dann kann es ja Gott sei Dank auch nicht mehr lange dauern, bis ich meine Ernennung bekomme.

BRACK: Ach, wissen Sie – so etwas zieht sich oft in die Länge!

TESMAN: Haben Sie vielleicht Näheres erfahren? Was?

BRACK: Nicht gerade etwas Bestimmtes... *Wechselt das Thema.* Ach richtig – eine Neuigkeit kann ich Ihnen auftischen.

TESMAN: Nun?

BRACK: Ihr alter Freund Ejlert Lövborg ist wieder hier.

TESMAN: Das weiß ich schon.

BRACK: So? Woher denn?

TESMAN: Die Dame hat es erzählt, die Hedda eben hinausbegleitet.

BRACK: Ach so. Wie hieß sie doch gleich? Ich hatte nicht ganz verstanden...

TESMAN: Frau Elvsted.

BRACK: Aha – also die Frau des Amtmanns. Ja – bei denen da oben hatte er ja Zuflucht gefunden.

TESMAN: Und denken Sie nur – da höre ich zu meiner großen Freude, daß er wieder ein ganz ordentlicher Mensch geworden ist!

BRACK: Ja, das weiß die Fama zu berichten.

TESMAN: Und dann soll er ja ein neues Buch herausgebracht haben! Was?

BRACK: Na, und was für eins!

TESMAN: Und Aufsehen hat es ja auch gemacht!

BRACK: Ganz außerordentliches Aufsehen.

TESMAN: Denken Sie mal! – Ist das nicht erfreulich? Ein so begabter Mensch! Ich hatte mich schon damit abgefunden, daß er vor die Hunde geht.

BRACK: Das war auch die allgemeine Ansicht.

TESMAN: Aber was will er jetzt nur anfangen? Wovon in aller Welt wird er denn leben – was?

Während der letzten Worte ist Hedda von der Diele hereingekommen.

HEDDA *zu Brack mit einem etwas höhnischen Lachen*: Immerzu ist Tesman in Sorge darüber, wovon man leben soll.

TESMAN: Herrgott, Liebste – wir sprechen von dem armen Ejlert Lövborg!

HEDDA *wirft einen raschen Blick auf ihn*: Ach so! *Setzt sich in den Sessel am Ofen und fragt scheinbar gleichgültig*: Was ist denn mit ihm?

TESMAN: Na ja – sein Erbteil hat er sicher schon längst durchgebracht. Und ein neues Buch kann er schließlich nicht jedes Jahr schreiben, was? Na, da frage ich wirklich, was aus ihm werden soll.

BRACK: Dazu hätte ich vielleicht etwas zu sagen.

TESMAN: Nun?

BRACK: Sie dürfen nicht vergessen – unter seinen Verwandten sind einflußreiche Leute!

TESMAN: Ach, seine Verwandten – die haben ihn ja ganz fallenlassen.

BRACK: Früher haben sie ihn doch die Hoffnung der Familie genannt!

TESMAN: Ja, früher – schon! Aber das hat er doch selbst verscherzt.

HEDDA: Wer weiß? *Lächelt leise.* Oben bei Amtmanns haben sie ihn ja wieder auf die Beine gestellt...

BRACK: Und jetzt ist noch dieses Buch erschienen...

TESMAN: Ja, ja, Gott gebe, daß ihm das irgendwie auf den Weg hilft! Ich habe gerade an ihn geschrieben. Du, Hedda, ich habe ihn für heute abend eingeladen.

BRACK: Aber, mein Lieber, da sollen Sie doch auf meinen Herrenabend kommen! Das haben Sie mir doch gestern nacht am Kai versprochen!

HEDDA: Hattest du das vergessen, Tesman?

TESMAN: Ja, wahrhaftig!

BRACK: Aber beruhigen Sie sich: Er wird bestimmt nicht kommen.

TESMAN: Wieso glauben Sie das – was?

BRACK *steht auf, stützt die Hände auf die Stuhllehne und sagt etwas zögernd*: Lieber Tesman – und auch Sie, Frau Tesman – ich kann es nicht verantworten, Sie in Unwissenheit zu lassen über eine Angelegenheit, die – die...

TESMAN: Betrifft es Ejlert?

BRACK: Es betrifft Sie und ihn.

TESMAN: Aber, lieber Assessor, so rücken Sie doch damit heraus!

BRACK: Sie müssen darauf vorbereitet sein, daß Ihre Berufung unter Umständen nicht so rasch erfolgt, wie Sie wünschen und erwarten.

TESMAN *springt unruhig auf*: Ist etwas dazwischengekommen? Was?

BRACK: Die Besetzung des Lehrstuhls dürfte voraussichtlich von – vom Ausgang eines Wettstreits abhängen...

TESMAN: Wettstreit! – Denk mal, Hedda!

HEDDA *lehnt sich in ihrem Sessel weiter zurück*: Sieh einer an!

TESMAN: Aber mit wem denn? Doch nicht etwa mit...?

BRACK: Ja, ganz recht. Mit Ejlert Lövborg.

TESMAN *schlägt die Hände zusammen*: Nein, nein, das ist doch einfach undenkbar! Einfach unmöglich! Was?

BRACK: Hm – trotzdem kann es dazu kommen.

TESMAN: Aber nein – Assessor, das wäre doch die unglaublichste Rücksichtslosigkeit mir gegenüber! *Fuchtelt mit den Händen herum.* Jawohl, denn bedenken Sie doch – ich bin doch ein verheirateter Mann! Wir haben doch auf diese Aussichten hin geheiratet, Hedda und ich. Eine Menge Schulden haben wir gemacht. Und sogar von Tante Julle Geld geliehen! Herrgott – ich hatte doch die Berufung so gut wie in der Tasche. Was?

BRACK: Nun ja – die Wahl wird wahrscheinlich auch auf Sie fallen. Aber erst nach einem Wettstreit.

HEDDA *unbeweglich in ihrem Sessel*: Denk mal, Tesman – das wird beinahe so wie auf der Rennbahn!

TESMAN: Aber liebste Hedda, wie kannst du da so gleichgültig bleiben!

HEDDA *weiter unbeweglich*: Das bin ich gar nicht. Ich bin wirklich gespannt, wie das ausgehen wird.

BRACK: Jedenfalls ist es gut, Frau Tesman, daß Sie nun wissen, wie die Dinge stehen. Ich meine – bevor Sie sich an die kleinen Einkäufe machen, mit denen Sie gedroht haben, wie ich höre.

HEDDA: Ihre Neuigkeit kann daran nichts ändern.

BRACK: So? – Das ist etwas anderes. Leben Sie wohl! *Zu Tesman*: Wenn ich meinen Nachmittagsspaziergang mache, komme ich vorbei und hole Sie ab.

TESMAN: Ach ja, ach ja – ich weiß weder aus noch ein.

HEDDA *streckt ihm, in den Sessel zurückgelehnt, die Hand entgegen*: Leben Sie wohl, Herr Assessor! Sie sind uns immer willkommen.

BRACK: Verbindlichsten Dank! Leben Sie wohl!

TESMAN *begleitet ihn zur Tür*: Adieu, lieber Assessor! Sie müssen mich wirklich entschuldigen... *Brack geht zur Diele hinaus. Tesman geht im Zimmer hin und her.* Ach, Hedda – man sollte sich doch nie auf Abenteuer einlassen – was?

HEDDA *sieht ihn an und lächelt*: Hast du das getan?

TESMAN: Ja, weißt du – es läßt sich nicht leugnen – es war

abenteuerlich, einfach hinzugehen und zu heiraten und ein Haus zu kaufen – alles nur auf eine Aussicht hin.

HEDDA: Da kannst du recht haben.

TESMAN: Na, unser gemütliches Heim haben wir jedenfalls, Hedda! Denk mal – das Heim, von dem wir beide immer geträumt haben! Für das wir geschwärmt haben, möchte ich fast sagen. Was?

HEDDA *erhebt sich langsam und müde*: Es war doch abgemacht, daß wir am gesellschaftlichen Leben teilnehmen und ein großes Haus führen.

TESMAN: Allerdings. Herrgott, wie ich mich darauf gefreut hatte! Denk mal – dich als Wirtin zu sehen, in einem erlesenen Kreis! Was? Ja, ja, ja, vorläufig also müssen wir uns mit unserer eigenen Gesellschaft begnügen, Hedda. Allenfalls können wir ab und zu Tante Julle bei uns sehen. Ach, du hättest es so ganz, ganz anders haben sollen!

HEDDA: Den livrierten Diener bekomme ich jetzt natürlich auch nicht?

TESMAN: Aber nein – leider. Daß wir uns einen Diener halten – davon kann unmöglich die Rede sein. Das mußt du einsehen!

HEDDA: Und das Reitpferd, das ich haben sollte...

TESMAN *erschrocken*: Das Reitpferd!

HEDDA: ... an das darf ich jetzt wohl nicht einmal denken?

TESMAN: Nein, gottbewahre! Das versteht sich doch von selbst!

HEDDA *geht auf und ab*: Na – etwas habe ich doch, womit ich mich inzwischen vergnügen kann!

TESMAN *freudestrahlend*: O gottlob! Und was ist denn das, Hedda? Was?

HEDDA *steht in der offenen Schiebetür und blickt ihn mit heimlichem Hohn an*: Meine Pistolen, Jörgen.

TESMAN *angstvoll*: Deine Pistolen?

HEDDA *mit kalten Augen*: General Gablers Pistolen. *Sie geht durch das hintere Zimmer nach links hinaus.*

TESMAN *läuft ihr nach und ruft*: Nein! Um Gottes willen! Liebste Hedda! Rühr diese gefährlichen Dinger ja nicht an! Mir zuliebe, Hedda! Was?

ZWEITER AKT

Der Salon bei Tesmans wie im ersten Akt, nur ist das Klavier durch einen eleganten kleinen Schreibtisch mit Bücherregal ersetzt worden. Vor dem Sofa auf der linken Seite steht jetzt ein kleiner Tisch. Die meisten Blumen sind fortgeräumt. Frau Elvsteds Bukett steht auf dem größeren Tisch im Vordergrund. Es ist Nachmittag.

Hedda, die jetzt ein elegantes Nachmittagskleid trägt, ist allein im Raum. Sie steht an der offenen Verandatür und lädt eine Pistole. Eine zweite Pistole liegt in dem auf dem Schreibtisch stehenden Pistolenkasten.

HEDDA *blickt in den Garten hinunter und ruft*: Aufs neue willkommen, Herr Assessor!

BRACK *ruft aus dem Garten herauf*: Guten Tag, Frau Tesman!

HEDDA *zielt mit der Pistole*: Jetzt erschieße ich Sie, Herr Assessor!

BRACK *aus dem Garten*: Nicht doch! Zielen Sie doch nicht direkt auf mich!

HEDDA: Das kommt davon, wenn man Schleichwege geht! *Sie schießt.*

BRACK *näher*: Sind Sie denn ganz verrückt!

HEDDA: Herrgott – habe ich Sie vielleicht getroffen?

BRACK *noch unsichtbar*: Lassen Sie doch diesen Unfug!

HEDDA: Kommen Sie nur herein, Herr Assessor! *Brack, für den Herrenabend umgezogen, mit einem leichten Mantel über dem Arm, tritt durch die Verandatür ein.*

BRACK: Zum Teufel – treiben Sie diesen Sport immer noch? Wonach schießen Sie eigentlich?

HEDDA: Ach, nur so in die blaue Luft.

BRACK *nimmt ihr behutsam die Pistole aus der Hand*: Gestatten Sie, Verehrteste! *Betrachtet die Waffe.* Ach die – die kenne ich gut. *Blickt sich um.* Wo haben wir denn den Kasten? Ah, hier. *Legt die Pistole hinein und klappt den Deckel zu:* Für heute mag es genug sein des grausamen Spiels.

HEDDA: Du lieber Gott, was soll ich nur den ganzen Tag anfangen?

BRACK: Haben Sie keinen Besuch gehabt?

HEDDA *schließt die Verandatür*: Keinen einzigen. Unsere Bekannten sind noch alle auf dem Lande.

BRACK: Und Tesman ist wohl auch nicht zu Haus?

HEDDA *schließt den Pistolenkasten im Schreibtisch ein*: Nein. Er war kaum mit dem Essen fertig, da lief er schon zu den Tanten. Er hat Sie wohl nicht so früh erwartet.

BRACK: Hm – das hätte ich mir denken können! Wie dumm!

HEDDA *wendet den Kopf und blickt ihn an*: Wieso dumm?

BRACK: Weil ich dann noch etwas früher gekommen wäre.

HEDDA *geht durchs Zimmer*: Da hätten Sie überhaupt niemanden getroffen. Denn ich hatte mich nach dem Essen zurückgezogen, um mich umzukleiden.

BRACK: Und da gibt's nicht einen ganz, ganz schmalen Türspalt, durch den man hätte verhandeln können?

HEDDA: Sie haben ja versäumt, dafür zu sorgen.

BRACK: Das war auch dumm von mir.

HEDDA: Na, dann wollen wir uns niederlassen. Und warten. Denn Tesman kommt sicher nicht so bald nach Haus.

BRACK: Nun ja, ich gedulde mich gern.

Hedda setzt sich in die Sofaecke, Brack legt seinen Mantel über die Lehne des ihm zunächst stehenden Stuhls und setzt sich, behält aber den Hut in der Hand. Kurze Pause. Sie sehen einander an.

HEDDA: Nun?

BRACK *im selben Ton*: Nun?

HEDDA: Ich habe zuerst gefragt.

BRACK *beugt sich etwas vor*: Also lassen Sie uns gemütlich miteinander plaudern, Frau Hedda!

HEDDA *lehnt sich im Sofa zurück*: Finden Sie nicht, daß es eine ganze Ewigkeit her ist, seit wir uns zuletzt gesprochen haben? – Die paar Worte gestern nacht und heute vormittag – die zählen ja nicht.

BRACK: Sie meinen: allein? So unter uns?

HEDDA: So etwa.

BRACK: Tag für Tag, den ich hier das Pflaster getreten, habe ich gewünscht, Sie möchten erst wohlbehalten wieder zu Haus sein.

HEDDA: Und ich habe während der ganzen Zeit dasselbe gewünscht.

BRACK: Sie? Ist das wahr, Frau Hedda? Und ich hatte geglaubt, Sie hätten sich auf der Reise so gut amüsiert!

HEDDA: Das glauben Sie nur!

BRACK: Aber das hat doch Tesman immer wieder geschrieben!

HEDDA: Ja – der! Der kennt nichts Schöneres auf der Welt, als in Bibliotheken und Archiven herumzustöbern. Und an einem Pult zu sitzen und vergilbte Pergamentblätter abzuschreiben – oder wie der Fachausdruck dafür lauten mag.

BRACK *ein wenig boshaft*: Nun, das ist ja sein Beruf in diesem Leben. Mindestens zum Teil.

HEDDA: Nun ja, das wohl. Und da ist es am Ende verständlich. Aber ich! Ach, lieber Assessor, ich habe mich gräßlich gelangweilt!

BRACK *teilnahmsvoll*: Meinen Sie das im Ernst?

HEDDA: Ja, das können Sie sich doch denken! So ein ganzes halbes Jahr keinen Menschen aus unseren Kreisen zu treffen, mit dem man über u n s e r e Interessen reden kann.

BRACK: Gewiß, gewiß – das würde ich auch sehr vermissen.

HEDDA: Und dann, was das aller-, allerunerträglichste ist...

BRACK: Was denn?

HEDDA: Immer und ewig zusammen zu sein – mit einem und demselben.

BRACK *nickt zustimmend*: Von morgens bis abends – freilich. Zu allen möglichen Zeiten.

HEDDA: Ich sagte: immer und ewig.

BRACK: Na ja. Aber ich meine nun doch, mit unserem guten Tesman ließe sich...

HEDDA: Mein Lieber: Tesman ist – ein Fachmensch.

BRACK: Nicht zu leugnen.

HEDDA: Und Fachmenschen sind als Reisegefährten nicht sehr amüsant. Wenigstens nicht auf die Dauer.

BRACK: Nicht einmal der Fachmensch, den man liebt.

HEDDA: Uh – gebrauchen Sie doch nicht dieses klebrige Wort!

BRACK *stutzt*: Aber Frau Hedda!

HEDDA *halb lachend, halb ärgerlich*: Ja, Sie sollten es nur einmal probieren! Kulturgeschichte von morgens bis abends!

BRACK: Immer und ewig...

HEDDA: Ja – ja – ja! Und dann nun noch diese Hausindustrie im Mittelalter! Einfach gräßlich!

BRACK *blickt sie forschend an*: Aber, sagen Sie mir – wie soll man sich dann erklären, daß...? Hm...

HEDDA: ... daß aus Jörgen Tesman und mir ein Paar geworden ist, meinen Sie?

BRACK: Na ja, wenn Sie es so formulieren wollen.

HEDDA: Ach Gott, finden Sie das so seltsam?

BRACK: Ja und nein, Frau Hedda.

HEDDA: Ich hatte mich einfach müde getanzt, lieber Assessor. Meine Zeit war um... *Fährt leicht zusammen.* O nein – das will ich denn doch nicht sagen. Nicht einmal denken!

BRACK: Dazu haben Sie auch wirklich keinen Grund!

HEDDA: Ah – Grund ... *Blickt ihn an, als wolle sie seine Gedanken lesen.* Und Jörgen Tesman – was man auch sonst sagen mag – er ist ein in jeder Beziehung korrekter Mensch.

BRACK: Korrekt und solide. Wahrhaftig.

HEDDA: Und etwas eigentlich Komisches kann ich nicht an ihm finden. – Oder Sie vielleicht?

BRACK: Komisch? Nein, das möchte ich nicht eben sagen...

HEDDA: Na also. Doch auf jeden Fall ist er ein ungeheuer fleißiger Sammler! Es kann durchaus sein, daß er es noch einmal weit bringt – trotz allem.

BRACK *blickt sie etwas unsicher an*: Ich hatte geglaubt, Sie teilten die allgemeine Ansicht, daß er einmal ein großer Mann werde.

HEDDA *mit einem müden Ausdruck*: Ja, das glaubte ich. – Und da er mich partout versorgen wollte... Ich weiß nicht, warum ich das nicht hätte annehmen sollen.

BRACK: Gewiß, von der Seite betrachtet...

HEDDA: Es war schließlich mehr, als wozu meine anderen Courmacher bereit waren, lieber Herr Assessor.

BRACK *lacht*: Natürlich kann ich nicht für die anderen sprechen.

Doch was mich selbst angeht, so wissen Sie ja wohl, daß ich – vor dem heiligen Band der Ehe immer einen heillosen Respekt gehabt habe. So ganz allgemein, Frau Hedda.

HEDDA *scherzend*: Oh, auf Sie habe ich mir nie Hoffnungen gemacht!

BRACK: Alles, was mein Herz begehrt, das ist ein netter Freundeskreis, wo ich mit Rat und Tat zu Diensten stehen kann und aus und ein gehen darf als – nun halt als ein erprobter Freund...

HEDDA: ...des Hausherrn, meinen Sie?

BRACK *verbeugt sich*: Offen gestanden – am liebsten der Hausfrau. Doch auch des Hausherrn, versteht sich. Wissen Sie, ein solches – wenn ich so sagen darf – dreieckiges Verhältnis, das ist im Grunde für alle Teile eine sehr angenehme Situation.

HEDDA: Ja, ich habe manches liebe Mal den Dritten auf der Reise vermißt. Uh – immer bloß zu zweit im Coupé sitzen...

BRACK: Glücklicherweise ist die Hochzeitsreise nun überstanden.

HEDDA *schüttelt den Kopf*: Die Reise dürfte noch lange – sehr lange – dauern! Ich bin gerade auf der ersten Station angekommen.

BRACK: Na, dann macht man einen Sprung ins Freie, Frau Hedda! Und macht sich ein bißchen Bewegung.

HEDDA: Ich mache keine Sprünge.

BRACK: Wirklich nicht?

HEDDA: Nein, denn es ist immer jemand da, der...

BRACK *lachend*: ...der einem auf die Beine sieht, meinen Sie?

HEDDA: So ist es.

BRACK: Na aber, du liebe Zeit...

HEDDA *mit einer abwehrenden Handbewegung*: Ich halte nichts davon. – Da bleibe ich lieber sitzen – wo ich nun einmal bin. Zu zweit.

BRACK: Na, dann steigt eben der Dritte zu!

HEDDA: Sehen Sie – das ist etwas ganz anderes!

BRACK: Ein erprobter, verständnisvoller Freund...

HEDDA: ...unterhaltsam auf allerlei interessanten Gebieten...

BRACK: ...und nicht die Spur Fachmensch!

HEDDA *mit einem hörbaren Seufzer*: Ja, das würde freilich die Reise angenehmer machen.

BRACK *hört Schlüssel klappern und blickt in Richtung der Diele*: Das Dreieck schließt sich.

HEDDA *halblaut*: Und der Zug fährt weiter.

Jörgen Tesman, in einem grauen Straßenanzug und mit weichem Filzhut, kommt von der Diele herein. Er hat eine Menge Broschüren unter dem Arm und in den Taschen.

TESMAN *geht zum Tisch vor dem Ecksofa*: Puh – da kann einem wahrhaftig heiß werden, wenn man so bepackt ist! *Packt die Broschüren auf den Tisch.* Ich schwitze förmlich, Hedda. Aber sieh da! Sie schon hier, lieber Assessor? Was? Davon hat mir Berte gar nichts gesagt.

BRACK *erhebt sich*: Ich bin durch den Garten gekommen.

HEDDA: Was hast du denn da für Bücher mitgebracht?

TESMAN *steht am Tisch und blättert in den Broschüren*: Einige neue Fachschriften, die ich unbedingt brauche.

HEDDA: Fachschriften?

BRACK: Aha, Fachschriften, Frau Tesman! *Wechselt mit Hedda ein verständnisvolles Lächeln.*

HEDDA: Brauchst du noch mehr Fachschriften?

TESMAN: Ja, liebe Hedda, davon kann man nie genug haben. Man muß sich doch auf dem laufenden halten.

HEDDA: Ja, das muß man wohl.

TESMAN *wühlt zwischen den Broschüren*: Und sieh mal – hier habe ich auch das neue Buch von Ejlert Lövborg. *Zeigt es.* Hast du vielleicht Lust hineinzusehen, Hedda? Was?

HEDDA: Nein, vielen Dank! Oder – ja, vielleicht später.

TESMAN: Ich habe unterwegs ein bißchen drin geblättert.

BRACK: Na, wie finden Sie es – Sie als Fachmann?

TESMAN: Ich finde, es ist merkwürdig maßvoll gehalten. So hat er früher nie geschrieben. *Packt die Broschüren zusammen.* Aber jetzt will ich alles hineintragen. Ich freue mich schon aufs Aufschneiden! Und dann muß ich mich ein bißchen umziehen. *Zu Brack*: Nicht wahr, wir brauchen noch nicht gleich zu gehen? Was?

BRACK: Ach wo – das eilt ganz und gar nicht.

TESMAN: Na, dann lasse ich mir also Zeit. *Setzt sich mit den Büchern in Bewegung, bleibt aber in der Schiebetür stehen und dreht sich um.* Ach richtig, Hedda – Tante Julle kommt heute abend nicht zu dir.

HEDDA: Nicht? Vielleicht wegen der Hutgeschichte?

TESMAN: Ach, kein Gedanke! Wie kannst du nur so etwas von Tante Julle annehmen! Denk mal, Tante Rina geht es so schlecht!

HEDDA: Das ist doch immer so gewesen.

TESMAN: Ja, aber heute ging es der Ärmsten ganz besonders schlecht.

HEDDA: Nun, dann ist es ja verständlich, daß ihre Schwester bei ihr bleibt. Ich muß mich damit abfinden.

TESMAN: Doch du kannst dir nicht denken, wie seelenvergnügt Tante Julle dennoch war – weil du auf der Reise so aufgeblüht bist!

HEDDA *steht auf und sagt halblaut*: Oh – diese ewigen Tanten!

TESMAN: Was?

HEDDA *geht zur Verandatür*: Ach, nichts.

TESMAN: Na, dann ... *Er geht durch das hintere Zimmer rechts hinaus.*

BRACK: Was war denn mit dem Hut, von dem Sie eben sprachen?

HEDDA: Ach – ein kleiner Zwischenfall heute morgen. Fräulein Tesman hatte ihren Hut auf den Stuhl dort gelegt. *Blickt Brack lächelnd an.* Und da tat ich so, als glaubte ich, er gehöre dem Dienstmädchen.

BRACK *schüttelt den Kopf*: Aber, liebe Frau Hedda, wie konnten Sie nur! Diese nette alte Dame so zu kränken!

HEDDA *geht nervös hin und her*: Ja, sehen Sie – so etwas kommt unversehens über mich. Und dann kann ich's einfach nicht lassen! *Wirft sich in den Sessel am Ofen.* Ach, ich weiß selbst nicht, wie ich das erklären soll.

BRACK *hinter ihrem Sessel*: Sie sind nicht so recht glücklich – das ist die Sache!

HEDDA *blickt vor sich hin*: Ich weiß nicht – warum sollte ich auch glücklich sein? Oder können Sie's mir sagen?

BRACK: Ja. Unter anderem, weil Sie gerade das Heim bekommen haben, das Sie sich gewünscht hatten.

HEDDA *blickt zu ihm hoch und lacht*: Glauben Sie auch an diese Wunschgeschichte?

BRACK: Stimmt sie etwa nicht?

HEDDA: O doch – wenigstens zum Teil.

BRACK: Nun?

HEDDA: Sie stimmt insoweit, als ich mich im vorigen Sommer von Tesman nach den Abendgesellschaften nach Haus begleiten ließ...

BRACK: Leider – ich hatte ja einen ganz anderen Weg.

HEDDA: Das stimmt. Sie gingen im vorigen Sommer andere Wege.

BRACK *lacht*: Schämen Sie sich, Frau Hedda! Nun – also Tesman und Sie...

HEDDA: Also, eines Abends kamen wir hier vorbei. Und Tesman, der Ärmste, kam aus der Verlegenheit nicht heraus, weil er nicht wußte, wovon er reden sollte. Da tat mir der gelehrte Mann leid.

BRACK *lächelt skeptisch*: Ihnen leid? Wirklich?

HEDDA: Ja, wahrhaftig! Und da – um ihm aus der Patsche zu helfen –, da kam ich auf den leichtsinnigen Einfall, zu behaupten, daß ich in dieser Villa hier gern wohnen würde.

BRACK: Weiter nichts?

HEDDA: Nicht an jenem Abend.

BRACK: Also später?

HEDDA: Ja. Mein Leichtsinn hatte Folgen, lieber Assessor.

BRACK: Leider – das hat unser Leichtsinn nur allzuoft, Frau Hedda.

HEDDA: Ein schöner Trost! – Also in dieser gemeinsamen Schwärmerei für die Villa der Staatsrätin Falk haben sich Tesman und ich voll innigen Verständnisses gefunden. Dies zog Verlobung und Heirat und Hochzeitsreise und alles mögliche andere nach sich. Ja, ja, Herr Assessor, wie man sich bettet, so liegt man – hätte ich beinahe gesagt.

BRACK: Das ist ja köstlich! Und im Grunde machten Sie sich vielleicht nicht das geringste aus diesem Anwesen hier?

HEDDA: Nein, wirklich nicht. Weiß Gott!

BRACK: Ja, aber jetzt? Jetzt, wo wir alles so nett für Sie eingerichtet haben?

HEDDA: Uh – mir ist, als röche es in allen Räumen nach Lavendel und verblühten Rosen. – Aber vielleicht hat Tante Julle diesen Geruch mitgebracht.

BRACK *lacht*: Nein, da glaube ich eher, er stammt von der seligen Staatsrätin.

HEDDA: Ja, es riecht nach etwas Verwelktem. So, wie Ballblumen am nächsten Tag riechen. *Faltet die Hände unter dem Nacken, lehnt sich im Sessel zurück und blickt Brack an.* Ach, lieber Assessor – Sie können sich nicht vorstellen, wie gräßlich ich mich hier draußen langweilen werde!

BRACK: Sollte denn das Leben nicht auch für Sie irgendeine Aufgabe bereithalten, Frau Hedda?

HEDDA: Eine Aufgabe – die mich reizen könnte?

BRACK: Das wäre natürlich am besten.

HEDDA: Weiß Gott, was das für eine Aufgabe sein sollte! Manchmal denke ich daran... *Bricht ab.* Doch nein – das geht auch nicht.

BRACK: Wer weiß? Lassen Sie nur hören!

HEDDA: Ich dachte: wenn ich nun Tesman dazu bewegen könnte, sich auf die Politik zu legen...

BRACK *lacht*: Tesman? Nein, wissen Sie – so etwas wie Politik, das liegt ihm gar nicht, absolut nicht.

HEDDA: Nein, das glaube ich auch. – Aber wenn ich ihn nun doch dazu bewegen könnte?

BRACK: Ja – doch was für eine Befriedigung hätten denn Sie davon? Wenn er nun einmal nicht dazu taugt, warum wollen Sie ihn dann dazu überreden?

HEDDA: Sie hören ja: weil ich mich langweile! *Nach kurzem Schweigen*: Halten Sie es denn für ganz unmöglich, daß Tesman Staatsminister werden könnte?

BRACK: Hm – sehen Sie, liebe Frau Hedda, dazu müßte er zunächst mal ein ziemlich reicher Mann sein.

HEDDA *erhebt sich ungeduldig*: Ja, da haben wir's! Immer wieder sind es diese dürftigen Verhältnisse, in die ich geraten bin! *Geht hin und her.* Die machen das Leben so erbärmlich! So geradezu lächerlich! – So ist es!

BRACK: Ich glaube aber, die Schuld liegt woanders.

HEDDA: Wo denn?

BRACK: Sie haben nie etwas wirklich Aufrüttelndes erlebt.

HEDDA: Etwas Ernstes, meinen Sie?

BRACK: Ja, man kann es auch so nennen. Doch dazu dürfte es jetzt vielleicht kommen.

HEDDA *wirft den Kopf in den Nacken*: Ach, Sie denken an die Schwierigkeiten mit dieser Professur? Das soll Tesmans Sorge sein. Darum kümmere ich mich nicht im geringsten.

BRACK: Na gut, lassen wir das! Aber wenn nun das Leben das, was man so ernste und verantwortungsvolle Anforderungen nennt, an Sie stellt? *Er lächelt.* Neue Ansprüche, kleine Frau Hedda!

HEDDA *böse*: Seien Sie still! So etwas werden Sie nie erleben!

BRACK *behutsam*: Wir sprechen uns wieder nach einem Jahr – spätestens.

HEDDA *kurz*: Dazu habe ich keine Veranlagung, Herr Assessor! Bitte nicht so etwas wie Ansprüche an mich zu stellen!

BRACK: Sollten Sie nicht wie die meisten anderen Frauen Veranlagung zu einem Beruf haben, der...

HEDDA *an der Verandatür*: Schweigen Sie gefälligst! – Manchmal glaube ich, daß ich nur zu einem auf der Welt Veranlagung habe.

BRACK *nähert sich ihr*: Und das wäre, wenn ich fragen darf?

HEDDA *blickt hinaus*: Mich zu Tode zu langweilen. Nun wissen Sie es. *Wendet sich um, blickt nach dem hinteren Zimmer und lacht.* Ah! Da haben wir den Herrn Professor!

BRACK: Na, na, na, Frau Hedda!

Jörgen Tesman im Abendanzug, in der Hand Hut und Handschuhe, kommt von rechts durch das hintere Zimmer herein.

TESMAN: Hedda – ist keine Absage von Ejlert Lövborg gekommen? Was?

HEDDA: Nein.

TESMAN: Na, dann paß auf: er wird bald hiersein!

BRACK: Glauben Sie wirklich, daß er herkommt?

TESMAN: Ja, dessen bin ich so gut wie sicher. Denn das sind doch nur vage Gerüchte – ich meine, wovon Sie heute vormittag sprachen.

BRACK: So?

TESMAN: Ja, wenigstens sagte Tante Julle, sie glaube im Leben nicht, daß er sich mir jemals in den Weg stellen würde. Denken Sie mal!

BRACK: Na, dann ist ja alles in Ordnung.

TESMAN *legt Hut und Handschuhe auf einen Stuhl rechts*: Aber Sie müssen mir schon gestatten, daß ich so lange wie möglich auf ihn warte.

BRACK: Dazu haben wir noch reichlich Zeit. Von meinen Gästen kommt niemand vor sieben, halb acht.

TESMAN: Na, dann können wir ja Hedda so lange Gesellschaft leisten – und sehen, wie sich die Dinge entwickeln. Was?

HEDDA *im Begriff, Bracks Mantel und Hut auf das Ecksofa zu legen*: Und schlimmstenfalls kann ja Herr Lövborg hier bei mir bleiben.

BRACK *will selbst seine Sachen beiseite legen*: Aber ich bitte Sie, Verehrteste! – Was meinen Sie mit schlimmstenfalls?

HEDDA: Falls er nicht mit Ihnen und Tesman gehen möchte.

TESMAN *blickt sie zweifelnd an*: Aber, liebe Hedda – glaubst du, das geht, daß er hier bei dir bleibt? Was? Vergiß nicht, daß Tante Julle nicht kommen kann!

HEDDA: Aber Frau Elvsted kommt. Und dann trinken wir drei miteinander Tee.

TESMAN: Ja, dann geht es natürlich!

BRACK *lächelnd*: Und das dürfte vielleicht auch das gesündeste für ihn sein.

HEDDA: Wieso?

BRACK: Herrgott, Frau Tesman, Sie haben ja oft genug gegen meine kleinen Herrenabende gestichelt. Sie eigneten sich nur für ganz prinzipienfeste Mannsleute, behaupteten Sie.

HEDDA: Aber Herr Lövborg ist doch jetzt genügend prinzipienfest. Ein bekehrter Sünder ...

Berte kommt von der Diele herein.

BERTE: Frau Doktor, da draußen ist ein Herr, der gerne rein möchte ...

HEDDA: Ja, lassen Sie ihn eintreten!

TESMAN *leise*: Ich bin sicher, das ist er. Passen Sie auf!

Ejlert Lövborg tritt von der Diele her ein. Er ist schlank und mager, im gleichen Alter wie Tesman, sieht aber älter und etwas verlebt aus. Haar und Bart sind dunkelbraun, das Gesicht ist länglich und blaß, mit einigen roten Flecken auf den Backenknochen. Er hat einen eleganten, ganz neuen schwarzen Gehrock an, in der Hand dunkle Handschuhe und einen Zylinder. Er bleibt in der Nähe der Tür stehen und verbeugt sich; scheint nervös und etwas verlegen zu sein. Tesman geht ihm entgegen und schüttelt ihm die Hand.

Nein, mein lieber Ejlert! – So sehen wir uns endlich einmal wieder! Was?

LÖVBORG *spricht mit leiser Stimme*: Vielen Dank für deinen Brief! *Nähert sich Hedda.* Darf ich auch Ihnen die Hand reichen, Frau Tesman?

HEDDA *gibt ihm die Hand*: Willkommen, Herr Lövborg! *Mit einer Handbewegung*: Ich weiß nicht, ob sich die beiden Herren...?

LÖVBORG *verbeugt sich leicht*: Herr Assessor Brack, glaube ich?

BRACK *verbeugt sich gleichfalls*: Donnerwetter! Gutes Gedächtnis! Ist doch schon einige Jährchen her...

TESMAN *legt Lövborg die Hand auf die Schulter*: Und jetzt tu, als ob du zu Hause wärst, Ejlert! Nicht wahr, Hedda? – Du willst dich ja hier in der Stadt wieder niederlassen, höre ich? Was?

LÖVBORG: Das will ich.

TESMAN: Na, das ist sehr vernünftig. Hör mal – ich habe mir dein neues Buch besorgt. Hatte aber wahrhaftig noch keine Zeit, es zu lesen.

LÖVBORG: Das kannst du dir auch sparen.

TESMAN: Wieso denn?

LÖVBORG: Weil nichts weiter dran ist.

TESMAN: Nein, denk mal – daß du das sagst!

BRACK: Aber es wird doch mächtig gelobt, wie ich höre!

LÖVBORG: Das wollte ich ja gerade. Darum habe ich es für den Allerweltsgeschmack geschrieben.

BRACK: Sehr vernünftig.

TESMAN: Ja aber – lieber Ejlert...

LÖVBORG: Ich will nämlich jetzt versuchen, mir wieder eine Position zu schaffen. Ganz von vorn will ich anfangen.

TESMAN *etwas verlegen*: So, willst du das? Was?

LÖVBORG *lächelt, stellt den Zylinder hin und zieht einen dicken Papierumschlag aus der Manteltasche*: Aber wenn dies hier herauskommt, Jörgen Tesman – das solltest du lesen! Denn das ist erst das Richtige. Das bin ich selbst!

TESMAN: So? Und wovon handelt es denn?

LÖVBORG: Es ist die Fortsetzung.

TESMAN: Die Fortsetzung? Wovon?

LÖVBORG: Von meinem Buch.

TESMAN: Von dem neuen?

LÖVBORG: Gewiß.

TESMAN: Ja aber – lieber Ejlert, das geht ja bereits bis zur Gegenwart!

LÖVBORG: Das tut es. Und dies hier handelt von der Zukunft.

TESMAN: Von der Zukunft? Aber, du lieber Gott, von der wissen wir doch gar nichts!

LÖVBORG: Nein. Aber trotzdem läßt sich dies und jenes über sie sagen. *Öffnet den Umschlag.* Hier siehst du...

TESMAN: Das ist doch nicht deine Handschrift?

LÖVBORG: Ich habe diktiert. *Blättert in den Papieren.* Es ist in zwei Hauptabschnitte eingeteilt. Der erste handelt von den Kulturmächten der Zukunft. Und hier der zweite – *blättert weiter hinten* – der handelt von der zukünftigen Entwicklung der Kultur.

TESMAN: Merkwürdig! Über so etwas zu schreiben würde mir nie einfallen!

HEDDA *steht an der Verandatür und trommelt gegen die Scheiben*: Hm – nein – ausgeschlossen!

LÖVBORG *steckt die Papiere in den Umschlag und legt diesen auf den Tisch*: Ich habe das Manuskript mitgebracht, weil ich dir heute abend etwas daraus vorlesen wollte.

TESMAN: Ja, das ist riesig nett von dir. Doch heute abend? *Blickt zu Brack hinüber.* Ich weiß nicht recht, wie sich das arrangieren ließe...

LÖVBORG: Na, dann also ein andermal. Es eilt ja nicht.

BRACK: Ich will es Ihnen verraten, Herr Lövborg – heute abend habe ich einen kleinen Freundeskreis bei mir. Eigentlich wollen wir Tesmans Rückkehr feiern, verstehen Sie...

LÖVBORG *sieht nach seinem Hut*: Aha – dann will ich nicht länger...

BRACK: Nein, hören Sie bitte: Wollen Sie mir nicht das Vergnügen machen, mitzukommen?

LÖVBORG *kurz und bestimmt*: Nein, das kann ich nicht. Ich danke Ihnen sehr.

BRACK: Ach was! Kommen Sie doch mit! Sie finden bei mir eine kleine, auserwählte Gesellschaft. Und ich kann versichern, es wird „schrecklich ungeniert" zugehen, um mit Frau Hed–, mit Frau Tesman zu sprechen.

LÖVBORG: Daran zweifle ich nicht. Aber dennoch...

BRACK: Sie könnten auch Ihr Manuskript mitnehmen und Tesman daraus vorlesen. Räume habe ich genug.

TESMAN: Ja, denk mal, Ejlert – das könntest du doch! Was?

HEDDA *mischt sich ein*: Aber, mein Lieber, wenn nun Herr Lövborg durchaus nicht will? Ich bin sicher, daß Herr Lövborg viel lieber hierbleiben und mit mir zu Abend essen möchte.

LÖVBORG *blickt zu ihr hin*: Mit Ihnen?

HEDDA: Und mit Frau Elvsted.

LÖVBORG: Ah! *Wie beiläufig*: Die habe ich heute mittag flüchtig gesprochen.

HEDDA: So? – Ja, sie kommt her. Und deshalb ist es geradezu unumgänglich, daß Sie bleiben, Herr Lövborg. Denn wer sollte sie sonst nach Haus begleiten?

LÖVBORG: Das ist wahr. Ja, vielen Dank – dann bleibe ich also.

HEDDA: Schön. Ich will nur dem Mädchen Bescheid sagen... *Sie geht zur Tür, die in die Diele führt, und klingelt. Berte kommt. Hedda spricht leise mit ihr und deutet auf das hintere Zimmer. Berte nickt und geht wieder hinaus.*

TESMAN *inzwischen zu Lövborg*: Hör mal, Ejlert, in den Vorträgen, die du zu halten gedenkst – geht es da um dieses neue Thema – das von der Zukunft?

LÖVBORG: Ja.

TESMAN: Ich habe nämlich beim Buchhändler gehört, daß du in diesem Herbst hier eine Reihe von Vorträgen halten willst.

LÖVBORG: Ja, das will ich. Das darfst du mir nicht übelnehmen, Tesman!

TESMAN: Gottbewahre! Aber...

LÖVBORG: Ich kann ja gut verstehen, daß es dir ziemlich ungelegen kommt.

TESMAN *kleinlaut*: Ach, ich kann natürlich nicht verlangen, daß du meinetwegen ...

LÖVBORG: Doch ich warte, bis du deine Berufung hast.

TESMAN: Du wartest?! Ja aber – ja aber – kandidierst du nicht auch? Was?

LÖVBORG: Nein. Ich will weiter nichts als über dich siegen. Vor der Öffentlichkeit.

TESMAN: Alle Wetter – dann hat ja Tante Julle doch recht! O ja – ich hab's ja gewußt! – Hedda! Denk dir, Ejlert Lövborg will uns gar nicht im Wege stehen!

HEDDA *kurz*: Uns? Laß mich aus dem Spiel! *Sie geht ins hintere Zimmer, wo Berte eben ein Tablett mit Karaffen und Gläsern auf den Tisch setzt. Hedda nickt zustimmend und kommt wieder nach vorn. Berte geht hinaus.*

TESMAN *gleichzeitig*: Aber Sie, Assessor, was sagen Sie denn dazu? Was?

BRACK: Nun, ich sage: Sieg und Ruhm – hm – das kann ja außerordentlich verlockend sein.

TESMAN: Ja, allerdings. Aber trotzdem ...

HEDDA *betrachtet Tesman mit kaltem Lächeln*: Du stehst ja da wie vom Blitz getroffen!

TESMAN: Ja, beinahe so – das mag schon sein.

BRACK: Es war ja auch ein Gewitter, das über uns hinweggezogen ist, Frau Tesman!

HEDDA *weist nach dem hinteren Zimmer*: Wollen die Herren sich nicht hineinbemühen und ein Glas kalten Punsch trinken?

BRACK *sieht auf seine Uhr*: Ein Abschiedstrunk? Gar nicht übel!

TESMAN: Ausgezeichnet, Hedda! Ganz ausgezeichnet! In dieser gehobenen Stimmung, in der ich jetzt bin ...

HEDDA: Bitte Sie auch, Herr Lövborg!

LÖVBORG *abwehrend*: Nein, vielen Dank! Für mich nicht!

BRACK: Herrgott noch mal – kalter Punsch ist doch kein Gift, soviel ich weiß!

LÖVBORG: Für manchen vielleicht doch.

HEDDA: Dann will ich Herrn Lövborg solange Gesellschaft leisten.

TESMAN: Ja, ja, liebe Hedda, tu das nur!

Tesman und Brack gehen in das hintere Zimmer, nehmen dort Platz, trinken Punsch, rauchen und plaudern. Ejlert Lövborg bleibt im Salon am Ofen stehen. Hedda geht zum Schreibtisch.

HEDDA *mit etwas erhobener Stimme*: Wenn Sie Lust haben, zeige ich Ihnen einige Aufnahmen. Tesman und ich – wir haben auf der Heimreise einen Abstecher nach Tirol gemacht. *Sie bringt ein Album, legt es auf den Tisch am Sofa und setzt sich in eine Sofaecke. Lövborg tritt näher, bleibt stehen und blickt sie an. Darauf nimmt er einen Stuhl und setzt sich neben sie, mit dem Rücken zum hinteren Zimmer. Hedda schlägt das Album auf.* Sehen Sie diese Berge hier, Herr Lövborg? Das ist die Ortlergruppe. Tesman hat es daruntergeschrieben. Hier steht es: Ortlergruppe bei Meran.

LÖVBORG *hat sie unverwandt angesehen und sagt jetzt leise und langsam*: Hedda – Gabler!

HEDDA *wirft ihm rasch einen verstohlenen Blick zu*: Still!

LÖVBORG *wiederholt leise*: Hedda Gabler!

HEDDA *blickt ins Album*: Ja, so hieß ich einmal. Damals – als wir uns kannten.

LÖVBORG: Und nun – und fürs ganze Leben –, da soll ich mir also abgewöhnen, zu sagen: Hedda Gabler?

HEDDA *blättert weiter*: Ja, das müssen Sie! Und ich meine, Sie sollten es beizeiten tun. Je früher, desto besser, scheint mir.

LÖVBORG *sehr erbittert*: Hedda Gabler verheiratet? Und noch dazu mit Jörgen Tesman!

HEDDA: Ja – so geht's.

LÖVBORG: Ach Hedda, Hedda – wie konntest du dich so wegwerfen!

HEDDA *blickt ihn unwillig an*: Bitte! Das ist deplaciert.

LÖVBORG: Was soll deplaciert sein?

Tesman kommt herein und nähert sich dem Sofa.

HEDDA *hört ihn kommen und sagt ganz ruhig*: Und dies hier, Herr Lövborg, dies ist aus dem Ampezzotal. Sehen Sie nur diese Bergspitzen! *Blickt freundlich zu Tesman hoch.* Du, wie heißen doch gleich diese eigenartigen Bergspitzen?

TESMAN: Laß mal sehen! – Ach, das sind doch die Dolomiten.

HEDDA: Richtig! – Das sind die Dolomiten, Herr Lövborg.

TESMAN: Du, Hedda – ich wollte nur fragen, ob wir nicht doch etwas Punsch bringen sollen? Für dich wenigstens? Was?

HEDDA: Ja, das wäre nett. Und vielleicht auch etwas Gebäck.

TESMAN: Keine Zigaretten?

HEDDA: Nein.

TESMAN: Gut. *Er geht durchs hintere Zimmer rechts hinaus.*

Brack bleibt hinten sitzen und wirft ab und zu Hedda und Lövborg einen prüfenden Blick zu.

LÖVBORG *wieder mit gedämpfter Stimme*: Antworte mir bitte, Hedda – wie konntest du das nur tun?

HEDDA *scheinbar in das Album vertieft*: Wenn Sie weiter du zu mir sagen, spreche ich nicht mehr mit Ihnen.

LÖVBORG: Darf ich auch nicht du sagen, wenn wir allein sind?

HEDDA: Nein. Denken dürfen Sie's. Aber nicht sagen.

LÖVBORG: Aha, ich verstehe. Das verträgt sich nicht mit Ihrer Liebe zu – Jörgen Tesman.

HEDDA *wirft ihm einen Blick zu und lächelt*: Liebe? Nein, Sie sind köstlich!

LÖVBORG: Also nicht Liebe?

HEDDA: Aber auch keine Untreue! In keiner Weise! Davon will ich nichts wissen!

LÖVBORG: Hedda, sagen Sie mir nur das eine...

HEDDA: Still!

Tesman kommt aus dem hinteren Zimmer mit einem Tablett.

TESMAN: So! Hier kommt das Gewünschte! *Er setzt das Tablett auf den Tisch.*

HEDDA: Warum spielst du denn hier den Diener?

TESMAN *schenkt ein*: Ach, es macht mir solchen Spaß, dich zu bedienen, Hedda!

HEDDA: Aber nun hast du ja beide Gläser gefüllt. Herr Lövborg will doch nichts trinken!

TESMAN: Nein, aber Frau Elvsted kommt doch noch!

HEDDA: Ja, das ist wahr – Frau Elvsted...

TESMAN: Die hattest du wohl vergessen? Was?

HEDDA: Wir haben uns ganz in die Aufnahmen vertieft. *Zeigt ihm ein Bild.* Kannst du dich an dieses kleine Dorf erinnern?

TESMAN: Oh, das ist doch der Ort unterhalb des Brennerpasses! Wo wir übernachtet haben...

HEDDA: ...und wo die vielen ausgelassenen Sommerfrischler waren!

TESMAN: Ja freilich. – Denk mal, Ejlert: Wenn du da bei uns gewesen wärst! Was? *Er geht wieder zu Brack und setzt sich zu ihm.*

LÖVBORG: Beantworten Sie mir nur die eine Frage, Hedda...

HEDDA: Nun?

LÖVBORG: War es in meinem Fall auch keine Liebe? Nicht eine Spur – nicht einmal ein Schimmer von Liebe?

HEDDA: Wer kann das wissen? Ich weiß nur noch, daß wir wie zwei gute Kameraden waren. Zwei wirklich vertraute Freunde. *Sie lächelt.* Besonders Sie waren ungeheuer offenherzig.

LÖVBORG: Sie wollten es doch so haben!

HEDDA: Wenn ich so zurückdenke, dann finde ich, es lag doch etwas Schönes, etwas Reizvolles, etwas Mutiges über dieser heimlichen Vertraulichkeit – dieser Kameradschaft, von der niemand etwas ahnte!

LÖVBORG: Ja, nicht wahr, Hedda? Das finden Sie also auch? Wenn ich so am Nachmittag zu Ihrem Vater hinaufkam und der General am Fenster saß und die Zeitung las – mit dem Rücken zu uns...

HEDDA: Und wir beide auf dem Ecksofa...

LÖVBORG: Immer dieselbe illustrierte Zeitschrift vor uns...

HEDDA: In Ermangelung eines Reisealbums.

LÖVBORG: Ja, Hedda – und wenn ich Ihnen dann beichtete! Ihnen von mir Dinge erzählte, die damals sonst niemand wußte. Wenn ich dort saß und Ihnen gestand, daß ich ganze Tage und Nächte durchrast, tagelang getobt hatte. Ach, Hedda – was für eine Macht in Ihnen hat mich damals gezwungen, das zu bekennen?

HEDDA: Sie glauben, daß es eine Macht war?

LÖVBORG: Ja, wie soll ich es mir sonst erklären? Und alle diese – diese hinterhältigen Fragen, die Sie mir stellten...

HEDDA: Und die Sie so ausgezeichnet verstanden.

LÖVBORG: Daß Sie so fragen konnten! Ganz harmlos!

HEDDA: Hinterhältig – muß ich bitten!

LÖVBORG: Ja, aber doch harmlos. Mich auszufragen nach – nach so etwas!

HEDDA: Und daß Sie bereitwilligst antworteten, Herr Lövborg!

LÖVBORG: Ja, das ist es ja gerade, was ich nicht begreife – jetzt hinterher. Aber sagen Sie mir nun, Hedda – war es nicht letzten Endes doch Liebe? War es bei Ihnen nicht der Wunsch, mich rein zu waschen, wenn ich zu Ihnen geflüchtet war mit meinem Bekenntnis? War es nicht so?

HEDDA: Nein, nicht ganz.

LÖVBORG: Was hat Sie dann dazu getrieben?

HEDDA: Finden Sie es so unerklärlich, daß ein junges Mädchen – wenn sich ihm solche Gelegenheit bietet, in aller Heimlichkeit...

LÖVBORG: Na?

HEDDA: ... daß man dann gern ein bißchen hineingucken will in eine Welt, die...

LÖVBORG: Die?

HEDDA: ... von der man nichts wissen darf.

LÖVBORG: Das also war es?

HEDDA: Auch das. Auch das – glaube ich fast.

LÖVBORG: Kameradschaft aus Lebenshunger. – Warum konnte nicht wenigstens die Kameradschaft von Dauer sein?

HEDDA: Das ist Ihre eigene Schuld.

LÖVBORG: Nein, Sie waren es doch, die mit mir gebrochen hat!

HEDDA: Ja, als die Gefahr sich abzeichnete, daß unser Verhältnis allzu reale Gestalt annehmen könnte. Schämen Sie sich, Ejlert Lövborg, wie konnten Sie sich nur vergreifen an – an Ihrem unbefangenen Kameraden!

LÖVBORG *preßt die Hände ineinander*: Ach, warum haben Sie damals nicht Ernst gemacht! Warum haben Sie Ihre Drohung nicht wahr gemacht und mich nicht niedergeknallt!

HEDDA: Weil ich Angst vor jedem Skandal habe.

LÖVBORG: Ja, Hedda, im Grunde sind Sie feige.

HEDDA: Entsetzlich feige. *Wechselt den Ton.* Aber das war doch nur ein Glück für Sie! Und nun haben Sie sich da oben bei Elvsteds so schön getröstet.

LÖVBORG: Ich weiß, was Thea Ihnen anvertraut hat.

HEDDA: Und Sie haben ihr vielleicht etwas über uns beide anvertraut?

LÖVBORG: Nicht ein Wort! So etwas könnte sie gar nicht verstehen. Dazu ist sie zu dumm.

HEDDA: Dumm?

LÖVBORG: In bezug auf solche Dinge ist sie dumm.

HEDDA: Und ich bin feige. *Beugt sich näher zu ihm hin, ohne ihm in die Augen zu blicken, und sagt leiser:* Aber jetzt will ich Ihnen etwas bekennen.

LÖVBORG *gespannt*: Nun?

HEDDA: Daß ich nicht wagte, auf Sie abzudrücken...

LÖVBORG: Ja?!

HEDDA: ... das war nicht meine ärgste Feigheit – an jenem Abend.

LÖVBORG *blickt sie einen Augenblick an, begreift und flüstert leidenschaftlich*: Ach, Hedda! Hedda Gabler! Jetzt erkenne ich den tiefsten Grund für diese Kameradschaft... Du und ich...! Es war doch der Lebenshunger in dir!

HEDDA *leise, aber mit einem abweisenden Blick*: Nehmen Sie sich in acht! Wie können Sie so etwas glauben!

Es beginnt zu dämmern. Berte öffnet die Tür, die zur Diele führt. Hedda klappt das Album zu und ruft lachend.

Na endlich, liebste Thea – so komm doch herein!

Frau Elvsted tritt ein. Sie trägt ein schlichtes Abendkleid. Die Tür wird von außen geschlossen. Hedda, auf dem Sofa, streckt die Arme nach ihr aus.

Süße Thea – du kannst dir nicht denken, wie ich auf dich gewartet habe!

Frau Elvsted nickt im Vorbeigehen den Herren im hinteren Zimmer zu, tritt dann an den Tisch und gibt Hedda die Hand. Ejlert Lövborg hat sich erhoben. Er und Frau Elvsted grüßen einander durch stummes Zunicken.

FRAU ELVSTED: Ich sollte vielleicht hineingehen und deinem Mann guten Tag sagen?

HEDDA: Ach nein! Laß die beiden nur sitzen! Die gehen sowieso gleich fort.

FRAU ELVSTED: Sie gehen fort?

HEDDA: Ja, zu einer Zecherei.

FRAU ELVSTED *rasch zu Lövborg*: Sie doch nicht?

LÖVBORG: Nein.

HEDDA: Herr Lövborg – der bleibt hier bei uns.

FRAU ELVSTED *nimmt einen Stuhl und will sich neben Lövborg setzen*: Oh, wie gemütlich es hier ist!

HEDDA: Halt, meine kleine Thea! Da nicht! Du kommst hübsch hierher zu mir. Ich will zwischen euch sitzen.

FRAU ELVSTED: Ganz wie du willst. *Sie geht um den Tisch herum und setzt sich aufs Sofa rechts neben Hedda. Lövborg setzt sich wieder auf seinen Stuhl.*

LÖVBORG *nach kurzem Schweigen, zu Hedda*: Ist sie nicht reizend anzusehen?

HEDDA *streicht ihr leicht übers Haar*: Nur anzusehen?

LÖVBORG: Ja. Denn wir beide – sie und ich –, wir sind zwei richtige Kameraden. Wir glauben unbedingt aneinander. Und darum können wir, auch wenn wir allein sind, ganz unbefangen miteinander reden.

HEDDA: Ganz harmlos, Herr Lövborg?

LÖVBORG: Nun ja...

FRAU ELVSTED *leise, indem sie sich an Hedda schmiegt*: Oh, wie glücklich ich bin, Hedda! Denk doch nur: Er sagt, ich hätte ihn geistig beflügelt!

HEDDA *blickt sie an und lächelt*: Ach, sagt er das, Liebste?

LÖVBORG: Und dann dieser Mut zur Tat, den sie bewiesen hat, Frau Tesman!

FRAU ELVSTED: Du lieber Gott – ich und Mut!

LÖVBORG: Sogar außerordentlichen – wenn es um den Kameraden geht.

HEDDA: Mut – ach ja! Wenn man den nur hätte!

LÖVBORG: Was wäre dann?

HEDDA: Dann würde man mit dem Leben noch etwas anfangen können. *Wechselt unvermittelt den Ton.* Aber jetzt, meine liebste Thea – jetzt mußt du ein Glas kalten Punsch trinken!

FRAU ELVSTED: Nein, danke, ich trinke so etwas nie.

HEDDA: Na, dann Sie, Herr Lövborg!

LÖVBORG: Danke, ich auch nicht.

FRAU ELVSTED: Nein, er auch nicht!

HEDDA *blickt ihn fest an*: Aber wenn ich es nun will?

LÖVBORG: Auch dann nicht!

HEDDA *lacht*: Habe ich also gar keine Macht über Sie, ich Ärmste?

LÖVBORG: Nicht auf diesem Gebiet.

HEDDA: Im Ernst – ich finde, Sie sollten es doch tun. Ihretwegen.

FRAU ELVSTED: Aber Hedda!

LÖVBORG: Warum denn?

HEDDA: Oder – richtiger gesagt – der Leute wegen.

LÖVBORG: So?

HEDDA: Die Leute könnten sonst glauben, Sie fühlten sich Ihrer selbst nicht recht sicher.

FRAU ELVSTED *leise*: Hedda, wie kannst du nur!

LÖVBORG: Die Leute mögen glauben, was sie wollen – einstweilen.

FRAU ELVSTED *froh*: Ja, nicht wahr?

HEDDA: Ich habe es vorhin dem Assessor Brack ganz deutlich angesehen.

LÖVBORG: Was haben Sie ihm angesehen?

HEDDA: Er lächelte so höhnisch, als Sie sich nicht getrauten, sich drüben mit hinzusetzen.

LÖVBORG: Mich nicht getraute! Ich wollte natürlich lieber hierbleiben und mich mit Ihnen unterhalten!

FRAU ELVSTED: Das war doch so verständlich, Hedda!

HEDDA: Aber wohl nicht für den Assessor. Und ich habe auch gesehen, daß er heimlich grinste und Tesman vielsagend zublinzelte, als Sie nicht wagten, zu diesem kleinen Herrenabend mitzugehen.

LÖVBORG: Nicht wagte! Glauben Sie wirklich, daß ich es nicht wage?

HEDDA: Ich nicht. Aber Assessor Brack hat es so aufgefaßt.

LÖVBORG: Lassen wir ihm das Vergnügen!

HEDDA: Sie gehen also nicht mit?

LÖVBORG: Ich bleibe hier bei Ihnen und Thea.

FRAU ELVSTED: Ja, Hedda – das kannst du dir wohl denken!

HEDDA *lächelt und nickt Lövborg beifällig zu*: Also feste Grundsätze. Allzeit prinzipienfest. Ein Muster männlicher Tugend! *Wendet sich Frau Elvsted zu und streichelt sie.* Na, hab ich dir's nicht gesagt, als du heute morgen völlig verstört hier ankamst?

LÖVBORG *stutzt*: Verstört?

FRAU ELVSTED *höchst erschrocken*: Hedda – aber Hedda!

HEDDA: Na siehst du! Es ist doch wirklich nicht nötig, daß du in solcher Todesangst herumläufst... *Abbrechend*: So! Aber nun wollen wir drei recht vergnügt sein!

LÖVBORG *ist zusammengefahren*: Ah – erklären Sie sich bitte deutlicher, Frau Tesman!

FRAU ELVSTED: Ach Gott, ach Gott! Hedda! Was hast du bloß angerichtet!

HEDDA: Sei doch still! Da sitzt der unangenehme Mensch, der Assessor, und beobachtet dich!

LÖVBORG: In Todesangst also! Meinetwegen!

FRAU ELVSTED *leise jammernd*: Ach Hedda – wie unglücklich hast du mich gemacht!

LÖVBORG *blickt sie eine Weile mit verzerrtem Gesicht unverwandt an*: Das ist also das große Vertrauen, das der Kamerad in mich gesetzt hat!

FRAU ELVSTED *flehentlich*: Ach, liebster Freund – hör mich doch erst an!

LÖVBORG *nimmt das eine gefüllte Punschglas, hebt es hoch und sagt leise mit heiserer Stimme*: Dein Wohl, Thea! *Er leert das Glas, stellt es weg und nimmt das andere.*

FRAU ELVSTED *leise*: Ach, Hedda, Hedda – daß du das gewollt hast!

HEDDA: Gewollt? Ich? Bist du verrückt?

LÖVBORG: Und auch auf Ihr Wohl, Frau Tesman! Verbindlichsten Dank für die Wahrheit! Sie lebe! *Er trinkt aus und will das Glas wieder füllen.*

HEDDA *legt ihm die Hand auf den Arm*: Bitte nicht – für jetzt ist es genug. Vergessen Sie nicht: Sie sollen noch zum Herrenabend!

FRAU ELVSTED: Nein, nein, nein!

HEDDA: Still! Die beiden da drüben lassen dich nicht aus den Augen!

LÖVBORG *stellt das Glas hin*: Du, Thea – sei jetzt aufrichtig.

FRAU ELVSTED: Ja!

LÖVBORG: Hat der Amtmann gewußt, daß du mir nachreisen wolltest?

FRAU ELVSTED *ringt die Hände*: Ach Hedda – hörst du, was er fragt?!

LÖVBORG: War es ein abgekartetes Spiel? Solltest du mir nachreisen und auf mich aufpassen? Hat vielleicht der Herr Amtmann das veranlaßt? Aha – er braucht mich wohl wieder in seinem Büro? Oder habe ich ihm beim Kartenspiel gefehlt?

FRAU ELVSTED *wendet sich ab, leise*: Ach Lövborg, Lövborg!

LÖVBORG *ergreift ein Glas und will es füllen*: Auf den alten Amtmann muß ich auch noch ein Glas leeren!

HEDDA *abwehrend*: Jetzt nicht! Denken Sie daran, daß Sie noch ausgehen und Tesman vorlesen wollen!

LÖVBORG *stellt das Glas weg und sagt ruhig*: Das war eben dumm von mir, Thea. Es so aufzufassen, meine ich. Sei mir deshalb nicht böse, du lieber, lieber Kamerad! Du sollst sehen, du und die anderen – wenn ich auch einmal gefallen bin, so – so bin ich doch wieder aufgestanden! Mit deiner Hilfe, Thea.

FRAU ELVSTED *freudestrahlend*: Oh, Gott sei Dank!

Brack hat auf seine Uhr gesehen. Er und Tesman stehen auf und kommen in den Salon.

BRACK *nimmt Hut und Mantel*: Frau Tesman, nun hat unsere Stunde geschlagen!

HEDDA: Das hat sie wohl.

LÖVBORG *erhebt sich*: Meine auch, Herr Assessor.

FRAU ELVSTED *leise und flehend*: Ach, Lövborg – tu es nicht!

HEDDA *kneift sie in den Arm*: Mach doch kein Aufsehen!

FRAU ELVSTED *schreit leise auf*: Au!

LÖVBORG *zu Brack*: Sie waren so freundlich, auch mich einzuladen.

BRACK: Na, kommen Sie also doch mit?

LÖVBORG: Ja, ich nehme dankend an.

BRACK: Freut mich wirklich.

LÖVBORG *steckt das Manuskript ein und sagt zu Tesman*: Ich möchte dir nämlich noch bestimmte Stellen vorlesen, bevor ich es abliefere.

TESMAN: Nein, denk mal – das wird interessant! – Aber, liebe Hedda, wie kommt nun Frau Elvsted nach Haus? Was?

HEDDA: Ach, das wird sich schon finden.

LÖVBORG *wendet sich den Damen zu*: Frau Elvsted? Ich komme natürlich wieder her und hole sie ab. *Tritt näher.* So gegen zehn Uhr, Frau Tesman. Ist es Ihnen so recht?

HEDDA: Gewiß. Das paßt ausgezeichnet.

TESMAN: Na, dann ist ja alles in bester Ordnung. Aber mich darfst du so früh nicht erwarten, Hedda!

HEDDA: Ach, mein Lieber, bleib nur so lange – so lange du willst!

FRAU ELVSTED *in geheimer Angst*: Herr Lövborg – ich warte also hier, bis Sie kommen.

LÖVBORG *den Hut in der Hand*: Natürlich, Frau Elvsted!

BRACK: Und jetzt setzt sich der Festzug in Bewegung, meine Herren! Ich hoffe, es wird „schrecklich ungeniert", wie eine gewisse schöne Frau sagt.

HEDDA: Ach, wenn doch diese schöne Frau unsichtbar zugegen sein könnte!

BRACK: Warum unsichtbar?

HEDDA: Um etwas von Ihren unverfälschten Mannesworten zu erlauschen, Herr Assessor.

BRACK *lacht*: Das möchte ich der schönen Frau denn doch nicht raten.

TESMAN *lacht auch*: Nein, du bist aber gut, Hedda! Denk mal!

BRACK: Also adieu, adieu, meine Damen!

LÖVBORG *verbeugt sich zum Abschied*: Gegen zehn Uhr also ...

Brack, Lövborg und Tesman gehen in die Diele hinaus. Gleichzeitig kommt Berte aus dem hinteren Zimmer mit einer brennenden Lampe, die sie im Salon auf den Tisch stellt, dann geht sie auf demselben Weg wieder hinaus.

FRAU ELVSTED *hat sich erhoben und geht unruhig hin und her*: Hedda, Hedda – was soll daraus nur werden!

HEDDA: Um zehn – da kommt er also. Ich sehe ihn schon vor mir. Mit Weinlaub im Haar. Voll Feuer und Enthusiasmus ...

FRAU ELVSTED: Ach, wenn es nur so wäre!

HEDDA: Und dann, paß auf – dann hat er die Gewalt über sich zurückgewonnen. Dann ist er frei – fürs ganze Leben.

FRAU ELVSTED: Ach Gott, ja – wenn es doch nur so wäre!

HEDDA: So und nicht anders wird es sein! *Steht auf und tritt auf sie zu.* Zweifle du an ihm, soviel du willst! Ich glaube an ihn. Wir werden ja sehen!

FRAU ELVSTED: Hedda! Du führst etwas im Schilde!

HEDDA: Ja, das tue ich. Ich will ein einziges Mal im Leben Macht über ein Menschenschicksal haben.

FRAU ELVSTED: Hast du die nicht?

HEDDA: Die habe ich nicht und habe sie nie gehabt.

FRAU ELVSTED: Aber doch über das Schicksal deines Mannes?

HEDDA: Das wäre wohl der Mühe wert! Ach, wenn du ahntest, wie arm ich bin! Und dir soll es vergönnt sein, so reich zu sein! *Schlingt leidenschaftlich die Arme um sie.* Ich glaube, ich senge dir doch noch das Haar ab!

FRAU ELVSTED: Laß mich los! Laß mich los! Ich habe Angst vor dir, Hedda!

BERTE *in der Türöffnung*: Der Teetisch ist gedeckt, Frau Doktor.

HEDDA: Gut. Wir kommen.

FRAU ELVSTED: Nein, nein! Ich gehe lieber nach Haus! Jetzt gleich!

HEDDA: Unsinn! Erst sollst du Tee trinken, kleine Närrin! Und um zehn – dann kommt Ejlert Lövborg, mit Weinlaub im Haar! *Sie zieht Frau Elvsted fast mit Gewalt ins hintere Zimmer.*

DRITTER AKT

Tesmans Salon. Die Vorhänge im Rahmen der Schiebetür und vor der Verandatür sind zugezogen. Auf dem Tisch steht die brennende Lampe, über die ein Schirm gestülpt ist. Im Ofen, dessen Tür offensteht, ist ein fast ausgebranntes Feuer sichtbar.

Frau Elvsted sitzt, in einen großen Schal gehüllt, dicht am Ofen; sie hat die Füße auf einen Schemel gestellt und ist in den Sessel zurückgesunken. Hedda liegt angekleidet auf dem Sofa und schläft; eine Decke ist über sie gebreitet.

FRAU ELVSTED *richtet sich nach einer Weile rasch im Sessel auf und horcht gespannt. Dann sinkt sie müde zurück und jammert leise*: Immer noch nicht! – Ach Gott, ach Gott – immer noch nicht!

Berte kommt, offensichtlich bemüht, leise zu sein, von der Diele herein. Sie hält einen Brief in der Hand. Frau Elvsted wendet sich zu ihr und flüstert gespannt.

Ist jemand hiergewesen?

BERTE *leise*: Ja, eben war ein Mädchen da und hat den Brief hier abgegeben.

FRAU ELVSTED *streckt die Hand aus und sagt schnell*: Ein Brief? Geben Sie her!

BERTE: Nein, der ist für den Herrn Doktor.

FRAU ELVSTED: Ach so.

BERTE: Das neue Mädchen von Fräulein Tesman hat ihn gebracht. Ich lege ihn hierher auf den Tisch.

FRAU ELVSTED: Ja, tun Sie das.

BERTE *legt den Brief auf den Tisch*: Es ist wohl besser, ich mache die Lampe aus. Die fängt an zu blaken.

Frau Elvsted: Ja, machen Sie sie nur aus! Es wird wohl auch bald hell.

Berte *bläst die Lampe aus*: Es ist schon hell.

Frau Elvsted: Oh, schon heller Tag! Und immer noch nicht hier!

Berte: Du lieber Gott – ich hatte mir das gleich gedacht, daß es so kommen würde.

Frau Elvsted: Das haben Sie sich gleich gedacht?

Berte: Ja, wie ich gesehen habe, daß ein gewisses Mannsbild wieder hier in der Stadt ist ... Und als er mit den beiden losgezogen ist ... Denn von dem Herrn hat unsereins schon früher allerhand gehört!

Frau Elvsted: Sprechen Sie nicht so laut! Sie wecken ja Frau Tesman auf!

Berte *blickt nach dem Sofa hin und seufzt*: Ach Gott, bloß nicht – wir wollen sie man schlafen lassen, die Arme! – Soll ich vielleicht im Ofen noch etwas nachlegen?

Frau Elvsted: Danke. Meinetwegen nicht.

Berte: Na dann ... *Sie geht leise in die Diele hinaus.*

Hedda *wacht vom Geräusch des Türschließens auf und fährt hoch*: Was ist ...?

Frau Elvsted: Es war nur das Mädchen.

Hedda *blickt sich um*: Ach, hier ...?! Ja, nun besinne ich mich ... *Richtet sich auf, reckt sich im Sitzen und reibt sich die Augen.* Wie spät ist es, Thea?

Frau Elvsted *sieht auf ihre Uhr*: Etwas nach sieben.

Hedda: Wann ist denn Tesman gekommen?

Frau Elvsted: Er ist noch nicht hier.

Hedda: Noch nicht zu Haus?

Frau Elvsted *steht auf*: Noch niemand ist gekommen.

Hedda: Und wir, wir haben hier gesessen und gewacht und gewartet – bis um vier.

Frau Elvsted *ringt die Hände*: Und wie ich auf ihn gewartet habe!

Hedda *gähnt und sagt, die Hand vor dem Mund*: Ach ja – das hätten wir uns sparen können!

Frau Elvsted: Hast du noch ein bißchen geschlafen?

Hedda: O ja. Ganz gut. Du nicht?

FRAU ELVSTED: Nicht eine Sekunde. Ich konnte das nicht, Hedda! Das war mir ganz unmöglich.

HEDDA *steht auf und tritt zu ihr*: Na, na! Es besteht wirklich kein Grund, sich zu ängstigen. Ich kann mir gut denken, warum sie noch nicht hier sind.

FRAU ELVSTED: Warum denn? Kannst du mir das sagen?

HEDDA: Na, der Herrenabend wird sich natürlich schrecklich in die Länge gezogen haben...

FRAU ELVSTED: Ach Gott – ja, das sicher. Aber trotzdem...

HEDDA: Und dann, weißt du, dann hat Tesman nicht mitten in der Nacht heimkommen und Lärm machen und klingeln wollen. *Lacht.* Vielleicht wollte er sich auch nicht gern sehen lassen – so unmittelbar nach einem feuchtfröhlichen Gelage.

FRAU ELVSTED: Aber meine Liebe, wo sollte er denn sonst hingegangen sein?

HEDDA: Er ist natürlich zu den Tanten gegangen und hat sich dort schlafen gelegt. Da hat er ja noch sein altes Zimmer.

FRAU ELVSTED: Nein, dort kann er nicht sein, denn vorhin ist ein Brief von Fräulein Tesman für ihn abgegeben worden. Da liegt er.

HEDDA: So? *Sieht sich die Anschrift an.* Ja, das ist Tante Julles Handschrift. Na, dann ist er eben beim Assessor geblieben. Und Ejlert Lövborg, der sitzt bei ihm – mit Weinlaub im Haar – und liest vor.

FRAU ELVSTED: Ach, Hedda, du redest ja nur so drauflos und sagst, was du selbst nicht glaubst!

HEDDA: Du bist wirklich ein kleines Schaf, Thea!

FRAU ELVSTED: Ach ja, das bin ich wohl. Leider.

HEDDA: Und wie todmüde du aussiehst!

FRAU ELVSTED: Ja, ich bin auch todmüde.

HEDDA: Darum mußt du tun, was ich dir jetzt sage: Du gehst in mein Zimmer und legst dich ein bißchen aufs Bett!

FRAU ELVSTED: Ach nein, nein – ich kann doch nicht schlafen!

HEDDA: Aber sicher kannst du das!

FRAU ELVSTED: Ja, aber dein Mann muß doch nun bald nach Haus kommen! Und dann will ich gleich wissen...

HEDDA: Ich werde es dir schon sagen, wenn er kommt.

FRAU ELVSTED: Versprichst du mir das, Hedda?

HEDDA: Ja, darauf kannst du dich verlassen. Geh nur und schlaf solange!

FRAU ELVSTED: Na schön. Ich will's versuchen. *Sie geht durch das hintere Zimmer hinaus.*

Hedda geht zur Veranda und zieht die Vorhänge auf. Helles Tageslicht fällt herein. Darauf nimmt sie vom Schreibtisch einen kleinen Handspiegel, blickt hinein und ordnet ihr Haar. Geht dann an die Tür zur Diele und drückt auf die Klingel. Bald darauf erscheint Berte in der Tür.

BERTE: Wünschen Frau Doktor was?

HEDDA: Ja, legen Sie im Ofen nach. Mich friert.

BERTE: Jesses – im Nu soll es hier warm werden! *Sie stochert in der Glut und legt ein Scheit Holz nach, hält inne und horcht.* Jetzt hat es draußen geläutet, Frau Doktor!

HEDDA: Dann gehen Sie und machen Sie auf! Nach dem Ofen will ich selbst sehen.

BERTE: Es wird gleich anbrennen. *Sie geht in die Diele hinaus.*

Hedda kniet auf dem Fußschemel und legt mehrere Scheite nach. Nach kurzer Pause tritt Tesman von der Diele her ein. Er sieht müde und ziemlich ernst aus. Er schleicht auf den Zehenspitzen zur Schiebetür und will zwischen den Vorhängen hindurchschlüpfen.

HEDDA *am Ofen, ohne aufzusehen*: Guten Morgen!

TESMAN *dreht sich um*: Hedda! *Kommt näher.* Aber wie in aller Welt – du bist jetzt schon auf? Was?

HEDDA: Ja, ich bin heute mächtig früh aufgestanden.

TESMAN: Und ich war ganz sicher, du würdest noch schlafen! Denk mal, Hedda!

HEDDA: Nicht so laut! Frau Elvsted liegt in meinem Zimmer.

TESMAN: Ist Frau Elvsted die Nacht hiergeblieben?

HEDDA: Ja, es ist ja niemand gekommen, sie abzuholen.

TESMAN: Nein, das wohl nicht.

HEDDA *schließt die Ofentür und erhebt sich*: Na, war's nett beim Assessor?

TESMAN: Hast du dich meinetwegen geängstigt? Was?

HEDDA: Nein, das sollte mir einfallen! Ich habe gefragt, ob du dich amüsiert hast?

TESMAN: Ja, das schon. Warum auch nicht? So dann und wann... Aber am schönsten fand ich's doch zu Anfang. Da hat mir Ejlert vorgelesen. Wir waren ja eine Stunde zu früh da – denk mal! Brack hatte noch mit Vorbereitungen zu tun. Inzwischen hat mir Ejlert vorgelesen.

HEDDA *setzt sich rechts an den Tisch*: Nun? Erzähl mal!

TESMAN *setzt sich auf ein Taburett am Ofen*: Nein, Hedda, du kannst dir nicht vorstellen, was für ein Werk das wird! Es gehört mit zum Merkwürdigsten, das je geschrieben wurde. Ganz ohne Frage. Denk mal!

HEDDA: Na ja, das interessiert mich nicht...

TESMAN: Ich will dir eins gestehen, Hedda: Als er aufhörte, da überkam mich ein häßliches Gefühl.

HEDDA: Was für ein Gefühl?

TESMAN: So etwas wie Neid. Ich mißgönnte Ejlert, daß er so etwas hatte schreiben können. Denk mal, Hedda!

HEDDA: Ja, ja, ich denke ja!

TESMAN: Und dann zu wissen, daß er – bei dieser Begabung – leider noch immer ganz unverbesserlich ist!

HEDDA: Du meinst wohl: er hat mehr Lebensmut als die andern?

TESMAN: Aber nein! Das nicht. Ich meine: er kennt überhaupt kein Maßhalten im Genießen.

HEDDA: Und wie ist es ausgegangen?

TESMAN: Ich möchte beinahe sagen: als Bacchanal.

HEDDA: Hatte er Weinlaub im Haar?

TESMAN: Weinlaub? Nein, davon habe ich nichts gesehen. Aber er hielt eine lange, verworrene Rede auf ein weibliches Wesen, das ihn bei der Arbeit geistig beflügelt habe. Ja, so hat er sich ausgedrückt.

HEDDA: Hat er ihren Namen genannt?

TESMAN: Nein, das nicht. Doch ich kann mir nur denken, daß es Frau Elvsted ist. Paß mal auf!

HEDDA: Na schön – und wo habt ihr euch getrennt?

TESMAN: An der Kreuzung zur Innenstadt. Wir – ich meine, die Unentwegten –, wir sind gleichzeitig aufgebrochen. Und Brack ist auch mitgegangen, um etwas frische Luft zu schnappen. Und dann, weißt du, dann beschlossen wir, Ejlert nach Haus zu bringen. Er war nämlich nicht mehr sicher auf den Beinen.

HEDDA: Das kann ich mir vorstellen.

TESMAN: Aber jetzt kommt etwas Merkwürdiges, Hedda! Oder etwas Trauriges, sollte ich wohl besser sagen. Ach, ich schäme mich fast, es zu erzählen – Ejlerts wegen.

HEDDA: Nanu! Was denn?

TESMAN: Ja, als wir so gingen, weißt du, da blieb ich zufälligerweise ein wenig zurück. Nur so ein paar Minuten, denk mal!

HEDDA: Herrgott ja! Na und?

TESMAN: Und wie ich mich dann beeile, die andern einzuholen – weißt du, was ich da auf dem Weg finde? Was?

HEDDA: Nein, wie kann ich das wissen!

TESMAN: Sag es aber keinem Menschen, Hedda! Hörst du! Das mußt du mir versprechen, um Ejlerts willen! *Zieht einen dicken Umschlag aus der Tasche.* Denk mal – das habe ich gefunden!

HEDDA: Sind das nicht die Papiere, die er gestern hier bei sich hatte?

TESMAN: Aber ja! Das ist sein kostbares, unersetzliches Manuskript! Und das hatte er unterwegs verloren – ohne es zu merken. Denk mal, Hedda! Wie traurig!

HEDDA: Aber warum hast du es ihm nicht gleich wiedergegeben?

TESMAN: Nein, das durfte ich nicht – bei seiner Verfassung...

HEDDA: Hast du niemand anders von dem Fund erzählt?

TESMAN: Aber nein! Das konnte ich doch Ejlerts wegen nicht.

HEDDA: Es weiß also niemand, daß du Ejlert Lövborgs Manuskript hast?

TESMAN: Nein. Und es darf auch niemand wissen.

HEDDA: Worüber hast du danach mit ihm gesprochen?

TESMAN: Ich hatte überhaupt keine Gelegenheit mehr, mit ihm zu sprechen. Denn als wir die Innenstadt erreichten, war er mit zwei, drei anderen plötzlich verschwunden. Denk mal!

HEDDA: So? Die haben ihn wohl nach Haus gebracht.

TESMAN: Ja, das ist anzunehmen. Und Brack ging auch seiner Wege.

HEDDA: Und wo hast du dich nachher herumgetrieben?

TESMAN: Ich und einige andere, wir sind zu einem der lustigen Brüder mit auf die Bude gegangen. Wir haben dort unseren Morgenkaffee getrunken. Oder den Nachtkaffee – muß man wohl eher sagen. Was? Aber jetzt muß ich mich erst ein bißchen ausruhen. Und sobald ich annehmen kann, daß Ejlert, der arme Kerl, seinen Rausch ausgeschlafen hat, muß ich zu ihm und ihm sein Manuskript bringen.

HEDDA *streckt die Hand nach dem Manuskript aus*: Nein – gib es nicht zurück! Nicht sofort, meine ich. Ich will es erst lesen!

TESMAN: Nein, liebste, beste Hedda! Das darf ich bei Gott nicht.

HEDDA: Du darfst nicht?

TESMAN: Nein, denn du kannst dir doch wohl denken, wie verzweifelt er sein wird, wenn er aufwacht und das Manuskript vermißt. Er hat nämlich keine Abschrift, mußt du wissen! Das hat er selbst gesagt.

HEDDA *sieht ihn forschend an*: Kann man denn so etwas nicht noch einmal schreiben? Nach dem Gedächtnis?

TESMAN: Nein, das halte ich kaum für möglich. Die Intuition – weißt du...

HEDDA: Freilich – und gerade darauf kommt es wohl an... *Beiläufig*: Ach richtig – da liegt ein Brief für dich.

TESMAN: Nein, denk mal!

HEDDA *reicht ihm den Brief*: Er ist heute früh gekommen.

TESMAN: Von Tante Julle, du! Was kann das sein? *Legt das Manuskript auf das andere Taburett, öffnet den Brief, überfliegt ihn und springt auf.* Hedda – sie schreibt, mit der armen Tante Rina ginge es zu Ende!

HEDDA: Das war doch zu erwarten.

TESMAN: Und wenn ich sie noch einmal sehen wolle, müsse ich mich beeilen. Ich will gleich hinüberspringen.

HEDDA *unterdrückt ein Lächeln*: Springen willst du?

TESMAN: Ach, liebste Hedda – wenn du dich entschließen könntest mitzukommen! Denk mal!

HEDDA *steht auf und sagt müde und abweisend*: Nein, nein, bitte mich nicht um so etwas! Ich will nichts sehen von Krankheit und Tod! Verschone mich mit allem, was häßlich ist!

TESMAN: Ach, du lieber Gott! *Läuft aufgeregt hin und her.* Mein

Hut? Mein Mantel? Ach, wohl auf der Diele! Hedda, ich will nur hoffen, daß ich nicht zu spät komme! Was?

HEDDA: Nun, so spring nur!

Berte erscheint in der Tür, die zur Diele führt.

BERTE: Herr Assessor Brack steht draußen und fragt, ob er reinkommen darf.

TESMAN: Zu dieser Tageszeit? Nein, jetzt kann ich ihn unmöglich empfangen!

HEDDA: Aber ich. *Zu Berte*: Ich lasse bitten. *Berte geht. Hedda rasch und im Flüsterton*: Tesman, das Manuskript! *Sie nimmt es hastig vom Taburett.*

TESMAN: Ja, gib her!

HEDDA: Nein, nein, ich hebe es dir solange auf. *Sie geht zum Schreibtisch und schiebt es in das Bücherfach.*

Tesman kann in der Aufregung die Handschuhe nicht anbekommen. Brack tritt von der Diele her ein. Hedda nickt ihm zu.

Na, Sie sind mir aber ein richtiger Morgenvogel!

BRACK: Ja, nicht wahr? *Zu Tesman*: Wollen Sie auch schon wieder losziehen?

TESMAN: Ich muß dringend zu den Tanten! Denken Sie nur – die arme Kranke, mit der geht's zu Ende!

BRACK: Herrgott, tatsächlich? Aber dann dürfen Sie sich durch mich nicht aufhalten lassen! In einem so ernsten Augenblick ...

TESMAN: Ja, ich muß wirklich laufen. Adieu! Adieu! *Er stürzt hinaus.*

HEDDA *nähert sich Brack*: Es ist wohl heute nacht bei Ihnen mehr als ungeniert zugegangen, Herr Assessor?

BRACK: Ich bin wahrhaftig nicht aus den Kleidern gekommen, Frau Hedda.

HEDDA: Sie auch nicht?

BRACK: Nein, wie Sie sehen. Aber was hat denn Tesman erzählt von den Ereignissen der letzten Nacht?

HEDDA: Ach, nur Belangloses. Bloß, daß sie jemandem „auf die Bude gerückt sind" und dort Kaffee getrunken haben.

BRACK: Von diesem Kaffeekränzchen habe ich bereits gehört. Ejlert Lövborg ist wohl nicht mit dabeigewesen, glaube ich?

HEDDA: Nein, den hatten sie schon nach Haus gebracht.

BRACK: War Tesman auch dabei?

HEDDA: Nein, einige andere – hat er mir erzählt.

BRACK *lächelt*: Jörgen Tesman ist wirklich eine arglose Seele, Frau Hedda.

HEDDA: Ja, das weiß Gott! Aber steckt denn etwas dahinter?

BRACK: Ja, die Sache kann höchst fatal werden.

HEDDA: Was Sie nicht sagen! Doch wollen wir nicht Platz nehmen, lieber Assessor? Dann erzählt es sich besser. *Sie setzt sich an die linke Schmalseite des Tisches. Brack nimmt an der Längsseite dicht bei ihr Platz.* Also schießen Sie los!

BRACK: Ich hatte meine Gründe, heute nacht den Wegen meiner Gäste – oder vielmehr eines Teils meiner Gäste – nachzuspüren.

HEDDA: Und zu denen gehörte wohl Ejlert Lövborg?

BRACK: Ich muß gestehen: Sie haben es erraten.

HEDDA: Jetzt machen Sie mich wirklich neugierig.

BRACK: Wissen Sie, Frau Hedda, wo er und einige meiner anderen Gäste den Rest der Nacht verbracht haben?

HEDDA: Wenn es sich erzählen läßt, dann tun Sie's bitte!

BRACK: Aber gewiß, erzählen läßt es sich schon. Also: sie waren auf einer recht animierten nächtlichen Fete.

HEDDA: Einer von der ungenierten Sorte?

BRACK: Der allerungeniertesten.

HEDDA: Bitte weiter, Herr Assessor!

BRACK: Auch Lövborg war schon vorher dazu eingeladen. Ich war darüber gut informiert. Aber er hatte abgelehnt. Sie wissen ja – er hatte doch den alten Adam ausgezogen.

HEDDA: Oben bei Elvsteds, ich weiß. Also dann ist er doch hingegangen?

BRACK: Ja, sehen Sie, Frau Hedda – da kommt unglückseligerweise gestern abend bei mir der Geist über ihn ...

HEDDA: Ja, wie ich schon hörte: sein Geist bekam Flügel.

BRACK: Mächtige Schwingen, ja. Na, da ist er wohl anderen Sinnes geworden, kann ich mir denken. Denn wir Mannsleute, wir sind leider nicht immer so prinzipienfest, wie wir wohl sein sollten.

HEDDA: Oh, Sie bilden da sicher eine Ausnahme, Herr Assessor! Also Lövborg ...?

BRACK: Ja, kurz und gut – das Ende vom Liede war, daß er in Fräulein Dianas Salon landete.

HEDDA: Fräulein Dianas...?

BRACK: Fräulein Diana hatte die Fete arrangiert. Für einen ausserwählten Kreis von Freundinnen und Verehrern.

HEDDA: Ist das eine mit roten Haaren?

BRACK: Allerdings.

HEDDA: Eine Art Sängerin?

BRACK: Nun ja, das auch. Und dabei eine gewaltige Jägerin – vor den Herren, Frau Hedda. Sie haben sicher schon von ihr gehört. Ejlert Lövborg war einer ihrer eifrigsten Beschützer – solange er über die nötigen Mittel verfügte.

HEDDA: Und wie endete die Fete?

BRACK: Nicht gerade freundschaftlich, scheint es. Fräulein Diana soll vom zärtlichsten Empfang zu Handgreiflichkeiten übergegangen sein.

HEDDA: Lövborg gegenüber?

BRACK: Ja. Er hatte sie oder ihre Freundinnen beschuldigt, ihn bestohlen zu haben. Hatte behauptet, seine Brieftasche wäre weg. Und andere Sachen mit. Kurz und gut, er soll einen Heidenspektakel gemacht haben.

HEDDA: Und wie ist es ausgegangen?

BRACK: Als Ringkampf unter allgemeiner Beteiligung der Damen und Herren. Zum Glück ist dann schließlich die Polizei erschienen.

HEDDA: Die Polizei?

BRACK: Ja. Aber der Spaß wird Ejlert Lövborg wohl teuer zu stehen kommen. So 'n verrückter Kerl!

HEDDA: Wieso?

BRACK: Widerstand gegen die Staatsgewalt. Er soll einen Polizisten geohrfeigt und ihm die Uniform zerrissen haben. Darauf mußte er mit auf die Wache.

HEDDA: Woher wissen Sie denn das alles?

BRACK: Von der Polizei selbst.

HEDDA *blickt vor sich hin*: So ist es also gekommen... Er hat kein Weinlaub im Haar gehabt...

BRACK: Weinlaub, Frau Hedda?

HEDDA *wechselt den Ton*: Aber sagen Sie mir, Herr Assessor – warum spionieren Sie eigentlich Ejlert Lövborg nach?

BRACK: Erstens kann's mir nicht so ganz gleichgültig sein, wenn sich bei den Verhören herausstellt, daß er geradewegs von mir gekommen war.

HEDDA: Es wird also zu förmlichen Verhören kommen?

BRACK: Selbstverständlich. Doch davon abgesehen. Vor allem fühle ich mich als Freund dieses Hauses verpflichtet, Sie und Tesman über Lövborgs nächtliches Treiben hinreichend zu unterrichten.

HEDDA: Warum eigentlich, Herr Assessor?

BRACK: Weil ich den lebhaften Verdacht hege, daß er Sie sozusagen als Tarnung mißbrauchen will.

HEDDA: Aber wie kommen Sie denn darauf?

BRACK: Lieber Gott, wir sind doch nicht blind, Frau Hedda. Sie werden sehen: Diese Frau Elvsted, die reist so bald nicht wieder ab!

HEDDA: Nun, falls zwischen den beiden etwas sein sollte, so gibt es wohl genug andere Orte, an denen sie sich treffen könnten.

BRACK: Nicht im Schutze einer unserer Familien. Jedes anständige Haus wird Ejlert Lövborg von nun an wieder verschlossen sein.

HEDDA: Und da muß es mein Haus auch sein, meinen Sie?

BRACK: Ja. Ich muß gestehen, es wäre mir mehr als peinlich, wenn dieser Herr hier ein und aus ginge. Wenn er – überflüssiger- und unbefugterweise – sich eindrängen würde in...

HEDDA: ...in das Dreieck?

BRACK: Ganz recht. Das hieße für mich, daß ich heimatlos würde.

HEDDA *blickt ihn lächelnd an*: Also – einziger Hahn im Korbe – das ist Ihr Ziel?

BRACK *nickt langsam und senkt die Stimme*: Ja, das ist mein Ziel. Und für dieses Ziel werde ich kämpfen – mit allen Mitteln, die mir zu Gebote stehen.

HEDDA *indem ihr Lächeln erlischt*: Sie sind sicher ein gefährlicher Mensch – wenn es drauf ankommt.

BRACK: Glauben Sie?

HEDDA: Ja, ich beginne es zu glauben. Und ich kann wohl heilfroh sein, daß ich in keiner Weise von Ihnen abhängig bin.

BRACK *lacht zweideutig*: Ja, ja, Frau Hedda – da mögen Sie recht haben. Wer weiß, worauf ich da verfallen könnte!

HEDDA: Aber hören Sie mal, Herr Assessor! Das klingt ja fast wie eine Drohung!

BRACK *steht auf*: Oh, ganz und gar nicht! Das Dreieck, sehen Sie – das befestigt und verteidigt man am besten auf der Basis der Freiwilligkeit.

HEDDA: Das meine ich auch.

BRACK: So, nun habe ich alles gesagt, was ich auf dem Herzen hatte. Und jetzt muß ich machen, daß ich nach Hause komme. Leben Sie wohl, Frau Hedda! *Geht zur Verandatür.*

HEDDA *steht auf*: Sie gehen durch den Garten?

BRACK: Ja, das ist für mich der kürzeste Weg.

HEDDA: Und außerdem ein Schleichweg.

BRACK: Sehr wahr. Ich habe nichts gegen Schleichwege. Bisweilen können sie recht pikant sein.

HEDDA: Wenn scharf geschossen wird, meinen Sie?

BRACK *in der Tür, lacht ihr zu*: Hm, man knallt doch wohl nicht seinen Hahn im Korb ab!

HEDDA *lacht ebenfalls*: Natürlich nicht, wenn man nur einen hat!

Sie nicken sich lachend zum Abschied zu. Er geht. Sie macht die Tür hinter ihm zu, bleibt eine Weile stehen und blickt ernst vor sich hin. Dann geht sie zur Schiebetür und späht durch den Vorhang. Darauf tritt sie an den Schreibtisch, nimmt Lövborgs Manuskript aus dem Fach und will darin blättern. Plötzlich ist von der Diele her Bertes laute Stimme zu hören. Hedda wendet sich um und horcht, verschließt dann rasch das Manuskript im Schreibtisch und legt den Schlüssel auf das Schreibzeug. Ejlert Lövborg – im Mantel, den Hut in der Hand – reißt die Tür von der Diele her auf. Er scheint etwas aus dem Gleichgewicht gekommen und ziemlich erregt zu sein.

LÖVBORG *nach der Diele gewandt*: Und ich sage Ihnen, ich will und muß da hinein! Da sehen Sie! *Er schließt die Tür, dreht sich um, erblickt Hedda, beherrscht sich sofort und grüßt.*

HEDDA *am Schreibtisch*: Nun, Herr Lövborg, Sie kommen ziemlich spät, um Thea abzuholen!

Lövborg: Oder ich komme ziemlich früh zu Ihnen. Ich bitte um Entschuldigung.

Hedda: Woher wissen Sie, daß sie noch bei mir ist?

Lövborg: In ihrer Pension wurde mir gesagt, sie sei die ganze Nacht nicht zu Haus gewesen.

Hedda *geht zum Salontisch*: Konnten Sie den Leuten, die Ihnen diese Auskunft gaben, etwas anmerken?

Lövborg *sieht sie fragend an*: Etwas anmerken?

Hedda: Ich meine, ob es so klang, als habe man dabei Hintergedanken?

Lövborg *begreift plötzlich*: Ach so! – Sie haben natürlich recht! Ich ziehe sie herunter! – Angemerkt habe ich den Leuten übrigens nichts. – Tesman ist wohl noch nicht aufgestanden?

Hedda: Nein – ich glaube nicht.

Lövborg: Wann ist er nach Haus gekommen?

Hedda: Furchtbar spät.

Lövborg: Hat er Ihnen etwas erzählt?

Hedda: Ja, daß es bei Assessor Brack recht lustig zugegangen ist.

Lövborg: Sonst nichts?

Hedda: Nein, ich glaube nicht. Ich war auch so schrecklich müde...

Frau Elvsted kommt aus dem hinteren Zimmer.

Frau Elvsted *eilt ihm entgegen*: Ah, Lövborg! Endlich!

Lövborg: Ja, endlich. Und zu spät.

Frau Elvsted *blickt ihn voller Angst an*: Was ist zu spät?

Lövborg: Alles. Mit mir ist es aus.

Frau Elvsted: Nein, nein – sag doch so etwas nicht!

Lövborg: Du wirst dasselbe sagen, wenn du erst gehört hast...

Frau Elvsted: Ich will nichts hören!

Hedda: Sie möchten vielleicht lieber mit ihr allein sprechen? Dann gehe ich solange...

Lövborg: Nein, bleiben Sie – bleiben Sie auch! Ich bitte Sie darum.

Frau Elvsted: Aber ich will nichts hören, sage ich!

Lövborg: Ich will nicht von den Vorfällen der letzten Nacht sprechen.

Frau Elvsted: Wovon denn sonst?

LÖVBORG: Davon, daß unsere Wege sich jetzt trennen müssen.

FRAU ELVSTED: Trennen?!

HEDDA *unwillkürlich*: Das habe ich gewußt!

LÖVBORG: Ich kann dich nicht mehr brauchen, Thea.

FRAU ELVSTED: Und das sagst du mir so ins Gesicht? Du kannst mich nicht mehr brauchen? Ich werde dir doch helfen können wie bisher? Wir können doch weiter miteinander arbeiten?

LÖVBORG: Ich beabsichtige nicht, je wieder zu arbeiten.

FRAU ELVSTED *in einem Ton, als gäbe sie sich selbst auf*: Dann hat ja mein Leben keinen Inhalt mehr!

LÖVBORG: Du mußt versuchen, dein Leben zu leben, als hättest du mich nie gekannt.

FRAU ELVSTED: Das kann ich nicht!

LÖVBORG: Versuch es, Thea! Du mußt nach Hause zurück.

FRAU ELVSTED *außer sich*: Nie im Leben! Wo du bist, da will auch ich sein! Ich lasse mich nicht so fortjagen! Ich will hierbleiben! Will bei dir sein, wenn das Buch erscheint!

HEDDA *halblaut, voller Spannung*: Ah, das Buch – ja!

LÖVBORG *blickt sie an*: Mein und Theas Buch. Denn das ist es.

FRAU ELVSTED: Ja, das ist es! So empfinde ich es auch. Und darum habe ich auch ein Recht, bei dir zu sein, wenn es erscheint! Ich will dabeisein, wenn man dir wieder mit Achtung begegnet und dich mit Ehren überschüttet. Und die Freude – die Freude, die will ich mit dir teilen.

LÖVBORG: Thea – unser Buch wird nie erscheinen.

HEDDA: Ah!

FRAU ELVSTED: Nie erscheinen!?

LÖVBORG: Kann nie erscheinen.

FRAU ELVSTED *in angstvoller Ahnung*: Lövborg, was hast du mit dem Manuskript gemacht!?

HEDDA *blickt ihn gespannt an*: Ja, was ist mit dem Manuskript?

FRAU ELVSTED: Wo hast du es?

LÖVBORG: Ach, Thea – danach frag mich lieber nicht!

FRAU ELVSTED: Doch, doch! Ich will es wissen. Ich habe ein Recht darauf, daß du's mir sagst – und das sofort!

LÖVBORG: Das Manuskript ... Nun – also das Manuskript – das habe ich in tausend Fetzen zerrissen.

Frau Elvsted *schreit*: Das glaube ich nicht!

Hedda *unwillkürlich*: Aber das ist ja gar nicht...!

Lövborg *blickt sie an*: ... nicht wahr, wollen Sie sagen?

Hedda *faßt sich*: Doch wohl. Natürlich. Wenn Sie selbst es sagen. Aber es klang so unwahrscheinlich.

Lövborg: Und doch ist es wahr.

Frau Elvsted *ringt die Hände*: O Gott, o Gott! Hedda! Sein eigenes Werk in Stücke zu reißen!

Lövborg: Ich habe mein eigenes Leben in Stücke gerissen. Da konnte ich wohl auch mein Lebenswerk zerreißen.

Frau Elvsted: Und das hast du heute nacht getan?!

Lövborg: Du hörst es ja! In tausend Stücke zerrissen. Und in den Fjord gestreut. Weit draußen. Wo frisches Seewasser ist. Mögen die Fetzen dort treiben! In Strom und Wind! Und nach einer Weile wird es sinken, mein Lebenswerk. Tiefer und tiefer. Wie ich selbst, Thea.

Frau Elvsted: Weißt du, Lövborg, das mit dem Manuskript... Mein Leben lang werde ich von der Vorstellung nicht loskommen, du habest ein kleines Kind gemordet.

Lövborg: Du hast ganz recht. Es ist wie Kindesmord.

Frau Elvsted: Aber wie konntest du nur! Ich hatte doch auch teil an dem Kind.

Hedda *fast lautlos*: Das Kind...

Frau Elvsted *atmet schwer*: Vorbei! – Nun gehe ich also, Hedda.

Hedda: Aber du reist doch wohl noch nicht ab?

Frau Elvsted: Ach, ich weiß selbst noch nicht, was ich tue. Jetzt ist alles ganz dunkel um mich. *Sie geht in die Diele hinaus.*

Hedda *bleibt abwartend stehen*: Sie wollen sie also nicht nach Haus begleiten, Herr Lövborg?

Lövborg: Ich? Durch die Straßen? Sollen die Leute sie vielleicht in meiner Gesellschaft sehen?

Hedda: Ich weiß ja nicht, was sich heute nacht sonst noch zugetragen hat. Ist es denn nicht wiedergutzumachen?

Lövborg: Bei dieser einen Nacht bleibt es nicht. Das weiß ich ganz sicher. Aber diese Art Leben mag ich nicht weiter leben. Jetzt nicht mehr. Den Sinn dafür, den habe ich durch Thea eingebüßt.

Hedda *blickt vor sich hin*: Die süße kleine Närrin hat ein Menschenschicksal lenken wollen. *Sieht ihn an.* Aber trotzdem – daß Sie so herzlos zu ihr sein konnten!

LÖVBORG: Sagen Sie nicht, daß es herzlos war!

HEDDA: Einfach alles zu vernichten, was ihr ganzes Dasein lange, lange Zeit ausgefüllt hat! Das nennen Sie nicht herzlos?

LÖVBORG: Ihnen kann ich ja die Wahrheit sagen, Hedda...

HEDDA: Die Wahrheit?

LÖVBORG: Versprechen Sie mir erst – geben Sie mir Ihr Wort darauf, daß Thea nie erfährt, was ich Ihnen jetzt anvertraue!

HEDDA: Hier haben Sie mein Wort.

LÖVBORG: Gut. So will ich Ihnen denn gestehen, daß ich vorhin nicht die Wahrheit gesagt habe.

HEDDA: Über Ihr Manuskript?

LÖVBORG: Ja. Ich habe es nicht in Fetzen zerrissen. Auch nicht in den Fjord geworfen.

HEDDA: Ach! Aber – wo ist es denn?

LÖVBORG: Vernichtet habe ich es dennoch. Total vernichtet, Hedda!

HEDDA: Daraus werde ich nicht klug.

LÖVBORG: Thea sagte, was ich getan, das käme ihr vor wie Kindesmord.

HEDDA: Ja – das hat sie gesagt.

LÖVBORG: Doch sein Kind töten – das ist nicht das Schlimmste, dessen sich ein Vater schuldig machen kann.

HEDDA: Nicht das Schlimmste?

LÖVBORG: Nein. Das Schlimmste sich anhören zu müssen – das wollte ich Thea ersparen.

HEDDA: Was ist denn das Schlimmste?

LÖVBORG: Hedda – angenommen, ein Mann käme – so gegen Morgen – nach einer wild durchschwärmten Nacht heim zur Mutter seines Kindes und sagte: Hör zu – ich bin da und da gewesen. An den und den Orten. Und ich habe unser Kind mitgehabt. An den und den Orten. Das Kind ist mir abhanden gekommen. Spurlos verschwunden. Der Teufel weiß, in welche Hände es geraten ist und was man mit ihm gemacht hat.

HEDDA: Aber – schließlich und endlich – es handelt sich doch nur um ein Buch.

LÖVBORG: Theas reine Seele war in dem Buch.

HEDDA: Ja, das verstehe ich.

LÖVBORG: Dann verstehen Sie wohl auch, daß es zwischen ihr und mir künftig keine Beziehungen mehr geben kann.

HEDDA: Und was wollen Sie nun beginnen?

LÖVBORG: Nichts. Nur sehen, der ganzen Geschichte ein Ende zu machen. Je eher, desto besser.

HEDDA *tritt einen Schritt näher*: Ejlert Lövborg – hören Sie her: Könnte es nicht wenigstens – wenigstens in Schönheit geschehen?

LÖVBORG: In Schönheit? *Lächelt.* Mit Weinlaub im Haar, wie Sie sich einmal so etwas vorgestellt hatten ...

HEDDA: Ach nein. An das Weinlaub – daran denke ich nicht mehr. Aber doch in Schönheit! – Und jetzt adieu! Jetzt sollen Sie gehen und nie mehr wiederkommen.

LÖVBORG: Leben Sie wohl, Frau Tesman! Und grüßen Sie Jörgen Tesman von mir! *Er will gehen.*

HEDDA: Einen Augenblick noch! Sie sollen ein Andenken mit auf den Weg bekommen. *Sie geht zum Schreibtisch und öffnet die Schublade mit dem Pistolenkasten. Tritt dann wieder zu Lövborg mit einer der Pistolen.*

LÖVBORG *blickt Hedda an*: Die da? Ist das Ihr Andenken?

HEDDA *nickt langsam*: Erkennen Sie sie wieder? Sie war einmal gegen Sie gerichtet.

LÖVBORG: Sie hätten von ihr Gebrauch machen sollen – damals!

HEDDA: Bitte! Machen S i e jetzt von ihr Gebrauch!

LÖVBORG *steckt die Pistole in die Brusttasche*: Danke!

HEDDA: Also, Ejlert Lövborg: In Schönheit! Versprechen Sie mir das!

LÖVBORG: Leb wohl, Hedda Gabler! *Er geht in die Diele hinaus.*

Hedda horcht eine Weile an der Tür. Darauf geht sie zum Schreibtisch und holt das Manuskript hervor, guckt ein bißchen in den Umschlag, zieht einige Blätter zur Hälfte heraus und liest darin. Dann setzt sie sich in den Sessel am Ofen, das Manuskript liegt auf ihrem Schoß. Nach einer Weile öffnet sie die Ofentür und nimmt das Manuskript aus dem Umschlag.

HEDDA *wirft einen Stoß Blätter ins Feuer und flüstert vor sich hin*: Nun verbrenne ich dein Kind, Thea! – Du Krauskopf! *Wirft einen weiteren Stoß in den Ofen.* Dein und Ejlert Lövborgs Kind. *Wirft den Rest des Manuskripts hinein.* Jetzt verbrenne ich – jetzt verbrenne ich das Kind.

VIERTER AKT

Die gleichen Räume bei Tesmans. Es ist Abend. Im Salon ist es dunkel, das hintere Zimmer ist durch die Hängelampe über dem Tisch erleuchtet. Die Vorhänge vor der Verandatür sind zugezogen.

Hedda, schwarz gekleidet, geht im dunklen Salon ruhelos hin und her, betritt schließlich das hintere Zimmer und geht dort nach links hinüber. Man hört einige Klavierakkorde. Dann kommt sie in den Salon zurück. Berte kommt von rechts durch das hintere Zimmer mit einer brennenden Lampe. Ihre Augen sind verweint. An ihrer Haube hat sie schwarze Bänder. Sie stellt die Lampe auf den Tisch vor dem Ecksofa und geht leise und behutsam wieder rechts hinaus. Hedda tritt vor die Verandatür, schiebt den Vorhang ein wenig zur Seite und blickt in die Dunkelheit. Kurz darauf tritt Fräulein Tesman von der Diele her ein. Sie trägt Trauerkleidung mit Hut und Schleier. Hedda geht ihr entgegen und drückt ihr die Hand.

FRÄULEIN TESMAN: Ja, Hedda, ich komme in der Farbe der Trauer. Meine arme Schwester hat nun endlich ausgelitten.

HEDDA: Ich weiß es bereits, wie Sie wohl sehen. Tesman hat mich benachrichtigt.

FRÄULEIN TESMAN: Ja, das hatte er mir versprochen. Aber ich fand dann doch, ich müsse die Todesnachricht Hedda selbst überbringen und herkommen – ins Haus des Lebens.

HEDDA: Das ist sehr freundlich von Ihnen.

FRÄULEIN TESMAN: Ach, Rina hätte nur nicht gerade jetzt von uns gehen sollen! In dieser Zeit sollte Heddas Haus von Trauer verschont bleiben.

HEDDA *ablenkend*: Sie hatte einen ruhigen Tod, nicht wahr?

FRÄULEIN TESMAN: Einen sehr schönen Tod – ganz friedlich ist sie von hinnen gegangen. Und dazu das unsägliche Glück, daß sie

Jörgen noch einmal sehen konnte! Und Abschied von ihm nehmen durfte. – Er ist wohl noch gar nicht hier?

HEDDA: Nein. Er hat mir geschrieben, ich dürfe ihn nicht so bald erwarten. Aber nehmen Sie doch Platz!

FRÄULEIN TESMAN: Nein, danke, liebe, beste Hedda! Ich möchte schon gern, aber ich habe so wenig Zeit. Nun soll sie zurechtgemacht und geschmückt werden, so gut ich's kann. Recht schön soll sie in ihr Grab kommen!

HEDDA: Kann ich irgendwie helfen?

FRÄULEIN TESMAN: Aber nein! Mit so etwas darf Hedda Tesman jetzt nichts zu tun haben! Selbst ihre Gedanken sollen dabei nicht lange verweilen. Nicht in dieser Zeit, auf keinen Fall!

HEDDA: Ach, die Gedanken – die lassen sich nicht so kommandieren.

FRÄULEIN TESMAN *fortfahrend*: Ja, du lieber Gott, so geht's in der Welt. Bei mir zu Hause nähen wir nun das Leinenzeug für Rina. Und hier wird es wohl auch bald etwas zu nähen geben, kann ich mir denken. Aber aus einem ganz andern Anlaß – Gott sei Dank!

Jörgen Tesman tritt von der Diele her ein.

HEDDA: Gut, daß du endlich kommst!

TESMAN: Du hier, Tante Julle? Bei Hedda? Denk mal!

FRÄULEIN TESMAN: Ich wollte gerade wieder gehen, mein lieber Junge. Nun, hast du alles erledigen können, was du mir versprochen hattest?

TESMAN: Du, ich fürchte wahrhaftig, ich habe die Hälfte vergessen! Ich springe morgen zu dir hinüber. Heute bin ich ganz wirr im Kopf. Ich kann meine Gedanken gar nicht beieinanderhalten.

FRÄULEIN TESMAN: Aber, lieber Jörgen, so schwer darfst du das doch nicht nehmen!

TESMAN: So? Wie sollte ich denn sonst...?

FRÄULEIN TESMAN: Bei aller Trauer froh sein! Froh über das, was geschehen ist. So, wie ich es bin.

TESMAN: Ach ja, ach ja. Du denkst an Tante Rina.

HEDDA: Sie werden sich nun einsam fühlen, Fräulein Tesman.

FRÄULEIN TESMAN: In den ersten Tagen – ja. Aber das wird wohl nicht lange dauern, will ich wenigstens hoffen. Das Stübchen der seligen Rina wird nicht lange leer stehen, das ist sicher!

TESMAN: So? Wen möchtest du denn da hinein haben? Was?

FRÄULEIN TESMAN: Oh, da findet sich allemal irgendein armer kranker Mensch, der Wartung und Pflege braucht – leider.

HEDDA: Wollen Sie wirklich wieder solch ein Kreuz auf sich nehmen?

FRÄULEIN TESMAN: Kreuz? Gott verzeihe Ihnen, Kind – das ist doch kein Kreuz für mich gewesen!

HEDDA: Aber wenn es jetzt ein fremder Mensch ist?

FRÄULEIN TESMAN: Ach, mit Kranken freundet man sich schnell an! Und ich brauche doch so nötig jemand, für den ich sorgen kann. Na – Gott sei Lob und Dank – hier im Hause dürfte es ja auch bald für eine alte Tante etwas zu tun geben!

HEDDA: Ach, sprechen Sie doch jetzt nicht von uns!

TESMAN: Ja, denk nur, wie schön wir drei es miteinander haben könnten, wenn nur ...

HEDDA: Wenn nur ...?

TESMAN *unruhig*: Ach, nichts weiter! Das wird schon in Ordnung kommen. Wir wollen es hoffen. Was?

FRÄULEIN TESMAN: Ja, ihr beide habt wohl etwas zu besprechen, denke ich mir. *Sie lächelt.* Und Hedda hat dir vielleicht auch etwas mitzuteilen, Jörgen! Lebt wohl! Nun muß ich heim zu Rina. *Wendet sich an der Tür um.* Du lieber Gott, wie wunderlich ist es doch, sich das vorzustellen! Nun ist Rina zugleich bei mir und beim seligen Jochum!

TESMAN: Ja, Tante Julle, denk mal! Was?

Fräulein Tesman geht in die Diele hinaus.

HEDDA *verfolgt Tesman kalt und prüfend mit den Augen*: Ich glaube fast, dir geht dieser Todesfall mehr zu Herzen als ihr.

TESMAN: Ach, es ist nicht der Todesfall allein. Ejlerts wegen bin ich so in Sorge!

HEDDA *rasch*: Ist wieder etwas mit ihm?

TESMAN: Ich wollte heute nachmittag zu ihm hinaufspringen und ihm sagen, daß sein Manuskript in guten Händen ist.

HEDDA: Und hast du ihn nicht angetroffen?

TESMAN: Nein. Er war nicht zu Haus. Aber dann traf ich Frau Elvsted, die mir erzählte, er sei heute morgen hier gewesen.

HEDDA: Jawohl, gleich nachdem du gegangen warst.

TESMAN: Und da soll er gesagt haben, er habe das Manuskript zerrissen? Was?

HEDDA: Ja, das hat er behauptet.

TESMAN: Aber, Gott im Himmel, dann war er doch ganz wirr im Kopf! Und da hast du wohl nicht gewagt, es ihm zurückzugeben?

HEDDA: Nein, zurückbekommen hat er es nicht.

TESMAN: Aber du hast ihm doch gesagt, daß wir es in Verwahrung haben?

HEDDA: Nein. *Rasch*: Hast du's vielleicht Frau Elvsted gesagt?

TESMAN: Nein, das wollte ich nicht. Doch ihm selbst hättest du es sagen sollen! Denk doch, wenn er sich nun in seiner Verzweiflung etwas antut! Hedda, gib mir schnell das Manuskript! Ich will gleich damit zu ihm hinaufspringen. Wo hast du es?

HEDDA *kalt und unbeweglich, indem sie sich auf die Sessellehne stützt*: Ich habe es nicht mehr.

TESMAN: Du hast es nicht mehr?! Was in aller Welt willst du damit sagen?

HEDDA: Ich habe es verbrannt – ganz und gar.

TESMAN *fährt vor Schreck in die Höhe*: Verbrannt? Ejlerts Manuskript verbrannt?

HEDDA: Schrei nicht so! Das Mädchen kann dich hören!

TESMAN: Verbrannt! Ach du großer Gott! Nein, nein, nein – das ist doch ganz unmöglich!

HEDDA: Es ist aber so.

TESMAN: Aber ist dir auch klar, Hedda, was du getan hast? Das ist ja gesetzwidrige Verfügung über gefundenes Gut! Denk doch! Ja, frag nur Assessor Brack, der wird dir das bestätigen!

HEDDA: Es ist gewiß am ratsamsten, daß du hierüber weder mit dem Assessor noch mit irgend jemand sonst sprichst.

TESMAN: Aber wie konntest du nur so etwas tun! So etwas Unerhörtes! Wie bist du nur darauf verfallen? Wie konnte das nur über dich kommen? Antworte mir! Was?

HEDDA *unterdrückt ein fast unmerkliches Lächeln*: Ich habe es dir zuliebe getan, Jörgen.

TESMAN: Mir zuliebe?

HEDDA: Als du heute morgen nach Haus kamst und erzähltest, er habe dir vorgelesen...

TESMAN: Ja, und?

HEDDA: ... da gestandest du mir, du mißgönntest es ihm, daß er so etwas hatte schreiben können.

TESMAN: Ach Gott, das war doch nicht so buchstäblich gemeint!

HEDDA: Trotzdem! Ich konnte den Gedanken nicht ertragen, daß ein anderer dich in den Schatten stellt.

TESMAN *stammelt, zwischen Zweifel und Freude schwankend*: Was sagst du da? Hedda – ist das wahr?! – Ja aber – aber auf diese Art – hat sich deine Liebe noch nie geäußert! Denk mal!

HEDDA: Na, dann ist es wohl am besten, ich sage dir jetzt – daß gerade in dieser Zeit... *Bricht ab und fährt in gereiztem Ton fort*: Ach was! Du kannst dich danach bei Tante Julle erkundigen. Sie wird dich schon aufklären!

TESMAN: Oh! – Ich glaube fast, ich habe dich verstanden, Hedda! *Schlägt die Hände zusammen.* Nein, allmächtiger Gott – du – sollte das möglich sein?! Was?

HEDDA: Schrei doch nicht so! Das Mädchen kann dich hören!

TESMAN *lachend, außer sich vor Freude*: Das Mädchen! Nein, du bist wirklich köstlich, Hedda! Das Mädchen – das ist doch unsere Berte! Ich will gleich hinaus und es Berte erzählen!

HEDDA *preßt verzweifelt die Hände ineinander*: Ach, ich ersticke – ich ersticke noch daran!

TESMAN: Woran, Hedda? Was?

HEDDA *kalt und beherrscht*: An all dem – Lächerlichen – Jörgen.

TESMAN: ... dem Lächerlichen? Daß ich überglücklich bin? – Doch immerhin – vielleicht sage ich besser noch nichts zu Berte.

HEDDA: Nur zu! Warum nicht auch das noch?

TESMAN: Nein, nein – noch nicht. Aber Tante Julle muß es unbedingt wissen! Und auch, daß du jetzt anfängst, Jörgen zu mir zu sagen! Denk mal! Ach, Tante Julle – wie die sich freuen wird!

HEDDA: Wenn sie hört, daß ich Ejlert Lövborgs Manuskript in Flammen habe aufgehen lassen – dir zuliebe?

TESMAN: Nein, richtig. Das mit dem Manuskript, das darf natürlich niemand wissen. Aber daß du mich so heiß liebst, Hedda – das darf Tante Julle doch wissen! Übrigens sag mal, du: ist das bei jungen Frauen immer so? Was?

HEDDA: Du kannst dich auch d a n a c h bei Tante Julle erkundigen.

TESMAN: Ja, das will ich bei Gelegenheit wirklich tun. *Blickt wieder unruhig und bedenklich drein.* Nein, aber – das mit dem Manuskript! Herrgott – wie entsetzlich ist das doch, wenn man sich an die Stelle des armen Ejlert versetzt!

Frau Elvsted, gekleidet wie bei ihrem ersten Besuch, mit Hut und Mantel, tritt von der Diele her ein.

FRAU ELVSTED *sagt nach hastigem Gruß aufgeregt*: Ach, liebe Hedda, nimm es nicht übel, daß ich schon wieder komme!

HEDDA: Was ist dir denn, Thea?

TESMAN: Ist wieder etwas mit Ejlert Lövborg? Was?

FRAU ELVSTED: Ach ja – ich habe so furchtbare Angst, daß ihm ein Unglück zugestoßen ist!

HEDDA *packt sie am Arm*: Ah – glaubst du das wirklich?

TESMAN: Aber nein! Wie kommen Sie nur darauf, Frau Elvsted?

FRAU ELVSTED: Weil ich gehört habe, wie man in der Pension von ihm sprach, als ich eintrat. Ach, es gehen ja heute in der Stadt die unglaublichsten Gerüchte über ihn um!

TESMAN: Ja, denken Sie nur, davon habe ich auch gehört! Und dabei kann ich bezeugen, daß er sofort nach Haus gegangen ist und sich schlafen gelegt hat. Denken Sie mal!

HEDDA: Was hat man sich denn in der Pension erzählt?

FRAU ELVSTED: Ach, das habe ich nicht herausbekommen. Ob die Leute nun selbst weiter nichts gewußt haben, oder ob ... Es trat sofort Stille ein, als sie mich sahen. Und fragen, das mochte ich nicht.

TESMAN *geht unruhig umher*: Wir wollen hoffen – wir wollen hoffen, daß Sie sich verhört haben, Frau Elvsted!

FRAU ELVSTED: Nein, nein, ich bin sicher, daß sie über ihn gesprochen haben! Und dann hörte ich etwas von Klinik oder ...

TESMAN: Klinik!

HEDDA: Nein – das ist doch wohl nicht möglich!

ELVSTED: Ach, ich bekam eine Todesangst! Und da bin ich in sein Logis gegangen und habe dort nach ihm gefragt.

HEDDA: Daß du das tun konntest, Thea!

FRAU ELVSTED: Ja, was blieb mir denn weiter übrig? Ich konnte diese Ungewißheit nicht mehr ertragen!

TESMAN: Aber Sie haben ihn wohl auch da nicht angetroffen? Was?

FRAU ELVSTED: Nein. Und seine Wirtsleute wußten nichts. Er sei seit gestern nachmittag nicht zu Haus gewesen, sagten sie.

TESMAN: Seit gestern! Denken Sie mal! Wie die Leute nur so etwas sagen können!

FRAU ELVSTED: Ach, ich habe solche Angst, daß etwas passiert ist!

TESMAN: Du, Hedda – wenn ich nun in die Stadt ginge und mich erkundigte?

HEDDA: Nein, nein! Misch du dich da nicht ein!

Brack, den Hut in der Hand, tritt von der Diele her ein. Berte hat ihm die Tür aufgemacht und schließt sie hinter ihm. Er sieht sehr ernst aus und grüßt stumm.

TESMAN: Ach – Sie, lieber Assessor? Was?

BRACK: Ja, ich mußte Sie noch heute abend unbedingt aufsuchen.

TESMAN: Ich kann Ihnen ansehen, Sie haben von Tante Julle die Trauernachricht erhalten.

BRACK: Das auch, ja.

TESMAN: Ist das nicht traurig? Was?

BRACK: Nun, lieber Tesman, wie man's nimmt.

TESMAN *sieht ihn unsicher an*: Ist vielleicht sonst noch etwas passiert?

BRACK: Allerdings.

HEDDA *gespannt*: Etwas Trauriges, Herr Assessor?

BRACK: Auch wie man es nimmt, Frau Tesman.

FRAU ELVSTED *sehr aufgeregt*: Oh, es ist etwas mit Ejlert Lövborg geschehen!

BRACK *wirft einen prüfenden Blick auf sie*: Wie kommen Sie darauf? Wissen Sie vielleicht schon etwas?

FRAU ELVSTED *verwirrt*: Nein, nein, ich weiß gar nichts. Aber...

TESMAN: Aber um Himmels willen, so reden Sie doch!

BRACK *zuckt mit den Schultern*: Nun – also: Ejlert Lövborg ist in die Klinik eingeliefert worden. Es ist traurig, aber es geht wohl mit ihm zu Ende.

Frau Elvsted *schreit auf*: Gott, o Gott!

Tesman: In die Klinik! Und es geht zu Ende?!

Hedda *unwillkürlich*: So schnell also...

Frau Elvsted *jammernd*: Und wir sind unversöhnt auseinandergegangen, Hedda!

Hedda *flüstert*: Aber Thea!

Frau Elvsted *ohne sie gehört zu haben*: Ich muß zu ihm! Ich muß ihn noch einmal sprechen!

Brack: Das wird Ihnen nicht gelingen, verehrte Frau Elvsted. Niemand darf zu ihm.

Frau Elvsted: Aber sagen Sie doch wenigstens, was ihm zugestoßen ist! Wie ist das nur geschehen?

Tesman: Er hat doch wohl nicht etwa selbst...? Was?

Hedda: Doch, davon bin ich überzeugt.

Tesman: Hedda – wie kannst du nur!

Brack *der sie ständig im Auge behält*: Sie haben es leider erraten, Frau Tesman.

Frau Elvsted: Oh, wie entsetzlich!

Tesman: Selbst also! Denk mal!

Hedda: Sich erschossen!

Brack: Auch das haben Sie erraten, Frau Tesman.

Frau Elvsted *sucht sich zu fassen*: Wann ist es geschehen, Herr Assessor?

Brack: Heute nachmittag. Zwischen drei und vier.

Tesman: Aber Herrgott – wo hat er es denn getan? Was?

Brack *etwas unsicher*: Wo? – Ja, mein Lieber – er hat es wohl in seinem Logis getan.

Frau Elvsted: Nein, das kann nicht sein. Denn ich war zwischen sechs und sieben dort.

Brack: Dann woanders. So genau weiß ich das nicht. Ich weiß nur, daß man ihn aufgefunden hat. Er hatte sich – durch die Brust geschossen.

Frau Elvsted: Oh, was für ein grauenvoller Gedanke! Daß er so enden mußte!

Hedda *zu Brack*: Durch die Brust?

Brack: Ja – wie ich schon sagte.

Hedda: Also nicht in die Schläfe?

BRACK: Durch die Brust, Frau Tesman.

HEDDA: Ja, ja – durch die Brust ist auch gut.

BRACK: Wie bitte?

HEDDA *abweisend*: Ach nichts – nichts.

TESMAN: Und die Verwundung ist lebensgefährlich, sagen Sie? Was?

BRACK: Absolut tödlich. Wahrscheinlich ist es schon vorbei mit ihm.

FRAU ELVSTED: Ja, ja, mein Gefühl sagt es mir! Es ist vorbei! Vorbei! Ach, Hedda!

TESMAN: Aber sagen Sie – woher wissen Sie das alles?

BRACK *kurz*: Von einem Polizeibeamten, mit dem ich zu sprechen hatte.

HEDDA *laut*: Endlich eine Tat!

TESMAN *erschrocken*: Um Gottes willen – was sagst du da, Hedda?!

HEDDA: Ich meine, das ist eine Tat, die nicht ohne Größe und Schönheit ist.

BRACK: Hm, Frau Tesman...

TESMAN: Schönheit? Nein, denk mal!

FRAU ELVSTED: Oh, Hedda, wie kannst du da von Schönheit reden!

HEDDA: Ejlert Lövborg hat die Rechnung mit sich selbst beglichen. Er hat den Mut gehabt, zu tun, was – er tun mußte.

FRAU ELVSTED: Nein, glaub doch ja nicht, daß es so gewesen ist! Was er getan hat, das hat er in einem Anfall von Wahnsinn getan.

TESMAN: In der Verzweiflung hat er es getan.

HEDDA: Das hat er nicht! Das weiß ich ganz bestimmt.

FRAU ELVSTED: Doch, doch! Er hat's im Wahnsinn getan! Er war schon nicht mehr bei Sinnen, als er das Manuskript zerriß.

BRACK *stutzt*: Das Manuskript hat er zerrissen?

FRAU ELVSTED: Ja, gestern nacht.

TESMAN *flüstert leise*: Ach Hedda, darüber kommen wir nie hinweg!

BRACK: Hm, das ist ja merkwürdig.

TESMAN *geht hin und her*: Sich vorzustellen, daß Ejlert so aus der Welt gehen mußte! Und ohne das Werk zu hinterlassen, das ihm bei der Nachwelt einen Namen gesichert hätte!

FRAU ELVSTED: Wenn man es doch wiederherstellen könnte!

TESMAN: Ja, denken Sie mal, wenn das ginge! Ich weiß nicht, was ich darum gäbe!

FRAU ELVSTED: Vielleicht ginge es, Herr Tesman!

TESMAN: Wie meinen Sie das?

FRAU ELVSTED *kramt in ihrer Kleidertasche*: Schauen Sie her! Ich habe die losen Zettel mit seinen Notizen aufgehoben, nach denen er diktiert hat.

HEDDA *einen Schritt näher*: Wie?

TESMAN: Die haben Sie aufgehoben, Frau Elvsted? Was?

FRAU ELVSTED: Ja, hier habe ich sie. Ich hatte sie vor der Reise eingesteckt. Und dann sind sie in meiner Tasche geblieben.

TESMAN: Oh, lassen Sie mich einmal sehen!

FRAU ELVSTED *reicht ihm einen Stoß Zettel*: Aber es ist alles in Unordnung. Völlig durcheinander...

TESMAN: Denken Sie doch, wenn wir uns trotzdem durchfinden könnten! Vielleicht – wenn wir uns gegenseitig helfen...

FRAU ELVSTED: Ach ja, versuchen wir es wenigstens!

TESMAN: Es muß gehen, und es wird gehen! Dafür setze ich mein Leben ein.

HEDDA: Du, Jörgen? Dein Leben?

TESMAN: Jawohl, oder besser gesagt: die ganze freie Zeit, die ich zur Verfügung habe. Meine eigenen Arbeiten müssen solange liegenbleiben. Hedda – du verstehst mich doch? Was? Dieses Opfer bin ich Ejlerts Andenken schuldig.

HEDDA: Vielleicht.

TESMAN: Und jetzt, liebe Frau Elvsted, jetzt wollen wir uns zusammennehmen! Herrgott, es hilft doch nichts, über das Geschehene nachzugrübeln! Was? Wir wollen lieber sehen, innerlich so weit zur Ruhe zu kommen, daß wir...

FRAU ELVSTED: Ja, ja, Herr Tesman, ich will mein möglichstes tun.

TESMAN: Na, dann kommen Sie her. Wir wollen gleich einmal die Notizen durchsehen. Wo wollen wir uns hinsetzen? Hierher? Nein, besser nebenan! Entschuldigen Sie, lieber Assessor! Kommen Sie bitte mit, Frau Elvsted!

FRAU ELVSTED: Ach Gott – wenn uns das doch gelänge!

Tesman und Frau Elvsted gehen in das hintere Zimmer. Sie legt Mantel und Hut ab. Beide setzen sich an den Tisch unter die Hängelampe und vertiefen sich eifrig in die Papiere. Hedda setzt sich in den Sessel am Ofen. Brack tritt zu ihr.

HEDDA *halblaut*: Ach, Assessor – was für eine Befreiung bedeutet das doch! Das mit Ejlert Lövborg.

BRACK: Befreiung, Frau Hedda? Ja, für ihn ist es freilich eine Befreiung...

HEDDA: Ich meine, für mich. Es ist etwas Befreiendes, zu wissen, daß eine freiwillige, mutige Tat auf dieser Welt noch möglich ist. Eine Tat, auf die unwillkürlich ein Schimmer von Schönheit fällt.

BRACK *lächelt*: Hm – liebe Frau Hedda...

HEDDA: Ich weiß schon, was Sie sagen wollen! Sie sind ja auch so ein Fachmensch, Sie nicht minder als – na ja!

BRACK *blickt sie fest an*: Ejlert Lövborg ist Ihnen mehr gewesen, als Sie sich wohl selbst eingestehen wollen. Oder sollte ich mich irren?

HEDDA: Auf eine solche Frage antworte ich nicht. Ich weiß nur, daß Ejlert Lövborg den Mut gehabt hat, sein eigenes Leben zu leben. Und dann jetzt – dieses Große! Mit Schönheit gepaart! Daß er die Kraft und den Willen hatte, vom Fest des Lebens aufzubrechen – so früh.

BRACK: Es tut mir leid, Frau Hedda – aber ich muß Ihnen eine schöne Illusion nehmen.

HEDDA: Eine Illusion?

BRACK: Die Sie sowieso bald als Trugbild erkannt hätten.

HEDDA: Was denn?

BRACK: Er hat es gar nicht – freiwillig getan.

HEDDA: Nicht freiwillig?!

BRACK: Nein. Die Sache verhält sich nicht ganz so, wie ich sie geschildert habe.

HEDDA *aufs höchste gespannt*: Haben Sie etwas verschwiegen? Was denn?

BRACK: Mit Rücksicht auf die arme Frau Elvsted habe ich einige Tatsachen ein wenig umschrieben.

HEDDA: Und welche?

BRACK: Erstens, daß er tatsächlich schon gestorben ist.

HEDDA: In der Klinik?

BRACK: Ja. Und ohne das Bewußtsein wiedererlangt zu haben.

HEDDA: Was haben Sie sonst noch verschwiegen?

BRACK: Daß es nicht auf seinem Zimmer passiert ist.

HEDDA: Nun, das ist wohl ziemlich gleichgültig.

BRACK: Nicht so ganz. Denn – ich will es Ihnen nicht verheimlichen: Ejlert Lövborg wurde erschossen aufgefunden in – in Fräulein Dianas Boudoir.

HEDDA *will aufspringen, sinkt aber zurück*: Das ist unmöglich, Herr Assessor! Dort kann er heute nicht gewesen sein!

BRACK: Er ist dort gewesen. Heute nachmittag. Er kam, um etwas zurückzuverlangen, von dem er behauptete, man habe es ihm dort gestohlen. Er redete verworrenes Zeug von einem Kind, das abhanden gekommen sei...

HEDDA: Ah – darum also!

BRACK: Ich dachte zunächst, er habe vielleicht sein Manuskript gemeint. Doch das hat er ja selbst vernichtet, wie ich nun höre. Dann muß es wohl seine Brieftasche gewesen sein.

HEDDA: Wahrscheinlich. – Und dort – dort hat man ihn also gefunden?

BRACK: Ja, dort. In der Brusttasche eine Pistole, in der kein Schuß mehr war. Er selbst durch einen Pistolenschuß verletzt.

HEDDA: In die Brust getroffen – ja.

BRACK: Nein – in den Unterleib.

HEDDA *blickt zu ihm hoch mit einem Ausdruck des Ekels*: Auch das noch. O wie häßlich! Wie lächerlich und gemein! Alles, was ich anrühre, wird lächerlich und gemein!

BRACK: Es kommt noch etwas hinzu, Frau Hedda. Etwas, das Sie auch gemein nennen können.

HEDDA: Was denn noch?

BRACK: Die Pistole, die er bei sich hatte...

HEDDA *atemlos*: Nun? Was ist damit?

BRACK: ...die muß er gestohlen haben.

HEDDA *springt auf*: Gestohlen? Das ist nicht wahr! Das hat er nicht!

BRACK: Anders ist es nicht möglich. Er m u ß sie gestohlen haben. – Still!

Tesman und Frau Elvsted sind aufgestanden und kommen in den Salon.

TESMAN *in beiden Händen Zettel*: Du, Hedda – es ist fast unmöglich, da drinnen bei der Hängelampe etwas zu sehen! Denk mal!

HEDDA: Ja, ich denke mal.

TESMAN: Dürfen wir uns vielleicht für ein Weilchen an deinen Schreibtisch setzen? Was?

HEDDA: Ja, meinetwegen gern. *Rasch*: Nein, warte! Ich muß erst etwas aufräumen.

TESMAN: Ach, das ist nicht nötig, Hedda. Wir haben Platz genug.

HEDDA: Nein, nein, laß mich erst aufräumen! Hör doch! Ich lege das hier solange aufs Klavier. – So, bitte! *Sie hat einen unter Notenblättern verborgenen Gegenstand aus dem Bücherfach gezogen, legt noch einige andere Blätter darüber und trägt alles in das hintere Zimmer nach links. Tesman legt die Zettel auf den Schreibtisch und holt die Lampe vom Ecktisch. Er und Frau Elvsted nehmen am Schreibtisch Platz und machen sich wieder an die Arbeit. Hedda kommt zurück, tritt hinter Frau Elvsteds Stuhl und streicht ihr übers Haar.* Na, süße Thea – wie steht's mit Ejlert Lövborgs Denkmal?

FRAU ELVSTED *blickt niedergeschlagen zu ihr auf*: Ach Gott – es ist furchtbar schwer, sich zurechtzufinden!

TESMAN: Es muß gehen. Auf jeden Fall! Und Ordnung in fremde Handschriften zu bringen – das liegt mir besonders.

Hedda geht zum Ofen und setzt sich auf ein Taburett. Brack steht neben ihr, auf die Lehne des Sessels gestützt, und blickt zu ihr hinunter.

HEDDA *flüstert*: Was sagten Sie vorhin von der Pistole?

BRACK *leise*: Daß er sie gestohlen haben muß.

HEDDA: Warum gerade gestohlen?

BRACK: Weil keine andere Erklärung in Betracht kommen darf, Frau Hedda!

HEDDA: Ach so.

BRACK *nachdem er sie einen Augenblick fixiert hat*: Ejlert Lövborg ist natürlich heute morgen hier gewesen. Stimmt's?

HEDDA: Ja.

BRACK: Waren Sie mit ihm allein?

HEDDA: Ja, ein Weilchen.

BRACK: Haben Sie während seiner Anwesenheit das Zimmer verlassen?

HEDDA: Nein.

BRACK: Denken Sie nach! Waren Sie nicht doch einen Augenblick draußen?

HEDDA: Ja, vielleicht einen kleinen Augenblick – draußen auf der Diele.

BRACK: Und wo hatten Sie da Ihren Pistolenkasten?

HEDDA: Den hatte ich im...

BRACK: Na, Frau Hedda?

HEDDA: Der Kasten hat dort auf dem Schreibtisch gestanden.

BRACK: Haben Sie seitdem nachgesehen, ob beide Pistolen drin sind?

HEDDA: Nein.

BRACK: Es erübrigt sich auch. Ich habe die Pistole gesehen, die Lövborg bei sich hatte. Und habe sie sofort wiedererkannt. Von gestern. Und auch von früher her.

HEDDA: Haben Sie sie mitgebracht?

BRACK: Nein, die hat die Polizei.

HEDDA: Was will denn die Polizei mit der Pistole?

BRACK: Ihren Eigentümer ausfindig machen.

HEDDA: Glauben Sie, daß ihr das gelingt?

BRACK *beugt sich zu ihr hinunter und flüstert*: Nein, Hedda Gabler – nicht, solange ich schweige.

HEDDA *blickt ihn scheu an*: Und wenn Sie nicht schweigen – was dann?

BRACK *zuckt die Achseln*: Dann bleibt ja immer noch die Ausrede, die Pistole sei gestohlen worden.

HEDDA *bestimmt*: Lieber sterben!

BRACK *lächelt*: So etwas sagt man. Aber man tut es nicht.

HEDDA *ohne darauf zu reagieren*: Wenn nun die Pistole nicht gestohlen ist und der Eigentümer ausfindig gemacht wird – was dann?

BRACK: Dann, Hedda – dann kommt es zu einem Skandal.

HEDDA: Skandal?

BRACK: Jawohl, zu einem Skandal – vor dem Sie solche Heidenangst haben. Sie müßten natürlich vor Gericht. Sie und Fräulein Diana. Sie muß aussagen, den Hergang schildern. Es ist festzustellen, ob der Schuß versehentlich losgegangen ist oder ob Totschlag vorliegt. Hat er die Pistole aus der Tasche ziehen wollen, um sie zu bedrohen? Und ist der Schuß da losgegangen? Oder hat sie ihm die Pistole aus der Hand gerissen, einen Schuß auf ihn abgegeben und die Waffe wieder in seine Tasche gesteckt? Das sähe ihr ähnlich. Sie ist nämlich ein handfestes Weibsstück, dieses Fräulein Diana.

HEDDA: Aber mit all diesen Scheußlichkeiten habe ich doch nichts zu tun!

BRACK: Das nicht. Aber Sie hätten die Frage zu beantworten: Warum haben Sie Ejlert Lövborg die Pistole gegeben? Und welche Schlüsse wird man aus der Tatsache ziehen, daß Sie sie ihm gegeben haben?

HEDDA *senkt den Kopf*: Das ist wahr. Daran habe ich nicht gedacht.

BRACK: Na, glücklicherweise besteht keine Gefahr, solange ich schweige.

HEDDA *blickt zu ihm auf*: Ich bin also in Ihrer Gewalt, Herr Assessor. Von nun an bin ich Ihnen wehrlos ausgeliefert.

BRACK *flüstert leiser*: Liebste Hedda – glauben Sie mir – ich werde keinen unfairen Gebrauch machen von dieser Situation!

HEDDA: Aber doch bin ich in Ihrer Gewalt. Abhängig von Ihrem Willen. Und Ihrem Verlangen. Unfrei. Unfrei also! *Erhebt sich heftig.* Nein! Den Gedanken ertrage ich nicht! Nie im Leben!

BRACK *sieht sie etwas spöttisch an*: Man pflegt sich doch sonst ins Unvermeidliche zu schicken!

HEDDA *erwidert den Blick*: Ja, das schon. *Sie geht zum Schreibtisch hinüber, unterdrückt ein unwillkürliches Lächeln und ahmt Tesmans Ton nach.* Na? Wird es denn gelingen, Jörgen? Was?

TESMAN: Weiß der Himmel! Auf jeden Fall wird es eine Arbeit von Monaten werden.

HEDDA *wieder in seinem Ton*: Nein, denk mal! *Fährt leicht durch Frau Elvsteds Haar.* Kommt es dir nicht seltsam vor, Thea? Nun sitzt du hier zusammen mit Tesman – so wie früher mit Ejlert Lövborg!

FRAU ELVSTED: Ach Gott, wenn ich deinen Mann nur auch so beflügeln könnte!

HEDDA: Oh, das wird schon kommen – so mit der Zeit.

TESMAN: Ja, weißt du, Hedda – ich glaube wahrhaftig, ich beginne so etwas zu spüren! Doch setz du dich nur wieder zum Assessor!

HEDDA: Könnt ihr beide mich denn hier zu gar nichts brauchen?

TESMAN: Nein, wirklich nicht. *Wendet den Kopf.* In nächster Zeit müssen Sie schon so freundlich sein und Hedda Gesellschaft leisten, lieber Assessor!

BRACK *wirft Hedda einen Blick zu*: Soll mir ein außerordentliches Vergnügen sein!

HEDDA: Danke. Aber heute abend bin ich müde. Ich will mich nebenan etwas aufs Sofa legen.

TESMAN: Ja, tu das, Liebste! Was?

Hedda geht ins hintere Zimmer und zieht die Vorhänge hinter sich zu. Nach einer kurzen Stille hört man sie plötzlich eine wilde Tanzmelodie auf dem Klavier spielen.

FRAU ELVSTED *fährt vom Stuhl hoch*: Uh – aber so etwas!

TESMAN *läuft zur Schiebetür*: Aber, liebste Hedda! Doch heute keine Tanzmusik! Denk doch mal an Tante Rina! Und auch an Ejlert!

HEDDA *steckt den Kopf zwischen den Vorhängen hervor*: Und an Tante Julle! Und an die ganze übrige Gesellschaft! – Ich werde gleich still sein. *Sie verschwindet hinter dem Vorhang.*

TESMAN *am Schreibtisch*: Es tut ihr gewiß nicht gut, uns bei dieser traurigen Beschäftigung zu sehen. Wissen Sie was, Frau Elvsted? Sie sollten zu Tante Julle ziehen! Dann komme ich jeden Abend hin. Und wir könnten dort ungestört arbeiten. Was?

FRAU ELVSTED: Ja, das wäre vielleicht das beste.

HEDDA *aus dem hinteren Zimmer*: Ich höre alles, was du sagst,

Tesman. Aber was soll ich denn abends hier anfangen? So ganz allein?

TESMAN *blättert in den Papieren*: Ach, Assessor Brack ist sicher so nett und leistet dir unter diesen Umständen Gesellschaft.

BRACK *im Sessel, ruft vergnügt*: Gerne, Frau Tesman! Jeden Abend! Wir werden uns das Leben schon angenehm machen, wir beide!

HEDDA *klar und deutlich*: Ja, das möchten Sie wohl, Herr Assessor? So als einziger Hahn im Korbe!

Im hinteren Zimmer fällt ein Schuß. Tesman, Frau Elvsted und Brack fahren in die Höhe.

TESMAN: Ach, wieder diese Spielerei mit den Pistolen!

Er schlägt die Vorhänge zur Seite und läuft in das Hinterzimmer. Frau Elvsted ebenfalls. Hedda liegt leblos ausgestreckt auf dem Sofa. Verwirrung und Aufschreie. Berte kommt verstört von rechts. Tesman schreit Brack zu.

Sie hat sich erschossen! In die Schläfe geschossen! Denken Sie mal!

BRACK *halb ohnmächtig im Sessel*: Barmherziger Gott! So etwas tut man doch nicht!

JOHN GABRIEL BORKMANN

Schauspiel in vier Akten

PERSONEN

John Gabriel Borkmann, *ehemaliger Bankdirektor*
Gunhild Borkmann, *seine Frau*
Erhart, *ihr Sohn, Student*
Fräulein Ella Rentheim, *Frau Borkmanns Zwillingsschwester*
Frau Fanny Wilton
Wilhelm Foldal, *Aushilfsschreiber bei einer Behörde*
Frida, *seine Tochter*
Frau Borkmanns Stubenmädchen

Das Stück spielt an einem Winterabend auf dem Rentheimschen Familiengut in der Nähe der Hauptstadt.

ERSTER AKT

Frau Borkmanns Wohnzimmer. Die Einrichtung ist von altmodischer und verblichener Pracht. Durch eine offene Schiebetür sind im Hintergrund eine geschlossene Veranda und der in Dämmerung und Schneegestöber liegende Garten sichtbar. Rechts Tür zur Diele. Weiter vorn ein großer eiserner Ofen. Links hinten eine Tapetentür. Links vorn ein Fenster mit dicken Portieren. Zwischen Fenster und Tür ein Kanapee und davor ein Tisch mit Decke. Auf dem Tisch eine brennende Schirmlampe. Am Ofen ein hochlehniger Sessel.

Frau Gunhild Borkmann sitzt mit ihrer Häkelarbeit auf dem Kanapee. Sie ist eine ältere, kalt und vornehm aussehende Dame von steifer Haltung und mit starren Gesichtszügen. Ihr volles Haar ist stark ergraut, ihre Hände sind schmal und zart. Sie trägt ein dunkles Kleid von schwerer Seide, das einmal elegant gewesen, jetzt aber etwas fadenscheinig ist. Um die Schultern hat sie einen Wollschal gelegt. Eine Weile sitzt sie aufrecht und steif bei ihrer Häkelarbeit. Dann hört man Schellengeläut eines vorbeifahrenden Schlittens.

FRAU BORKMANN *horcht; ihre Augen leuchten freudig auf, und sie flüstert erleichtert*: Erhart! Endlich! *Sie tritt ans Fenster. Darauf setzt sie sich offensichtlich enttäuscht wieder aufs Kanapee zu ihrer Arbeit. Kurz darauf kommt das Stubenmädchen mit einer Visitenkarte auf einem kleinen Tablett von der Diele herein. Frau Borkmann sagt rasch*: Ist mein Sohn doch gekommen?

STUBENMÄDCHEN: Nein, gnädige Frau. Aber eine Dame ist draußen.

FRAU BORKMANN *legt das Häkelzeug beiseite*: Ach so, wohl Frau Wilton...

STUBENMÄDCHEN *tritt näher*: Nein, es ist eine fremde Dame.

FRAU BORKMANN *greift nach der Karte*: Zeigen Sie her! *Liest, erhebt sich rasch und blickt das Mädchen starr an.* Sind Sie sicher, daß der Besuch mir gilt?

STUBENMÄDCHEN: Ja, ich habe es so verstanden.

FRAU BORKMANN: Hat die Dame gesagt, sie wünsche mit Frau Borkmann zu sprechen?

STUBENMÄDCHEN: Ja gewiß, das hat sie gesagt.

FRAU BORKMANN *kurz und entschieden*: Gut. Dann sagen Sie ihr, daß ich zu Haus bin.

Das Stubenmädchen öffnet der fremden Dame die Tür und geht selbst hinaus. Fräulein Ella Rentheim tritt ein. Sie sieht der Schwester ähnlich, doch sind ihre Züge mehr leidend als hart. Das Gesicht zeigt noch Spuren einer großen, ausdrucksvollen Schönheit. Das volle silberweiße Haar ist natürlich gewellt und läßt die Stirn frei. Ella trägt über einem schwarzen Samtkleid einen pelzgefütterten Mantel und hat einen Hut auf. Die beiden Schwestern stehen sich eine Weile stumm gegenüber und blicken sich prüfend an. Augenscheinlich wartet jede darauf, daß die andere zuerst das Schweigen bricht.

ELLA *die an der Tür stehengeblieben ist*: Du siehst mich so erstaunt an, Gunhild?

FRAU BORKMANN *steht in steifer und verkrampfter Haltung hinter dem Tisch, die Fingerspitzen auf die Tischdecke gestemmt*: Hast du dich nicht in der Tür geirrt? Der Verwalter wohnt im Seitengebäude. Das weißt du doch.

ELLA: Mit dem Verwalter wollte ich heute abend nicht reden.

FRAU BORKMANN: Willst du etwas von mir?

ELLA: Ja. Ich muß etwas mit dir besprechen.

FRAU BORKMANN *kommt hinter dem Tisch vor*: Also – dann nimm bitte Platz!

ELLA: Danke. Ich kann gut solange stehen.

FRAU BORKMANN: Wie du willst. Aber knöpf wenigstens deinen Mantel auf!

ELLA *tut es*: Ja, es ist hier allerdings sehr warm...

FRAU BORKMANN: Ich friere immer.

ELLA *steht eine Weile da, die Arme auf eine Sessellehne gestützt, und betrachtet die Schwester*: Ja – Gunhild, es sind nun fast acht Jahre her, daß wir uns gesehen haben...

FRAU BORKMANN *kalt*: Wenigstens daß wir uns gesprochen haben.

ELLA: ...vielmehr: seit wir uns gesprochen haben, da hast du recht. Denn gesehen hast du mich wohl hin und wieder – wenn ich zur Jahresabrechnung zum Verwalter kam.

FRAU BORKMANN: Ein- oder zweimal, glaube ich.

ELLA: Ich habe dich auch einige Male gesehen. Flüchtig. Am Fenster dort, hinter den Vorhängen.

FRAU BORKMANN: Du hast gute Augen. *Hart und schneidend*: Miteinander g e s p r o c h e n haben wir das letztemal hier in meinem Zimmer...

ELLA *abwehrend*: Ja, ja, ich weiß!

FRAU BORKMANN: Einige Tage, bevor er – bevor er herauskam.

ELLA *erregt*: Oh, rühr doch das nicht wieder auf!

FRAU BORKMANN *mit fester, aber gedämpfter Stimme*: Das war, kurz bevor er, der Bankdirektor, wieder auf freien Fuß gesetzt wurde.

ELLA *geht hin und her*: Ich weiß! Ich weiß! Den Tag vergesse ich nie! Aber der Gedanke daran ist mir eine unerträgliche Qual.

FRAU BORKMANN *dumpf*: Und doch kreisen die Gedanken immerfort um das eine! *Laut jammernd*: Nein, ich begreife das nicht! Nie im Leben! Ich kann es einfach nicht fassen, daß so etwas – so etwas Entsetzliches über unsere Familie hereinbrechen konnte. Über eine so vornehme Familie! Daß dieser Schlag gerade unsere Familie treffen mußte!

ELLA: Vergiß nicht, Gunhild, dieser Schlag hat noch viele, viele andere Familien getroffen.

FRAU BORKMANN: Nun ja – doch alle diese anderen tun mir nicht weiter leid. Denn für die bedeutete es doch nur den Verlust von etwas Geld – oder von einigen Wertpapieren. Aber für uns! Für mich! Und dann für Erhart, der damals ein Kind war! *In steigender Erregung*: Diese Schande über uns Unschuldige! Diese Schmach! Diese gräßliche, entsetzliche Schande! Und dazu noch der wirtschaftliche Ruin!

ELLA *behutsam*: Sag mir bitte, Gunhild: Wie trägt er es?

FRAU BORKMANN: Erhart – meinst du?

ELLA: Nein – er selbst. Wie trägt er es?

FRAU BORKMANN *höhnisch und gehässig*: Glaubst du, daß ich danach frage?

ELLA: Frage? Zu fragen brauchst du doch da nicht...

FRAU BORKMANN *blickt sie erstaunt an*: Du glaubst doch nicht etwa, daß ich mit ihm verkehre? Mit ihm zusammenkomme? Ihn überhaupt sehe?

ELLA: Nicht einmal das?

FRAU BORKMANN: Den Mann, der fünf Jahre hinter Schloß und Riegel gesessen hat! *Sie schlägt die Hände vors Gesicht.* Diese entsetzliche Schande! *Fährt auf*: Und wenn man bedenkt, was für einen Klang der Name John Gabriel Borkmann einmal hatte! – Nein, nein, nein – ich will ihn nie mehr sehen! Nie mehr!

ELLA *blickt sie eine Weile an*: Du bist sehr hart, Gunhild!

FRAU BORKMANN: Ihm gegenüber – ja.

ELLA: Er ist doch dein Mann!

FRAU BORKMANN: Hat er nicht vor Gericht behauptet, ich hätte ihn ruiniert? Ich hätte zu viel Geld verbraucht?

ELLA *vorsichtig*: Aber war denn nicht etwas Wahres daran?

FRAU BORKMANN: Hat er es nicht so haben wollen? Alles sollte doch so unsinnig luxuriös sein.

ELLA: Das weiß ich wohl. Doch gerade darum hättest du ihn etwas zurückhalten müssen. Und das hast du wohl nicht getan.

FRAU BORKMANN: Konnte ich denn ahnen, daß es nicht sein eigenes Geld war, das er mir zum Vergeuden gab? Und das er selbst mit beiden Händen zum Fenster hinauswarf? Zehnmal mehr als ich!

ELLA *beschwichtigend*: Nun, das brachte wohl seine Position mit sich, möchte ich annehmen. Wenigstens zu einem großen Teil.

FRAU BORKMANN *höhnisch*: Versteht sich! Hieß es doch immer, wir müßten „repräsentieren"! Und repräsentieren, das tat er denn auch, als ritte ihn der Teufel. Vierspännig fuhr er – als wäre er ein König. Ließ die Leute katzbuckeln und Kratzfüße machen wie vor einem König. *Lacht.* Und das Volk nannte ihn ja auch mit Vornamen – gerade als wäre er der König selbst. „John Gabriel", „John Gabriel", so hieß es im ganzen Lande. Jedes Kind wußte, was für eine Größe „John Gabriel" war!

ELLA *mit Festigkeit und Wärme*: Er w a r auch damals eine große Persönlichkeit!

FRAU BORKMANN: Das sah allerdings so aus. Aber nie hat er mir auch nur angedeutet, wie es finanziell eigentlich um ihn stand. Nie hat er ein Wort darüber verlauten lassen, woher er die Mittel nahm.

ELLA: Gewiß nicht, das haben auch die anderen nicht geahnt.

FRAU BORKMANN: Sein Verhalten den anderen gegenüber, das mag noch hingehen. Aber mir hätte er reinen Wein einschenken müssen! Das war seine Pflicht. Und das hat er nicht getan! Er hat mich nur immer belogen – hat mich schamlos angelogen...

ELLA *unterbricht sie*: Das hat er sicher nicht getan, Gunhild. Er hat vielleicht etwas verschwiegen. Aber gelogen – das hat er sicher nicht.

FRAU BORKMANN: Nenn es meinetwegen, wie du willst. Das kommt auf eins heraus. – Aber dann stürzte es schließlich zusammen, das ganze Kartenhaus. Die ganze Herrlichkeit.

ELLA *vor sich hin*: Alles stürzte zusammen, für ihn – und für andere.

FRAU BORKMANN *richtet sich drohend auf*: Aber das sage ich dir, Ella – ich gebe mich noch nicht geschlagen! Ich werde mir schon Genugtuung verschaffen. Darauf kannst du dich verlassen!

ELLA: Genugtuung? Was meinst du damit?

FRAU BORKMANN: Genugtuung für den Verlust von Namen und Ehre und Vermögen! Genugtuung für mein ganzes verpfuschtes Leben. Das meine ich! – Und ich habe dafür gesorgt, daß sich einer bereit hält, mußt du wissen. Einer, der alles wiederherstellen wird, was der Bankdirektor zunichte gemacht hat.

ELLA: Aber Gunhild!

FRAU BORKMANN *in steigender Erregung*: Es lebt ein Rächer! Einer, der alles wiedergutmachen wird, was sein Vater an mir verbrochen hat!

ELLA: Erhart meinst du?

FRAU BORKMANN: Ja, Erhart, mein Prachtjunge! Der wird unsere Familie schon wieder hochbringen und unsern Namen wieder rein waschen, alles wiedergutmachen, was sich wiedergutmachen läßt. – Und vielleicht noch mehr.

ELLA: Und wie soll das deiner Meinung nach geschehen?

FRAU BORKMANN: Das wird sich finden. Wie es geschehen wird, weiß ich zwar noch nicht. Doch ich weiß, daß es einmal geschehen wird und geschehen muß. *Blickt sie fragend an.* Ja, Ella – hast du dich nicht im Grunde mit demselben Gedanken getragen, schon als Erhart noch klein war?

ELLA: Nein, das kann ich eigentlich nicht sagen.

FRAU BORKMANN: Nicht? Warum hast du dich denn seiner angenommen? Damals, als die Katastrophe über uns hereingebrochen war?

ELLA: Du selbst konntest es doch damals nicht, Gunhild.

FRAU BORKMANN: Allerdings, ich konnte es freilich nicht. Und sein Vater – der hatte einen gesetzlichen Entschuldigungsgrund, er war in sicherem Gewahrsam...

ELLA *empört*: Aber Gunhild, daß du so etwas über die Lippen bringst!

FRAU BORKMANN *giftig*: Und daß du dich dazu verstehen konntest, dich des Kindes von einem – einem John Gabriel Borkmann anzunehmen! Als wäre es dein eigenes! Mir es fortzunehmen – es mir zu entführen! Und den Jungen zu behalten, Jahr für Jahr! Bis er beinahe erwachsen war! – *Blickt sie mißtrauisch an.* Warum hast du das eigentlich getan, Ella? Warum hattest du ihn behalten?

ELLA: Er war mir mit der Zeit so ans Herz gewachsen...

FRAU BORKMANN: Mehr als mir – seiner Mutter?

ELLA *ausweichend*: Das weiß ich nicht. Und dann war Erhart während des Wachstums etwas schwächlich.

FRAU BORKMANN: Erhart – und schwächlich!

ELLA: Ja, das schien mir so – damals wenigstens. Und an der Westküste ist die Luft doch viel milder als hier.

FRAU BORKMANN *lächelt bitter*: Hm. Wirklich? *Abbrechend:* Gewiß, du hast unleugbar sehr viel für Erhart getan. *In verändertem Ton:* Na ja, du hast ja auch die Mittel dazu. Du hattest ja so großes Glück, Ella. Du hast dein ganzes Vermögen retten können.

ELLA *gekränkt*: Dafür habe ich keine Hand gerührt – kann ich dir versichern. Und außerdem hatte ich damals noch gar keine Ahnung, daß die auf meinen Namen deponierten Papiere unangetastet waren.

FRAU BORKMANN: Na ja, von dergleichen verstehe ich nichts! Ich sage nur, daß du Glück gehabt hast. *Blickt sie fragend an.* Aber warum hattest du Erharts Erziehung übernommen? Welche Absicht steckte dahinter?

ELLA *blickt sie an*: Absicht?

FRAU BORKMANN: Ja, eine Absicht mußt du doch wohl dabei verfolgt haben. Was hattest du mit ihm vor? Ich meine, was wolltest du aus ihm machen?

ELLA *langsam*: Einen glücklichen Menschen. Ich wollte ihm den Weg ebnen.

FRAU BORKMANN *verächtlich*: Pah – Menschen in unserer Lage haben an anderes zu denken als an das Glück!

ELLA: Wie meinst du das? Woran denn?

FRAU BORKMANN *blickt sie groß und bedeutsam an*: Erhart hat vor allem das Ziel vor Augen zu haben, sich so auszuzeichnen und so zu glänzen, daß niemand im Lande den Schatten mehr sieht, den sein Vater auf mich geworfen hat – und auf meinen Sohn.

ELLA *forschend*: Sag mal, Gunhild, stellt auch Erhart selbst diese Forderung an sein Leben?

FRAU BORKMANN *stutzt*: Ja – das wollen wir doch hoffen!

ELLA: Oder stellst nur du diese Forderung an ihn?

FRAU BORKMANN *kurz*: Erhart und ich haben stets die gleichen Ziele.

ELLA *langsam und nachdrücklich*: So sicher bist du also deines Jungen, Gunhild?

FRAU BORKMANN *mit heimlichem Triumph*: Jawohl, Gott sei Dank! Das bin ich. Darauf kannst du dich verlassen.

ELLA: Dann, glaube ich, müßtest du doch eigentlich glücklich sein. Trotz all dem anderen.

FRAU BORKMANN: Das bin ich auch. Wenigstens was das anbelangt. Aber dann überfällt mich – von einer Minute zur anderen –, dann überfällt mich dieses andere wie ein Unwetter.

ELLA *in verändertem Ton*: Sag mal – ohne Umschweife, denn deswegen bin ich eigentlich herausgekommen...

FRAU BORKMANN: Was denn?

ELLA: Etwas, worüber ich wohl mit dir sprechen muß. – Sag bitte: Erhart wohnt ja nicht hier draußen bei – bei euch...

FRAU BORKMANN *hart*: Erhart kann nicht hier draußen bei mir wohnen. Er muß in der Stadt wohnen.

ELLA: Das hat er mir geschrieben.

FRAU BORKMANN: Das muß er wegen seiner Vorlesungen. Aber er kommt regelmäßig jeden Abend auf ein Weilchen zu mir heraus.

ELLA: Oh, dann kann ich ihn wohl sehen? Und mit ihm sprechen? Möglichst gleich?

FRAU BORKMANN: Er ist noch nicht hier. Doch ich erwarte ihn jeden Moment.

ELLA: Er muß aber schon hiersein, Gunhild. Ich höre ihn doch oben gehen.

FRAU BORKMANN *mit einem flüchtigen Blick nach oben*: Oben im Saal?

ELLA: Ja. Ich habe ihn die ganze Zeit oben gehen hören.

FRAU BORKMANN *blickt weg*: Das ist nicht Erhart.

ELLA *stutzt*: Nicht? *Ahnungsvoll*: Wer denn sonst?

FRAU BORKMANN: Der Bankdirektor.

ELLA *leise, mit unterdrücktem Schmerz*: Borkmann. John Gabriel Borkmann!

FRAU BORKMANN: So geht er auf und ab. Hin und her. Von morgens bis abends. Tagaus, tagein.

ELLA: Ich habe freilich dieses und jenes gehört...

FRAU BORKMANN: Das glaube ich gern. Sicher wird mancherlei gemunkelt über uns hier draußen.

ELLA: Erhart hat einige Andeutungen gemacht. In seinen Briefen. Daß sein Vater meist ganz für sich lebt da oben. Und du hier unten.

FRAU BORKMANN: Ja, Ella – so haben wir es gehalten. Gleich als man ihn entlassen und nach Haus – zu mir – geschickt hatte. Während der ganzen langen acht Jahre.

ELLA: Doch ich habe nie recht geglaubt, daß es wahr ist. Daß so etwas überhaupt möglich ist!

FRAU BORKMANN *nickt*: Wahr ist es schon. Und es wird auch nie anders werden.

ELLA *blickt sie an*: Das muß ein entsetzliches Leben sein, Gunhild.

FRAU BORKMANN: Mehr als entsetzlich. Kaum noch zum Aushalten.

ELLA: Das kann ich gut verstehen.

FRAU BORKMANN: Ewig seine Schritte da oben hören zu müssen! Vom frühen Morgen bis in die späte Nacht! – Noch dazu, wo es hier so hellhörig ist!

ELLA: Ja, sehr hellhörig ist es hier.

FRAU BORKMANN: Manchmal kommt es mir vor, als stünde da oben im Saal ein Käfig mit einem kranken Wolf. Gerade über meinem

Kopf. *Horcht und flüstert*: Hör nur! Hör! Auf und ab – auf und ab geht der Wolf! Auf und ab!

ELLA *behutsam*: Könnte es nicht anders werden, Gunhild?

FRAU BORKMANN *abweisend*: Er hat nie auch nur einen Schritt dazu getan.

ELLA: Aber könntest du nicht den ersten Schritt tun?

FRAU BORKMANN *fährt hoch*: Ich? Nach allem, was er an mir gesündigt hat? – Nein, danke! Dann soll lieber der Wolf da oben weiter tapsen.

ELLA: Es wird mir hier zu warm. Ich möchte doch ablegen, wenn du gestattest.

FRAU BORKMANN: Gewiß, ich habe dich ja vorhin dazu aufgefordert. *Ella legt Mantel und Hut auf einen Stuhl neben der Eingangstür.*

ELLA: Begegnest du ihm denn auch außer dem Haus nie?

FRAU BORKMANN *lacht bitter auf*: Auf Gesellschaften, meinst du?

ELLA: Ich meine, wenn er an die Luft geht. Auf Spaziergängen oder...

FRAU BORKMANN: Der Bankdirektor geht nie aus dem Haus.

ELLA: Auch nicht bei Dunkelheit?

FRAU BORKMANN: Nie.

ELLA *teilnahmsvoll*: Das bringt er nicht über sich?

FRAU BORKMANN: Es scheint so. Sein Mantel und sein Hut hängen im Wandschrank auf der Diele, weißt du.

ELLA *vor sich hin*: In dem Schrank, in dem wir als kleine Kinder gespielt haben...

FRAU BORKMANN *nickt*: Und manchmal – spätabends –, da höre ich ihn herunterkommen, um sich zum Ausgehen anzuziehen. Aber dann bleibt er jedesmal mitten auf der Treppe stehen – und macht kehrt. Geht wieder hinauf in seinen Saal.

ELLA *leise*: Kommt denn keiner von seinen alten Freunden und sieht nach ihm?

FRAU BORKMANN: Er hat keine alten Freunde.

ELLA: Früher hatte er doch so viele Freunde!

FRAU BORKMANN: Hm! Er hat ja verstanden, sie sich auf feine Art vom Halse zu schaffen. Er ist seinen Freunden ein teurer Freund geworden – der John Gabriel.

ELLA: Ach ja, da hast du wohl recht.

FRAU BORKMANN *heftig*: Im übrigen finde ich, es ist lumpig, gemein, erbärmlich und kleinlich, so viel Wesens zu machen, weil sie durch ihn etwas eingebüßt haben. Es handelt sich doch nur um Geldverluste. Weiter nichts.

ELLA *ohne darauf zu reagieren*: Und nun lebt er also da oben mutterseelenallein. So ganz verlassen.

FRAU BORKMANN: Ja, das wohl. Allerdings höre ich, daß zuweilen ein alter Aushilfsschreiber zu ihm kommt.

ELLA: Aha. Das ist sicher der Foldal. Ich erinnere mich, daß die beiden Jugendfreunde waren.

FRAU BORKMANN: Das kann sein. Übrigens kenne ich ihn gar nicht. Er hat nicht zu unserm Gesellschaftskreis gehört. Damals, als wir einen hatten.

ELLA: Doch jetzt kommt er zu Borkmann?

FRAU BORKMANN: Ja, er ist nicht sehr wählerisch. Freilich kommt er nur in der Dunkelheit.

ELLA: Dieser Foldal – der gehört auch zu denen, die bei dem Bankkrach ihre Ersparnisse verloren haben.

FRAU BORKMANN *leichthin*: Ja, ich glaube mich daran zu erinnern, daß er auch etwas Geld verloren hat. Doch das war sicher eine ganz unbedeutende Summe.

ELLA *mit Nachdruck*: Es war alles, was er besaß.

FRAU BORKMANN *lächelt*: Du lieber Gott – was hat der schon besessen? Nicht der Rede wert.

ELLA: Es war auch nicht die Rede davon – von Foldals Seite – während des Prozesses.

FRAU BORKMANN: Und außerdem kann ich dir verraten, daß Erhart ihn für die Bagatelle in großzügiger Weise entschädigt hat.

ELLA *erstaunt*: Erhart? Wie denn? War er denn dazu in der Lage?

FRAU BORKMANN: Er hat sich Foldals jüngster Tochter angenommen. Hat sie unterrichtet – so daß sie einen Beruf ergreifen und sich einmal selbst ernähren kann. Das ist gewiß mehr, als ihr Vater hätte tun können.

ELLA: Der Vater lebt sicher in bescheidenen Verhältnissen.

FRAU BORKMANN: Und dann hat Erhart dafür gesorgt, daß sie Musikunterricht bekommt. Sie ist schon so weit, daß sie mitunter zu ihm – da oben im Saal – zum Vorspielen kommt.

ELLA: Dann liebt Borkmann also die Musik immer noch so?

FRAU BORKMANN: O ja, das wohl. Er hat doch das Klavier, das du ihm geschickt hast – damals, als er hier erwartet wurde.

ELLA: Und auf dem spielt sie ihm vor?

FRAU BORKMANN: Ja, hin und wieder. Abends. Das hat auch Erhart in die Wege geleitet.

ELLA: Muß etwa das arme Mädchen den langen Weg hier heraus zu Fuß gehen? Und abends zurück in die Stadt?

FRAU BORKMANN: Nein, das muß sie nicht. Erhart hat das so arrangiert, daß sie bei einer Dame bleiben kann, die hier in der Nähe wohnt, einer gewissen Frau Wilton...

ELLA *lebhaft*: Frau Wilton!

FRAU BORKMANN: Einer sehr reichen Dame. Du wirst sie nicht kennen.

ELLA: Der Name ist mir nicht unbekannt. Frau Fanny Wilton, glaube ich.

FRAU BORKMANN: Ja, ganz recht.

ELLA: Erhart hat sie mehrmals in seinen Briefen erwähnt. – Wohnt sie jetzt hier draußen?

FRAU BORKMANN: Ja, sie hat hier eine Villa gemietet und ist vor einiger Zeit hier herausgezogen.

ELLA *etwas zögernd*: Es heißt, sie sei von ihrem Mann geschieden.

FRAU BORKMANN: Der Mann ist meines Wissens vor einigen Jahren gestorben.

ELLA: Das wohl, aber das mit der Scheidung stimmt. Er hatte sich scheiden lassen.

FRAU BORKMANN: Er hatte sie verlassen, das ist Tatsache. Die Schuld lag sicher nicht auf ihrer Seite.

ELLA: Kennst du sie näher, Gunhild?

FRAU BORKMANN: O ja, so einigermaßen. Sie wohnt doch hier ganz in der Nähe. Und da sieht sie hin und wieder zu mir herein.

ELLA: Du schätzt sie wohl?

FRAU BORKMANN: Sie ist ungemein verständnisvoll. Außerordentlich klar in ihrem Urteil.

ELLA: In ihrem Urteil über Menschen, meinst du?

FRAU BORKMANN: Ja, darin besonders. Erhart – den hat sie förmlich studiert. So richtig bis auf den Grund. Und darum vergöttert sie ihn auch, mit vollem Recht.

ELLA *etwas lauernd*: Dann kennt sie vielleicht Erhart noch näher als dich?

FRAU BORKMANN: Das wohl. Erhart hat sie häufig in der Stadt getroffen, ehe sie hier herauszog.

ELLA *unüberlegt*: Und trotzdem ist sie aus der Stadt weggezogen?

FRAU BORKMANN *stutzt und sieht sie scharf an*: Trotzdem? Was meinst du damit?

ELLA *ausweichend*: Lieber Gott – was ich damit meine...

FRAU BORKMANN: Du hast das so sonderbar gesagt. Du hast doch etwas damit gemeint, Ella!

ELLA *blickt ihr fest in die Augen*: Nun ja, Gunhild, das habe ich auch. Ich habe damit wirklich etwas sagen wollen.

FRAU BORKMANN: Bitte, dann sprich es offen aus!

ELLA: Vor allem will ich dir sagen, daß ich glaube, auch eine Art Recht auf Erhart zu haben. Oder findest du das vielleicht nicht?

FRAU BORKMANN *mit einem Blick über das Zimmer*: Gott behüte! Wo du so viel Geld für ihn ausgegeben hast!

ELLA: Oh, nicht deswegen, Gunhild! Sondern weil ich ihn liebhabe...

FRAU BORKMANN *lächelt höhnisch*: Meinen Sohn? Kannst du das? Trotz allem?

ELLA: Ja, ich kann's. Trotz allem. Und ich tue es. Ich habe Erhart lieb. So sehr, wie ich überhaupt einen Menschen liebhaben kann – jetzt, in meinem Alter.

FRAU BORKMANN: Nun ja, mag sein, aber...

ELLA: Und darum – das mußt du verstehen –, darum bin ich besorgt, sobald ich merke, daß ihm eine Gefahr droht.

FRAU BORKMANN: Eine Gefahr? Was für eine Gefahr? Wer sollte ihm gefährlich werden?

ELLA: Zunächst du – auf deine Art...

FRAU BORKMANN *aufgebracht*: Ich?

ELLA: ...und dann auch diese Frau Wilton – fürchte ich.

FRAU BORKMANN *blickt sie eine Weile sprachlos an*: Und so etwas traust du Erhart zu! Meinem Jungen! Ihm, der eine so große Mission hat!

Ella *wegwerfend*: Ach was, Mission!

Frau Borkmann *empört*: Und das wagst du so wegwerfend abzutun!

Ella: Glaubst du, daß ein junger Mensch in Erharts Alter – gesund und lebensfreudig –, glaubst du, daß der sich opfert für – für so etwas wie eine „Mission"?

Frau Borkmann *stark und fest*: Erhart tut es! Das weiß ich ganz bestimmt!

Ella *schüttelt den Kopf*: Das weißt du nicht und glaubst du auch nicht, Gunhild.

Frau Borkmann: Das sollte ich nicht glauben?

Ella: Es ist nur ein Wunschtraum von dir. Du klammerst dich an diese Hoffnung, um nicht verzweifeln zu müssen.

Frau Borkmann: Allerdings müßte ich ohne diese Hoffnung verzweifeln. *Heftig*: Doch das wäre dir vielleicht gerade recht, Ella!

Ella *erhobenen Hauptes*: Ja – falls du nur auf Erharts Kosten dein seelisches Gleichgewicht wiedererlangen kannst.

Frau Borkmann *drohend*: Du willst dich zwischen uns drängen! Zwischen Mutter und Sohn! Du!

Ella: Ich will ihn befreien von deiner Bevormundung – deinem geistigen Zwang.

Frau Borkmann *triumphierend*: Das kannst du nicht mehr! Du hast ihn in deinen Netzen gehabt – bis zu seinem fünfzehnten Jahr. Aber jetzt habe ich ihn zurückgewonnen, damit mußt du dich abfinden!

Ella: So will ich ihn mir zurückerobern! *Heiser, halb flüsternd*: Wir beide, Gunhild, wir haben schon einmal auf Leben und Tod um einen Menschen gekämpft!

Frau Borkmann *blickt sie hochmütig an*: Ja, und gesiegt habe ich!

Ella *hohnlächelnd*: Glaubst du immer noch, daß du durch diesen Sieg etwas gewonnen hast?

Frau Borkmann *finster*: Nein – da hast du bitter recht.

Ella: Auch diesmal wirst du keinen Gewinn davon haben.

Frau Borkmann: Ist das kein Gewinn, den mütterlichen Einfluß auf Erhart zu behalten?

Ella: Nein, das ist kein wahrer Gewinn. Denn es geht dir nur um die Macht über ihn.

FRAU BORKMANN: Und du?

ELLA *mit Wärme*: Ich will seine Zuneigung, seine Seele, sein ganzes Herz!

FRAU BORKMANN *fährt auf*: Nie im Leben wird dir das wieder gehören!

ELLA *blickt sie an*: Hast du etwa vorgebeugt?

FRAU BORKMANN *lächelt*: Allerdings, das habe ich mir erlaubt. Hast du das nicht aus seinen Briefen herauslesen können?

ELLA *nickt langsam*: O doch. Dein ganzes Wesen sprach schließlich aus seinen Briefen.

FRAU BORKMANN *stichelnd*: Du siehst, ich habe diese acht Jahre, die ich ihn wieder unter meinen Augen habe, zu nutzen verstanden.

ELLA *beherrscht*: Was hast du Erhart über mich erzählt? Darf ich das wissen?

FRAU BORKMANN: Natürlich!

ELLA: Also bitte!

FRAU BORKMANN: Ich habe ihm nur gesagt, was wahr ist.

ELLA: Nämlich?

FRAU BORKMANN: Ich habe ihm täglich und stündlich eingeschärft, er möge gefälligst bedenken, daß wir es dir zu verdanken haben, wenn wir jetzt einigermaßen standesgemäß leben können. Daß wir überhaupt leben können.

ELLA: Weiter nichts?

FRAU BORKMANN: Oh, so etwas wurmt, das kannst du mir glauben. Das weiß ich aus eigener Erfahrung.

ELLA: Aber das hat Erhart doch schon vorher gewußt!

FRAU BORKMANN: Als er zu mir zurückkam, bildete er sich ein, du tätest das alles aus purer Güte. *Blickt sie schadenfroh an.* Jetzt glaubt er das nicht mehr, Ella.

ELLA: Was glaubt er denn jetzt?

FRAU BORKMANN: Er glaubt, was wahr ist. Ich habe ihn gefragt, wie er sich erkläre, daß Tante Ella uns nie besucht...

ELLA *unterbricht sie*: Das hat er auch schon vorher gewußt!

FRAU BORKMANN: Jetzt weiß er es besser. Du hattest ihm eingeredet, es wäre, um mich zu schonen und – und den da oben im Saal...

ELLA: Das stimmte auch.

FRAU BORKMANN: Davon glaubt Erhart jetzt keinen Deut mehr.

ELLA: Was glaubt er denn jetzt von mir? Was hast du ihm eingeredet?

FRAU BORKMANN: Er glaubt, was Tatsache ist: daß du dich unser schämst – daß du uns verachtest. Oder tust du das vielleicht nicht? Hast du dich nicht mit dem Gedanken getragen, ihn mir ganz abspenstig zu machen? Denk nach, Ella! Du kannst dich sicher noch darauf besinnen.

ELLA *abweisend*: Das war, als der Skandal auf seinem Höhepunkt war. Während des Strafprozesses. – Solche Gedanken liegen mir jetzt fern.

FRAU BORKMANN: Es würde dir auch nichts nützen. Denn was würde aus seiner Mission? Gottbewahre! Mich braucht Erhart – nicht dich. Und darum existiert er für dich nicht mehr! Und du nicht für ihn!

ELLA *kalt und entschlossen*: Wir werden sehen. Denn nun bleibe ich hier.

FRAU BORKMANN *starrt sie an*: Hier im Gutshaus?

ELLA: Jawohl, hier.

FRAU BORKMANN: Hier – bei uns? Die ganze Nacht?

ELLA: Hier bleibe ich den Rest meines Lebens, wenn es sein muß.

FRAU BORKMANN *faßt sich*: Nun ja, Ella – das Gut gehört ja dir.

ELLA: Ach was!

FRAU BORKMANN: Alles gehört ja dir. Der Stuhl, auf dem ich sitze, gehört dir. Das Bett, in dem ich liege und mich schlaflos wälze, das gehört dir. Jeder Bissen, den wir essen, der kommt von dir.

ELLA: Das geht leider nicht anders. Borkmann darf nichts gehören. Denn sonst würde gleich jemand pfänden lassen.

FRAU BORKMANN: Das weiß ich. Wir müssen uns dreinfinden, von deiner Gnade und Barmherzigkeit zu leben.

ELLA *kalt*: Ich kann dich nicht hindern, es von dieser Seite zu sehen.

FRAU BORKMANN: Nein, das kannst du nicht. – Wann sollen wir ausziehen?

ELLA *sieht sie an*: Ausziehen?

FRAU BORKMANN *sehr aufgeregt*: Du bildest dir doch wohl nicht ein, daß ich mit dir unter einem Dach wohnen will! Nein, dann lieber ins Armenhaus oder auf die Landstraße.

ELLA: Gut. Dann gib mir Erhart mit.

FRAU BORKMANN: Erhart! Meinen Sohn! Mein Kind!

ELLA: Ja – dann reise ich gleich wieder heim.

FRAU BORKMANN *nach kurzem Bedenken, entschlossen*: Erhart soll selbst wählen zwischen uns beiden.

ELLA *blickt sie zweifelnd und unsicher an*: Er soll wählen? – Willst du das wagen, Gunhild?

FRAU BORKMANN *mit grellem Lachen*: Ob ich es wage! – Laß meinen Jungen wählen zwischen seiner Mutter und dir! Jawohl, das wage ich.

ELLA *horcht*: Kommt da jemand? Mir ist, als hörte ich ...

FRAU BORKMANN: Dann ist es wohl Erhart.

Nach einem raschen Klopfen wird die Tür von der Diele her ohne weiteres geöffnet. Frau Wilton, in Gesellschaftstoilette und Mantel, tritt ein und hinter ihr das Stubenmädchen, das sie nicht mehr anmelden konnte und ratlos dreinblickt. Die Tür bleibt halb offen. Frau Wilton ist eine ungewöhnlich hübsche, stattliche Dame in den Dreißigern. Volle, rote Lippen. Lebhafte Augen. Üppiges, dunkles Haar.

FRAU WILTON: Guten Abend, liebe Frau Borkmann!

FRAU BORKMANN *etwas reserviert*: Guten Abend, Frau Wilton. *Sagt zum Stubenmädchen mit einem Wink zur Veranda*: Nehmen Sie die Lampe dort mit und zünden Sie sie an! *Das Stubenmädchen geht mit der Lampe hinaus.*

FRAU WILTON *bemerkt Ella*: O Verzeihung – Sie haben Besuch ...

FRAU BORKMANN: Meine Schwester, die eben angekommen ist.

Erhart reißt die halbgeöffnete Tür auf und stürmt herein. Er ist ein junger Mensch mit lebenslustigen Augen. Elegant gekleidet. Kleiner Schnurrbart.

ERHART *freudestrahlend, schon auf der Schwelle*: Ist das wahr? Tante Ella ist gekommen? *Stürzt auf sie zu und ergreift ihre Hände.* Tante! Tante! Nein, ist das möglich? Du hier?

ELLA *umarmt ihn*: Erhart, mein lieber, guter Junge! Nein, wie groß du geworden bist! O welche Freude, dich wiederzusehen!

FRAU BORKMANN *in scharfem Ton*: Erhart! Wo hast du denn gesteckt? Was soll das heißen?

FRAU WILTON *rasch*: Erhart – Herr Borkmann hat mich herbegleitet.

FRAU BORKMANN: Ach so. *Fixiert Erhart.* Erhart, du kommst nicht zuerst zu deiner Mutter?

ERHART: Ich mußte nur einen Augenblick zu Frau Wilton – um die kleine Frida abzuholen.

FRAU BORKMANN: Ist dieses Fräulein Foldal auch mitgekommen?

FRAU WILTON: Ja, sie steht noch draußen in der Diele.

ERHART *ruft in die Diele hinaus*: Gehen Sie nur immer hinauf, Frida!

Pause. Ella beobachtet Erhart. Er scheint verlegen und etwas ungeduldig. Sein Gesicht nimmt einen gespannten und kühleren Ausdruck an. Das Stubenmädchen bringt die brennende Lampe in die Veranda und geht wieder hinaus.

FRAU BORKMANN *mit gezwungener Höflichkeit*: Ja, Frau Wilton – wenn Sie heute abend bei uns bleiben wollen, dann bitte ...

FRAU WILTON: Nein, tausend Dank, Verehrteste! Das geht wirklich nicht. Wir haben bereits eine Einladung angenommen. Wir wollen zu Advokat Hinkel.

FRAU BORKMANN *blickt sie an*: Wir? Welche wir, wenn ich fragen darf?

FRAU WILTON *lachend*: Na, eigentlich meine ich damit nur mich selbst. Doch ich habe von den Damen des Hauses Auftrag, den Studiosus Borkmann mitzubringen – falls ich ihn zufällig erwischen sollte.

FRAU BORKMANN: Und das haben Sie, wie ich sehe.

FRAU WILTON: Ja, glücklicherweise. Da er so liebenswürdig war, bei mir vorzusprechen – wegen der kleinen Frida.

FRAU BORKMANN: Du, Erhart, ich wußte gar nicht, daß du diese Familie kennst – diese Hinkels.

ERHART *irritiert*: Ich kenne sie eigentlich auch nicht. *Fügt etwas ungeduldig hinzu*: Du weißt doch selbst am besten, Mutter, wen ich kenne und nicht kenne.

FRAU WILTON: Ach was! In dem Haus wird man schnell bekannt! Lebensfrohe, lustige, gastfreie Menschen. Und kein Mangel an jungen Damen.

FRAU BORKMANN *mit Nachdruck*: Wie ich meinen Sohn kenne, Frau Wilton, ist das eigentlich kein Umgang für ihn.

FRAU WILTON: Du lieber Himmel, er ist doch auch jung.

FRAU BORKMANN: Gewiß ist er das. Gott sei Dank!

ERHART *sucht seiner Ungeduld Herr zu werden*: Ja, ja, Mutter – es ist doch selbstverständlich, daß ich heute abend nicht zu diesen Hinkels gehe. Natürlich bleibe ich hier bei dir und Tante Ella.

FRAU BORKMANN: Das habe ich gewußt, mein lieber Junge.

ELLA: Erhart – meinetwegen solltest du dich nicht abhalten lassen.

ERHART: Aber ja, liebe Tante! Kommt gar nicht anders in Frage. *Sieht Frau Wilton unsicher an.* Doch wie machen wir das nun? Geht das eigentlich an? Sie haben doch zugesagt – in meinem Namen.

FRAU WILTON *in munterem Ton*: Ach was! Warum sollte das nicht angehen? Wenn ich nachher die festlich erleuchteten Räume betrete, einsam und verlassen, dann – denken Sie nur! –, dann sage ich einfach ab – in Ihrem Namen.

ERHART *gedehnt*: Nun ja, wenn Sie meinen, daß das geht...

FRAU WILTON *leichthin und überlegen*: Ich habe schon so oft zu- und abgesagt – in eigenem Namen. Und Sie wollen sich jetzt Ihrer Tante entziehen, wo sie eben angekommen ist? Pfui, Monsieur Erhart – tut ein guter Sohn das?

FRAU BORKMANN *peinlich berührt*: Ein Sohn?

FRAU WILTON: Dann also ein Pflegesohn, Frau Borkmann.

FRAU BORKMANN: Das müssen Sie schon hinzufügen.

FRAU WILTON: Ach, mir scheint, man kann einer guten Pflegemutter mehr als der leiblichen Mutter zu verdanken haben.

FRAU BORKMANN: Sprechen Sie aus eigener Erfahrung?

FRAU WILTON: Leider nein – meine Mutter habe ich kaum gekannt. Aber hätte ich auch so eine gute Pflegemutter gehabt, dann wäre ich vielleicht nicht so – so ein Enfant terrible geworden, wie man mir nachsagt. *Wendet sich zu Erhart*: Also hübsch zu Haus bleiben bei Mama und Tante – und Tee trinken, Herr Studiosus! *Zu den anderen*: Empfehle mich, meine Damen! *Die Damen grüßen schweigend. Frau Wilton wendet sich der Tür zu.*

ERHART *folgt ihr*: Soll ich Sie nicht ein Stückchen begleiten?

FRAU WILTON *an der Tür, abwehrend*: Keinen Schritt! Ich finde meinen Weg auch allein. *Bleibt auf der Schwelle stehen, blickt Erhart an und nickt.* Aber nehmen Sie sich in acht, Herr Studiosus Borkmann! Das sage ich Ihnen!

ERHART: Wovor soll ich mich in acht nehmen?

FRAU WILTON *scherzhaft*: Wenn ich jetzt weggehe – einsam und verlassen, wie gesagt –, dann werde ich den Runenzauber über Sie sprechen.

ERHART *lacht*: Ach so! Wollen Sie wieder zaubern?

FRAU WILTON *halb im Ernst*: Ja, nehmen Sie sich nur in acht! Wenn ich jetzt gehe, dann werde ich denken, ganz fest und konzentriert: Studiosus Erhart Borkmann – gleich nehmen Sie Ihren Hut!

FRAU BORKMANN: Und Sie glauben, daß er ihn dann nimmt?

FRAU WILTON *lachend*: Na, und ob! Gleich greift er nach seinem Hut. Und dann denke ich weiter: Ziehen Sie gefälligst Ihren Mantel an, Erhart Borkmann! Und die Überschuhe! Vergessen Sie die Überschuhe nicht! Und folgen Sie mir nach! Immer folgen! Hübsch folgen!

ERHART *mit forcierter Munterkeit*: Natürlich, das mache ich todsicher!

FRAU WILTON *mit erhobenem Zeigefinger*: Immer folgen! Hübsch folgen! – Gute Nacht! *Sie lacht, nickt den Damen zu und schließt die Tür hinter sich.*

FRAU BORKMANN: Treibt sie wirklich derlei Künste?

ERHART: Bewahre! Wie kannst du so was glauben? Sie macht nur Spaß. *Abbrechend*: Aber sprechen wir jetzt nicht mehr von Frau Wilton. *Er nötigt Ella in den Sessel am Ofen; bleibt ein Weilchen bei ihr stehen und sieht sie an.* Nein, daß du die weite Reise gemacht hast, Tante Ella! Und noch dazu jetzt im Winter!

ELLA: Es war notwendig geworden, Erhart.

ERHART: So? – Inwiefern?

ELLA: Ich mußte einmal einen hiesigen Spezialarzt konsultieren.

ERHART: Gut so!

ELLA *lächelt*: Findest du das so gut?

ERHART: Daß du dich endlich dazu entschlossen hast, meine ich.

FRAU BORKMANN *vom Kanapee her, kalt*: Du bist krank, Ella?

ELLA *mit kühlem Blick*: Du dürftest doch wissen, daß ich krank bin.

FRAU BORKMANN: Na ja, etwas kränklich bist du ja schon seit vielen Jahren.

ERHART: Damals, als ich bei dir lebte, habe ich dir immer wieder gesagt, du solltest einen Arzt zu Rate ziehen.

ELLA: Ach, in meiner Gegend gibt es keinen Arzt, zu dem ich wirklich Vertrauen habe. Außerdem war es damals noch nicht so schlimm.

ERHART: Hat es sich denn verschlimmert, Tante?

ELLA: Ja, mein Junge. Es geht mir jetzt schlechter.

ERHART: Aber es ist doch wohl nicht gefährlich?

ELLA: Wie man's nimmt.

ERHART *eifrig*: Weißt du was, Tante Ella? Dann darfst du so bald nicht wieder abreisen!

ELLA: Nein, das will ich auch nicht.

ERHART: Du mußt in der Stadt bleiben. Da hast du doch die besten Ärzte, du brauchst nur zu wählen.

ELLA: Gewiß, das war auch mein Gedanke, als ich mich zur Reise entschloß.

ERHART: Und dann sieh dich nach einem wirklich guten Quartier um – einer ruhigen, gemütlichen Pension!

ELLA: Ich bin heute morgen in der Pension abgestiegen, in der ich schon früher gewohnt habe.

ERHART: Na ja, dort hast du's ja ganz gemütlich.

ELLA: Das wohl. Doch ich werde dort nicht bleiben.

ERHART: So? Warum denn nicht?

ELLA: Ich habe vorhin umdisponiert.

ERHART *erstaunt*: So?

FRAU BORKMANN *ohne von ihrer Häkelarbeit aufzublicken*: Deine Tante will hier auf ihrem Gut wohnen, Erhart.

ERHART *blickt beide abwechselnd an*: Hier! Bei uns? Mit uns zusammen! Ist das wahr, Tante?

ELLA: Ja, ich habe mich dazu entschlossen.

FRAU BORKMANN *wie oben*: Es gehört ja alles deiner Tante. Das weißt du doch.

ELLA: Ich bleibe also hier, Erhart. Bis auf weiteres. Ich richte mich drüben im Verwalterflügel ein.

ERHART: Da tust du recht. Dort stehen ja deine Zimmer immer

bereit. *Plötzlich lebhaft*: Aber sag mal, Tante, bist du nicht sehr müde von der Reise?

ELLA: Etwas müde bin ich freilich.

ERHART: Dann meine ich aber, du solltest recht früh zu Bett gehen!

ELLA *blickt ihn lächelnd an*: Das will ich auch.

ERHART *eifrig*: Wir können uns doch morgen noch aussprechen – oder an einem anderen Tag, nicht wahr? Über alles, was uns auf der Seele liegt. Du und Mutter und ich. Wäre das nicht besser, Tante Ella?

FRAU BORKMANN *erregt, indem sie vom Kanapee aufsteht*: Erhart, ich sehe es dir an, daß du fort willst!

ERHART *fährt zusammen*: Wie meinst du das?

FRAU BORKMANN: Du willst weg zu – zu diesen Hinkels!

ERHART *unwillkürlich*: Ach so! *Faßt sich.* Ja, meinst du denn, ich solle hier herumsitzen und Tante Ella am Zubettgehen hindern? Sie ist doch krank! Vergiß das nicht, Mutter!

FRAU BORKMANN: Erhart, du willst zu Hinkels!

ERHART *ungeduldig*: Herrgott, Mutter, ich glaube, ich kann nicht gut anders. Oder was meinst du, Tante?

ELLA: Du sollst in deinem Entschluß völlig frei sein, Erhart.

FRAU BORKMANN *geht drohend auf sie zu*: Du willst ihn meinem Einfluß wieder entziehen?

ELLA *erhebt sich*: O Gunhild, wenn ich das nur könnte!

Von oben ertönt Klavierspiel.

ERHART *windet sich gequält*: Das halte ich nicht aus! *Sieht sich um.* Wo habe ich meinen Hut? *Zu Ella*: Kennst du das, was da oben gespielt wird?

ELLA: Nein, was ist es denn?

ERHART: Danse macabre. Der Totentanz. Kennst du den Totentanz nicht, Tante?

ELLA *lächelt schwermütig*: Noch nicht, Erhart.

ERHART *zu Frau Borkmann*: Mutter – ich bitte dich inständig: Laß mich gehen!

FRAU BORKMANN *blickt ihn böse an*: Fort von deiner Mutter? Also doch?

ERHART: Ich komme ja wieder, vielleicht schon morgen!

FRAU BORKMANN *leidenschaftlich erregt*: Du willst weg von mir! Zu fremden Menschen! Zu – zu ... Ach, es ist nicht auszudenken!

ERHART: Dort ist alles hell. Dort gibt es junge, fröhliche Menschen. Und Musik, Mutter!

FRAU BORKMANN *zeigt gegen die Zimmerdecke*: Da oben gibt's auch Musik, Erhart!

ERHART: Diese Musik, die treibt mich ja gerade aus dem Hause!

ELLA: Gönnst du deinem Vater nicht das bißchen Selbstvergessen?

ERHART: Doch, freilich! Tausendfach gönne ich ihm das. Wenn ich es nur nicht selbst mit anhören müßte!

FRAU BORKMANN *blickt ihn mahnend an*: Sei stark, Erhart! Stark, mein Junge! Vergiß nie, daß du eine große Mission hast!

ERHART: Ach, Mutter – komm mir bitte nicht mit diesen Phrasen! Zum Missionar bin ich nicht geschaffen. – Gute Nacht, liebe Tante! Gute Nacht, Mutter! *Er geht rasch in die Diele hinaus.*

FRAU BORKMANN *nach kurzem Schweigen*: Es ist dir schnell gelungen, ihn mir wieder zu nehmen.

ELLA: Ach, wenn ich das nur glauben könnte!

FRAU BORKMANN: Aber paß auf, du wirst ihn bald wieder abgeben müssen.

ELLA: An dich, meinst du?

FRAU BORKMANN: An mich oder – an sie, die andere.

ELLA: Dann lieber an sie als an dich.

FRAU BORKMANN *nickt langsam*: Das kann ich verstehen. Ich denke ebenso. Lieber an sie als an dich.

ELLA: Wo immer er auch endgültig bleiben mag.

FRAU BORKMANN: Das ist beinahe einerlei, glaube ich.

ELLA *nimmt Mantel und Hut*: Zum erstenmal im Leben sind wir beiden Zwillingsschwestern einig. Gute Nacht, Gunhild. *Sie geht in die Diele hinaus.*

Die Musik oben im Saal wird lauter.

FRAU BORKMANN *steht eine Weile unbeweglich da, fährt dann zusammen, krümmt sich und flüstert*: Wieder der Wolf! – Der kranke Wolf! *Sie bleibt noch einen Moment stehen, sackt dann in sich zusammen und jammert*: Erhart! Erhart! Bleib deiner Mutter treu! Komm doch zurück und hilf mir! So ertrage ich das Leben nicht.

ZWEITER AKT

Der altertümliche Festsaal im ersten Stock des Rentheimschen Hauses. Die Wände sind mit alten, verblichenen Stofftapeten bekleidet, auf denen Jagdszenen sowie Hirten und Hirtinnen dargestellt sind. Links in der Mitte eine Flügeltür, links vorn ein Klavier. In der Hinterwand links eine Tapetentür. Rechts in der Mitte ein großer eichener Schreibtisch mit vielen Büchern und Papieren. Rechts vorn ein Sofa mit Tisch und Stühlen. Die Möbel sind in steifem Empirestil gehalten. Auf Tisch und Schreibtisch brennende Lampen.

John Gabriel Borkmann steht, die Hände auf dem Rücken, am Klavier und hört Frida Foldal zu, die gerade die letzten Takte des Danse macabre spielt. Borkmann ist ein mittelgroßer, kräftiger Mann in den Sechzigern. Vornehmes Exterieur, fein geschnittenes Profil, durchdringende Augen. Haar und Bart kraus und ziemlich weiß. Er trägt einen schwarzen, etwas abgenutzten Anzug und eine weiße Halsbinde. Frida Foldal ist ein hübsches, blasses Mädchen von 15 Jahren mit etwas müdem, angestrengtem Gesichtsausdruck. Sie hat ein dürftig zurechtgeputztes helles Kleid an. Das Musikstück ist zu Ende.

BORKMANN *nach einer Pause*: Wissen Sie, wo ich Töne wie diese zum erstenmal gehört habe?

FRIDA *blickt zu ihm hoch*: Nein, Herr Borkmann.

BORKMANN: Das war unten in den Gruben.

FRIDA *versteht nicht*: Ach? In den Gruben?

BORKMANN: Ich bin der Sohn eines Bergmanns. Das wissen Sie wohl. Oder etwa nicht?

FRIDA: Nein, Herr Borkmann.

BORKMANN: Ein Bergmannssohn. Und mein Vater hat mich zuweilen mit in die Grube genommen. Dort unten kann man das Erz singen hören.

FRIDA: Es singt?

BORKMANN *nickt*: Wenn es losgeschlagen wird. Die Hammerschläge, die es freilegen, sind wie Schläge der Mitternachtsglocke, durch die es erlöst wird. Darum singt das Erz – vor Freude – auf seine Weise.

FRIDA: Vor Freude, Herr Borkmann?

BORKMANN: Es will hinauf ans Tageslicht und den Menschen dienen. *Er geht im Saal hin und her, die Hände auf dem Rücken.*

FRIDA *bleibt noch ein Weilchen sitzen und wartet, sieht dann auf ihre Uhr und steht auf*: Entschuldigen Sie, Herr Borkmann, aber ich muß jetzt leider gehen.

BORKMANN *bleibt vor ihr stehen*: Jetzt schon?

FRIDA *legt die Noten in die Mappe*: Ja, leider. *Sichtlich verlegen*: Ich bin nämlich für heute abend bestellt.

BORKMANN: Zu einer Gesellschaft?

FRIDA: Ja.

BORKMANN: Und da, auf der Gesellschaft, sollen Sie etwas vorspielen?

FRIDA *beißt sich auf die Lippen*: Nein – ich soll zum Tanz aufspielen.

BORKMANN: Zum Tanz?

FRIDA: Ja. Die Herrschaften wollen nach dem Essen tanzen.

BORKMANN *bleibt stehen und blickt sie an*: Spielen Sie gern zum Tanz auf? Bei Hausbällen?

FRIDA *zieht ihren Mantel an*: Ja, wenn man mich haben will. – Man kann doch immerhin etwas dabei verdienen.

BORKMANN *forschend*: Denken Sie hauptsächlich d a r a n , während Sie zum Tanz aufspielen?

FRIDA: Nein, meistens denke ich, wie traurig es ist, nicht mitmachen zu dürfen.

BORKMANN: Das wollte ich nur wissen. *Geht unruhig hin und her.* Ja, ja, ja – dieses Nicht-dabei-sein-Dürfen, das ist das allerschwerste. *Bleibt stehen.* Aber es gibt etwas, das Ihnen alles aufwiegt, Frida.

FRIDA *sieht ihn fragend an*: Wie meinen Sie das, Herr Borkmann?

BORKMANN: Daß Sie zehnmal mehr Musik im Leibe haben als die ganze Tanzgesellschaft zusammen.

FRIDA *lächelt verlegen*: Oh, das ist doch gar nicht so sicher.

Borkmann *hebt warnend den Zeigefinger*: Seien Sie ja nicht so töricht, an sich selbst zu zweifeln!

Frida: Du lieber Gott, wenn aber niemand davon weiß?

Borkmann: Wenn nur Sie selbst es wissen, das genügt. – Wo sollen Sie denn heute abend spielen?

Frida: Drüben bei Advokat Hinkel.

Borkmann *blickt sie verblüfft an*: Hinkel, sagen Sie?

Frida: Ja.

Borkmann *mit eisigem Lächeln*: Gibt es Menschen, die mit diesem Mann verkehren? Die von ihm eine Einladung annehmen?

Frida: O ja, es kommen sehr viel Menschen, hat Frau Wilton gesagt.

Borkmann *heftig*: Aber was für Menschen? Können Sie mir das verraten?

Frida *etwas ängstlich*: Nein, das weiß ich wirklich nicht. – Ja richtig! Stimmt ja: ich weiß, daß der Herr Student Borkmann heute abend da sein wird.

Borkmann *irritiert*: Erhart? Mein Sohn?

Frida: Jawohl.

Borkmann: Woher wissen Sie das?

Frida: Er selbst hat es gesagt. Vor einer Stunde.

Borkmann: Ist er denn heute hier draußen?

Frida: Ja. Er ist den ganzen Nachmittag bei Frau Wilton gewesen.

Borkmann: Wissen Sie, ob er auch hier gewesen ist? Hier im Haus, meine ich.

Frida: Ja, er war eine Weile bei Ihrer Frau.

Borkmann *bitter*: Aha – konnte ich mir denken!

Frida: Aber es war noch eine fremde Dame bei ihr, glaube ich.

Borkmann: So? Eine fremde Dame? – Na ja, zu meiner Frau kommt wohl ab und zu jemand.

Frida: Wenn ich den jungen Herrn nachher sehe, soll ich ihm dann sagen, er möchte auch zu Ihnen kommen?

Borkmann *barsch*: Nichts sollen Sie sagen! Das möchte ich mir sehr verbeten haben. Wer mich sehen will, soll von selbst kommen! Ich bitte niemand darum.

Frida: Nein, nein – dann werde ich nichts sagen. Gute Nacht, Herr Borkmann.

BORKMANN *geht wieder auf und ab und brummt*: Gute Nacht.

FRIDA: Darf ich vielleicht die Wendeltreppe benutzen? Das geht schneller.

BORKMANN: Immer zu! Benutzen Sie, welche Treppe Sie wollen! Gute Nacht also!

FRIDA: Gute Nacht, Herr Borkmann. *Sie geht durch die kleine Tapetentür ab.*

Borkmann geht in Gedanken ans Klavier, um es zu schließen, unterläßt es aber. Blickt sich um in dem großen öden Raum und beginnt wieder auf und ab zu gehen, von der Klavierecke bis zur Ecke hinten rechts – rastlos und unruhig hin und her. Schließlich tritt er an den Schreibtisch, horcht in Richtung der Flügeltür, nimmt rasch einen Handspiegel und zupft seine Halsbinde zurecht. Es klopft an die Flügeltür. Borkmann hört es, wirft einen raschen Blick zur Tür, schweigt aber. Nach kurzer Pause erneutes Klopfen, diesmal stärker.

BORKMANN *am Schreibtisch stehend, die Linke auf die Tischplatte gestützt, die Rechte in den Brustausschnitt geschoben*: Herein!

Wilhelm Foldal tritt bescheiden ein. Er ist ein gebeugter, abgearbeiteter Mann mit sanften blauen Augen und dünnem grauem Haar, das bis auf den Mantelkragen fällt. Er hat eine Mappe unter dem Arm und einen weichen Filzhut in der Hand. Seine große Hornbrille schiebt er beim Eintreten auf die Stirn. Borkmann gibt seine Pose auf und sieht dem Eintretenden halb enttäuscht, halb befriedigt entgegen.

Ach, du bist's nur.

FOLDAL: Schönen guten Abend, John Gabriel! Freilich bin ich's.

BORKMANN *mit einem strengen Blick*: Übrigens kommst du reichlich spät, finde ich.

FOLDAL: Du mußt bedenken, daß der Weg zu Fuß ziemlich weit ist.

BORKMANN: Aber warum gehst du denn immer zu Fuß, Wilhelm? Du hast doch die Straßenbahn dicht vor der Tür!

FOLDAL: Gehen ist gesünder. Und dann spart man ja auch das Fahrgeld. – Na, ist Frida hiergewesen und hat dir vorgespielt?

BORKMANN: Sie ist eben erst weggegangen. Bist du ihr nicht begegnet?

FOLDAL: Nein, ich habe sie schon lange nicht mehr zu sehen gekriegt. Seit sie bei dieser Frau Wilton im Haus wohnt.

BORKMANN *setzt sich aufs Sofa und deutet mit einer Handbewegung auf einen Stuhl*: Setz dich nur auch, Wilhelm!

FOLDAL *setzt sich auf die Stuhlkante*: Danke sehr. *Schwermütig*: Ach, du kannst dir nicht vorstellen, wie einsam ich mich fühle, seit Frida nicht mehr bei uns ist!

BORKMANN: Ach was – du hast doch noch mehr Kinder!

FOLDAL: Das weiß Gott. Ganze Stücker fünf. Aber Frida ist die einzige, die mich ein bißchen verstanden hat. *Schüttelt betrübt den Kopf.* Die andern, die verstehen mich alle nicht.

BORKMANN *blickt finster vor sich hin und trommelt auf den Tisch*: Das ist es eben. Das ist der Fluch, der auf uns Ausnahmemenschen ruht. Die große Masse der Durchschnittsmenschen, die versteht uns nicht, Wilhelm.

FOLDAL *resigniert*: Verständnis verlangt man ja nicht gleich. Da muß man eben Geduld haben. *Mit tränenerstickter Stimme*: Aber es gibt etwas, das bitterer ist.

BORKMANN *heftig*: Es gibt nichts, was bitterer ist als das!

FOLDAL: Doch, John Gabriel, das gibt es! Ich hatte eben – ehe ich mich zu dir auf den Weg machte – eine häusliche Szene.

BORKMANN: So? Weshalb denn?

FOLDAL *platzt heraus*: Zu Hause – da verachten sie mich!

BORKMANN *fährt hoch*: Verachten dich!

FOLDAL *wischt sich die Augen*: Ich hatte es schon lange bemerkt. Aber heute wurde es ganz deutlich.

BORKMANN *nach kurzem Schweigen*: Du hattest mit deiner Heirat gewiß keine gute Wahl getroffen.

FOLDAL: Ich hatte ja so gut wie keine Wahl. Und außerdem – heiraten möchte man ja, wenn man so langsam in die Jahre kommt. Und so heruntergekommen, so ganz auf den Hund gekommen, wie ich damals war...

BORKMANN *springt wütend auf*: Soll das auf mich gehen? Ein Vorwurf?

FOLDAL *ängstlich*: Aber nein, John Gabriel! Gott behüte!

BORKMANN: Doch, du denkst an das Unglück, das die Bank getroffen hat!

FOLDAL *beschwichtigend*: Aber für meine Heirat mache ich dich doch nicht verantwortlich! Gottbewahre!

BORKMANN *setzt sich wieder und brummt*: Na, dann gut.

FOLDAL: Übrigens darfst du nicht glauben, daß ich mich über meine Frau beklage. Sehr gebildet ist sie freilich nicht, die Gute, das ist nicht zu leugnen. Aber sie ist doch ganz verträglich. – Nein, es sind die Kinder…

BORKMANN: Dacht ich mir's doch!

FOLDAL: Denn die Kinder – die haben doch mehr Kultur. Und daher stellen sie auch größere Ansprüche ans Leben.

BORKMANN *blickt ihn teilnahmsvoll an*: Und deshalb verachten dich die Rangen, Wilhelm?

FOLDAL *zuckt die Schultern*: Ich habe freilich keine große Karriere gemacht. Das gebe ich ja zu.

BORKMANN *rückt näher an ihn heran und legt die Hand auf seinen Arm*: Wissen sie denn nicht, daß du in deiner Jugend ein Trauerspiel geschrieben hast?

FOLDAL: Doch, natürlich wissen sie das. Es scheint aber keinen besonderen Eindruck auf sie zu machen.

BORKMANN: Dann verstehen sie nichts davon. Denn dein Trauerspiel ist gut. Das ist meine feste Überzeugung.

FOLDAL *dessen Gesicht sich aufhellt*: Ja, nicht wahr, es ist doch manches Gute darin, John Gabriel? Ach Gott, wenn es doch endlich einmal angenommen würde! *Holt eifrig sein Manuskript hervor und blättert darin.* Paß auf! Ich zeige dir mal, was ich geändert habe.

BORKMANN: Hast du es mit?

FOLDAL: Ja, ich habe es mitgebracht. Es ist schon lange her, daß ich dir daraus vorgelesen habe. Und da wäre es für dich vielleicht eine kleine Zerstreuung, einen oder zwei Akte zu hören – dachte ich mir.

BORKMANN *winkt ab und erhebt sich*: Heute nicht. Ein andermal!

FOLDAL: Na gut, wie du willst.

Borkmann geht im Saal auf und ab. Foldal packt sein Manuskript wieder ein.

BORKMANN *bleibt vor Foldal stehen*: Du hast schon recht: Karriere hast du nicht gemacht. Doch das verspreche ich dir, Wilhelm: Wenn einmal die Stunde der Genugtuung für mich schlägt...

FOLDAL *will aufstehen*: Oh, ich danke dir sehr!

BORKMANN *mit einer Handbewegung*: Du darfst sitzen bleiben. *In steigender Erregung*: Wenn die Stunde der Genugtuung für mich schlägt... Wenn sie einsehen, daß sie mich nicht entbehren können. Wenn sie zu mir kommen und zu Kreuze kriechen und mich anflehen, ich möchte die Leitung der Bank wieder übernehmen! Der neuen Bank, die sie gegründet haben – deren Anforderungen sie nicht gewachsen sind... *Stellt sich wie vorhin am Schreibtisch in Positur und schlägt sich auf die Brust.* Hier will ich stehen und sie empfangen! Und im ganzen Land soll bekannt werden, was für Bedingungen John Gabriel Borkmann stellt, wenn er... *Bricht plötzlich ab und starrt Foldal an.* Du siehst mich so zweifelnd an! Glaubst du etwa nicht daran, daß sie kommen werden? Daß sie einmal zu mir kommen müssen – müssen – müssen? Glaubst du das nicht?

FOLDAL: Doch, weiß Gott, ich glaube das, John Gabriel!

BORKMANN *setzt sich wieder aufs Sofa*: Ich glaube fest daran. Weiß es mit aller Gewißheit – daß sie kommen. Ohne diese Gewißheit hätte ich mir längst eine Kugel durch den Kopf gejagt.

FOLDAL *erschrocken*: Um Himmels willen!

BORKMANN *im Vorgefühl des Triumphes*: Aber sie kommen! Sie kommen sicher! Paß auf! Jeden Tag, jede Stunde kann ich damit rechnen. Und wie du siehst, halte ich mich bereit, sie zu empfangen.

FOLDAL *mit einem Seufzer*: Wenn sie nur recht bald kämen!

BORKMANN *unruhig*: Da stimme ich dir zu. Die Zeit vergeht. Die Jahre gehen dahin, das Leben... Aber nein, daran darf ich nicht denken! *Sieht ihn an.* Weißt du, wie ich mir manchmal vorkomme?

FOLDAL: Nun?

BORKMANN: Wie ein Napoleon, der in seiner ersten Feldschlacht zum Krüppel geschossen wurde.

FOLDAL *legt die Hand auf die Mappe mit dem Manuskript*: Das Gefühl kenne ich auch.

BORKMANN: Na ja, so im kleinen.

FOLDAL *leise*: Meine kleine Dichterwelt – mir bedeutet sie viel, John Gabriel.

BORKMANN *heftig*: Ja, aber ich, der ich Millionenwerte hätte schaffen können! Die Bergwerke alle, die ich erschlossen hätte! Die zahllosen neuen Gruben! Die Wasserfälle! Die Steinbrüche! Handelsstraßen und Schiffahrtslinien in der ganzen weiten Welt! Alles, alles hätte ich, ich allein ins Leben gerufen!

FOLDAL: Gewiß, das weiß ich wohl. Wärst du doch damals vor nichts zurückgeschreckt.

BORKMANN *preßt die Hände zusammen*: Und nun muß ich hier hocken wie ein flügellahm geschossener Auerhahn und mit ansehen, wie die anderen mir zuvorkommen – und mir alles wegschnappen, ein Stück nach dem anderen!

FOLDAL: So geht's mir auch, du.

BORKMANN *ohne ihn zu beachten*: Sich das vorzustellen. So dicht vor dem Ziel! Nur noch acht Tage Frist, um mich zu arrangieren! Dann wären alle Depositen eingelöst gewesen. Alle Wertpapiere, die ich wagemutig für meine Zwecke verwendet hatte, hätten dann wieder an ihrem alten Platz gelegen. Um ein Haar wären die riesigen Aktiengesellschaften zustande gekommen. Kein Mensch hätte einen Heller verloren!

FOLDAL: Das weiß der Himmel – so dicht vor dem Ziel, wie du warst...

BORKMANN *in ohnmächtiger Wut*: Und da fiel mir der Verräter in den Rücken! Gerade in den Tagen der Entscheidung! *Sieht ihn an.* Weißt du, was ich für das infamste Verbrechen halte, das ein Mensch begehen kann?

FOLDAL: Nein, was meinst du denn?

BORKMANN: Weder Raub noch Einbruch noch Meineid. Nicht einmal Mord. Denn alle diese Delikte werden meist an Menschen verübt, die der Täter haßt oder die ihm gleichgültig sind und ihn nichts angehen.

FOLDAL: Aber das infamste...?

BORKMANN *mit Nachdruck*: Das infamste Verbrechen begeht, wer das Vertrauen seines Freundes mißbraucht.

FOLDAL *etwas nachdenklich*: Ja, aber hör mal...

BORKMANN *ihm ins Wort fallend*: Ich sehe dir an, was du sagen willst. Aber es trifft hier nicht zu. Die Leute, die ihre Wertpapiere auf der Bank hatten, sollten alles zurückbekommen. Restlos! – Nein, du – das Infamste, was ein Mensch begehen kann, das ist, die Briefe seines Freundes zu mißbrauchen – das der Öffentlichkeit preiszugeben, was nur einem einzigen anvertraut war. Der Mann, der zu solchen Mitteln greifen kann, ist durch und durch vergiftet und verpestet von einer Schurkenmoral. Und so einen habe ich zum Freund gehabt. Das hat mir das Genick gebrochen.

FOLDAL: Ich ahne wohl, auf wen du hinzielst.

BORKMANN: In meinem ganzen Dasein gab es nichts, was er nicht wußte. Und dann, im entscheidenden Augenblick, da wandte er die Waffe, die ich ihm anvertraut hatte, gegen mich.

FOLDAL: Ich habe nie begreifen können, warum er... Allerdings wurde damals allerlei gemunkelt.

BORKMANN: Was wurde gemunkelt? Sage es, Wilhelm! Ich weiß doch gar nichts. Wurde doch gleich – isoliert. Was munkelten die Leute?

FOLDAL: Du hättest Minister werden sollen, hieß es.

BORKMANN: War mir angeboten worden. Aber ich hatte abgelehnt.

FOLDAL: Du standest ihm also nicht im Wege.

BORKMANN: Ach was! Deswegen hat er mich nicht verraten.

FOLDAL: Dann begreife ich wahrhaftig nicht...

BORKMANN: Dir kann ich es ja sagen, Wilhelm.

FOLDAL: Nun?

BORKMANN: Es war – so eine Art Weibergeschichte, mußt du wissen.

FOLDAL: Eine Weibergeschichte? Was du nicht sagst, John Gabriel!

BORKMANN *abbrechend*: Jawohl, das war's. Aber lassen wir diese dummen alten Geschichten! – Na, und Minister wurde weder er noch ich.

FOLDAL: Aber nach oben gekommen ist er.

BORKMANN: Und ich bin in den Abgrund gestürzt.

FOLDAL: Oh, was für ein fürchterliches Trauerspiel!

BORKMANN *nickt ihm zu*: Beinahe so fürchterlich wie deines, finde ich.

FOLDAL *treuherzig*: Ja, mindestens so fürchterlich.

BORKMANN *mit leisem Lachen*: Doch von einer anderen Seite betrachtet, ist es auch wieder eine Art Komödie.

FOLDAL: Komödie? Das?

BORKMANN: Ja, so, wie es sich nun weiter zu entwickeln scheint. Denn – hör jetzt zu!

FOLDAL: Nun?

BORKMANN: Du hattest vorhin Frida nicht mehr angetroffen...

FOLDAL: Nein.

BORKMANN: Während wir beide hier sitzen, ist sie im Hause des Mannes, der mich verraten und ruiniert hat. Dort spielt sie zum Tanz auf.

FOLDAL: Aber davon hatte ich ja keine Ahnung!

BORKMANN: Sie hat ihre Noten genommen und ist von mir geradewegs in das Haus dieser Herrschaften gegangen.

FOLDAL *entschuldigend*: Ja, ja, das arme Kind...

BORKMANN: Und kannst du erraten, wem sie aufspielt – unter anderem?

FOLDAL: Na?

BORKMANN: Meinem Sohn.

FOLDAL: Was?

BORKMANN: Ja, wie findest du das, Wilhelm? Mein Sohn ist heute abend da drüben unter den Tänzern. Habe ich da nicht recht, von einer Komödie zu reden?

FOLDAL: Gewiß, aber dann weiß er sicher nichts.

BORKMANN: Was weiß er nicht?

FOLDAL: Dann weiß er sicher nicht, auf welche Weise dieser – dieser – ich meine...

BORKMANN: Du kannst den Namen ruhig aussprechen. Das macht mir nichts mehr.

FOLDAL: Ich bin überzeugt, daß dein Sohn die Zusammenhänge nicht kennt, John Gabriel.

BORKMANN *sitzt finster da und klopft auf den Tisch*: Der kennt sie! So wahr ich hier sitze!

FOLDAL: Aber würde er dann in dem Haus verkehren?

BORKMANN: Mein Sohn sieht wohl die Dinge mit anderen Augen als ich. Ich möchte wetten, daß er auf der Seite meiner Feinde steht. Er ist wohl auch der Ansicht, Advokat Hinkel habe nur seine verdammte Pflicht und Schuldigkeit getan, als er mich verriet.

FOLDAL: Aber, lieber Freund, wer sollte ihm denn die Sache in dem Licht dargestellt haben?

BORKMANN: Wer? Hast du vergessen, wer ihn erzogen hat? Zuerst seine Tante, von seinem sechsten oder siebenten Jahr an. Und später dann – seine Mutter!

FOLDAL: Ich glaube, du tust den beiden unrecht.

BORKMANN *aufbrausend*: Ich tue nie einem Menschen unrecht! Die beiden haben ihn gegen mich aufgehetzt, das kannst du mir glauben!

FOLDAL *nachgebend*: Na ja, da kannst du wohl recht haben.

BORKMANN *ingrimmig*: Oh, diese Weiber! Die machen uns das Leben zur Hölle! Verpfuschen unser ganzes Dasein, verderben unsere Karriere!

FOLDAL: Nicht alle, John Gabriel!

BORKMANN: So? Nenne mir eine einzige, die was taugt!

FOLDAL: Das ist es eben. Die wenigen, die ich kenne, die taugen nichts.

BORKMANN *höhnisch*: Was nützt es denn, daß es solche Weiber gibt – wenn man sie nicht kennt?

FOLDAL *warmherzig*: Es hat doch sein Gutes, John Gabriel! Der Gedanke allein macht schon glücklich, daß es – irgendwo, nah oder weit – doch das wahre Weib gibt.

BORKMANN *rückt ungeduldig auf dem Sofa umher*: Ach, laß mich in Ruhe mit deinem Dichtergewäsch!

FOLDAL *tief gekränkt*: Meinen heiligsten Glauben nennst du Dichtergewäsch?!

BORKMANN *hart*: Jawohl, das tue ich! Deswegen bist du auch im Leben niemals vorwärtsgekommen. Wenn du dir nur dieses Zeug aus dem Kopf schlagen wolltest, dann könnte ich dir noch auf die Beine helfen – dich in den Sattel heben!

FOLDAL *während es in ihm kocht*: Ach, das kannst du ja gar nicht!

BORKMANN: Das kann ich. Ich muß nur erst wieder an der Macht sein.

FOLDAL: Damit hat es sicher noch gute Weile.

BORKMANN *heftig*: Meinst du etwa, dazu käme es nie? Antworte!

FOLDAL: Ich weiß nicht, was ich dir darauf antworten soll.

BORKMANN *erhebt sich und sagt kalt und vornehm, mit einer Handbewegung zur Tür*: Dann erübrigt sich deine Anwesenheit.

FOLDAL *springt auf*: Erübrigt sich ...!

BORKMANN: Wenn du nicht glaubst, daß mein Geschick sich wenden wird ...

FOLDAL: Aber ich kann doch nicht glauben, was gegen alle Vernunft ist! – Dann müßtest du doch erst rehabilitiert werden ...

BORKMANN: Weiter! Weiter!

FOLDAL: Wenn ich auch mein Examen nicht gemacht habe, so viel weiß ich doch ...

BORKMANN *rasch*: Du hältst es für unmöglich?

FOLDAL: Es liegt kein Präzedenzfall vor.

BORKMANN: Dessen bedarf es auch nicht für Ausnahmemenschen.

FOLDAL: Das Gesetz kennt solche Rücksichten nicht.

BORKMANN *hart und entschieden*: Wilhelm, du bist kein Dichter.

FOLDAL *faltet unwillkürlich die Hände*: Sagst du das in vollem Ernst?

BORKMANN *abweisend*: Wir vergeuden nur die Zeit miteinander. Besser, du kommst nicht mehr her.

FOLDAL: Du willst mich nicht mehr sehen?

BORKMANN *ohne ihn anzublicken*: Ich brauche dich nicht mehr.

FOLDAL *mit freundlicher Geduld, indem er sein Manuskript nimmt*: Nun ja. Da hast du wohl recht.

BORKMANN: Du hast mir also die ganze Zeit etwas vorgelogen.

FOLDAL *schüttelt den Kopf*: Gelogen habe ich nie, John Gabriel.

BORKMANN: Hast du nicht ständig Hoffnung und Glauben und Zuversicht vorgetäuscht, förmlich in mich hineingelogen?

FOLDAL: Das war nicht gelogen, solange du an meine Berufung glaubtest. Solange du an mich glaubtest, so lange glaubte ich auch an dich.

BORKMANN: Wir haben uns also gegenseitig betrogen. Und letzten Endes auch jeder sich selbst – du sowohl wie ich.

FOLDAL: Und ist denn das nicht im Grunde Freundschaft, John Gabriel?

BORKMANN *lächelt bitter*: Gewiß, Betrügen – das ist Freundschaft.

Da hast du recht. Diese Erfahrung habe ich schon einmal gemacht.

FOLDAL *blickt zu ihm hinüber*: Nicht zum Dichter berufen! Und das konntest du mir so ins Gesicht sagen!

BORKMANN *mit weicherer Stimme*: Nun, ich bin ja kein Fachmann auf diesem Gebiet...

FOLDAL: Vielleicht mehr, als du selbst ahnst.

BORKMANN: Ich?

FOLDAL *leise*: Ja, du. Ich habe nämlich selber meine Zweifel gehabt – so zuweilen, mußt du wissen. Entsetzliche Zweifel – ob ich nicht einer Einbildung wegen mein Leben verpfuscht habe.

BORKMANN: Wenn du an dir selbst zweifelst, dann stehst du auf wackligen Füßen.

FOLDAL: Darum war es mir so tröstlich, mit dir zusammen sein und mich an deiner Zuversicht aufrichten zu können. *Nimmt seinen Hut.* Aber nun bist du für mich wie ein Fremder.

BORKMANN: Du für mich auch.

FOLDAL: Gute Nacht, John Gabriel.

BORKMANN: Gute Nacht, Wilhelm.

Foldal geht links hinaus. Borkmann bleibt eine Weile stehen und starrt auf die Tür, die sich geschlossen hat. Er macht eine Bewegung, als wolle er Foldal zurückrufen, besinnt sich aber und beginnt wieder auf und ab zu gehen, die Hände auf dem Rücken. Schließlich bleibt er am Sofatisch stehen und löscht die Lampe aus. Der große Raum liegt im Halbdunkel. Bald darauf klopft es an die Tapetentür. Borkmann, am Tisch, fährt zusammen, dreht sich um und fragt mit lauter Stimme.

Wer ist da?

Keine Antwort. Es klopft wieder. Borkmann bleibt stehen.

Wer ist da? – Herein!

Ella Rentheim, eine brennende Kerze in der Hand, erscheint in der Tür. Sie hat das schwarze Kleid von vorhin an, den Mantel lose über die Schultern geworfen. Borkmann starrt sie an.

Wer sind Sie? Was wollen Sie von mir?

ELLA *macht die Tür hinter sich zu und kommt näher*: Ich bin es, Borkmann. *Sie stellt das Licht auf das Klavier und bleibt dort stehen.*

BORKMANN *steht da, wie vom Blitz getroffen, starrt sie unverwandt an und flüstert halblaut*: Ist das – ist das Ella? Ella Rentheim?

ELLA: Ja. – Deine Ella – wie du mich einstmals genannt hast. Vor vielen, vielen Jahren.

BORKMANN: Ja, du bist es, Ella. Jetzt sehe ich es.

ELLA: Erkennst du mich jetzt wieder?

BORKMANN: Ja, so allmählich ...

ELLA: Die Jahre haben mir arg zugesetzt, Borkmann. Findest du nicht?

BORKMANN *verlegen*: Du hast dich ein wenig verändert. So im ersten Moment ...

ELLA: Die dunklen Locken, die du immer so gern um deine Finger gewickelt hast – die habe ich nicht mehr.

BORKMANN *rasch*: Richtig! Jetzt sehe ich es, Ella. Du hast deine Frisur verändert.

ELLA *mit betrübtem Lächeln*: Du hast es getroffen. Die Frisur ist es.

BORKMANN *ablenkend*: Ich hatte übrigens keine Ahnung, daß du hier in der Gegend bist.

ELLA: Ich bin auch erst seit gestern in der Stadt.

BORKMANN: Warum hast du denn die beschwerliche Reise gemacht – jetzt im Winter?

ELLA: Das wirst du noch hören.

BORKMANN: Willst du etwas von m i r ?

ELLA: Von dir auch. Aber um dir das zu erklären, muß ich weit ausholen.

BORKMANN: Du bist gewiß müde.

ELLA: Müde? Ja, das bin ich.

BORKMANN: Willst du dich nicht setzen? Dort – aufs Sofa!

ELLA: Ja, danke. Du hast recht. Ich muß mich setzen. *Sie geht nach rechts hinüber und setzt sich in die vordere Sofaecke.*

Borkmann steht am Tisch, die Hände auf dem Rücken, und sieht sie an. Kurzes Schweigen.

Es ist unendlich lange her, seit wir beide uns gegenübergestanden haben, Auge in Auge, Borkmann.

BORKMANN *finster*: Ja, sehr lange. Viel Furchtbares liegt dazwischen.

ELLA: Ein ganzes Menschenleben liegt dazwischen. Ein verlorenes Leben.

BORKMANN *wirft ihr einen heftigen Blick zu*: Verloren?

ELLA: Jawohl, verloren. Für uns beide.

BORKMANN *in kaltem Geschäftston*: Ich halte mein Leben noch nicht für verloren.

ELLA: So. Aber mein Leben?

BORKMANN: Daran bist du selbst schuld, Ella!

ELLA *mit einem Ruck*: Und das sagst du?

BORKMANN: Du hättest sehr wohl ohne mich glücklich verden können.

ELLA: Meinst du?

BORKMANN: Wenn du nur gewollt hättest.

ELLA *bitter*: Ich weiß wohl, daß ein anderer mich partout haben wollte...

BORKMANN: Den du aber abgewiesen hast!

ELLA: Jawohl, das habe ich.

BORKMANN: Immer wieder hast du ihn abgewiesen. Jahraus, jahrein...

ELLA *höhnisch*: ... habe ich das Glück von mir gewiesen, willst du wohl sagen?

BORKMANN: Du hättest sehr wohl ohne mich glücklich werden können. Und dann wäre ich gerettet gewesen.

ELLA: Du?

BORKMANN: Ja, dann hättest du mich gerettet, Ella.

ELLA: Wie soll ich das verstehen?

BORKMANN: Er glaubte, ich stecke hinter deiner ablehnenden Haltung. Und da rächte er sich. Das konnte er ja so leicht, wo er doch alle meine rückhaltlosen, vertrauensseligen Briefe in Händen hatte. Davon machte er Gebrauch, und da war es mit mir aus – bis auf weiteres. Siehst du, an alldem bist du schuld, Ella!

ELLA: Ei, sieh mal an, Borkmann – schließlich kommt es noch darauf hinaus, daß ich in deiner Schuld stehe.

BORKMANN: Wie man's nimmt. Ich weiß recht wohl, wofür ich dir zu Dank verpflichtet bin. Du hast das Gut hier erworben, als es unter den Hammer kam. Stelltest das Haus mir und – deiner Schwester ausschließlich zur Verfügung. Du nahmst Erhart zu dir – und sorgtest für ihn in jeder Beziehung...

ELLA: Solange ich das durfte.

BORKMANN: Solange es deine Schwester dir erlaubte, ja. Ich habe mich nie eingemischt in diese häuslichen Fragen. – Was ich sagen wollte – ich weiß, welche Opfer du mir und deiner Schwester gebracht hast. Doch du konntest es auch, Ella. Und du darfst nicht vergessen, daß ich es war, der es dir ermöglicht hat.

ELLA *erregt*: Wenn du von einem Opfer sprichst, irrst du dich gewaltig! Es war mein herzliches, warmes Gefühl für Erhart – und auch für dich –, was mich dazu trieb!

BORKMANN *abbrechend*: Meine Liebe, lassen wir Gefühle aus dem Spiel. Ich meine natürlich: wenn du so handeln konntest, dann doch nur, weil ich dir die Mittel dazu gelassen hatte.

ELLA *lächelt*: Hm, die Mittel, die Mittel...

BORKMANN *eifrig*: Jawohl, die Mittel! Auf die kam's an. Als die große Entscheidungsschlacht geschlagen werden sollte, als ich weder meine Familie noch meine Freunde schonen konnte, als ich zupacken mußte – und zu den mir anvertrauten Millionen griff –, da verschonte ich alles, was dir gehörte, dein ganzes Vermögen – obwohl ich auch das als Darlehen hätte nehmen können – und verwenden, wie alles übrige!

ELLA *kalt und ruhig*: Das stimmt, Borkmann.

BORKMANN: Allerdings. Und darum – als sie dann kamen und mich mitnahmen – da fanden sie alles, was dir gehörte, unangerührt im Gewölbe der Bank.

ELLA *sieht ihn an*: Ich habe mich oft gefragt, warum du eigentlich nur mein Vermögen verschont hast, nur meins.

BORKMANN: Warum?

ELLA: Ja, warum? Sag mir das!

BORKMANN *hart und höhnisch*: Du denkst vielleicht, weil ich eine Rückendeckung haben wollte, falls es schiefginge?

ELLA: Aber nein, daran hast du damals sicher nicht gedacht!

BORKMANN: Keinen Augenblick! Ich war so siegesgewiß.

ELLA: Freilich. Aber trotzdem – warum nur?

BORKMANN *zuckt die Achseln*: Herrgott, Ella – man besinnt sich nicht so genau auf Beweggründe, die fast zwei Jahrzehnte zurückliegen. Ich erinnere mich nur: In jenen Tagen war mir zumute, wie ich es mir bei einem Luftschiffer vorstellen kann. In schlaflosen Nächten hatte ich das Gefühl, einen Riesenballon zu füllen, um einen unsicheren, gefahrvollen Flug über das Weltmeer anzutreten.

ELLA *lächelt*: Du, der nie an seinem Siege zweifelte?

BORKMANN *ungeduldig*: So sind die Menschen nun mal, Ella. Sie zweifeln und glauben zugleich. *Halb für sich*: Und das war wohl auch der Grund, weshalb ich dich und deine Habe nicht mitnehmen wollte in meinem Ballon.

ELLA *gespannt*: Doch warum, frage ich mich. Warum bloß?

BORKMANN *ohne sie anzusehen*: Man nimmt nicht gerne das Teuerste mit auf solche Fahrt.

ELLA: Du hattest ja das Teuerste mit. Dein ganzes zukünftiges Leben...

BORKMANN: Das ist nicht immer das Teuerste.

ELLA *atemlos*: Stand es so um dich damals?

BORKMANN: Ich glaube, ja.

ELLA: Daß ich dir das Teuerste auf der Welt war?

BORKMANN: Wenn mich meine Erinnerung nicht täuscht – ja.

ELLA: Aber damals war doch schon Jahr und Tag vergangen, seit du mir untreu geworden warst – und eine andere geheiratet hattest!

BORKMANN: Untreu geworden, sagst du? Du weißt recht gut, daß es höhere Rücksichten waren – oder sagen wir: andere Rücksichten –, die mich dazu zwangen. Ohne seinen Beistand konnte ich meinem Ziel nicht näher kommen.

ELLA *sucht sich zu beherrschen*: Also treulos aus höheren Rücksichten!

BORKMANN: Ich konnte seine Hilfe nicht entbehren. Und du warst der Preis, den er dafür verlangte.

ELLA: Und du bezahltest den Preis. In bar. Ohne zu feilschen.

BORKMANN: Ich hatte keine Wahl. Mußte siegen oder fallen.

ELLA *mit bebender Stimme*: Kann das wirklich wahr sein, was du vorhin sagtest: Ich wäre dir damals das Teuerste auf der Welt gewesen?

BORKMANN: Damals und später – noch lange, lange nachher.

ELLA: Und trotzdem hast du mich verschachert. Hast aus dem Recht deiner Liebe ein Handelsgeschäft gemacht. Hast meine Liebe verkauft an einen anderen. Für – für – den Posten eines Bankdirektors.

BORKMANN *finster, mit gesenktem Kopf*: Ich konnte nicht anders, Ella.

ELLA *erhebt sich vom Sofa, zitternd vor Erregung*: Verbrecher!

BORKMANN *fährt zusammen, beherrscht sich aber*: Das habe ich schon einmal gehört.

ELLA: Oh, glaub ja nicht, daß ich dir deine Übertretung der Strafgesetze vorwerfe! Was du mit den Aktien und Obligationen und all dem Zeug gemacht hast – das interessiert mich nicht. Hätte ich dir zur Seite stehen dürfen, als alles über dir zusammenstürzte...

BORKMANN *gespannt*: Was wäre dann gewesen, Ella?

ELLA: Glaub mir, ich hätte es dir freudig tragen helfen. Die Schande, den Ruin – alles, alles hätte ich dir tragen helfen...

BORKMANN: Hättest du das wirklich gewollt? Und auch gekonnt?

ELLA: Das hätte ich. Gewollt und auch gekonnt. Du wärst ja auch nicht belastet gewesen mit dem großen, entsetzlichen Verbrechen.

BORKMANN: Wovon sprichst du? Was meinst du jetzt?

ELLA: Ich meine das Verbrechen, für das es keine Vergebung gibt.

BORKMANN *starrt sie an*: Bist du nicht bei Sinnen?

ELLA *tritt näher*: Du hast die große Todsünde begangen!

BORKMANN *weicht in Richtung des Klaviers zurück*: Bist du wahnsinnig, Ella?!

ELLA: Du hast mich um das Glück der Frau und Mutter betrogen. *Nähert sich ihm.* Begreifst du, was das heißt? In der Bibel ist die Rede von einer geheimnisvollen Sünde, für die es keine Vergebung gibt. Bis heute habe ich nicht verstehen können, was damit gemeint ist. Nun begreife ich es. Die große, unverzeihliche Sünde begeht, wer das Liebesleben eines Menschen im Keime erstickt.

BORKMANN: Das soll ich getan haben?

ELLA: Das hast du getan. Es ist mir nie klar gewesen, was mir eigentlich widerfahren war. Bis heute abend. Daß du mir untreu geworden warst und Gunhild mir vorgezogen hattest – das schob ich auf deinen unsteten Charakter sowie auf ihre herzlosen Kunstgriffe. Und ich glaube beinahe, ich verachtete dich ein bißchen. Doch jetzt sehe ich es! Die Frau, die du preisgegeben, die hast du wirklich geliebt! Mich, mich, mich! Was dir das Liebste auf der Welt war, das hast du bedenkenlos verschachert! Um schnöden Gewinns willen! Du hast deine und meine Liebe auf dem Gewissen!

BORKMANN *kalt und beherrscht*: Wie gut erkenne ich deine leidenschaftliche, zügellose Art wieder, Ella. Es sieht dir ähnlich, die Sache so anzusehen. Das ist echt weiblich. Und es entspricht deinem Wesen, daß du nichts anderes gelten lassen willst.

ELLA: Jawohl, da hast du recht, das will ich auch nicht.

BORKMANN: Nur deine Herzensangelegenheit.

ELLA: Nur die! Nur die! Da hast du recht!

BORKMANN: Doch du darfst nicht vergessen, daß ich ein Mann bin. Als Frau warst du mir das Liebste auf der Welt. Aber schließlich und endlich kann eine Frau durch eine andere ersetzt werden...

ELLA *blickt ihn ironisch lächelnd an*: Hast du diese Erfahrung gemacht, als du Gunhild zur Frau genommen hattest?

BORKMANN: Nein. Aber meine Lebensaufgabe half mir, auch das zu ertragen. Sämtliche Machtquellen unseres Landes wollte ich an mich bringen. Alles, was die Erde, die Berge, die Wälder und das Meer an Reichtümern bargen, wollte ich unter meine Herrschaft bringen, um Wohlstand zu schaffen für viele, viele tausend Menschen.

ELLA *in Erinnerungen verloren*: Ich weiß. Haben wir doch so manchen Abend über deine Ziele gesprochen.

BORKMANN: Ja, mit dir konnte ich das, Ella.

ELLA: Ich scherzte über deine Luftschlösser und fragte dich, ob du des Goldes schlummernde Geister alle wecken wolltest.

BORKMANN *nickt*: Ich erinnere mich! *Langsam*: Des Goldes schlummernde Geister.

ELLA: Du hast es aber nicht als Scherz aufgefaßt. Du sagtest: Ja, ja, Ella, das will ich.

BORKMANN: Es war mir bitterernst damit. Hatte ich nur erst den Fuß im Steigbügel... Und das hing damals von dem einen Mann ab. Nur er konnte mir den Direktorposten verschaffen und wollte es auch – vorausgesetzt, daß ich meinerseits...

ELLA: Vorausgesetzt, daß du ihm die Frau abtratest, die du liebhattest – und die dich unsagbar wiederliebte.

BORKMANN: Ich kannte seine verzehrende Leidenschaft für dich. Wußte, daß er unter keiner anderen Bedingung...

ELLA: Und da gingst du auf den Handel ein.

BORKMANN *heftig*: Ja, Ella, das tat ich! Denn mein Machthunger war unbezwinglich, mußt du verstehen! Und darum schlug ich ein. Mußte es tun. Und er half mir, die Anfangsklippen zu überwinden auf meinem Weg zu jenen lockenden Höhen, die mein Ziel waren. Und ich stieg. Jahr für Jahr.

ELLA: Und ich war ausgelöscht aus deinem Leben.

BORKMANN: Dennoch stürzte er mich in den Abgrund. Deinetwegen, Ella!

ELLA *nach kurzem, gedankenvollem Schweigen*: Borkmann – findest du nicht, daß so etwas wie ein Fluch auf unserm ganzen Verhältnis gelegen hat?

BORKMANN *blickt sie an*: Ein Fluch?

ELLA: Ja. Findest du nicht?

BORKMANN *unruhig*: O doch. Aber warum eigentlich? *Ausbrechend*: Ach, Ella, ich weiß bald nicht mehr, wer recht hat – du oder ich!

ELLA: Du bist es, der sich versündigt hat. Du hast mich um mein ganzes Lebensglück gebracht.

BORKMANN *erschrocken*: Das darfst du nicht sagen, Ella!

ELLA: Zum mindesten um das Lebensglück, das der Frau von der Natur bestimmt ist. Von der Zeit an, als dein Bild in mir verblaßte, habe ich dahingelebt wie erstarrt. In all diesen Jahren hat es mir immer mehr widerstrebt – und schließlich war es mir ganz unmöglich –, ein lebendes Geschöpf zu lieben. Weder Mensch noch Tier noch Pflanze. Bis auf den einen...

BORKMANN: Wen?

ELLA: Erhart natürlich.

BORKMANN: Erhart...?

ELLA: Erhart – deinen Sohn, Borkmann.

BORKMANN: Er war dir also wirklich so ans Herz gewachsen?

ELLA: Warum, glaubst du wohl, hätte ich ihn sonst zu mir genommen? Und ihn bei mir behalten, solange ich nur konnte? Warum?

BORKMANN: Ich glaubte, du hättest es aus Barmherzigkeit getan. Wie alles andere.

ELLA *sehr erregt*: Barmherzigkeit, sagst du? Haha! Barmherzigkeit habe ich nicht mehr gekannt – seit du mich so bitter enttäuscht hattest. Wenn ein armes Kind in meine Küche kam – frierend und hungrig – und weinend um etwas Essen bettelte, dann überließ ich es der Köchin. Nie dachte ich daran, das Kind mit ins Zimmer zu nehmen, um es an meinem Ofen sich wärmen zu lassen und zuzusehen, wie es sich das Essen schmecken ließ. Und ich war doch früher ganz anders gewesen, das weiß ich noch genau! Du hast es auf dem Gewissen, daß in mir eine Wüste ist – leer und unfruchtbar. Du hast mich um die Freuden und das Glück einer Mutter betrogen. Und auch um die Sorgen und Tränen einer Mutter. Und das dürfte wohl der schwerste Verlust für mich sein.

BORKMANN: Meinst du das wirklich, Ella?

ELLA: Wer weiß? Vielleicht wären die Tränen und Sorgen einer Mutter das Wesentlichste für mich gewesen. *Stark bewegt*: Doch mich ganz abfinden mit dem Verlust, das konnte ich damals nicht. Darum nahm ich Erhart zu mir. Gewann mir das volle Vertrauen seines Kinderherzens, bis mir – ach...!

BORKMANN: Bis dir...?

ELLA: ... bis mir seine Mutter – seine leibliche Mutter, meine ich – ihn mir wieder wegnahm.

BORKMANN: Er konnte wohl nicht bei dir bleiben. Wenn er studieren wollte, mußte er in die Stadt.

ELLA *ringt die Hände*: Gewiß, aber ich ertrage dieses Alleinsein nicht! Dieses Unausgefülltsein. Ich kann mich nicht damit abfinden, das Herz deines Sohnes an sie verloren zu haben!

BORKMANN *mit einem gehässigen Ausdruck in den Augen*: Hm – das hast du sicher nicht, Ella. Man verliert nicht so leicht sein Herz an jemand hier unten – im Erdgeschoß.

ELLA: Ich *habe* aber Erhart verloren. Und *sie* hat ihn zurückgewonnen. Oder noch jemand anders. Das klingt in den Briefen durch, die er mir ab und zu schreibt.

BORKMANN: Du bist also hergekommen, um ihn wieder zu dir zu holen?

ELLA: Ja, wenn es sich irgend machen läßt.

BORKMANN: Machen läßt es sich schon, wenn du es durchaus willst. Schließlich hast du doch den größten und ersten Anspruch auf ihn.

ELLA: Ach, Anspruch, Anspruch! Was heißt hier Anspruch? Kommt er nicht aus freien Stücken zu mir, so gehört er mir doch nicht. Und er soll mir doch gehören! Ganz und ungeteilt brauche ich jetzt das Herz meines Kindes!

BORKMANN: Du darfst nicht vergessen, daß Erhart bereits in den Zwanzigern ist. Du darfst wohl nicht damit rechnen, daß sein Herz dir noch lange ungeteilt gehört, wie du dich ausdrückst.

ELLA *lächelt schwermütig*: So arg lange braucht es auch nicht zu sein.

BORKMANN: Nicht? Ich glaubte, dein Anspruch bezöge sich auf deinen ganzen Lebensabend.

ELLA: Bis ans Ende meiner Tage. Doch deshalb braucht es nicht lange zu sein.

BORKMANN *stutzt*: Was willst du damit sagen?

ELLA: Du weißt doch, daß ich die ganzen letzten Jahre kränklich gewesen bin?

BORKMANN: Kränklich?

ELLA: Weißt du das nicht?

BORKMANN: Nein, eigentlich nicht...

ELLA *blickt ihn überrascht an*: Hat dir das Erhart nicht erzählt?

BORKMANN: Kann mich im Augenblick wirklich nicht erinnern.

ELLA: Hat er vielleicht überhaupt nicht von mir gesprochen?

BORKMANN: Doch, von dir gesprochen hat er wohl. Im übrigen bekomme ich ihn selten zu Gesicht. Fast nie. Da unten ist jemand, der ihn mir fernhält. Systematisch fernhält, verstehst du.

ELLA: Bist du dessen so sicher?

BORKMANN: Ganz sicher. *Wechselt den Ton.* Also – du bist kränklich gewesen, Ella?

ELLA: Ja. Und jetzt im Herbst hat es sich so verschlimmert, daß ich die Reise auf mich nehmen mußte, um einen hiesigen Spezialisten zu konsultieren.

BORKMANN: Und du hast es wohl schon getan?

ELLA: Ja, heute vormittag.

BORKMANN: Was hat er denn gesagt?

ELLA: Er hat mir bestätigt, was ich schon lange geahnt habe.

BORKMANN: Nun?

ELLA *ganz gefaßt*: Ich leide an einer tödlichen Krankheit, Borkmann.

BORKMANN: Ach, glaub doch so etwas nicht, Ella!

ELLA: Es ist eine Krankheit, gegen die die Ärzte machtlos sind. Nur etwas Linderung können sie verschaffen. Und das ist ja auch etwas wert.

BORKMANN: Ach, dabei kannst du sicher sehr alt werden, glaube mir!

ELLA: Möglicherweise kann ich den Winter noch überleben, wurde mir gesagt.

BORKMANN *unüberlegt*: Na ja – der Winter ist ja noch lang.

ELLA *ruhig*: Wenigstens für mich lang genug.

BORKMANN *eifrig, um abzulenken*: Aber wo in aller Welt hast du dir so eine Krankheit geholt? Du hast doch sicher ein sehr gesundes und regelmäßiges Leben geführt? Woher hast du das bloß?

ELLA *sieht ihn an*: Die Ärzte wollten wissen, ob ich einmal starke Gemütserschütterungen gehabt habe.

BORKMANN *aufbrausend*: Gemütserschütterungen?! Aha, ich verstehe! Da soll ich wieder die Schuld haben!

ELLA *in steigender Erregung*: Darüber zu diskutieren, ist es nun zu spät! Aber ich m u ß meinen Herzensjungen wiederhaben, ehe ich die große Reise antrete! Es ist für mich ein so niederdrükkender Gedanke, daß ich alles verlassen soll, was Leben heißt, aus der Welt von Sonne und Licht und Luft scheiden soll, ohne einen einzigen Menschen zurückzulassen, der mich in liebevoller und wehmütiger Erinnerung behielte – so wie ein Sohn seine Mutter.

Borkmann *nach kurzem Schweigen*: Nimm ihn, Ella – vorausgesetzt, daß er selbst es will.

Ella *lebhaft*: Gibst du dein Einverständnis? Vermagst du das?

Borkmann *finster*: Ja. Es ist auch kein so großes Opfer. Ich besitze ihn ja sowieso nicht.

Ella: Trotzdem: innigsten Dank! – Aber nun möchte ich dich um noch etwas bitten. Um etwas, was mir sehr am Herzen liegt, Borkmann.

Borkmann: Na, dann sag es doch!

Ella: Du wirst es vielleicht kindisch von mir finden – es nicht verstehen ...

Borkmann: Nun sag schon, was du willst!

Ella: Wenn ich nun bald von hier gehe, dann hinterlasse ich ein nicht unbeträchtliches Vermögen.

Borkmann: Das glaube ich gerne.

Ella: Es ist meine Absicht, alles Erhart zukommen zu lassen.

Borkmann: Nun ja, du hast wohl niemand, der dir nähersteht.

Ella *mit Wärme*: Nein, ganz bestimmt steht mir niemand näher als er.

Borkmann: Niemand von deiner eigenen Familie. Du bist die letzte deines Namens.

Ella *nickt langsam*: Das ist es ja gerade. Mit meinem Tod stirbt der Name Rentheim aus. Und das quält mich so. Ausgelöscht aus dem Dasein, mitsamt dem Namen ...

Borkmann *aufgebracht*: Aha – ich sehe, worauf du hinauswillst!

Ella *leidenschaftlich*: Laß es nicht dazu kommen! Laß Erhart meinen Namen annehmen!

Borkmann *blickt sie kalt an*: Ich verstehe schon. Du willst meinen Sohn von der Last befreien, die seines Vaters Name bedeutet. Das ist die ganze Sache.

Ella: Das nicht! Wahrhaftig! Ich selbst hätte ihn freudig und stolz getragen – zusammen mit dir! Aber eine Mutter, die bald sterben muß ... Ein Name ist ein festeres Band, als du vielleicht denkst, Borkmann.

Borkmann *kalt und stolz*: Na gut, Ella. Ich bin Manns genug, meinen Namen allein zu tragen.

Ella *ergreift seine Hände und drückt sie*: Danke! Danke! Nun sind wir quitt! Jawohl, das sind wir! Du hast wiedergutgemacht, was in deinen Kräften steht. Wenn ich nicht mehr am Leben bin, dann gibt es einen Erhart Rentheim!

Die Tapetentür wird aufgerissen. Frau Borkmann, ein großes Tuch über den Schultern, steht in der Türöffnung.

FRAU BORKMANN *aufs äußerste empört*: Nie im Leben wird Erhart so heißen!

ELLA *prallt zurück*: Gunhild!

BORKMANN *hart und drohend*: Das hier ist mein Raum. Ich habe niemand erlaubt, hier ohne weiteres einzutreten.

FRAU BORKMANN *tritt einen Schritt vor*: Ich nehme mir die Erlaubnis.

BORKMANN *tritt ihr entgegen*: Was willst du von mir?

FRAU BORKMANN: Ich will für dich kämpfen. Dich verteidigen gegen böse Mächte.

ELLA: Die sind in dir selbst, Gunhild!

FRAU BORKMANN *hart*: Darüber wollen wir jetzt nicht streiten. *Drohend, mit emporgestrecktem Arm*: Doch das sage ich euch: Er soll seines Vaters Namen tragen! Und ihn wieder zu Ehren bringen! Und ich allein will seine Mutter sein! Ich allein! Mir soll das Herz meines Sohnes gehören. Mir und keiner anderen! *Sie geht durch die Tapetentür hinaus, die sie hinter sich schließt.*

ELLA *erschüttert und aus dem Gleichgewicht gebracht*: Borkmann – in dieser Atmosphäre von Haß wird Erhart ersticken. Es m u ß zu einer Verständigung kommen zwischen Gunhild und dir. Wir müssen sofort zu ihr hinunter.

BORKMANN *sieht sie an*: Wir? Ich auch?

ELLA: Ja, du auch!

BORKMANN *schüttelt den Kopf*: Sie ist hart, vergiß das nicht! Hart wie das Erz, das ich einmal aus dem Felsen brechen wollte.

So versuche jetzt, dieses Erz zu brechen!

Borkmann steht da, ohne zu antworten, und blickt sie unschlüssig an.

DRITTER AKT

Frau Borkmanns Wohnzimmer. Die Lampe auf dem Kanapeetisch brennt noch. In der Veranda ist es dunkel.

Frau Borkmann, noch immer in das Tuch gehüllt, tritt in heftiger Erregung von der Diele her ein, geht zum Fenster und zieht den Vorhang etwas zur Seite. Darauf setzt sie sich an den Ofen, springt aber gleich wieder auf, um am Klingelstrang zu ziehen. Sie bleibt am Kanapee stehen und wartet ein Weilchen. Da niemand kommt, läutet sie nochmals, diesmal heftiger. Bald darauf tritt das Stubenmädchen von der Diele her ein. Es scheint sich schnell etwas übergeworfen zu haben und sieht mürrisch und verschlafen aus.

FRAU BORKMANN *ungeduldig*: Wo bleiben Sie nur, Malene! Ich habe schon zweimal geklingelt.

STUBENMÄDCHEN: Das habe ich gehört, gnädige Frau.

FRAU BORKMANN: Und da sind Sie nicht gleich gekommen?

STUBENMÄDCHEN *mürrisch*: Schließlich habe ich mir erst was anziehen müssen.

FRAU BORKMANN: Gewiß, ziehen Sie sich richtig an. Und dann holen Sie schnell meinen Sohn.

STUBENMÄDCHEN *sieht sie erstaunt an*: Den Herrn Studenten soll ich holen?

FRAU BORKMANN: Jawohl. Sagen Sie ihm, er möchte sofort herkommen. Ich müsse ihn sprechen.

STUBENMÄDCHEN *maulend*: Dann gehe ich doch gleich zum Verwalter rüber und wecke den Kutscher.

FRAU BORKMANN: Warum das?

STUBENMÄDCHEN: Damit er den Schlitten anspannt. Wo heute abend so 'n schreckliches Schneegestöber ist!

FRAU BORKMANN: Ach, das macht nichts. Machen Sie sich nur fertig und beeilen Sie sich. Es ist doch gleich hier um die Ecke.

STUBENMÄDCHEN: Aber – gnädige Frau! Gleich um die Ecke ist das nun wirklich nicht!

FRAU BORKMANN: Aber ja doch! Kennen Sie denn nicht die Villa von Advokat Hinkel?

STUBENMÄDCHEN *anzüglich*: Ach so, da ist der Herr Student heute abend?

FRAU BORKMANN *stutzt*: Gewiß, wo sollte er denn sonst sein?

STUBENMÄDCHEN *mit breitem Grinsen*: Na, ich dachte bloß, wo er gewöhnlich ist...

FRAU BORKMANN: Wo meinen Sie denn?

STUBENMÄDCHEN: Na, bei dieser Frau Wilton natürlich.

FRAU BORKMANN: Bei Frau Wilton? Dort verkehrt mein Sohn nicht oft.

STUBENMÄDCHEN *halb murmelnd*: Bloß alle Tage, erzählen die Leute.

FRAU BORKMANN: Das ist nur Geklatsche, Malene. Gehen Sie also jetzt zu Advokat Hinkel, und sehen Sie zu, daß Sie meinen Sohn sprechen können!

STUBENMÄDCHEN *wirft den Kopf in den Nacken*: Na ja, ich geh ja schon.

Sie schickt sich an, in die Diele hinauszugehen. In diesem Augenblick wird die Tür von außen geöffnet, und Ella und Borkmann erscheinen auf der Schwelle.

FRAU BORKMANN *weicht einen Schritt zurück*: Was soll das bedeuten?

STUBENMÄDCHEN *faltet erschrocken die Hände*: Gott steh uns bei!

FRAU BORKMANN *flüstert dem Mädchen zu*: Sagen Sie ihm, er möchte sofort kommen!

STUBENMÄDCHEN *leise*: Jawohl, gnädige Frau.

Ella und nach ihr Borkmann treten ins Zimmer. Das Stubenmädchen schlängelt sich an ihnen vorbei zur Tür hinaus. Kurzes Schweigen.

FRAU BORKMANN *wendet sich, wieder beherrscht, an Ella*: Was will er hier unten bei mir?

ELLA: Er will versuchen, zu einer Verständigung mit dir zu gelangen, Gunhild.

FRAU BORKMANN: Das hat er noch nie versucht.

ELLA: Aber heute will er es.

FRAU BORKMANN: Als wir uns das letztemal sahen, da standen wir uns vor Gericht gegenüber. Da war ich vorgeladen worden, um eine Erklärung abzugeben.

BORKMANN: Und heute abend will ich etwas erklären.

FRAU BORKMANN *blickt ihn an*: Du!

BORKMANN: Nichts über mein Vergehen. Das kennt ja alle Welt.

FRAU BORKMANN *mit einem Seufzer*: Ja wahrhaftig. Das kennt alle Welt.

BORKMANN: Doch sie weiß nicht, warum ich mich vergangen habe. Warum ich mich vergehen m u ß t e. Die Menschen begreifen nicht, daß ich nicht anders konnte, weil ich eben ich war – John Gabriel Borkmann – und nicht irgendwer. Und d a s wollte ich dir zu erklären versuchen.

FRAU BORKMANN *schüttelt den Kopf*: Das nützt dir nichts. Verleitung ist kein Grund für einen Freispruch. Auch nicht Verleitung durch eigene Veranlagung.

BORKMANN: In den eigenen Augen wohl.

FRAU BORKMANN *macht eine abweisende Handbewegung*: Ach, hör auf! Ich habe mir über deine dunklen Machenschaften genug den Kopf zerbrochen.

BORKMANN: Ich auch. Während der fünf endlosen Jahre in der Zelle hatte ich dazu Zeit genug. Und noch mehr während der acht Jahre, die ich oben im Saal verbracht habe. Ich habe im Geiste den ganzen Prozeß wieder aufgenommen – zur Revision, für mich selbst. Immer wieder bin ich ihn durchgegangen. Ich bin mein eigener Ankläger gewesen, mein eigener Verteidiger und mein eigener Richter. Unparteiischer als irgendwer – das darf ich wohl sagen. Ich bin da oben im Saal hin und her gegangen und habe jede einzelne meiner Handlungen nach allen Seiten gedreht und gewendet. Habe sie von vorn und hinten beleuchtet, so schonungslos, so unbarmherzig wie ein gegnerischer Anwalt. Und das Urteil, zu dem ich immer wieder komme, das lautet: Der einzige, gegen den ich mich vergangen habe, bin ich selbst.

FRAU BORKMANN: Gegen mich etwa nicht? Und gegen deinen Sohn?

BORKMANN: Ihr seid mit einbegriffen, wenn ich hier von mir rede.

FRAU BORKMANN: Und die vielen hundert anderen? Die du ruiniert hast?

BORKMANN *wird allmählich heftig*: Ich hatte die Macht! Und das unabweisbare Bewußtsein der Berufung! Ungenutzte Millionenwerte wußte ich im Lande verstreut. Aus den Tiefen der Berge riefen sie nach mir! Schrien nach mir! Zu keinem anderen drang der Ruf. Zu mir allein.

FRAU BORKMANN: Mit dem Ergebnis, daß der Name Borkmann gebrandmarkt ist!

BORKMANN: Möchte wissen, ob die andern an meiner Stelle nicht genauso gehandelt hätten!

FRAU BORKMANN: Niemand außer dir hätte das getan!

BORKMANN: Vielleicht. Doch nur, weil ihnen meine Fähigkeiten abgingen. Und hätten sie es getan, dann nicht mit meinen Zielen vor Augen. Es wäre nicht das gleiche gewesen. – Kurz und gut: ich habe mich freigesprochen.

ELLA *in sanftem Ton*: Bist du deiner Sache wirklich so sicher, Borkmann?

BORKMANN *nickt*: In diesem Punkt gewiß. Doch nun kommt die große, erdrückende Selbstanklage.

FRAU BORKMANN: Auf welchen Punkt bezieht sich die?

BORKMANN: Ich habe da oben gegrübelt und damit acht kostbare Lebensjahre vergeudet! Am ersten Tag, als ich wieder auf freiem Fuß war, hätte ich ins reale Leben hinausgehen sollen — in die eisenharte Wirklichkeit, in der es keine Träume gibt. Ich hätte wieder von unten beginnen und mich wieder emporarbeiten sollen – höher als je zuvor, trotz allem, was inzwischen geschehen war.

FRAU BORKMANN: Ach, glaub doch das nicht! Dann hätte sich nur alles wiederholt!

BORKMANN *schüttelt den Kopf und sagt belehrend*: Zwar geschieht nichts Neues. Aber es wiederholt sich auch nichts. Das Auge verwandelt die Handlung. Durch eine neue Sicht wird die alte Handlung... *Abbrechend*: Na, das verstehst du ja doch nicht.

FRAU BORKMANN *kurz*: Nein, das verstehe ich wahrhaftig nicht.

BORKMANN: Das ist ja der Fluch, daß ich bei keiner Menschenseele je Verständnis gefunden habe.

ELLA *blickt ihn an*: Bei keiner, Borkmann?

BORKMANN: Mit einer Ausnahme – vielleicht. Vor langer, langer Zeit. Als ich glaubte, kein Verständnis nötig zu haben. Doch später – nie und nirgends! Ich habe niemand um mich gehabt, der seine Aufgabe darin gesehen hätte, mir Mut zu einem neuen Leben zu machen, mich zu neuer Tätigkeit anzuregen. – Und schließlich mich in der Überzeugung zu stärken, daß ich nichts getan habe, was sich nicht wiedergutmachen ließe.

FRAU BORKMANN *lacht höhnisch*: Diese Überzeugung bedarf also der Stärkung von außen?

BORKMANN *braust auf*: Ja, wenn einem die ganze Welt entgegenplärrt, man sei ein hoffnungsloser Fall, dann glaubt man es zuweilen selbst. *Erhobenen Hauptes*: Doch dann siegt mein Selbstbewußtsein wieder. Und das spricht mich frei!

FRAU BORKMANN *blickt ihn kalt an*: Warum bist du nie zu mir gekommen, um das zu suchen, was du Verständnis nennst?

BORKMANN: Hätte das Zweck gehabt?

FRAU BORKMANN *mit einer abweisenden Handbewegung*: Du hast immer nur dich selbst geliebt – das ist der Kern der Sache.

BORKMANN *stolz*: Ich habe die Macht geliebt...

FRAU BORKMANN: Die Macht! Das wohl!

BORKMANN: Die Macht, Menschenglück zu verbreiten!

FRAU BORKMANN: Es stand einmal in deiner Macht, mich glücklich zu machen. Hast du davon Gebrauch gemacht?

BORKMANN *ohne sie anzusehen*: Manche müssen eben daran glauben – bei einem Schiffbruch.

FRAU BORKMANN: Und dein eigener Sohn! Hast du deine Macht gebraucht – war es dein Lebensziel, ihn glücklich zu machen?

BORKMANN: Ich kenne ihn ja gar nicht.

FRAU BORKMANN: Das stimmt. Du kennst ihn nicht einmal!

BORKMANN *hart*: Dafür hast du gesorgt – du, seine Mutter.

FRAU BORKMANN *blickt ihn an und sagt hoheitsvoll*: Du weißt ja nicht, wofür ich gesorgt habe!

BORKMANN: Du?

FRAU BORKMANN: Ja, ich.

BORKMANN: Dann sag es doch!

FRAU BORKMANN: Für deinen Nachruf habe ich gesorgt.

BORKMANN *mit kurzem, trockenem Lachen*: Meinen Nachruf? So, so! Das klingt ja beinahe, als sei ich bereits tot.

FRAU BORKMANN *mit Nachdruck*: Das bist du auch.

BORKMANN *langsam*: Da hast du vielleicht recht. *Aufbrausend*: Aber nein, nein! Noch nicht! Ich war nahe daran. Sehr nahe. Aber jetzt bin ich erwacht, habe mich wieder erholt. Es liegt noch eine Wegstrecke vor mir. Eine Strecke gärenden Lebens. Es wartet auf mich, das Leben, und leuchtet mir entgegen. – Du wirst schon sehen!

FRAU BORKMANN *winkt ab*: Gib es auf, vom Leben zu träumen! Bleib ruhig liegen, wo du liegst!

ELLA *empört*: Gunhild! Gunhild, wie kannst du nur!

FRAU BORKMANN *ohne auf sie zu hören*: Ich will ein Ehrenmal auf deinem Grab errichten.

BORKMANN: Einen Schandpfahl, meinst du wohl?

FRAU BORKMANN *in wachsender Erregung*: Aber nein! Das soll kein Denkmal aus Stein oder Bronze werden, das durch eine höhnische Inschrift geschändet werden könnte. Das Mal, das ich errichten will, soll wie eine natürliche Hecke wirken, durch die dein Grabesleben den Augen der Menschen entzogen wird. Deine Vergangenheit, die Existenz des John Gabriel Borkmann, soll der Vergessenheit anheimfallen.

BORKMANN *heiser und schneidend*: Und dieses Liebeswerk willst du vollbringen?

FRAU BORKMANN: Nicht durch eigene Kraft. Das kann ich nicht. Aber ich habe einen Helfer herangezogen, der dieser Aufgabe sein Leben geweiht hat. Er wird ein vorbildliches, untadeliges Leben führen und die Erinnerung an dein verfehltes Dasein auslöschen!

BORKMANN *finster und drohend*: Wenn du Erhart meinst, dann sage es gleich!

FRAU BORKMANN *blickt ihm fest in die Augen*: Ja. Es ist Erhart. Mein Sohn. Er, auf den du Verzicht leisten wolltest – als Sühneopfer für deine Vergehen.

BORKMANN *mit einem Blick auf Ella*: Als Sühne für meine schwerste Schuld.

FRAU BORKMANN *abweisend*: Ja, aber gegenüber einem fremden

Menschen. Denk daran, was du mir angetan hast! *Blickt beide triumphierend an.* Aber Erhart gehorcht euch nicht! Wenn ich ihn rufe in meiner Not, dann kommt er! Weil er zu mir gehört und zu niemand anders. *Horcht plötzlich und ruft*: Da höre ich ihn. Da ist er – da ist er! Erhart! *Erhart reißt die Dielentür auf und tritt hastig ein. Er hat den Mantel an und den Hut auf dem Kopf.*

ERHART *bleich und stark beunruhigt*: Aber Mutter! Was, um Gottes willen ...? *Er erblickt seinen Vater, der an der Verandatür steht, fährt zusammen und nimmt den Hut ab. Nach kurzem Schweigen*: Mutter, was willst du von mir? Was ist hier passiert?

FRAU BORKMANN *streckt die Arme nach ihm aus*: Ich will dich sehen, Erhart! Ich will dich bei mir haben – immer!

ERHART *stammelt*: Bei dir haben? Immer? Wie meinst du das?

FRAU BORKMANN: Dich bei mir haben, dich behalten will ich! Man will dich mir nehmen!

ERHART *weicht einen Schritt zurück*: Ah – du weißt es also!

FRAU BORKMANN: Ja, gewiß. Weißt du es auch?

ERHART *blickt sie erstaunt an*: Ob i c h es weiß? Ja, natürlich ...

FRAU BORKMANN: Aha! Ein abgekartetes Spiel! Hinter meinem Rücken! – Erhart!

ERHART *rasch*: Was weißt du, Mutter? Sag es!

FRAU BORKMANN: Ich weiß alles. Daß deine Tante hier ist, um dich mir wieder zu nehmen.

ERHART: Tante Ella!

ELLA: Oh, hör mich erst an, Erhart!

FRAU BORKMANN *im selben Ton fortfahrend*: Sie will, daß ich dich an sie abtrete. Sie will an meine Stelle treten, Erhart! Du sollst ihr Sohn sein und nicht mehr mir gehören. Sie will, daß du alles von ihr erbst. Daß du deinen Namen ablegst und ihren Namen annimmst!

ERHART: Ist das wahr, Tante Ella?

ELLA: Ja, es ist wahr.

ERHART: Davon hatte ich keine Ahnung. Warum willst du mich jetzt wieder bei dir haben?

ELLA: Weil mir mein Gefühl sagt, daß ich dich sonst verliere.

FRAU BORKMANN *hart*: Durch mich verlierst – jawohl! Und das ist nur in der Ordnung.

Ella *sieht ihn flehend an*: Erhart, ich darf dich nicht verlieren! Du sollst wissen, ich bin ein einsamer Mensch, der bald sterben muß.

Erhart: Bald sterben?

Ella: Ja, das muß ich. Willst du bei mir bleiben, solange ich noch lebe? Als seist du mein leibliches Kind?

Frau Borkmann *fällt ihr ins Wort*: Und deine Mutter im Stich lassen und vielleicht auch deine Lebensaufgabe? Willst du das, Erhart?

Ella: Ich lebe nicht mehr lange, Erhart!

Erhart *mit warmem Gefühl*: Tante Ella, du bist immer so gut zu mir gewesen. Meine Kindheit in deinem Haus war so sorglos und glücklich, wie es eine Kindheit nur sein kann...

Frau Borkmann: Erhart!

Ella: O wie schön, daß du es noch so siehst!

Erhart: ... doch ich kann mich jetzt nicht für dich opfern. Ich kann jetzt unmöglich meine Aufgabe darin sehen, dir wie ein Sohn zu sein...

Frau Borkmann *triumphierend*: Das habe ich gewußt! Du bekommst ihn nicht! Du bekommst ihn nicht, Ella!

Ella *sehr gedrückt*: Das sehe ich. Du hast ihn mir wieder genommen.

Frau Borkmann: Das habe ich! Mein ist er, und mein bleibt er! Erhart, du – wir beide gehen noch ein Stück Weges zusammen, nicht wahr?

Erhart *mit sich kämpfend*: Mutter – ich kann es dir ebensogut gleich sagen...

Frau Borkmann *gespannt*: Was denn?

Erhart: Das Stück Weges, das wir noch zusammen gehen, Mutter – lang wird es nicht mehr sein.

Frau Borkmann *steht da, wie vom Blitz getroffen*: Was willst du damit sagen?

Erhart *ermannt sich*: Herrgott, Mutter – ich bin doch jung! Ich habe das Gefühl, in der Stubenluft hier ersticken zu müssen.

Frau Borkmann: Hier – bei mir!

Erhart: Ja, hier bei dir, Mutter!

Ella: Dann komm zu mir, Erhart!

Erhart: Ach, Tante Ella, bei dir ist es nicht um ein Haar besser.

Anders ist es wohl, aber nicht besser – wenigstens nicht für mich. Auch bei dir riecht es nach Rosen und Lavendel – Stubenluft dort wie hier!

FRAU BORKMANN *erschüttert, doch mit mühsam gewonnener Fassung*: Stubenluft, sagst du – bei deiner Mutter!

ERHART *in steigender Ungeduld*: Jawohl. Ich wüßte nicht, wie ich es anders bezeichnen sollte, dieses krankhafte Getue, diese ewige Vergötterung – oder wie ich es sonst nennen soll. Ich halte das nicht mehr aus!

FRAU BORKMANN *blickt ihn mit feierlichem Ernst an*: Hast du die Aufgabe vergessen, der du dein Leben geweiht hast, Erhart?

ERHART *unbeherrscht*: Ach, sag lieber, der du mein Leben geweiht hast! Du hast mich beherrscht. Ich habe nie einen eigenen Willen haben dürfen! Aber nun kann ich diesen Zwang nicht mehr ertragen! Ich bin jung! Vergiß das nicht, Mutter! *Mit einem höflichen, rücksichtsvollen Blick auf Borkmann*: Ich kann nicht mein Leben aufopfern, um die Schuld eines andern zu sühnen – wer dieser andere auch sein mag.

FRAU BORKMANN *von Angst gepackt*: Erhart, wer hat dich so verwandelt?

ERHART *betroffen*: Wer? Könnte ich nicht selbst ...?

FRAU BORKMANN: Nein, das glaube ich nicht! Du bist unter einen fremden Einfluß geraten! Du hast dich dem Einfluß deiner Mutter entzogen. Und auch dem deiner – deiner Pflegemutter.

ERHART *trotzig*: Ich bestimme selbst über mich, Mutter! Und habe meinen eigenen Willen!

BORKMANN *nähert sich Erhart*: So ist denn vielleicht auch meine Stunde gekommen.

ERHART *distanziert und gemessen höflich*: Wie? Wie meint Vater das?

FRAU BORKMANN *höhnisch*: Ja, das möchte ich auch wissen!

BORKMANN *unbeirrt*: Hör mich an, Erhart: Willst du dich mir anschließen? Durch kein noch so musterhaftes Leben könntest du einen anderen Menschen rehabilitieren. Man hat dir leere Träume vorgegaukelt, wie sie nur in der Stubenluft hier unten entstehen konnten. Und führtest du ein Leben, vorbildlicher als alle Heiligen zusammen – mir würde es nicht das geringste nützen.

ERHART: Das ist auch meine Meinung.

BORKMANN: Selbstverständlich. Und es würde auch nichts nützen, wenn ich mein Leben in Reue und Buße hinbringen wollte. Ich habe mich all diese Jahre in Träume und Hoffnungen geflüchtet. Aber das ist nichts für mich. Und jetzt will ich damit Schluß machen.

ERHART *verneigt sich leicht*: Und was – was willst du jetzt tun?

BORKMANN: Mich selbst rehabilitieren, das will ich. Wieder von neuem beginnen. Nur durch seine Gegenwart und seine Zukunft kann ein Mann die Fehler seiner Vergangenheit wettmachen. Durch Arbeit – durch unablässige Arbeit für alles, was mir in der Jugend als der eigentliche Sinn des Lebens vorgeschwebt hat. Und jetzt steht es tausendmal anschaulicher als damals vor mir. Erhart – willst du mir helfen beim Aufbau dieses neuen Lebens?

FRAU BORKMANN *hebt warnend die Hand*: Tu es nicht, Erhart!

ELLA *mit warmem Gefühl*: Aber ja! Tu es, Erhart! Hilf ihm!

FRAU BORKMANN: Und das rätst du ihm? Du, die sich einsam fühlt und mit ihrem baldigen Tod rechnet?

ELLA: Auf mich kommt es hier nicht an.

FRAU BORKMANN: Natürlich, wenn nur i c h ihn dir nicht wegnehme!

ELLA: Da hast du ganz recht, Gunhild.

BORKMANN: Willst du, Erhart?

ERHART *in peinlicher Verlegenheit*: Vater – das geht jetzt nicht. Es ist mir ganz unmöglich!

BORKMANN: Aber was willst du denn eigentlich?

ERHART *aufbegehrend*: Ich bin jung! Ich will auch einmal leben! Mein eigenes Leben will ich leben!

ELLA: Willst du nicht wenigstens ein paar kurze Monate opfern, um in ein armes, verlöschendes Dasein Licht und Wärme zu bringen?

ERHART: Tante, das kann ich nicht, und wenn ich's noch so gern möchte.

ELLA: Auch nicht für jemand, der dir so viel Liebe entgegenbringt?

ERHART: Wirklich, Tante Ella – ich kann es nicht.

FRAU BORKMANN *mißt ihn mit scharfem Blick*: Und auch deiner Mutter fühlst du dich nicht mehr verpflichtet?

ERHART: Ich will dich immer liebbehalten, Mutter. Aber ich kann nicht immer nur für dich leben. Das hier ist kein Leben für mich.

BORKMANN: So schließ dich doch mir an! Das stärkste Lebensgefühl gibt einem die Arbeit. Komm, laß uns gemeinsam den Lebenskampf aufnehmen und zusammen arbeiten!

ERHART *leidenschaftlich*: Aber ich will jetzt gar nicht arbeiten! Ich bin doch jung! Nie bin ich mir dessen so bewußt gewesen. Aber jetzt spüre ich förmlich das junge Blut in meinen Adern. Ich will nicht arbeiten, nur leben, leben!

FRAU BORKMANN *ruft ahnungsvoll*: Erhart, wofür willst du denn leben?

ERHART *mit funkelnden Augen*: Für das Glück, Mutter!

FRAU BORKMANN: Und wo glaubst du das zu finden?

ERHART: Ich habe es schon gefunden!

FRAU BORKMANN *schreit auf*: Erhart!

ERHART *geht rasch zur Eingangstür, öffnet sie und ruft*: Fanny! Jetzt kannst du hereinkommen! *Frau Wilton, im Mantel, erscheint im Türrahmen.*

FRAU BORKMANN *mit einer abwehrenden Bewegung*: Frau Wilton!

FRAU WILTON *etwas geniert, mit einem fragenden Blick zu Erhart*: Darf ich also ...?

ERHART: Ja, nun darfst du kommen. Ich habe alles gesagt.

Frau Wilton tritt ins Zimmer. Erhart macht die Tür hinter ihr zu. Sie verneigt sich gemessen vor Borkmann, der ihren Gruß stumm erwidert. Kurzes Schweigen.

FRAU WILTON *mit gedämpfter, doch fester Stimme*: Es ist also ausgesprochen. Und ich bin mir bewußt, daß ich in Ihren Augen großes Unglück angerichtet habe.

FRAU BORKMANN *langsam, indem sie Frau Wilton starr anblickt*: Sie haben den letzten Rest von dem zerstört, was meinem Leben noch Sinn gab. *Ausbrechend*: Aber das hier – das ist doch einfach unmöglich!

FRAU WILTON: Ich verstehe sehr gut, daß es Ihnen unmöglich erscheinen muß, Frau Borkmann.

FRAU BORKMANN: Sie müssen sich doch selbst sagen, daß es unmöglich ist. Oder ...?

Frau Wilton: Ich finde es eher recht unvernünftig. Aber es ist nun einmal so.

Frau Borkmann *wendet sich Erhart zu*: Erhart! Ist das dein voller Ernst?

Erhart: Ja. Und es ist mein ganzes Glück, Mutter. Das große Lebensglück. Etwas anderes kann ich dir nicht sagen.

Frau Borkmann *zu Frau Wilton, indem sie die Hände ineinanderpreßt*: Oh, wie haben Sie meinen unglücklichen Sohn betört und verführt!

Frau Wilton *wirft stolz den Kopf in den Nacken*: Das habe ich nicht getan.

Frau Borkmann: Das wollen Sie nicht getan haben?!

Frau Wilton: Nein. Ich habe ihn weder betört noch verführt. Aus eigenem Antrieb hat Erhart sich mir genähert. Und ich bin ihm auf halbem Weg entgegengekommen.

Frau Borkmann *mißt sie mit verächtlichen Blicken*: Sie natürlich! Das will ich Ihnen gerne glauben.

Frau Wilton *sich beherrschend*: Frau Borkmann, es gibt im Leben Mächte, die Sie nicht recht zu kennen scheinen.

Frau Borkmann: Was für Mächte, wenn ich fragen darf?

Frau Wilton: Die Mächte, die zwei Menschen gebieten, ihr Leben unlösbar und rücksichtslos zu vereinen.

Frau Borkmann *lächelt*: Ich hatte geglaubt, Sie wären bereits unlösbar vereint – mit einem anderen.

Frau Wilton *kurz*: Dieser andere hat mich verlassen.

Frau Borkmann: Aber er soll doch noch am Leben sein.

Frau Wilton: Für mich ist er tot.

Erhart *eindringlich*: Natürlich, Mutter, für Fanny ist er tot. Und was geht mich überhaupt dieser andere an?

Frau Borkmann *blickt ihn streng an*: Du weißt es also – das mit dem andern?

Erhart: Aber ja, Mutter, ich weiß über alles genau Bescheid!

Frau Borkmann: Und trotzdem sagst du, es ginge dich nichts an?

Erhart *die Frage leichthin abtuend*: Ich kann dir nur das eine sagen: Es geht mir nur um mein Glück. Ich bin jung! Ich will leben!

Frau Borkmann: Ja, du bist jung, Erhart. Zu jung für so etwas.

Frau Wilton *ernst und bestimmt*: Sie dürfen mir glauben, Frau

Borkmann, daß ich ihm dasselbe gesagt habe. Meine ganze Vergangenheit habe ich ihm gebeichtet. Täglich habe ich ihm vorgehalten, daß ich volle sieben Jahre älter bin als er...

ERHART *unterbricht sie*: Ach was, Fanny, das hatte ich doch längst gewußt.

FRAU WILTON: ... aber nichts – nichts hat gefruchtet.

FRAU BORKMANN: So? Was Sie nicht sagen! Warum haben Sie ihn denn nicht einfach abgewiesen? Ihm Ihr Haus verboten? Sehen Sie, das hätten Sie tun sollen, ehe es zu spät war!

FRAU WILTON *sieht sie an und sagt leise*: Das konnte ich einfach nicht, Frau Borkmann.

FRAU BORKMANN: Warum nicht?

FRAU WILTON: Weil auch ich gerade in ihm – und nur in ihm – das Glück sah.

FRAU BORKMANN *höhnisch*: Hm – das Glück, das Glück...

FRAU WILTON: Ich habe vorher nie gewußt, was Glück ist. Und ich kann doch unmöglich das Glück von mir weisen, nur weil es so spät kommt.

FRAU BORKMANN: Und wie lange, glauben Sie, wird dieses Glück dauern?

ERHART *abbrechend*: Kurz oder lang, Mutter – darauf kommt es nicht an!

FRAU BORKMANN *zornig*: Verblendetes Menschenkind! Siehst du denn nicht, wohin das alles führt?

ERHART: Über die Zukunft mach ich mir keine Gedanken. Davon will ich jetzt nichts wissen. Sie interessiert mich jetzt ebensowenig wie die Vergangenheit. Ich will jetzt nur eins: mein Leben genießen!

FRAU BORKMANN *schmerzlich*: Und darin siehst du den Sinn deines Lebens, Erhart?

ERHART: Jawohl. Siehst du denn nicht, wie schön sie ist?

FRAU BORKMANN *ringt die Hände*: Und auch noch diese drückende Schande wird mir aufgebürdet!

BORKMANN *aus dem Hintergrund, mit schneidender Härte*: Oho, Gunhild – Schande bist du ja gewohnt!

ELLA *in bittendem Ton*: Borkmann!

ERHART *ebenso*: Vater!

FRAU BORKMANN: Ich soll tagtäglich vor Augen haben, wie mein Sohn zusammen mit einer – einer...

ERHART *unterbricht sie rigoros*: Nichts sollst du vor Augen haben, Mutter! Da sei ganz ruhig! Ich bleibe nicht hier.

FRAU WILTON *rasch und bestimmt*: Wir reisen, Frau Borkmann.

FRAU BORKMANN *erblassend*: Sie reisen? Womöglich zusammen?

FRAU WILTON *nickt*: Ich reise nach dem Süden. Ins Ausland. Zusammen mit einem jungen Mädchen. Und Erhart begleitet uns.

FRAU BORKMANN: Sie – und ein junges Mädchen?

FRAU WILTON: Gewiß. Es ist die kleine Frida Foldal, die ich zu mir ins Haus genommen habe. Ich will ihr Gelegenheit geben, sich als Pianistin auszubilden.

FRAU BORKMANN: Und die nehmen Sie jetzt mit?

FRAU WILTON: Ja, ich kann doch das junge Ding nicht sich selbst überlassen.

FRAU BORKMANN *unterdrückt ein Lächeln*: Was sagst du dazu, Erhart?

ERHART *etwas verlegen, zuckt die Schultern*: Ach, Mutter, wenn Fanny das nun mal so haben will...

FRAU BORKMANN *kalt*: Darf man fragen, wann die Herrschaften zu reisen gedenken?

FRAU WILTON: Sofort, heute abend. Mein Coupéschlitten hält unten auf der Straße – vor dem Hinkelschen Hause.

FRAU BORKMANN *blickt sie von oben bis unten an*: Aha – das war also die Abendgesellschaft!

FRAU WILTON *lächelt*: Zu der nur Erhart und ich erschienen waren. Und die kleine Frida, versteht sich.

FRAU BORKMANN: Und wo ist die jetzt?

FRAU WILTON: Sie sitzt im Schlitten und wartet auf uns.

ERHART *in peinlicher Verlegenheit*: Mutter – du mußt das doch verstehen! Ich wollte dir das hier ersparen – dir und den andern.

FRAU BORKMANN *blickt ihn tiefgekränkt an*: Du wolltest abreisen, ohne mir adieu zu sagen?

ERHART: Ich glaubte, es wäre so am besten. Für beide Teile. Es war ja beschlossene Sache. Die Koffer waren schon fertig gepackt. Als du dann aber nach mir schicktest, da... *Streckt ihr die Hand hin.* So leb denn wohl, Mutter!

FRAU BORKMANN *macht eine energisch abwehrende Bewegung*: Rühr mich nicht an!

ERHART *bedrückt*: Ist das dein letztes Wort?

FRAU BORKMANN *hart*: Ja.

ERHART *wendet sich zu Ella*: Leb auch du wohl, Tante Ella!

ELLA *drückt ihm die Hände*: Leb mir wohl, Erhart! Genieße dein Leben – und werde so glücklich, wie es überhaupt nur möglich ist!

ERHART: Ich danke dir, Tante! *Verbeugt sich vor Borkmann.* Leb wohl, Vater! *Flüstert Frau Wilton zu*: Laß uns zusehen, daß wir hier wegkommen! So schnell wie möglich!

FRAU WILTON *leise*: Ja, laß uns gehen!

FRAU BORKMANN *lächelt boshaft*: Frau Wilton – glauben Sie, daß Sie klug daran tun, das junge Mädchen mitzunehmen?

FRAU WILTON *erwidert das Lächeln halb ironisch, halb ernsthaft*: Die Männer sind so unbeständig, Frau Borkmann. Und die Frauen ebenfalls. Wenn Erhart meiner überdrüssig wird – und ich mit ihm fertig bin –, dann könnte es für beide Teile gut sein, wenn der arme Junge etwas in Reserve hat.

FRAU BORKMANN: Und Sie selbst?

FRAU WILTON: Oh, ich weiß mir schon zu helfen, da seien Sie unbesorgt! Adieu allerseits! *Sie grüßt und geht in die Diele hinaus.*

Erhart zögert noch einen Augenblick unschlüssig. Dann wendet er sich um und folgt Frau Wilton.

FRAU BORKMANN *läßt die Arme sinken*: Kein Kind mehr...

BORKMANN *als raffe er sich zu einem Entschluß auf*: Also dann allein hinaus in den Sturm! Meinen Hut! Meinen Mantel! *Er geht mit energischen Schritten dem Ausgang zu.*

ELLA *versucht ihn aufzuhalten, angstvoll*: John Gabriel, wo willst du hin?

BORKMANN: Hinaus in das Unwetter des Lebens. Laß mich los, Ella, hörst du!

ELLA *hält ihn fest*: Nein, das lasse ich nicht zu! Du bist krank! Das sehe ich dir an!

BORKMANN: Laß mich gehen, sage ich dir! *Er reißt sich los und geht in die Diele hinaus.*

Ella *in der Tür*: Hilf mir doch, Gunhild! Wir müssen ihn zurückhalten!

Frau Borkmann *steht mitten im Zimmer, kalt und hart*: Ich halte keinen Menschen zurück, keinen. Sollen sie mich alle verlassen! Alle! Sollen sie reisen – so weit – wie sie nur wollen. *Plötzlich schrill aufschreiend*: Erhart! Verlaß mich nicht! *Sie stürzt mit ausgebreiteten Armen zur Tür. Ella tritt ihr entgegen.*

VIERTER AKT

Platz vor dem Gutshaus, von dem rechts eine Ecke mit der Eingangstür und einer niedrigen Freitreppe sichtbar ist. Den Hintergrund bilden dicht an den Hof heranreichende, steil ansteigende, tannenbewachsene Berghalden. Links einzelne Bäume und Sträucher. Es liegt hoher Schnee; die Zweige der Tannen biegen sich unter der Last, doch es schneit nicht mehr. Dunkle Nacht. Treibende Wolken, durch die ab und zu der Mond schwach durchschimmert. Der Schauplatz wird nur matt durch den Schnee erhellt.

Borkmann, Frau Borkmann und Ella Rentheim stehen auf der Freitreppe. Borkmann lehnt matt und abgespannt an der Hauswand. Er hat einen altmodischen Mantel über die Schultern geworfen, hält einen weichen grauen Filzhut in der einen Hand und einen dicken Knotenstock in der anderen. Ella trägt ihren Mantel über dem Arm. Frau Borkmann ist das große Umschlagtuch hinabgeglitten, so daß sie barhäuptig ist.

ELLA *hat sich Frau Borkmann in den Weg gestellt*: Lauf ihm nicht nach, Gunhild!

FRAU BORKMANN *voller Angst und Aufregung*: Laß mich, hörst du! Er darf nicht abreisen und mich allein lassen!

ELLA: Es ist ganz zwecklos, sage ich dir! Du holst ihn nicht mehr ein.

FRAU BORKMANN: Ich will es aber versuchen! Ich will auf der Landstraße hinter ihm herschreien. Den Schrei seiner Mutter wird er doch wohl hören!

ELLA: Er kann dich gar nicht hören. Sicher sitzt er schon im Coupéschlitten ...

FRAU BORKMANN: Nein, nein – das kann er doch noch nicht!

ELLA: Er sitzt längst im Schlitten, glaube mir!

FRAU BORKMANN *verzweifelt*: Wenn er im Schlitten sitzt – dann sitzt er da mit dieser – dieser Person!

BORKMANN *lacht höhnisch*: Und da hört er nicht den Schrei seiner Mutter.

FRAU BORKMANN: Nein – da hört er mich nicht. *Horcht*: Pst! Was ist das?

ELLA *ebenfalls lauschend*: Das hört sich an wie Schellengeläut...

FRAU BORKMANN *leise aufschreiend*: Das ist i h r Schlitten!

ELLA: Das kann auch ein anderer sein.

FRAU BORKMANN: Nein, nein, das ist Frau Wiltons Coupéschlitten! Ich höre es an den Silberschellen! Hör doch! Nun fahren sie hier dicht vorbei – den Abhang hinunter!

ELLA *rasch*: Gunhild, wenn du ihn rufen willst, dann tu es jetzt! Vielleicht, daß er doch...!

Das Schellengeläut klingt ganz nah von der Waldseite herüber.

Rasch, Gunhild! Jetzt sind sie gerade unter uns!

FRAU BORKMANN *steht einen Augenblick unschlüssig da; dann erstarrt sie gleichsam und sagt hart und kalt*: Nein. Ich schreie nicht hinter ihm her. Soll Erhart Borkmann vorbeifahren. Weit, weit weg. Mag er das suchen, was er jetzt Leben und Glück nennt.

Das Schellengeläut verhallt.

ELLA *nach einer Pause*: Nun hört man nichts mehr.

FRAU BORKMANN: Die Schellen klangen mir wie Grabesglocken.

BORKMANN *mit trockenem Lachen*: Oho – mich läuten sie noch lange nicht zu Grabe!

FRAU BORKMANN: Aber mich. Und ihn, der mich verlassen hat.

ELLA *nachdenklich*: Wer weiß, ob sie nicht vielleicht den glücklichsten Abschnitt seines Lebens einläuten, Gunhild.

FRAU BORKMANN *fährt hoch, blickt sie abweisend an*: Den glücklichsten Abschnitt seines Lebens, sagst du?

ELLA: Mag er auch nur kurz sein.

FRAU BORKMANN: Würdest du ihm ein Glück gönnen – mit ihr?

ELLA *mit warmem Gefühl*: Ja, natürlich, von ganzem Herzen!

FRAU BORKMANN *kalt*: Dann mußt du mehr Liebe zu verschenken haben als ich.

ELLA *nachdem sie eine Weile nachdenklich vor sich hin geblickt hat*: Vielleicht erzeugt die ungestillte Sehnsucht, geliebt zu werden, die Kraft, selbst zu lieben.

FRAU BORKMANN *blickt ihr fest in die Augen*: Wenn das wahr ist – dann werde ich bald ebensoviel Liebe zu vergeben haben wie du, Ella. *Sie wendet sich ab und geht ins Haus.*

ELLA *steht eine Weile schweigend da und sieht Borkmann besorgt an. Dann legt sie ihm die Hand behutsam auf die Schulter*: John, komm auch hinein!

BORKMANN *als erwache er*: Ich?

ELLA: Die scharfe Winterluft bekommt dir nicht, das kann ich dir ansehen, John. Komm, laß uns ins Haus gehen! Da ist es warm.

BORKMANN *ungehalten*: Etwa wieder in den Saal?

ELLA: Besser noch zu ihr ins Wohnzimmer.

BORKMANN *sich heftig aufbäumend*: Nie mehr im Leben setze ich meinen Fuß in dieses Haus!

ELLA: Aber wo willst du denn hin, John? So spät in der Nacht?

BORKMANN *setzt den Hut auf*: Vor allem muß ich jetzt nach meinen verborgenen Schätzen sehen.

ELLA *blickt ihn ängstlich an*: John – was meinst du damit?

BORKMANN *lacht auf*: Oh, ich meine nicht etwa verstecktes Diebesgut. Da brauchst du keine Angst zu haben, Ella. *Hält inne und deutet in Richtung des Gutstors.* Sieh mal den da! Wer ist denn das?

Wilhelm Foldal kommt mühsam durch den Schnee gestapft. Er hat einen schneebedeckten alten Mantel an, einen verbeulten Hut auf und einen großen Regenschirm in der Hand. Er hinkt auffällig auf dem linken Fuß.

Wilhelm – du? Was willst du denn schon wieder hier?

FOLDAL *blickt auf*: O Gott – du stehst hier draußen auf der Treppe, John Gabriel? *Grüßt.* Und auch deine Frau!

BORKMANN *kurz*: Das ist nicht meine Frau.

FOLDAL: O Verzeihung! Ich habe nämlich meine Brille im Schnee verloren. – Doch daß du, der sonst nie einen Fuß vor die Tür gesetzt...

BORKMANN *forciert lustig*: Es wird Zeit, daß ich mich allmählich wieder an die frische Luft gewöhne! Findest du nicht auch? Fast drei Jahre in Untersuchungshaft, fünf Jahre in der Zelle, acht Jahre da oben im Saal...

Ella *besorgt*: Borkmann – ich bitte dich!

Foldal: Ach ja, ach ja...

Borkmann: Aber darf ich fragen, was du von mir willst?

Foldal *der am Fuß der Treppe stehengeblieben ist*: Ich wollte zu dir, John Gabriel. Ich hatte das Gefühl, ich müßte zu dir hinauf in den Saal. Ach Gott, dieser Saal, weißt du...

Borkmann: Du wolltest zu mir, der dir die Tür gewiesen hat?

Foldal: Ach, das ist doch nicht so wichtig.

Borkmann: Was hast du denn mit deinem Fuß gemacht? Du hinkst ja!

Foldal: Ja, denk dir – ich bin überfahren worden.

Ella: Überfahren!

Foldal: Ja, von einem Coupéschlitten...

Borkmann: Oho!

Foldal: ... mit zwei Pferden davor. Sie kamen den Abhang heruntergesaust. Ich konnte nicht schnell genug zur Seite springen. Und da...

Ella: Und da hat man Sie überfahren?

Foldal: Sie fuhren direkt auf mich los. Ich rollte in den Schnee und verlor die Brille und zerbrach den Schirm. *Faßt sich an den Fuß.* Und der Fuß hat auch etwas abbekommen.

Borkmann *lacht in sich hinein*: Wilhelm, weißt du, wer in dem Schlitten gesessen hat?

Foldal: Nein, wie hätte ich das sehen können? Es war doch ein geschlossenes Coupé, und die Vorhänge waren zugezogen. Und der Kutscher hielt auch nicht einen Augenblick an, als ich mich im Schnee wälzte. Aber das ist ja schließlich egal – oh, mir ist ja so froh zumute, weißt du!

Borkmann: Froh?

Foldal: Ich weiß nicht recht, wie ich's nennen soll. Ich glaube, am ehesten kann ich's froh nennen. Es hat sich nämlich etwas ganz Merkwürdiges ereignet! Und da, siehst du, da konnte ich nicht anders – ich mußte einfach herkommen, um die Freude mit dir zu teilen, John Gabriel.

Borkmann *barsch*: Na, dann teile deine Freude!

ELLA: Aber willst du nicht erst mit deinem Freund hineingehen, Borkmann?

BORKMANN *abweisend*: Ich habe bereits gesagt, daß ich nicht ins Haus will.

ELLA: Aber du hörst doch, daß er überfahren wurde!

BORKMANN: Ach, überfahren werden wir alle einmal im Leben. Da muß man sich eben wieder aufraffen. Und tun, als sei nichts geschehen.

FOLDAL: Das war ein tiefsinniges Wort, John Gabriel. Aber ich kann es auch ebensogut rasch hier draußen erzählen.

BORKMANN *milder*: Ja, sei so gut, Wilhelm!

FOLDAL: Also jetzt hör mal zu! Denk dir, als ich vorhin nach Hause komme, da finde ich einen Brief vor. Kannst du raten, von wem?

BORKMANN: Vielleicht von deiner kleinen Frida?

FOLDAL: Richtig! Daß du das gleich erraten hast! Es war ein langer – ein ziemlich langer Brief von Frida. Ein Bote hatte ihn gebracht. Und kannst du dir denken, was sie schreibt?

BORKMANN: Etwa, daß sie ihren Eltern Lebewohl sagen wolle?

FOLDAL: Richtig! Merkwürdig, daß du auch das erraten hast, John Gabriel! Also sie schreibt, Frau Wilton habe sie so ins Herz geschlossen und jetzt wolle die Dame mit ihr ins Ausland und sie als Pianistin ausbilden lassen. Und weiter schreibt sie, Frau Wilton habe auch für einen tüchtigen Lehrer gesorgt, der mit auf die Reise gehen und Frida Unterricht geben soll. Denn mit ihrer Bildung hapert's ja leider in mancher Beziehung ein bißchen, verstehst du.

BORKMANN *lacht glucksend*: Jawohl, jawohl! Ich verstehe das alles ganz ausgezeichnet, Wilhelm!

FOLDAL *fährt eifrig fort*: Und denk mal: Erst heute abend hat sie von der Reise erfahren! Auf der Gesellschaft, du weißt schon. Und doch hat sie noch Zeit zum Schreiben gefunden! Und der Brief ist so gefühlvoll und so schön, so wirklich von Herzen geschrieben. Keine Spur mehr von Mißachtung für ihren Vater. Und dann dieser feine Zug, daß sie uns schriftlich adieu sagen wollte – vor ihrer Abreise. *Lacht.* Doch da kennt sie ihren Vater schlecht!

BORKMANN *wirft ihm einen fragenden Blick zu*: Wieso?

FOLDAL: Sie schreibt, sie wollen morgen früh abreisen. Schon ganz zeitig.

BORKMANN: So, so – morgen? Schreibt sie das?

FOLDAL *lacht und reibt sich die Hände*: Jawohl, doch da bin ich noch schneller! Paß auf! Jetzt gehe ich schnurstracks zu Frau Wilton...

BORKMANN: Heute abend noch?

FOLDAL: Freilich, es ist ja noch nicht so sehr spät. Und sollte schon alles abgeschlossen sein, dann läute ich einfach. Ich will und muß Frida vor ihrer Abreise noch einmal sehen. Gute Nacht also, gute Nacht! *Schickt sich zum Gehen an.*

BORKMANN: Hör mal her, mein armer Wilhelm – du kannst dir den mühsamen Weg sparen.

FOLDAL: Ach, du denkst an den Fuß...

BORKMANN: Ja, und außerdem kommst du bei Wiltons vor verschlossene Türen.

FOLDAL: Und wennschon! Ich werde Sturm läuten, bis mir aufgemacht wird. Auf jeden Fall will ich Frida noch einmal sehen!

ELLA: Ihre Tochter ist schon abgereist, Herr Foldal.

FOLDAL *steht da, wie vom Blitz getroffen*: Frida schon abgereist! Ist das sicher? Woher wissen Sie das?

BORKMANN: Wir wissen es von ihrem künftigen Lehrer.

FOLDAL: So? Wer ist denn das?

BORKMANN: Ein gewisser Student Erhart Borkmann.

FOLDAL *freudestrahlend*: Dein Sohn, John Gabriel! Der reist mit?

BORKMANN: Ja gewiß. Er soll Frau Wilton unterstützen, die Bildungslücken der kleinen Frida aufzufüllen.

FOLDAL: Na, dann – dann ist ja das Kind in den besten Händen. Gott sei Lob und Dank! – Aber ist es auch ganz sicher, daß sie schon fort sind?

BORKMANN: Sie saßen mit Frida in dem Schlitten, der dich überfahren hat.

FOLDAL *schlägt die Hände zusammen*: Ist das zu glauben! In dem prachtvollen Schlitten, da hat meine kleine Frida gesessen!

BORKMANN *nickt*: Ja, ja, Wilhelm – deine Tochter fängt gut an. Und der Student Borkmann ebenfalls. Hast du übrigens die Silberschellen bemerkt?

FOLDAL: I freilich! – Silberschellen? Silberschellen waren das? Aus echtem Silber?

BORKMANN: Darauf kannst du dich verlassen. Alles echt, außen und innen.

FOLDAL *gerührt*: Ist es nicht seltsam, wie sich für einen Menschen alles zum Guten wenden kann! Da hat sich mein – mein bißchen Dichtertalent bei Frida in Musik umgesetzt. Also habe ich mit dem Dichten doch nicht mein Leben verplempert. Denn jetzt darf sie in die große, weite Welt hinaus, von der ich einst geträumt hatte. Der kleinen Frida ist es vergönnt, im Coupéschlitten zu reisen. Mit echten Silberschellen ...

BORKMANN: Und ihren Vater zu überfahren ...

FOLDAL *fröhlich*: Ach was! Auf mich kommt's nicht an – wenn nur das Kind ... Na, da käme ich also doch zu spät. Dann will ich nach Haus und ihre Mutter trösten, die in der Küche sitzt und weint.

BORKMANN: Sie weint?

FOLDAL *leise lachend*: Ja, denk dir nur, als ich wegging, saß sie da und heulte.

BORKMANN: Doch du lachst, Wilhelm.

FOLDAL: Ich? Ja freilich! Aber sie, weißt du, sie versteht es nicht besser, die Ärmste. Na, adieu denn! Nur gut, daß ich es nicht weit bis zur Straßenbahn habe. Adieu, John Gabriel! Adieu, mein Fräulein! *Er grüßt und humpelt mühsam den Weg zurück, den er gekommen.*

BORKMANN *steht eine Weile still da und blickt vor sich hin*: Adieu, Wilhelm! Es ist nicht das erstemal im Leben, daß du überfahren wurdest, alter Freund.

ELLA *mustert ihn voll heimlicher Besorgnis*: Du siehst so blaß aus, John.

BORKMANN: Das kommt von der Gefängnisluft da oben.

ELLA: So bleich habe ich dich noch nie gesehen.

BORKMANN: Du hast wohl auch noch nie einen entsprungenen Sträfling gesehen.

ELLA: Komm doch jetzt ins Haus, John!

BORKMANN: Laß diese Sirenentöne! Ich habe dir doch gesagt ...

ELLA: Wenn ich dich aber herzlich bitte? Um deinetwillen ...

Das Stubenmädchen kommt aus dem Haus und bleibt auf der Freitreppe stehen.

STUBENMÄDCHEN: Verzeihung, die gnädige Frau hat gesagt, ich soll jetzt abschließen.

BORKMANN *leise zu Ella*: Hör nur! Sie wollen mich wieder einsperren!

ELLA *zum Mädchen*: Der Herr Bankdirektor fühlt sich nicht ganz wohl. Er will noch etwas frische Luft schöpfen.

STUBENMÄDCHEN: Aber die gnädige Frau hat gesagt, ich soll...

ELLA: Ich werde abschließen. Lassen Sie nur den Schlüssel stecken!

STUBENMÄDCHEN: Na schön. Dann lasse ich ihn stecken. *Geht wieder ins Haus.*

BORKMANN *horcht einen Augenblick und geht dann schnell auf den Hofplatz hinunter*: Nun bin ich über die Mauer, Ella! Nun kriegen sie mich nicht mehr!

ELLA *ist ihm gefolgt*: Aber du bist doch auch im Haus dein eigener Herr, John! Kannst gehen und kommen, wie es dir beliebt.

BORKMANN *leise, wie unter einer Zwangsvorstellung*: Nie mehr unter dieses Dach! Hier draußen in der Nachtluft ist gut sein. Wenn ich wieder in den Saal hinaufginge – die Decke würde mir auf den Kopf fallen. Und mich erdrücken.

ELLA: Aber wo willst du denn hin?

BORKMANN: Nur mich rühren. Sehen, ob ich zur Freiheit und zum Leben zurückfinde. Und zu den Menschen. Willst du mit mir gehen, Ella?

ELLA: Ich? Jetzt?

BORKMANN: Ja, ja – jetzt gleich!

ELLA: Und wie weit?

BORKMANN: So weit, wie ich nur kann.

ELLA: Aber bedenke doch! Hinaus in die feuchte, kalte Winternacht...

BORKMANN *mit einem rauhen Kehllaut*: Oho – das gnädige Fräulein ist um seine Gesundheit besorgt? Na ja – die steht ja auf schwachen Füßen.

ELLA: Um deine Gesundheit bin ich besorgt, John.

BORKMANN: Hahaha! Um die Gesundheit eines toten Mannes! Da kann ich nur lachen, Ella! *Er geht weiter.*

ELLA *ihm nach, hält ihn fest*: Was hast du gesagt? Was bist du?

BORKMANN: Ein toter Mann, habe ich gesagt. Hast du schon vergessen, daß Gunhild gesagt hat, ich solle ruhig liegenbleiben in meiner Gruft?

ELLA *wirft den Mantel über, entschlossen*: Ich gehe mit dir, John.

BORKMANN: Ja, Ella, wir beide, wir gehören doch zusammen. *Geht weiter.* Komm also!

Sie betreten das Gehölz links und sind bald nicht mehr sichtbar. Haus und Hof verschwinden, die Landschaft mit ihren Abhängen und Höhenzügen verändert sich nach und nach und wird zusehends wilder.

ELLAS STIMME *aus dem Walde rechts*: Wo sind wir denn hier, John? Ich kenne mich nicht mehr aus.

BORKMANNS STIMME *aus größerer Höhe*: Halte dich nur an meine Schneespuren!

ELLAS STIMME: Aber warum müssen wir denn so hoch steigen?

BORKMANNS STIMME *näher*: Wir müssen den Serpentinenpfad hinauf.

ELLA *immer noch unsichtbar*: Ach, aber ich kann bald nicht mehr!

BORKMANN *am Waldrand rechts*: Komm nur, komm! Nun haben wir's nicht mehr weit bis zum Aussichtspunkt. Dort stand damals eine Bank...

ELLA *taucht zwischen den Bäumen auf*: Das weißt du noch?

BORKMANN: Dort kannst du dich ausruhen.

Sie betreten ein kleines baumloses Plateau. Hinter ihnen steigt der Berg steil an. Links in der Tiefe eine weite Landschaft mit einem Fjord und fernen hohen Hügelketten. Links auf dem Plateau eine verdorrte Fichte und davor eine Bank. Borkmann und hinter ihm Ella waten von rechts mühsam durch den hohen Schnee. Borkmann bleibt vor dem Abgrund links stehen.

Komm hierher, Ella! Hier sollst du etwas sehen!

ELLA *tritt zu ihm*: Was willst du mir denn zeigen, John?

BORKMANN *zeigt in die Gegend*: Sieh doch, was für eine weite Aussicht man hier hat!

Ella: Auf der Bank da haben wir früher oft gesessen – und noch viel, viel mehr gesehen.

Borkmann: Damals haben wir ein Traumland gesehen.

Ella *nickt schwermütig*: Es war unser Lebenstraum. Und nun ist alles im Schnee begraben. – Und der alte Baum ist tot.

Borkmann *ohne auf sie zu hören*: Siehst du den Rauch aufsteigen von den großen Dampfern dort auf dem Fjord?

Ella: Nein.

Borkmann: Ich sehe ihn. – Die Schiffe kommen und gehen. Sie stellen die Verbindung zwischen den Erdteilen her. Sie bringen aber tausend menschlichen Heimstätten Licht und Wärme. Das hatte ich aufbauen wollen, das war mein Lebenstraum.

Ella *verhalten*: Und dann ist es beim Traum geblieben.

Borkmann: So ist es, ja. *Horcht.* Hörst du das Geräusch unten am Fluß? In den Fabriken herrscht Leben. Meine Fabriken! Das hatte ich alles schaffen wollen. Hör doch das Dröhnen der Maschinen! Sie arbeiten Tag und Nacht. Tag und Nacht! Hör doch nur, hör! Die Kolben stampfen, und die Schwungräder drehen sich – immer im Kreis! Kannst du das nicht hören, Ella?

Ella: Nein.

Borkmann: Ich kann es hören.

Ella *ängstlich*: Ich glaube, du irrst dich, John.

Borkmann *mehr und mehr in Eifer geratend*: Doch dies alles bedeutet für das Reich nur die vorgeschobenen Posten, mußt du wissen!

Ella: Für das Reich, sagst du? Welches Reich?

Borkmann: Mein Reich natürlich! Das Reich, dessen Herrschaft ich schon fast angetreten hatte, damals, als ich – als ich starb.

Ella *leise, erschüttert*: Ach John, John!

Borkmann: Und da liegt es nun – schutzlos, herrenlos, Räubern und Plünderern preisgegeben. – Ella! Siehst du die Bergketten dort – in weiter Ferne? Eine hinter der anderen? Sie ragen gen Himmel wie Türme, das ist mein in der Tiefe unbegrenztes, unerschöpfliches Reich!

Ella: Von diesem Reich weht aber ein so eisiger Hauch, John!

Borkmann: Der ist für mich Lebensluft. Ein Gruß untertäniger Geister. Ich wittere sie, die gefesselten Millionen. Die Erzadern, diese sich schlängelnden und weitverzweigten Arme, wie sie sich verführerisch nach mir ausstrecken. Ich habe sie deutlich vor mir gesehen, wie lebendig gewordene Schatten – in jener Nacht, als ich, die Laterne in der Hand, im Bankgewölbe stand. Sie wollten erlöst werden. Und ich habe es versucht. Doch es ist mir nicht gelungen. Der Schatz sank in die Tiefe zurück. *Mit vorgestreckten Händen*: Aber ich will es euch jetzt in der Stille der Nacht zuflüstern: Ich liebe euch, die ihr scheintot in der dunklen Tiefe liegt! Ihr Schätze, die ihr zum Leben erweckt werden wollt, ich liebe euch – mit eurem glänzenden Gefolge von Macht und Ehre! Euch gehört meine Liebe!

ELLA *in verhaltener, steigender Erregung*: Ja, ihnen, den unterirdischen Schätzen, gehört immer noch deine Liebe, John. Sie hat von jeher den Mächten untertage gehört. Aber hier oben übertage, hier schlug ein lebendiges Menschenherz warm für dich. Und dieses Herz hast du gebrochen. Ach, viel schlimmer noch! Du hast es verkauft! Verkauft für – für ...

BORKMANN *beginnt zu zittern, als überliefe ihn ein Kälteschauer*: ... für das Reich – und die Macht – und die Herrlichkeit – meinst du?

ELLA: Ja, das meine ich. Ich habe es dir heute abend schon einmal gesagt: Du hast die Frau, die dich liebte, um ihr Frauenglück betrogen. Obgleich du sie wiedergeliebt hast – soweit du überhaupt jemanden lieben konntest. *Mit erhobenem Arm*: Und darum prophezeie ich dir, John Gabriel Borkmann: Du wirst nie den Preis gewinnen, den du für diese Untat haben wolltest. Nie wirst du als Sieger einziehen in dein kaltes, finsteres Reich!

BORKMANN *wankt zur Bank und läßt sich schwer auf sie fallen*: Ich fürchte fast, Ella, du hast mit deiner Prophezeiung recht.

ELLA *tritt zu ihm*: Zu fürchten brauchst du das nicht, John. Besseres könnte dir gar nicht widerfahren.

BORKMANN *schreit auf und greift sich an die Brust*: Ah ... *Matt*: Nun hat sie losgelassen.

ELLA *rüttelt ihn*: Was ist dir, John?

BORKMANN *sinkt gegen die Banklehne zurück*: Eine Eishand hat mich am Herzen gepackt.

ELLA: John, hast du nun die Eishand gespürt?

BORKMANN *murmelt*: Oder nein – es war keine Eishand. Es war eine Hand von Erz. *Er gleitet ganz auf die Bank nieder.*

ELLA *reißt sich den Mantel ab und deckt Borkmann damit zu*: Bleib so liegen! Ich hole schnell Hilfe. *Sie tut ein paar Schritte nach rechts, dann bleibt sie stehen, geht zurück, fühlt lange Borkmanns Puls und betastet sein Gesicht. Darauf sagt sie leise und bestimmt*: Nein. Es ist so besser. Für dich am besten, John Gabriel! *Sie breitet den Mantel dichter über ihn und setzt sich vor der Bank in den Schnee.*

Nach kurzer Pause kommt Frau Borkmann, dicht vermummt, durch den Wald rechts. Vor ihr geht das Stubenmädchen mit einer brennenden Laterne.

STUBENMÄDCHEN *leuchtet den Schnee ab*: Doch, gnädige Frau! Hier sind ja ihre Fußspuren!

FRAU BORKMANN *blickt sich um*: Wahrhaftig, da sind sie! Dort auf der Bank! *Ruft*: Ella!

ELLA *erhebt sich*: Suchst du uns?

FRAU BORKMANN *hart*: Allerdings! Es blieb mir wohl nichts anderes übrig.

ELLA *zeigt auf Borkmann*: Sieh, hier liegt er, Gunhild!

FRAU BORKMANN: Und schläft!

ELLA *nickt*: Einen tiefen und langen Schlaf, glaube ich.

FRAU BORKMANN *erschrocken*: Ella! *Beherrscht sich und fragt mit gedämpfter Stimme*: Wie ist das gekommen? Hat er etwa selbst...?

ELLA: Nein.

FRAU BORKMANN *erleichtert*: Also nicht durch eigene Hand?

ELLA: Nein. Er hatte das Gefühl, eine eisige Erzhand habe ihm nach dem Herzen gegriffen.

FRAU BORKMANN *zum Mädchen*: Holen Sie Hilfe! Wecken Sie die Gutsleute!

STUBENMÄDCHEN: Jawohl, gnädige Frau. *Leise*: Gott steh uns bei! *Geht durch den Wald rechts ab.*

FRAU BORKMANN *steht hinter der Bank*: Also die Nachtluft hat ihn getötet...

ELLA: Wahrscheinlich.

FRAU BORKMANN: Diesen kräftigen Mann!

ELLA *tritt an die Bank*: Willst du ihn dir nicht ansehen, Gunhild?

FRAU BORKMANN *wehrt ab*: Nein, nein! *Die Stimme dämpfend*: Er war der Sohn eines Bergmanns – der Bankdirektor. Konnte die frische Luft nicht vertragen.

Ella: Es war wohl eher die Kälte, die ihn getötet hat.

Frau Borkmann *schüttelt den Kopf*: Die Kälte, sagst du? Die Kälte – die hatte schon längst ihr Werk an ihm getan.

Ella *nickt zustimmend*: Und uns beide in Schatten verwandelt, ja.

Frau Borkmann: Da hast du recht.

Ella *mit schmerzlichem Lächeln*: Ein Toter und zwei Schatten – das ist das Werk der Kälte.

Frau Borkmann: Ja, der Herzenskälte. Und nun können wir beide uns wohl die Hände reichen, Ella.

Ella: Ich meine auch, das sollten wir jetzt tun.

Frau Borkmann: Wir Zwillingsschwestern – über ihm, den wir beide geliebt haben.

Ella: Wir zwei Schatten – über dem toten Mann.

Frau Borkmann hinter und Ella vor der Bank reichen sich die Hände.

NACHWORT

Henrik Ibsens dramatisches Lebenswerk verdient es nicht nur, es „verlangt" auch, auf produktiv kritische Art immer wieder neu angeeignet zu werden. Ein würdiger und zugleich willkommener Anlaß dafür ist im Jahre 1978 der hundertfünfzigste Geburtstag des Dichters, der den Weltruhm der norwegischen Literatur vor mehr als einem Jahrhundert begründet hat und bis heute nachhaltig mitbestimmt. Die Ursachen für die fortdauernde Lebenskraft seiner Kunst sind freilich nicht von diesem Jubiläumsjahr her zu bestimmen, sie liegen in der historisch relevanten wie literarisch folgenreichen Wirkung dessen, was Ibsen seiner bürgerlichen Mitwelt und Nachwelt bald scharf polemisch, bald grell satirisch, bald bitter ironisch an Lebenswahrheiten zu sagen hat. Die unerbittliche Ehrlichkeit, mit der er dabei zu Werke geht, trägt ihm schon zu Lebzeiten das Prädikat eines rastlosen Wahrheitssuchers ein. Soweit dieses Suchen auf die Lösung des Widerspruchs zwischen den bestehenden Gesellschaftsverhältnissen und den ihnen nachgesagten Idealen gerichtet ist, kommt es nicht über die abstrakte Anrufung von Wahrheit, Freiheit und Humanität, nicht über moralisierende Reden hinaus. Sie verhallen ohnehin im Drange der Geschäfte derjenigen, die gemeint sind.

Gleichwohl ist Ibsen als Wahrheitssucher noch immer bewundernswert; unentbehrlich bleibt er als Kämpfer gegen die Verlogenheit und Heuchelei der bürgerlichen Gesellschaft. Ihr hat er mehr genommen als die „Gesellschaftslügen", mit denen sie sich auf die Welt setzt, ihre Klassenmoral verschleiert, ihre Widersprüche verdeckt, ihre Inhumanität rechtfertigt, vor allem hat seine Kunst der Bourgeoisie den geistigen Nährboden für die Selbsttäuschung entzogen, daß nach ihr nichts mehr kommen dürfe. Allein daraus erwächst die weltgeschichtliche Größe seiner Fragestellung, die, unbeantwortet zwar, aber Antwort fordernd und findend, weit in das 20. Jahrhundert hineinreicht. Solcherart tritt das Geschichtsträchtige an Ibsens Dramen, der in ihnen geführte Streit um politischen, sozialen und geistigen Fortschritt, als eine bestimmte Stufe des menschlichen Emanzipationskampfes in Erscheinung, und zwar als Vorstufe für die revolutionären Umwälzungen unserer Epoche. Wie jedes Bleibende in der Weltliteratur haben seine Dramen ihren bestimmten historischen Ort, von dem sie sich auf uns zubewegen. Diesen Ort zu finden ist eine Grundbedingung für die Aneignung des humanistischen und realistischen Literaturerbes. Mithin kommt es bei allen theaterpraktischen und literaturtheoretischen Bemühungen um Ibsens Erbe darauf an, es aus seiner Zeit heraus, aber mit dem Wissen von heute zu erschließen, eine Aufgabe, die sich weder durch musealen Weihedienst noch durch ahistorisches Beschwören des Allgemeinmenschlichen erledigt.

Die Widersprüche der Aufstiegs- und der Verfallsperiode der bürgerlichen Gesellschaft, deren Problematik Ibsen streitbar und oft provokativ vorträgt, sind seinem Dramenschaffen zugleich unverkennbar aufgeprägt. Gerade diese Widersprüche braucht er als Ferment seiner Dichtung, die halbe Antworten scheut, dafür aber treffsichere Fragen stellt, ganz im Einklang mit seiner 1875 zum Programm erhobenen Äußerung: „Mein Amt ist *fragen,* nicht, Bescheid zu geben.“ Allerdings beschränkt sich Ibsen nicht darauf, Fragwürdiges zu konstatieren, sondern er durchforscht mit geradezu grimmigem Eifer die sozialethischen Grundlagen der bürgerlichen Gesellschaft, um Aktionsmöglichkeiten und Bewußtseinswandlungen des Menschen in ihren verschiedenen Stadien zu rekognoszieren. Auf diese Weise enthüllt der Dramatiker nicht nur die zersetzenden Wirkungen des Kapitalismus auf die menschliche Persönlichkeit, sondern er macht auch schon den in diesem System gärenden Protest und Widerstand sichtbar. Obwohl Ibsen noch nicht das kämpfende Proletariat auf die Bühne bringt, geht das „Gespenst des Kommunismus“ in den Köpfen seiner Gesellschaftsstützen um. Und mit seinen rebellierenden Dramengestalten teilt er die Vorahnung einer als notwendig erachteten Zeitenwende, eines neuen Menschen- und Gesellschaftsbildes, das in der abstrakt und utopisch gefaßten „idealen Forderung“ gedanklich antizipiert ist. Auf Grund solcher Vorstellungen ist Ibsen der bedeutendste Thetiker antibürgerlicher Programmatik im kritisch-realistischen Drama des 19. Jahrhunderts.

Daß Ibsen selbst keinen gangbaren Weg für die Verwirklichung seiner Ideale kennt, gesteht er 1872 in einem Brief an Georg Brandes: „Was bei diesem Kampf aufs Messer herauskommt, der zwischen zwei Epochen geführt wird, das weiß ich nicht: alles, nur nicht das Bestehende, und das ist für mich bestimmend.“ Doch ebensowenig wie seinen Helden erspart der Dramatiker seinen Lesern und Zuschauern, seinen Interpreten und Kritikern die Entscheidung für oder wider den gesellschaftlichen Fortschritt. Wie unausweichlich diese Entscheidung ist, beweist der immerwährend um Ibsens Werk ausgefochtene Streit, unter dessen Wucht gerade seine kritisch-realistischen Gesellschaftsdramen auf dem Theater überlebt haben, denn die in ihnen angestauten sozialen und weltanschaulichen Kollisionen bestätigen sich stets auch als Frontstellungen realer geschichtlicher Gegenkräfte.

Schon im letzten Viertel des 19. Jahrhunderts scheiden sich die Geister an den frühen Inszenierungen seiner Stücke. Während das platte bürgerliche Boulevardtheater sich Ibsen zaudernd und zaghaft anzuverwandeln sucht, gewinnt er sein verständig mitgehendes Publikum zunächst und vor allem über die nichtkommerziellen, in Opposition zum kapitalistischen Kulturbetrieb stehenden Theater und Volksbühnen, die mit dem Gesellschaftskritiker Ibsen die realistische Schauspielkunst neu beleben. Hauptstätten dieser Einflußvermittlung sind um die Jahrhundertwende das Théâtre Libre in Paris, das Independent Theatre in London, das Moskauer Künstlertheater und die Freie Volksbühne in Berlin, von 1893 bis 1896 unter der Leitung Franz Mehrings, der das Werk Ibsens auch in Artikeln und Rezensionen der Arbeiterklasse als eine ihren Bestrebungen förderliche Leistung nahebringt. Durch die revolutionierende Wirkung seiner Kunst trägt Ibsen, wie Clara Zetkin 1906 schreibt, „Unruhe, Verwirrung, Zwiespalt und Empörung in die bürgerliche Welt und schwächte ihre Widerstandskraft gegen den Ansturm des Proletariats“.

Andererseits ist der Moralist Ibsen auf Grund der Unbestimmtheit seines Zukunftsideals auch für die bürgerliche Kritik so weit annehmbar, daß er selbst in den Kreisen der Bourgeoisie als „Klassiker" kanonisiert werden kann. „Wie kommt es", fragt George Bernard Shaw bereits im Jahre 1891, daß Ibsen „einen Teil des englischen Volkes so stark anzieht, daß es ihn als den größten lebenden Dramatiker und Sittenlehrer begrüßt, während ein anderer Teil so empört über seine Werke ist, daß er sich dem Dichter gegenüber zu Ausdrücken hinreißen läßt, die, wie die Leute selbst zugeben, notgedrungen beinahe unanständig sind". Shaw erklärt dieses Phänomen aus der Hartnäckigkeit, mit der sich alte, bestehende Institutionen jedem sozialen Fortschritt widersetzen. Allein der steigende Weltruhm Ibsens zwingt schließlich die Vertreter der „alten Institutionen" – wie stets in solchen Fällen –, dem großen Dichter ihre Huldigung darzubringen, was Romain Rolland mit der sarkastischen Bemerkung quittiert, Ibsen „war der wilde Jäger der Heuchelei, und die Heuchelei der Welt feierte ihn – Gipfel der Kunst!". In diesen differenzierten Wirkungen äußern sich freilich die Größe wie die Grenzen des Künstlers, der, wie G. W. Plechanow bemerkt, fast in gleichem Maße, wenn auch aus entgegengesetzten Motiven, die Sympathien einander feindlicher Klassen erwirbt.

Damit erhebt sich die Frage nach den historischen und literarischen Bedingungen, unter denen Ibsens gesellschaftskritische Gegenwartsstücke entstehen und zur Wirkung gelangen. Zwei besondere Umstände sind es, die das Exemplarische an ihnen hervortreten lassen. *Erstens* die historische Konstellation, daß der Schauplatz dieser (meist im Ausland entstandenen) Stücke stets Norwegen ist, ein Land, das nach jahrhundertelanger Fremdherrschaft und Isoliertheit von den großen geschichtlichen Bewegungen relativ spät in den Strudel des Kapitalismus gerät, der sich erst nach 1870 voll entfaltet, daß folglich Ibsen eine nach außen hin noch intakte bürgerliche Gesellschaft ins Rampenlicht stellt, deren innere Gebrechen er unter höchst konträren Aspekten mißt und wertet: einmal vom Standpunkt der humanistischen Ideale des aufsteigenden Bürgertums, zum anderen im Lichte der Entwicklung jener Länder, an deren gesellschaftlicher Praxis sich derlei Ideale längst als illusorisch erwiesen haben. *Zweitens* die literarische

Konstellation, daß es für diese historisch wie sozial weitgespannte Thematik in dem an dramatischen Vorleistungen ohnehin schwachen 19. Jahrhundert keinen Dramentyp gibt, den Ibsen fertig übernehmen kann, daß er folglich auf die in der epischen Literatur des Jahrhunderts – etwa bei Balzac, Dickens oder Turgenjew – vielfältig vorgebildete Methode des kritischen Realismus zurückgreift, sie in außergewöhnlich schöpferischer Weise für die Zwecke seiner analytischen Gesellschaftsstücke nutzbar macht und so nicht nur das klassische kritisch-realistische Drama begründet, sondern damit auch zu einem der letzten großen Architekten des bürgerlichen Dramas überhaupt aufsteigt.

Bevor es Ibsen zur Meisterschaft bringt, durchschreitet er Höhen und Tiefen eines Dichterlebens, das zunächst ganz an die Enge norwegischer Verhältnisse gefesselt ist, wiewohl es sich geistig über sie zu erheben sucht. Die südnorwegische Kleinstadt Skien, in der Ibsen am 20. März 1828 geboren wird, schildert der Vierzehnjährige in einem Schulaufsatz als „eine fahle, verweste, erloschene Herrlichkeit". Um so mehr, als Ibsens Vater, ein Kaufmann, der einst zu den begüterten Bürgern dieses Städtchens gehörte, im Jahre 1836 auf Grund von Fehlspekulationen bankrott geht. Dem Zusammenbruch des väterlichen Handelshauses folgt im wahrsten Sinne des Wortes die Deklassierung der Familie, die auf einem ihr verbliebenen Bauernhof in der Nähe der Stadt Zuflucht sucht. Wirken der plötzliche Ruin und das versunkene Renommee deprimierend auf den jungen Ibsen, so verheißt die geistige Atmosphäre in seiner Umgebung ebenfalls keinen Optimismus, denn von Ibsens Mutter, die einer pietistischen Grüblerfamilie entstammte, wird berichtet, sie sei in höchstem Grade verschlossen und zurückhaltend gewesen.

Nach Beendigung der Schulzeit im Jahre 1844 geht Ibsen in das benachbarte Grimstad, wo er als Lehrling und danach als Gehilfe in einer Apotheke arbeitet. In dieser kleinen Hafenstadt mit ihren achthundert Einwohnern findet er die gleiche stumpfe Eintönigkeit und geistige Enge vor, die er von seinem Geburtsort her kennt. Die Kontraste zwischen Besitzenden und Besitzlosen und alle sich daraus ergebenden sozialen Unterschiede und moralischen Vorurteile lassen sich auf diesem engen Raum mit mikroskopischer Schärfe beobachten. Die kleine Welt des Gegeneinanders und

Übereinanders, die der Däne Hans Christian Andersen in seinem Märchen vom Wassertropfen mit einem Vergrößerungsglas sieht, hat Ibsen leibhaftig vor Augen. Schon in seinen frühen Gedichten erweist er sich als ein zwar ungebetener, aber kritisch-spöttischer Zuschauer beim Lebensfest des Kleinstadtbürgertums. Unter dem bestimmenden Eindruck der Achtundvierziger Revolution reift sein Protest zu dichterischen Bekenntnissen und tut sich in aufrüttelnden Versen kund. „Während da draußen eine große Zeit brauste", so schreibt er ein Vierteljahrhundert später im Vorwort zur zweiten Ausgabe des „Catilina", „lebte ich auf Kriegsfuß mit der kleinen Gesellschaft, in die der Zwang der Lebensbedingungen und der Umstände mich sperrte." Aber gleichzeitig verfolgt er mit heißem Herzen die Nachrichten von den revolutionären Ereignissen der Jahre 1848/49, denn, so heißt es an gleicher Stelle: „Die Zeit war voll Sturm und Drang. Die Februarrevolution, die Aufstände in Ungarn und anderswo, der Schleswiger Krieg, all das griff mächtig und fördernd in meine Entwicklung ein, wie unfertig sie auch lange danach noch bleiben mochte." Neben der spontanen Revolutionsbegeisterung ist Ibsens Jugenddichtung von wechselvoller Stimmung des Hoffens und Zweifelns erfüllt. Wie Faust in seiner Studierstube, ungeduldig und leidenschaftlich, voller Verlangen nach Wahrheit und Klarheit, sich nicht zufriedengebend mit „dunklen Gleichnissen, die nur Sehnsucht wecken", fragt Ibsen 1849 in dem Gedicht „An den Stern":

Ist zu kühn, was ich erfleh:
Klarheit mir zu geben?
Kann ein Sohn der Erde je
Sich von ihr erheben?

In der quälenden Frage schwingt die bange Ahnung des Dichters mit, daß seine kühnen Ideale an den Klippen norwegischer Kleinbürgerlichkeit zerschellen. An diesem Widerspruch zwischen deklamatorischem Freiheitspathos und mangelnder Tatkraft krankt der Titelheld seines ersten Dramas, „Catilina" (1850), das im Winter 1848/49 in Grimstad entsteht. Ähnlich wie Ibsen greift der von ihm idealisierte römische Aufrührer Catilina auf demokratische und republikanische Ideale der Vergangenheit zurück, ohne klare Vorstellungen darüber zu besitzen, wie und mit welchen Kräften die erhoffte Umwälzung der gesellschaftlichen Verhältnisse herbeigeführt werden kann. Die Gestalten aus der römischen Geschichte haben im „Catilina“ eine ähnliche Funktion wie die Drapierung bürgerlich-revolutionärer Ideen mit antiken Zügen in der französischen und deutschen Literatur vom Ende des 18. Jahrhunderts. Solche „weltgeschichtlichen Totenbeschwörungen“ (Marx) – der Rückgriff auf die antike und dann vor allem die nordische Historie – begleiten auch die norwegische Literatur auf ihrem Weg in das bürgerliche Zeitalter. Dabei vernehmen wir im Schaffen des jungen Ibsen Nachklänge der Aufklärung und des Sturm und Drangs, mit dem er auch die Vorliebe für Shakespeare teilt. Das moralisch gefärbte Rebellentum und die emotionale Aussage im „Catilina“ erinnern an Schillers „Räuber“, obgleich sich Ibsens Tyrannenhaß in idealistischen Abstraktionen und phantastischen Symbolen erschöpft.

Im Frühjahr 1850 siedelt Ibsen nach Christiania (so hieß Oslo von 1624 bis 1924) über, wo er sich auf das Abitur vorbereitet, ohne es je abzulegen. Dieser erste Aufenthalt in der norwegischen Hauptstadt ist für den jungen Dichter vielmehr eine politische Lehrzeit. Sein Weg führt ihn auf den äußersten linken Flügel der demokratischen Kräfte, die zwischen 1848 und 1851 durch die proletarischen Massenaktionen unter Führung des utopischen Sozialisten Marcus Thrane mächtigen Auftrieb erhalten. Ibsen tritt in Kontakt zu den Arbeiterorganisationen, nimmt an ihren Versammlungen und Demonstrationen teil und wirkt für sie als politischer Publizist, als satirischer Dichter und Karikaturist. Als diese erste selbständige proletarische Bewegung Norwegens im Jahre 1851 von der Reaktion zerschlagen wird, entgeht er mit knapper Not der Verhaftung. Trotz aller Enttäuschungen, die der Zusammenbruch der Thraniter mit sich bringt, schärfen die gewonnenen Erfahrungen im praktischen Klassenkampf Ibsens Blick für die Grundübel der bürgerlichen Gesellschaft. Ihr sagt nicht nur seine kommende realistische, sondern bereits seine romantische Dichtung den Kampf an, denn auch in der norwegischen Literatur geht die romantische Kritik am Kapitalismus der realistischen voraus.

In Ibsens Schaffen zu Beginn der fünfziger Jahre wird das frühere

Pathos durch Satire und bittere Ironie verdrängt. Das zeigt sich schon in seinem ersten politischen Schauspiel „Norma oder Die Liebe eines Politikers" (1851). Den äußeren Anlaß bietet Bellinis Oper „Norma", die – in Oehlenschlägers Übersetzung – im Mai 1851 ihre Premiere in Christiania erlebt und deren sentimental-amouröse Handlung Ibsen auf das Verhältnis von Opposition und Regierungspartei in Norwegen überträgt. Das Theatralische des Operngeschehens ist ihm der angemessene Ausdruck für das Wesen der bürgerlichen Demokratie, wobei er die Wirkung des Grotesken noch durch den Wechsel von hochtrabenden romantischen Phrasen mit prosaischen Trivialitäten verstärkt. Die Polemik gegen eine lebensfremde, pseudonationale Romantik setzt Ibsen in Bergen fort, wo er 1852 die künstlerische Leitung der „Nationalen Bühne" übernimmt. Dort entstehen die Märchenkomödie „Die Johannisnacht" (1852), die Shakespeares „Sommernachtstraum" zum Vorbild hat, sowie die lyrischen Schauspiele „Das Fest auf Solhaug" (1855) und „Olaf Liljekrans" (1856), die in mancher Hinsicht den dänischen Romantikern Oehlenschläger und J. L. Heiberg verpflichtet sind. In diesen Stücken verspottet Ibsen die romantisch verbrämte Gefühlsheuchelei der zeitgenössischen Modeliteratur, bekämpft er ihre reaktionäre, aristokratische Tendenz. Die folkloristische Oberflächlichkeit sucht er durch poetische Innerlichkeit zu ersetzen und gestaltet in Bildern aus dem Volksleben eine Sphäre edler und reiner menschlicher Gefühle.

Obwohl diese ersten romantischen Stücke Ibsens in Norwegen erfolglos und auf den Bühnen der Welt folgenlos geblieben sind, dürfte ihm die theaterpraktische Arbeit in Bergen doch wichtige dramaturgische Erfahrungen vermittelt haben. Hinzu kommt, daß ihm das Theater im Jahre 1852 einen mehrmonatigen Studienaufenthalt in Kopenhagen und Dresden ermöglicht. Auf dieser Reise lernt er Hermann Hettners Buch „Das moderne Drama" (1852) kennen, aus dem er wertvolle Anregungen besonders für seine volkshistorischen Dramen gewinnt. In ihnen gelingt Ibsen allmählich die realistische Gestaltung bedeutsamer Ereignisse und Persönlichkeiten der nationalen Vergangenheit, die eng mit der aktiven Rolle der Volksmassen verbunden sind. Nach den historischen Dramen „Frau Inger auf Oestrot" (1854) und „Die Helden auf Helgeland“ (1857) folgen die „Kronprätendenten“ (1863), ein Meisterwerk aus dieser Schaffensperiode, das den späteren realistischen Gegenwartsdramen sowohl im humanistischen Ideengehalt wie in der sozialhistorischen Motivierung der Gestalten, ja selbst im Figurenaufbau vorangeht.

Im Jahre 1857 kehrt Ibsen von Bergen nach Christiana zurück und wird dort künstlerischer Leiter des „Norwegischen Theaters“. Wenig später, im Juni 1858, heiratet er Suzannah Thoresen, die aus einem Pfarrhaus stammt und deren Mutter, Magdalena Thoresen, Volkserzählungen im romantischen Stil schreibt. Frau Suzannah, über gesellschaftliche Vorurteile und konventionelle Rücksichten erhaben, steht Ibsen bis ans Ende seines Lebens als verständnisvolle Gattin und Ratgeberin zur Seite. Doch vorerst muß er mit sich selbst ins reine kommen, zumal der zweite Aufenthalt in Christiania manche Enttäuschungen, Kränkungen, finanzielle Sorgen und wohl auch Mißverständnisse mit sich bringt. Als Dichter findet er damals kaum Anerkennung. Während der junge Björnson als Verfasser populärer Bauernerzählungen und als Volkstribun gefeiert wird, hegt Ibsen tiefe Zweifel an seiner künstlerischen Berufung. Eine Folge davon sind ein Hang zum Ästhetisieren und nihilistische Stimmungen, die vermutlich durch die Beschäftigung mit der irrationalistischen Philosophie Kierkegaards ausgelöst, aber unmittelbar durch einen exklusiven Kreis von Intellektuellen genährt werden, in dem Ibsen verkehrt. Diese Schaffenskrise offenbart sich unter anderem in dem symbolischen Gedicht „Auf den Höhen“ (1859), das von einem jungen Mann handelt, der Mutter und Braut verläßt, um sich in der Einsamkeit des Gebirges in zynischer Verachtung des „niederen“ Lebens einer fiktiven absoluten Freiheit und reinen Schönheit hinzugeben. Ibsen erkennt bald die Gefahren eines menschenfeindlichen Ästhetizismus und distanziert sich davon in der „Komödie der Liebe“ (1862), einem satirischen Zeitstück, dessen Hauptgestalt ein innerlich gespaltener Mensch ist, der von der Antinomie zwischen individualistischem Streben und gesellschaftlicher Forderung zerrissen ist.

Ibsens Verbitterung gegenüber seinen Landsleuten verstärkt sich, als der schwedisch-norwegische Unionsstaat dem von Preußen überfallenen Dänemark 1864 die Hilfe versagt. Damit brechen auch seine politischen Illusionen über den Skandinavismus, über eine allnordische Einheit zusammen. Im gleichen Jahr verläßt der Enttäuschte seine Heimat, um zunächst vier Jahre in Italien und danach dreiundzwanzig Jahre in Deutschland zu leben. Hauptstationen seines Auslandsaufenthalts sind Rom, Tirol, Dresden und München. Nur zweimal, 1874 und 1885, stattet er seiner Heimat kurze Besuche ab. Als er 1891 für immer heimkehrt, ist der Glanz seines dichterischen Weltruhms längst auch auf Norwegen gefallen. Jetzt wird der Dichter von seinen Landsleuten gefeiert, hoch geehrt und mit Orden geschmückt. Bis zu seinem Tod am 23. Mai 1906 lebt er zurückgezogen in der norwegischen Hauptstadt und nimmt – meist ohne Kommentar – den Streit um seine Werke zur Kenntnis.

Einen zentralen Platz in Ibsens Dichtung nehmen die bereits in Italien entstandenen philosophisch-symbolischen Versdramen „Brand" (1866) und „Peer Gynt" (1867) ein. Diese beiden von phantastischen und allegorischen Figuren bevölkerten Werke gehören nach szenischer Ausstattung und stilistischer Eigenart durchaus noch der Romantik an, einer Romantik freilich, die ihre eigenen Grenzen sprengt. Ibsen rechnet hier mit der patriarchalischen Rückständigkeit norwegischer Verhältnisse ab und läßt seiner Indignation über die Halbheiten der zeitgenössischen bürgerlichen Demokratie freien Lauf. Vor einem weitgespannten, ins Universale gesteigerten Milieuhintergrund entwirft er allegorisch verallgemeinerte Bilder über die zwiespältige Lage der Persönlichkeit, über die Kollisionen zwischen Individuum und Gesellschaft, wobei er in Gestalt der konträr angelegten Titelcharaktere grundverschiedene Lebensmaximen und Handlungskonzepte durchspielt. Was Brand mit seiner unbarmherzigen Forderung des „Alles oder nichts" bekämpft, ist in Peer verkörpert: Feigheit, Lüge, Egoismus, Selbstbetrug. Lautet Brands Losung: Sei du selbst!, so heißt Peers Wahlspruch: Sei dir selbst genug! Gibt sich Brand leidenschaftlich einer Lebensaufgabe hin, folgt Peer der Lust und Laune des Augenblicks und entzieht sich jeglicher Willensentscheidung. Dabei sind der Wahrheitsfanatiker Brand und der hemmungslose Phantast Peer Gynt nicht nur auf dem gleichen sozialen

Boden gewachsen, sie sind auch Kinder der gleichen gewittergeladenen Umbruchsperiode nach der Französischen Revolution. In diesem weiten Sinne sind sie zeittypisch, obgleich sie nicht unter typischen, sondern unter experimentellen Umständen handeln und in außergewöhnliche Situationen gestellt sind. In „Brand" gibt Ibsen dem Typus des sozialen Empörers im Priestergewand, ähnliche Gestalten im Schaffen Kiellands und Björnsons vorwegnehmend, die klassische norwegische Ausformung. Dennoch – oder gerade deshalb – ist der auf moralischem Rigorismus gebaute „Brand" mit seinem sich selbst überpredigenden Helden so provinziell verengt, daß das Drama mit der weltweiten Dimension der Peer-Gynt-Dichtung weder historisch noch philosophisch wetteifern kann.

Aus Ibsens Sicht ist Peer Gynt eine für diese Epoche charakteristische Gestalt, in der sich die sozialen Wandlungen und Widersprüche beim Übergang von bäuerlich-patriarchalischen zu bürgerlich-kapitalistischen Verhältnissen auf eigenartige Weise brechen. Als Norweger ist er noch in den phantastischen Vorstellungen der letzten Phase der Romantik befangen, aber als Europäer, als Weltbürger reicht er schon hinein in das kapitalistische Zeitalter, an dessen Entwicklung er rezeptiven und aktiven Anteil hat. In dieser stark individualisierten Titelgestalt verkörpert Ibsen gleichsam im Keimzustand neue Züge und Eigenheiten, die durch den Kapitalismus in das menschliche Bewußtsein hineingetragen werden. Als Triebkräfte der Dramenhandlung wirken daher nicht nur die widersprüchlichen Charaktereigenschaften Peers, sondern vor allem objektive gesellschaftliche Verhältnisse, deren Widersprüche ihn in Bewegung setzen und immer erneut vor Entscheidungen stellen. Der Geschichtsprozeß selbst tritt also als Herausforderung an den Helden, als sein Antagonist auf. Dementsprechend ist Ibsen bei der Handhabung seines theatralischen Instrumentariums in „Peer Gynt" außerordentlich beweglich, erprobt er eine Dramaturgie, die ihm nicht nur weiten Spielraum bei der Wahl der künstlerischen Mittel gewährt, sondern es auch ermöglicht, den historischen Handlungsraum in globalen Umrissen abzustecken. So läuft die Peer-Gynt-Dichtung vor den Augen des Lesers und Zuschauers wie eine moderne Nonstoprevue ab, die den

Rahmen des traditionellen Dramas sprengt und sehr verschiedenartige dramaturgische Elemente entfesselt. Das Stück erinnert an das Mysterienspiel und die Commedia dell'arte, enthält Anklänge an Cervantes, Shakespeare und Goethe. Es greift auf die Personage der Volksdichtung, auf Figuren, Motive und Stilmittel der gesamten skandinavischen Romantik zurück. Zugleich verweist es durch die episch-historische Breite der Darstellung auf dramaturgische Richtungen des 20. Jahrhunderts bis hin zu Brecht – worauf noch einzugehen sein wird. Kein Wunder also, daß das Theater des 19. Jahrhunderts lange Zeit hilflos vor dem ungewöhnlichen dramatischen Bau dieses Stückes stand, das nach Ibsens eigenen Worten „ungestüm und formlos, rücksichtslos geschrieben ist". Heute aber ist die Peer-Gynt-Dichtung auf Grund ihrer philosophisch-historischen Problemstellung und der szenischen Beweglichkeit ihrer Ausdrucksmittel eine Verlockung für jedes Theater, das sich die Fähigkeit zutraut, den humanistischen Grundgedanken dieses Werkes für die Gegenwart nutzbar zu machen. Denn der Kampf mit den Trollen – ob er gegen die Mächte der Vergangenheit oder in der eigenen Brust ausgefochten wird – ist stets ein Befreiungskampf, bei dem der Mensch in sittlicher Bewährung sein Selbst verwirklichen muß.

Im Laufe der siebziger Jahre entwickelt Ibsen in beharrlicher Auseinandersetzung mit dem sich nunmehr auch in Norwegen konsolidierenden bürgerlich-kapitalistischen System die Grundkonzeption für sein kritisch-realistisches Drama. Dabei kommt dem im freiwilligen Exil lebenden Dichter zugute, daß er bei der künstlerischen Gestaltung norwegischer Gesellschaftsprobleme die Zeitbewegung vor Augen hat und wichtige historische Ereignisse der Epoche sozusagen aus der Nähe beobachten kann. In Deutschland erlebt er den Krieg von 1870/71, die Gründung des preußischen Deutschen Reiches und die sich verschärfenden Klassenkämpfe zwischen Proletariat und Bourgeoisie. Klarer als die meisten seiner bürgerlichen Zeitgenossen erkennt und benennt Ibsen die akute Gefahr, die dem unheilvollen Bündnis zwischen den militaristischen preußischen Junkern und der deutschen Bourgeoisie innewohnt. „Preußens Schwert wird Preußens Rute", heißt es in einem längeren Gedicht, geschrieben im Dezember 1870 in

Dresden. Ibsen, für den wahre Kühnheit und echte Tatkraft Inbegriff alles Schönen sind, kann sich nicht mit einer Staatsordnung befreunden, in der der Militarismus „jede Kampfespoesie erschlagen" hat. Prophetisch weist er darauf hin, daß diesem System kein Dichterlob zuteil werde:

Doch es rächt sich am Bedränger.
Dieser Jagd ersteht kein Sänger.
Und nur das kann weiter leben,
Was ein Dichter kann erheben.
...
Denn nach *Schönheit* lechzt die Erde.
Doch kein Bismarck spricht ihr Werde.

Ebenso weitsichtig reagiert Ibsen auf andere internationale Ereignisse, auf den Amerikanischen Bürgerkrieg, die revolutionären Kämpfe in Italien, die Gründung der I. Internationale. Vor allem empfindet er, daß sich die Zeitsituation grundlegend geändert hat, nachdem 1871 eine neue Epoche angebrochen ist, an deren Beginn die Pariser Kommune steht.

Für Ibsens politische und literarische Anschauungen sind seine freundschaftlichen Beziehungen zu Georg Brandes, dem dänischen Kritiker und Wortführer des sogenannten Modernen Durchbruchs im Norden, förderlich, der ähnlich wie Ibsen im ideologischen Nachvollzug der bürgerlichen Revolution als literarischer Bannerträger auftritt. In diesem Sinne schreibt Ibsen Ende 1870 an Brandes: „Die Menschen wollen nur Spezialrevolutionen, Revolutionen im Äußeren, im Politischen", es komme jedoch auf „die Revolutionierung des Menschengeistes" an. Dieser Gedanke liegt auch dem zweiteiligen Weltanschauungsdrama „Kaiser und Galiläer" (1873) zugrunde, das den Untertitel „Ein welthistorisches Schauspiel" trägt und in dem Ibsen sich ein letztes Mal der Antike zuwendet, um an ihren ideologischen Gegensätzen – wiederum in universaler Verallgemeinerung – sein geschichtsphilosophisches Credo darzulegen. Das voluminöse Doppeldrama mit seinen zweimal fünf Akten, seiner episch-romanhaften Breite und seinen ausgedehnten Prosadialogen ist wenig bühnenwirksam, gibt jedoch als „Lesedrama" wichtige Aufschlüsse über Ibsens an Hegel geschulte Geschichtsphilosophie. Zugleich verleiht Ibsen in diesem Werk seiner damaligen Erwartung einer raschen und radikalen Veränderung der gesellschaftlichen Verhältnisse Ausdruck. Derartige Hoffnungen, genährt durch die Krisensituation um 1870, finden sich auch im dramatischen und epischen Schaffen seiner großen Landsleute Björnstjerne Björnson, Alexander Kielland und Jonas Lie, die etwa gleichzeitig mit ihm zu den Positionen des kritischen Realismus gelangen. Dennoch zeigen sich in den Werken dieser „Vier Großen" der norwegischen Literatur sehr unterschiedliche Aspekte bei der Beurteilung des zeitgenössischen Lebens. Während beispielsweise der kraftvoll optimistische Björnson in seinen realistischen Gegenwartsdramen dazu neigt, die gesellschaftlichen Widersprüche zu überbrücken und den Bourgeois im Geiste kleinbürgerlicher Redlichkeit umzuerziehen, sucht Ibsen in konsequenter Ablehnung der bürgerlich-kapitalistischen Praxis beständig nach wirksamen Alternativen zur bestehenden Gesellschaft.

Zahlreiche dichterische und briefliche Äußerungen Ibsens zeugen davon, mit welcher Distanz er die historischen Ereignisse betrachtet, wie stark er die Notwendigkeit einer grundlegenden Neuorientierung empfindet. Im Dezember 1870 schreibt er an Georg Brandes: „Wovon wir bis heute leben, das alles sind ja doch nur Brosamen vom Revolutionstisch des vorigen Jahrhunderts... Die Begriffe verlangen einen neuen Inhalt und eine neue Erklärung. Freiheit, Gleichheit und Brüderlichkeit sind nicht mehr dieselben Dinge, die sie in den Tagen der seligen Guillotine waren." Und am 18. Mai 1871 lautet sein Schlußurteil über die Pariser Kommune: „Es steckt ein gesunder Kern in ihr, das sehe ich ganz klar, und einmal wird sie schon ganz ohne Karikatur verwirklicht werden."

All dies zeigt, wie außerordentlich klar Ibsen den zwiespältigen Charakter der nach 1871 anbrechenden Epoche empfindet, sowohl ihre sichtbare, „friedliche" Seite als auch ihre verborgenen, die Gesellschaft spaltenden und für die Menschen bedrückenden Antagonismen. Die daraus erwachsenden Einsichten bilden die entscheidende Grundlage für die ideelle und ästhetische Konzeption seines kritisch-realistischen Dramas, die er im Jahre 1875 in seinem „Reimbrief" an Georg Brandes zum erstenmal umfassend, wenngleich noch in symbolischer Paraphrase darlegt. In diesem programmatischen Gedicht vergleicht Ibsen die Gesellschaft seiner Zeit mit einem prachtvollen Dampfschiff, getauft auf den Namen Europa, das mit voller Fahrt Kurs auf ferne Länder nimmt und dessen Passagiere trotz des ruhigen Meeres und des äußeren Wohlbefindens von einer unerklärlichen Angst geplagt sind. Inmitten dieses Unbehagens bestätigt sich plötzlich das Gerücht, wonach eine *Leiche* an Bord des Schiffes verborgen sei. Mit Hilfe dieser in seinen Dramen vielfältig variierten Metapher von der „Leiche im Laderaum" charakterisiert Ibsen den krassen Gegensatz zwischen dem sichtbaren Schein und dem verborgenen Sein der bestehenden Gesellschaft. Auf dieser ideellen Konzeption beruht auch die analytische Struktur seiner kritisch-realistischen Dramen. Die bewegende Kraft im Aufbau dieser Dramen entspringt nicht äußeren Intrigen, Geheimnissen oder Zufällen, die als Spannungselemente durchaus vorhanden sind, sondern sie erwächst aus der Eigenart und Eigengesetzlichkeit der künstlerisch dargestellten Wirklichkeit selbst. Deshalb ist auch die analytische Form in Ibsens Drama nicht bloß technisch-kompositorischer Art, sondern sie besitzt prinzipielle weltanschauliche Bedeutung bei der Herausbildung eines Dramentyps, in dem poetische Intention und Menschheitsinteresse zu einer Einheit von Realismus und Humanismus verschmelzen, die allen großen realistischen Leistungen eigen ist. Auf diesem Wege überwindet Ibsen Dramenformen, von deren Technik er einst lernte, wie etwa das dänische romantische Schauspiel Oehlenschlägers und Heibergs, die kunstreich gebauten Intrigenstücke von Scribe, Sardou, Augier und Dumas d. J., aber auch das bürgerliche Trauerspiel Hebbels.

In den „Stützen der Gesellschaft" (1877) tritt das analytische Gestaltungsprinzip zum erstenmal ausgeprägt in Erscheinung. Bei der allmählichen Enthüllung der „Geheimnisse" im Leben des Konsuls Bernick stellt es sich heraus, daß der materielle Wohlstand und die Scheinmoral auf Lüge und Betrug beruhen. Als Bernick seine Untaten nicht mehr vertuschen kann, legt er ein öffentliches Schuldbekenntnis ab, verschweigt jedoch das schwerste seiner Verbrechen, nämlich den Versuch, aus egoistischen Interessen eine ganze Schiffsbesatzung in den Tod zu schicken. Die durch eine erschütternde psychologische Situation ausgelöste Selbstenthüllung Bernicks, mit der die Handlung abschließt, nimmt, wie es scheint, vieles von der Kritik zurück, die fast vier Akte lang an der Gesellschaft geübt wurde. Allerdings ist nicht zu übersehen, daß der Schluß einen deutlichen Anflug Ibsenscher Ironie enthält. Denn der unerwartet reuige Sünder, der alle Stützen der Gesellschaft hinter sich hat, weiß sehr wohl, daß er seine unsauberen Geschäfte künftig mit anderen, „zeitgemäßeren" Methoden praktizieren muß. Die Wahrheit nämlich, zu der sich der Kapitalist Bernick bekennt, und die Wahrheit, die Lona Hessel im Namen des Kleinbürgertums verkündet, sind unvereinbare Gegenpole. Die werkgetreue Inszenierung des Stückes wird das Finale daher nicht als Happy-End auffassen, sondern als Denkanstoß für das zur Überwindung des Kapitalismus Notwendige und Nützliche.

Die Wahrheit und die Freiheit, die Lona Hessel als erstrebenswerte Ziele der ganzen Gesellschaft proklamiert, sucht Nora Helmer mutig und opferbereit für sich selbst zu verwirklichen. In „Ein Puppenheim" (1879) begnügt sich Ibsen nicht mehr mit allgemeingültigen Forderungen an die „Gesellschaft", sondern plädiert für das Recht des Individuums, sich selbst zu befreien. Den Gegensatz zwischen der glanzvollen Oberfläche und dem inneren Übelstand demonstriert er jetzt am Sujet des bürgerlichen Familienlebens, wobei viel eindringlicher als in den „Stützen der Gesellschaft" dargestellt wird, wie zerstörend die *beständige* und *normale* bürgerliche Lebensweise auf die menschlichen Beziehungen wirkt. Noras Ehe mit dem Rechtsanwalt und angehenden Bankdirektor Helmer gerät in dem Augenblick in eine Krise, als offenkundig wird, daß sie eine Fälschung begangen hat, um das Leben ihres todkranken Mannes zu retten. Alle „Verfehlungen", aus Liebe und menschlicher Verantwortung begangen, muß sie vor Helmer und vor der Welt verbergen. Sie träumt jedoch davon, daß eines Tages das „Wunderbare" eintritt, daß sich die Liebe zwischen Mann und Frau stärker erweisen wird als alle Vorurteile, Ehrbegriffe, sittlichen Prinzipien und Rechtsnormen. So erklärt sich der Dualismus ihres Verhaltens, denn während sie naiv die „Lerche" und das „Eichhörnchen" spielt, um Helmer zu gefallen, ist sie verzweifelt bemüht, das Geld für die Tilgung der Schuldsumme aufzubringen. Geld ist hier nicht nur Schlüsselwort für größeres Wohlergehen, es wird in erster Linie dazu benötigt, einen Wechsel auf das persönliche, das familiäre Glück einzulösen. Am Ende zerreißt Nora den trügerischen Schein ihres „Puppendaseins" und verläßt Mann und Kinder, um den Kampf für ihre Menschenwürde aufzunehmen. Diese Lösung des Konflikts ist nicht frei von Widersprüchen. Noras Ausbruch trägt die Form des individuellen Protestes gegen eine ihr unerträglich gewordene Umwelt. Doch der Dichter sieht keine andere Möglichkeit, als sie mit unbekanntem Ziel aus der bürgerlichen Gesellschaft zu entlassen. Wiederum fordert er sein Publikum auf, mitdenkend und mitdichtend einen Lösungsweg zu finden. „Ein Puppenheim" wurde oft fälschlich als ein Manifest der bürgerlichen Frauenbewegung angesehen; es dient jedoch seiner Intention nach im weitesten Sinne der Idee von der Befreiung der menschlichen Persönlichkeit. Anläßlich einer Ehrung zu seinem siebzigsten Geburtstag durch den norwegischen „Verein für die Sache der Frau" erklärt Ibsen, die Sache der Frau habe sich ihm „als eine Sache des Menschen dargestellt".

Im „Puppenheim" und in den folgenden realistischen Werken vervollkommnet Ibsen seine eigene straff gebaute, monologfreie Form des Dramas, dessen Charakterzeichnung und Konfliktgestaltung hauptsächlich auf dem Prinzip der Selbstanalyse beruhen. Auch die von ihm sicher gehandhabten sprachlich-stilistischen Mittel dienen der Verwirklichung seiner künstlerischen Idee. So bringt er in den klaren und knappen, meist der Alltagssprache entnommenen Dialogen den Widerspruch zum Ausdruck zwischen dem, was die Personen sagen, und dem, was sie wirklich denken.

Auch die „Gespenster" (1881) zeigen das qualvolle Schicksal einer Frau, Helene Alving, die jedoch in entscheidender Stunde nicht die Kraft aufbringt, dem Zwang bürgerlicher Moralgesetze zu trotzen. Mit dem vielschichtigen Titelsymbol des Werkes (norwegisch „Gengangere", das heißt Wiedergänger) sind überkommene Sitten und Gewohnheiten, physische und moralische Sünden gemeint, die wie ein Alpdruck auf der Nachwelt lasten. Aber Ibsen gestaltet das darin bildhaft eingeschlossene Motiv der Vererbung durchaus nicht im biologischen Sinne, wie manche Kritiker es auslegen, um den Dichter als Naturalisten abzustempeln. Die biologischen Kategorien, die Ibsen hier als äußere Form für den Eintritt der Katastrophe verwendet, bestimmen weder die Entwicklung der Handlung noch den sozialethischen Inhalt der Konflikte. Vererbung bedeutet hier demnach in erster Linie *Erbfolge* und ist synonymer Ausdruck der realistisch vorgetragenen Grundidee, wonach überlebte Moralnormen zu Gesellschaftslügen werden, die in den Hirnen der Lebenden „spuken", ihr Denken und Handeln lähmen. Weil Frau Alving diese „Gespenster" nicht rechtzeitig erkennt und sich ihnen nicht widersetzt, trägt sie die Hauptschuld am Untergang ihrer Familie und an ihrem eigenen Unglück. Ungeachtet dessen erweist sie sich als eine starke Persönlichkeit, die aber, noch bevor sie sich zur offenen Auflehnung entschließt, selbst Opfer des Bösen und Gemeinen wird. Zu spät für die Heldin des Stückes, doch nicht vergebens im perspektivischen Sinne des Dramas und seines Autors kommt die Erkenntnis, daß der Welt, in der Frau Alving ausharrt, die Wahrheit nicht Freiheit und Lebensfreude, sondern Tod und Untergang verheißt. Mit dieser künstlerisch überzeugend dargebotenen Antwort auf die heftigen Proteste, die „Ein Puppenheim" ausgelöst hatte, „korrigiert" Ibsen gleichsam auf eigenwillige Weise den Entschluß Noras und zeigt die tragischen Folgen der künstlich aufrechterhaltenen bürgerlichen Kaufehe. Dieser Gedanke wird in den „Gespenstern" zu der Schlußfolgerung geführt, daß die morbide Gesellschaftsordnung nicht regenerierbar und der in ihren Grenzen lebende Mensch außerstande ist, die Widersprüche seiner eigenen Existenz zu lösen.

In dem Drama „Ein Volksfeind" (1882) überschreitet Ibsen auch szenisch den Rahmen bürgerlicher Familien- und Eheproblematik und fordert die Gesellschaft als Ganzes vor sein künstlerisches Tribunal. Durch seine politische Tendenz und die bunte Vielfalt des Sujets steht das Stück den „Stützen der Gesellschaft" nahe. In Dr. Stockmann, dem Titelhelden im „Volksfeind", sind manche Züge von Ibsens eigener widersprüchlicher Position zu erkennen. Einerseits zeigt sich das in der radikalen Abrechnung mit der formalen Demokratie, die der herrschenden Minderheit zur

Maskierung ihrer Interessen dient. Gegen eine solche Minderheit, bestehend aus Aktionären, Hausbesitzern, konservativen Stadtvätern und liberalen Journalisten einer norwegischen Küstenstadt, kämpft Dr. Stockmann mannhaft, aber erfolglos an. Die Meinung des Autors offenbart sich, wenn Dr. Stockmann entdeckt, „daß alle unsere geistigen Lebensquellen vergiftet sind, daß unsere gesamte bürgerliche Ordnung auf Verlogenheit basiert, die ihr ganzes Tun und Treiben infiziert". In der These von den „vergifteten Quellen", ursprünglich die Badeanstalt betreffend und dann symbolisch auf die geistige und moralische Fäulnis der Gesellschaft übertragen, konzentriert sich der sozialkritische Gehalt des Schauspiels. Andererseits fehlt Dr. Stockmann ein konkretes positives Programm zur Veränderung der kritisierten Übelstände. Da er gegenüber der „kompakten Majorität" des besitzenden Kleinbürgertums nur das Recht, aber nicht die Macht hat, gelangt er zu der paradoxen Auffassung, daß die Mehrheit immer im Unrecht sei, dagegen einige wenige Vorpostenkämpfer – Menschen seines Schlages – berufen, der unwissenden Menge voranzuschreiten. Derartige Ansichten, die Ibsen zur Entstehungszeit des „Volksfeindes" in Briefen ähnlich äußert, läßt er in den Reden des naiven Dr. Stockmann ungehemmt wuchern, der dadurch in Widerspruch zur gesamten Gesellschaft gerät und zum „Volksfeind" erklärt wird. Die ironische Distanz zu seinem Helden kommentiert Ibsen in einem Brief an seinen Verleger: „Der Doktor Stockmann und ich sind so vortrefflich miteinander ausgekommen. Wir harmonieren in so mancher Beziehung, aber der Doktor ist ein größerer Wirrkopf als ich..."

Die Fragestellung der späteren Dramen Ibsens, die schon im Finale des „Volksfeindes" anklingt, lautet nicht mehr, wie man die kranke Gesellschaft heilen, sondern wie man in ihr leben kann. Angesichts der allgemeinen Prosperität des Kapitalismus, an dessen realer Macht alle kleinbürgerlichen Oppositionsversuche scheitern müssen, verläuft auch die individuelle Empörung ergebnislos. Der Kampf spielt sich nun vor allem im Innern der vom Leben isolierten Gestalten ab, die im Gegensatz zu den kraftvollen Persönlichkeiten der realistischen Meisterwerke egoistisch oder schwächlich sind und keine konstruktive Beziehung zur Umwelt herstellen können oder wollen. In keinem dieser späteren Dramen Ibsens findet sich ein Held, der in der Lage wäre, ein positives Ideal glaubwürdig aufzustellen, geschweige denn durchzusetzen. Solcherart reflektiert Ibsen in seiner Kunst die soziale und geistige Krise der bürgerlichen Gesellschaft, deren Verfallserscheinungen er als Symptome eines zu Ende gehenden Zeitalters wertet. Das Krisenhafte dieser Entwicklung erscheint im künstlerischen Bewußtsein Ibsens allerdings auf gänzlich andere Art als in der neuromantischen und symbolistischen Literatur des ausgehenden 19. Jahrhunderts, der er thematisch teilweise vorgreift, ohne damit dem zu kosmischer Größe aufgebauschten bürgerlichen Krisenbewußtsein oder gar dem subjektivistischen Weltgefühl der Dekadenz zu verfallen.

Im Gegensatz zu allen Spielarten der Verachtung des Menschen behauptet Ibsen seine humanistische Position. Sein Denken und Dichten grenzt sich entschieden von den reaktionären Gesellschaftskonzeptionen ab, die unter dem Einfluß Nietzsches die Seiten der bürgerlichen Literatur zu füllen beginnen. Im Unterschied zu Hamsun bleibt Ibsen der Wirklichkeit rational verbunden, entfesselt er keine Instinkte und triebhaften Emotionen im Menschen, treibt er kein artistisches Spiel mit einer angeblich in der menschlichen Natur begründeten Irrationalität. Er teilt auch nicht Hamsuns blinden Haß gegen die moderne Industrie, sondern bleibt konsequent in der Entlarvung des Bourgeois, auch wo dieser sich als Citoyen tarnt. Sein Haß gilt dem Bourgeois-Prinzip, das er nicht in ein Herrenmenschentum umzuzüchten gewillt ist. Statt dessen verfolgt er mit wachsender Besorgnis den sittlichen Abstieg einer aus den Fugen geratenen Gesellschaft, der er Themen und Gestalten seiner letzten acht Dramen entnimmt.

Das veränderte Menschenbild, das Ibsens Schaffen seit Mitte der achtziger Jahre kennzeichnet, kündet sich bereits in dem Drama „Die Wildente" (1884) an. Hier erscheinen die „Lebenslügen" teils als zersetzendes, teils als stimulierendes, aber vor allem als essentielles Element bürgerlichen Daseins. „Nehmen Sie einem Durchschnittsmenschen die Lebenslüge, so nehmen Sie ihm damit sein Lebensglück", sagt Relling. Von dieser moralischen Krankheit sind nicht nur die haltlosen und negativen Gestalten, wie die

Ekdals und Relling, befallen, sondern auch der Wahrheitsapostel Gregers Werle selbst, der sich mit seiner unheilbringenden „idealen Forderung“ vor allem von eigenen Gewissensqualen befreien will. Die abstrakt-moralische Forderung nach einem Leben in Wahrheit, in Ibsens Dramen seit „Brand“ immer aufs neue variiert, wendet sich in der „Wildente“ ins Tragikomische. In dieser Miniaturwelt, einem schwachen Abglanz der kampferfüllten Welt früherer Ibsen-Dramen, hält der Schwärmer Gregers Werle vergeblich nach „echten, wahren Menschen“ Ausschau. Statt ihrer findet er „Durchschnittsmenschen“, die ähnlich wie die flügellahme, auf dem Dachboden vegetierende Wildente das richtige Leben vergessen haben und irgendeiner zerbrochenen Illusion nachjagen. Die Wildente ist nicht nur Titelsymbol, sondern wichtigste Figur des Stückes, ein Kristallisationspunkt, von dem alle Fäden der Handlung ausgehen und an dem sie wieder zusammenlaufen. Vor allem aber ist die Wildente, schreibt Wladimir Admoni, „das Symbol für das Schicksal des Menschen, den das Leben verwundet, aber nicht erschlagen hat, den es der Möglichkeit beraubt hat, zur Erreichung eines Ideals nach oben zu streben, und der in die Tiefe taucht, um dort still zu sterben“.

Die Idee der Vermenschlichung des gesellschaftlichen Lebens tritt in dem folgenden Drama, „Rosmersholm“ (1886), erneut und mit emotionaler Kraft hervor, scheitert jedoch an der Unzulänglichkeit ihres Verkünders. Expastor Johannes Rosmer hat seinen religiösen Kinderglauben abgelegt und sich zu einer neuen Weltanschauung durchgerungen. Er will alle Leute im Lande zu „Adelsmenschen“ erziehen, sie geistig befreien und seelisch läutern. Worin das Ziel besteht, wohin der Weg führt, weiß Rosmer nicht. Ähnlich wie Brand stellt auch er die formalen Eigenschaften des Willens und der Gesinnung höher als ihren Inhalt. Auf „Rosmersholm“ folgt das Schauspiel „Die Frau vom Meere“ (1888), eine psychologische Ehestudie, die in symbolischer Umrahmung der inneren Krise der weiblichen Hauptgestalt nachgeht.

Düsterer denn je malt Ibsen seine Welt in den Dramen der neunziger Jahre, die mit „Hedda Gabler“ eingeleitet werden. Wenn er in seinen letzten Dramen verpfuschte Menschenleben und ausweglose Lebenssituationen gestaltet, so konstatiert er damit weder eine tragische Daseinsnorm des Menschen noch eine universale Endstation der historischen Entwicklung. Und wenn in seinem Spätwerk die skeptischen Züge zunehmen, so gelten seine Zweifel den gesellschaftlichen Zuständen seiner Zeit und zuweilen auch seiner künstlerischen Mission, aber nie bezweifelt er den Sinn des Lebens und die erzieherische Kraft der Kunst. Indem Ibsen das Schwergewicht seiner Dramen jetzt auf die inneren Entwicklungsprozesse der Persönlichkeit legt, läßt er die soziale hinter die psychologische Analyse zurücktreten, die er für die Zwecke seiner realistischen Methode vervollkommnet. Davon zeugen vor allem „Die Wildente", „Hedda Gabler" und „John Gabriel Borkmann", denn hier besitzen die Hauptfiguren eine innere soziale Dominante, der alle Seiten ihres Charakters untergeordnet sind. Meisterhaft gelingt es Ibsen, das Typische dieser Dramengestalten durch die Sphäre des Psychologischen sichtbar zu machen, wobei sich die psychologische Analyse nicht in der Charakterstudie erschöpft, sondern zu einem Mittel wird, gesellschaftliche Hintergründe aufzuhellen. Daß hingegen psychologisch überanstrengte Charakterzeichnungen zu Mißerfolgen führen, beweist sein Schauspiel „Klein Eyolf". Am weitesten entfernt sich Ibsen von den Grundlagen seines realistischen Schaffens, wenn er die komplizierte Widersprüchlichkeit des realen Lebens und dessen Reflexe in der geistigen Welt des Menschen mit Hilfe einer übersteigerten, nicht immer entschlüsselbaren Symbolik zu deuten sucht. Daraus entstehen „die geisterhaften Suggestionen der späten Ibsen-Stücke" (Thomas Mann). Beispiele dafür bieten die Dramen „Rosmersholm", „Die Frau vom Meere", „Baumeister Solness" und „Klein Eyolf".

Höhepunkte in Ibsens Dramatik der neunziger Jahre sind „Hedda Gabler" und „John Gabriel Borkmann", in denen der Gesellschaftskritiker noch einmal in voller Rüstung auftritt. In „Hedda Gabler" (1890) beruht der Konflikt auf dem tragikomischen Mißverhältnis zwischen den aristokratischen Gewohnheiten und Ansprüchen der Generalstochter Hedda Gabler und jenen kleinbürgerlichen Verhältnissen, in denen sie als Frau des fleißigen, aber unbegabten Stubengelehrten Jörgen Tesman lebt. Doch Ibsen nennt die Heldin seines Dramas Hedda *Gabler,* weil er sie mehr als Tochter ihres Vaters denn als Gattin ihres Mannes verstanden wissen will. Zu ihrer Versorgungsehe entschloß sie sich, als „ihre Zeit um war" und sie sich „müde getanzt" hatte. In den gekonnt angeordneten mehrschichtigen Dialogen enthüllt sich mit der Vorgeschichte zugleich die Diskrepanz zwischen den Charakteren der beiden Ehegatten. Hedda – hochmütig, launisch, kaltherzig, nie vor eine echte Lebensaufgabe gestellt – fühlt sich zu Höherem berufen und lebt ihrem genußsüchtigen Egoismus. Er – ein pedantischer „Fachmensch", ein Sammler- und Ordnertyp, an dessen Seite Hedda sich zu Tode langweilt. Seine fachlichen Interessen sind ihr gleichgültig, seine kleinbürgerlichen Verwandten widern sie an, seine mangelhaften Umgangsformen verletzen ihre ästhetischen Gefühle. Ihrem destruktiven Individualismus freien Lauf lassend, experimentiert sie mit dem Leben und dem Glück anderer Menschen. Ein einziges Mal will sie über ein Menschenschicksal herrschen. Gequält von Eifersucht und mit satanischer Bosheit treibt sie den genialen, aber moralisch labilen Ejlert Lövborg in den Abgrund und drückt ihm eine Pistole in die Hand, in der Hoffnung, sein Freitod werde ein heroischer und ästhetischer Akt sein. Aber der Verzweifelte stirbt weder heldenhaft noch schön, sondern endet würdelos und häßlich. Hedda muß erfahren, daß die Ideale des Schönen und Heroischen unvereinbar sind mit lebenszerstörendem, egoistischem Machtwillen. Ihr Selbstmord, begangen aus Ekel vor sich selbst und der Welt, aber auch aus Furcht vor der Verantwortung, bestätigt die Worte, daß „das Lächerliche und Gemeine" wie ein Fluch auf ihrem Leben – und Sterben lag. Die Konsequenzen von Heddas Handeln führen zwangsläufig in die Katastrophe.

Auf der einen Seite verleiht Ibsen seinen Helden seelische Kraft, legt er sie als bedeutende Charaktere an, stattet er sie mit einem starken Willen aus, auf der anderen Seite muß er sie im Namen ihrer eigenen Ideale zum Untergang verdammen, wenn sie zur Erreichung ihrer Ziele das Lebensglück anderer Menschen zerstören. In verschiedenen Formen äußert sich dies in den letzten vier, wieder in Norwegen geschriebenen Schauspielen: „Baumeister Solness" (1892), „Klein Eyolf" (1894), „John Gabriel Borkmann" (1896) und „Wenn wir Toten erwachen" (1899).

In dem Drama „John Gabriel Borkmann", mit dem die vorliegende Auswahl abschließt, wird das Thema vom Aufstieg und Fiasko des machtgierigen Individualisten gestaltet. Hier erscheint er in Gestalt des Bankkapitalisten, des „Napoleons" der großen Industrie, eines titanischen Eroberers, der „des Goldes schlummernde Geister" wecken und alle Machtquellen an sich reißen will, um unbegrenzten Wohlstand stiften zu können. John Gabriel Borkmann wittert die „gefesselten Millionen" in den Tiefen der Berge, er allein fühlt sich berufen, die Kräfte der Natur zu befreien, das „unerschöpfliche Reich" der Bergwerke, Fabriken und Werften zu beherrschen. In seinen grandiosen Träumen sieht er am Horizont das Glück der Menschen aufdämmern, die von seinem Reichtum leben werden. Sein Handeln aber bestimmen nicht solche humanitären Anwandlungen, sondern es wird diktiert von rücksichtslosem Machtstreben. Um sein Ziel zu erreichen, begeht er zwei Verbrechen. Für das erste, einen Betrug, muß er im Gefängnis büßen. Für das zweite, den Verrat an seiner Liebe, gibt es kein Verzeihen. Als lebender Toter irrt der „kranke Wolf" umher, bis ihn am Ende die „eiskalte Erzhand" hinwegrafft. Unerbittlich verurteilt Ibsen in John Gabriel Borkmann den Übermenschen Nietzsches zum Tode.

Mit seinem Gesamtwerk nimmt Ibsen in der dramatischen Weltliteratur nicht nur eine zentrale, sondern auch eine übergreifende Stellung ein. Er ist Nachfahre des antiken Theaters, Shakespeares, Holbergs, Lessings, Schillers, aber auch Vorgänger Tschechows, Hauptmanns, Shaws, Gorkis, Nordahl Griegs – und Brechts, dessen episches Theater durchaus nicht so weit von Ibsen entfernt ist, wie es den Anschein hat. Die von Ibsen entwickelte analytische Dramentechnik ist für die Geschichte der dramatischen Künste auch insofern belangvoll, als damit eine beträchtliche Zunahme epischer Elemente verbunden ist. Sie sind schon in seinen frühen volkshistorischen Dramen anzutreffen, wo sie die Extensität der Handlung bestimmen. Auch in „Peer Gynt" liegt der epische Grundton in der historischen Spannweite, mit der Ibsen mehrere Entwicklungsetappen der bürgerlichen Gesellschaft des 19. Jahrhunderts in unmittelbarer szenischer Gestaltung nachvollzieht. So ist „Peer Gynt" nicht nur ein Versdrama über den

Lebensroman des Helden, sondern auch eine Verserzählung über den nachrevolutionären bürgerlichen Epochenwandel, dessen innere und äußere Gefahren für das menschliche Dasein Ibsen signalisiert.

In den realistischen Gegenwartsdramen äußert sich das Epische in der Intensität der Handlung. Obwohl solche Stücke wie „Stützen der Gesellschaft", „Ein Puppenheim", „Gespenster" oder „Hedda Gabler" nicht prinzipiell die Grenzen des aristotelischen Systems sprengen, ist es dem kritischen Realisten nicht mehr möglich, die Dialektik der realen Lebensverhältnisse allein mit den überkommenen Formen des bürgerlichen Schauspiels zu erfassen. Um die Wurzeln der Konflikte, die Entwicklung der Charaktere, den Verlauf der Handlung in maximaler Übereinstimmung mit dem sozialhistorischen Prozeß darstellen zu können, sieht sich Ibsen genötigt, die dramatische Handlung durch epische Mittel zu erweitern. Zu diesem Zweck wird der szenische Rahmen retrospektiv geöffnet, wodurch sich der dramatische Zeit- und Spielraum nach Gesichtspunkten ausdehnt, die der erzählenden Literatur verwandt sind. Die epischen Elemente treten in den Dialogen, nicht aber als gespielte Handlung oder als Zusätze zur Handlung zutage. Während die Konflikte bereits zu einem früheren Zeitpunkt, das heißt vor Eröffnung der Bühnenhandlung, entstanden sind und sich allmählich in den Dialogen offenbaren, zeigt die gespielte Handlung ihre schwerwiegenden Folgen, ihre dramatische Zuspitzung und schließliche Lösung. Die Retroanalyse ist somit nicht Selbstzweck, sondern Mittel zur Analyse der Gegenwart, die als Arena des Kampfes zwischen Vergangenheit und Zukunft fungiert. Demgemäß erfüllt die Aufdeckung der Vergangenheit-Gegenwart-Beziehung im dramaturgischen System Ibsens gleichzeitig drei Funktionen: Erstens dient sie dem kognitiven Zweck, den widersprüchlichen Charakter der Wirklichkeit zu enthüllen, zweitens fixiert sie die soziale Situation und Selbsterkenntnis der handelnden Personen, und drittens erfolgt sie unter dem pragmatischen Aspekt, im Spannungsfeld zwischen Individuum und Gesellschaft das real Menschenmögliche, damit auch das Künftige zu erkunden.

Indem Ibsen die von ihm vorgefundenen Dramenformen durch

eigene epische Elemente bereichert, liefert er zugleich Bausteine für Dramaturgien, die im 20. Jahrhundert vielfältig zur Erneuerung des Theaters beitragen. So entwickelt Bertolt Brecht unter anderem in der produktiven Auseinandersetzung mit Ibsen sein eigenes dramaturgisches System. Brecht nennt Ibsens Dramen „große Versuche, theatralisch die Probleme der Zeit zu gestalten", kritisiert aber an Ibsen – ebenso wie an Shakespeare oder Hauptmann –, daß sich die Darstellung auf die Tragik des Individuums konzentriere und nur gezeigt werde, wie der Mensch „seelisch auf das reagiert, was ihm geschieht... Es findet eine Meisterung des Schicksals statt, aber es ist die der Anpassung...". Eine solche Spielweise lehnt Brecht ab, weil sie nach seiner Meinung die weltverändernde Kraft der Theaterkunst lähmt. Wenn Brecht also seine Distanz zu Ibsen und zum aristotelischen Theater betont, so deshalb, weil er nicht einfach eine neue Spielart des alten Dramas, sondern ein qualitativ neues Theater hervorbringt, das er unmittelbar in den Dienst des proletarischen Klassenkampfes stellt.

An der Episierung des Dramas sind Ibsen und Brecht, jeder aus seiner Zeit und Erkenntnis heraus, mit unterschiedlichen Mitteln und Zielen beteiligt. Macht Ibsen die Bühne zum Treffpunkt individueller Erzähler, die in Widerspruch zur Gesellschaft geraten sind, so verwandelt Brecht das Theater in ein Kollektiv von Erzählern, die über die Lösung der Widersprüche beraten. Während Ibsen in der Analyse von sozialen Widersprüchen und abstrakt-moralischen Gegenentwürfen zur bürgerlichen Gesellschaft die Grenzen seiner kritisch-realistischen Methode erreicht, geht der sozialistische Realist Brecht den entscheidenden Schritt weiter und orientiert auf die historisch erprobte Lösung der Widersprüche als Voraussetzung für gesellschaftliche Veränderungen.

Der besondere Platz Ibsens in der Geschichte der dramatischen Künste läßt sich kenntlich machen, wenn man seine Form des Theaters in Beziehung setzt zu Brechts Äußerungen über die Unterschiede zwischen der dramatischen und der epischen Form des Theaters. Die folgenden Gegenüberstellungen Brechts aus dem Jahre 1938 bieten sich für die Präzisierung von Ibsens Position direkt an, zumal Brecht selbst in einer Fußnote vermerkt: „Dieses

Bertolt Brecht (1938)

	Dramatische Form des Theaters	*Ibsens Form des Theaters*	Epische Form des Theaters
(1)	die Bühne „verkörpert“ einen Vorgang	*die Bühne enthüllt einen Vorgang*	sie erzählt ihn
(2)	verwickelt den Zuschauer in eine Aktion und verbraucht seine Aktivität	*fordert den Zuschauer zur Kritik heraus*	macht ihn zum Betrachter, aber weckt seine Aktivität
(3)	ermöglicht ihm Gefühle	*ermöglicht ihm Distanz*	erzwingt von ihm Entscheidungen
(4)	vermittelt ihm Erlebnisse	*vermittelt ihm Modelle*	vermittelt ihm Kenntnisse
(5)	der Zuschauer wird in eine Handlung hineinversetzt	*ihm werden Handlungsmöglichkeiten demonstriert*	er wird ihr gegenübergesetzt
(6)	es wird mit Suggestion gearbeitet	*es wird mit Verhaltensmustern gearbeitet*	es wird mit Argumenten gearbeitet
(7)	die Empfindungen werden konserviert	*die Empfindungen werden provoziert*	bis zu Erkenntnissen getrieben
(8)	der Mensch wird als bekannt vorausgesetzt	*der Mensch wird als unbekannt, aber erkennbar vorausgesetzt*	der Mensch ist Gegenstand der Untersuchung
(9)	der unveränderliche Mensch	*der widersprüchliche, spontan handelnde Mensch*	der veränderliche und verändernde Mensch
(10)	Spannung auf den Ausgang	*Spannung auf das Individuum*	Spannung auf den Gang
(11)	eine Szene für die andere	*kontrastierende Szenen*	jede Szene für sich
(12)	die Geschehnisse verlaufen linear	*die Geschehnisse verlaufen diametral*	in Kurven
(13)	natura non facit saltus	*natura est conditio humana*	facit saltus
(14)	die Welt, wie sie ist	*die Welt, wie sie nicht sein darf*	die Welt, wie sie wird
(15)	was der Mensch soll	*was der Mensch erstrebt*	was der Mensch muß
(16)	seine Triebe	*seine Widersprüche*	seine Beweggründe
(17)	das Denken bestimmt das Sein	*Denken und gesellschaftliches Sein befinden sich im Gegensatz*	das gesellschaftliche Sein bestimmt das Denken

Schema zeigt nicht absolute Gegensätze, sondern lediglich Akzentverschiebungen." Der zwischen den beiden Seiten des von Brecht aufgestellten Schemas eingefügte kursiv gesetzte Mittelteil soll – ebenso knapp und schematisch wie bei Brecht – die Ibsensche Form des Theaters akzentuieren und zeigen, daß er keiner der beiden Seiten gänzlich zugeordnet werden kann.

Es ist also ersichtlich, daß der von Ibsen geschaffene Typ eines kritisch-realistischen Dramas weder älteren bürgerlichen noch sozialistischen Methoden des Dramenaufbaus statisch gegenübergestellt werden kann. Ibsens weltliterarischer Beziehungsreichtum markiert nicht nur eine historisch bestimmte Entwicklungsstufe des realistischen Dramas, sondern gehört auch zu den Wirkungsfaktoren seines in hohem Grade lebendigen Erbes. Clara Zetkin hatte recht, als sie 1906 schrieb: „Ibsen, der Empörer, wird leben, solange es noch eine bürgerliche Gesellschaft gibt, Ibsen, der Künstler, der Erzieher, wird deren Existenz überdauern."

Greifswald 1977 *Horst Bien*

INHALT